Русская Историческая Библіотека.

БЫЛОЕ

ЖУРНАЛЪ

издававшійся **ЗАГРАНИЦЕЮ** подъ редакціей
В. Л. Бурцева.

Выпускъ I.

(1900—1902 гг.).

Молодымъ людямъ на поученіе,
Старымъ людямъ—на послушаніе.

Изъ народныхъ стиховъ.

Братья! Поминайте наставниковъ вашихъ!

Апостолъ Павелъ.

РОСТОВЪ НА-ДОНУ,

1906.

Типографія „Донская Рѣчь". Ростовъ на-Дону. 1906 г.

Содержаніе.

Предисловіе.

Можетъ быть, не всѣмъ читателямъ „Былого" извѣстно, что журналъ этотъ имѣлъ за-границей своего предшественника, издававшагося, подъ тѣмъ же названіемъ „Былое", въ теченіе ряда лѣтъ неутомимымъ дѣятелемъ освободительнаго движенія, авторомъ капитальной работы „За сто лѣтъ" (закончена печатаніемъ въ 1897 году) Владиміромъ Львовичемъ Бурцевымъ. Заграничное „Былое" начало выходить въ 1900 г. Вышло его шесть номеровъ (послѣдній — въ 1904 г.). Не велико это количество, но надо знать, при какихъ исключительныхъ трудностяхъ велъ В. Л. Бурцевъ любимое имъ дѣло, чтобы оцѣнить всю вложенную въ него редакторомъ-издателемъ огромную энергію: дѣло велось буквально на гроши, связей съ лицами, которыя могли бы снабжать журналъ цѣнными матеріалами, почти не существовало, техника была поставлена въ высшей степени неудовлетворительно; самъ редакторъ, принужденный, въ силу особыхъ обстоятельствъ, постоянно перебираться изъ Швейцаріи во Францію, изъ Франціи въ Англію, изъ Англіи снова въ Швейцарію и. т. д., не имѣлъ никогда ни малѣйшей осѣдлости, — вотъ при какихъ условіяхъ издавался В. Л. Бурцевымъ за-границею въ теченіе четырехъ лѣтъ **первый** русскій журналъ, посвященный исторіи освободительнаго движенія въ Россіи. И при такой-то обстановкѣ, В. Л. Бурцевъ сумѣлъ собрать и отпечаталъ въ своемъ „Быломъ" значительное количество матеріаловъ высокой исторической цѣнности. Въ настоящее время заграничное „Былое" перепечатывается въ Россіи въ двухъ выпускахъ, разумѣется, съ значительными, по понятнымъ причинамъ, пропусками. Читатели сами оцѣнятъ ихъ содержаніе, мы же, съ своей стороны, лишь прибавимъ, что изданіе „Былого" никогда не было для В. Л. Бурцева лишь работою по собиранію и опубликованію историческихъ матеріаловъ, — нѣтъ, наряду съ тѣмъ, В. Л. Бурцевъ стремился проводить въ своемъ журналѣ тѣ взгляды, которые онъ усвоилъ еще въ 1882 году, и которые оставались и остаются у него неизмѣнными.

В. Богучарскій.

ОТРЫВОКЪ
ИЗЪ ЗАВѢЩАНІЯ ГРИНЕВИЦКАГО.

(1856—1881 г. 1 марта).

... Александръ II долженъ умереть. Дни его сочтены.

Мнѣ, или другому кому, придется нанести страшный послѣдній ударъ, который гулко раздастся по всей Россіи и эхомъ откликнется въ отдаленнѣйшихъ уголкахъ ея, — это покажетъ недалекое будущее.

Онъ умретъ, а вмѣстѣ съ нимъ умремъ и мы, его враги, его убійцы.

Это необходимо для дѣла свободы, такъ какъ тѣмъ самымъ значительно пошатнется то, что хитрые люди зовутъ правленіемъ — монархическимъ, неограниченнымъ, а мы—деспотизмомъ...

Что будетъ дальше?

Много ли еще жертвъ потребуетъ наша несчастная, но дорогая родина отъ своихъ сыновъ для своего освобожденія? Я боюсь... меня, обреченнаго, стоящаго одной ногой въ могилѣ, пугаетъ мысль, что впереди много еще дорогихъ жертвъ унесетъ борьба, а еще больше послѣдняя смертельная схватка съ деспотизмомъ, которая, я убѣжденъ въ томъ, не особенно далека, и к,торая зальетъ кровью поля—и нивы нашей родины, такъ какъ—увы!—исторія показываетъ, что роскошное дерево свободы требуетъ человѣческихъ жертвъ.

Мнѣ не придется участвовать въ послѣдней борьбѣ. Судьба обрекла меня на раннюю гибель, и я не увижу побѣды, не буду жить ни одного дня, ни часа въ свѣтлое время торжества, но считаю, что своею смертью сдѣлаю все, что долженъ былъ сдѣлать, и большаго отъ меня никто, никто на свѣтѣ, требовать не можетъ.

Дѣло революціонной партіи—зажечь скопившійся уже горючій матеріалъ, бросить искру въ порохъ и затѣмъ принять всѣ мѣры тому, чтобы возникшее движеніе кончилось побѣдой, а не польнымъ избіеніемъ лучшихъ людей страны... (февр. 1881 г.).

Игнатій Гриневицкій.

ПАМЯТИ ГРИНЕВИЦКАГО.

Какъ женщину, ты родину любилъ!

Некрасовъ „Памяти Добролюбова".

Вскорѣ послѣ образованія партіи Народной Воли, Гриневицкій примкнулъ къ ея организаціи. Онъ былъ ея типичнымъ членомъ и выразителемъ, раздѣлялъ всю ея вѣру, всѣ надежды и принималъ участіе въ ея наиболѣе крупныхъ и важныхъ дѣлахъ.

Прежде всего, Гриневицкому пришлось вмѣстѣ съ другими своими товарищами, народовольцами, принять участіе въ пропагандѣ и организаціи рабочихъ.

Вопреки народническимъ тенденціямъ чернопередѣльцевъ, которые сохранили съ начала семидесятыхъ годовъ вѣру въ революціонное настроеніе крестьянской массы и, въ теоріи и на практикѣ, мало удѣляли мѣста городскимъ рабочимъ, народовольцы сразу обратили серьезное свое вниманіе на пропаганду и организацію городскихъ рабочихъ; и въ этомъ случаѣ они продолжали то дѣло, которое до нихъ вели нѣкоторые народники въ семидесятыхъ годахъ, а потомъ—часть землевольцевъ. Насколько серьезно и широко смотрѣли народовольцы на свои задачи въ рабочей средѣ—можно видѣть изъ записки „Подготовительная работа партіи", составленной Исполнительнымъ Комитетомъ въ началѣ 1880 г.

Въ то же время, народовольцы вовсе не бросали работать и среди крестьянъ, гдѣ это оказывалось возможнымъ.

Пропагандисты всѣхъ другихъ фракцій въ 80-90-хъ годахъ, ни въ какомъ отношеніи, не расширили революціонной дѣятельности среди городскихъ рабочихъ, въ сравненіи съ тѣмъ, какъ она была поставлена народовольцами въ 1880-81 годахъ, а часто, наоборотъ, суживали ее, не смотря на то, что сводили къ ней всю свою революціонную дѣятельность.

Въ то время, какъ одни народовольцы—Ширяевы, Квятковскіе, Желябовы, Перовскія—занимались организаціей ряда покушеній на жизнь Александра II (подъ Москвой, подъ Александровскомъ, въ Одессѣ, въ Петербургѣ и т. д.) и вели разнаго рода иныя революціонныя предпріятія, - другіе ихъ товарищи, не рѣдко съ постоянной помощью тѣхъ же Перовскихъ и Желябовыхъ, пропагандировали среди рабочихъ идеи соціализма и политическаго переворота, возбуждали ненависть въ рабочихъ противъ царизма, сплачивали рабочихъ въ кружки, артели, устраивали стачки рабочихъ, агитировали, поддерживали и поощряли рабочихъ въ ихъ открытой борьбѣ съ хозяевами фабрикъ. Желябовъ, занятый сложными приготовленіями къ цареубійству, еще въ февралѣ 1881 г. находилъ у себя время лично посѣщать собранія рабочихъ кружковъ и обсуждать вмѣстѣ съ рабочими планы нападеній на того или другого, особенно нелюбимаго, изъ ихъ мастеровъ.

Уже въ концѣ 1880 года въ Петербургѣ былъ организованъ и правильно дѣйствовалъ центральный учительскій кружокъ пропагандистовъ среди рабочихъ, составленный изъ семи членовъ. Въ немъ принимали участіе—Желябовъ, Перовская, Гриневицкій, Франжоли, Коковскій и др. Каждый изъ этихъ членовъ имѣлъ свой кружокъ интеллигентныхъ пропагандистовъ.

Между интеллигентными пропагандистами была раздѣлена пропаганда на большинствѣ изъ петербургскихъ заводовъ, и каждый пропагандистъ имѣлъ по нѣсколько рабочихъ кружковъ. Нѣкоторые изъ народовольцевъ, занимавшихся пропагандой среди рабочихъ, посвящали ей все свое время и никакими другими дѣлами, кромѣ пропаганды, не занимались. Жизнь одного изъ такого рода пропагандистовъ — Коковскаго — была*) разсказана на страницахъ „Вѣстника Народной Воли" (№ 5).

Въ провинціи дѣятельность среди рабочихъ велась народовольцами на тѣхъ же началахъ, какъ и въ Петербургѣ.

Террористическая борьба съ правительствомъ, которую начали вести нѣкоторые члены „Земли и Воли" еще въ 1878 г., а усиленно продолжали народовольцы, поставила ребромъ вопросъ о борьбѣ съ русскимъ царизмомъ, какъ раньше, до террора, онъ и не могъ быть поставленъ въ Россіи. Это были такіе годы, когда всѣ,—отъ представителей образованнаго общества до неграмотныхъ рабочихъ, все населеніе Петербурга, и далеко за его чертой, такъ же какъ и само правительство,—жили изо дня въ день извѣстіями о революціонной борьбѣ и вопросами, поднятыми революціонерами. Революціонная борьба была доминирующимъ фактомъ всей русской внутренней жизни.

Эта возбужденная атмосфера—и она главнымъ образомъ— позволила народовольцамъ, при сравнительно незначительныхъ силахъ и средствахъ, бывшихъ въ распоряженіи революціонеровъ (тогда—двадцать лѣтъ тому назадъ), въ короткое время завоевать въ рабочей средѣ всего Петербурга вниманіе къ революціоннымъ и соціальнымъ идеямъ.

Однимъ изъ энергичныхъ пропагандистовъ среди петербургскихъ рабочихъ за 1880 81 гг. былъ Гриневицкій. Изо дня въ день, изъ мѣсяца въ мѣсяцъ, онъ ходилъ отъ одного рабочаго кружка въ другой. Однимъ приносилъ книги, другимъ объяснялъ прочитанное ими, говорилъ о современной борьбѣ рабочихъ на западѣ, о соціализмѣ, о необходимости борьбы русскихъ рабочихъ съ царемъ, о свѣтломъ будущемъ свободной Россіи.....

... Народовольцевъ, съ первыхъ же дней существованія ихъ организаціи, занималъ вопросъ о литературѣ для рабочихъ. Они носили рабочимъ читать „Капиталъ" Маркса, сочиненія Лассаля (изданныя въ Россіи и заграницей), нѣкоторыя легальныя изданія, книжки для народа, изданныя заграницей въ семидесятыхъ годахъ, „Сытые и Голодные", газету „Народная Воля" и т. д., но этимъ ограничиваться они не хотѣли и стали хлопотать о созданіи газеты спеціально для рабочихъ.

По иниціативѣ Желябова, Коковскаго и Франжоли, была основана въ 1880 году „Рабочая Газета". Ее печатали на одной изъ главныхъ народовольческихъ конспиративныхъ квартиръ — въ Троиц-

---

*) Смн. далѣе въ № 5 „Былое"

комъ переулкѣ. Хозяевами этой квартиры были: Геси Гельфманъ, участница дѣла 1-го марта 1881 г., и Макаръ Тетерка, осужденный по народовольческому процессу 21-го въ 1882 году и умершій потомъ въ Алексѣевскомъ равелинѣ.

1-го октября 1880 г. вышелъ 1-й номеръ „Рабочей газеты", въ февралѣ—2-й. Тамъ же и тогда же была напечатана „Программа рабочихъ членовъ партіи Н. В.", возвваніе къ рабочимъ, приложеніе къ 2 N „Рабочей Газеты" и т. д.

Однимъ изъ главныхъ работниковъ, въ первой нелегальной типографіи для рабочей газеты, былъ Гриневицкій. Изданію „Рабочей Газеты" онъ отдалъ нѣсколько послѣднихъ мѣсяцевъ своей жизни.

Пусть русскіе рабочіе помнятъ имя этого революціонера, много поработавшаго для развитія революціонной пропаганды среди петербургскихъ рабочихъ, а 1-го марта отдавшаго жизнь свою за дѣло русской свободы.

Но пропаганда среди рабочихъ не поглощала всего времени Гриневицкаго, какъ она не поглощала всего времени и у другихъ народовольцевъ.

Въ Петербургѣ, въ то время, закладывались мины подъ Каменнымъ мостомъ, рылся подкопъ подъ Малой Садовой, вырабатывались планы нападенія на царя съ динамитными бомбами, слѣдили за выѣздами царя.

Кое-что изъ всего этого извѣстно, но многое остается еще не опубликованнымъ: исторію дѣятельности Народной Воли еще, къ сожалѣнію, не начали изучать или почти что не начали...

Въ нѣкоторыхъ изъ тогдашнихъ террористическихъ дѣлахъ принималъ участіе и Гриневецкій. Онъ, напримѣръ, всю зиму, подъ руководствомъ Петровскій, вмѣстѣ съ Рысаковымъ, принималъ участіе въ выслѣживаніи царя. Въ началѣ 1881 года на его долю выпало принять участіе въ покушеніи на жизнь Александра II.

Еще съ осени 1880 года, въ виду неудачъ нѣкоторыхъ предшествующихъ покушеній на царя, Исполнительный Комитетъ организовалъ спеціальную коммиссію изъ техниковъ, для выработки наиболѣе вѣрныхъ плановъ цареубійства. Въ этой коммиссіи принимали участіе Кибальчичъ, Исаевъ, Грачевскій, Сухановъ и др.

Большинство коммиссіи, какъ и большинство членовъ Исполнительнаго Комитета, стояли за подкопъ подъ одну изъ петербургскихъ улицъ, по которой царь имѣлъ обыкновеніе проѣзжать. На этой идеѣ остановились. Для подкопа назначили много силъ, средствъ и на него возложили всѣ свои главныя надежды. Для подкопа была выбрана Малая Садовая улица.

Въ концѣ декабря 1880 г., на Малой Садовой была нанята сырная лавка Перовская отбивала у Якимовой честь быть хозяйкой этой квартиры. За рытье подкопа, кромѣ Юрія Богдановича и Якимовой, бывшихъ хозяевами сырной лавки, принялись Гриневицкій, Колоткевичъ, Баранниковъ, Желябовъ, Саблинъ, Лангансъ, Грачевскій, Фроленко, Сухановъ, Кибальчичъ и др. По этимъ именамъ видно, какое значеніе придавалъ Исполнительный Комитетъ подкопу подъ Малой Садовой.....

·...Когда на судѣ Кибальчичъ объяснилъ силу взрыва мины подъ Малой Садовой, онъ сказалъ:

— „Конечно, все, что находилось бы надъ воронкой (образовавшейся послѣ взрыва), т. е. экипажъ (съ царемъ) и конвой погибли бы, но... не больше".

Въ технической комиссіи, а еще болѣе въ средѣ самого Исполнительнаго Комитета, раздавались отдѣльные голоса за совершеніе покушеній съ помощью метательныхъ снарядовъ. Надѣялись —и вполнѣ достигли этого, какъ показалъ опытъ—изобрѣсти такого рода бомбы, которыя неизбѣжно разрывались бы при бросаніи ихъ, какъ бы онѣ ни упали.

Проектировали вооружить этими бомбами возможно большее количество метальщиковъ.

·Но такъ на метательные снаряды смотрѣли тогда очень не многіе изъ народовольцевъ. Наиболѣе горячо за метательные снаряды стояли Желябовъ, Гриневицкій, потомъ Тригони. Самъ Кибальчичъ считалъ „иллюзіей" проектъ цареубійства исключительно посредствомъ однихъ бомбъ, безъ помощи подкопа.

Къ концу февраля 1881 г., партія понесла крупные потери. Были арестованы Колоткевичъ, Баранниковъ, Клѣточниковъ, Морозовъ. До правительства дошли извѣстія о готовящемся подкопѣ подъ какую то улицу, о проектахъ народовольцевъ напасть на царя съ бомбами.

Исполнительный Комитетъ сталъ торопиться съ приготовленіями къ цареубійству. Для этого съ 20 февраля устроили спеціальную конспиративную квартиру на Тѣлежной улицѣ; ея хозяевами были Саблинъ и Геси Гельфманъ.

На этой квартирѣ Кибальчичъ читалъ „лекціи" метальщикамъ, между прочимъ Гриневицкому и Рысакову, о метательныхъ снарядахъ, ихъ устройствѣ, силѣ дѣйствія, условіяхъ, при которыхъ они должны разрываться и т. д.

За недѣлю до 1-го марта, метальщики ѣздили за Парголово для пробы снарядовъ. 28 февраля Кибальчичъ, Гриневицкій, Рысаковъ и Тим. Михайловъ ѣздили для той же цѣли за Смольный монастырь. Тамъ Михайловъ бросилъ бомбу,—она разорвалась.

26-го февраля, въ четвергъ, на квартиру Гриневицкаго собрались Желябовъ, Перовская, Рысаковъ, Т. Михайловъ. Это было одно изъ послѣднихъ собраній для обсужденія предстоящаго черезъ нѣсколько дней нападенія на царя.

Къ этимъ днямъ относится и составленіе Гриневицкимъ его завѣщанія. Это было его прощаніе съ жизнью, съ друзьями, съ революціонной борьбой...

Въ этомъ послѣднемъ словѣ Гриневицкаго мы видимъ думы, мечты, надежды, настроеніе многихъ изъ выдающихся тогдашнихъ народовольцевъ, наканунѣ совершеннаго ими важнаго событія въ русской исторіи. Что говорилъ Гриневицкій—все это могли сказать относительно себя и Перовская, и Желябовъ, и Кибальчичъ. Они передъ 1-мъ марта стояли тоже „одной ногой въ могилѣ"...

Къ сожалѣнію, у насъ нѣтъ полностью завѣщанія Гриневицкаго. Нѣсколько лѣтъ тому назадъ намъ удалось прочитать копію

съ завѣщанія Грилевицкаго, у одного изъ умершихъ теперь эми-
грантовъ. Тогда же нами былъ списанъ небольшой отрывокъ изъ
этого завѣщанія для нашихъ работъ,—его мы и печатаемъ въ на-
стоящемъ номерѣ „Былого“. Всего завѣщанія Гриневицкаго намъ,
въ настоящее время, достать не удалось.

Вечеромъ 28-го февраля, въ субботу, было собраніе заговор-
щиковъ, на которомъ окончательно рѣшили на слѣдующій день, ут-
ромъ, сдѣлать покушеніе на жизнь Александра II при его проѣздѣ
въ манежъ или послѣ возвращенія оттуда.

Въ ночь съ 28 февраля на 1-ое марта, Кибальчичъ, Исаевъ,
Грачевскій, Сухановъ и др. были заняты—между прочимъ, на квар-
тирѣ Исаева и В. Фигнеръ—приготовленіемъ бомбъ.

Въ воскресенье 1-го марта, рано утромъ, на конспиративную
квартиру Саблина и Гельфманъ явились метальщики: Гриневицкій,
Рысаковъ, Т. Михайловъ, Емельяновъ. Послѣ нихъ пришла Перов-
ская и принесла съ собою два снаряда, завязанныхъ въ узелокъ.
Она сообщила объ арестѣ Желябова и сказала, что, не смотря на
работу въ теченіе всей ночи, не успѣли приготовить „предполо-
женнаго прежде количества снарядовъ“.

— „Можетъ быть, и еще принесутъ“,—сказала Перовская:
„нужно довольствоваться малымъ“.

Вскорѣ пришелъ Кибальчичъ и принесъ еще два дополнитель-
ныхъ снаряда. Затѣмъ пришла Вѣра Фигнеръ.

Перовская объяснила своимъ товарищамъ по дѣлу планъ на-
паденія на царя. Если не для Гриневицкаго и Саблина, то для
Рысакова было новостью извѣстіе о подкопѣ. Перовская сказала,
что на Малой Садовой (Богдановичъ, Якимова) „уже ждутъ царя“.
Она набросала на конвертѣ, найденномъ потомъ при обыскѣ чрезъ
2 дня, на той же квартирѣ, планъ мѣстности, указала, гдѣ должны
стать метальщики, условилась съ ними въ сигналахъ.

Къ 12 часамъ Рысаковъ и Емельяновъ должны были стоять
на углу Невскаго и Малой Садовой, а Михайловъ и Гриневицкій—
на противоположномъ концѣ этой улицы.

Было рѣшено: если царь поѣдетъ по Малой Садовой, то взор-
вать его посредствомъ мины, заложенной подъ этой улицей; въ
случаѣ же, если не произойдетъ взрыва мины, или, если взрывъ
не вполнѣ достигнетъ своей цѣли, т. е. если царь останется живъ,
тогда метальщики, всѣ четверо, стоявшіе на обоихъ концахъ ули-
цы, должны были поспѣшить къ мѣсту дѣйствія и покончить съ
царемъ бомбами.

Перовская поставила Гриневицкаго въ концѣ М. Садовой,
какъ наиболѣе опытнаго и выработаннаго революціонера, который,
въ случаѣ если бы взрывъ мины не произошелъ почему-либо, дол-
женъ былъ взять на себя иниціативу покушенія и тѣмъ дать дру-
гимъ метальщикамъ сигналъ для дальнѣйшаго нападенія на царя.

Въ 12³/₄ часа Александръ II поѣхалъ въ манежъ по ули-
цамъ, гдѣ не было для него засады. Княгиня Юрьевская просила его
не ѣздить по Малой Садовой. Въ виду темныхъ слуховъ о приго-
товленномъ революціонерами нападеніи, Александръ II измѣнилъ

свой обычный путь въ манежъ чрезъ Малую Садовую и поѣхалъ по пустымъ улицамъ, куда полиція не успѣла еще стянуть весь, обычный въ такихъ случаяхъ, составъ сыщиковъ.

Когда Перовская узнала, что царь благополучно проѣхалъ уже въ манежъ, минуя Малую Садовую, она условленнымъ сигналомъ дала метальщикамъ знать, что надо идти на Екатерининскій каналъ и тамъ снова ждать проѣзда царя.

Александръ II съ часа до двухъ занимался смотромъ своей гвардіи,—занятіемъ достойнымъ такого государственнаго человѣка, какимъ онъ былъ.

Этимъ смотромъ окончилась его политическая дѣятельность.

Когда смотръ кончился, царь, побывавши въ Михайловскомъ дворцѣ, поѣхалъ домой по Екатерининскому каналу, но... тутъ его ждалъ Гриневицкій съ товарищами. Они уже болѣе часу съ небольшими свертками въ рукахъ ходили взадъ и впередъ по каналу, боясь не оказаться на мѣстѣ, когда проѣдетъ тотъ, покончить съ кѣмъ они рѣшились сегодня, во что бы ни стало.

Улицы, по которымъ долженъ былъ проѣхать царь, охранялись спеціальной полицейской стражей. Частымъ хожденіемъ по одной и той же улицѣ можно было возбудить противъ себя подозрѣніе. Свертокъ былъ не тяжелъ—не болѣе пяти фунтовъ, не великъ, однако спрятать въ карманъ его нельзя было, и бдительному оку полиціи, да еще въ моментъ проѣзда царя, могъ показаться подозрительнымъ. Въ случаѣ ареста одного метальщика, могло погибнуть все дѣло, такъ долго подготовлявшееся и стоившее уже столькихъ жертвъ, дѣло, на которое всей партіей возлагалось столько надеждъ.

Таковы были послѣднія минуты сознательной жизни Гриневицкаго.

Перовская, для которой не достало снаряда, осталась на улицѣ для того, чтобы слѣдить за ходомъ всего дѣла. Она прошла по Екатерининскому каналу, осмотрѣла, какія позиціи заняли метальщики, и молча, условленными знаками, дала имъ послѣднія указанія. Потомъ черезъ Казанскій мостъ она перешла на другую сторону Екатерининскаго канала и оттуда, съ замираньемъ сердца, смотрѣла въ томъ направленіи, гдѣ стояли Гриневицкій и его тотоварищи, и ждала давно ожидавшагося событія. Александръ II скоро поравнялся съ первымъ метальщикомъ—Рысаковымъ. Шагахъ въ 30 отъ него стоялъ, прислонившись къ рѣшеткѣ канала, Гриневицкій, а недалеко отъ Гриневицкаго—Емельяновъ.

Было 2 ч. 15 минутъ, когда Рысаковъ бросилъ бомбу подъ ноги лошадей царскаго экипажа. Бомба разорвалась. Казакъ, сидѣвшій на козлахъ, конвойный, одинъ прохожій упали, тяжело или смертельно раненные. Карета была во многихъ мѣстахъ превращена въ щепки. Александръ II уцѣлѣлъ. Онъ вышелъ изъ кареты и прежде всего спросилъ: „схваченъ ли преступникъ?“.

Въ сторонѣ, казаки и полицейскіе уже держали Рысакова и изъ кармана его вынули револьверъ и кинжалъ.

Полицеймейстеръ Дворжицкій просилъ царя сейчасъ же ѣхать во дворецъ. Дворжицкій понималъ, что за однимъ арестованнымъ революціонеромъ стоятъ много другихъ. Но заботы Дворжицкаго были, въ данномъ случаѣ, уже напрасны. Остался ли бы на мѣстѣ Александръ II или сейчасъ, послѣ взрыва бомбы Рысакова, поѣхалъ, —это безразлично.

— „Слава Богу, я уцѣлѣлъ", сказалъ Александръ II одному изъ казаковъ.

— „Не знаю, слава ли еще Богу!" отвѣтилъ ему Рысаковъ.

Рысаковъ видѣлъ, какъ съ разныхъ сторонъ приближаются къ Александру II другіе метальщики, и впереди ихъ Гриневицкій, а тамъ, за каналомъ, стоитъ съ своими друзьями Софья Перовская, которая съ напряженнымъ вниманіемъ слѣдитъ за всѣмъ, что тутъ происходитъ, и сумѣетъ повести дѣло дальше, если будетъ нужно.

Со времени перваго взрыва прошло три-четыре минуты.

Александръ II нѣсколько отдалился отъ окружавшей его толпы и пошелъ было впередъ, къ санямъ.... Но тутъ, на встрѣчу къ нему, приближался Гриневицкій. Онъ былъ отъ царя въ двухъ-трехъ шагахъ—не болѣе. Гриневицкій поднялъ бомбу и, чтобъ ударъ былъ вѣрнѣе, онъ, изо всей силы, бросилъ ее о землю между собой и царемъ... Гриневицкій зналъ, что ни для одного изъ нихъ—ни для него ни для царя—спасенія не было...

Раздался новый оглушительный ударъ. Въ воздухѣ поднялись клубы дыма, снѣгъ, клочья платья... Нѣсколько мгновеній нельзя было ничего разсмотрѣть, что тутъ происходило....

Когда дымъ разсѣялся, увидѣли такую картину.

На землѣ лежало много раненыхъ. Прислонившись спиною къ рѣшеткѣ канала, упершись руками въ панель, безъ шинели и безъ фуражки, полусидѣлъ Александръ II.... Онъ былъ весь въ крови и съ трудомъ дышалъ... Ноги его были раздроблены, кровь сильно струилась съ нихъ, тѣло висѣло кусками, лицо было въ крови... Около него лежала шинель, отъ которой остались одни окровавленные и обожженные клочья....

Когда раздался взрывъ бомбы Рысакова, великій князь Михаилъ былъ недалеко, въ своемъ дворцѣ. Онъ моментально понялъ что это стрѣляли въ Александра II и бросился на Екатерининскій каналъ. Онъ не ошибся: онъ нашелъ Александра II уже смертельно раненнымъ...

На мѣстѣ взрыва лежалъ смертельно раненнымъ и Гриневицкій. Его, вмѣстѣ съ другими ранеными, отнесли въ ближайшій придворный госпиталь. Въ какомъ положеніи былъ Гриневицкій, объ этомъ можно судить по описанію его ранъ, составленному докторомъ сейчасъ, послѣ доставленія его въ госпиталь.

Гриневицкій, говорилось въ этомъ описаніи, „доставленъ въ полномъ безсознательномъ состояніи съ слѣдующими поврежденіями: на лбу и на лицѣ много кровоточивыхъ ранокъ, ушибы обѣихъ вѣкъ съ кровоизліяніемъ подъ соединительную оболочку; правый глазъ нечувствительный къ свѣту; глубокіе ушибы правой верхней конечности, ссадины и кровоподтеки лѣваго предплечья и поверхностныя раны 4-го и 5-го пальцевъ правой кисти. Вся правая голень покрыта 20-ю ранами, проникающими въ колѣнный суставъ, толщу мышцъ; кости правой голени раздроблены въ средней и нижней частяхъ, причемъ раны круглаю очертанія, величиною отъ 1 до $2^{1}/_{2}$ сантиметровъ, съ кровоподтеками, и мѣстами раны проникаютъ толщу костей голени. На тыльной поверхности правой стопы, у сочлененія пальцевъ съ плюсневыми костями, замѣчается поперечная рана въ семь сантиметровъ, проникающая въ суставы. Внутренняя поверхность лѣвой голени покрыта ссадинами кожицы линейнаго очертанія... Дыханіе раненаго поверхностное. Пульса нѣтъ". („Голосъ", 1881, 17 апр.).

Полиція скоро догадалась, что этотъ раненый—революціонеръ, бомбой котораго и былъ убитъ Александръ II.

Гриневицкій все время былъ въ безсознательномъ состояніи, и только незадолго до смерти, въ 9 ч., на короткое время къ нему вернулось сознаніе. Сторожившій его судебный слѣдователь поспѣшилъ спросить его: „Какъ ваше имя?".

Гриневицкій, очевидно, понялъ этотъ вопросъ, понялъ, гдѣ онъ, припомнилъ событія послѣднихъ часовъ. Онъ умиралъ, съ нимъ начиналась уже агонія... Онъ, всю жизнь свою боявшійся оказать какую-либо услугу врагамъ, остался и во время своей предсмертной агоніи вѣренъ тому, чему онъ всегда служилъ.

— „Не знаю",—отрывисто отвѣтилъ онъ судебному слѣдователю.

Это былъ его послѣдній завѣтъ своимъ товарищамъ по борьбѣ: помнить всегда о своей враждѣ къ правительству и, даже умирая, какъ онъ умиралъ, думать объ одномъ—объ интересахъ революціоннаго дѣла и о томъ, чтобы какъ-нибудь, хотя-бы случайно, въ какомъ-нибудь отношеніи не быть полезнымъ правительству.

Послѣ страшныхъ мученій Гриневицкій умеръ въ $10^{1}/_{2}$ часовъ вечера 1-го марта 1881 г. Нѣсколько раньше его—въ 3 ч. 35 минутъ—умеръ Александръ II.

Нѣсколько дней подрядъ жандармы показывали разнымъ свидѣтелямъ трупъ Гриневицкаго и фотографическія карточки съ него, желая выяснить, кто онъ такой. Былъ слухъ, что голову Гриневицкаго правительство сохранило въ спирту и разсчитывало даже, въ качествѣ вещественнаго доказательства, показать ее на судѣ... Не знаемъ, насколько вѣренъ былъ этотъ слухъ.

Имя Гриневицкаго правительство узнало уже послѣ того, какъ кончился процессъ по дѣлу 1-го марта...

ТРИ ПИСЬМА ИСПОЛНИТЕЛЬНАГО КОМИТЕТА НАРОДНОЙ ВОЛИ.

1) КЪ РОШФОРУ.

Привѣтъ, дорогой товарищъ!

Мы обращаемся къ вамъ не только для того, чтобы выразить наше глубокое къ вамъ уваженіе.

Ваше имя, ваша литературная дѣятельность, вашъ „Фонарь“, ваше прошлое, ваша борьба противъ второй имперіи во Франціи, борьба, которую вы продолжали въ Бельгіи, ваше изгнаніе, ваше возвращеніе, славное знамя, поднятое L'Intransigeant,—все это слишкомъ яркіе факты для того, чтобы выражаемое нами къ вамъ уваженіе, могло прибавить что-нибудь къ вашей всемірной извѣстности.

Мы обращаемся къ вамъ, чтобы просить васъ помочь намъ въ нашихъ дѣлахъ, которыя мы ведемъ теперь, въ Европѣ.

Мы объявили непримиримую войну императорскому деспотизму въ Россіи и поставили себѣ цѣлью передать верховную власть въ руки народа. Мы ведемъ эту войну въ продолженіе уже многихъ лѣтъ. Характеръ нашей борьбы и та дѣятельность, въ которой она выразилась въ послѣднее время, заставляетъ насъ, какъ революціонную партію, обратиться съ призывомъ къ Европѣ, которая въ настоящее время, какъ молчаливая зрительница, смотритъ на насъ со стороны, не понимая, что происходитъ предъ ея глазами.

Наша обязанность открыть глаза Европѣ и доказать ей, что симпатіи всѣхъ народовъ по праву принадлежатъ намъ.

Эту задачу, кромѣ другихъ лицъ, мы поручили нашему товарищу Льву Гартману.

Не откажите помочь ему въ его дѣлахъ, и пусть ваше славное имя и ваше могущественное слово усилятъ нашу нравственную связь съ европейскими народами.

2) КЪ ЛЬВУ ГАРТМАНУ.

Дорогой товарищъ!

Наша задача—включить русскій народъ въ число свободныхъ народовъ. Поэтому мы, продолжая нашу внутреннюю борьбу, обязаны разсѣять предубѣжденія, относительно европейскихъ народовъ къ Россіи.

Наша обязанность—доказать, что Европа знаетъ лишь, и то отчасти, Россію оффиціальную, варварское правительство, наслѣдіе монголовъ, и праздное дворянство, которое, надо сказать, можно встрѣтить также и повсюду. Но Европа совсѣмъ не знаетъ народную Россію и интеллигентные классы страны или знаетъ ихъ только самымъ поверхностнымъ образомъ.

Вмѣшиваясь въ интернаціональныя дѣла Европы, оффиціальная Россія находила всегда возможность дѣйствовать своей шпагой въ интересахъ реакціи и династическихъ цѣлей. Народная Россія все время была несогласна съ политикой своего правительства и, насколько это было въ ея силахъ, она избѣгала помогать ему, а въ наши дни она настолько окрѣпла, что препятствуетъ правительству въ иностранной политикѣ заниматься всякаго рода интригами, какъ бы онѣ ни были незначительны.

Безъ всякаго сомнѣнія, европейскіе народы слишкомъ хорошо помнятъ ихъ собственную прошлую исторію, чтобы обвинять русскій народъ за цѣпи, которыя его давятъ. Кромѣ того, русскій народъ докажетъ свои права на довѣріе европейскихъ народовъ и на ихъ симпатію тогда, когда, свергнувъ настоящее правительство, народная Россія будетъ въ состояніи установить прямыя сношенія съ Европой.

Въ ожиданіи же всего этого, сдѣлаемъ пока то, что въ нашей власти,—доставимъ за предѣлы русскихъ границъ точныя свѣдѣнія о дѣйствительномъ состояніи Россіи. Что касается Англіи и Америки, то вамъ, нашъ товарищъ, мы довѣряемъ эту задачу въ этихъ странахъ. Мы уполномачиваемъ васъ основать тамъ отъ нашего имени постоянное бюро.

Хотя мы рѣшились вести нашу активную борьбу противъ русскаго правительства только исключительно при помощи силъ и средствъ русскаго народа, однако, мы васъ уполномачиваемъ, дорогой товарищъ, принимать денежную помощь отъ другихъ народовъ:

    1) для мѣстной пропаганды (за границей),
    2) для гуманитарныхъ цѣлей внутри Россіи.
    3) пожертвованія рабочихъ для русскихъ рабочихъ-стачечниковъ.

Мы убѣждены, что Европа и Америка, помня тяжелую борьбу за ихъ собственное освобожденіе, не замедлятъ встрѣтить вашу миссію, дорогой товарищъ, съ глубокимъ интересомъ.

3) КЪ КАРЛУ МАРКСУ.

Гражданинъ!

Интеллигентный и прогрессивный классъ въ Россіи, всегда внимательный къ развитію идей въ Европѣ и всегда готовый откликнуться на нихъ, принялъ съ восторгомъ появленіе вашихъ научныхъ работъ.

Въ нихъ именемъ науки признаны лучшіе принципы русской жизни. „Капиталъ“ сталъ ежедневнымъ чтеніемъ интеллигентныхъ людей. Но въ царствѣ византійскаго мрака и азіатскаго деспотизма, всякій прогрессъ соціальныхъ идей разсматривается, какъ революціонное движеніе. Само собой разумѣется, что ваше имя связано съ политической борьбой въ Россіи. Въ однихъ оно вызвало глубокое уваженіе и горячую симпатію, въ другихъ — преслѣдованія. Ваши сочиненія были запрещены, и самый фактъ ихъ изученія разсматривается теперь, какъ признакъ политической неблагонадежности.

Что касается насъ, многоуважаемый гражданинъ, мы знаемъ, съ какимъ интересомъ вы слѣдите за всѣми проявленіями дѣятельности русскихъ революціонеровъ, и мы счастливы, что можемъ заявить теперь, что эта дѣятельность дошла до самой высокой степени напряженности. Предыдущая революціонная борьба закалила борцовъ и не только установила для революціонеровъ ихъ теоретическую программу, но въ то же время и вывела ихъ практическую революціонную борьбу на вѣрную дорогу для ея осуществленія.

Различныя революціонныя фракціи, неизбѣжныя въ движеніи столь новомъ, сходятся, сливаются и общими усиліями стараются соединиться съ желаніями и надеждами народа, которыя также древни у насъ, какъ и само рабство.

При такихъ обстоятельствахъ приближается моментъ побѣды. Наша задача была бы для насъ значительно легче, если бы опредѣленно высказанныя симпатіи свободныхъ народовъ были бы на нашей сторонѣ. А для этого требуется только одно — знакомство съ истиннымъ положеніемъ дѣлъ въ Россіи.

Съ этой цѣлью мы и поручаемъ нашему товарищу, Льву Гартману, организовать въ Англіи и Америкѣ доставку свѣдѣній относительно настоящаго развитія нашей общественной жизни.

Мы обращаемся къ вамъ, многоуважаемый гражданинъ, прося васъ помочь ему въ осуществленіи этой задачи.

Твердо рѣшившись разбить цѣпи рабства, мы убѣждены, что недалеко то время, когда наше несчастное отечество займетъ въ Европѣ мѣсто, достойное свободнаго народа.

Мы считаемъ себя счастливыми, выражая вамъ, многоуважаемый гражданинъ, чувства глубокаго уваженія всей русской соціально-революціонной партіи.

Всѣ три письма Исполнительнаго Комитета Народной Воли — къ Рошфору, Гартману и Марксу—помѣчены: С.-Петербургъ, 25 окт. (6 ноября) 1880 года. Въ первый разъ эти письма были напечатаны въ L'Intransigeant 18 (30 ноября) 1880 года съ французскаго подлинника, присланнаго изъ Петербурга. Второе изъ этихъ писемъ было перепечатано въ „New Iork Herald“ 1881 г. 30 іюля.

Въ концѣ октября 1880 года, въ Петербургѣ изъ видныхъ народовольцевъ были: Желябовъ, Ал. Михайловъ, В. Фигнеръ, Богдановичъ, Перовская, Колоткевичъ, Саблинъ, Фроленко, Грачевскій, Исаевъ, Баранниковъ, Франжоли, Тихомировъ и др. Большинство изъ нихъ принимало участіе въ обсужденіяхъ при посылкѣ писемъ Исп. Комитета къ Рошфору, Гартману и Марксу. Такимъ образомъ, эти оффиціальные документы Исполнительнаго Комитета принадлежатъ также и къ біографіямъ всѣхъ только что упомянутыхъ лицъ, характеризуя ихъ отношеніе къ политическимъ и соціальнымъ вопросамъ.

Эти письма Исполнительнаго Комитета, какъ и его письмо къ «Европейскому Обществу“, по поводу ареста Гартмана въ Парижѣ, иллюстрируютъ взгляды народовольцевъ того времени на важность европейскаго общественнаго мнѣнія для русскаго революціоннаго движенія, о чемъ Исполнительный Комитетъ говорилъ въ своей запискѣ „Подготовительная работа партіи», составленной весной 1880 года.

Мы не знаемъ, удалось ли эмигрантамъ организовать въ 1880 г. помощь русскимъ стачечникамъ, но изъ письма къ Гартману мы видимъ, что Исполнительный Комитетъ Н. В. не только старался помогать русскимъ рабочимъ въ организаціи ихъ стачекъ и въ развитіи классовой борьбы, но и обращался за помощью, для рабочаго движенія въ Россіи, къ западно-европейскимъ рабочимъ организаціямъ.

Выраженное Исполнительнымъ Комитетомъ сочувствіе Марксу отъ имени „всей русской соціалистической и революціонной партіи" не было новостью для русскихъ революціонеровъ въ 1880 году. Имя Маркса задолго до этого времени было очень популярно въ Россіи, и его идеи давно уже усиленно пропагандировались русскими революціонерами.

Еще въ 1872 году Германъ Александровичъ Лопатинъ далъ прекрасный переводъ перваго тома „Капитала" Маркса, когда эта книга еще не появилась въ переводѣ ни на одномъ европейскомъ языкѣ. Этотъ переводъ „Капитала" оставался въ Россіи единственнымъ все время до 1897 года. Лопатинъ былъ всегда на сторонѣ партіи Народной Воли, а въ 1883—84 гг. явился главнымъ ея выразителемъ; и за свою попытку возобновить организацію партіи Народной Воли былъ арестованъ въ 1884 году и сидитъ досихъ поръ—съ 1887 года, въ Шлиссельбургской крѣпости.*)

Другіе народовольцы и революціонеры, близкіе съ нимъ, какъ напримѣръ, покойный Лавровъ, въ легальной и нелегальной прессѣ („Вѣстникѣ Народной Воли", „Календарѣ Н. В." и т. д.), какъ до 1880 г., такъ и потомъ, всегда были энергичными проповѣдниками въ Россіи идей Маркса и популяризаторами его личности.

Но, что отъ имени Исполнительнаго Комитета гоюрили въ напечатанныхъ выше письмахъ Желябовъ, Михайловъ, Перовская и ихъ друзья, то же самое въ то время говорили и думали о сочиненіяхъ Маркса большинство другихъ народовольцевъ.

Эта пропаганда идей Маркса велась очень успѣшно. Г-нъ Плехановъ былъ совершенно правъ, когда, издавая заграницей въ 1882 г. первую брошюру съ своимъ предисловіемъ („Манифестъ коммунистической партіи" Маркса), онъ говорилъ: «Имена Карла Маркса и Фридриха Энгельса пользуются у насъ такою громкою и почетною извѣстностью, что говорить о научныхъ достоинствахъ „Манифеста коммунистической партіи" значитъ повторять всѣмъ извѣстную истину».

Замѣтимъ, что народовольцы, между прочимъ и авторы приведеннаго нами письма „Исполнительнаго Комитета", всегда относились къ Марксу, какъ къ талантливому и энергичному представителю одного изъ теченій въ общесоціалистическомъ движеніи на западѣ, но не были согласны съ нѣкоторыми его теоретическими взглядами, или вѣрнѣе, излишнимъ подчеркиваніемъ и одностороннимъ толкованіемъ нѣкоторыхъ особенностей его взглядовъ со стороны тѣхъ „учениковъ" Маркса, по поводу которыхъ Марксъ какъ-то самъ сказалъ, что, если они—марксисты, то «я—не марксистъ».

Эти возраженія еще тогда же—до 1882 г.—при жизни Маркса († 1883 г.) были высказаны народовольцами въ литературѣ и ея, и со стороны Маркса они встрѣтили къ себѣ такое же отченіе, какое встрѣтила съ его стороны въ 1878 году статья К. Михайловскаго по поводу его замѣчаній о взглядахъ на русскую общину, которые, какъ сказалось, ошибочно приписывались Марксу его односторонними учениками.

*(Въ 1905 г. Г. А. Лопатинъ былъ освобожденъ.

Всѣ основныя черты спора о марксизмѣ, которыя тогда народовольцы вели съ своими противниками, повторились потомъ въ литературѣ въ 1893—96 гг. и повторяются до сихъ поръ.

Мы не знаемъ, отвѣчалъ-ли Марксъ на письмо Исполнительнаго Комитета или нѣтъ, но извѣстно, что Марксъ, какъ и Энгельсъ, были всегда горячими сторонниками партіи Народной Воли и ея дѣятельности. Указанія на это существуютъ между прочимъ въ любопытномъ письмѣ Лопатина, помѣщенномъ въ 6 № „Матеріаловъ“.

Издавая въ 1881 году еще разъ свой „Манифестъ“, Марксъ и Энгельсъ говорятъ между прочимъ: „Въ періодъ революціи 1848—49 года не только европейскіе монархи, но и европейскіе буржуа, находили въ русскомъ вмѣшательствѣ единственное спасеніе противъ только что собравшагося съ силами пролетаріата. Царя провозгласили главою европейской реакціи. Теперь Россія представляетъ собой передовой отрядъ революціоннаго движенія въ Европѣ“.

Во главѣ этого „отряда“, когда писалъ Марксъ, стояли народовольцы—друзья Желябова, Перовской, Халтурина, Гриневицкаго, Суханова.

Рошфоръ въ 1880 году, когда къ нему посылалъ свое письмо Исполнительный Комитетъ, только что вернулся послѣ амнистіи въ Парижъ и, совмѣстно съ большинствомъ выдающихся коммунаровъ энергично велъ соціалистическую борьбу.

Какъ бы въ отвѣтъ на письмо Исполнительнаго Комитета Народной Воли, Рошфоръ написалъ, по поводу 1-го марта 1881 года, дѣла Геси Гельфманъ и пр., рядъ горячихъ статей въ защиту русскихъ революціонеровъ и той борьбы, которую они вели.

„Восемь лѣтъ,—писалъ между прочимъ Рошфоръ въ статьѣ „Реваншъ нигилистовъ“, русскіе революціонеры съ неизмѣнной твердостью добиваются того, что имѣютъ всѣ свободные народы и что имѣютъ даже народы несвободные“.

„Вначалѣ они просили, потомъ стали угрожать. На просьбы имъ отвѣтили удвоеннымъ произволомъ, а на угрозы—казнями, которыя заставили сомнѣваться, что есть границы человѣческой жестокости...

Русскому правительству пришлось выслушать со страницъ популярнаго тогда „L'Intransigeant“ много горькихъ истинъ, написанныхъ съ обычнымъ для Рошфора талантомъ.

ЩЕДРИНЪ ОБЪ УБІЙСТВѢ СУДЕЙКИНА.

16 го декабря 1883 года въ Петербургѣ былъ убитъ Судейкинъ.

Вскорѣ послѣ этого событія, въ редакцію „Отечественныхъ Записокъ“ зашелъ одинъ изъ извѣстныхъ провинціальныхъ земскихъ дѣятелей. Онъ между прочимъ спросилъ Салтыкова:

— Михаилъ Евграфовичъ! говорятъ — революціонеры убили какого-то Судейкина. За что они убили его?

— Сыщикъ онъ былъ,—отвѣтилъ Салтыковъ.

— Да за что же они его убили?

— Говорятъ вамъ, по-русски, кажется:—сыщикъ онъ былъ!

— Ахъ, боже мой!—снова обратился земецъ къ Салтыкову: —я слышу, что онъ былъ сыщикъ, да за что же его убили?

— Повторяю вамъ еще разъ: сыщикъ онъ былъ.

— Да слышу, слышу я, что онъ сыщикъ былъ, да объясните мнѣ, за что его убили?

— Ну, если вы этого не понимаете, такъ я вамъ лучше растолковать не умѣю,—отвѣтилъ Салтыковъ земцу.

Этотъ разсказъ мы слышали въ январѣ 1884 г. отъ Степурина '(† 86 году).

Такъ, какъ Салтыковъ относился къ террористической борьбѣ, когда она направлялась противъ сыщиковъ, относились въ русскомъ обществѣ всѣ сколько-нибудь широко смотрѣвшіе на дѣло. Во всѣхъ же почти другихъ случаяхъ террористической борьбы, если и бывало со стороны общества отрицательное отношеніе, такъ только съ той точки зрѣнія, что не отзовутся-ли эти факты реакціоннымъ образомъ на общемъ положеніи политическихъ дѣлъ въ Россіи, а по существу, симпатіи всѣхъ сколько-нибудь независимыхъ людей всегда были на сторонѣ террористовъ.

Кстати, замѣтимъ здѣсь, что къ Судейкинымъ и ко всякаго рода сыщикамъ общество всегда относилось съ величайшимъ презрѣніемъ. Ихъ презирали даже ихъ собственные начальники, которые пользовались ихъ услугами и высоко цѣнили, какъ ищеекъ.

По этому поводу напомнимъ читателямъ одинъ интересный документъ, появившійся въ легальной прессѣ.

Въ „Голосѣ" (1881 г. 22 февраля) было помѣщено слѣдующее курьезное заявленіе бывшаго начальника III-го отдѣленія Шульца.

„Нѣкоторыя столичныя газеты, описывая обстоятельства задержанія въ СПБургѣ тайнаго агента III-го отдѣленія Клѣточникова или Клѣточкина, изобличеннаго въ предосудительныхъ сношеніяхъ съ соціалистами, называютъ его чиновникомъ упраздненнаго III-го отдѣленія собственной Его Величества канцеляріи.

„Желая оградить моихъ бывшихъ сослуживцевъ отъ незаслуженнаго и унизительнаго „титула", я считаю долгомъ заявить, что до оставленія мною, въ ноябрѣ 1878 года, поста управляющаго III-мъ отдѣленіемъ собственной Е. И. В. канцеляріи, чиновники сего учрежденія не имѣли ничего общаго съ тайными агентами, а занимались исключительно и явно канцелярскою работою въ четырехъ стѣнахъ III-го отдѣленія".

Мы, конечно, можемъ только посмѣяться надъ забавной попыткой оберъ-шпіона Шульца доказать, что шпіоны, „явно занимающіеся канцелярской работой въ четырехъ стѣнахъ III-го отдѣленія",—не шпіоны, а чиновники Министерства Внутреннихъ Дѣлъ".

„Не шпіоны-съ, доносители,

„Государства - охранители!"

ПРОПАГАНДА СРЕДИ ПЕТЕРБУРГСКИХЪ РАБОЧИХЪ ВЪ НАЧАЛѢ СЕМИДЕСЯТЫХЪ ГОДОВЪ.

Небольшія группы пропагандистовъ начали (въ началѣ семидесятыхъ годовъ) селиться по городамъ и деревнямъ. Тутъ устраивали кузницу, тамъ маленькую ферму, и молодые люди, принадлежавшіе къ зажиточнымъ классамъ, работали въ этихъ кузницахъ и на фермахъ для того, чтобы быть въ ежедневномъ соприкосновеніи съ трудящимися массами. Въ Москвѣ нѣсколько молодыхъ дѣвушекъ (изъ богатыхъ семей), которыя раньше учились въ цюрихскомъ университетѣ и устроили затѣмъ отдѣльную организацію, поступили на ткацкія фабрики, гдѣ онѣ работали по 14—16 часовъ въ сутки и жили въ фабричныхъ зданіяхъ, раздѣляя вполнѣ жалкую жизнь русскихъ фабричныхъ работницъ. Это было широкое движеніе, въ которомъ, по меньшей мѣрѣ, принимало участіе отъ двухъ до трехъ тысячъ лицъ, между тѣмъ, какъ вдвое или втрое большее число сочувствующихъ оказывали разнаго рода помощь этому активному авангарду. Нашъ петербургскій кружокъ былъ въ правильныхъ сношеніяхъ съ доброй половиной всей этой арміи, при чемъ переписка велась, разумѣется, при помощи шифровъ.

Той литературы, какую можно было тогда издавать въ Россіи, когда, благодаря строгости русской цензуры, запрещалось дѣлать самые отдаленные намеки на соціализмъ—скоро оказалось недостаточно, и мы устроили свою типографію за границей. Приходилось писать брошюры для рабочихъ и крестьянъ, и нашъ маленькій „литературный комитетъ", къ которому принадлежалъ и я, былъ заваленъ работой. Сергѣй (Степнякъ-Кравчинскій) тоже написалъ двѣ такихъ брошюры: одну въ духѣ Ламенэ, и другую, излагавшую соціализмъ въ формѣ сказки; обѣ брошюры имѣли широкое распространеніе. Печатавшіяся за границей книги и брошюры ввозились въ Россію контрабанднымъ путемъ въ тысячахъ экземпляровъ, складывались въ извѣстныхъ мѣстахъ и оттуда разсылались мѣстнымъ кружкамъ, которые уже распространяли ихъ между крестьянами и рабочими. Все это требовало обширной организаціи, постоянныхъ разъѣздовъ и колоссальной переписки, особенно въ виду предохраненія отъ полиціи нашихъ помощниковъ и книжныхъ складовъ. У насъ были отдѣльные шифры для различныхъ провинціальныхъ кружковъ, и часто, послѣ того, какъ шесть или семь часовъ было проведено въ обсужденіи всѣхъ подробностей отвѣтовъ товарищамъ, женщины, не довѣрявшія нашей аккуратности въ шифрованной перепискѣ, просиживали цѣлыя ночи, испещряя листы бумаги кабаллистическими цифрами и дробями.

На нашихъ собраніяхъ всегда царила полная сердечность. Предсѣдательство и всякаго рода формализмъ до такой степени ненавистны русскому характеру, что у насъ ничего подобнаго не бывало, и, хотя по временамъ наши дебаты отличались крайней горячностью, особенно когда обсуждались „программные вопросы", намъ удавалось, тѣмъ не менѣе, недурно обходиться безъ помощи западно-европейскихъ формальностей. Полной искренности, всеобщаго желанія уладить возможно лучшимъ образомъ всѣ затрудненія и откровенно выражавшагося презрѣнія ко всему, что хоть малѣйшимъ образомъ напоминало театральничанье, — было вполнѣ достаточно для этого. Если кто-нибудь изъ насъ пускался въ риторику съ цѣлью произвести эффектъ, дружескія шутки по этому поводу скоро напоминали ему, что произнесеніе рѣчей тутъ не у мѣста. Часто во время этихъ собраній мы обѣдали, и обѣды наши состояли неизмѣнно изъ ржаного хлѣба съ огурцами, куска сыру и обильнаго количества слабаго чаю для утоленія жажды. И это не потому, что не хватало денегъ; ихъ всегда у насъ было достаточно, хотя излишка въ нихъ и не приходилось испытывать, въ виду все разраставшихся расходовъ на печатаніе и перевозку книгъ, на укрывательство друзей, разыскиваемыхъ полиціей, и на выполненіе постоянно возникавшихъ новыхъ предпріятій.

Незадолго до описываемаго времени мы завязали обширныя связи въ средѣ петербургскихъ рабочихъ. Сердюковъ, молодой человѣкъ съ блестящимъ образованіемъ, пріобрѣлъ множество пріятелей среди рабочихъ механиковъ, большинство которыхъ работало на правительственномъ артиллерійскомъ заводѣ, и устроили кружокъ человѣкъ изъ тридцати, которые собирались для совмѣстныхъ чтеній и дебатовъ. Плата на механическихъ заводахъ въ Петербургѣ довольно хорошая, и тѣ изъ рабочихъ, которые не обременены семьями, могутъ порядочно существовать. Они вскорѣ вполнѣ ознакомились съ радикальной и соціалистической литературой той эпохи. Бокль, Лассаль, Милль, Дреперъ, Шпильгагенъ, — все это были имена, извѣстныя имъ; да и по своему внѣшнему виду эти рабочіе мало отличались отъ студентовъ. Когда Кельницъ (псевдонимъ), Сергѣй и я присоединились къ кружку, мы часто посѣщали ихъ собранія и читали имъ лекціи по разнымъ вопросамъ. Однако, наши надежды на то, что эти молодые люди превратятся въ ревностныхъ пропагандистовъ въ средѣ менѣе привилегированныхъ классовъ рабочихъ, не вполнѣ оправдались. Въ свободной странѣ они подѣлались бы постоянными ораторами публичныхъ митинговъ, но они, подобно привилегированнымъ часовыхъ дѣлъ мастерамъ въ Женевѣ, относились къ обыкновеннымъ фабричнымъ съ нѣкотораго рода презрѣніемъ и не обнаруживали особенной поспѣшности въ желаніи пострадать за дѣло соціализма. Только послѣ того, какъ имъ пришлось быть арестованными и просидѣть по три и четыре года въ тюрьмѣ за то, что они смѣли мыслить въ соціалистическомъ направленіи и, такимъ образомъ, испытать вполнѣ силу русскаго деспотизма, многіе изъ нихъ стали горячими пропагандистами, главнымъ образомъ, политической революціи.

Что касается меня, то меня всегда особенно привлекала къ себѣ среда ткачей и другихъ рабочихъ ткацкихъ фабрикъ. Въ Петербургѣ есть между ними тысячи такихъ, которые работаютъ тамъ въ теченіе зимы, а на три лѣтніе мѣсяца возвращаются въ свои родныя деревни обрабатывать землю. На половину крестьяне, на половину городскіе рабочіе, они въ общемъ сохранили характеръ жителей русской деревни. Движеніе охватывало ихъ подобно пожару. часто приходилось охлаждать рвеніе нашихъ новыхъ друзей, иначе они приводили бы къ намъ сотни людей заразъ, и старыхъ, и ма-

Былле.—2 л.

лыхъ. Большинство ихъ жило артелями, по 10-12 человѣкъ, нанимавшихъ себѣ помѣщеніе и жившихъ сообща, при чемъ каждый ежемѣсячно уплачивалъ приходившуюся на его долю часть расходовъ. На эти-то артельныя квартиры мы и ходили обыкновенно: ткачи вскорѣ познакомили насъ и съ другими артелями—каменщиковъ, плотниковъ и т. под. Въ нѣкоторыхъ изъ этихъ артелей Сергѣй, Кельницъ и еще двое изъ нашихъ пріятелей были совершенно какъ у себя дома и проводили тамъ цѣлыя ночи, толкуя о соціализмѣ. Кромѣ этого, въ разныхъ частяхъ Петербурга у насъ были спеціальныя квартиры, нанимавшіяся кѣмъ-нибудь изъ нашихъ, куда каждый вечеръ являлось человѣкъ по 10-12 рабочихъ, чтобы учиться читать и писать, а потомъ и поболтать немного. Отъ времени до времени то одинъ, то другой изъ насъ отправлялся въ родныя деревни нашихъ городскихъ друзей и проводилъ тамъ недѣлю другую, занимаясь почти открыто пропагандой среди крестьянъ.

Понятно, всѣ, кому приходилось имѣть дѣло съ этимъ классомъ рабочихъ, должны были одѣваться подобно имъ, т. е. въ крестьянское платье. Пропасть между крестьянами и образованными людьми такъ велика въ Россіи, и общеніе между ними такъ рѣдко, что не только появленіе въ деревнѣ человѣка, одѣтаго по городскому, возбуждаетъ всеобщее вниманіе, но даже въ городѣ, если человѣкъ котораго нельзя принять за рабочаго по языку и платью, будетъ замѣченъ водящимъ компанію съ рабочими, то вызоветъ подозрѣніе со стороны полиціи: „Зачѣмъ бы ему возжаться съ мужичьемъ, если у него нѣтъ чего-нибудь нехорошаго на умѣ?" Часто, послѣ обѣда въ какомъ-нибудь богатомъ домѣ или даже въ Зимнемъ Дворцѣ, куда я нерѣдко заходилъ повидаться съ кѣмъ-нибудь изъ пріятелей, я бралъ извозчика, спѣшилъ въ квартиру какого-нибудь бѣднаго студента на окраинѣ города, перемѣнялъ тамъ свое платье на холщевую рубаху, лапти и крестьянскій полушубокъ, и перешучиваясь съ встрѣчными мужичками, отправлялся въ какую-нибудь трущобу на свиданіе со своими друзьями-рабочими. Я разсказывалъ имъ о рабочемъ движеніи, которое мнѣ пришлось видѣть заграницей. Они съ увлеченіемъ слушали меня, стараясь не проронить ни одного слова. Затѣмъ возникалъ вопросъ: „что же можно сдѣлать въ Россіи?"—„Агитируйте, организуйтесь: иныхъ путей нѣтъ!"—былъ нашъ отвѣтъ, и мы читали имъ популярно написанную исторію французской революціи, составленную по прекрасной „Исторіи одного крестьянина" Эркмана-Шатріана. Всѣ были въ восторгѣ отъ Шовеля, который, пропагандируя, ходилъ изъ деревни въ деревню, раздавая всюду запрещенныя книжки, и всѣ сгарали жаждой послѣдовать его примѣру. „Толкуйте объ этомъ съ другими", говорили мы: „собирайте людей, и когда насъ будетъ больше, посмотримъ, что можно будетъ сдѣлать". Они вполнѣ понимали насъ, и нужно было только сдерживать ихъ рвеніе.

Между этими людьми я проводилъ счастливѣйшіе часы. Особенно остался мнѣ памятенъ день перваго января 1874 года, послѣдняго, который я прожилъ въ Россіи на свободѣ. Канунъ его я провелъ въ самой избранной компаніи. Тамъ въ ту ночь было произнесено множество высокопарныхъ, благородныхъ словъ объ обязанностяхъ гражданина, о благѣ родины и т. под. Но во всѣхъ этихъ высокопарныхъ рѣчахъ звучала постоянно одна нота: какъ бы каждому изъ ораторовъ обезпечить свое личное благосостояніе. Однако, ни у кого не было мужества откровенно сознаться, что онъ готовъ былъ идти лишь до тѣхъ поръ, пока не задѣнутъ его собственной хаты. Софизмы— софизмы безъ конца—на тему о медленности прогресса, объ инертности низшихъ классовъ, о безполезности самопожертвованія.—Все это говорилось для того, чтобы оправдать то, что оставалось недосказаннымъ, все это говорилось въ перемѣшку съ увѣреніями въ готовности каждаго изъ ораторовъ на какія-угодно жертвы. Я ушелъ домой, внезапно охваченный глубокой грустью подъ вліяніемъ всей этой болтовни.

На слѣдующее утро я отправился на одно изъ собраній нашихъ ткачей. Оно происходило въ темномъ помѣщеніи полвальнаго этажа. Я былъ одѣтъ въ крестьянское платье и совершенно терялся въ толпѣ другихъ полушубковъ. Мой товарищъ, уже раньше знакомый съ рабочими, представилъ меня имъ, сказавши просто:

— Бородинъ,—другъ.

— „Ну, разскажи-ка намъ, Бородинъ, что ты видѣлъ за границей,—обратились рабочіе ко мнѣ.

И я сталъ имъ разсказывать о рабочемъ движеніи въ Западной Европѣ, борьбѣ рабочаго класса, объ ея трудностяхъ, о возлагавшихся на нее надеждахъ.

Моя аудиторія состояла, по преимуществу, изъ людей средняго возраста. Всѣ они казались глубоко заинтересованными. Они ставили мнѣ вопросы, всегда чрезвычайно умѣстные, насчетъ мельчайшихъ подробностей организаціи рабочихъ союзовъ, насчетъ цѣлей Международной Ассоціаціи и ея шансовъ на успѣхъ. Затѣмъ поднятъ былъ вопросъ о томъ, что мы можемъ дѣлать въ Россіи, и каковы могутъ быть результаты нашей пропаганды.

Я, разумѣется, никогда не умалялъ опасностей нашей агитаціи и откровенно высказывалъ все, что думалъ. „Насъ, по всей вѣроятности, въ одинъ прекрасный день сошлютъ въ Сибирь, а васъ—нѣкоторыхъ изъ васъ—будутъ держать долгіе мѣсяцы въ тюрьмѣ за то, что вы слушали насъ“. Эта невеселая перспектива не испугала ихъ. „Въ концѣ концовъ, и въ Сибири есть люди: не одни же тамъ медвѣди“, „гдѣ люди живутъ, тамъ и мы сможемъ прожить“, „не такъ страшенъ чертъ, какъ его малюютъ“, „волковъ бояться, въ лѣсъ не ходить“, говорили рабочіе при прощаніи. И когда, впослѣдствіи, нѣкоторые изъ нихъ были арестованы, они почти всѣ прекрасно вели себя, никого не выдавая и, наоборотъ, стараясь выгораживать насъ.

П. Кропоткинъ.

С. Н. БОБОХОВЪ.

Сергѣй Николаевичъ Бобоховъ родился въ Смоленской губерн и въ 1858 году, въ семьѣ вполнѣ обезпеченной. Есть основаніе

думать, что раннее дѣтство онъ провелъ, хотя сравнительно и сча-
стливо, но зато одиноко, и вмѣсто веселыхъ дѣтскихъ игръ онъ
очень рано долженъ былъ пристраститься къ чтенію. Первоначаль-
ное воспитаніе ему было дано въ пансіонѣ, куда вмѣстѣ съ маль-
чиками ходили учиться и дѣвочки и, быть можетъ, этимъ-то и объ-
ясняется та почти женственная деликатность, то стыдливое уклоне-
ніе отъ всякихъ грубыхъ словъ и пріемовъ, которымъ всю жизнь
отличался Бобоховъ.

Семейныя обстоятельства заставили его родителей пересели-
ся вскорѣ изъ Смоленска сперва въ Полтаву, а затѣмъ въ Сара-
товъ, гдѣ Бобоховъ и поступилъ въ классическую гимназію. Онъ
дошелъ до среднихъ классовъ гимназіи, какъ-разъ къ тому време-
ни, когда въ началѣ 70-хъ годовъ революціонное движеніе особен-
но широкой волной стало разливаться по Россіи. Начиналось то
движеніе, которое вскорѣ, подобно эпидеміи, охватило всю лучшую
часть русскаго общества и сыграло такую важную роль въ исторіи
соціально-революціонной партіи. Студенты и курсистки массами по-
кидали учебныя скамьи и шли въ народъ. Гимназисты устраивали
тайные кружки саморазвитія и, усердно слѣдя за нелегальной ли-
тературой и изучая политическую экономію, готовили свои силы
къ той же дѣятельности.

Это были дни повальнаго идеализма, когда въ самомъ возду-
хѣ, казалось, носились сѣмена добра и любви, и нужно-ли упоми-
нать, что юноша Бобоховъ, однимъ изъ первыхъ въ средѣ своихъ
сверстниковъ, поддался очарованію этого высокаго и свѣтлаго идеа-
ла, который носился предъ умственными взорами тогдашней моло-
дежи, и осуществленіе котораго казалось ей такъ возможнымъ и
такъ близкимъ. Но онъ былъ еще слишкомъ молодъ для того, что-
бы могъ немедленно отправиться „въ народъ" и на первый разъ
заплатилъ дань времени тѣмъ только, что, дойдя до 6-го класса
гимназіи, рѣшилъ бросить учебное заведеніе съ его казенной и
безполезной наукой, зубреніемъ латинской и греческой грамматики
и самостоятельно повести дѣло своего развитія и образованія.

Мечты влекли его въ Петербургъ. Тамъ должны были, нако-
нецъ, рѣшиться всѣ вопросы, такъ страстно томившіе и мучившіе
молодыя души. И вотъ, въ 1875 году мы видимъ его въ Петер-
бургѣ студентомъ Ветеринарнаго Института при Медико-Хирурги-
ческой Академіи, цѣлые дни проводящимъ въ публичной библіотекѣ
за чтеніемъ сочиненій по исторіи, соціологіи и политической эко-
номіи.

Черезъ годъ послѣ поступленія Бобохова въ Институтъ, тамъ
произошли студенческіе безпорядки по поводу столкновенія студен-
товъ съ профессоромъ Вышнеградскимъ. По прирожденному ему
чувству товарищества Бобоховъ не могъ не принять участія въ
студенческомъ движеніи, и это разрушило всѣ его свѣтлые планы
и надежды на будущее. Онъ былъ исключенъ изъ Института (одно-
временно съ Гриневицкимъ) и высланъ къ родителямъ въ Саратовъ.
Тамъ вскорѣ онъ также былъ заподозрѣнъ въ какой-то пропагандѣ
и въ 1877 году сосланъ административнымъ порядкомъ въ Мезень,

Архангельской губерніи,—но не прошло и года, какъ имъ была утрачена и послѣдняя тѣнь свободы.

Съ 1878 года многихъ ссыльныхъ и вновь арестуемыхъ соціалистовъ правительство впервые стало отправлять безъ всякаго суда и назначенія срока ссылки на крайній сѣверо-востокъ Сибири, въ невѣдомую тогда еще Якутскую область.

Этотъ новый произволъ чрезвычайно сильно взволновалъ всѣхъ ссыльныхъ, въ томъ числѣ и Бобохова. Къ чувству негодованія примѣшивалось еще и опасеніе, что, при малѣйшей случайности, которая дастъ поводъ придраться, ихъ всѣхъ отправятъ туда же. Въ этомъ смыслѣ было даже сдѣлано оффиціальное предостереженіе ссыльнымъ. Ждать было нечего, надѣяться не на что, и потому начался рядъ побѣговъ ссыльныхъ изъ сѣверныхъ окраинъ Россіи.

Рѣшился бѣжать и Бобоховъ съ двумя своими товарищами— Ширяевымъ и Бондаревымъ.

Къ несчастью, благодаря неосторожности бѣглецовъ, на одномъ изъ приваловъ всѣ трое были задержаны еще въ предѣлахъ Архангельской губерніи. При арестѣ Бобоховъ выстрѣлилъ изъ револьвера въ воздухъ. Этимъ выстрѣломъ онъ не имѣлъ въ виду кого-нибудь убить или ранить. Еще менѣе разсчитывалъ онъ бѣжать во время замѣшательства среди арестующихъ. Онъ выстрѣлилъ въ воздухъ единственно съ той цѣлью, чтобы дѣло его побѣгѣ не было замято, какъ это всегда бывало раньше, и кончено безъ суда—административнымъ порядкомъ. Онъ хотѣлъ, чтобы русское общество хоть этимъ путемъ узнало, наконецъ, о безвыходномъ положеніи ссыльныхъ. Но правительство, разумѣется, постаралось придать другой характеръ выстрѣлу Бобохова. Бобохова судили въ Архангельской губерніи военно-полевымъ судомъ и приговорили къ смертной казни. Цѣлый мѣсяцъ продержали его подъ страхомъ казни и только потомъ помиловали и замѣнили смерть—20 годами каторги. Коронаціонный манифестъ не былъ къ нему примѣненъ: его или „забыли" или (что вѣрнѣе) считали однимъ изъ наиболѣе ярыхъ сторонниковъ террора.

Въ іюлѣ того же года Бобоховъ былъ привезенъ на Кару, ровно полгода спустя послѣ смерти одного изъ каракозовцевъ—Николая Ишутина. Немногіе изъ бывшихъ тогда на Карѣ политическихъ преступниковъ (по процессу Нечаева и процессу 193-хъ) къ тому времени уже были выпущены въ вольныя команды, и Бобохову привелось нѣкоторое время сидѣть совершенно одному въ Средне-карійской тюрьмѣ, пока не перевели къ нему изъ другого помѣщенія Библергаля, а затѣмъ стали съѣзжаться осужденные по другимъ процессамъ. Въ концѣ 1881 г. тюрьма была переведена съ Средней Кары на Нижнюю. Такимъ образомъ, Бобоховъ, прожившій въ Карійской тюрьмѣ цѣлыхъ десять лѣтъ, являлся какъ-бы живой ея исторіей и справочной книгой: съ него она началась, при немъ населеніе ея разрослось до 110 человѣкъ, при немъ же и снова уменьшилось до 40. Онъ видѣлъ и лично на себѣ перенесъ всѣ невзгоды и утраты, понесенныя тюрьмою, пережилъ 11-ое мая 82 г., когда заключенные были взяты приступомъ отрядомъ казаковъ, избиты, связаны и временно развезены по разнымъ карійскимъ тюрьмамъ. Онъ участвовалъ въ 12-тидневной голодовкѣ того же года, переносилъ репрессаліи 83 г.; затѣмъ дождался болѣе свѣтлыхъ, повидимому, временъ 87 и начала 1888 гг., пока, наконецъ, исторія насилія надъ Ковалевской (11 августа 1888 г.) не повлекла за собою цѣлаго ряда другихъ грустныхъ исторій, голодовокъ и всевозможныхъ треволненій, заключившихся ноябрьскою трагедіей 89 г., когда кончилась и печальная драма его собственной жизни.

Мы не имѣемъ въ виду подробно описывать всѣ десять лѣтъ жизни Бобохова въ тюрьмѣ. Это значило бы писать исторію всей тюрьмы, очень обширную и сложную исторію кучки интеллигентныхъ людей, насильственно отдѣленныхъ отъ живого міра и поселенныхъ на необитаемомъ островѣ. Взять на себя такую трудную и, быть можетъ, даже невыполнимую задачу, какъ она ни интересна и ни поучительна сама по себѣ,—мы не можемъ и намѣрены дать лишь общую характеристику одного Бобохова.

Девятнадцати лѣтъ отъ роду Бобоховъ лишенъ былъ свободы и оторванъ отъ нормальныхъ условій развитія. Къ довершенію своего несчастія, благодаря природной замкнутости характера, съ раннихъ лѣтъ заставлявшей его больше тяготѣть къ книгамъ, нежели къ людямъ, онъ не могъ собрать особенно большого количества живыхъ впечатлѣній даже и въ тѣ, немногіе, годы свободной жизни, которые пришлись на его долю. Этимъ обстоятельствомъ объясняется, думаемъ мы, очень многое въ умственномъ и нравственномъ складѣ, характерѣ и цѣломъ обликѣ Бобохова въ его зрѣлые годы.

Нельзя, конечно, сомнѣваться въ томъ, что онъ уже отъ природы одаренъ былъ и высокою нравственною чистотою, и не менѣе выдающейся силой воли, и стойкостью характера. При всѣхъ этихъ его природныхъ качествахъ, при всемъ его умѣ, въ которомъ лишь очень немногіе изъ его товарищей могли съ нимъ поспорить, будь онъ поставленъ въ нормальныя и естественныя условія развитія, не лишись такъ рано свободы, имѣй рядомъ съ книгами и сухими теоретическими умозрѣніями еще и впечатлѣнія живой жизни, наблюдай онъ конкретную дѣйствительность своего времени, онъ тогда, думаемъ мы, былъ бы въ значительной степени другимъ человѣкомъ.

Основной типъ былъ бы, разумѣется, тотъ же самый, общее направленіе и симпатіи его ума и сердца были бы тѣ же, но общественную силу онъ представлялъ бы изъ себя, можетъ быть, даже еще болѣе крупную. Ко всѣмъ его моральнымъ и умственнымъ качествамъ прибавились бы краски и соки жизни, которые, въ свою очередь, дали бы всему его облику другое болѣе жизненное выраженіе. Постоянная же отрѣшенность отъ практики жизни сдѣлала то, что всѣ соціальныя, политическія и философскія воззрѣнія Бобохова, мало захватывая въ ширь, могли развиваться лишь въ глубину по строго прямой линіи, не дѣлая никакихъ отклоненій въ сторону, не признавая никакихъ видоизмѣненій, сообразныхъ съ потребностями и условіями данной эпохи.

Этимъ только насильственнымъ замариновываніемъ живого человѣка можно объяснить себѣ то обстоятельство, что ни время, ни размышленія, ни отзвуки событій, происходившихъ на волѣ, рѣшительно ничто, ни на одну іоту, не могло столкнуть Бобохова съ того пути, который приняли его соціально-революціонныя воззрѣнія еще въ самой ранней юности,—съ пути крайняго анархизма (въ теоріи будущаго строя жизни) и свѣтлыхъ народническихъ иллюзій (въ теоріи практической революціонной дѣятельности).

Будучи самъ человѣкомъ, способнымъ подчинять идеѣ всѣ страсти и слабости человѣческой природы, и мѣряя тою же мѣркой всѣхъ людей, онъ считалъ возможнымъ немедленно устроить на землѣ рай, разъ только будутъ сняты съ человѣчества всѣ внѣшнія принудительныя путы, и уничтожена будетъ всякая государственность.

Что же касается способа разрушенія современнаго строя, то для этого, по его мнѣнію, нужно лишь продолжать дѣло народниковъ второй половины 70-хъ годовъ, перенести всѣ надежды и упованія съ интеллигенціи на русскій народъ, не приходить въ отчаяніе отъ временныхъ неудачъ и работать, работать, не покладая рукъ! Самая организація этой работы должна быть построена на старыхъ основаніяхъ той же анархіи. Всякій призракъ власти, всякая централизація были для Бобохова глубоко антипатичны и ненавистны.

Не станемъ подробнѣе излагать эти воззрѣнія или, тѣмъ болѣе, заводить изъ-за нихъ полемику надъ могилой подобнаго человѣка! Да, наконецъ, подобный споръ и неваженъ для характеристики самой личности Бобохова. Всякій и безъ того понимаетъ, что главная сила и значеніе такихъ людей заключается не въ научной непреложности ихъ теоретическихъ положеній, а въ нравственномъ обаяніи ихъ собственной личности. И потому скажемъ нѣсколько словъ о Бобоховѣ, просто какъ о человѣкѣ.

Отличительными чертами его были: мягкая деликатность, скромность и сила характера, управляющая всѣми остальными чувствами и способностями. Эта послѣдняя черта была настолько имъ выработана, что, далеко не будучи по природѣ флегматикомъ или человѣкомъ, совершенно чуждымъ самолюбія, онъ, тѣмъ не менѣе, рѣдко раздражался въ спорахъ до полной забывчивости, и если ему случалось съ кѣмъ-нибудь поссориться, то онъ не считалъ для себя униженіемъ—первому подать товарищу руку примиренія, особенно, если чувствовалъ себя несправедливымъ.

Молчаливый, сдержанный, всегда серьезный, рѣдко даже улыбавшійся и умѣвшій смѣяться только тѣмъ тихимъ и грустнымъ смѣхомъ, въ которомъ главную роль играли его небольшіе каріе глаза, онъ часто производилъ, на мало знавшихъ его людей, впечатлѣніе черстваго, сухого человѣка, умѣющаго думать и дѣйствовать только согласно тому или другому параграфу своей анархистской программы. Но это было совершенно ложное представленіе.

Бобоховъ, дѣйствительно, былъ строгъ и даже суровъ въ нравственныхъ требованіяхъ, которыя предъявлялъ какъ къ себѣ самому, такъ и къ другимъ людямъ, но суровость эта по отношенію къ другимъ рѣдко простиралась у него дальше теоріи. Какъ только человѣкъ (не теоретическій, не живущій за тридевять земель, а близкій, живой, опредѣленный человѣкъ) падалъ и уже нельзя было вернуть сдѣланнаго имъ нехорошаго дѣла, Бобоховъ замолкалъ и предоставлялъ другимъ побивать его каменьями. Не любилъ онъ также и мелкихъ сплетенъ, дурныхъ толковъ о человѣкѣ въ его отсутствіи и никогда не принималъ въ нихъ участія.

Вообще, это была натура высоко-гуманная и чуткая, близко принимавшая къ сердцу всякое чужое горе и страданіе. Но личныя свои страданія и боли онъ умѣлъ искусно подавлять и глубоко затаивать въ душѣ. За всѣ десять лѣтъ каторги никто, и ни разу, не слышалъ отъ него ни одного слова жалобы.

Про него нельзя было сказать даже того, чтобы онъ замѣтно для посторонняго глаза искалъ въ чемъ-нибудь забвенія. На лицѣ его, исхудаломъ и вѣчно серьезномъ, всегда и неизмѣнно лежалъ отпечатокъ тихой и спокойной задумчивости, съ оттѣнкомъ какой-то счастливой, если можно такъ выразиться, грусти... Да и кто знаетъ? Быть-можетъ, онъ-то именно, чья молодость и вся жизнь были такъ безжалостно убиты и поруганы, кому никогда не пришлось извѣдать наслажденія личнаго счастья и кого, по общепризнаннымъ понятіямъ, слѣдовало бы назвать несчастнѣйшимъ изъ людей, онъ-то, быть можетъ, и былъ настоящимъ счастливцемъ въ истинномъ и высокомъ смыслѣ этого слова! Сознаніе честно исполненнаго долга—не оно ли и есть то высшее, возможное на землѣ счастье, которое рисовалось Бобохову въ далекомъ будущемъ его идеальныхъ грезъ?..

Не тяготясь замѣтно людскимъ обществомъ, онъ, тѣмъ не менѣе, любилъ бывать въ одиночествѣ, и часто въ хорошую погоду, особенно въ лѣтнее время, можно было по цѣлымъ часамъ наблюдать его на тюремномъ дворѣ одного, то безъ всякаго дѣла сидящаго гдѣ-нибудь въ уголку, то вдругъ быстро поднимающимся съ мѣста и снова и снова расхаживающимъ взадъ и впередъ. И кто изъ товарищей не помнитъ его пытстрой, нѣсколько раскачивающейся походки, которую каждый узнавалъ издалека по одному звуку шаговъ, и всей его тонкой и худощавой фигуры, съ небрежно накинутой на узкія плечи, старой, изорванной и давно уже не грѣвшей, коротенькой поддевкой, которая при быстрой ходьбѣ развѣвалась подобно крыльямъ?..

Спѣшимъ, однако, кончить характеристику Бобохова.

Онъ былъ такъ скроменъ, такъ мало желалъ и умѣлъ выдаваться изъ среды товарищей, что только въ той камерѣ, гдѣ жилъ въ данную минуту (а онъ не любилъ мѣнять своего мѣста), бывалъ разговорчивымъ собесѣдникомъ и подчасъ даже спорщикомъ. Въ остальной тюрьмѣ голосъ его рѣдко былъ слышенъ. Дѣло доходило до того, что многіе, проживъ съ Бобоховымъ въ одномъ зданіи цѣлый годъ или даже больше, едва подозрѣвали объ его существованіи, зная только, что „вотъ это—Бобоховъ, человѣкъ, по слухамъ, необыкновенно высокой нравственности и чистоты,— большой ригористъ и, кажется, еще большій чудакъ по своимъ взглядамъ“.

Такіе люди, какъ Бобоховъ, не бываютъ вожаками въ борьбѣ; они не обладаютъ для этого достаточной практичностью и опытностью. Но роль ихъ, хотя и менѣе замѣтная, отъ этого не менѣе почтенна и плодотворна. Создавая вокругъ себя нравственную атмосферу, являясь какъ бы воплощенной совѣстью общества, они-то, именно, сильнѣе всего и вліяютъ на появленіе въ обществѣ тѣхъ героическихъ, самоотверженныхъ настроеній, безъ которыхъ не совершается ни одно великое событіе. Они — не дѣятели, но—герои.

Въ десятилѣтней жизни карійской тюрьмы, какъ мы говорили, не было ни одного испытанія, котораго не вынесъ бы и Бобоховъ на своихъ слабыхъ плечахъ. Чувство товарищества, до высочайшей степени, было развито въ немъ.

Физически давно истощенный, слабый, болѣзненный, производившій впечатлѣніе живыхъ мощей, онъ, наравнѣ съ болѣе сильными и здоровыми товарищами, перенесъ двѣ голодовки, изъ которыхъ одна, въ 82 году, продолжалась 12 дней и едва не стоила ему жизни. Второй разъ, въ маѣ 89 г., онъ голодалъ пять дней, не имѣя даже вѣры въ то дѣло, за которое жертвовалъ здоровьемъ и, быть можетъ, жизнью,—голодалъ единственно для того, чтобы не отстать отъ другихъ.

6-го ноября 1889 года на Карѣ была наказана розгами Сигида,—вскорѣ послѣ наказанія она умерла. Вѣсть объ ея смерти достигла до мужской тюрьмы. Бобоховъ и другіе его товарищи были не въ силахъ перенести этого событія. 14 человѣкъ изъ сидѣвшихъ въ тюрьмѣ рѣшились умереть и приняли ядъ...

Бобохову и его другу Калюжному удалось умереть, остальныхъ спасли. Бобоховъ умеръ утромъ 16-го ноября, Калюжный—вечеромъ 15-го *).

Послѣ смерти Бобохова въ его книгахъ была найдена маленькая записка, обращенная къ товарищамъ: „Прощайте, братья! Страдайте, боритесь,—наше дѣло побѣдитъ!“.

Изъ прошлаго.

27 марта 1881 г., въ пятницу, когда происходилъ судъ по дѣлу 1-го марта, проф. Влад. Соловьевъ, недавно выбранный въ академики, читалъ публичную лекцію о „богочеловѣчествѣ“. Публики было очень много. Въ своей рѣчи Соловьевъ коснулся и происходившаго тогда процесса Желябова. Говорятъ, это мѣсто его рѣчи что въ свое время издано въ тайной типографіи или литографіи, этого изданія мы не имѣемъ подъ руками, а въ лекціяхъ, начатанныхъ потомъ Соловьевымъ въ катковскомъ „Русскомъ ѣстникѣ“, конечно, нѣтъ ничего о процессѣ Желябова.

_____

*) Подробнѣе о смерти Бобохова и событіяхъ на Карѣ въ 1888-1889 было разсказано въ сборникѣ „За сто лѣтъ“ (Лондонъ, 1897 г.).

„Times" (14 апрѣля) изъ рѣчи Соловьева сообщилъ всего одну лишь фразу: „Такъ какъ Христосъ проповѣдывалъ всепрощеніе, то и царь долженъ простить убійцъ своего отца". Намъ сообщены и другія мѣста рѣчи Соловьева—болѣе рѣзкія, но мы пока не рѣшаемся ихъ опубликовать въ ожиданіи, что намъ сообщатъ изъ рѣчи Соловьева все, относящееся до дѣла 1-го марта.

При словахъ Соловьева о томъ, что царь долженъ простить цареубійцъ, въ залѣ раздался громъ долго несмолкавшихъ апплодисментовъ. Въ то же время нѣсколько офицеровъ, сидѣвшихъ въ первыхъ рядахъ, поднялись и ушли изъ залы, впрочемъ, не столько въ видѣ протеста противъ лектора, сколько „страха ради іудейска".

Продолжая свою лекцію, Соловьевъ говорилъ, вообще, много противъ смертной казни.

Послѣ лекціи слушатели снова устроили Соловьеву шумную овацію и толпой долго провожали его по улицѣ.

По словамъ „Times" Соловьевъ за эту лекцію былъ посаженъ на нѣсколько дней подъ домашній арестъ и съ тѣхъ поръ навсегда былъ лишенъ права поступить на государственную службу.

Въ іюлѣ 1900 г. Соловьевъ умеръ *).

* *

Въ мартѣ и апрѣлѣ 1881 г. изъ Московскаго университета было исключено болѣе 100 студентовъ и нѣсколько сотъ арестовано. Волненія студентовъ, послужившія поводами къ арестамъ, высылкамъ и исключеніямъ, были, такъ или иначе, въ связи съ тогдашними петербургскими событіями.

Первыя волненія возникли, когда два студента вздумали собирать въ университетѣ деньги на вѣнокъ на гробъ Александра II. Оба студента, устраивавшіе сборъ, были освистаны, ошельмованы, оплеваны. Ректоръ Муромцевъ, боясь, чтобъ эти антиправительственныя демонстраціи не отразились дурно на университетѣ, вмѣшался въ студенческія собранія и сталъ уговаривать студентовъ прекратить волненія. Роль Муромцева была невѣрно истолкована: ему приписывали агитаторскую роль среди студентовъ, и онъ былъ уволенъ изъ числа профессоровъ.

Въ концѣ марта, въ томъ же московскомъ университетѣ, профессоръ Иванюковъ защищалъ диссертацію на доктора политической экономіи „Основныя положенія теоріи экономической политики Адама Смита до настоящаго времени" (см. объ этой книгѣ статью Н. Тарасова „Банкротство буржуазной науки" „Вѣстникъ Народной Воли" № I). Во время диспута Иванюковъ отрицательно отнесся къ „уличному соціализму". Ему горячо возражали, и одинъ изъ студентовъ, защищая „уличный соціализмъ" въ противовѣсъ катедеръ-соціализму, сказалъ межд[у] прочимъ: „Роды исторіи, какъ роды женщины, требуютъ крови!». Для публики, конечно, былъ ясенъ этотъ намекъ на недавнее проявленіе петербургскаго „уличнаго соціализма". Присут-

*) Объ этомъ эпизодѣ см. № 3 „Былое" (1906 г.).

ствовавшіе на диспутѣ устроили оратору овацію и тѣмъ показали, какъ они относятся къ дѣятельности партіи Народной Воли.

* *

Приводимъ текстъ прокламаціи „Южно-русскаго рабочаго Союза“, изданной кіевскими террористами-народовольцами въ апрѣлѣ 1881 г. (см. „Голосъ“ 1881 г. № 83).—Прокламацій, подобныхъ этой, въ 90-хъ годахъ было издано очень много, но авторы печатающейся прокламаціи—піонеры пропаганды среди рабочихъ, и нынѣшніе пропагандисты, продолжающіе ихъ дѣло, съ удовольствіемъ, конечно, прочтутъ подобнаго рода документы, показывающіе, что ихъ дѣло уже давно находило своихъ защитниковъ среди русскихъ революціонеровъ.

„Южно-русскій рабочій Союзъ“ обращается съ требованіемъ слѣдующаго рода: а) уменьшить число рабочихъ часовъ,—для мужчинъ до 10 часовъ въ сутки, а для женщинъ—до 6 часовъ, б) увеличить заработную плату до двухъ рублей сер. въ день, в) не изнурять дѣтей работою, такъ какъ они отданы въ мастерскія только для обученія. На приведеніе въ исполненіе этихъ требованій дается мѣсячный срокъ; въ противномъ случаѣ, союзъ приметъ свои мѣры“.

Къ прокламаціи была приложена красная печать съ надписью „Южно-русскій Рабочій Союзъ“.

РЕВОЛЮЦІОННЫЙ ПЕТЕРБУРГЪ.

Въ настоящей нашей замѣткѣ мы даемъ списокъ нѣкоторыхъ мѣстъ Петербурга, связанныхъ съ воспоминаніями о крупныхъ событіяхъ нашей прошлой революціонной исторіи, и указываемъ на имена лицъ, имѣвшихъ отношеніе къ упоминаемымъ событіямъ. Впослѣдствіи, мы разсчитываемъ возвратиться къ нѣкоторымъ изъ упоминаемыхъ нами мѣстностей и привести о нихъ болѣе детальныя свѣдѣнія.

Наши указанія, на первый разъ, относятся исключительно къ Петербургу и притомъ, главнымъ образомъ, къ дѣятельности партіи Народной Воли. Въ послѣдующихъ номерахъ „Былого“ мы будемъ говорить и о другихъ городахъ и событіяхъ, относящихся къ различнымъ партіямъ.

Намъ необходимо до мельчайшихъ подробностей изучить дѣятельность народовольцевъ въ 1879-81 гг., прослѣдить жизнь ихъ вожаковъ изо дня въ день, понять ихъ логику, ихъ расчеты, сильныя стороны ихъ дѣятельности, ихъ ошибки... Для русскихъ революціонеровъ нѣтъ болѣе поучительнаго періода во всей исторіи, какъ первые годы дѣятельности народовольцевъ.

Вотъ, къ детальному изученію дѣятельности партіи „Народной Воли“, мы и призываемъ современныхъ русскихъ революціонеровъ и думаемъ, что для этой цѣли будутъ не безполезны, кромѣ другихъ матеріаловъ, печатающихся въ „Быломъ“, и указанія на мѣста дѣятельности Желябовыхъ и Перовскихъ.

Михайловская площадь, близъ дома Кочкурова. 4-го авг. 78 г. въ 9 ч. 10 м. утра С. М. Кравчинскій (Степнякъ) убилъ Мезенцева (ум. въ 5 ч. 10 м. того же дня). Послѣ выстрѣла Баранникова въ Макарова, Кравчинскій, Баранниковъ, Адріанъ Михайловъ скрылись на дрожкахъ по Б. Итальянской и Б. Садовой. Александръ Михайловъ ушелъ никѣмъ незамѣченный.

Саперный переулокъ, д. № 10. Здѣсь помѣщалась первая типографія Народной Воли, въ которой были напечатаны 1—3 №№ „Н. В.“. Основана лѣтомъ 1879 г., а взята была полиціей 17 января 1880 г. послѣ вооруженнаго сопротивленія. Въ ней жили Бухъ, Иванова, Цукерманъ, Лубкинъ (застрѣлившійся при арестѣ типографіи), Грязнова. Здѣсь Ширяевъ приготовлялъ динамитъ.

Большая Подъяческая, д. № 37, кв. 27. Это была динамитная мастерская Исаева зимой 1879 г. и весной 1880 г. Здѣсь работали Исаевъ, Якимова, Лебедева, Желябовъ, Кибальчичъ. На этой квартирѣ былъ приготовленъ динамитъ и запалъ для взрыва въ Зимнемъ Дворцѣ 5-го февраля.

Подольская улица, д. № 11. Динамитная мастерская и типографія Нар. Воли. Хозяиномъ квартиры былъ Кибальчичъ.

Большая Садовая, д. № 69.—Квартира Люстга,—на ней бывали Желябовъ, Перовская, Кибальчичъ, Гельфманъ, Саблинъ, Исаевъ, Рысаковъ, Колоткевичъ, Фриденсонъ, Морозовъ, Сухановъ, Тригони.

Подольская улица и уголъ Малаго-царскосельскаго проспекта, д. № 42—14. Типографія Народной Воли и динамитная мастерская съ ноября 1880 г.,—взята была 5 мая 1881 г. Хозяевами квартиры были Грачевскій, Ивановская и Терентьева, кромѣ того въ ней работали Гриневицкій, Борейша и др.

Симбирская улица, Выборгская сторона, д. № 59, кв. 22. Здѣсь жилъ, подъ фамиліей Ельникова, Гриневицкій съ 15 января 1881 г. до 1 марта. Его посѣщали Желябовъ, Перовская, Саблинъ, Гельфманъ, Т. Михайловъ, Рысаковъ.

Троицкій переулокъ, д. № 27—1. Эта квартира была одной изъ главныхъ конспиративныхъ квартиръ партіи Н. В., въ ней печаталась „Рабочая Газета“. Квартира существовала съ 15 сентября 1880 г. по 17 февраля 1881 г. Ея хозяевами были Тетерка и Гельфманъ, ихъ посѣщали Гриневицкій, Желябовъ, Перовская, Колоткевичъ, Исаевъ, Франжоли, Златопольскій, Борейша, Меркуловъ, а также солдаты изъ Петропавловской крѣпости.

1-я рота Измайловскаго полка, д. № 37—28. Съ іюня 1880 г. на этой квартирѣ жили Перовская и Сиповичъ (псевд.), съ октября—Желябовъ; обыскъ на этой квартирѣ былъ 1-го и 2-го марта 1881 г. Здѣсь бывали Лебедева, Чемоданова и др. Сухановъ на этой квартирѣ приготовилъ мину для подкопа на Малой Садовой.

Малая Садовая, д. № 56—8, д. Менгдена. Изъ этой квартиры велся подкопъ; нанята была она 1-го января 1881 г., покинута хозяевами 2 го марта; подкопъ обнаруженъ полиціей 4-го. Хозяевами квартиры были Богдановичъ и Якимова. Въ подкопѣ прини-

мали участіе Желябовъ, Гриневицкій, Лангансъ, Колоткевичъ, Ба-**ранниковъ**, Тригони, Тетерка, Сухановъ, Саблинъ, Меркуловъ.

Тележная улица, № 5. Эта квартира была нанята во второй половинѣ февраля 1881 г. для организаціи цареубійства. Хозяевами квартиры были Саблинъ и Гельфманъ. У нихъ бывали—Перовская, Желябовъ, В. Фигнеръ, Исаевъ, Кибальчичъ, Гриневицкій, Рыса-ковъ, Т. Михайловъ, Емельяновъ.

Вознесенскій проспектъ, д. № 25—76.—Квартира Исаева и В. Фигнеръ съ февраля 1881 г. по 5 апр., жили они подъ именемъ Кохановскихъ.

Кирочная улица, д. № 24. Квартира Рогачева и Похитонова; здѣсь было послѣднее свиданіе Перовской и Суханова послѣ 1-го марта.

11-я линія Васильевскаго Острова, д. № 24,—динамитная ма-стерская съ 7 мая по 5 іюня 1882 г. Хозяевами ея были Прибы-левъ, его жена (бывшая Гросманъ) Юшкова. Тамъ бывали Грачев-скій, Клименко и др.

Уголъ Невскаго проспекта и Гончарной улицы, д. № 91—12. На этой квартирѣ съ 3 дек. 1883 г. жилъ Дегаевъ; здѣсь 16 дек. Ста-родворскій и Конашевичъ казнили Судейкина [Тихомировъ „Въ мірѣ мерзости и запустѣнія“, „Вѣстникъ Народной Воли„ № 2].

Шпалерная улица, Литейный проспектъ, Кирочная, Надеждинская, Николаевская, Семеновская площадь—улицы, по которымъ 8 апрѣля 1881 г. изъ Дома Предварительнаго Заключенія везли на казнь Желябова и его товарищей.

Семеновская площадь была мѣстомъ, гдѣ часто происходили казни революціонеровъ. Въ 1849 г. на этой площади былъ прочи-танъ смертный приговоръ Петрашевскому, Достоевскому, Толю, Плещееву, Пальму и др.; въ 1866 г. казненъ Каракозовъ, въ 1880 г.—Млодецкій, въ 1881—Желябовъ, Перовская, Кибальчичъ, Ми-хайловъ, Рысаковъ.

Мытнинская площадь,—на ней въ 1864 году 13 іюня Черны-шевскій былъ выставленъ къ „позорному“ столбу.

ХРОНИКА РЕВОЛЮЦІОННОЙ И ОБЩЕСТВЕННОЙ БОРЬБЫ.

Въ каждомъ номерѣ „Былого“ будетъ удѣлено по нѣсколько страницъ хроникѣ революціонной и общественной борьбы. Этотъ отдѣлъ нашего журнала будетъ составленъ по той же программѣ, по которой былъ составленъ нами сборникъ „ За сто лѣтъ“, и бу-детъ представлять собою какъ бы его продолженіе: здѣсь будутъ помѣщаться дополненія и поправки къ этому сборнику. Впослѣд-ствіи, свѣдѣніями, собранными въ этомъ отдѣлѣ „Былого“, мы вос-пользуемся для приготовляемаго нами приложенія къ сборнику „За сто лѣтъ“.

„Хроника“ перваго номера „Былого“ посвящается, главнымъ образомъ, поправкамъ ошибочныхъ свѣдѣній въ сборникѣ „За сто лѣтъ", но кромѣ того приведено нѣсколько и новыхъ свѣдѣній, собранныхъ нами и присланныхъ нашими читателями. Мы избѣгали по возможности повтореній всего того, что уже было помѣщено въ „За сто лѣтъ".

Напомнимъ читателямъ нѣкоторыя сокращенія, къ которымъ мы прибѣгали въ „За сто лѣтъ", и которыя читатели встрѣтятъ и въ „Хроникахъ" „Былого".

Въ собственныхъ именахъ: А.—означаетъ „Александръ", Ал.— „Алексѣй", Ан.—„Андрей", П.—„Петръ", Н.—„Николай", С.— „Сергѣй", Пав.—„Павелъ", В.—„Василій", Вл.—„Владиміръ", Ѳ.—„Ѳедоръ".

Въ названіяхъ журналовъ: „ИВ"—означаетъ „Историческій Вѣстникъ", „РС"—„Русская Старина", „РА"—„Русскій Архивъ", „РВ"—„Русскій Вѣстникъ", „ВЕ"—„Вѣстникъ Европы". Жирныя цифры означаютъ ссылку на другіе годы, подъ которыми въ сборникѣ „За сто лѣтъ" имѣются дополнительныя свѣдѣнія.

Въ скобкахъ [] заключаются библіографическія указанія.

О задачахъ, которыя мы будемъ преслѣдовать при составленіи „Хроники", мы подробно здѣсь говорить не будемъ, а отошлемъ читателей къ нашему заявленію объ историческихъ работахъ, изданному нами въ началѣ этого года.

1801 годъ.

С. Петербургъ. 12 марта убитъ императоръ Павелъ I. Въ заговорѣ принимало участіе до 60 чел.,—въ томъ числѣ его сынъ, наслѣдникъ престола, Александръ I [(А. Брикнеръ), „Kaisers Paul's Ende, 1801". Von N. R. Stutgart, 1897; рецензія на эту книгу въ „ИВ" 97, № 11.—Times, 1855 г. 13 марта.—„L'Athenaeum Français" 1854, № 40 „Paul 1-er. Extraits communiqués des Mémoires inédits de l'amiral Tchitchagoff".—Шумигорскій „Е. И. Нелидова (1758—1839). Очеркъ исторіи императора Павла" Спб. 1898 (перепечатано изъ „ИВ" 97, № 10-12); его же „Лордъ Витвортъ и Е. И. Нелидова" „ИВ" 98, № 12].

1825 годъ.

Доносы на декабристовъ: Майбороды (проворовавшись на Кавказѣ, онъ зарѣзался въ 1843 г. [„РВ" 72, № 7]), Бошняка и Шервуда [„Шервудъ—изъ записокъ генералъ-маіора Б. П." Берлинъ 1860 г.,—Богдановичъ „Исторія царствованія императора Александра I" 1869-71 гг.—Г. П. Данилевскій „Каменка. 1821-25 гг." (повѣсть).—Н. К. Шильдеръ „Исповѣдь Шервуда-Вѣрнаго" „ИВ" 96, № 1; его же „Къ біографіи Шервуда-Вѣрнаго" „ИВ" 96, 5; его же „Императоръ Александръ I, его жизнь и царствованіе" 4 т. 1897-98 гг. (объ этой біографіи см.: „ВЕ" 97, № 7 и 98, № 10; статьи Тимирязева „ИВ" 97, № 6, 7, 10; 98 № 2, 12; „РС" 99, № 6, 7 и 8)].

1826 годъ.

С. Петербургъ. 13 іюля повѣшены Николаемъ I: Пав. И. Пестель [„Republicanie Rossyiscy въ „Polnoc" 1835 г. №№ 1-14, изд.

въ Парижѣ Конарскимъ, 39; Литтонъ. „European republicans recollections of Mazzini and his friends“ Лондонъ 1893, 54], Кондр. Ѳ. Рылѣевъ [Собр. соч., Спб. 1872 г.,—„Девятнадцатый вѣкъ“ Бартенева, 1-й т.—Андр. Сироткинъ „РА“ 90, № 6 и 98, № 1], С. И. Муравьевъ, М. Н. Бестужевъ и П. Г. Каховскій.

Дополненіе къ литературѣ о декабристахъ. А. И. Мамонтовъ (бывшій вице-губернаторъ) „Декабристы въ Западной Сибири“ 1896 [В. А. Тимирязевъ „Піонеры просвѣщенія въ Зап. Сибири“ „ИВ“ 96, № 5 и 6].—„Записки Н. В. Басаргина въ „Девятнадцатомъ Вѣкѣ“, изд. Бартенева, 1-й т.,—„Декабристы въ Нерчинскихъ рудникахъ“ „ИВ“ 97, № 8.—А. Н. Львовъ „Государственный преступникъ Н. Бобрищевъ-Пушкинъ въ монастыряхъ Западной Сибири“ „ИВ“ 96,№ 8.—Воспоминанія Розена, изд. въ Россіи въ 1899 г. (сначала были изд. въ Лейпцигѣ въ 1869 г., потомъ въ „О. Зап.“ въ 75 г.)

1831 годъ.

13 (25) іюля на улицахъ Варшавы была демонстрація по случаю чествованія годовщины дня казни Пестеля и его друзей въ 1826 г.—На знаменахъ польскихъ революціонеровъ была надпись: „За вашу и нашу вольность“ (польскимъ шрифтомъ).

1832 годъ.

Бѣлинскій исключенъ изъ Московскаго Университета за свою трагедію „Дм. Калининъ“ [Напечатана въ сборникѣ „Московскаго общества любителей рос. словесности“ и въ „Полномъ собраніи соч. Бѣлинскаго“, изд. Венгеровымъ, 1900 г.]

1878 годъ.

СПБургъ. 24 янв. Засуличъ стрѣляла въ Трепова [Кравчинскій въ „Общинѣ“ № 2 и 3·4].

Одесса. 30 янв. вооруженное сопротивленіе при взятіи полиціей тайной типографіи. Арестованы: Ковальскій (разстрѣлянъ 2 авг.), Кленовъ, Виташевскій, Вѣра Виттенъ (Ливанова), Владиславъ Станиславовичъ Свитычъ [„Набатъ“ 79, № 1-2.—„Община“ № 3.— „Голосъ“ и „Сѣверный Вѣстникъ“ за февраль.—Процессъ Ковальскаго].

Кіевъ. 23 февр. Осинскій стрѣлялъ въ товарища прокурора Котляревскаго [„Воспоминанія Дебагорія-Мокріевича“].

Кіевъ. 25 мая. Попко убилъ жандармскаго офицера Гейкинга.

Одесса. 24 іюля. Уличная демонстрація послѣ суда надъ Ковальскимъ съ цѣлью освободить его. Полиція стрѣляла въ толпу, причемъ убиты были рабочій Полтавцевъ и гимназистъ Погребецкій, арестовано до 20 человѣкъ. Арестованную Викторію Гуковскую толпа отбила у полиціи (снова она была арестована 14 авг.) [См. процессъ Чубарова въ 1879 г.]

СПБургъ. 4 авг. С. М. Кравчинскій (Степнякъ), 95, убилъ шефа жандармовъ Мезенцева. Баранниковъ стрѣлялъ въ сопровождавшаго Мезенцева подполковника Макарова.

Николаевъ. Покушеніе взорвать посредствомъ динамита паро-ходную пристань, съ которой долженъ былъ 18 авг. ѣхать Александръ II.

СПБургъ. 31 марта уличная домонстрація послѣ оправданія За-суличъ. При попыткѣ арестовать Засуличъ жандармы застрѣлили Григ. Петр. Сидорацкаго. 2 апр. демонстрація при его похоронахъ [„Сѣверный Вѣстникъ" за апрѣль 1878].

СПБургъ. Въ мартѣ первая стачка на Новой Бумагопрядильнѣ, — стачка была организована Гобстомъ (казненъ въ 1879 г.). По этому дѣлу высланъ въ Холмогоры Н. В. Васильевъ (откуда бѣжалъ въ 78 г.).—Демонстрація при похоронахъ 6 рабочихъ, убитыхъ при взрывѣ на патронномъ заводѣ [„Община" № 2.]

1879 годъ.

Харьковъ. 9 февраля Григорій Гольденбергъ убилъ губернато-ра Крапоткина.

СПБургъ. 13 марта Мірскій стрѣлялъ въ шефа жандармовъ Дрентельна,

СПБургъ. 2 апрѣля Соловьевъ стрѣлялъ въ Александра II.

Кіевъ. Казненъ предатель Куриловъ,—участниками въ этомъ дѣлѣ были Бильчанскій, Овчинниковъ, Горскій, Давиденко (см. ихъ процессъ).

Кіевъ. 6 мая арестованъ съ динамитомъ Ѳед. Предтеченскій, 10-го мая—Владиславъ Красовскій, потомъ Игн. Ивановъ, Мих. Поповъ. Подготавливалось покушенію на жизнь генералъ-губернато-ра Черткова.

Симферополь. Въ іюлѣ приготовлялось покушеніе на жизнь Александра II съ помощью динамитныхъ бомбъ. Желябовъ, Дзвон-кевичъ, Голиковъ, Поповъ, Меркуловъ участвовали въ опытахъ при бросаніи бомбъ.

Ростовъ-на-Дону. 2-го апр. рабочіе, при участіи революціо-неровъ, разбили квартиры полицеймейстера, пристава, исправника, въ полицейскомъ правленіи и въ двухъ частяхъ уничтожили всѣ дѣла [„Черный Передѣлъ" № 1.—Правительственное сообщеніе въ началѣ апрѣля.—Процессъ Мірскаго].

Одесса. Приготовленіе къ цареубійству посредствомъ взрыва поѣзда. Фроленко и Лебедева съ 8 октября по 8 дек. были стрѣ-лочниками на желѣзной дорогѣ въ 14 верстахъ отъ Одессы. Въ томъ же дѣлѣ принимали участіе Колоткевичъ, В. Фигнеръ, Саб-линъ, Кибальчичъ, Меркуловъ.

Подъ Александровскомъ, Екатеринославской губ. 18 ноября—покушеніе взорвать царскій поѣздъ. Участниками покушенія были: Желябовъ, Якимова, Тихонова, Окладскій, Прѣсняковъ, Тетерка, Исаевъ, Кибальчичъ.

Москва. 19 ноября. Покушеніе на жизнь Александра II на московско-курской желѣзной дорогѣ [Гартманъ въ „New Iork Herald" 1881 г. 29 и 30 іюля].

Казнены. Въ Кіевѣ 14 мая Бранднеръ, Свириденко (Антоновъ) и Валеріанъ Андреевичъ Осинскій повѣшены [Завѣщаніе Осинскаго

въ 5-6 № „Листка З. и В.“; его біографическій очеркъ въ 2 №
„Нар. Воли“; „Revolté“ 1879, № 13].

1880 годъ.

СПБургъ. 5 февраля покушеніе на жизнь Александра II. Хал-
туринъ взорвалъ Зимній Дворецъ,— въ этомъ дѣлѣ принимали уча-
стіе: Квятковскій, Желябовъ, Исаевъ, Кибальчичъ и др. [Pfeil въ
„Daheim“ за ноябрь 1894 г. и „Review of the Reviews“ за то же
время.—Вогуэ о Лорисъ-Меликовѣ,—отрывокъ изъ его статьи во 2
№ „Самоуправленія“].

Одесса. Подкопъ подъ Итальянской улицей (продолжался съ 4
апр. по 24 мая). Хозяевами квартиры были Саблинъ и Перовская.
Въ этомъ дѣлѣ принимали участіе Исаевъ, Якимова (оба жили въ
Одессѣ съ 23 апр. по 14 іюля), Левъ Златопольскій, В.
Фигнеръ, Меркуловъ.

СПБургъ. Лѣтомъ были заложены двѣ мины подъ Каменнымъ
мостомъ для покушенія на жизнь Александра II, 16 (17?) авг.—
въ закладкѣ мины принимали участіе: Желябовъ, Баранниковъ, А.
Михайловъ, Пресняковъ, Тетэрка, Лангансъ, Гринбергъ, Меркуловъ.

Москва, ар. до 405 студ. Московскаго университета, раньше
ар. Горѣцкій и др. [Моск. Вѣд. 80, № 338; П. Цвѣтковъ „Изъ уни-
верситета въ острогъ“ „РС“ 98, № 3].

СПБургъ. 28 ноября ар. А. Михайловъ [„Новое Вр.“ 2 дек.].

Новгородъ. Рѣчь Рагозина объ уничтоженіи административ-
ной ссылки и расширеніи правъ земства [„Новое Время“ 2, 4, 20
дек. 80 г.; „Дѣло“ 81, № 1].

Тверь. Рѣчь де-Роберти [„Новое Время“ 23 и 28 дек.—
„Дѣло“ 81, № 1],

Побѣги. 20 марта изъ Сольвычегодска бѣжали: Франжоли, 83,
Завадская, Калюжный, 83, 89, Смирницкая, Серпинскій.

Сношеніе Нечаева, Ширяева и Мірскаго изъ Алексѣев. раве-
лина съ Исп. Комитетомъ Н. Воли чрезъ Франжоли, Арончика,
Желябова, Дубровина съ декабря 1880 г. по мартъ 1882 г. [„В.
Нар. Воли“ № 1 „Матеріалы для біографіи С. Г. Нечаева“; тамъ
же обвинительный актъ по дѣлу солдатъ Петропавловской крѣпости].

1881 годъ.

СПБургъ. Въ началѣ января начатъ подкопъ подъ Ма-
лую Садовую.

СПБургъ. 25 января ар. Баранниковъ, 26-го—Колоткевичъ,
28-го Клѣточниковъ.—10 февр. на границѣ ар. Морозовъ.

СПБургъ. 11-го февраля по университетскому суду исключены
изъ университета: Подбѣльскій и Коганъ-Бернштейнъ, 89, на 3 года,
. . . ули—на 1 годъ, М. Энгельгардтъ (литер.), Иппол. Ходскій—къ
на 7 дней. Оправданы: Ив. Хлопскій, Малкинъ, Вл. Вои-
въ, Янк. Хозевъ, Евг. Поповъ, Нагорный, 82.

21 янв. черниговское губ. земство ходатайствовало „о предо-
вленіи административно-ссыльному Петрункевичу отправлять
и обязанности въ черниговскомъ земствѣ“ (въ 79 г. Петрунке-
ть былъ высланъ изъ Черниговской губерніи).

17 янв. въ петербургскомъ дворянскомъ собраніи Е. А. Ша-
кѣевъ произнесъ рѣчь объ уничтоженіи административной ссылки,
Волковъ—о расширеніи правъ земства [„Новое Время“ 21 и 23
фев.—„Голосъ“ 19 февр.].

СПбургъ. Въ концѣ февраля ар. Меркуловъ (сталъ выдавать
черезъ два-три мѣсяца).

27 февр. ар. Тригони и на его квартирѣ Желябовъ.

Въ ночь съ 28 февр. на 1 марта обыскъ въ лавкѣ Кобозева.

1 марта. Убитъ Александръ II. Трое умерло отъ взрыва
двухъ бомбъ и 20 чел. ранено. Смертельно раненъ Гриневицкій,
арестованъ Рысаковъ. [Описаніе событій первыхъ дней послѣ
убійства Александра II см. „От. Зап.“ 81, № 3, „РС“ 81, № 4,
„Рус. Вѣст.“ 81, № 3, „ИВ“ 81, № 5, „Календарь Суворина“ на
1882 г., Тихомировъ „Новое царствованіе“ „Вѣсти. Н. Воли“ № 1.
—Рисунки, изображающіе событія того времени въ „The Graphic“,
„The Illus. News“ (казнь 3 апр.), тоже во фр. газ. „Нива“ (судъ
по дѣлу 1 марта);—въ „Странѣ“ были рисунки и описанія бомбъ
Кибальчича].

Утромъ 1-го марта—обыскъ на квартирѣ Желябова и Перов-
ской, 2-го на этой квартирѣ арестована Чемоданова, 82.

Въ ночь со 2 на 3 марта, по указанію Рысакова, взята кон-
спиративная квартира на Телѣжной улицѣ. Саблинъ застрѣлился,
Гельфманъ арестована,—тамъ же утромъ 3-го марта взятъ Т. Ми-
хайловъ.

4 марта обнаруженъ подкопъ подъ Малой Садовой (Богдано-
вичъ и Якимова скрылись).

СПбургъ. 10 марта ар. Перовская, 17-го Кибальчичъ, около
этого же времени взяты Фроленко, Тетерка, обнаружены сношенія
Исп. Комитета съ Петропавловской крѣпостью.

По поводу событія 1-го марта изданы:

а) Прокламація Исп. Комитета партіи Нар. Воли отъ 1-го
марта [перепечатана въ „Общ. Дѣлѣ“ № 43], б) Прокламація „Отъ
рабочихъ членовъ партіи Нар. Воли“ отъ 2-го марта [перепечатана
въ „Общемъ Дѣлѣ“ № 46], в) Прокламація Исп. Ком. „Къ евро-
пейскому обществу“ отъ 8 марта [перепечатана въ „Общ. Д.“ № 41].

г) 12 марта издано „Письмо Исполнительнаго комитета къ
Александру III“ (отъ 10 марта) [перепечатано въ „Общ. Д.“ № 40,
въ „Календарѣ Н. В.“, въ „За сто лѣтъ“ и т. д., въ „New Iork
Herald“ 23 апр., „Times“ и т. д.].

д) 7 марта „Къ русскому обществу“, прокламація группы
русскихъ эмигрантовъ, живущихъ въ Швейцаріи [перепечатана въ
„Набатѣ“ 81, № 2, „Общ. Д.“ № 40 и „Черномъ Передѣлѣ“ № 4].

е) „Славному казачеству войска донского, уральскаго, орен-
бургскаго, кубанскаго, терскаго, астраханскаго, сибирскаго и иныхъ
войскъ отъ Исполнительнаго Комитета Народной Воли Объявленіе“
3 сент. 1881 г. [Перепечатано въ „Общ. Дѣлѣ“].

„Голосу“, „Странѣ“, „Порядку“ даны предостереженія за тре-
бованія конституціи [Тихомировъ „Новое царствованіе“ „Вѣсти.
Н. В.“ № 1 и его же „Конституціоналисты въ эпоху 1881 года“.
Москва, 1895 г.].

Москва. 7, 10, 12, 31 марта студенческія волненія; исключено 234 ч., между прочимъ Н. Ѳ. Кащенко (потомъ былъ профессоромъ въ томскомъ университетѣ), Викторовъ (литер.), Сатрынкевичъ (вскорѣ сосланъ въ каторж. раб.) и др.; 1 апр. исключено еще 78 чел. [„Голосъ" 3 апр.].

СПБургъ. Волненіе среди студентовъ петербургскаго университета [„Голосъ" 4 апр.].

5 и 8 марта въ самарскомъ губернскомъ земскомъ и дворянскомъ собраніяхъ были заявлены требованія созыва земскихъ представителей Нудатовымъ, Тепляковымъ, Ждановымъ, гр. Толстымъ и др. [„Порядокъ" № 78; „Рус. Мысль" № 5].

Подобнаго же рода заявленія были сдѣланы: гласнымъ Нечаевымъ—въ новгородскомъ губ. земскомъ собраніи, предсѣдателемъ зем. губ. управы В. К. Винбергомъ (8 авг. былъ арестованъ, освобожденъ въ сентярѣ [„Нов. Время" 25 сент.]),—въ таврическомъ земскомъ собраніи, а также—въ Твери, въ Черниговѣ (въ отвѣтъ на манифестъ 29 апр.), въ Рязани, въ Череповецкомъ уѣздномъ земскомъ собраніи (гласный Н. Ѳ. Румянцевъ, 87, подалъ записку о созывѣ земскихъ представителей и пр.)

Либеральное общество „Земскій Союзъ" рѣшило предпринять агитацію о созывѣ Земскаго Собора. Въ Харьковѣ на съѣздѣ либераловъ (было до 30 чел.) земцы выработали свою программу и отлитографировали въ 10 экз. (впослѣдствіи—въ 1882 г.—эта программа была напечатана за границей). Ими же съ осени 1881 г. была основана въ Женевѣ газета „Вольное Слово". [(Скалонъ) „Мнѣнія земскихъ собраній". Берлинъ, 1883 г.—Тихомировъ „Конституціоналисты эпоху 1881 года". Москва, 1895 г.]

Судъ. СПБургъ. Особое присутствіе сената, 26-29 марта. Дѣло Желябова, Перовской, Кибальчича, Т. Михайлова, Гельфанъ, Рысакова,—всѣ приговорены къ см. казни, казнь Гельфманъ сначала была отложена, а потомъ замѣнена безсрочной каторгой [„Голосъ" 14 мая.]—[Процессъ по дѣлу 1-го марта напечатанъ во всѣхъ большихъ русскихъ газетахъ, перепечатанъ въ „ИВ" 81 № 5; отдѣльнымъ изданіемъ выпущенъ редакціями „Московскаго Телеграфа", „Руси", „СПБ. Вѣдомостей".—„За сто лѣтъ".—Въ 1900 г. рѣчь прокурора Муравьева была напечатана въ его книгѣ „Изъ прошлой дѣятельности".—Вогуз „Un regar en arriàre. Zes terroristes russes", „Revue de D. M" 1894, мартъ,—тамъ же о процессѣ 16-ти 80 г.]

3 апрѣля казнены Желябовъ, Перовская, Кибальчичъ, Т. Михайловъ, Рысаковъ.

Послѣ 1-го марта, по настоянію русскаго правительства, были возбуждены преслѣдованія за апоѳеозъ убійства Александра II.

Изъ Парижа высланъ Черкезовъ (66, 71) [„Голосъ № 79], въ Румыніи арестованъ Судзиловскій [„Голосъ" № 77].

Въ Парижѣ судились редакторы „Citoyen", Juvenal", „Révolution Sociale", „Intransigeant", „Ni dieu, ni maitre" за статьи объ убійствѣ Александра II и призывъ къ новому цареубійству въ статьяхъ „Mort d'un despote", „Les victoires des Nihilistes" и т. д.,—приговорены къ заключенію въ тюрьму до 6 мѣс. и къ штрафу [„Голось" № 71, 75; „Intransigeant 24 и 25 марта н. с., „воспоминанія Рошфора]."

Въ Лондонѣ осужденъ на 16 мѣсяцевъ катор. раб. Іоганнъ Мостъ (р. 46 г.) за апоѳеозъ убійства Александра II и призывъ къ убійству Александра III [«Голосъ» № 77, 79, 80, 83, 85-87, 89; „The Law reportes Queen's Bench. Division" 1881 г. 7-й т.; „Times"].

6 (18) іюня судъ въ Парижѣ надъ Эдъ, Курне, Гуле за рѣчи на митингѣ 10 (22) мая по поводу дѣла Гельфманъ,—всѣ оправданы [„Intransigeant"].

Петербургъ. 1 апр. на улицѣ арестованы: Исаевъ, Гомалецкій, Подбѣльскій, 89.—14-го апр. (по указанію Рысакова) арестованъ Емельяновъ, а нѣсколько раньше Люстигъ, Дубровинъ и др.—Арестованъ Петропавловскій (Каронинъ), сосланъ въ Курганъ на 5 л; 28 апр. ар. Сухановъ.

Петербургъ. 2 мая на улицѣ арестована нелегальная Терентьева, 79,—вслѣдствіе этого ареста Грачевскій и Ивановская оставили типографію «Нар. Воли», и она взята полиціей 6-го мая.

Петербургъ. 4 мая и потомъ 6 іюня, по указанію Меркулова, найдены минные заряды подъ Каменнымъ мостомъ, заложенные въ 1880 г.

Кіевъ. На квартирѣ Ф. Морейнисъ взяты Лангансъ и Якимова.

Москва. 4 сентября ар. Лебедева, 7 ноября О. Любатовичъ и Герасимъ Романенко.

Петербургъ. 16 дек. арестованъ Теллаловъ, 83.

1882 годъ.

Одесса. 18 марта въ 5 съ половиною часовъ, былъ убитъ прокуроръ Стрѣльниковъ. Желваковъ, стрѣлявшій въ Стрѣльникова, оказалъ вооруженное сопротивленіе, Халтуринъ, 80, пытался спасти Желвакова, но былъ арестованъ, Клименко, 83, скрылся.

Москва. 6 февр. ар. Стефановичъ, 13 марта—Ю. Богдановичъ (Полонская, 98, скрылась), 23 марта—Калюжный, 89, и Смирницкая, 89, 13 апр.—С. Златопольскій. 18 іюня взята типографія Н. В. (Суровцевъ, 84, и Гал. Чернявская скрылись).

Петербургъ. 5 іюня взята динамитная мастерская Прибылева,— тогда же арестованы Грачевскій, 83, Клименко, Корба и др.

Судъ. Петербургъ. Особое присутствіе сената отъ 9-15 февр. Судились: Сухановъ, Александръ Михайловъ, Баранниковъ, Исаевъ, Якимова, Лебедева, Фроленко, Морозовъ, Тригони, Колоткевичъ, Клѣточниковъ, Арончикъ, Лангансъ, Тетерка, Терентьева [обв. акт. въ рус. газетахъ 22 февр., см. также газеты отъ 20 марта; то же въ „Дѣлѣ" 1882 г. № 3 и „Рус. Богатство" № 3].

Познань. Процессъ семи польскихъ соціалистовъ: Станъ, Мендельсонъ, 25 л. (1 г. 8 м. тюр.) Марія Янковская, 30 л. (3 м. тюр.), Бронисл. Трушковскій, 25 л., (2 г. 9 м.), Ос. Янишевскій (членъ партіи нѣмецкихъ соціалистовъ) и др. между прочимъ за распространеніе книжки Дикштейна „Кто чѣмъ живетъ" [„Голосъ" 1882 г. № 41, 67, 70].

Ліонъ. Съ 28 дек. н. с. судъ надъ Кропоткинымъ (10 л. тюр., 85) и др. анархистами [„Голосъ" 1883, № 3-13].

PS. Желающихъ заняться исправленіемъ и дополненіемъ хроники револ. и общ. движеній въ сборникѣ „За сто лѣтъ", по тому плану, какъ это сдѣлано нами въ этомъ номерѣ „Былого", просимъ: 1) провѣрить и дополнить списки участниковъ процессовъ 1871-80 гг. и указать на ихъ возрастъ, наказанія и т. д., такъ какъ газетъ за эти годы у насъ не было и нѣтъ до сихъ поръ: 2) прислать списки такихъ предателей (съ указаніемъ, гдѣ они въ настоящее время находятся), какъ Елько (вмѣсто ссылки въ кат. раб.,— его назначили въ 1891 г. чиновникомъ особыхъ порученій при губернаторѣ въ Минскѣ), и т. п.; 3) прислать списки бывшихъ эмигрантовъ, вроде Н. Лопатина, подавшихъ прошеніе о помилованіи; 4) дополнить списки участниковъ: револ. съѣздовъ въ Липецкѣ, Воронежѣ, Парижѣ (1876) г.), Петербургѣ (1877) и т. д. и либеральныхъ съѣздовъ 1878-81 гг.; 5) доставить новыя свѣдѣнія о Либеральной лигѣ, Охранѣ и т. д.

Просимъ также сообщить: 1) кто участвовалъ въ казни Райнштейна, и т. п. свѣдѣнія для аналогичныхъ событій; 2) указать фамиліи и судьбу участниковъ типографій дерптской и ростовской (въ 1884 г.), петербургской (1892-96 гг.) и др. типографій съ обозначеніемъ всего, что ими было выпущено; 3) кто была Сиповичъ? (см. 80 г.); 4) библіографію всего, что писали Кибальчичъ, Желябовъ, Саблинъ и т. д.; 5) свѣдѣнія о Слободчиковѣ (сынѣ управляющаго департаментомъ неокладныхъ сборовъ), который въ 1890-91 гг. неудачно стрѣлялъ въ Побѣдоносцева въ его кабинетѣ и тутъ же убилъ себя; 6) свѣдѣніи о Рейтернѣ, по словамъ „Times", убитомъ въ декабрѣ 1886 г.; 7) были ли заграницей напечатаны статьи Лунина, за которыя онъ былъ въ 1842 г. переведенъ съ поселенія на каторгу? 8) по какому процессу сосланъ былъ Пшибусовъ, осужденный впослѣдствіи въ Сибири за шантажъ и клевету? Теперь онъ вмѣстѣ съ бывшимъ ссыльнымъ Н. Н. Емельяновымъ пишетъ пасквили въ „Рус. Вѣстникѣ" и, если не ошибіемся, въ „Моск. Вѣд." подъ псевдонимомъ „Николаевскій".

Разумѣется, всѣми полученными свѣдѣніями мы воспользуемся для печати въ тѣхъ предѣлахъ, въ какихъ возможно будетъ это сдѣлать по конспиративнымъ соображеніямъ.

Мы приглашаемъ и нашихъ читателей воспользоваться страницами нашего журнала для выясненія путемъ печати интересующихъ ихъ вопросовъ.

—•◦◄►◦•—

ОТЪ РЕДАКЦІИ ЖУРНАЛА
„Б Ы Л О Е".

Первый номеръ „Былого" въ настоящее время въ рукахъ читателей, и они сами смогутъ опредѣлить тѣ задачи, которыя мы будетъ преслѣдовать въ нашемъ журналѣ.

„Былое" посвящается изученію исторіи революціоннаго и общественнаго движенія: наша задача разсказать читателямъ о томъ, что было и какъ было. Желающихъ же ближе познакомиться съ задачами, которыя мы ставимъ въ нашихъ историческихъ работахъ, мы отошлемъ къ нашему заявленію „Объ изданіи приложенія къ сборнику „За сто лѣтъ“ и историческаго журнала „Былое“. (Лондонъ, 1900 г.).

Для предпринимаемаго нами историческаго журнала мы сдѣлаемъ все, что только мы сможемъ сдѣлать при данныхъ условіяхъ нашей эмигрантской дѣятельности. Дѣло сочувствующихъ намъ читателей помочь намъ увеличить размѣръ изданія, сдѣлать возможно болѣе частое его появленіе, доставить для помѣщенія на его страницахъ наиболѣе важные историческіе документы, дать журналу возможно широкое распространеніе и т. д.

За этой то помощью мы и обращаемся къ нашимъ читателямъ.

Намъ, эмигрантамъ, работающимъ въ заграничной литературѣ, къ сожалѣнію, не часто приходится встрѣчать поддержку въ своихъ работахъ со стороны даже тѣхъ товарищей, живущихъ въ Россіи, кто солидаренъ съ нами по всѣмъ главнымъ вопросамъ. Разстояніе, трудность сношеній, а еще болѣе непривычка къ совмѣстной дѣятельности или даже простая халатность, обыкновенно сводятъ дѣло къ тому, что „писатель пописываетъ, читатель почитываетъ“. Этимъ все и кончается къ большой радости николаевскихъ мерзавцевъ.

Мы обращаемся къ тѣмъ изъ нашихъ читателей, кому попадутъ на глаза настоящія строки, съ призывомъ къ самой серьезной систематической совмѣстной дѣятельности.

Въ интересахъ прежде всего текущей революціонной борьбы, мы будемъ просить товарищей помочь намъ довести до конца давно начатыя нами работы по исторіи революціоннаго и общественнаго движенія. Даже въ средѣ активныхъ революціонеровъ чрезвычайно слабо распространено знакомство съ той борьбой, которую вели до сихъ поръ наши братья и товарищи, напр., въ 1878-82 гг. Этимъ, думается намъ, только и объясняются всѣ крупныя ошибки и пробѣлы въ революціонномъ движеніи послѣднихъ лѣтъ, когда въ наличности было много силъ, велась упорная борьба, потребовавшая страшныхъ жертвъ, но когда революціонеры ни разу не выступили на настоящую дорогу для борьбы съ правительствомъ, и оно безъ удержу спокойно шло гигантскими шагами по пути реакціи. За послѣдніе годы исторія революціоннаго движенія не только не изучалась, но ее старались лишь извращать въ интересахъ кружковыхъ доктринъ, а наиболѣе дорогое и цѣнное выбрасывалось за бортъ.

А между тѣмъ наше былое полно поучительныхъ страницъ, способныхъ вѣрно освѣтить современнымъ революціонерамъ путь для ихъ борьбы съ правительствомъ. Наши предшественники умѣли хорошо бороться съ правительствомъ, нанося ему страшные удары и ихъ опытъ, добытый дорогой цѣной, висѣлицею и Шлиссельбургскою крѣпостью, могъ бы и теперь служить путеводными маяками для дѣйствующихъ революціонеровъ.

Изученію наиболѣе важныхъ и поучительныхъ періодовъ революціоннаго движенія мы и посвящаемъ журналъ „Былое".

Для приготовляемыхъ нами работъ по исторіи революціонныхъ и общественныхъ движеній мы просимъ доставить намъ: *)

1) Изданія, выходившія въ тайныхъ русскихъ типографіяхъ и литографіяхъ: „Нар. Волю", „Листки Н. В." (особенно листокъ за 1886 г., гдѣ была помѣщена рѣчь В. Фигнеръ), „Землю и Волю" и ея листки, 3-й № „Черн. Передѣла", „Раб. Газ." 1880-81 г., „Программу рабочихъ членовъ партіи Н. В.", „Зерно", „Журналъ политическихъ ссыльныхъ", „Соціальный Сборникъ" 1888 г. (гдѣ былъ помѣщенъ очеркъ revol. движенія),— брошюры: „Процессъ 193-хъ" 1878 г., „Политическій Терроръ" 1884 или 1885 г. (гектографированное изданіе, принадлежащее перу извѣстнаго въ то время народовольца,—заглавіе брошюры мы даемъ, м. б., не точно), процессъ 17-ти (гектографир. изд. съ рѣчами Корба, Грачевскаго и др.), уставы провинціальныхъ группъ Н. В., а также всѣ новѣйшія нелегальныя изданія.

2) Заграничныя изданія: „Современность" (1868 г.), „Будущность" (1861), „Отголоски печати" (1865-66), „Община" Нечаева (1871 или 1872 г.), „Европеецъ" (1864), „Вѣстъ" (1862), „Стрѣла" (1858), „Свобода" (американское изданіе 1872-73), „Отечество въ опасности", изд. редакціи „Набата", „Золотую грамоту" Стефановича (1877), „Правдиве слово хлібороба до земляківъ" Волховскаго (Вѣна, 1874), брошюры Похоровщикова, Шарапова и др.

3) Тайныя правительственныя изданія: Мальчинскаго „Очеркъ рев. движенія" 1880, (была, кажется, такого же рода книга Голицина на фр. языкѣ), „Царскій Листокъ" (издается лично для царя,—см. о немъ м. прочимъ въ книгѣ Ланина), тайныя жандармскія изданія (о нихъ см. 3 № „Народовольца"), отчеты сессіи Государственнаго совѣта, министерскіе отчеты, циркуляры разнаго рода двадцатниковъ и т. д.

4) Легальныя изданія: а) русскія газеты за старые годы, особенно, гдѣ были помѣщены политическіе процессы, или хотя бы только отдѣльные интересные номера этихъ газетъ, какъ русскихъ, такъ и иностранныхъ (въ случаѣ невозможности ихъ доставить намъ, просимъ присылать одни указанія на эти номера); b) земскія изданія (напр., гдѣ есть матеріалы о либеральномъ или реакціонномъ движеніи); с) книги, задержанныя цензурой, напр., книга Гилярова-Платонова, Венгерова (очеркъ русской литературы), сочиненія Елисѣева и т. д.

5) Обвинительные акты по политическимъ процессамъ: многіе обвинительные акты до сихъ поръ не опубликованы, напр., по процессамъ Дрея, Манучарова, Лисянскаго, по д. 1-го марта 1887 г., офицеровъ 1887 г., Оржиха, Сигиды и мн. др. Еще менѣе имѣется отчетовъ о судахъ, рѣчей подсудимыхъ, адвокатовъ, прокуроровъ и т. д., воспоминаній и записокъ какъ подсудимыхъ, такъ и другихъ, бывшихъ на судѣ, лицъ. У насъ нѣтъ отчетовъ о

*) Очень многое изъ перечисленнаго нами уже получено (см. 3 № „Былого" 1906 г. Спб.).

кассаціонныхъ рѣшепіяхъ сената по политическимъ дѣламъ (нѣкоторыя изъ нихъ были напечатаны въ сенатскихъ изданіяхъ). Нечего говорить, что этого рода документамъ мы придаемъ огромное значеніе.

6) Письма, дневники, рукописи замѣчательныхъ революціонныхъ дѣятелей, а также неопубликованныя рукописи разныхъ лицъ о революціонномъ и общественномъ движеніи: полное завѣщаніе Гриневицкаго, дневникъ Зотова, письма Желябова, Перовской, Халтурина, Гриневицкаго, Суханова и ихъ друзей, біографическіе очерки Осипанова, Ульянова и др. участниковъ дѣла 1-го марта 1887 г., воспоминанія о Чернышевскомъ, неизданные очерки Салтыкова, все относящееся до Шлиссельбургской крѣпости, Карійской и Якутской исторій 1889 г. и многія др. рукописи, которыя ихъ владѣльцами до сихъ поръ преступно держатся подъ спудомъ.

Изъ лицъ, для чьихъ біографій мы особенно нуждаемся въ матеріалахъ для начатыхъ работъ, мы укажемъ на слѣдующихъ: Желябовъ, Перовская, Халтуринъ, Гриневицкій, Сухановъ, А. Михайловъ, Исаевъ, В. Фигнеръ, Богдановичъ, Морозовъ, Саблинъ, Осинскій, Герм. Лопатинъ, Ширяевъ, Степнякъ, Нечаевъ, Ткачевъ, а о лицахъ, такъ или иначе имѣвшихъ прикосновеніе къ террористической дѣятельности, просимъ сообщать всевозможныя свѣдѣнія, какъ бы они повидимому ни были незначительны. Желательно получить всякаго рода поправки и дополненія къ имѣющимся въ литературѣ матеріаламъ о только что перечисленныхъ нами лицахъ, —это необходимо намъ при пользованіи этими матеріалами, а особенно при ихъ перепечаткахъ.

Тѣхъ, кто хотѣлъ-бы откликнуться на нашъ призывъ, помочь намъ въ изученіи прошлаго револ. и общ. движенія и подѣлиться нужными для насъ метеріалами, мы просимъ сообщить намъ списокъ имѣющихся у нихъ книгъ, газетъ и рукописей,—мы тогда могли бы лично или письменно указать, въ чемъ собственно мы нуждаемся. Съ такого рода просьбой мы обращаемся ко всѣмъ нашимъ товарищамъ, живущимъ какъ за границей, такъ и въ Россіи.

Со всѣми запросами, касающимися журнала „Былое" и другихъ нашихъ изданій по исторіи револ. и общ. движеній, просимъ обращаться по адресу: VI. Bourtzeff, 70, Grafton Str., Tottenham Court road, W. London.

➤►◄◄◄

СТАТЬЯ ИЗЪ № 2 ГАЗЕТЫ „НАРОДНАЯ ВОЛЯ".

Ниспроверженіе существующихъ нынѣ государственныхъ формъ и подчиненіе государственной власти народу,—такъ опредѣляемъ мы главнѣйшую задачу соціально-революціонной партіи въ настоящее время, задачу, къ которой невольно приводятъ современныя русскія условія.

Мы принуждены остановиться еще на этомъ общемъ вопросѣ, прежде чѣмъ перейти къ частнымъ формамъ дѣятельности, какими онѣ намъ представляются. Исторія создала у насъ, на Руси, двѣ главныя самостоятельныя силы: народъ и государственную организацію. Другія соціальныя группы и понынѣ у насъ имѣютъ самое второстепенное значеніе.

Наше дворянство, напримѣръ, вытащенное на свѣтъ Божій за уши правительствомъ, оказалось, однако не смотря на всѣ попеченія, рѣшительно неспособнымъ сложиться въ прочную общественную группу и, просуществовавъ едва сотню лѣтъ, нынче совсѣмъ стушевалось, расплылось и слилось отчасти съ государственной организаціей, отчасти съ буржуазіей, отчасти, такъ невѣдомо куда, дѣвалось.

Буржуазія, выдвигаемая всѣми условіями нашей жизни и, при самомъ рожденіи своемъ, поступившая также подъ крылышко правительства, безъ сомнѣнія, имѣетъ болѣе шансовъ на продолжительное существованіе, и, если общія условія русской жизни не измѣнятся, она, конечно, скоро составитъ грозную общественную силу и подчинитъ себѣ не только массы народа, но и само государство. Но это еще вопросъ будущаго. Въ настоящее время наша буржуазія составляетъ все-таки не болѣе, какъ ничѣмъ не сплоченную толпу хищниковъ: она не выработала еще ни совнаго самосознанія, ни міросозерцанія, ни сословной солидарности.

Буржуа западный дѣйствительно убѣжденъ въ святости разныхъ основъ, на которыхъ зиждется его сословіе, и за эти основы положитъ голову свою. У насъ нигдѣ не встрѣтишь болѣе циничнаго неуваженія къ тѣмъ-же основамъ, какъ именно въ буржуа. Нашъ буржуа—не членъ сословія, а просто отдѣльный, умный и неразборчивый въ средствахъ, хищникъ, который въ душѣ самъ сознаетъ, что дѣйствуетъ не по совѣсти и правдѣ. Безъ сомнѣнія, это явленіе временное, происходящее лишь оттого, что нашъ буржуа еще только народился на свѣтъ. Скоро, очень скоро онъ оформится; еще нѣсколько поколѣній, и мы увидимъ у себя настоящаго буржуа, увидимъ хищничество, возведенное въ принципъ, съ теоретической основой, съ прочнымъ міросозерцаніемъ, съ сословной нравственностью. Все это будетъ, конечно, но только въ томъ случаѣ, если буржуазію не подсѣчетъ въ корнѣ общій переворотъ нашихъ государственныхъ и общественныхъ отношеній. Мы думаемъ, что онъ очень возможенъ, и если онъ дѣйствительно произойдетъ, то буржуазія наша такъ же сойдетъ со сцены, какъ сошло дворянство, потому что она въ сущности создается тѣмъ же государствомъ. Создается она государствомъ отчасти вполнѣ сознательно и преднамѣренно, отчасти является, какъ неизбѣжное послѣдствіе тѣхъ условій, въ которыя государство вгоняетъ народъ, и которыя не могутъ не выдвигать изъ массы хищническаго кулацкаго сословія.

Съ точки зрѣнія всего существующаго строя, нашъ крестьянинъ въ настоящее время—нѣчто хуже, чѣмъ ничто.

Это какая-то рабочая скотина, какой-то баранъ, который существуетъ исключительно для того, чтобы пастухъ могъ питаться его мясомъ, одѣваться его шерстью и шкурой. Таковъ принципъ нашего государства. Народъ—нуль въ смыслѣ личности, въ смыслѣ человѣка. Его экономическіе интересы признаются лишь постольку, поскольку это нужно для государства. Крестьянинъ долженъ ѣсть, пить, одѣваться, имѣть хижину исключительно для того, чтобы не издохнуть съ голоду, чтобы имѣть возможность работать, вносить деньги въ казначейство, поставлять годныхъ для войны рекрутовъ и т. д.

Такое же значеніе имѣетъ и его умственный и нравственный міръ. Отъ мужика требуется немного больше, чѣмъ отъ лошади: онъ долженъ имѣть достаточно смысла для того, чтобы ходить въ корнѣ и на пристяжкѣ, требуется, чтобы онъ не былъ норовистымъ, чтобы узнавалъ хозяина. Все прочее излишне и даже вредно.

И вотъ такіе-то экономическіе и нравственные принципы практикуются надъ мужикомъ сотни лѣтъ, практикуются могущественной, сравнительно съ мужикомъ, высоко-интеллигентной ассоціацій, пронизывающей насквозь всю жизнь его. Сообразно съ этими принципами строятся сверху до низу всѣ отношенія—государственныя, сословныя и общественныя.

Результаты получаются самые убійственные.

Крестьянинъ приниженъ, забитъ настолько, насколько у государства хватило силъ. Онъ доведенъ до состоянія нищенства въ экономическомъ отношеніи, онъ изъ-за куска хлѣба, изъ-за самыхъ животныхъ, но неумолимыхъ, потребностей принужденъ вести ожесточеннѣйшую борьбу за существованіе. Всѣ помыслы его должны направляться на то, чтобы добыть рубль для взноса податей, исполнить всѣ повинности, накормить себя и семью и отдохнуть для новой работы. И это изо дня въ день, вчера, нынче, завтра, цѣлую жизнь. Некогда жить для себя, для человѣка, некогда думать, не о чемъ думать.

Такова обстановка личности. Такова же обстановка и міра.

Зачѣмъ существуетъ міръ-община? Чѣмъ онъ занимается? Поставить рекрутовъ, собрать подати, взыскать недоимки, отправить натуральныя повинности—вотъ жизнь міра. И насколько обезличивается крестьянинъ въ невольной погонѣ за рублемъ, настолько же обезличивается и искажается община, задушаемая правительствомъ въ этой сферѣ, исключительно фискальныхъ и полицейскихъ обязанностей.

Такая обстановка словно нарочно придумана для того, чтобы породить кулака. Для человѣка умнаго, энергичнаго, имѣющаго потребность личной жизни, въ той средѣ нѣтъ выхода: либо—логибать вмѣстѣ съ міромъ, либо самому сдѣлаться хищникомъ. Какъ человѣкъ мірской, онъ—нищій, презрѣнное существо, которымъ всякій помыкаетъ. Какъ хищникъ онъ сразу выдвигается въ особое, не упомянутое законами, но признаваемое практикой, сословіе. Кулакъ—міроѣдъ, онъ не только получаетъ возможность жить сносно въ матеріальномъ отношеніи, онъ въ первый разъ дѣлается человѣкомъ и даже гражданиномъ. Его уважаетъ и начальство и попъ: его не станутъ ни бить по мордѣ, ни ругаться надъ его' человѣческой личностью; законъ начинаетъ существовать для него. Можетъ ли быть тутъ какой-нибудь выборъ?

Мы еще взяли только общую картину, возьмемъ детали.

Что будетъ съ умнымъ и энергичнымъ крестьяниномъ, не измѣнившимъ мірскимъ традиціямъ? Это—кандидатъ въ „смутьяны“, въ „разстройщики“, въ „бунтовщики“, кандидатъ на всевозможныя гоненія, порки, аресты, ссылки, а то и больше; а приниженный, забитый, обезличенный міръ часто даже не способенъ оказать (ему) нравственной поддержки въ этой тяжелой борьбѣ. И, въ большинствѣ случаевъ, кулакъ совершенно искренно и глубоко презираетъ міръ за его безсиліе, презираетъ и въ лицѣ отдѣльныхъ членовъ и въ лицѣ всей общины.

Нарождается кулакъ. Безвыходное положеніе гонитъ мужика въ кабалу. Кто же виноватъ въ этомъ? Кто же, какъ не государственный гнетъ: экономическій гнетъ его,—стремящійся привести массу въ состояніе нищенства имущественнаго и отнимающій у нея всякую возможность бороться съ эксплоатаціей, нравственный его гнетъ,—приводящій массу къ нищенству гражданскому и политическому, деморализирующій народъ и забивающій его энергію.

Устраните этотъ гнетъ и вы сразу отнимете девять десятыхъ шансовъ для формированія буржуазіи.

Пойдемъ дальше.

Вызывая появленіе буржуазіи самымъ фактомъ своего существованія, современное государство, и въ отдѣльныхъ случаяхъ совершенно сознательно, выводитъ ее въ люди. Вспомнимъ исторію нашей промышленности.

Кустарное производство цѣлыхъ губерній убивалось, благодаря всяческому покровительству крупной промышленности. Создавались даже такія отрасли фабричнаго производства, которыя и понынѣ живутъ только покровптельственнымъ тарифомъ, напримѣръ, —хлопчатобумажное, убившее народныя кустарныя полотна. Цѣлыя княжества создавались для горнозаводчиковъ, и сотню лѣтъ населеніе Урала было отдано въ рабство капиталистамъ, не умѣвшимъ вести дѣла даже такъ, какъ вели сами рабочіе, оставаясь безъ хозяевъ (при Пугачевѣ). Желѣзнодорожное дѣло представляетъ у насъ также единственную въ мірѣ картину: всѣ дороги построены на мужицкія деньги, на деньги государства, неизвѣстно зачѣмъ раздарившаго сотни милліоновъ разнымъ предпринимателямъ. Точно также мужицкое золото лилось изъ пустого кармана правительства для поддержанія биржевыхъ спекуляцій.

Эта отеческая нѣжность правительства по отношенію къ буржуазіи—фактъ, требующій вовсе не доказательства, а только указанія, и мы указываемъ на него для того, чтобы лучше оттѣнить то обстоятельство, что у насъ не государство есть созданіе буржуазіи, какъ въ Европѣ, а, наоборотъ, буржуазія создается государствомъ.

Самостоятельное значеніе нашего государства составляетъ фактъ чрезвычайно важный, и потому, сообразуясь съ этимъ, дѣятельность соціально-революціонной партіи въ Россіи должна принять совершенно особый характеръ. Россія, собственно говоря, представляетъ нѣчто въ родѣ обширнаго помѣстья, принадлежащаго компаніи подъ фирмой „Русское Государство“. Экономическое и политическое вліяніе, экономическій п политическій гнетъ, здѣсь, какъ и быть должно, сливаются и сводятся къ одному юридическому лицу—къ этой самой компаніи. При такихъ условіяхъ политическая и экономическая реформы становятся также совершенно неотдѣлимы одна отъ другой и сливаются въ одинъ общегосударственный переворотъ.

Непосредственнымъ источникомъ народныхъ бѣдствій, рабства и нищеты является государство *). Поэтому, какъ только мы задаемся цѣлью освободить народъ, надѣлить его землей, просвѣтить его, ввести въ его жизнь новые принципы или возстановить въ ихъ первобытной чистотѣ старыя традиціонныя основы народной жизни,—словомъ, какой бы цѣлью мы ни задавались, мы, если только эта цѣль ставится въ интересахъ массы, волей-неволей должны столкнуться съ правительствомъ, которое видитъ въ народѣ своего экономическаго и политическаго раба. Для того, чтобы сдѣлать что нибудь для народа, приходится прежде всего освободить его изъ-подъ власти этого правительства, сломить самое правительство, отнять у него его господскую власть надъ мужикомъ.

Такимъ образомъ, наша дѣятельность принимаетъ политическій характеръ. И это, дѣйствительно, происходитъ у насъ, если не на словахъ, то на дѣлѣ, со всякой революціонной фракціей, независимо отъ ея теоретическихъ взглядовъ, происходитъ въ силу того простого обстоятельства, что современное государство—дѣйствительно самый страшный, самый крупный врагъ и разоритель народа во всѣхъ отношеніяхъ. Нашъ соціалистъ ведетъ политическую борьбу такъ же естественно, какъ естественно говоритъ прозой человѣкъ, не имѣющій даже никакого понятія о прозѣ и поэзіи.

Не смотря на это, большая, конечно, разница понимать этотъ фактъ—значеніе современнаго государства—или не понимать его. Если мы дѣйствуемъ сознательно, то мы такъ и направимъ всѣ свои удары противъ этого правительства, и тогда наши силы пойдутъ цѣликомъ на работу производительную, полезную. Если же мы будемъ бить правительство только невольно, независимо отъ своего желанія, то, во-первыхъ, огромный процентъ силы можетъ уйти на фантастическую безрезультатную работу, а во-вторыхъ, и самые удары, невольно наносимые нами правительству, принесутъ пользу только буржуазіи, подготовятъ ей болѣе легкую побѣду. Объ этомъ, впрочемъ, ниже.

Теперь намъ нужно сперва оговориться. Понятно, что призывая партію къ борьбѣ съ правительствомъ, къ политическому перевороту, мы нисколько не отрѣшаемся отъ переворота соціальнаго—экономическаго. Мы говоримъ только, что, при нашихъ государственныхъ порядкахъ, политическій и соціальный переворотъ совершенно сливаются, и одинъ безъ другого не мыслимъ. Для этого-то политико-соціальнаго переворота мы намѣчаемъ лишь новый путь, да и то не вполнѣ новый, а только плохо до сихъ поръ сознаваемый партіей. Не знаемъ, нужна ли такая оговорка для людей „Зе-

---

*) Просимъ обратить вниманіе, что подъ словомъ „государство“ мы постоянно понимаемъ именно современное россійское государство.

и и Воли“, защищавшихъ въ первомъ же № „Народной Воли“
раво народа на землю, но во избѣжаніе недоразумѣній, на всякій
лучай, оговариваемся.

Возвратимся къ дѣлу.

Борьба противъ существующаго правительства, ослабляющая
его и, стало быть, расчищающая дорогу политическому перевороту,
совершенно неизбѣжна при такихъ условіяхъ, когда мы на каж-
домъ шагу наталкиваемся на правительство, какъ на дѣятельнаго и
самостоятельнаго врага народа. Она неизбѣжна, но этого мало.
Эна можетъ оказаться важнѣйшей исторической услугой народу,
если будетъ имѣть сознательную и преднамѣренную цѣль—произ-
вести политическій переворотъ именно въ его пользу. Передача
государственной власти въ руки народа въ настоящее время
могла бы дать всей нашей исторіи совершенно новое направленіе
и развитіе, въ духѣ народнаго общинно-федеративнаго міросозер-
цанія.

Предположимъ, въ самомъ дѣлѣ, что наше правительство, отъ
какой бы то ни было причины (вслѣдствіе повсемѣстной революціи,
вслѣдствіе собственнаго истощенія, въ связи съ нравственнымъ да-
вленіемъ всѣхъ слоевъ населенія и пр.), принуждено ликвидировать
свои дѣла. Составляется самостоятельно, или по приглашенію пра-
вительства, Учредительное Собраніе, снабженное приговорами
своихъ избирателей (вродѣ cahiers въ Assemblée Constituante). Въ
этомъ собраніи 90% депутатовъ будутъ отъ крестьянъ, если же
предположимъ, что наша партія дѣйствуетъ съ достаточной лов-
костью,—отъ партіи.

Что можетъ постановить такое собраніе? Въ высшей степени
вѣроятно, что оно дало бы намъ полный переворотъ всѣхъ нашихъ
экономическихъ и государственныхъ отношеній. Мы знаемъ, какъ
устраивался нашъ народъ всюду, гдѣ былъ свободенъ отъ давленія
государства: мы знаемъ принципы, которые развивалъ въ своей
жизни народъ на Дону, на Яикѣ, на Кубани, на Терекѣ, въ сибир-
скихъ раскольничьихъ поселеніяхъ, вездѣ, гдѣ устраивался свобод-
но, сообразуясь только съ собственными наклонностями; мы знаемъ
вѣчный лозунгъ народныхъ движеній. Право народа на землю,
мѣстная автономія, федерація,—вотъ постоянные принципы на-
роднаго міросозерцанія. И нѣтъ въ Россіи такой силы, кромѣ госу-
дарства, которая имѣла бы возможность съ успѣхомъ становиться
поперекъ дороги этимъ принципамъ.

Устраните государство, и народъ устроится, можетъ быть,
лучше, чѣмъ мы даже можемъ надѣяться.

Намъ могутъ возразить, что различные, враждебные народу,
слои населенія могли бы исказить результаты выборовъ, проведя
своихъ людей въ большинство, и тогда мы получили бы такой об-
щественный строй, который не имѣлъ бы ничего общаго съ народ-
ными идеалами. На это мы отвѣтимъ, что это еще вопросъ, во-
просъ даже и въ томъ случаѣ, если бы не было насъ, соціалистовъ-
революціонеровъ. Извѣстно, напримѣръ, что въ 49 году въ австрій-
скомъ рейхсратѣ такое же, какъ наше, галицкое „мужичье“ сумѣло
провести своихъ кандидатовъ, и эти безграмотные депутаты не

поддавались ни на какія парламентскія ухищренія, не отступая ни на шагъ отъ приговоровъ своихъ обществъ и отстаивая упорнѣйшимъ образомъ мужицкую землю. Да и у насъ, сто лѣтъ тому назадъ, на земскомъ соборѣ Екатерины, народъ выбралъ массу депутатовъ, весьма хороша его представлявшихъ... Если же наша партія поняла-бы все громадное значеніе политическаго переворота и занялась теперь же подготовкой къ нему народа, а впослѣдствіи дружно повела бы избирательную агитацію, то благопріятный исходъ былъ бы въ высшей степени вѣроятенъ. Какъ ни слаба наша партія, а все же на выборахъ она могла бы успѣшно помѣряться съ дворянствомъ, совершенно не популярнымъ въ народѣ, или буржуазіей, не доросшей еще даже до сословности, дѣйствующей разрозненно, особнякомъ, безъ общаго плана и расчета.

Такимъ образомъ политическій переворотъ, т. е. передача государственной власти въ руки народа, отозвался бы теперь огромными и крайне полезными для народа послѣдствіями во всѣхъ сферахъ его жизни. Теперь время для этого еще не упущено, но если бы мы, пренебрегая политической дѣятельностью, допустили бы существованіе современнаго государства еще на нѣсколько поколѣній, то это, очень вѣроятно, затормозило бы народное дѣло на цѣлыя столѣтія.

Современное государство, во всякомъ случаѣ, слишкомъ примитивная, слишкомъ архаическая форма эксплуататорской ассоціаціи. Современная жизнь уже настолько дифференцировалась, что ее рѣшительно не въ состояніи охватить это допотопное государство. Требовательность населенія увеличивается, недовольство разрастается, появляются на населеніи элементы, не только болѣе интеллигентные, но даже лучше организованные, чѣмъ государство. При такихъ условіяхъ государству приходится затрачивать все болѣе и болѣе средствъ на свое самосохраненіе. И выжимаемые изъ народа соки уже теперь едва покрываютъ этотъ расходъ. Недалеко время, когда появится дефицитъ, и тогда государство наше можетъ измеромъ вымереть, даже безъ экстраординарныхъ толчковъ. Сознавая это, оно давно уже ищетъ себѣ какихъ-нибудь опоръ въ самомъ населеніи, опоръ, разумѣется, себѣ подобныхъ, т. е. тоже среди хищническихъ элементовъ. Такъ, оно когда-то выдвигало дворянство, но изъ дворянства ничего не вышло. Теперь оно старается опереться на буржуазію и, какъ самая усердная акушерка, хлопочетъ о благополучныхъ родахъ этого уродливаго дѣтища народа. На этотъ разъ его старанія, конечно, увѣнчаются успѣхомъ, и буржуазія скоро подрастетъ, но за то не подлежитъ также ни малѣйшему сомнѣнію, что, разъ ставши прочно на ноги, она не потерпитъ надъ собой власти этого одряхлѣвшаго государства и сумѣетъ подчинить его себѣ. Политическій переворотъ совершится, но совершится въ томъ смыслѣ, что власть перейдетъ въ руки буржуазіи. Наша роль при этомъ выйдетъ самая жалкая: мы всѣмъ своимъ существованіемъ, всей своей дѣятельностью, вѣдѣніемъ и невѣдѣніемъ подкапывали государство, распутывали и ослабляли его,—и все это собственно затѣмъ, чтобы буржуазія могла легче его одолѣть и сѣсть на него мѣстѣ! А захвативши власть въ свои руки, буржуазія, конечно, сумѣетъ закабалить народъ пооснователь-нѣе, чѣмъ нынѣ, и найдетъ болѣе дѣйствительныя средства парали-зовать нашу дѣятельность, чѣмъ государство, кругозоръ котораго не простирается дальше тюрьмы и висѣлицы.

Мы уже обращали вниманіе читателей на эту опасность и теперь снова повторяемъ, что намъ нужно принять какую-ни-будь одну послѣдовательную систему дѣйствій: или союзъ съ го-сударствомъ и совмѣстное съ нимъ задушеніе буржуазіи въ самомъ зародышѣ, или—такъ какъ этотъ союзъ, очевидно, нелѣпѣйшая изъ нелѣпостей—борьбу съ государствомъ, но если такъ, то ужъ борьбу осмысленную, серьезную, съ опредѣленной цѣлью, съ не-премѣннымъ результатомъ—возможно скорѣйшей передачей государственной власти въ руки народа, пока еще не поздно, пока есть шансы на то, что власть перейдетъ дѣйствительно къ нему. Теперь или никогда—вотъ наша дилемма.

Такимъ образомъ, постановка партійной задачи, которую дѣ-лаетъ „Народная Воля", вызывается самыми настоятельными требо-ваніями обстоятельствъ.

Мы не станемъ теперь развивать всѣхъ дальнѣйшихъ соображе-ній въ пользу политическаго переворота, потому что надѣемся еще вернуться къ этому вопросу въ спеціальныхъ статьяхъ. Не-достатокъ мѣста заставляетъ насъ отложить до слѣдующаго раза и вопросъ о частныхъ задачахъ партіи, какими онѣ представляются съ нашей точки зрѣнія.

СТАТЬИ ИЗЪ „РАБОЧЕЙ ГАЗЕТЫ".

ГОДЪ ПЕРВЫЙ	№ 1	1880 ГОДА 15 ДЕКАБРЯ

РАБОЧАЯ ГАЗЕТА.

ежемѣсячное изданіе

4 ноября, въ 8 ч. 10 м. утра, на Іоанновскомъ равелинѣ Петро-павловской крѣпости повѣшены соціалисты-революціонеры Алек-сандръ Александровичъ КВЯТКОВСКІЙ и Андрей Корнѣевичъ ПРѢСНЯКОВЪ.

5 ноября, на другой день послѣ казни нашихъ братьевъ-това-рищей, Александра Квятковскаго и Андрея Прѣснякова, отъ рабо-чихъ, членовъ „Партіи Народной Воли", была выпущена прокла-мація къ товарищамъ рабочимъ.

„Товарищи!—говорилось въ ней—неужели мы не отомстимъ за своихъ заступниковъ и борцовъ? неужели мы будемъ молчать передъ своими мучителями? Нѣтъ! Иначе кровь этихъ мучениковъ за народное счастье и волю падетъ на наши головы!

„Товарищи-рабочіе! пора взяться за умъ; пора призвать къ отвѣту своихъ притѣснителей, разорителей. Пора русскому народу взять управленіе дѣлами въ свои руки".

———————

9 декабря 1880 года.

Испоконъ вѣковъ не любили цари правды и всегда гнали ее нещадно. Награждали лесть да коварство, а за слово разумное, правдивое—терзали тѣло и душу. Но не удавалось имъ задушить правды въ сердцѣ человѣка: всегда находились смѣлые люди, для которыхъ истина и справедливость были всего дороже. Не страшили ихъ въ старину царскія тюрьмы, пытки и костры, не страшатъ ихъ нынѣ и висѣлицы. Правдивое, смѣлое слово ихъ становится слышнѣе и грознѣе, и не унять его царской сворѣ.

Печатались и расходились запрещенныя книжки и газеты по всей землѣ русской, и больно тревожили онѣ царя съ его сворой, потому—правда глаза колетъ. Печатались онѣ по неволѣ за границей, а не у насъ въ Россіи. Но вотъ третій годъ, какъ основана въ Петербургѣ тайная типографія (книгопечатня). Вольное слово раздается подъ самымъ носомъ у царя, и мечется онъ, какъ чертъ отъ ладана. Полюбилось вольное печатное слово русскимъ людямъ, и читаютъ его наперебой; читаютъ не только люди ученые (интеллигенція), но и много грамотнаго рабочаго люда. Трудно часто рабочимъ понимать вольныя газеты и книжки, какъ онѣ писались по сей день, а для народа знать правду всего важнѣе.

Вотъ почему мы и порѣшили выпускать „Рабочую Газету". Въ „Программѣ рабочихъ, членовъ Партіи Народной Воли", что вышла недавно, мы подробно говорили, какіе порядки считаемъ мы справедливыми, и чего слѣдуетъ намъ добиваться.

Поэтому теперь мы повторяемъ вкратцѣ главныя наши требованія.

Не царь, а весь русскій народъ долженъ быть хозяиномъ страны. Поэтому царская власть должна быть уничтожена, а всѣ государственныя и общественныя дѣла переданы въ руки выборныхъ отъ народа, избираемыхъ на срокъ.

Земля, фабрики и заводы должны принадлежать всему народу; всякій, по желанію, можетъ получить земельный надѣлъ по расчету или пристать къ фабричному труду.

Для охраны свободы и благосостоянія народа постоянное войско должно быть замѣнено народнымъ ополченіемъ.

При такомъ порядкѣ, по нашему мнѣнію, народъ былъ бы дѣйствительно свободенъ и счастливъ. То-ли мы видимъ вокругъ себя? У насъ царь значитъ все, а народъ—ничто. Вмѣсто выборныхъ народныхъ всѣмъ орудуютъ царскіе чиновники, и распоряжаются-то они, какъ въ покоренной странѣ. Живетъ всласть, кто не трудится, а кто трудится—въ кабалѣ состоитъ у хозяина. Все, что минуетъ хозяйскую мошну, попадаетъ въ казну, а куда расходится, про то спрашивать не приказано. Держатъ армію въ милліонъ человѣкъ; отрываютъ отъ хозяйства лучшихъ работниковъ— все молодецъ въ молодца. А для чего? Чтобъ держать въ покорности свой-же народъ. Таковы-то царскіе распорядки! Всякій видитъ, сколько въ нихъ справедливости. Силой царь держитъ русскій народъ въ нищетѣ да въ невѣжествѣ. Скоро доведетъ до голодной смерти. Уже бѣдствія народа начинаютъ превышать всякую мѣру, и недалеко то время, когда народъ произнесетъ свой приговоръ надъ притѣснителями.

Наша задача—выяснить народу, кто другъ его, кто врагъ, выяснить, какъ свергнуть иго, и при какихъ порядкахъ народъ будетъ счастливъ и свободенъ.

Счастье народа,
Доля его,
Свѣтъ и свобода
Прежде всего.
„Пиръ на весь міръ".
Некрасовъ.

Были красные дни и на русской землѣ! Было время, когда на привольныхъ поляхъ и въ лѣсахъ дремучихъ, на рѣкахъ и моряхъ былъ хозяинъ одинъ—вольный русскій народъ. Ни царей съ ихъ чиновниками, ни помѣщиковъ, ни лживыхъ поповъ—никого онъ не зналъ. Управлялъ самъ собой. Самъ давалъ законы. Самъ страну защищалъ, не нуждаясь въ солдатахъ.

На міру онъ судилъ и рядилъ о всѣхъ своихъ нуждахъ. Каждый пахалъ, торговалъ безъ запрету. Не вреди лишь другимъ да плати на мірскіе расходы, что всѣмъ міромъ утвердилъ; помни совѣсть въ себѣ, да живи съ другими по братски—такова была мудрость старинная.

Съ тѣхъ поръ много бѣдъ натерпѣлась русская земля. Не узнаешь ея. Точно въ чужой край занесенъ ты судьбой. Не родитъ выпаханное поле, лѣсъ вырубленъ зря; въ рѣкахъ мелководье. Всюду оскудѣніе. А народъ-то, народъ! Боже мой! Измельчалъ, отощалъ на древесной корѣ, и нѣтъ счету болѣзнямъ. Изнываетъ въ трудѣ, бьется рыбой объ ледъ,—все хуже, что ни день—все хуже. Пропало безъ вѣсти веселье, повсюду слышенъ стонъ протяжный или пьяный крикъ. Нѣтъ дружбы межъ людей. Всякъ остерегается другого, какой-то темный духъ, духъ злобы и корысти всѣми обуялъ. Братъ брата продаетъ; мать дочерью торгуетъ; отецъ не радъ семьѣ. Свѣтъ божій опостылѣлъ.

Куда-же дѣвалась воля вольная, богатство, счастье народа? Къ царямъ, да къ барамъ;—прибрали все къ рукамъ.

Мужикъ-то, видишь, теменъ,—они законъ ему даютъ, начальство поставляютъ, отъ нѣмца, турка защищаютъ, чтобы не польстился на мужицкую суму. Судъ правятъ, къ работѣ понуждаютъ, то есть въ карманахъ аккуратно сосчитаютъ,—благодѣтели! Земляцу, что получше, межъ собою подѣлили. Придумали себѣ доходныя мѣста, не брезгаютъ торговлей, а фабрики, заводы—бѣда, какъ полюбили!

Трудится каждый, кто какъ можетъ: бѣснуются чиновники— чуть не съ пѣною у рта и лѣзутъ изъ кожи продажныя души! У нихъ на все одинъ резонъ—„по царскому указу!".

„По царскому указу", „по закону!"—вторятъ помѣщики, фабриканты и прочіе кулаки, что живутъ чужимъ трудомъ, сосутъ кровь народную. Всѣ противъ народа и всѣ „по закону", „по царскому указу". И попы не отстаютъ: выкликаютъ небесные громы и грозятъ непокорному народу всѣми муками ада. Каркаютъ черные вороны: „Всякая, молъ, власть отъ Бога, и передъ Богомъ однимъ ей отвѣтъ держать за злодѣйства свои; а вы, рабы, повинуйтесь господамъ своимъ". И нѣтъ такого злодѣянія сильныхъ міра, которое попы не освятили бы именемъ небеснаго царя. На все-де Богъ!

Что же самъ запѣвало? Какую роль царь ведетъ? О, этотъ злодѣй обстоятельный! сейчасъ видать—всему дѣлу голова. Обираетъ и тѣснитъ народъ черезъ подручныхъ своихъ, а самъ стоитъ въ сторонкѣ; прикидывается радѣтелемъ народа, да такъ ловко, что темному люду и не вдомекъ, въ чемъ дѣло. И толкуютъ въ крестьянствѣ: „царь-то за насъ, да волюшки у него нѣтъ; опутали его дворяне да чиновники". Не подумаютъ темные: если царь за народъ, а войско за царя,—что могутъ дворяне? Вѣдь ихъ не сила, а сущій пустякъ. Да и кто неволитъ царя выбирать себѣ совѣтниковъ изъ дворянъ? Почему не выслушать мірскихъ людей, выборныхъ отъ всего народа?

Знаетъ кошка, чье сало съѣла...

Можетъ быть, царь не вѣдаетъ про житье мужицкое, горемычное? Да что же онъ послѣ этого знаетъ и какой онъ самодержецъ? Пусть бы заглянулъ на любую фабрику или порасспросилъ на улицѣ перваго встрѣчнаго изъ тѣхъ, что побѣднѣй. Не тутъ то было! Не любитъ царь сѣрой публики и по улицѣ то не ѣдетъ, а мчится, какъ оглашенный:—видно, на ворѣ шапка горитъ.

Теменъ народъ и не радуется парь механикѣ своей. Скрывается за подручными своими: ну, и тѣ не серчаютъ, потому понимаютъ, что нужно отводить глаза народу. При томъ подручные по опыту знаютъ, что старшой не дастъ ихъ въ обиду. Чуть что, крестьяне-ль забунтуютъ противъ помѣщика, или рабочіе противъ фабриканта, царь тутъ, какъ тутъ, съ своей силою, и пошли писать нагайки, да приклады. Одна шайка! Рука руку моетъ.

И бѣдствуетъ русскій народъ, какъ нельзя больше. Тѣснятъ его, какъ въ турецкомъ плѣну, а поборы - явный грабежъ. Но молча тянетъ многострадальный лямку свою, ибо на глазахъ его завѣса темная. И чудится ему сквозь завѣсу ту, гдѣ-то далеко, далеко царь-надежда, радѣтель земли русской. „Только-бъ добратьс до него", думаетъ бѣдняга: „а тамъ горе, какъ рукою сниметъ". І шлетъ онъ ходоковъ своихъ; шлетъ не разъ и не два, считай ты сячами. Шлетъ и ждетъ, многострадальный, чѣмъ пожалуетъ ег царь-батюшка... А горе той порой налегаетъ, какъ свинцовая туча все сильнѣй, да плотнѣй. Жметъ, ломаетъ его, какъ въ тискахъ.

Понурилъ голову угнетенный народъ и ликуетъ царь съ приспѣшниками. Поработили злодѣи, да еще издѣваются вдобавокъ!

Но живуча правда, какъ душа народная, и не одолѣетъ ее царская кривда. Не одолѣла ея кривда раньше, а теперь ея пѣсенка спѣта!

Было время, скрывалась правда въ тайникахъ лѣсныхъ, да въ степной глуши. Наступила иная пора: вышла правда открыто на свѣтъ божій и задрожали темныя силы. Стала правда напирать словомъ и дѣломъ, и очумѣли со страху притѣснители народа.

Передъ лицомъ народа идетъ смертельный бой: то лучшіе сыны его бьются въ кровавомъ поединкѣ противъ утѣснителей народныхъ. А народъ молчитъ... молчитъ, ибо не знаетъ, кто другъ, кто врагъ; не знаетъ, изъ-за чего идетъ борьба. Иной хоть понимаетъ, да робость беретъ. Но примѣръ смѣлыхъ людей ободряетъ забитый народъ; завѣса понемногу спадаетъ съ его глазъ, а нужда тѣмъ временемъ нагнетаетъ все больше и больше... И выходитъ изъ народа боецъ за бойцомъ! Не втерпежъ становится добру молодцу царское иго, да хозяйская кабала! Рвется въ бой удаль молодецкая! И думаетъ буйная головушка: „Эхъ! будь, что будетъ, а въ рабствѣ не останусь и слабаго въ обиду сильному не отдамъ!“ И кипитъ потѣха молодецкая, и, глядючи на нее, щелкаетъ царь зубами; прячется губитель за спины черкескія отъ своего народа русскаго. Да не уйдетъ!

Темныя тучи покрыли небосклонъ... Быть грозѣ!.. Бурные потоки несутъ свои воды въ общее русло: не устоятъ плотинѣ!.. И горе тому, кто преградитъ дорогу народному движенію!

Лишь бы понялъ народъ свой побѣдный кличъ: „Смерть тиранамъ! Прочь тунеядцевъ! Да здравствуетъ царство свободы и труда!..“

РАБОЧЕЕ ЖИТЬЕ-БЫТЬЕ.

Холодно, странничекъ, холодно.
Голодно, родименькій, голодно!..
Некрасовъ.

Ну и времячко-же, братцы, наступило. Куди ни глянешь, гдѣ ни посмотришь—вездѣ одна пѣсня про голодъ, да безработицу. Голодаетъ вся матушка Россія. Неурожай ноне былъ чуть-что не въ половинѣ ея, а въ Саратовской, Самарской, Екатеринославской и другихъ южныхъ губерніяхъ и сѣмянъ не собрали. Земля, кормилица наша, не уродила, ну, а жить тоже нужно и подати подай. Вотъ и плетутся всѣ крестьяне голодныхъ губерній въ города, да на промыслы. Народу навалило много. Хозяева и рады бѣдѣ народной и сейчасъ понизили заработную плату до того, что приходится изъ-за куска хлѣба работать. А все-же много народу безъ работы осталось; вотъ съ нужды и пошли баловать: разбой, грабежи да нищенство разрослись, какъ никогда.

Въ голодныхъ губерніяхъ оборванные голодные мужики, бабы и дѣти толпами ходятъ по дорогамъ и просятъ у проѣзжихъ милостыни.

Такъ-то вотъ живется народу въ провинціи.

Теперь поглядимъ, лучше-ли намъ, столичнымъ рабочимъ.

Первымъ дѣломъ зайдешь на какой-нибудь заводъ, либо фабрику; всюду только и слышишь, что разсчитываютъ. Напримѣръ, — у Голубева, у Леснера разсчитали четвертую часть всѣхъ рабочихъ; у Путилова, у Нобеля, на Балтійскомъ—третью часть; у Растеряева, на Патронномъ, у Петрова—половину; заводъ Берда совсѣмъ сталъ, а было въ немъ 1.500 рабочихъ. То-же и на фабрикахъ. Выходитъ, значитъ, что и постояннымъ питерскимъ рабочимъ некуда дѣться, а тутъ на несчастье неурожай нагналъ изъ провинціи не мало рабочаго люда. Какъ теперь поглядишь на все на это, такъ тебѣ и видно станетъ, почему на нѣкоторыхъ улицахъ проходу нѣтъ отъ нищихъ, почему полиція, хоть и высылаетъ нищихъ тысячами изъ города, все-же не можетъ очистить улицъ отъ нихъ. Отъ этой же безработицы, да отъ того, что много рабочихъ изъ провинціи наѣхало, стала сильно заработная плата понижаться, а наше заводское начальство обращаться хуже, чѣмъ со скотомъ. Нынче заработная плата чуть-что не вдвое меньше, чѣмъ было прежде, а коли возьмешь въ расчетъ, что хлѣбъ и другіе припасы чуть-что не вдвое дороже, то и выйдетъ, что иной разъ и работу имѣешь, а мало: не однимъ хлѣбомъ, да пустыми щами живешь.

А про заводское начальство и говорить нечего. Оно такъ и говоритъ: «васъ, молъ, за воротами, какъ собакъ! чуть-что—сейчасъ расчетъ!». Ну, и не стѣсняется съ нашимъ братомъ. Ругательства, подзатыльники, да вымогательство денегъ, это дѣло теперь обычное. Бывало, правда, что и не вытерпитъ рабочій подлости, да прижимки: своимъ судомъ расправится съ подлецомъ, расправъ такихъ нынѣшней зимой было больше, чѣмъ когда-нибудь. Напримѣръ:—у Розенкранца рабочій въ мастерской ножомъ зарѣзалъ мастера при всемъ народѣ; на Александровскомъ рабочіе накинули на голову мастера мѣшокъ и раскроили ему голову; у Симонъ-Гальскаго рабочій пустилъ вдогонку мастеру 4 тяжелыхъ куска желѣза; его товарищи кричали ему „браво!" и щедро угостили въ трактирѣ; у Петрова такъ двинули писарю камнемъ въ спину, что тотъ, почитай, съ недѣлю ходилъ скрючившись.

Кромѣ такихъ расправъ съ отдѣльными подлецами, было у насъ и нѣсколько забастовокъ. Хоть рабочій и понимаетъ, что теперь не время тягаться съ хозяиномъ, забастовку дѣлать, а все-же иной разъ и не втерпежъ отъ безсовѣстной хозяйской подлости да корысти. Дружная забастовка была въ концѣ ноября въ Серпуховѣ, въ Московской губерніи, на фабрикѣ Сухорукова за сбавку съ платы. Хозяинъ сейчасъ имъ всѣмъ расчетъ да новыхъ набирать, а чтобы даромъ хозяйскимъ тепломъ не грѣлись, вынулъ рамы изъ оконъ казармъ. Забастовавшіе, увидѣвши, что приходится лишиться и куска хлѣба, стали просить хозяина, что они-де готовы работать на всей его волѣ. Другая стачка была на Голубевскомъ заводѣ 29 ноября. Хозяинъ, вишь, получки во-время выдать не хотѣлъ. Рабочіе забастовали. Хоть хозяинъ и уступилъ, ну, а все-же эта удача не дешево заводу обошлась: лучшихъ 10 рабочихъ, что за общій интересъ стояли твердо, на другой же день разсчитали.

Таково-то наше житье-бытье!

ФЕЛЬЕТОНЪ.

(изъ 2-го № „Рабочей Газеты".)

Сто лѣтъ назадъ французы жили, ровно какъ мы теперь. У нихъ былъ царь, по имени Людовикъ, который за одно съ боярами да чиновниками такъ свой народъ грабилъ разными поборами, что крестьяне да рабочій людъ такъ обнищали, что въ ихъ землѣ появился голодъ, не хуже нашего теперешняго. Видитъ народъ—дѣло плохо, сталъ просить царя сдѣлать народу облегченіе, а Людовикъ, куда тебѣ, бражничаетъ себѣ съ боярами да дѣвицами, а про горе народное и знать не хочетъ.

Привыкъ народъ въ повиновеніи къ царямъ жить, да ничего не подѣлаешь: голодъ, вѣдь, не тетка! Взбунтовались мужики и фабричные противъ царя и потребовали, чтобъ онъ по добру-по здорову отъ нихъ убирался. А царь, замѣсто милости народу, нагналъ солдатъ и велѣлъ солдатамъ народъ бить, да не тутъ-то было: солдаты-то сами изъ народа и на своей шкурѣ народную бѣду вытерпѣли, да и мало ихъ было въ сравненіи съ народомъ,—ну замыселъ царскій и не выгорѣлъ.

За такую вину царя посадили въ тюрьму, и когда послѣ того онъ сталъ звать къ себѣ на помощь солдатъ отъ другихъ народовъ, то народъ казнилъ его, какъ грѣховодника-кровопійцу, что народъ разорилъ и солдатами хотѣлъ истребить. И боярамъ съ чиновниками тоже досталось на орѣхи; народъ лютой казнью отплатилъ имъ за свое мученіе; многіе бояре чутьемъ народный судъ угадали и бросились бѣжать, да такъ, что другіе портки дорогой потеряли. Задали имъ страху!...

Послѣ того народъ рѣшилъ—царя больше не имѣть, потому проку отъ нихъ никакого нѣтъ—одно мученіе, и рѣшилъ народъ править самъ собой и выбирать себѣ правителей, ровно какъ у насъ мужички выбираютъ себѣ волостныхъ старшинъ да старостъ. Не понравился одинъ,—другого выбрать можно—человѣка хорошаго. Послѣ того французы (больно привычка къ царямъ была сильна!) допустили захватить царство нѣсколькимъ людямъ. Одинъ изъ этихъ царей, Бонапартъ, былъ у насъ въ 1812 году, а другой, Наполеонъ III, воевалъ съ нами подъ Севастополемъ, хотя французскій народъ съ нами драться и не хотѣлъ. Вотъ этотъ-то Наполеонъ III и былъ послѣднимъ царемъ у французовъ. Народъ его прогналъ и рѣшилъ во вѣки вѣковъ царя не имѣть: больно сладко съ нимъ живется!

Теперь французы зажили на славу:—голодать имъ не приходится, да что голодать! Хлѣба нашего не токмо съ мякиной, а простого чернаго не ѣдятъ, а все бѣлый, да пеклеванный, про говядину и говорить нечего — не намъ чета. Потому и зажили хорошо, что грабителей, да оброхъ всѣхъ прогнали!

ОТЪ РЕДАКЦІИ.

Въ редакцію „Былого" между др. документами доставлены: 1) 1-й № „Рабочей Газеты", отъ 15 дек. 1880 г., 4 стр., in 4º, —этотъ номеръ мы перепечатываемъ въ 2 № „Былого" цѣликомъ, кромѣ стихотворенія: „Недоразумѣніе рабочаго съ фабрикантомъ"; 2) „Приложеніе къ 1 № „Р.Г." : „Возьми глаза въ зубы" (разсказъ), 2 стр., in 4º, и 3) 2-й № „Р. Г.", отъ 27 янв., 4 стр. in 4º. За недостаткомъ мѣста мы могли изъ 2-го № „Р. Г." привести полностью только „Фельетонъ", но, чтобы нѣсколько ближе познакомить читателей съ идеями, которыя развивались народовольцами на страницахъ „Р. Г.", и тѣмъ языкомъ, какимъ писались статьи, мы дадимъ еще одинъ отрывокъ изъ „Приложенія къ 1 № „Р. Г." и другой изъ статьи „Рабочее житье-бытье" 2-го № „Р. Г".

Въ разсказѣ „Возьми глаза въ зубы" распропагандированный рабочій кузнецъ Иванъ Григорьевичъ читаетъ изъ „Правит. Вѣстника" своимъ бывшимъ односельчанамъ, Савелію и Григорію, отчетъ о процессѣ 16-ти, какъ „дворецъ взорвалъ вятскій крестьянинъ Халтуринъ, московско-курскую дорогу—саратовскій крестьянинъ Ширяевъ, подъ Александровскомъ работалъ крестьянинъ Тихоновъ" и т. д.

Савелій, „привыкши уважать царя, никакъ не могъ взять въ толкъ: что это вздумалось мужикамъ Халтурину, Тихонову, Ширяеву подводить подъ царя мину? Онъ понималъ, что взорвать дворецъ, испортить дорогу, чтобы загубить царя, могутъ господа: они не хотятъ, чтобы царь отдалъ мужикамъ землю, но мужикъ? Развѣ онъ можетъ рѣшиться на это, когда ему доподлинно извѣстно, что царь и днемъ, и ночью только думаетъ, какъ бы наградить мужика землей?"...

Савелій путался въ догадкахъ и никакъ не могъ рѣшить: правъ или нѣтъ Иванъ Григорьевичъ.

Наши собесѣдники нѣсколько времени сидѣли молча.

— Вотъ, что я думаю!—прервалъ молчаніе Григорій:—Что это царь мужику не объявилъ?

— Чего?—спросилъ кузнецъ.

— А вотъ, что онъ хочетъ дать землю, а господа мѣшаютъ; мы бы сами расправились съ барами!

— Да, какъ ему объявить?—спросилъ Савелій:—Развѣ они допущаютъ къ царю нашего брата?

— Ну, это ты пустое, Савелій Гавриловичъ,—отвѣчалъ Григорій: Царь завсегда можетъ дать намъ вѣсточку!

— Это какъ?

— А такъ! Мало что ли у него нашего брата въ солдатахъ! выѣхалъ къ войску смотръ дѣлать, али на ученье, да объявилъ!

— И то,—отчего твой-то царь-батюшка не поступитъ такъ? Отвѣчай!—присталъ кузнецъ къ Савелію.

— Отчего?... Може, ему и невдомекъ это.—Савелій окончательно смутился. Между тѣмъ кузнецъ продолжалъ:

— Дурья-же башка у твоего царя: невдомекъ!

— Може, и сдѣлаетъ!—выпутывался Савелій.

— Сдѣлалъ! Жди! Нѣтъ, вотъ что я тебѣ скажу: отъ мины-то мужицкой онъ скорѣй очухается! Саданетъ его мужикъ разъ, другой,—онъ, глядишь, и поумнѣетъ! Онъ волю-то далъ не съ чего иного прочаго, какъ со страху!

— Съ какого страху?—спросилъ Савелій.

— А съ такого, что мужики бунтовать стали передъ волей. Онъ и струхнулъ! Въ тѣ поры, въ Москвѣ дѣло было, прямо дворянамъ сказалъ: „Лучше, говоритъ, сами дадимъ мужику волю, ни чѣмъ ежели онъ силой возьметъ!" Понималъ тогда, что разгуляется мужикъ, его не уймешь! пожалуй, и царя новаго поставятъ! Со страху и далъ волю!

Когда Савелій и Григорій ушли, кузнецъ подумалъ про себя: Эхъ! темнота мужицкая! Скоро ли пойметъ мужикъ, что есть такое этотъ самый царь-батюшка?"

Въ статьѣ „Рабочее житье-бытье" (2 № „Р. Г.") говорится о тяжеломъ положеніи русскихъ рабочихъ, объ ихъ забастовкахъ и борьбѣ за свои экономическіе интересы.

„Техникъ Васильевъ, между прочимъ читаемъ мы тамъ, имѣетъ механическое заведеніе по Екатерининскому каналу, безсовѣстно обираетъ рабочихъ подъ видомъ штрафовъ, грубъ въ обращеніи, за что и наѣлся плюхъ отъ рабочаго.

„Мелкимъ пьяницамъ-мастеровымъ и писарямъ за послѣдній мѣсяцъ тоже кое-гдѣ перепало на орѣхи.

„Такъ: 1) мастеру Задинчу (мастерскія Верковской желѣзной дор.) за молебны *) и грубость маленько потревожили скулу.

2) На „Новой бумагопрядильнѣ" по Обводному каналу 26, 27 и 28 декабря за придирки, вымогательства „сприсковъ" и нахальство по отношенію къ рабочимъ были биты 2 подмастерья: 26—Андрей Фуроевъ 5-го комплекта, 27 и 28—Павелъ Дмитріевъ 4-го комплекта, причемъ приговаривали: „не пей рабочей крови!", „вотъ тебѣ сприски!", потомъ посланы были этимъ подмастерьямъ письма, объясняющія имъ причину побоевъ и сулившія, если не поправятся, и въ будущемъ то же—только въ лучшемъ видѣ. Подмастерья стали немного мягче.

3) На заводѣ Петрова (10-й роты Изм. полка) 14 янв. (получка 17) объявляютъ: съ лафета сбавлено будетъ 5 рублей (много де заработали). Того же вечера, наиболѣе виновный въ этой сбавкѣ, Го-

---

*) Съ рабочихъ брали по 5 коп. съ человѣка на какіе-то молебны. „Сприски"—тоже особый родъ поборовъ.

лубятниковъ, былъ побитъ (послѣ выхода изъ завода), а на слѣду-
ющій день утромъ въ заводѣ появилась слѣдующая записка:

„Писарю г. Голубятникову.

Еще разъ заставилъ ты насъ помарать свои мозолистыя
руки о твою грязную и подлую шею. Мы думаемъ и надѣемся,
что будетъ съ тебя этого послѣдняго предостереженія, что бу-
дешь ты впредь поумнѣе и оставишь или насъ, или свои под-
лыя штуки. Иначе помни, что не сдобровать твоей поганой
башкѣ. Знай, что мы обѣщанія исполнять умѣемъ.

„Кто осмѣлится это сорвать, тому чтобы и головы не со-
рвали; за этимъ слѣдятъ и знать будутъ!

рЗаписка эта была прочитана положительно всѣми, и даже
мастера не рѣшались срывать, пока, наконецъ, не сорвалъ ея самъ
директоръ.

„Правительство чувствуетъ, что рабочіе начинаютъ пробуж-
даться къ новой жизни, и принимаетъ свои мѣры, то-есть—мечется
изъ угла въ уголъ, какъ угорѣлая кошка, хватаетъ перваго встрѣч-
наго, арестовываетъ изъ-за выѣденнаго яйца и, такимъ образомъ,
учитъ рабочихъ осторожности.“

Задача, которую ставитъ себѣ „Былое“, заключается, между
прочимъ, въ томъ, чтобы разъ поднятый вопросъ изучать возможно
тщательнѣе. Съ 1-го № „Былого“, а еще раньше въ „За сто лѣтъ“
и въ „Народовольцѣ“ мы подняли вопросъ о томъ, какъ велась
пропаганда народовольцами среди рабочихъ, какія при этомъ они
ставили себѣ цѣли, и каковы были результаты ихъ дѣятельности?
Выясненію этихъ вопросовъ и во 2 № „Былого“ посвящено нами
нѣсколько страницъ. Мы очень желали бы на страницахъ „Былого“
привести о пропагандѣ народовольцевъ среди рабочихъ, между про-
чимъ, и мнѣнія людей, настроенныхъ враждебно къ „Нар. Волѣ“;
но, къ сожалѣнію, мы не встрѣчали со стороны народовольческихъ
противниковъ ни критики дѣятельности народовольцевъ среди ра-
бочихъ ни простого знакомства съ фактами этого движенія. Все
что можно найти на этотъ счетъ, это:—или голословное отрицаніе
существованія сложнаго, богатаго событіями, движенія среди пере-
довыхъ народовольцевъ, или такое же голословное и ни на чемъ не
основанное приписываніе движенію характера, котораго оно не имѣло.

Какъ на одинъ изъ примѣровъ такого глубоко-печальнаго и
несправедливаго отношенія къ серьезному вопросу, мы можемъ про-
цитировать нѣсколько строкъ изъ письма г. Аксельрода, о которомъ
говорится ниже.

„Дѣятельность наша (т. е. дѣятелей 70-хъ годовъ,—ред.)
среди рабочихъ, говоритъ Аксельродъ, помимо ея случайнаго ха-
рактера (этого о народовольцахъ сказать уже никоимъ образомъ
нельзя,—ред.), такъ какъ, по нашимъ воззрѣніямъ, въ 70-хъ годахъ
только крестьяне составляли „чистый народъ“,—отличалась безси-
стемностью и сводилась не то къ „занятіямъ“, т. е. чтеніямъ ил.
лекціямъ по исторіи и т. п., не то къ абстрактной проповѣди ве-
ликихъ, далеко не ясныхъ, идеаловъ будущаго. Впослѣдствіи (в

время народовольчества, хочетъ сказать г. Аксельродъ,—ред.) и эта пропагандистско-проповѣдническая дѣятельность все болѣе и болѣе суживалась и превратилась (?) преимущественно (!!) въ орудіе вербовки (!) въ средѣ рабочихъ, подходящихъ для террористической борьбы лицъ. Но о сознательномъ (?) и систематическомъ (?) стремленіи вызвать среди рабочихъ самостоятельное политическое броженіе у насъ (и у народовольцевъ? ред.) никогда и рѣчи не было по той (?) простой причинѣ, что мы сами не имѣли сколько-нибудь ясныхъ понятій ни о научномъ соціализмѣ вообще, ни объ условіяхъ завоеванія „свободъ пропаганды“ соціализма въ частности“.

То, что говорилъ въ литературѣ г. Аксельродъ, то же, и еще въ болѣе рѣзкой и болѣе несправедливой формѣ, высказывалось всѣми противниками народовольческаго движенія—соціалъ-демократами.

Тѣ, кто знакомъ съ оффиціальными документами партіи Н. Воли и др. документами о дѣятельности народовольцевъ среди рабочихъ, знаютъ, что ихъ пропаганда и агитація въ рабочей средѣ велась на широкихъ политическихъ и экономическихъ началахъ, и главной цѣлью она имѣла развить самосознаніе рабочихъ и помочь имъ организоваться для политической и экономической борьбы, за ихъ собственные интересы и интересы всего народа. Что же касается обвиненія г. Аксельрода въ томъ, что народовольцы сузили дѣятельность среди рабочихъ до простой вербовки (!) членовъ для террористической дѣятельности, то эта мысль цѣликомъ взята имъ на вѣру изъ рѣчей прокурора Муравьева и съ исторической правдой ничего общаго не имѣетъ. Среди соціалъ-демократовъ эта мысль г. Аксельрода привилась и много послужила для затемнѣнія истиннаго смысла дѣятельности народовольцевъ и для отпугиванія отъ Народной Воли людей, которые на слово вѣрятъ такимъ писателямъ, какъ г. Аксельродъ, полагая, что они въ своей полемикѣ съ противниками не только вѣрятъ сами въ то, о чемъ говорятъ, но то, что они говорятъ, они серьезно обосновали и взяли не „съ вѣтра“, или еще хуже, не изъ такого мутнаго источника, какъ рѣчи Муравьева.

Два слова о „Фельетонѣ“. Авторъ этой статьи,—говоря о Франціи 18-го столѣтія и Людовикѣ 16-мъ, имѣлъ въ виду, конечно, не давно прошедшія дѣла, а болѣе всего современную ему Россію и лично Александра II,—старался указать русскимъ революціонерамъ, что дѣлать, гдѣ искать спасенія Россіи, и писалъ однимъ „на поученіе“, другимъ—„на послушаніе“. Онъ, печатая свою статью за мѣсяцъ до 1 марта, зналъ о предстоящемъ убійствѣ Александра II и могъ бы сказать ему: De te fabula narratur!“

Такъ эту статью понимали всѣ безпристрастные читатели, но че такъ понялъ ее г. Аксельродъ, когда вмѣстѣ съ своими товарищами начиналъ походъ противъ „Нар. Воли“. Г. Аксельродъ въ воемъ письмѣ къ русскимъ товарищамъ (письмо было потомъ отлитографировано, см. о немъ въ открытомъ письмѣ въ редакцію „Рабочаго Дѣла“ Аксельрода, Женева, 1899 г.), говоря о пропагандѣ народовольцевъ среди рабочихъ и ихъ „Р. Г.“, не нашелъ ни одного добраго слова сказать объ этой сторонѣ дѣятельности народовольцевъ и только воспользовался для своихъ нападокъ **на** „Народную Волю" заключительными строками „Фельетона".

„Рабочая Газета", издававшаяся партіей Н. Воли, говоритъ Аксельродъ въ своемъ письмѣ къ товарищамъ, разсказывала такія небылицы (?) о результатахъ низверженія Наполеона III, что рабочіе могли вывести чрезвычайно радужное представленіе о положеніи ихъ собратій во Франціи при республиканскомъ управленіи. Отсюда (слѣдовало), что и у насъ паденіе абсолютизма будетъ имѣть непосредственнымъ своимъ результатомъ воцареніе всеобщаго благосостоянія и равенства. Это уже былъ чисто демагогическій пріемъ".

Что издатели „Р. Газ." не рисовали современной имъ Франціи въ видѣ какой-то Аркадіи, какъ это могли бы сдѣлать тѣ демагоги, какими рисуетъ г. Аксельродъ народовольцевъ, это видно изъ передовой статьи того-же 2-го номера „Р. Г". „Вотъ, къ примѣру, французы", читаемъ мы тамъ: „ихъ земелька въ десятеро меньше нашей: одна наша губернія Архангельская побольше всей ихней: земли будетъ, а народу, этого самого французскаго, на той маленькой земелькѣ живетъ почти столько-же, сколько у насъ, на нашей великой землѣ. Другой подумаетъ: „вишь, несчастные французы, то-то голодаютъ въ такой тѣснотѣ!" И подумаетъ совсѣмъ не вѣрно. Хотя французы живутъ ужъ и не ахти, какъ сладко, а все-же получше нашего; тамъ рабочій привыкъ каждый день за ѣдой пить вино, квартира-то ему нужна свѣтлая и чистая, постель особливая, чтобъ не вповалку спать и много ему, французскому рабочему, надо, ко многому онъ привыкъ, что русскому человѣку баловствомъ однимъ кажется".

Нападеніе г. Аксельрода на „Рабочую Газету" было, намъ кажется, прежде всего фактически невѣрно. Издатели „Раб. Газеты" не обѣщали русскимъ рабочимъ вслѣдъ за паденіемъ абсолютизма „всеобщаго благосостоянія и равенства", такъ какъ этого они не видѣли и во Франціи. Самая же мысль, съ которой Желябовы обращались со страницъ „Раб. Газеты" къ русскимъ рабочимъ, мысль о томъ, что при республиканскомъ правленіи рабочимъ лучше живется и лучше они могутъ вести свои дѣла, не подлежитъ, конечно, сомнѣнію и лишній разъ она была подтверждена исторіей послѣднихъ десятилѣтій французской жизни.

„Рабочая Газета" издавалась въ летучей типографіи „Народной Воли", въ Троицкомъ переулкѣ, гдѣ квартирными хозяевами были Гельфманъ и Макаръ Тетерка (ум. въ Алекс. равелинѣ въ 88 84 гг.). Эта конспиративная квартира была устроена въ сентябрѣ 1880 г., но въ половинѣ февраля 1881 г. она была совершенно неожиданно и, повидимому, безпричинно оставлена. На процессѣ 1-го марта, какъ подсудимые, такъ и прокуратура, объясняли оставленіе квартиры въ Троицкомъ переулкѣ тѣмъ, что понадобилась квартира спеціально для переговоровъ по дѣлу приготовлявшагося цареубійства. Такое объясненіе, конечно, не выдерживаетъ критики по очень многимъ причинамъ, но оно служило потомъ не разъ для поддержанія той несправедливой легенды, что народовольцы для террористической борьбы забывали все остальное, въ томъ числѣ и рабочее дѣло, и, какъ на примѣръ, указывали, какъ брошена была типографія „Р. Г.“, когда Гельфманъ оказалась нужной для конспиративной квартиры спеціально для террористическаго дѣла. Это высказано отчасти въ „Календарѣ Н. В.“, но рѣзче въ брошюрѣ г. Григоровича, котораго мы ни въ коемъ случаѣ къ врагамъ „Н. Воли“ причислять не можемъ.

Народовольцы удѣляли силы на ту или другую сторону своей дѣятельности, смотря по тому, что въ данный моментъ требовали интересы борьбы. Часто отъ террористической дѣятельности отрывались силы для пропаганды и организаціи среди студентовъ, рабочихъ, офицеровъ, для доставки литературы, для агитаціи, для типографскаго дѣла и т. д. Половина, а можетъ быть и болѣе, времени въ дѣятельности Желябова, Перовской, Фигнеръ и др. уходила на пропаганду и агитацію среди рабочихъ. Гельфманъ и Тетерка были помѣщены въ типографію „Р. Г.“ непосредственно послѣ ихъ участія въ дѣлахъ чисто террористическаго характера.

Если не ошибаемся, причиной оставленія квартиры въ Троицкомъ переулкѣ былъ случайный арестъ Тетерки на квартирѣ какого-то нелегальнаго рабочаго. Когда это стало извѣстно, Гельфманъ заявила дворнику, что ея мужъ (Николаевъ) уѣхалъ по дѣламъ въ провинцію, и что она сама тоже ѣдетъ къ нему. Наскоро очистили квартиру, и Гельфманъ съ Саблинымъ поселилась на Тележной улицѣ. Типографію перенесли на одну изъ самыхъ важныхъ партійныхъ конспиративныхъ квартиръ Исаева и Фигнеръ, но и эту квартиру пришлось скоро бросить вслѣдствіе тоже случайнаго ареста Исаева на улицѣ. Съ этой квартиры типографія „Р. Г.“ была перенесена Рогачевымъ и другими его товарищами на новую квартиру.

„Рабочая Газета“ издавалась при ближайшемъ участіи Желябова, Коковскаго, Франжоли, кромѣ того имъ помогали Фигнеръ, Колоткевичъ, Телаловъ и др. Желябову, если не ошибаемся, принадлежитъ вторая передовая статья въ 1 № „Р. Г.“ („Были красные дни и на русской землѣ!“...). Статьи „Рабочее житье-бытье“ написаны Валентиномъ Коковскимъ. Почти исключительно ему же принадлежитъ и составленіе „Программы рабочихъ членовъ партіи Народной Воли“. Къ сожалѣнію, намъ не доставлена еще эта программа, и мы просимъ доставить ее намъ для немедленнаго ея перепечатанія, какъ одного изъ самыхъ любопытныхъ революціонныхъ документовъ. Въ настоящее время у насъ имѣется только нѣсколько цитатъ изъ этой программы. Разсказъ „Возьми глаза въ зубы“ принадлежитъ, какъ намъ передавали, но за достовѣрность этого сообщенія мы не ручаемся—Франжоли.

Набиралъ „Р. Г.“ главнымъ образомъ Гриневицкій, рукой котораго, какъ бы въ исполненіе того, что писалось въ этой газетѣ, и былъ казненъ Александръ II.

Такимъ образомъ, „Рабочая Газета“ каждой своей строчкой связана съ воспоминаніями о самыхъ дорогихъ для насъ борцахъ за дѣло русской свободы.

„Рабочая Газета“ была первой газетой, издававшейся въ Россіи для рабочихъ. Она сразу ребромъ поставила предъ своими читателями вопросъ о борьбѣ съ царизмомъ и до сихъ поръ ни разу не была превзойдена вѣрностью постановки вопросовъ ни однимъ изъ послѣдующихъ изданій для рабочихъ, печатавшихся какъ въ Россіи, такъ и заграницей, какъ періодическими изданіями, такъ и брошюрами. Но для вѣрной оцѣнки значенія „Р. Г.“ для тогдашнихъ рабочихъ надо помнить еще то, что эта газета, какъ и пропаганда среди рабочихъ вообще, была связана самымъ тѣснымъ образомъ съ громкой истинно-политической борьбой народовольцевъ съ царизмомъ. Съ первой до послѣдней строчки газета была полна разсказами о событіяхъ чрезвычайной важности, событіяхъ, совершавшихся по иниціативѣ издателей „Р. Г.“ или ихъ ближайшихъ друзей: о покушеніяхъ, взрывахъ, вооруженныхъ сопротивленіяхъ, процессахъ, о томъ, о чемъ тогда говорила всѣ, о чемъ ежедневно печатали въ легальныхъ газетахъ. Пресняковы, Желябовы, Т. Михайловы, Гриневицкіе и т. д., пропагандировавшіе среди рабочихъ, успѣли среди нихъ завести прочныя связи, и потомъ, погибая на эшафотахъ, на глазахъ распропагандированныхъ ими рабочихъ, еще лучше запечатлѣвали въ ихъ умахъ истины, которыя были высказаны на страницахъ „Народной Воли“, „Рабочей Газеты“, въ народовольческихъ прокламаціяхъ. Эта живая связь пропаганды и агитаціи среди рабочихъ и литературы, спеціально назначенной для нихъ въ обще-народовольческой борьбѣ съ царизмомъ, имѣла огромное значеніе для всей тогдашней революціонной борьбы.

Кто работалъ среди рабочихъ въ Петербургѣ въ 80-хъ и 90-хъ гг., тотъ знаетъ, что имена такихъ агитаторовъ и пропагандистовъ, какъ Желябова и его друзей, рабочіе помнили такъ долго, какъ этого едва ли удавалось добиться представителямъ другихъ организацій, спеціально занимавшихся пропагандой среди рабочихъ.

Союзъ соц.-демократовъ недавно опубликовалъ воспоминанія одного стараго рабочаго, который въ 1880 г. находился подъ вліяніемъ организаціи рабочихъ, членовъ партіи Народной Воли, и зналъ Т. Михайлова подъ именемъ С. Лапина.

„Лапинъ, пишетъ этотъ старый петербургскій рабочій, остался вѣренъ своимъ убѣжденіямъ и мужественно принялъ за нихъ смерть, которую исторія не преминетъ записать на своихъ скрижаляхъ, какъ смерть мученика за благо своей родины! Многіе рабочіе Шлиссельбургскаго тракта помнятъ высокую, энергичную фигуру Сергѣя Лапина, его горячія рѣчи о необходимости сгруппироваться рабочимъ для защиты своихъ интересовъ и всегдашнюю готовность вступиться за притѣсняемаго товарища, но немногіе знаютъ, что Сергѣй Лапинъ и Тимофей Михайловъ, повѣшенный на Семеновскомъ плацу 2 апрѣля 1881 года (за участіе въ покушеніи 1-го марта)—одно и то же лицо!

„Вѣчная ему память!...

„Пусть же память этого честнаго борца будетъ дѣйствительно вѣчно жить въ нашей средѣ и послужитъ намъ образцомъ того, какъ надо жить и умирать человѣку, искренно любящему свою родину!

„Путешествуя на позорной колесницѣ отъ Дома Предварительнаго Заключенія до мѣста казни, Михайловъ все время кричалъ, стараясь перекричать трескъ барабановъ, что, конечно, ему не удалось, но вы знаете, что онъ хотѣлъ сказать! Онъ заклиналъ насъ продолжать то дѣло, которому самъ остался вѣренъ до гроба! Помните же, товарищи, этотъ завѣтъ!"

Сколько другихъ рабочихъ того времени, подобно автору этихъ воспоминаній, изданныхъ соціалъ-демократами, сохранили память о своихъ учителяхъ Т. Михайловѣ, Желябовѣ и др. и вотъ третій десятокъ лѣтъ они зовутъ другихъ русскихъ рабочихъ, болѣе молодыхъ, быть вѣрными завѣтамъ, которые они слышали отъ народовольческихъ пропагандистовъ въ 1879-81 годахъ!

„Рабочая Газета" была тѣсно связана съ боевой рабочей дружиной, которая организовалась и дѣйствовала главнымъ образомъ подъ вліяніемъ Желябова. Дѣятельнымъ ея членомъ былъ Тим. Михайловъ, принимавшій участіе въ той борьбѣ съ фабрикантами, „нелюбимыми мастерами", о которой разсказывается въ статьяхъ „Рабочее житье-бытье" и о которой Михайловъ самъ говорилъ на судѣ по дѣлу 1-го марта. Нѣкоторыя проявленія этой экономической борьбы, быть можетъ какъ разъ тѣ, о которыхъ говорится въ статьяхъ „Рабочее житье-бытье", были совершены не только подъ вліяніемъ Желябова, но, какъ говорятъ, при его личномъ участіи. Мы отмѣчаемъ этотъ слухъ, чтобы получить или подтвержденіе его или отрицаніе.

На судѣ 1-го марта цитировались рукописи: „Уставъ боевой дружины рабочихъ", „Задачи боевой рабочей организаціи", „Объяснительная записка къ программѣ рабочихъ членовъ партіи Н. В." и др., но мы этихъ рукописей не имѣемъ и можемъ только сказать, что народовольцы, очевидно, затратили много энергіи на созданіе литературы для рабочихъ и разсчитывали поставить ее на широкую ногу.

Несмотря на короткое время существованія партіи, народовольцы сдѣлали для развитія рабочихъ столько, сколько никогда не было сдѣлано для этого дѣла другими партіями. Послѣ народовольцевъ пропаганда и агитація среди рабочихъ стали неизбѣжной составной частью программъ всѣхъ революціонныхъ партій.

Много помогло бы уясненію вопроса о пропагандѣ среди рабочихъ въ 1879-81 гг., еслибы были собраны свѣдѣнія о тѣхъ, кто участвовалъ въ этой пропагандѣ, какъ въ столицахъ, такъ и въ провинціи, и дана была бы характеристика ихъ тогдашней дѣятельности. Намъ обѣщано это сдѣлать по отношенію къ одному изъ крупныхъ провинціальныхъ городовъ. Пока же мы дадимъ небольшой—крайне неполный—списокъ лицъ, которыя за эти годы работали среди рабочихъ въ Петербургѣ: Желябовъ, Перовская, Фигнеръ, Гриневицкій, Франжоли, Коковскій, Колоткевичъ, Телаловъ, Халтуринъ, Прѣсняковъ, Т. Михайловъ, Рысаковъ, Поповичъ, Панкратовъ (былъ потомъ въ Шлис. крѣпости), К.-Бернштейнъ, Салова, Компанецъ, Борейша, Судаковъ, Желваковъ и многіе другіе.

Изъ имѣющейся литературы о пропагандѣ народовольцевъ среди рабочихъ мы можемъ указать: 1) партійные документы:

„Программа Н. В.“, „Подготовительная работа“ (см. въ „Календарѣ Н. В.“, въ „За сто лѣтъ“ и т. д.); 2) „Раб. Газета“ съ ея приложеніями, „Программа рабочихъ членовъ партіи Н. В.“ и т. д. 3) 10 № „Нар. Воли“ 1884 г. (отрывокъ изъ статьи о пропагандѣ среди рабочихъ перепечатанъ въ „За сто лѣтъ“ 1897 г.); 4) „Изъ давняго разговора“ (о Коковскомъ) „В. Н. В.“ № 4, 1895; 5) 1-3 №№ „Народовольца“; 6) „Изъ рабочаго движенія за Невской Заставой въ 70-хъ и 80-хъ годахъ“ изъ воспоминаній стараго рабочаго. Женева 1900; 7) „Памяти Гриневицкаго“—„Былое“ № 1.

ПРОЦЕССЪ 20-ти.

Для изученія народовольческаго движенія за 1879—83 гг. представляетъ, конечно, сгромный интересъ слѣдующіе пять петербургскихъ процессовъ, по которымъ осуждены были нѣкоторые изъ главныхъ народовольческихъ дѣятелей: 1) процессъ 16-ти въ октябрѣ 1880 г. (Квятковскаго, Прѣснякова, Ширяева и др.), 2) процессъ 6-ти въ мартѣ 1881 г. (Желябова, Перовской, Кибальчича и др.), 3) процессъ 20-ти, 4) процессъ 17-ти (Грачевскаго, Богдановича и др.), въ апрѣлѣ 1881 г. и 5) процессъ 14-ти (Фигнеръ, Рогачева, Штромберга, и др.) въ сентябрѣ 1884 г.

Въ этихъ процессахъ участвовало 73 человѣка. Другіе народовольцы судились внѣ Петербурга, или умерли въ тюрьмѣ до суда, остались неразысканными полиціей, и, наконецъ, были административнымъ порядкомъ высланы въ Сибирь.

Всѣ перечисленные нами процессы были выдающимися событіями новѣйшей русской исторіи. Съ каждымъ изъ нихъ связаны такъ или иначе тысячи лицъ изъ самыхъ разнообразныхъ слоевъ общества. За ними слѣдили, и внимательно слѣдили всѣ: и Александръ II, и Александръ III, и все высшее русское правительство, и общество, и революціонеры,—всѣ, словомъ, кто только когда-нибудь и почему-либо интересовался общественными вопросами. Европейская пресса всегда давала подробныя свѣдѣнія о судахъ, происходившихъ надъ народовольцами.

Вотъ почему будущіе русскіе историки конца 70-хъ и начала 80-хъ гг. будутъ изучать въ самыхъ мелкихъ деталяхъ отчеты о народовольческихъ процессахъ, и на основаніи многочисленныхъ документовъ, которые къ тому времени, конечно, они разыщутъ, не разъ переиздадутъ эти отчеты съ обстоятельными объясненіями и примѣчаніями.

Но задачу изученія народовольческихъ процессовъ намъ нельзя оставлять на заботу однихъ будущихъ русскихъ историковъ. Изучать эти процессы обязанъ каждый современный русскій революціонеръ прежде всего потому, что въ нихъ онъ найдетъ поучительнѣйшія указанія для своей современной дѣятельности, а, во-вторыхъ, потому, что пора намъ, русскимъ революціонерамъ, представить правительству по возможности полный счетъ всѣхъ совершенныхъ имъ преступленій и потребовать за нихъ расплаты.

Надѣемся, что день расчета съ царизмомъ за казни Квятковскаго, Желябова, Перовской, Суханова не далекъ!..

Къ сожалѣнію, въ настоящее время имѣется очень мало точныхъ матеріаловъ для детальнаго изученія народовольческихъ процессовъ, а еще менѣе такихъ матеріаловъ, которые доступны публикѣ.

Намъ удалось собрать и отчасти провѣрить интересные—хотя, правда, и отрывочные—матеріалы для процесса 1 марта 1881 г., процесса Богдановича 1883 года, процесса 1-го марта 1887 г. Къ опубликованію этихъ собранныхъ нами свѣдѣній мы и приступаемъ въ настоящее время, а, если намъ будутъ доставлены новые матеріалы по процессамъ: 193-хъ, 50-ти, Веймара, 16-ти, Халтурина, Лопатина, Сагиды и др., то мы постараемся и съ ними познакомить публику. При отчетахъ о процессахъ мы будемъ печатать и относящіеся къ нимъ документы, по скольку, конечно, это позволитъ намъ сдѣлать размѣръ нашего изданія.

Особый недостатокъ въ матеріалахъ ощущается при изученіи процесса 20-ти. Нѣтъ ни показаній подсудимыхъ на предварительномъ слѣдствіи, ни обвинительнаго акта, ни стенографическаго отчета о слѣдствіи и преніяхъ сторонъ на судѣ (то и другое дошло до насъ лишь въ краткихъ резюме, сдѣланныхъ на спѣхъ иностранными корреспондентами, иногда плохо понимавшими дѣло); нѣтъ полностью рѣчей ни прокурора ни адвокатовъ; почти нѣтъ никакихъ воспоминаній лицъ, присутствовавшихъ на судѣ; нѣтъ комментарій къ раньше опубликованнымъ документамъ, какіе могли бы дать теперь, спустя 20 лѣтъ, люди знакомые съ интимной стороной революціоннаго движенія того времени; наконецъ, имѣется очень мало біографическихъ свѣдѣній объ одныхъ подсудимыхъ и ровно нѣтъ никакихъ о другихъ.

Подобнаго рода пробѣлы существуютъ относительно и всѣхъ другихъ процессовъ. Но намъ извѣстно, что въ частныхъ рукахъ—у „нашихъ“ и „не нашихъ“—имѣются чрезвычайно важные документы, воспоминанія и т. д., какъ о процессахъ 20-ти, такъ и о процессахъ 6-ти, 17-ти, 13-ти и т. д.

Мы обращаемся поэтому съ просьбой къ своимъ читателямъ помочь намъ разыскать эти документы. Тѣмъ, кто хотѣлъ бы заняться этими розысками, сводъ имѣющихся свѣдѣній, сдѣланный нами по процессу 20-ти, быть можетъ, будетъ не безполезенъ указаніями на то, что и гдѣ искать, какъ по отношенію къ этому процессу, такъ и по отношенію къ другимъ процессамъ.

Изъ опубликованныхъ уже матеріаловъ о процессѣ 20-ти, мы можемъ указать: 1) правительственное сообщеніе о процессѣ (выдержки изъ обвинительнаго акта) — въ „Правительственномъ Вѣстникѣ“, 21 февр.; въ другихъ большихъ русскихъ газетахъ же было перепечатано 22 февр., — то же было перепечатано въ „Дѣлѣ“ 1882 г., № 3 и „Русское Богатство“ 1882 г., № 2 или а также по французски въ „Journal de S-Peters bourg“; 2) обвинительный актъ (съ нѣкоторыми сокращеніями) былъ по телеграфу переданъ въ „New Iork Herald" 11 (23) февр.; 3) краткій отчетъ о процессѣ 20-ти—въ „Приложеніи къ 8-9 № Нар. Воли" (перепечатано въ 2 № „На Родинѣ" 1882 г.); 4) телеграммы, посылавшіяся ежедневно во время процесса въ „Herald" съ 12 (24) февраля по 3 марта н. с., а также см. ту же газету 12, 17, 21, 30 марта, 4 апрѣля н. с.,—телеграммы написаны иногда безъ знанія дѣла людьми, враждебно настроенными къ подсудимымъ. Такіе же отчеты были въ „Times" отъ 24 февр. до 2 марта, потомъ 6, 7, 11, 18 марта н. ст. Изъ другихъ иностранныхъ газетъ, въ которыхъ помѣщались интересныя данныя о народовольческихъ процессахъ, мы можемъ указать на „Daily News", „Standard", „Figaro", „Intransigeant", Koelni che Zeitung", „Neue Freie Presse", польскія газеты и т. д., 5) „Общее Дѣло" № 47 („Процессъ террористовъ") 48 (Голосъ изъ Италіи и рѣчь Суханова), 49; 6) „Вольное Слово" №№ 3, 29. („Изъ залы суда ос. присут. сената), 30, 31, („О процессѣ двадцати" отъ одного изъ присутствовавшихъ на судѣ; протестъ швейцарскихъ эмигрантовъ и пр.), 32 (о В. Гюго), 33, 34 („Послѣднее слово Н. Е. Суханова на судѣ"), 36 („Завѣщаніе Баранникова" и „Рѣчь Исаева"); 7) Рѣчь Александрова,— она была отлитографирована въ 1882 г. въ Россіи (этой рѣчи у насъ не было при составленіи 2 № „Былого"; 8) матеріалы для процессовъ 16-ти, 6-ти, 17-ти, 14-ти и для біографій ихъ участниковъ (библіографическія указанія относительно этихъ матеріаловъ см. въ брошюрѣ Волкенштейнъ „13 лѣтъ въ Шлиссельбургской крѣпости").

Къ процессу 20-ти были привлечены слѣдующія лица: 1) Михайловъ Александръ Дмитріевичъ (27 лѣтъ), ар. подъ фамиліей Поливанова 28 ноября 1880 года. 2) Златопольскій, Левъ Самойловичъ (35 лѣтъ), ар. въ Петербургѣ 13 января 1881 г., 3) Фриденсонъ, Григорій Дмитріевичъ (27 л.), подъ фамиліей Агаческулова 24 января (?), 4) Баранниковъ, Александръ Ивановичъ, (23 л.), подъ фамиліей Алафузова 25 января, 5) Колоткевичъ, Николай Николаевичъ (32 л.), подъ фамиліей Петрова, 26 января, 6) Клѣточниковъ, Николай Васильевичъ (35 л.), 28 января, 7) Морозовъ, Николай Александровичъ (27 л.), подъ фамиліей Лакіеръ, 11 февраля(?), на границѣ, 8) Тетерка, Макаръ Васильевичъ (29 л.), подъ фамиліей Веселовскаго, 9) Меркуловъ, Василій Антоновичъ (22 л.), подъ фамиліей Яковенко, 27 февраля, 10) Тригони, Михаилъ Николаевичъ (31 г.), 27 февр., 11) Фроленко, Михаилъ Федоровичъ (31 г.), подъ фамиліей Капустина, 17 марта, на квартирѣ Кибальчича, 12) Арончикъ, Айсикъ Борисовичъ (23 л.), подъ фамиліей Золотницкаго, 13) Тычининъ, Петръ (26 л.), 14) Тырковъ, Аркадій, 15) Оловянникова, Елизавета Николаевна, 16) Люстигъ, Фердинандъ Осиповичъ (25 л.), 17) Исаевъ, Григорій Прокофьевичъ (25 л.), подъ фамиліей Кахоновскаго, 1 апрѣля, 18) Емельяновъ, Иванъ Пантелеймоновичъ (21 г.), 19) Якимова, Анна Васильевна (28 л.), подъ фамиліей Емельяновой, въ Кіевѣ 20) Ланганцъ, Мартынъ Рудольфовичъ (30 л.), ар. подъ фамиліей Гюжо,—тоже 21 апрѣля(?), какъ и Якимова, въ Кіевѣ на квартирѣ ранѣе арестованной Морейнисъ, 21) Сухановъ, Николай Евгень-

вичъ (30 л.), ар. 28 апрѣля, 22) Терентьева, Людмила Демент-
евна (20 л.), ар. подъ фамиліей Кистецкой, 2 мая, и 23) Лебеде-
ва, Татьяна Ивановна (30 л.), ар. подъ фамиліей Рощиной, въ
Москвѣ, въ вагонѣ жел. дор.

Относительно нѣкоторыхъ изъ упомянутыхъ лицъ, у насъ
нѣтъ точныхъ свѣдѣній о времени ихъ ареста, и нѣкоторые были
арестованы, быть можетъ, не въ указанномъ нами порядкѣ.

Тырковъ, Оловянникова и Тычининъ не участвовали въ про-
цессѣ, такъ какъ были признаны еще до суда психически ненор-
мальными. Тырковъ впослѣдствіи былъ по распоряженію Александ-
ра III административнымъ порядкомъ сосланъ на 20 лѣтъ въ Вост.
Сибирь; Оловянникова, какъ безнадежно психически больная, въ
это время находилась въ казанской психіатрической лечебницѣ, а
затѣмъ была отдана родителямъ. Тычининъ покончилъ съ собою
еще до суда.

Всѣ трое, они обвинялись въ томъ, что съ октября 1880 года
вмѣстѣ съ Перовской и подъ ея руководствомъ, а также съ стар-
шей сестрой Оловянниковой, Гриневицкимъ, Рысаковымъ слѣдили
за выѣздами Александра II и имѣли по этому поводу совѣщанія
на квартирѣ Тычинина. По словамъ „Times“, въ Петербургѣ сума-
сшествіе всѣхъ трехъ лицъ объясняли ужаснымъ отношеніемъ къ
нимъ со стороны жандармовъ на предварительномъ слѣдствіи.

При разборѣ дѣла упоминались имена еще нѣсколькихъ рево-
люціонеровъ. Изъ нихъ одинъ только Телаловъ былъ арестованъ до
суда 20-ти—17 дек. 1881 г., другіе арестованы были позднѣе: Бог-
дановичъ 13 марта, Халтуринъ—18 марта, Грачевскій — 4 іюня,
Фигнеръ—10 февраля 1883 года, Оловянникова, Марія (?) Нико-
лаевна (умерла въ Парижѣ въ 1898 г.), Чернявская, Тихомировъ и
др. арестованы не были.

9 декабря 1881 г. по указу Александра III было назначено
особое присутствіе сената для суда надъ арестованными, и оно, на
основаніи правилъ 14 авг. 1881 г., 31 дек. рѣшило производить
дѣло при закрытыхъ дверяхъ.

30-го декабря Муравьевымъ былъ составленъ обвинительный
актъ.

Судъ продолжался съ 9 (21) по 15 (27) февраля. Предсѣдате-
лемъ особаго присутствія былъ сенаторъ П. А. Дейеръ (онъже
предсѣдательствовалъ на нѣкоторыхъ другихъ судахъ, напр., въ
1887 г. на судѣ по дѣлу 1 марта 1887 г.), его членами были: Г.
В. Газенвинкель, Ф. Т. Лего, А. И. Синицынъ, Н. А. Манасеинъ,
А. В. Бѣлостоцкій, моск. губ. пр. дворянства графъ А. В. Бобрин-
скій, уѣздн. пред. двор. Н. Ф. Самаринъ, яросл. гор. голова И. А.
Бахромѣевъ, волост. старш. А. И. Шалберовъ. Оберъ-секретаремъ
—лъ В. В. Поповъ, прокурорами Н. В. Муравьевъ и П. Г. Ост-
вскій.

Дѣло разбиралось въ небольшой залѣ 2 го отдѣленія спб. ок-
жного суда, знаменитой столькими процессами, начиная съ 1887
Мѣста для присяжныхъ стояли пустыми. Около 40 мѣстъ отве-
но для свидѣтелей. Подъ галлереей оставлены были мѣста для
блики. Но по закону 26 нояб. 1881 г., кромѣ членовъ админи-

страціи, на судѣ могли присутствовать только ближайшіе родствен-
ники подсудимыхъ, а потому мѣста, назначенныя для публики,
стояли пустыми,—въ первыя засѣданія публики было едва ли бо-
лѣе 20 человѣкъ, между прочимъ, Игнатьевъ, министръ вн. дѣлъ,
Сенъ-Донато, его правая рука по „Охранѣ“, Чингисъ-Ханъ, адъю-
тантъ царя,—„царево око“, присланный имъ для ежедневнаго при-
сутствія на судѣ (онъ послѣ каждаго засѣданія долженъ былъ да-
вать отчетъ царю), полицеймейстеръ Барановъ, редакторъ „Прави-
тельственнаго Вѣстника“ Данилевскій, жена Муравьева (бывш.
Муромцева), которую любящій супругъ спряталъ за занавѣскою,
мать Суханова, отецъ Фриденсона, кажется, братъ Емельянова, и
еще очень немногіе изъ военнаго вѣдомства и изъ министерства
внутреннихъ дѣлъ. Изъ судебнаго вѣдомства въ залу суда допуще-
но не было, не пропустили даже предсѣдателя судебной палаты
Ковальскаго, а объ адвокатахъ и говорить нечего. За то судъ былъ
переполненъ полиціей, жандармами и даже казаками. Въ слѣдую-
щіе дни публики было болѣе, и на послѣднихъ засѣданіяхъ, во вре-
мя преній сторонъ, было до 60—70 чел. („Herald“).

Мѣры противъ распространенія свѣдѣній о судѣ въ обществѣ
и въ печати были приняты необычайныя. Впослѣдствіи къ та-
кимъ мѣрамъ всѣ привыкли, и онѣ болѣе уже не изумляли, но въ
началѣ царствованія Александра III для многихъ онѣ казались про-
сто невѣроятными, и по достоинству были оцѣнены въ западно-ев-
ропейской прессѣ.

Корреспонденты ни русскихъ, ни иностранныхъ газетъ не бы-
ли допущены въ залу суда, телеграммы о ходѣ процесса задержи-
вались, и корреспонденты „Times“, „Herald“ должны были свои
свѣдѣнія посылать съ нарочнымъ въ Тильзитъ или Берлинъ, что-
бы оттуда уже телеграфировать въ свои редакціи, такимъ обра-
зомъ, ихъ отчеты появлялись только черезъ 2—3 дня. „Herald“ 13
марта сообщилъ, что Игнатьевъ нарядилъ спеціальное слѣдствіе по
поводу того, какимъ образомъ, не смотря на всѣ принятыя мѣры,
свѣдѣнія о судѣ проникли все-таки въ иностранную печать,
особенно въ „Herald“. Надо ли упоминать о томъ, что русскія ле-
гальныя газеты не имѣли права напечатать ни одного слова о томъ,
что волновало всѣхъ въ Петербургѣ и о чемъ говорили во всей
Европѣ?..

9 февраля, во вторникъ, въ 11 часовъ утра, особое присут-
ствіе открыло свои засѣданія. Послѣ прочтенія объявленія о пере-
дачѣ дѣла 20-ти на разсмотрѣніе особаго присутствія предсѣдатель
велѣлъ ввести подсудимыхъ въ залу. Подсудимые были введены
поодиночкѣ между двухъ жандармовъ съ саблями на-голо и разса-
жены были въ два ряда: 7—въ первомъ и 13—во второмъ. Ближе
всѣхъ къ судьямъ былъ посаженъ предатель Меркуловъ.

Какъ только подсудимые были введены въ залу, они всѣ вста-
ли и заявили, что до начала суда желаютъ сдѣлать заявленіе. Гром-
че другихъ говорили Михайловъ, Лебедева, Тетерка и Емелья-
новъ.

— Послѣ, послѣ!—закричалъ Дейеръ:—теперь не время!

— Мы хотимъ заявить относительно самого суда! —разда-
лись голоса со скамьи подсудимыхъ.

— Никакихъ заявленій и относительно суда!—отвѣтилъ имъ
Дейеръ.

Михайловъ хочетъ говорить одинъ.

Дейеръ: „Вы не уполномочены, не имѣете права заявлять
отъ имени всѣхъ".

Михайловъ: „Я отъ себя желаю заявить".

Дейеръ: „И отъ себя нельзя. Еще разъ повторяю: никакихъ
заявленій".

Подсудимые продолжали протестовать. Стража загремѣла ору-
жіемъ и, повидимому, только ждала приказа броситься на подсу-
димыхъ. Поднялся общій шумъ. Во время этого шума, однако, лег-
ко было понять, что подсудимые, какъ это сдѣлалъ и Желябовъ на
своемъ судѣ, протестовали противъ того, что ихъ судятъ въ осо-
бомъ присутствіи сената, составленномъ изъ лицъ, назначенныхъ
русскимъ правительствомъ, т. е. стороной, прямо заинтересованной,
и поэтому они требовали суда присяжныхъ.

Постепенно волненіе улеглось, и предсѣдатель сталъ спраши-
вать каждаго подсудимаго о его званіи, вѣроисповѣданіи, занятіяхъ
и т. д. На вопросъ о вѣроисповѣданіи большинство отвѣтило, что они
—атеисты, другіе, что они въ вопросахъ вѣры слушаютъ только голосъ
своей совѣсти. Меркуловъ, кажется, признал себя православнымъ.

Всѣ подсудимые, кромѣ Морозова и Арончика, признали себя
виновными въ томъ, въ чемъ они обвинялись. Терентьева заявила,
что ее могутъ обвинять въ чемъ угодно, она оправдываться не
будетъ.

Суду было доложено о неявкѣ трехъ подсудимыхъ по болѣзни.
Вызваны были врачи-эксперты. Они, кажется, относительно Оловян-
никовой отказались признать ненормальной, но судъ тѣмъ не ме-
нѣе рѣшилъ не привлекать ее къ настоящему разбирательству и
продолжать дѣло безъ этихъ трехъ больныхъ подсудимыхъ: Тырко-
ва, Тычинина и Оловянниковой.

Подсудимыя женщины были въ черныхъ платьяхъ, мужчины
—въ черныхъ сюртукахъ, Тетерка—въ поддевкѣ. Сухановъ — въ
штатскомъ платьѣ, блѣдный, сильно близорукій. Исаевъ—очень хо-
рошо сложенный человѣкъ съ густой бородой, на видъ болѣзненна-
го сложенія. Лучше всѣхъ выглядывалъ Тригони, своей внѣшностью
дѣйствительно заслужившій названіе „Милордъ". Онъ — высокаго
роста, плечистъ, носитъ очки. Въ глаза особенно бросаются интел-
лигентныя, выразительныя лица Баранникова, Колоткевича, Михай-
лова.

Началось чтеніе обвинительнаго акта, составляющаго брошю-
ру не менѣе 50 страницъ убористой печати. Его читалъ оберъ-се-
кретарь Поповъ, а время отъ времени его смѣнялъ его помощ-
никъ.

Подсудимые знали содержаніе обвинительнаго акта, имѣли
его подъ рукой, а потому не слѣдили за чтеніемъ оберъ-секретаря.
Они давно не видѣли другъ друга, было много, о чемъ имъ пого-
ворить между собою, и потому они стали переговариваться или пе-

редавать другъ-другу записки, если сидѣли далеко одинъ отъ другого. Дейеръ поминутно дѣлалъ подсудимымъ замѣчанія, чтобы они не разговаривали, и грозилъ вывести ихъ изъ залы. „Молчать!“, „Не умѣете себя держать!“ „Вы не дома!“ — только и было слышно отъ Дейера.

Баранниковъ, далеко сидѣвшій отъ своего защитника, сдѣлалъ ему знакъ, чтобы онъ передалъ ему обвинительный актъ.

— Подсудимый!, закричалъ Дейеръ:—никакихъ знаковъ я дѣлать не позволяю! Если это еще разъ повторится, то вы будете удалены изъ залы!

Въ 3 часа кончилось чтеніе обвинительнаго акта и на полчаса былъ объявленъ перерывъ.

Послѣ перерыва подсудимыхъ стали вводить въ залу суда для судебнаго слѣдствія или по одному, или группами по нѣсколько человѣкъ, обвинявшихся въ одномъ и томъ же дѣлѣ. Это было сдѣлано въ силу состоявшагося постановленія особаго присутствія на одномъ изъ многихъ его частныхъ собраній, но объ этомъ Дейеръ не считалъ нужнымъ заявить раньше при началѣ суда, какъ онъ не считалъ себя обязаннымъ заявить при открытіи суда о томъ, что судъ будетъ происходить при закрытыхъ дверяхъ.

Такое раздѣленіе подсудимыхъ на группы дѣлалось и раньше, напр., во время процесса 193-хъ, когда было затруднительно найти достаточно обширное помѣщеніе для того, чтобы одновременно вмѣстить всѣхъ: подсудимыхъ, адвокатовъ, стражу и т. д. Но въ данномъ случаѣ такой необходимости вовсе не было и раздѣленіе подсудимыхъ на группы никакой необходимостью вызвано не было. Несомнѣнно, что особое присутствіе, раздѣляя подсудимыхъ на группы, дѣйствовало въ данномъ случаѣ на основаніи указаній свыше — со стороны Александръ III, Побѣдоносцевыхъ, Игнатьевыхъ и т. д. Правительство желало возможно болѣе стѣснить защиту подсудимыхъ и ослабить впечатлѣніе, которое могли произвести подсудимые своимъ поведеніемъ на судѣ.

Если не ошибаемся, подсудимые были раздѣлены на слѣдующія девять группъ:

I) Дѣло объ убійствѣ Мезенцева. Обвин.: Баранниковъ (Андр. Михайловъ, Трощанскій осуждены раньше; Кравчинскій—(ум. въ 95 г.) не былъ разысканъ.

II) Покушеніе 2-го апрѣля: Обвинял.: А. Михайловъ (Соловьевъ, Зунделевичъ, Кобылянскій, Квятковскій— осуждены ранѣе, Голденбергъ ум. до суда, другіе не разысканы).

III) Подкопъ подъ Херсонское казначейство. Обвинял.: Терентьева (Россикова, Южакова, Юрковскій и др. осуждены ранѣе).

IV) Покушеніе въ 1879-80 гг. въ Одессѣ, подъ Александровскомъ, въ Москвѣ, въ Зимнемъ Дворцѣ. Обвин.: 1) Фроленко, Лебедева, Колоткевичъ, Меркуловъ—по одес. дѣлу, 2) Якимова, Тетерка, Исаевъ— по александровскому дѣлу, 3) Михайловъ, Баранниковъ, Исаевъ, Морозовъ, Арончикъ—по москов. дѣлу,

4) Исаевъ (отчасти Якимова и Лебедева)—по дѣлу взрыва въ Зимн. Дворцѣ (Желябовъ, Перовская, Прѣсняковъ, Квитковскій, Ширяевъ, Окладскій, Тихоновъ, Кибальчичъ осуждены были раньше, Халтуринъ, Фигнеръ—позднѣе Гартманъ, Чернявская остались не разысканы).

V) Покушеніе въ Одессѣ весной 1880 г. Обв.: Якимова, Исаевъ, Златопольскій, Меркуловъ, (Перовская осуждена раньше, Саблинъ застрѣлился при арестѣ, Фигнеръ осуждена позднѣе).

VI) Покушеніе подъ Каменнымъ мостомъ. Обв.: Исаевъ, Михайловъ, Баранниковъ, Тетерка и Меркуловъ (Желябовъ, Прѣсняковъ —осуждены раньше, Гринбергъ — позднѣе).

VII) Подкопъ подъ Кишиневское казначейство. Обв.: Фроленко, Лебедева, Фриденсонъ, Меркуловъ (отчасти Тригони, Колоткевичъ, Желябовъ).

VIII) Дѣло 1-го марта. Обв.: Исаевъ, Колоткевичъ, Баранниковъ, Фроленко, Тригони, Сухановъ, Емельяновъ, Ланганъ, Якимова, Лебедева, Меркуловъ, отчасти Ал. Михайловъ, а также Тычининъ, Тырковъ, Оловянникова (Желябовъ, Перовская, Кибальчичъ, Рысаковъ, Г. Гельфманъ, Т. Михайловъ осуждены раньше, Саблинъ, Гриневицкій умерли до суда, Фигнеръ, Грачевскій, Богдановичъ, Телаловъ осуждены позднѣе, М. Оловянникова и др. не были разысканы).

IX) Помощь партіи Народной Воли. Обв.: Люстигъ и Клѣточниковъ.

Судебное слѣдствіе по группамъ было для подсудимыхъ начато такъ неожиданно, что они не могли сговориться между собою, чтобы попытаться принять какія-нибудь общія мѣры противъ раздѣленія ихъ по группамъ.

Первымъ былъ вызванъ одинъ Баранниковъ и онъ сталъ давать показанія. Послѣ него давали показанія и другіе.

Допросы продолжались 9, 10, 11 и 12 февраля. У насъ не только нѣтъ стенографическаго отчета о судебномъ слѣдствіи, но мы съ трудомъ могли расположить имѣющіяся показанія подсудимыхъ въ томъ порядкѣ, какъ они давались на судѣ. Намъ приходилось это дѣлать главнымъ образомъ на основаніи телеграмъ въ „Times“, „Herald“ и т. д. Въ частныхъ случаяхъ наши предположенія могутъ оказаться и ошибочными, такъ, напр., свое обращеніе къ суду Михайловъ, быть можетъ, сдѣлалъ еще во время слѣдствія. Дѣло тѣхъ, кто можетъ добыть стенографическій отчетъ о процессѣ 20-ти онъ существуетъ—и не только въ архивѣ государственной полиціи, и въ частныхъ рукахъ) или кто присутствовалъ на судѣ, внести поправки и дополненія въ отчетъ, нами теперь составленный.

Изъ иностранныхъ газетъ видно, что подсудимые поразили сѣхъ своей прямотой и смѣлостью въ отвѣтахъ, рѣзкостью нападокъ на судей и на правительство. Въ большинствѣ случаевъ подсудимые

признавали все, что ихъ касается, и дѣлали излишнимъ допросъ сви-
дѣтелей, но ровно ничего не говорили, когда это касалось другихъ
лицъ—осужденныхъ уже, или находящихся на волѣ.

Совсѣмъ иначе велъ себя Меркуловъ. Приблизительно въ
апрѣлѣ 1881 г. онъ сталъ давать откровенныя показанія и разска-
залъ правительству о покушеніи въ Одессѣ весной 1880 г., о минѣ
подъ Каменнымъ мостомъ, о подкопѣ подъ Малую Садовую. Объ
этихъ предпріятіяхъ правительство до Меркулова или ничего не
знало, или знало очень мало. Затѣмъ Меркуловъ предложилъ, что-
бы его выпустили на волю для розысковъ лицъ, которыхъ онъ ви-
далъ, но не зналъ ихъ фамилій. Его выпустили, и онъ еще до
суда—въ маѣ 1881 г.—расхаживалъ по Одессѣ и указывалъ поли-
ціи, кого надо арестовывать. На судѣ Меркуловъ давалъ показанія
такія, какія ему подсказывали жандармы. Онъ явился главнымъ
обвинителемъ большинства подсудимыхъ и разсказывалъ все, что
только зналъ.

I) Дѣло объ убійствѣ Мезенцева.

Баранниковъ сдѣлалъ полное признаніе о своемъ участіи въ
дѣлѣ убійства шефа жандармовъ Мезенцева.

По его словамъ, еще 3-го августа планъ дѣйствія былъ тща-
тельно изученъ и на слѣдующій день приведенъ въ исполненіе. 4
августа въ 9 час. утра его одинъ товарищъ, которымъ былъ, какъ
извѣстно, покойный Кравчинскій (Степнякъ), на Михайловской пло-
щади нанесъ кинжаломъ смертельный ударъ Мезенцеву и потомъ
бросился бѣжалъ по направленію къ приготовленнымъ заранѣе
дрожкамъ. Баранниковъ увидѣлъ, что адъютантъ Мезенцева Мака-
ровъ побѣжалъ за Кравчинскимъ. Онъ сдѣлалъ нѣсколько шаговъ
назадъ и выстрѣлилъ въ Макарова не съ цѣлью его ранить, а для
того, чтобы напугать его и проложить дорогу къ дрожкамъ и сво-
ему товарищу и себѣ. Выстрѣлъ испугалъ лошадь, которая была
запряжена въ дрожки, и она помчалась, кучеръ съ трудомъ ее
сдерживалъ. Баранниковъ бѣжалъ нѣкоторое время за дрожками и
едва успѣлъ ухватиться за нихъ сзади. Тогда его товарищъ вта-
щилъ его къ себѣ, и они скрылись. При Баранниковѣ, во время
нападенія на Мезенцева, были револьверъ и кинжалъ, какъ и у
Кравчинскаго. По словамъ Баранникова, онъ лично ничего не имѣлъ
противъ Мезенцева, но онъ хотѣлъ ему отомстить за все,
что дѣлалось по его указу съ политическими заключенными въ Пе-
тропавловской крѣпости.

Дѣло объ убійствѣ Мезенцева, долго бывшее для правительства не
выясненнымъ, теперь было разъяснено, и судъ не счелъ нужнымъ
вызывать свидѣтелей но этому дѣлу. Не былъ поэтому вызванъ и
Макаровъ.

На предварительномъ слѣдствіи Макаровъ съ увѣренностью
не могъ признать въ Баранниковѣ лицо, стрѣлявшее въ него.
„Herald“ это объясняетъ тѣмъ, что Макаровъ, какъ и другіе сви-
дѣтели, судьи и т. д. были въ это время терроризированы и боя-
лись мести со стороны товарищей подсудимыхъ, находившихся
на волѣ.

Судъ хотѣлъ добиться, чтобы Баранниковъ призналъ, что осужденный въ 1880 г. Адріанъ Михайловъ былъ кучеромъ, который увезъ его и Кравчинскаго послѣ убійства Мезенцева, но Баранниковъ подтвердить это отказался.

Кромѣ того Баранниковъ призналъ свое участіе на Липецкомъ съѣздѣ, въ покушеніяхъ на жизнь Александра II и т. д.

Постоянныя попытки, которыя революціонеры дѣлали, лишить жизни Александра II, по словамъ Баранникова, были предпринимаемы, главнымъ образомъ, въ отмщеніе за участь, постигшую пропагандистовъ, участниковъ процесса 193-хъ: ихъ держали 4 года въ тюрьмѣ и потомъ подвергнули наказаніямъ болѣе строгимъ, чѣмъ это слѣдовало даже по закону, и многихъ довели тюремнымъ заключеніемъ до смерти и умопомѣшательства; кромѣ того, до 800 человѣкъ изъ арестованныхъ по этому процессу было совершенно невинныхъ.

Во время судебнаго слѣдствія по дѣлу объ убійствѣ Мезенцева ни разу не упомянуто имя присутствовавшаго на судѣ Ал. Михайлова, а, между тѣмъ, онъ въ этомъ дѣлѣ игралъ видную роль и не въ одной только организаціи дѣла: онъ былъ и на мѣстѣ дѣйствія. Онъ ушелъ никѣмъ не замѣченнымъ съ Михайловской площади, когда всѣ его товарищи успѣли скрыться. Объ его участіи въ этомъ дѣлѣ знали, кромѣ Баранникова, и другіе подсудимые. Этого не зналъ только Меркуловъ, какъ не зналъ и Гольденбергъ,—поэтому правительство и не знало объ участіи Михайлова въ дѣлѣ казни Мезенцева.

II) Покушеніе 2-го апрѣля 1879 г.

Вторымъ допрашивали Михайлова о покушеніи Соловьева.

Михайловъ прежде всего заявилъ, что защищаться не намѣренъ, такъ какъ судъ лишенъ гласности, и въ залу суда не допущена публика, а приметъ участіе въ судебномъ слѣдствіи лишь для того, чтобы по мѣрѣ силъ способствовать возстановленію исторической истины. Но прежде, чѣмъ давать объясненія, Михайловъ потребовалъ прочтенія уличающихъ его оговоровъ Гольденберга и показаній другихъ лицъ, уже осужденныхъ по процессу 16-ти. Въ этомъ ему сначала отказали и предложили самому изложить, какъ было дѣло, довольствуясь выдержками изъ показаній, приведенными ми въ обвинительномъ актѣ. Но Михайловъ при такихъ условіяхъ давать объясненія отказался, мотивируя это тѣмъ, что извлеченія каждый дѣлаетъ съ своей точки зрѣнія и сообразно съ своими интересами. Такъ какъ, очевидно, и другіе подсудимые послѣ Михайлова, по его примѣру, стали бы отказываться давать показанія, то судьи, поговоривши между собой, уступили и прочли для одного Михайлова всѣ показанія, относящіяся къ дѣлу 2 апрѣля.

Затѣмъ Михайловъ началъ свой разсказъ о покушеніи Соловьева.

„Въ февралѣ 1879 года Соловьевъ возвратился изъ народа съ самыми радужными воспоминаніями о немъ и съ жаждой принести для него великую жертву. Онъ задумалъ цареубійство.

„До 1878 года соц.-революц. партія стремилась проводить свои идеи въ народѣ и уклонялась отъ всякой борьбы съ правительствомъ, даже и тогда, когда встрѣчала его на своемъ пути, какъ врага. Но постепенно репрессаліи правительства обостряли враждебность отношеній къ нему партіи и довели дѣло, наконецъ, до рѣшительныхъ столкновеній. Особенно въ этомъ отношеніи повліяла гибель 70 человѣкъ въ тюрьмахъ, во время дознанія по дѣлу 193-хъ, по которому было арестовано болѣе 700 человѣкъ, а потомъ отмѣнено ходатайство суда по этому же дѣлу для 12 человѣкъ. Главнымъ виновникомъ считался Мезенцевъ, за что онъ и погибъ. Послѣ него дѣятельность Дрентельна,—выразившаяся въ самыхъ широкихъ погромахъ, высылкахъ, преслѣдованіяхъ молодежи и т. д., обрушившихся на тѣ сферы, откуда партія черпаетъ новыя силы,—побудили послѣднюю помѣряться съ новымъ шефомъ.

Такъ завязалась борьба съ правительствомъ, которая, въ силу централизованности правительственной машины и единаго санкціонирующаго начала—неограниченной власти царя,—неминуемо привела къ столкновенію съ этимъ началомъ. Такъ, въ 1879 году революціонная мысль единицъ уже работала въ этомъ направленіи, и однимъ изъ такихъ былъ Соловьевъ, натура чрезвычайно глубокая, ищущая великаго дѣла, дѣла, которое бы заразъ подвинуло значительно впередъ къ счастью судьбу народа. Онъ видѣлъ возможность такого шага впередъ—въ цареубійствѣ.

„По пріѣздѣ въ Петербургъ, не найдя тамъ никого изъ своихъ близкихъ знакомыхъ, кромѣ меня, и зная, я что близко стою къ органу партіи „Земля и Воля", онъ открылъ мнѣ свою душу. Я въ то время не составилъ еще себѣ положительнаго мнѣнія по этому вопросу, но и моя мысль уже работала въ этомъ направленіи. Поэтому я не сталъ его разубѣждать, имѣя въ виду кромѣ того, что разъ составившееся его рѣшеніе поколебать невозможно. Мало того, я считалъ себя обязаннымъ помочь ему, если это будетъ нужно.

„Черезъ нѣсколько дней послѣ откровенной бесѣды Александръ Константиновичъ (Соловьевъ) попросилъ достать ему яду. Я пообѣщалъ это сдѣлать, но многочисленныя занятія помѣшали мнѣ исполнить его просьбу. Своего намѣренія совершить покушеніе Соловьевъ въ то время еще не пріурочивалъ къ опредѣленному моменту, а потому, будучи свободенъ, помогалъ мнѣ въ нѣкоторыхъ дѣлахъ.

„Такъ прошло болѣе мѣсяца. Совершилось удачное кропоткинское дѣло и неудачное покушеніе на Дрентельна. Страсти враждебныхъ лагерей достигли наибольшаго напряженія.

„Въ серединѣ марта пріѣхалъ въ Петербургъ Гольденбергъ, нашелъ меня и Зунделевича и сообщилъ намъ о своемъ намѣреніи также итти на единоборство съ Александромъ II. Я видѣлъ, что Гольденбергъ сильно ажитированъ своимъ успѣхомъ въ Харьковѣ, но что, не смотря на это, онъ нуждается въ нѣкоторомъ давленіи, одобреніи со стороны товарищей. Узнавъ отъ него о цѣли пріѣзда, я не сталъ распространяться съ нимъ о подробностяхъ и при первомъ же случаѣ сообщилъ о немъ Соловьеву. Соловьевъ пожелалъ съ нимъ видѣться и говорить. Бесѣда должна была быть, сообразно съ важностью дѣла, въ высшей степени интимна, а они одинъ другого не знали. Поэтому я, Зунделевичъ и Квятковскій сочли своимъ долгомъ быть посредниками между ними.—своею близостью къ обоимъ придать встрѣчѣ характеръ задушевности и вмѣстѣ съ тѣмъ высказать наши мнѣнія, которыя были далеко не безынтересны тому и другому.

„И, дѣйствительно, вскорѣ состоялось нѣсколько сходокъ въ трактирахъ. Разговоры на нихъ были оживленные; теоретически вопросъ обсуждался всѣми нами, но мы — посредники — старались избѣгать давленія на тѣхъ, для кого это былъ вопросъ жизни и смерти. Мы трое въ то время еще не были приготовлены къ самопожертвованію и чуствовали это. Сознаніе такого нашего положенія между двумя обрекавшими себя отнимало у насъ всякую нравственную возможность принять участіе въ выборѣ того или другого. Мы предоставили вполнѣ избраніе ихъ свободному соглашенію.

„Я не могу не сознаться, однако, что нѣсколько не довѣрялъ рѣшимости Гольденберга и глубинѣ его мотивовъ. Александру Константиновичу же я безусловно вѣрилъ и считалъ, что только такой человѣкъ можетъ возложить на свои плечи подобный подвигъ. Выяснены были совмѣстно свойства и условія, необходимыя для исполнителя. Поставлено было на видъ, что необходимо избѣгать возможности дать поводъ правительству обрушиться своими репрессаліями на какое-либо сословіе или національность. Обыкновенно правительство послѣ такихъ событій ищетъ солидарности между виновникомъ и средой, изъ которой онъ вышелъ. Съ поляка и еврея перенесли бы обвиненіе на національную вражду, и на голову цѣлыхъ милліоновъ упали бы новыя тяжести.

„Соловьевъ особенно принялъ къ сердцу это соображеніе. Оно побудило его покончить дѣло безповоротнымъ рѣшеніемъ, навсегда памятными словами: „Нѣтъ, только я удовлетворяю всѣмъ условіямъ. Мнѣ необходимо идти. Это мое дѣло. Александръ II—мой, и я его никому не уступлю.“

„Ни Гольденбергъ, ни мы не сказали ни слова. Гольденбергъ, очевидно, почувствовалъ силу нравственнаго превосходства и уступилъ безъ спора; онъ только просилъ, чтобы Соловьевъ взялъ его, какъ помощника. Но условія единоборства, при которыхъ возможно было дѣйствовать только моментально, и то, что всякое лишнее лицо могло возбудить подозрѣніе, побудило Александра Константиновича отвергнуть и это предложеніе.

„Время, мѣсто и способъ совершенія покушенія помогли Соловьеву обойтись безъ всякой серьезной помощи съ нашей стоѓ .лны.“

Затѣмъ Дейеръ спросилъ, какое имѣлъ отношеніе Михайловъ : .. устройству мины подъ Малой Садовой и къ приготовленіямъ къ :реубійству, закончившимся событіемъ 1-го марта 1881 г.

Михайловъ, сколько можно судить по иностраннымъ источни-.мъ, отвѣчалъ, что до его ареста на этотъ счетъ существовали разные проекты, но онъ отказывается входить въ детали по этому поводу.

„Я,—сказалъ между прочимъ Михайловъ,—считаю нужнымъ возстановить истину относительно послѣдствій задержанія меня 28 ноября 1880 г. и дознанія по этому поводу. Обвинительный актъ говоритъ, что уже это дознаніе обнаружило приготовленіе къ новому покушенію, выразившемуся потомъ въ дѣлѣ 1 марта.

„Это совершенно невѣрно. Ни обыскъ ни мои показанія не дали такихъ указаній. Правда, у меня былъ найденъ динамитъ, но динамитъ организація имѣетъ постоянно, какъ одно изъ орудій оборонительной и наступательной борьбы, точно такъ же, какъ револьверы и другое оружіе. Притомъ же динамитъ найденъ у меня въ свободной формѣ, въ банкахъ, а не въ какихъ-либо нужныхъ техническихъ приспособленіяхъ.

„Что же касается моихъ показаній, то какъ теперь, передъ вами, такъ и на дознаніи, я давалъ объясненія о себѣ лично и о партіи вообще; личность же товарищей и организаціонныя тайны я обходилъ глубокимъ молчаніемъ. Между прочимъ, замѣчу, что товарищъ прокурора Добржинскій, въ личныхъ бесѣдахъ со мной, очень интересовался вопросомъ, приготовляетъ ли партія что-либо противъ Александра II и въ какихъ формахъ. Но я могъ удовлетворить его любопытство ужъ слишкомъ въ общемъ смыслѣ. Я ему отвѣчалъ, что гибель отдѣльныхъ лицъ не можетъ измѣнить направленія партіи. Только новыя условія государственной и общественной жизни создадутъ и новое направленіе ея, а пріемы и способы борьбы неисчерпаемы въ той же мѣрѣ, какъ безгранична изобрѣтательность человѣческаго ума.“

Послѣ Михайлова въ залу введена была Терентьева. Она не знала о раздѣленіи подсудимыхъ на группы, была поражена отсутствіемъ товарищей и сразу очень рѣзко заявила суду:

— Я не желаю давать никакихъ отвѣтовъ въ отсутствіи моихъ товарищей!

Дейеръ: „Что такое вы сказали?“

Терентьева (возвысивъ голосъ): „Я сказала, что не хочу отвѣчать вамъ ни на какіе вопросы и не хочу оставаться здѣсь, на судѣ!“

Терентьеву, по приказу Дейера, сейчасъ же вывели, и судъ сдѣлалъ перерывъ на полчаса. Допросъ по дѣлу о подкопѣ подъ Херсонское казначейство былъ отложенъ.

Терентьева, какъ натура крайне революціонная, и до суда и все время на судѣ, держалась пренебрежительно и вызывающе по отношенію ко всему „начальству“: судьямъ, жандармамъ, тюремщикамъ и т. д. и никакъ не могла понять, почему она должна относиться къ нимъ иначе. За это ей досталось и на судѣ отъ Дейера, и отъ корреспондентовъ иностранныхъ газетъ, и потомъ, послѣ суда, въ крѣпости. Извѣстно, что послѣ суда въ крѣпости съ ней обращались ужасно и въ скоромъ времени „по ошибкѣ“ дали ей яду.

Въ 7½ часовъ вечера засѣданіе суда возобновилось.

IV) Покушенія въ 1879-80 гг. въ Одессѣ, подъ Александров-
 скомъ, въ Москвѣ, и въ Зимнемъ Дворцѣ.

а) Подкопъ подъ Александровскомъ.

Якимова признала себя виновной въ покушеніи подъ Алек-
сандровскомъ, но отказалась добавить что-либо новое по существу
дѣла къ тому, что она сказала на предварительномъ слѣдствіи, ког-
да она подтвердила то, что было до нея выяснено показаніями Голь-
денберга и во время процессовъ 16-ти и 6-ти.

Съ октября 1879 г. Якимова жила съ Желябовымъ, подъ ви-
домъ его жены, въ Александровскѣ, и они тогда устроили подкопъ
подъ желѣзную дорогу. Съ ними жили: Тетерка, Окладскій, Тихо-
новъ, пріѣзжали къ нимъ: Прѣсняковъ, Кибальчичъ (привезъ спи-
раль), Исаевъ. 18 ноября при приближеніи царскаго поѣзда Желя-
бовъ сомкнулъ цѣпь, но взрыва почему-то не произошло.

Давая показанія, Якимова, между прочимъ, сказала, что тогда-
то она поѣхала къ родителямъ.

Дейеръ (съ дѣланнымъ удивленіемъ): „Къ родителямъ?
зачѣмъ?“

Якимова: „Какъ зачѣмъ? чтобы повидаться!“

Дейеръ (съ наглостью): „Повидаться? и вы сохранили къ
нимъ чувства?“

Такое наглое отношеніе Дейеръ проявлялъ къ очень многимъ
изъ подсудимыхъ. Ему не разъ подсудимые давали должный от-
поръ. Однажды, послѣ какой-то подобной выходки Дейера, Тетерка
крикнулъ ему на всю залу: „Экій безстыжій!“.

Тетерка и Исаевъ признали свое участіе въ подкопѣ подъ
Александровскомъ. Исаевъ показалъ, что при немъ заложена была
мина.

б) Покушеніе подъ Одессой въ 1879 г.

Лебедева показала, что осенью 1879 г. она была въ Харько-
вѣ и участвовала на сходкахъ, на которыхъ были Желябовъ, Голь-
денбергъ, Баранниковъ, Телаловъ, Колоткевичъ, Прѣсняковъ. Согла-
силась принять участіе въ одесскомъ покушеніи и для этого при-
везла въ Одессу полтора пуда динамита. Тамъ она и Фроленко
поступили стрѣлочниками на желѣзную дорогу и заложили мину
подъ полотно желѣзной дороги. Она должна была сомкнуть цѣпь
при приближеніи царскаго поѣзда. Когда же стало извѣстно, что
царь не поѣдетъ черезъ Одессу, часть динамита была послана съ
Гольденбергомъ изъ Одессы въ Москву.

в) О покушеніи подъ Москвой.

По показаніямъ Гольденберга хозяевами дома, откуда велся
подкопъ, были Гартманъ и Перовская, кромѣ нихъ тамъ работали:
Ширяевъ, Исаевъ, Арончикъ, Баранниковъ, Морозовъ, который
скоро заболѣлъ и уѣхалъ, захвативши съ собой на память камень,
вынутый изъ подкопа, и онъ, Гольденбергъ.

Исаевъ съ замѣчательнымъ спокойствіемъ и самообладаніемъ призналъ себя виновнымъ въ покушеніи подъ Москвой и перечислилъ все, въ чемъ онъ обвинялся по обвинительному акту.

Такое же признаніе сдѣлалъ и Баранниковъ.

По дѣлу 19 ноября 1889 г. Михайловъ призналъ свое участіе и далѣ объясненія, мало разнящіяся отъ показаній Гольденберга и другихъ лицъ, но указалъ на нѣсколько примѣровъ субъективности и забывчивости Гольденберга. Такъ, Гольденбергъ говорилъ, что онъ привезъ полтора пуда динамита изъ Харькова въ Москву, между тѣмъ какъ, на самомъ дѣлѣ, этого не было: въ Москву былъ доставленъ динамитъ изъ Петербурга. Далѣе Гольденбергъ утверждалъ, что предполагали провести, кромѣ перпендикулярной галлереи, еще параллельную рельсамъ, подъ полотномъ дороги. Это, очевидно, его собственное предположеніе, такъ какъ проведеніе такой галлереи было немыслимо: при 20 саженяхъ длины первой галлереи, во вторую, расположенную подъ прямымъ угломъ къ первой, не могъ бы свободно проникать воздухъ, даже при хорошемъ устройствѣ вентиляціи. Такое обстоятельство легко предвидѣть заранѣе всякому, сколько-нибудь знакомому съ техникой работы.

Кромѣ того, Михайловъ заявилъ, что онъ принялъ участіе въ этомъ дѣлѣ по распоряженію Исполнительнаго Комитета, какъ объ этомъ сказано и въ обвинительномъ актѣ.

Морозовъ сказалъ, что оговоръ Гольденберга голословенъ и ложенъ, что онъ въ подкопѣ не работалъ, но, не смотря на отсутствіе какихъ-либо другихъ данныхъ, Морозовъ признанъ былъ виновнымъ въ участіи въ московскомъ подкопѣ.

Арончикъ отрицалъ свое участіе въ московскомъ подкопѣ. Противъ него былъ оговоръ Гольденберга и показаніе хозяйки квартиры, на которой онъ въ ноябрѣ 1879 г. жилъ въ Москвѣ. Это показаніе не имѣло собственно отношенія къ дѣлу о подкопѣ и только устанавливало фактъ пребыванія Арончика въ Москвѣ въ ноябрѣ 1879 г., о чемъ говорилъ Гольденбергъ въ своихъ показаніяхъ. Хозяйка послѣ допроса, который ей сдѣлалъ Арончикъ, не стала увѣренно говорить, что именно Арончикъ жилъ у ней, не смотря на то, что Муравьевъ всячески старался, чтобы она по прежнему стояла на томъ, что это былъ онъ. Въ концѣ концовъ, хозяйка заявила, что человѣкъ, жившій у нея, былъ брюнетъ, а между тѣмъ Арончикъ—блондинъ. На это Муравьевъ развязно замѣтилъ, что подсудимый такъ давно сидитъ, что онъ побѣлѣть! (Herald).

Во время допроса Арончика одинъ изъ адвокатовъ заявилъ, что онъ только что хотѣлъ видѣть подсудимаго, котораго онъ защищаетъ и который въ данный моментъ не находится въ залѣ суда, но что ему въ этомъ отказано ввиду приказа первоприсутствующаго.

Оказалось, что когда судъ сталъ вызывать подсудимыхъ на допросъ по одиночкѣ или группами, адвокаты ходили къ защищаемымъ ими подсудимымъ и передавали имъ то, что происходило на судѣ въ ихъ отсутствіе. Ихъ разговоры были подслушаны и сообщены Дейеру, и онъ тотчасъ же запретилъ пускать адвокатовъ къ ихъ кліентамъ.

— „Да,—отвѣтилъ Дейеръ тому адвокату, который заявилъ, что его не пускаютъ къ защищаемому имъ подсудимому: „я сдѣлалъ это распоряженіе, основываясь на 569 ст. уст. уг. судопр. Наша практика толковала до сихъ поръ эту статью такъ, что она допускаетъ свиданіе и во время судебнаго слѣдствія, но особое присутствіе въ данномъ случаѣ нашло необходимымъ толковать ее именно такъ, какъ я толковалъ теперь. Если же г.г. защитники желаютъ знать мотивы, вызвавшіе мое распоряженіе, то вотъ они: я руководствовался желаніемъ поддержать честь адвокатуры, такъ какъ до свѣдѣнія моего дошло, что нѣкоторые господа защитники (именъ я не называю) позволили себѣ, во время свиданій съ подсудимыми, сообщать имъ то, что происходитъ въ ихъ отсутствіе“.

Герардъ. Что касается поддержанія чести адвокатуры, то мы просили бы позволенія намъ самимъ заботиться объ этомъ... Что же касается того, что мы сообщаемъ подсудимымъ, то прежде всего я позволю себѣ выразить удивленіе, какимъ образомъ г. первоприсутствующему стало извѣстно содержаніе нашихъ разговоровъ съ подсудимыми, происходившихъ съ глазу на глазъ...

Дейеръ. Это все равно, откуда я узналъ. Этого могло и не быть. Я только говорю, что это не желательно.

Герардъ. Затѣмъ я позволю себѣ обратить вниманіе г. первоприсутствующаго на то, что законъ обязываетъ самого предсѣдателя суда сообщать подсудимому все, что происходило въ его отсутствіе. Тѣмъ болѣе эта обязанность лежитъ на защитникѣ, и если мы это дѣлали, то только исполняли законъ“.

Дейеръ что-то сталъ бормотать въ отвѣтъ на это, но невозможно было уловить ни одной мысли. Въ заключеніе онъ сказалъ: „Во всякомъ случаѣ распоряженіе, основанное на 569 ст. Уст. Уголовн. Судопр., остается въ силѣ.“

Спасовичъ. „Въ такомъ случаѣ, я просилъ бы позволенія видѣться съ моимъ кліентомъ по поводу вещественныхъ доказательствъ,—иначе я не буду въ состояніи поставить, какъ должно, свою защиту.“

Дейеръ. „Я вамъ разрѣшаю.“

Затѣмъ еще нѣсколько другихъ защитниковъ высказали мотивированныя требованія свиданій съ ихъ кліентами. Предсѣдатель ихъ удовлетворилъ, такъ что распоряженіе стало падать само собою, а на другой день оно было формально отмѣнено, такъ какъ большинство защитниковъ еще наканунѣ дали понять, что они откажутся отъ защиты въ виду такихъ ея стѣсненій.

Во время спора предсѣдателя съ адвокатами, Муравьевъ слиберальничалъ и заявилъ, что онъ противъ всякихъ стѣсненій защиты и не находитъ препятствій дать имъ возможность видѣться съ ихъ кліентами, когда они пожелаютъ.

Муравьевъ вообще царитъ на судѣ. Предсѣдатель передъ нимъ, говорится въ „На Родинѣ“, ведетъ себя, какъ почтительная дочка передъ строгой маменькой, наблюдающей за поведеніемъ и успѣхами ея въ свѣтѣ. На всякую просьбу Муравьева, Дейеръ, даже для виду не посовѣтовавшись съ членами, предупредительно отвѣчаетъ:

„Особое Присутствіе находитъ вполнѣ возможнымъ согласиться на просьбу г. прокурора."

Около Муравьева сидитъ Набоковъ, министръ юстиціи, и смотритъ на него, какъ на божество, обѣщающее разразить крамольниковъ. Набоковъ вообще внимательно слѣдитъ за ходомъ дѣла и волнуется. Онъ очень боится скандала, и вотъ почему. Всякій разъ, какъ возникалъ политическій процессъ, передъ царемъ старались восторжествовать одно передъ другимъ два мнѣнія: одни доказывали, что слѣдуетъ судить военнымъ судомъ, потому что онъ скорый и строгій, и скандала никакого не будетъ. Набоковъ же старался поддержать „достоинство" гражданскаго суда, доказывая, что онъ упечетъ еще строже, чѣмъ военный, а скандала на немъ скорѣе не будетъ, такъ какъ военные люди своей рѣзкостью болѣе способны раздражить подсудимыхъ. Вотъ почему онъ на каждомъ процессѣ боится, чтобы чего не произошло. На процессѣ по дѣлу 1 марта, во время рѣчи Желябова, онъ подбѣжалъ сзади къ предсѣдателю и сталъ ему что-то нашептывать. Онъ также и на процессѣ 20-ти постоянно подбѣгалъ къ судьямъ и что-то подсказывалъ имъ на ухо. Когда они шли совѣщаться въ особую залу, онъ шелъ за ними и давалъ указанія, какъ надо вести дѣло.

г) О взрывѣ въ Зимнемъ Дворцѣ.

Повидимому безъ какихъ-либо внѣшнихъ поводовъ (вродѣ какого-нибудь предательства и т. п.), Исаевъ показалъ, что динамитъ и запалы для Зимняго Дворца сдѣланы имъ. Въ это время Исаевъ жилъ въ Петербургѣ на Подъяческой улицѣ (д. № 37) вмѣстѣ съ Лебедевой и Якимовой.

V) Покушеніе въ Одессѣ весной 1880 г.

Меркуловъ далъ показанія о томъ, что весной 1880 г. посѣщалъ въ Одессѣ квартиру Саблина и Перовской по Итальянской улицѣ, откуда велся подкопъ на случай проѣзда царя. Здѣсь Меркуловъ видѣлъ Исаева, Якимову, Фигнеръ, Златопольскаго, которые принимали участіе въ подкопѣ. Когда узнали, что царь скоро пріѣдетъ, и подкопъ все равно нельзя будетъ довести во-время до конца, хозяева квартиры оставили ее. Это было около 24 мая.

Исаевъ показалъ, что съ апрѣля по 14 іюля жилъ съ Якимовой въ Одессѣ и принималъ участіе въ подкопѣ подъ Итальянскую улицу и для этого досталъ динамитъ, цилиндры, бурава, батареи и т. д. Часть этихъ вещей находилась на его квартирѣ, и часть—на квартирѣ Перовской. Во время какихъ то химическихъ опытовъ Исаеву оторвало три пальца, и онъ поэтому долженъ былъ лечь въ Одессѣ въ больницу, и Якимова тамъ его посѣщала.

Якимова подтвердила всѣ показанія Исаева.

Златопольскій призналъ, что онъ бывалъ на квартирѣ Перовской, былъ знакомъ съ ней съ процесса 193-хъ, но о подкопѣ ему ничего не было извѣстно.

Въ среду, 10 февраля, засѣданіе открылось въ 12 часовъ утра.

VI) Покушеніе подъ Каменнымъ мостомъ.

Тетерка подтвердилъ разоблаченія, сдѣланныя Меркуловымъ и провѣренныя жандармами, о минѣ подъ Каменнымъ мостомъ, черезъ который царь обыкновенно ѣздилъ въ Царское Село или въ зимній дворецъ. О закладкѣ этой мины былъ разговоръ въ одномъ изъ трактировъ, гдѣ присутствовали, кромѣ его, Тетерки,—Желябовъ, Прѣсняковъ (ар. 24 іюля), Баранниковъ, Меркуловъ и еще кто-то. Черезъ нѣсколько дней Тетерка, по указанію Желябова, пріѣхалъ въ одну изъ улицъ близь Троицкаго переулка и спросилъ „подушку". Неизвѣстный человѣкъ далъ ему корзину съ гуттаперчевой подушкой, вѣсомъ пуда полтора. Эту подушку Тетерка отвезъ въ Петровскій паркъ, гдѣ его ждали Желябовъ и Прѣсняковъ. Они усѣлись въ лодку, гдѣ была уже вторая, такая же, подушка и проволоки. Они поѣхали на взморье, тамъ перевязали, какъ слѣдуетъ, подушки и затѣмъ подъѣхали къ Каменному мосту и тамъ опустили подушки въ воду, а проволоки прикрѣпили къ плоту, на которомъ устроена прачешная. Въ извѣстный день (кажется 16 или 17 авг.) Тетерка, имѣя при себѣ корзину съ картофелемъ, долженъ былъ встрѣтиться съ Желябовымъ и вмѣстѣ съ нимъ итти къ Каменному мосту. Тамъ они должны были стоять на плоту, перемывая картофель, и во время проѣзда царя соединить проводники съ батареей, которую хотѣлъ принести Желябовъ. Но въ назначенное время Тетерка опоздалъ и покушеніе не состоялось.

Тетерка призналъ себя террористомъ. На вопросъ Дейера о занятіяхъ, Тетерка сказалъ, что онъ—рабочій.

Дейеръ: „Какой же работой ты занимался?"
Тетерка: „Всякой работой, какой придется."
Дейеръ: „А убивать можешь?"

Меркуловъ подтвердилъ свой оговоръ относительно мины подъ Каменнымъ мостомъ. Въ началѣ 1880 г, онъ вмѣстѣ съ Желябовымъ, Прѣсняковымъ; Баранниковымъ, Михайловымъ, Тетеркой и др. катался на лодкѣ и слышалъ разговоръ о необходимости заложить мину подъ какой-то мостъ по Гороховой улицѣ. Послѣ же того, какъ царь благополучно проѣхалъ въ Ливадію, Меркуловъ, отправившись на свиданіе съ Желябовымъ на каналъ близь Михайловскаго сада, встрѣтилъ тамъ Ал. Михайлова и Ланганса. Туда же вскорѣ приплыли Желябовъ, Тетерка и Баранниковъ. Баранниковъ дилъ Меркулову на храненіе два якоря-кошки, а Тетерка сказалъ ему, что они ѣздили вытаскивать динамитъ изъ-подъ какого-то моста на Гороховой улицѣ, но не могли его достать.

Въ случаѣ же неудачнаго взрыва этой мины, по словамъ Меркулова, было рѣшено прибѣгнуть къ помощи метательныхъ снарядовъ. Какъ металльщики, были намѣчены Прѣсняковъ, Баранниковъ и онъ, Меркуловъ. Организаціей этого дѣла должны были заняться Якимова (дать сигналъ), Михайловъ, Желябовъ.

Баранниковъ призналъ, что принималъ участіе въ заложеніи мины подъ Каменнымъ мостомъ, а потомъ безуспѣшно пытался достать ее.

Исаевъ показалъ, что динамитъ въ подушкахъ и заплаты сдѣланы имъ, и что онъ принималъ непосредственное участіе въ заложеніи мины подъ мостомъ.

Михайловъ заявилъ, что непосредственнаго участія въ закладкѣ мины и техническихъ работахъ не принималъ. Далѣе онъ опровергалъ показанія Меркулова по этому дѣлу допросомъ Тетерки и другихъ товарищей и сопоставленіемъ противорѣчивыхъ объясненій самого Меркулова. Въ концѣ слѣдствія по этому дѣлу, когда первоприсутствующій хотѣлъ уже удалить подсудимыхъ, Михайловъ заявилъ, что онъ опровергалъ Меркулова, не желая приписывать себѣ чужого риска и чужихъ усилій, но считаетъ долгомъ объявить, что о приготовленіи покушенія онъ зналъ. Не смотря, однако, на такое заявленіе, судъ по этому дѣлу оправдалъ Михайлова.

Былъ вызванъ экспертъ Смирновъ для допроса о динамитныхъ подушкахъ.

Защитникъ Суханова задалъ ему вопросъ, не зналъ ли онъ лично Суханова и что можетъ о немъ сказать. Смирновъ, лично знавшій Суханова, далъ самую лучшую его характеристику и сказалъ, что онъ никогда не считалъ его способнымъ ни на что преступное.

VII) Подкопъ подъ Кишиневское казначейство.

По показаніямъ Меркулова, въ декабрѣ 1880 г. онъ получилъ въ Петербургѣ деньги отъ Колоткевича, и по порученію Желябова, отправился вмѣстѣ съ Фроленко, Лебедевой и Фриденсономъ въ Кишиневъ для устройства подкопа подъ мѣстное казначейство. Изъ Кишинева онъ, по просьбѣ Фроленко, ѣздилъ въ Одессу для свиданія съ Тригони и просилъ его подыскать квартиру на тотъ случай, если надо будетъ укрыть людей, кот. пріѣдутъ изъ Кишинева, или спрятать деньги. Фриденсонъ въ Кишиневѣ пробылъ не долго и былъ посланъ Фроленкой найти болѣе удобное казначейство. Въ началѣ 1881 г. жильцы дома, изъ котораго велся подкопъ, своей уединенной жизнью обратили вниманіе полиціи; у нихъ были подробно осмотрѣны паспорта, послѣ чего они и скрылись.

Тригони призналъ, что въ концѣ декабря, предъ отъѣздомъ за границу, видѣлся въ Одессѣ съ Меркуловымъ, но о подкопѣ подъ казначейство ничего не зналъ и никакого содѣйствія Меркулову не обѣщалъ.

Фриденсонъ призналъ, что былъ въ концѣ 1880 г. въ Кишиневѣ, но для чего—объяснить не пожелалъ.

Фроленко и Лебедева признали свое участіе въ подкопѣ, но отъ дальнѣйшихъ объясненій отказались.

VIII) Дѣло 1-го марта 1881 г.

Дейеръ, при допросѣ каждаго подсудимаго о дѣлѣ 1-го марта предлагалъ всѣмъ имъ выяснить ихъ отношеніе къ партіи „Народной Воли".

Михайловъ говорилъ первымъ и, руководствуясь предварительно намѣченнымъ планомъ, онъ изложилъ обстоятельно программу партіи „Народной Воли". Михайловъ говорилъ около часу.

Михайловъ: „Я—членъ партіи и организаціи „Народной Во-
ли". Формулу, въ которую заключилъ г. обвинитель нашу партію,
считаю не вѣрной, что и постараюсь доказать своими объясненіями.

„Къ лѣту 1879 г. многіе отдѣльные члены рус. соц. рев. пар-
тіи, подъ вліяніемъ условій русской жизни и репрессивнаго давле-
нія правительства, приведены были къ мысли о необходимости нѣ-
которыхъ измѣненій въ программахъ, до того времени руководив-
шихъ практическою дѣятельностью партіи. Вліяніе дѣйствитель-
ности было такъ одинаково въ разныхъ мѣстностяхъ, что скоро стала
чувствоваться потребность объединенія, выдвигаемая жизнью, по-
требность новаго направленія. Единомысліе отдѣльныхъ членовъ раз-
личныхъ кружковъ, разбросанныхъ по всей Россіи, вслѣдствіе ихъ посто-
яннаго общенія между собою, тотчасъ же обнаружилось и привело въ
іюнѣ 1879 г. многихъ изъ нихъ въ Липецкъ, гдѣ и состоялся, та-
кимъ образомъ съѣздъ извѣстнаго числа членовъ соціально-револю-
ціонной партіи. Его нельзя считать общимъ съѣздомъ всей партіи,
какъ то дѣлаетъ обвинительный актъ. Результаты его были также
не тѣ, которые приводитъ обвинитель, основываясь на показаніяхъ
Гольденберга.

На засѣданіяхъ липецкаго съѣзда, продолжавшихся отъ 17 до
21 іюня, была выработана, во первыхъ, программа новаго напра-
вленія, во-вторыхъ, были установлены принципы и средства дѣятель-
ности, въ-третьихъ, самый фактъ съѣзда санкціонировалъ первый
моментъ существованія партіи „Народной Воли" и выдѣленіе ея
изъ соц.-рев. партіи. Программа, начерченная здѣсь, была такова.

Общей цѣлью было поставлено—народоправленіе—переходъ
верховной власти въ руки народа, а задачей партіи — способство-
вать переходу и упроченію верховной власти въ рукахъ народа.
Что касается средствъ, то всѣ собравшіеся единодушно высказались
за предпочтительность мирной идейной борьбы, но тщетно напря-
гали они свои умственныя силы, чтобы найти при существующемъ
строѣ какую-либо возможность легальной дѣятельности, направлен-
ной къ вышеозначенной цѣли. Такихъ путей не оказалось.

Тогда, въ силу неизбѣжной необходимости, избранъ былъ ре-
волюціонный путь, намѣчены революціонныя средства. Рѣшено бы-
ло начать борьбу съ правительствомъ, отрицающимъ идею народо-
правленія безусловно и всецѣло. Борьба должна была вестись сила-
ми партіи „Народной Воли" и ея организаціи, при желательномъ
содѣйствіи народа и общества. Въ число главныхъ средствъ вклю-
чено было и цареубійство, но не какъ личная месть тому или дру-
гому императору, а непремѣнно въ связи съ другими главными
средствами, а именно:

1) Дѣятельность пропагаторская и агитаціонная.

2) Дѣятельность разрушительная и террористическая.

3) Организація тайныхъ обществъ и сплоченіе ихъ вокругъ
центра.

4) Пріобрѣтеніе вліятельнаго положенія и связей въ админи-
страціи, войскѣ, обществѣ и народѣ.

5) Организація и совершеніе переворота.

6) Избирательная агитація при созваніи Учредительнаго Собранія (см. программу Исполнительнаго Комитета).

Революціонный путь постановлено было оставить, какъ только откроется возможность дѣйствовать посредствомъ свободной проповѣди, свободныхъ собраній, свободной печати.

Практически вопросъ о цареубійствѣ, вопреки утвержденію Гольденберга, на липецкомъ съѣздѣ не обсуждался, а также не было общихъ разговоровъ о ближайшихъ предпріятіяхъ противъ Александра II. Гольденбергъ придалъ совершенно невѣрную окраску всему съѣзду.

Онъ выдвигаетъ на первый планъ цареубійство. На обсужденіи практическихъ средствъ, ведущихъ къ нему, по его показаніямъ сосредоточивалось все вниманіе собравшихся. Причина такой характеристики, опять же постоянный субъективизмъ этого умершаго свидѣтеля, усиленный въ данномъ случаѣ еще тѣмъ впечатлѣніемъ, какое произвела на него неудача 2 апрѣля и смерть Соловьева. Онъ былъ поглощенъ мыслью о необходимости послѣдовательнаго повторенія покушеній,—для него не было другихъ цѣлей, другихъ средствъ.

Вообще надо имѣть въ виду, что мы всѣ смотрѣли на Гольденберга, какъ на преданнаго дѣлу человѣка и хорошаго исполнителя, но считали его недостаточно образованнымъ и подготовленнымъ для обсужденія общихъ программныхъ вопросовъ. Попалъ онъ на съѣздъ случайно, по ошибкѣ, столь возможной при первыхъ шагахъ выдѣляющейся партіи. Какъ доказательство, могу привести слѣдующій фактъ. Послѣ липецкаго съѣзда, какъ вамъ извѣстно, черезъ нѣсколько дней въ Воронежѣ было общее собраніе членовъ общества „Земли и Воли“. Организаціонныя правила этого общества дали возможность землевольцамъ, присутствующимъ въ Липецкѣ, провести многихъ, изъ бывшихъ съ ними тамъ, въ члены общества и на воронежскій съѣздъ, гдѣ также долженъ былъ обсуждаться дальнѣйшій путь дѣятельности общества. Были проведены Желябовъ, Ширяевъ и др., но по отношенію къ Гольденбергу не считали нужнымъ этого сдѣлать и, такимъ образомъ, спасли десятки людей отъ его оговоровъ.

Переданный Гольденбергомъ такъ подробно организаціонный проектъ есть отчасти его собственныя соображенія, а съ другой стороны—соображенія кого либо изъ бывшихъ на съѣздѣ, высказанныя ему въ частныхъ, лично съ нимъ, объясненіяхъ. На самомъ же дѣлѣ, организація „Нар. Воли“ была результатомъ дѣятельности конца 1879 и начала 1880 г. Объ Исполнительномъ Комитетѣ же, руководителѣ и центрѣ организаціи „Нар. Воли“, я не могу ничего сказать, кромѣ того, что это учрежденіе—неуловимое, недосягаемое.

Дейеръ. Значитъ, вы отрицаете то, что вы были избраны въ распорядительную комиссію?

Михайловъ. Безусловно отрицаю и утверждаю, что я—только агентъ Исполнительнаго Комитета.

Такимъ образомъ, послѣдствіемъ липецкаго съѣзда было выдѣленіе изъ соц.-рев. партіи—какъ совокупности всѣхъ соціалистическихъ группъ—партіи „Народной Воли" съ опредѣленной практической программой.

Понятіе о соц.-рев. партіи невозможно смѣшивать, какъ то дѣлаетъ г. прокуроръ въ своей формулѣ сообщества, съ партіей, а тѣмъ болѣе съ организаціей Народной Воли. На соц.-рев. партію ни въ какомъ случаѣ не могутъ падать правительственныя обвиненія въ стремленіи ея къ цареубійству, только потому, что оно допускается, какъ средство, партіей „Народной Воли", въ которую должно, впрочемъ, замѣтить, вошла большая часть соц.-рев. партіи. Поэтому ко всей соц. рев. партіи, въ широкомъ смыслѣ, нѣтъ никакихъ основаній примѣнять 241 и 249 ст. ул. о нак.

Кромѣ того, необходимо различать понятіе о партіи отъ понятія объ организаціи. Партія—это неопредѣленная группа людей единомыслящихъ, не связанныхъ между собою никакими взаимными обязательствами. Организація же, кромѣ непремѣннаго условія единомыслія, предполагаетъ уже извѣстную замкнутость, тѣсную сплоченность и полную обязательность отношеній. Партія заключаетъ въ себѣ организацію, но послѣдняя опредѣленно ограничена и въ ней самой.

Партія, это—солидарность мысли, организація—солидарность дѣйствія.

Я утверждаю, что формулу сообщества, приведенную въ обвинительномъ актѣ и соотвѣтствующія ей статьи о смертной казни можно примѣнить только къ тѣмъ, по отношенію къ которымъ будетъ доказана, или ими самими признана, принадлежность къ организаціи „Народной Воли".

Вотъ все, что я могу сказать вамъ, гг. судьи, о партіи и организаціи, къ которой принадлежу".

Дейеръ предложилъ Михайлову разсказать объ его отношеніяхъ къ Лизогубу.

Михайловъ: „Дмитрій Андреевичъ Лизогубъ былъ членомъ общества „Земли и Воли", въ которомъ съ конца 1876 года до лѣта 1879 г. дѣйствовалъ и я.

„Лизогубъ имѣлъ большое состояніе, простиравшееся до 150 тысячъ. Оно состояло изъ различныхъ цѣнностей: земли, лѣсовъ, крѣпостныхъ на братьевъ актовъ и векселей и другихъ бумагъ. Свободныхъ же денегъ у Лизогуба почти не было. Будучи принятъ въ члены дѣйствующаго революціоннаго общества и желая лично участвовать въ различныхъ предпріятіяхъ, онъ, чтобы освободиться отъ связывающаго ему руки состоянія, совершилъ рядъ операцій, долженствующихъ все его состояніе перевести на наличныя деньги. Но такое большое и разнообразное состояніе сразу ликвидировать было невозможно. Самый короткій срокъ, необходимый для этого, растягивался на 4 года, отъ 78 до 81 включительно. Первый годъ поступленіе чистыхъ суммъ имѣло быть не большое, приблизительно тысячъ 20; но съ каждымъ годомъ оно увеличивалось, и послѣдній 81 г. должно было получиться 50 т. Но въ сентябрѣ 78 г. Лизогубъ былъ арестованъ въ Одессѣ. На него палъ оговоръ Веледницкаго, состоящій въ томъ, что Лизогубъ даетъ деньги на революціонныя предпріятія и кромѣ того взялъ отъ Веледницкаго вексель въ 3 т., которыя послѣдній обѣщалъ пожертвовать на дѣло соц. рев. партіи.

„Находясь въ заключеніи, Лизогубъ далъ полную довѣренность преданному ему человѣку, знающему вмѣстѣ съ тѣмъ положеніе его хозяйственныхъ дѣлъ, съ тѣмъ, чтобы онъ поспѣшилъ ликвидировать его состояніе. Этотъ послѣдній былъ Дриго.

„Весной 79 г., когда надо было спѣшить приведеніемъ къ концу, или, по крайней мѣрѣ, обезпеченемъ денежныхъ операцій, я встрѣтился съ Дриго, какъ рекомендованный самимъ Лизогубомъ и Зунделевичемъ представителемъ общества „Земли и Воли“. Я видѣлъ, что онъ совершенно игнорируетъ наши интересы, и его самого мало безпокоитъ положеніе Лизогуба, тогда уже грозившее серьезными послѣдствіями. Онъ на словахъ старался меня успокоить, говоря, что все, сообразно словамъ Лизогуба, будетъ сдѣлано черезъ нѣсколько мѣсяцевъ. Дѣлъ же и мѣропріятій его я не видѣлъ, и онъ ихъ старался скрыть. Я его посѣтилъ впродолженіе мая и іюня нѣсколько разъ, но никакого движенія операцій не замѣчалъ и денегъ отъ него не могъ добиться, кромѣ ничтожныхъ сотенъ. А между тѣмъ, свѣдѣнія, собранныя мною въ черниговской губ. отъ постороннихъ лицъ, разоблачили то, что онъ тщательно скрывалъ.

„Я узналъ, что Дриго вошелъ въ стачку съ старшимъ братомъ Лизогуба, враждебно къ послѣднему настроеннымъ, и переводилъ вмѣстѣ съ нимъ состояніе Дмитрія Андреевича въ личную ихъ собственность. Такъ, Дриго купилъ на свое имя у старшаго брата имѣніе Довжикъ, стоимостью въ 40 т., не заплативъ ни копейки, но уничтоживъ многіе акты Дмитрія Лизогуба на брата. Я немедленно отправился въ Одессу, снесся съ заключеннымъ Лизогубомъ и получилъ отъ него письмо къ Дриго, уполномачивающее меня получить все состояніе. Въ письмѣ Лизогубъ настойчиво требовалъ отъ Дриго передачи мнѣ всѣхъ денежныхъ суммъ, и кромѣ того, обязывалъ его неуклонно дѣйствовать по моимъ указаніямъ. „Въ противномъ случаѣ, писалъ онъ, я сочту васъ вѣроломно злоупотребившимъ моей дружбой и присвоившимъ чужую собственность, на которую вы не имѣли никакого права“.

«Съ этимъ письмомъ я отправился въ послѣдній разъ къ Дриго, но на этотъ разъ онъ понялъ, что для его собственнаго обезпеченія—ему нужно отдѣлаться отъ меня. Съ послѣднимъ моимъ къ нему пріѣздомъ (20 іюня 1879 г.) совпала какая-то, не вполнѣ разъясненная, исторія.

«На слѣдующій день моего пріѣзда въ Черниговъ, послѣ того, какъ я побывалъ на городской квартирѣ Дриго и не засталъ его тамъ, онъ былъ арестованъ въ своемъ новомъ имѣніи Довжикѣ привезенъ въ городъ и сейчасъ же выпущенъ. Съ нѣкоторыми предосторожностями я успѣлъ съ нимъ увидѣться, передалъ ему на словахъ содержаніе письма Лизогуба, а онъ мнѣ разсказалъ, что поводомъ къ его аресту послужила телеграмма Тотлебена „о выясненіи отношеній Лизогуба къ повѣренному Дриго“. При этой встрѣчѣ на улицѣ мы не могли долго бесѣдовать, а потому онъ назначилъ мнѣ вечеромъ придти къ одному его знакомому, что я и исполнилъ.

«Мнѣ пришлось ждать его тамъ долго. Наконецъ, явился Дриго, взволнованный и объявилъ, что къ нему пріѣзжалъ полиціймейстеръ и, войдя въ комнату, прямо обратился къ нему съ вопросомъ: „кто у васъ былъ сейчасъ?“ На что онъ отвѣтилъ: „никого!“ Передавъ мнѣ этотъ случай, Дриго прибавилъ, что вопросъ относился, очевидно, ко мнѣ, и что я долженъ уѣхать. Я согласился, попросивъ Дриго предварительно придти вечеромъ на площадь противъ почтовой станціи, гдѣ я остановился, для окончательныхъ объясненій. Назначеніе этого свиданія спасло меня отъ предательства. Въ то время, когда я подъ покровомъ прекрасной лѣтней ночи, незамѣтно для постороннихъ, гулялъ на пустынной загородной площади, мое вниманіе было обращено неожиданнымъ пріѣздомъ на станцію многочисленной полицейской своры. Черезъ нѣсколько минутъ все скрылось въ зданіи, и экипажи были спрятаны въ отдаленіи, въ сумракѣ ночи. Это быстро пронесшееся видѣніе открыло мнѣ глаза: я видѣлъ, что преданъ и обнаруженъ. Оставшись среди ночи безъ квартиры и знакомыхъ, въ мало извѣстномъ мнѣ городѣ, я успѣлъ разыскать одного еврея, извощика, и выѣхалъ къ ближайшей станціи желѣзной дороги.

Предательство Дриго на этотъ разъ не удалось. Дриго пошелъ дальше. Онъ заключилъ, какъ я узналъ впослѣдствіи, съ III отдѣленіемъ условіе, по которому онъ обязался способствовать разысканію извѣстныхъ ему соціалистовъ, а III отдѣленіе обѣщало оставить ему состояніе Лизогуба. Дриго старательно выполнялъ свое обязательство, какъ агентъ III отдѣленія, но III отдѣленіе измѣнило ему такъ же вѣроломно, какъ онъ Лизогубу, и отдало его, по минованіи въ немъ надобности, въ руки военнаго суда, продержавъ предварительно болѣе полугода подъ арестомъ.“

Баранниковъ еще разъ вернулся къ своимъ показаніямъ. Онъ слышалъ, что, въ его отсутствіе на судѣ, ему приписывали самое убійство Мезенцева. Это не вѣрно, Мезенцева убилъ его товарищъ имени котораго онъ не желаетъ назвать. Онъ только стрѣлялъ въ Макарова, чтобы напугать его и проложить дорогу къ отступленію себѣ и своему товарищу.

Засѣданіе закрыто въ 3 ч. и возобновилось въ 4 ч.

Въ залу были введены всѣ подсудимые вмѣстѣ но допрашивались по отдѣльности или по группамъ. Чаще другихъ протестовали и нападали на судъ Терентьева, Лебедева и Якимова. Въ концѣ засѣданія Дейеръ удалилъ Терентьеву изъ залы за рѣзкіе отвѣты и неуваженіе къ суду.

Обвиненія подсудимыхъ по дѣлу 1-го марта были основаны или на показаніяхъ Рысакова и Меркулова, или на фактахъ судебнаго слѣдствія, добытыхъ опять таки, главнымъ образомъ, благодаря ихъ указаніямъ. Изъ подсудимыхъ почти никто не отрицалъ того, что было извѣстно суду и жандармамъ, и поэтому допросъ большинства свидѣтелей и по этому дѣлу, какъ и по предыдущимъ дѣламъ, оказался излишнимъ, и разбирательство быстро подвигалось впередъ.

По словамъ Рысакова, онъ съ осени 1880 г. познакомился съ Желябовымъ, потомъ съ Перовской, Баранниковымъ, Колоткевичемъ, Исаевымъ, Меркуловымъ, Т. Михайловымъ, Емельяновымъ, Кибальчичемъ, Саблинымъ, Гельфманъ, Гриневицкимъ, Оловянниковой, Тырковымъ, Тичининымъ и др. Фамиліи нѣкоторыхъ онъ не зналъ, но далъ такія обстоятельныя описанія, что по нимъ скоро арестовали Кибальчича, Исаева, Емельянова, Люстига и др. Въ декабрѣ 1880 г., по порученію Исаева, Рысаковъ перевозилъ съ Николаевскаго вокзала типографскій станокъ на квартиру Люстига. За нимъ въ это время слѣдили Баранниковъ и Колоткевичъ. Въ квартирѣ Люстига станокъ приняли Исаевъ и Кибальчичъ. У Гельфманъ, на Телѣжной улицѣ, онъ видалъ Меркулова; утромъ 1-го марта онъ тамъ же получилъ метательный снарядъ одновременно съ Гриневицкимъ, Т. Михайловымъ и „Михаиломъ" (Емельяновымъ), съ которымъ незадолго передъ тѣмъ его познакомилъ Желябовъ, какъ съ товарищемъ по дѣлу. Рысаковъ потомъ видѣлъ этого „Михаила" съ метательнымъ снарядомъ сначала на углу Невскаго и М. Садовой, а затѣмъ на Екатерининскомъ каналѣ. Тогда же Рысаковъ видѣлъ на улицѣ Исаева и Фигнеръ.

По показаніямъ Меркул..ова, онъ пріѣхалъ въ Петербургъ изъ Кишинева въ двадцатыхъ числахъ января и три дня служилъ за „молодца" въ сырной лавкѣ на М. Садовой, посѣщалъ ее и потомъ, приносилъ туда иногда вещи, нужныя для подкопа. На этой квартирѣ онъ видѣлъ Якимову, Богдановича, Желябова, Ланганса, Баранникова, Колоткевича, Фроленко, Кибальчича, Гриневицкаго, Суханова, Тригони. Разумѣется, Меркуловъ сообщилъ суду о каждомъ изъ нихъ все, что зналъ. Утромъ 27-го февр. онъ на квартирѣ Желябова видѣлъ Тригони, который выражалъ недовольство работами на Малой Садовой, а вечеромъ того же дня Меркуловъ, Желябовъ и Тригони были арестованы.

Дейеръ снова началъ допрашивать подсудимыхъ объ ихъ участіи въ дѣлѣ 1-го марта и объ отношеніи къ партіи Народной Воли.

Якимова сказала: „Я принадлежу къ партіи всѣхъ честныхъ людей и была орудіемъ въ рукахъ Исполнительнаго Комитета." Она признала свое участіе въ дѣлѣ 1-го марта и то, что была хозяйкой квартиры на М. Садовой, но отъ дальнѣйшихъ показаній отказалась.

Морозовъ заявилъ: „По своимъ глубочайшимъ убѣжденіямъ, я —террористъ à outrance. Я вѣрю, это—единственное средство для борьбы съ правительствомъ, единственное средство добиться отъ него свободы личности, свободы прессы и другихъ свободъ." Дать же какія-либо показанія по существу предъявленныхъ къ нему обвиненій онъ отказался, такъ какъ его объясненія могли бы повредить его друзьямъ и знакомымъ и послужить цѣлямъ правительства.

Емельяновъ, на вопросъ Дейера, признаетъ ли онъ себя виновнымъ, что въ качествѣ метальщика участвовалъ въ дѣлѣ 1-го марта, кажется, подтвердилъ на засѣданіи 9 и 10 февраля свои показанія, данныя на предварительномъ слѣдствіи и приведенныя въ обвинительномъ актѣ.

„Въ качествѣ метальщика, вооруженнаго разрывнымъ снарядомъ,—заявилъ Емельяновъ въ собственноручно записанныхъ показаніяхъ,—я стоялъ на углу Невскаго и М. Садовой, а затѣмъ у Театральнаго Моста. Въ самый моментъ послѣдовавшихъ взрывовъ отъ снарядовъ, брошенныхъ Рысаковымъ и личностью, мнѣ извѣстною подъ именемъ Михаила Ивановича, я находился шагахъ въ 20 отъ покойнаго императора, и когда государь императоръ упалъ, то я, совершенно инстинктивно, имѣя подъ лѣвой мышкой завернутый въ газетную бумагу снарядъ, бросился вмѣстѣ съ другими къ государю императору, чтобы подать ему помощь."

Изъ другихъ объясненій Емельянова видно, что, за недѣлю до 1-го марта, онъ ѣздилъ въ Парголово вмѣстѣ съ другими лицами для испытанія снарядовъ. О подкопѣ на Малой Садовой онъ узналъ впервые лишь утромъ 1-го марта, на конспиративной квартирѣ по Телѣжной улицѣ, отъ Перовской, которая сообщила, что на Малой Садовой долженъ сначала послѣдовать, какъ она выразилась, центральный ударъ. Кромѣ его, Емельянова, метальщиками были Рысаковъ, Т. Михайловъ и Гриневицкій. Послѣ убійства Александра II Емельяновъ отнесъ свой снарядъ на Телѣжную ул., гдѣ онъ полиціей и былъ найденъ вмѣстѣ съ снарядомъ Т. Михайлова 3-го марта.

Емельяновъ заявилъ суду, что принадлежитъ къ партіи „Народной Воли" и къ ея боевой организаціи. Говоря о дѣятельности партіи и о правительствѣ, Емельяновъ сказалъ, что Лорисъ-Меликовъ былъ въ постоянныхъ сношеніяхъ съ террористами при посредничествѣ одной барыни. Набоковъ потребовалъ немедленнаго составленія протокола объ этомъ заявленіи Емельянова. Было-ли потомъ сдѣлано какое-либо разслѣдованіе по этому поводу,—мы не знаемъ.

Исаевъ призналъ принадлежность свою къ „Исполнительному Комитету" и свое участіе въ дѣлѣ 1-го марта. Онъ показалъ, что послѣ цѣлаго ряда неудачныхъ покушеній на цареубійство, Исполн. Комитетъ сформировалъ группу техниковъ и предложилъ имъ выработать наилучшіе способы для достиженія цѣли. Техники предложили нѣсколько способовъ, изъ которыхъ Исп. Комитетъ выбралъ два: мину на Малой Садовой и метательные снаряды. Относительно этихъ снарядовъ вопросъ сводился къ тому, чтобы изобрѣсти такой способъ воспламененія, при которомъ взрывъ происходилъ бы моментально. Послѣ того, какъ было признано неудобство нѣсколькихъ послѣдовательно проектированныхъ системъ, онъ, Исаевъ, предложилъ ту систему трубокъ, которая и была примѣнена въ метательныхъ снарядахъ, употребленныхъ въ день 1-го марта. Эта система трубокъ одобрена, провѣрена на опытахъ, объяснена участникамъ и затѣмъ приложена къ дѣлу.

Исаевъ призналъ, что бывалъ въ лавкѣ Кобозева, принималъ участіе въ земляныхъ работахъ по подкопу и участвовалъ при окончательной закладкѣ, наблюдая, въ качествѣ техника, чтобы все было въ исправности.

Баранниковъ призналъ свою принадлежность къ партіи „Народной Воли" и показалъ, что въ январѣ 1881 года, вмѣстѣ съ другими лицами, ломалъ въ лавкѣ Кобозева наружную стѣну для проведенія подкопа подъ Малую Садовую, и что до его ареста успѣли только разобрать стѣну, самый же подкопъ начатъ не былъ.

Фроленко призналъ свою принадлежность къ террористической партіи, но, кажется, отказался дать какія-либо дальнѣйшія объясненія.

Лебедева показала, что изъ Кишинева пріѣхала въ Петербургъ въ январѣ 1881 г. и почти все время (до 1-го марта) скрывалась на квартирѣ Желябова и Перовской. Знала рѣшительно все, что революціонерами въ то время дѣлалось, знала, что готовится цареубійство посредствомъ подкопа изъ лавки Кобозева и посредствомъ метательныхъ снарядовъ, вполнѣ сочувствовала цѣли этихъ приготовленій и принимала участіе въ наполненіи динамитомъ цилиндра для мины на Малой Садовой.

Подтвердила свое знакомство, какъ съ осужденными участниками цареубійства 1-го марта, такъ и съ участниками даннаго процесса, а съ нѣкоторыми изъ нихъ была очень близка, какъ съ товарищами по дѣлу.

Терентьева заявила о своей полной солидарности съ партіей „Народной Воли, признала свое участіе въ подкопѣ подъ Херсонское казначейство и въ типографіи „Народной Воли“, гдѣ печатались между прочимъ прокламаціи по дѣлу 1-го марта.

Вслѣдъ за этимъ было произведено судебное слѣдствіе по ІІІ-ей группѣ (объ участіи Терентьевой въ Херсонскомъ подкопѣ), чего не удалось сдѣлать въ первый день суда вслѣдствіе отказа Терентьевой.

Лангансъ призналъ свою принадлежность къ русской соціально-революціонной партіи, но отрицалъ свое участіе въ подкопѣ подъ Малую Садовую.

Фридрихсонъ, Клѣточниковъ, Златопольскій отрицали принадлежность къ террористической партіи.

Сухановъ призналъ свою принадлежность къ террористической партіи „Народной Воли“. По его словамъ, онъ еще съ осени 1879 г. познакомился съ Колоткевичемъ, Перовскою, Кибальчичемъ, Желябовымъ, а съ февраля 1881 г. приступилъ къ революціонной дѣятельности. На квартирѣ Желябова онъ снарядилъ мину для подкопа на Малой Садовой, а въ двадцатыхъ числахъ февраля, по его же приглашенію, принялъ непосредственное участіе въ этомъ подкопѣ. Вмѣстѣ съ другими техниками принималъ участіе въ теоретической разработкѣ метательныхъ снарядовъ, а 28 февраля помогалъ другому лицу (Грачевскому?) чинить и собирать части этихъ снарядовъ.

Зналъ: Исаева, у котораго бывалъ на квартирѣ, гдѣ онъ жилъ съ Вѣрой Фигнеръ, Якимову, Ланганса; послѣдняго встрѣчалъ на квартирѣ Желябова.

Сухановъ заявилъ о своей солидарности съ идеями революціонной партіи. „Его языкъ и манеры держать себя были просты естественны, и онъ произвелъ лучшее впечатлѣніе среди всѣхъ другихъ подсудимыхъ“ (Herald).

Во время этихъ допросовъ Суханова не было рѣчи о принадлежности его къ спеціально военной организаціи, потому что правительство въ 1881 г., повидимому, не имѣло о ней никакихъ свѣдѣній, хотя при арестѣ Колоткевича и былъ найденъ уставъ вое ной организаціи, писанный рукой Рогачева. Товарищъ Суханова, арестованный съ нимъ въ одинъ день, Штромбергъ,—такъ же, какъ и онъ и Рогачевъ, бывшій членомъ центральной военной организаціи,—былъ административнымъ порядкомъ высланъ въ Восточную Сибирь, и только въ 1883 г., послѣ разоблаченій Дегаева, его вернули изъ Сибири и, за принадлежность къ военной организаціи и помощь партіи „Народной Воли“, повѣсили вмѣстѣ съ Рогачевымъ.

Колоткевичъ призналъ свою принадлежность къ партіи „Народной Воли“ и свое участіе въ подкопѣ подъ М. Садовую. Въ лавкѣ Кобозева онъ участвовалъ въ ломкѣ стѣны для устройства подкопа. Онъ призналъ также свое знакомство съ Желябовымъ, Перовской, Гриневицкимъ, Гельфманъ, Кибальчичемъ, Рысаковымъ, Фроленко, Тригони, Оловянниковой, Арончикомъ, Сухановымъ и Меркуловымъ.

„Если бы,—сказалъ Колоткевичъ, указывая на Меркулова:— этотъ негодяй не выдалъ насъ“...но Дейеръ не далъ далѣе говорить Колоткевичу.

Въ четвергъ 11 февраля, засѣданіе открылось въ 12 ч. и продолжалось до 4.

Въ залу были принесены революціонныя книги, брошюры, газеты, письма, планы, бомбы и динамитъ, бурава, разнаго рода оружіе, кинжалы и т. д. Все это было отобрано у подсудимыхъ при арестѣ и хранилось въ особой комнатѣ. Во время дальнѣйшихъ допросовъ судъ часто обращался къ этимъ вещественнымъ доказательствамъ.

Тригони призналъ свое знакомство съ Желябовымъ, Перовской, Богдановичемъ, Сухановымъ, Меркуловымъ. О покушеніи на цареубійство посредствомъ подкопа подъ Малую Садовую оъ узналъ отъ своего университетскаго товарища Желябова, но въ работахъ по подкопу участія не принималъ, а лишь однажды, не задолго до своего ареста, по приглашенію Желябова, заходилъ на короткое время на квартиру Богдановича на Малой Садовой.

Тригони заявилъ, что принадлежитъ къ не-террористической фракціи партіи „Народной Воли“.

На предварительномъ слѣдствіи Тригони призналъ, что 24 февраля былъ у Кобозева и работалъ въ подкопѣ въ теченіе одного вечера.

Меркуловъ уличалъ Тригони въ близкомъ участіи въ подкопѣ.

При арестѣ Тригони у него найдено 160 экз. послѣдняго номера „Народной Воли“ и записка, въ которой говорилось, что Тригони заслуживаетъ безусловнаго довѣрія въ революціонныхъ дѣлахъ. При обвиненіи Тригони, прокуратура, а слѣдовательно, и судъ пользовались тайными шпіонскими донесеніями, въ которыхъ Тригони выставлялся, какъ одинъ изъ важныхъ дѣятелей партіи „Народной Воли“ и одинъ изъ главныхъ защитниковъ борьбы посредствомъ бомбъ и т. д. Никакихъ доказательствъ противъ Тригони на судѣ не было выставлено, какъ это и отмѣтили въ свое время иностранные корреспонденты, но ясно было, что правительство рѣшило засудить Тригони серьезнѣе, чѣмъ кого-либо другого.

—„Да,—сказалъ Тригони въ концѣ допроса,—теперь я вижу, что я былъ неправъ, когда такъ спѣшилъ изъ за границы на родину!“

Дейеръ предложилъ Суханову дополнить свои вчерашнія показанія и объяснить свое отношеніе къ революціонной партіи.

Сухановъ произнесъ глубокопрочувствованную рѣчь, продолжавшуюся около часа. „Онъ нарисовалъ живую картину тѣхъ обстоятельствъ, которыя заставили его, морского офицера, вступить на путь революціонной борьбы. Всѣ присутствовавшіе на судѣ, включая судей, были глубоко потрясены“ („Times“).

Сухановъ.

Гг. сенаторы и сословные представители!

„Я сознаю всю тягость моего преступленія; я сознаю всю безнадежность своего положенія; я сознаю себя виновнымъ въ покушеніяхъ и приготовленіяхъ къ цареубійству и не пытаюсь въ этомъ оправдываться. Я сознаю участь, которая ждетъ меня, и я не ожидаю, и не могу, и не долженъ ожидать никакой для себя пощады.

„Всякій, зная лишь тотъ одинъ фактъ съ внѣшней его стороны, что офицеръ флота, присягавшій императору, дѣлается виновнымъ въ такихъ преступленіяхъ, всякій, говорю я, скажетъ, что этотъ человѣкъ—человѣкъ безчестный, позабывшій и совѣсть и долгъ. Вотъ я и хотѣлъ выяснить передъ вами, господа, поводы, которые привели меня къ тому, чтобы сдѣлаться преступникомъ противъ существующаго порядка и поставить любовь къ родинѣ, свободѣ и народу выше всего остального, выше даже моихъ нравственныхъ обязательствъ.

„Я хочу просить васъ снисходительно выслушать мой разсказъ потому именно, что, если останутся прежними всѣ бытовыя стороны жизни народа, если не измѣнятся наши порядки, то на этой скамьѣ подсудимыхъ будутъ сидѣть, можетъ, и ваши, господа, дѣти, дѣти лицъ обезпеченныхъ, дѣти, получившія самое строгое и нравственное образованіе.

„Начну съ дѣтства.

„Мой отецъ былъ докторъ, человѣкъ въ высшей степени добрый, помогавшій бѣднымъ не только даровыми совѣтами, но и деньгами. Въ томъ городѣ, гдѣ онъ жилъ, онъ составилъ себѣ такую хорошую репутацію, что былъ извѣстенъ и любимъ всѣми и каждымъ,—и о насъ говорили: „это дѣти нашего доктора“. Словомъ, я получилъ уже съ дѣтства направленіе нравственное.

„Дальнѣйшія подробности моей жизни я пропускаю. Я скажу только, что, когда я былъ въ Морскомъ Училищѣ, я читалъ въ газетахъ, и слышалъ о лицахъ, обвиняемыхъ по суду за государственныя преступленія и высылаемыхъ административно въ Сибирь. Я постоянно удивлялся ихъ количеству и желалъ знать причину этого. Я сталъ интересоваться экономическимъ и соціальнымъ строемъ общества, читать различныя системы и теоріи, часто противорѣчащія другъ другу, и, не найдя въ нихъ отвѣта на мучившіе меня вопросы, я рѣшился оставить политику, забыть экономическіе вопросы и углубиться въ область науки, не требующей на пряженія нравственныхъ силъ, область чисто объективную—наукъ математическихъ.

„Въ это время я кончилъ курсъ и былъ назначенъ въ сибирскую флотилію, въ г. Владивостокъ. Я купилъ себѣ книгъ по математикѣ, физикѣ и химіи, чтобы на досугѣ заниматься своими любимыми предметами. Во Владовостокъ я поѣхалъ черезъ Сибирь.

„По дорогѣ, на каждой почти станціи, я видѣлъ такъ называемыхъ политическихъ преступниковъ, которые препровождались въ глубь Сибири. То была пора пробужденія нравственныхъ силъ и хожденія въ народъ. За ними не было ни одного заговора, ни одного убійства. Это были люди, воодушевленные одною идеею народнаго блага. Я помню удивленіе начальниковъ этаповъ и пересыльныхъ командъ; они говорили мнѣ, что они вовсе не понимаютъ почему могутъ ссылаться тысячами эти молодыя и честныя силы, Россіи. Мнѣ часто дѣлалось больно, обидно и тяжело, но я чувствовалъ себя безсильнымъ помочь горю, и я рѣшилъ исполнять по пріѣздѣ во Владивостокъ свои обязанности честно и думалъ, что, если бы всѣ разсуждали, какъ я, то и это будетъ достаточно.

„Меня назначили на паровую шкуну, имѣющую совершать рейсы въ Японскомъ морѣ, и на меня возложили обязанности вести хозяйственную часть, не смотря на то, что я отказывался отъ этого. Съ первыхъ же дней я увидѣлъ, что оставаться честнымъ и быть въ ладу съ начальствомъ невозможно. Система хищничества во флотѣ развита въ высшей степени. Командиры судовъ всю разницу денегъ между справочными цѣнами на каменный уголь и дѣйствительными кладутъ себѣ въ карманъ, дѣлясь барышами съ русскими консулами за удостовѣреніе подлинности счетовъ послѣдними; кромѣ того, поставщики угля не мало лишнихъ денегъ получаютъ за фальшивые счета. Лица, которымъ довѣряетъ правительство, такъ позорятъ Россію, такъ позорятъ это правительство! И если бы эти ворованныя деньги шли на что-нибудь порядочное! А то онѣ прокучиваются въ кабакахъ и публичныхъ домахъ за границей.

„Я считалъ своимъ долгомъ не позволять этого. Я помню изумленіе своего командира, части своихъ товарищей, когда я протестовалъ противъ нагрузки угля на суда безъ моего вѣдома и по фальшивымъ цѣнамъ. На меня кричали, что я подрываю дисциплину и пр. Мнѣ удалось доказать свою правоту; командиръ былъ исключенъ изъ службы по суду, но высочайше прощенъ и оставленъ во флотѣ. Я, кромѣ непріятностей по службѣ, ничего не пріобрѣлъ. Меня стали всѣ чуждаться. Вы знаете, господа, тотъ гнусный, канцелярскій, чиновническій стиль, которымъ пишутся казенныя бумаги и постановленія; онѣ были написаны такъ, что, пробѣжавъ ихъ поверхностно, нельзя было съ перваго раза разузнать, то же укралъ уголь—я или этотъ командиръ. Мою честную фамилію ставили рядомъ съ воромъ, а моряки, встрѣчаясь съ моею фамиліею, говорили: „да, это—Сухановъ, у него какое-то дѣло о кражѣ угля“... Меня не принимали уже на суда, и я несъ береговую службу во Владивостокѣ. Въ это время я много занимался математикой и физикой.

„Черезъ три года, въ 1878 г., я возвратился въ Петербургъ. Я крайне удивился, узнавъ, что мою родную сестру и зятя преслѣдуетъ правительство, что они находятся въ административной ссылкѣ. Я зналъ, что эти люди, навѣрное, ничего противозаконнаго не сдѣлали и не могли сдѣлать, что эти честные и хорошіе люди неосновательно, по доносу какого-нибудь подлаго лица, терпятъ всевозможныя лишенія; и, живя въ Петербургѣ, нельзя было не знать, что такихъ лицъ очень много. На вопросъ первоприсутствующаго, почему я не пробовалъ проводить свои мнѣнія въ жизнь путемъ литературы и на упрекъ въ этомъ, я отвѣчу, что я — не литераторъ. Для этого нужно имѣть особенныя дарованія, и нельзя мнѣ поставить въ упрекъ этого, потому что и о литературномъ проведеніи въ жизнь идей никто изъ присутствующихъ здѣсь судей тоже ничего не слыхалъ...

„Жить стало тяжело. По пріѣздѣ въ Кронштадтъ, я поступилъ въ минные классы. Я занимался хорошо. Я всегда былъ очень усерденъ. Въ 1880 г. я былъ назначенъ завѣдывать электрической выставкой въ Петербургѣ. Въ это время я сошелся съ соціально революціонной партіей, къ которой теперь и принадлежу. Я не теоретикъ, я не вдавался въ разсужденія, почему необходимъ другой государственный строй, а не настоящій. Я только чувствовалъ, что жить теперь просто не стоитъ, слишкомъ гадко: всѣ правительственныя сферы, все испорчено, всѣ основы подгнили. Вопросъ династическій былъ совершенно чуждъ мнѣ, какъ чуждъ онъ и соціалистамъ. Кто бы ни былъ на престолѣ — это рѣшительно безразлично, пусть будетъ какая-нибудь возможность жить и народу и мыслящему классу, а жить становилось невозможно...

„Всѣмъ честнымъ людямъ, видящимъ, какъ грабятъ народъ, какъ его эксплуатируютъ и какъ печать молчанія наложена на уста всѣмъ, хотящимъ сдѣлать что-нибудь полезное для блага родины, — всѣмъ было тяжело. И такое тяжелое положеніе могло длиться еще долгіе годы. Губились тысячи интеллигенціи, людей народъ пухнулъ отъ голода, а, между тѣмъ, въ правительственныхъ сферахъ только и раздавалась казенная фраза: „все обстоитъ благополучно“. Небольшая клика губернаторовъ, жандармовъ и всевозможнаго рода казнокрадовъ развратничала, пировала и губила государство. И я принесъ свои знанія на пользу террористической партіи, въ успѣшной дѣятельности которой я видѣлъ залогъ обновленія государства.

„Гг., я высказалъ все и оканчиваю тѣмъ, что все-таки моя дѣятельность есть преступленіе въ смыслѣ настоящаго государственнаго строя — и я не могу ждать для себя пощады“.

Въ одномъ мѣстѣ рѣчи Суханова Дейеръ спросилъ его:
— Это все вы вычитали изъ вашихъ книжекъ?
„Неумѣстная, жестокая иронія произвела на всѣхъ очень непріятное впечатлѣніе“, замѣтилъ корреспондентъ „Herald“ въ своей телеграммѣ.

Исаевъ замѣтилъ, что оберъ полиціймейстеръ Барановъ подвергнулъ его страшной пыткѣ, заставивъ 16 часовъ подрядъ простоять въ полиціи, когда мимо него проходили петербургскіе дворники для того, чтобы узнать, не встрѣчалъ-ли его кто-нибудь, и что его били въ полиціи. Муравьевъ при этихъ словахъ Исаева засмѣялся. Дейеръ отвѣтилъ Исаеву, что до всего этого суду нѣтъ дѣла.

Люстигъ съ своей стороны заявилъ, что, когда онъ былъ арестованъ, его грозили уморить голодомъ, если онъ не скажетъ всего того, что зналъ о революціонерахъ.

Съ 4 до 7 часовъ былъ перерывъ. Засѣданіе суда началось снова въ 7 ч. и продолжалось до 11½.

Подсудимые продолжали выяснять свое отношеніе къ партіи и, какъ на предыдущихъ засѣданіяхъ, они говорили, что предпочитаютъ мирные пути для дѣятельности, но преслѣдованія, ссылки, висѣлицы принудили ихъ прибѣгнуть къ террористической дѣятельности.

Лебедева говорила очень долго о положеніи соціально-революціонной партіи въ современномъ обществѣ.

Сухановъ, отвѣчая на дополнительные вопросы Дейера, сказалъ, „Я сдѣлался террористомъ въ крайнемъ смыслѣ этого слова и мало заботился о партійныхъ разногласіяхъ и готовъ былъ служить кому бы то ни было, если онъ только былъ такимъ же террористомъ, какъ и я. При помощи искуснаго помощника я приготовлялъ динамитъ и взрывчатые снаряды. Пусть прокуратура возложитъ на меня всѣ преступленія этого рода. Повѣшенный вами Кибальчичъ слишкомъ много обвиненій принялъ на себя, говоря, что онъ одинъ былъ виновенъ въ нихъ. Я добровольно рисковалъ своею жизнью для дѣла, хорошо зная, что раньше или позже мнѣ предстоялобыть повѣшеннымъ".

„Я далъ клятву вѣрно служить императору и я выполнилъ бы эту клятву, если бы обстоятельства не заставили меня итти по другой дорогѣ. Мой начальникъ, у котораго я служилъ, былъ воръ. Я не прикрывалъ его, и обнаруживалъ его преступленія и ежедневное воровство. Все это мнѣ стало глубоко противно, и я ушелъ въ тотъ міръ, который стоялъ за реформы. Я не одинъ. Среди моряковъ существуютъ мои друзья, которые теперь на волѣ"...

Далѣе Сухановъ отъ волненія не могъ говорить („Herald").

Неожиданно для всѣхъ Емельяновъ заявилъ, что онъ беретъ назадъ всѣ свои показанія, данныя на предварительномъ слѣдствіи, о своемъ участіи въ дѣлѣ 1-го марта въ качествѣ метальщика.

Предсѣдатель сказалъ Емельянову, что противъ него имѣются обстоятельныя показанія Рысакова. Рысаковъ не только разсказалъ объ его участіи въ дѣлѣ, но далъ подробныя указанія на его личность, благодаря которымъ онъ былъ арестованъ. Кибальчичъ между прочимъ показалъ, что онъ видѣлъ человѣка, котораго Рысаковъ въ своихъ показаніяхъ назвалъ „Михаиломъ".

Емельяновъ: „Въ такомъ случаѣ приведите этихъ свидѣтелей для допроса".

Дейеръ: „Они не могутъ быть приведены: они повѣшены!"

Емельяновъ: „Это не я ихъ вѣшалъ!"

Адвокатъ Емельянова замѣтилъ, что слова Кибальчича о ка-
комъ-то „Михаилѣ" являются простымъ повтореніемъ того, что ему
прочитали въ показаніяхъ Рысакова, и потому въ данномъ случаѣ
не имѣютъ никакого значенія, а оговоръ Рысакова очень не опре-
дѣлененъ и, какъ судебное доказательство, значенія не имѣетъ.
Въ виду же того, что съ взятіемъ Емельяновымъ назадъ своихъ
показаній нѣтъ никакихъ доказательствъ его виновности, адвокатъ
просилъ допросить новыхъ свидѣтелей, между прочимъ, хозяйку
Емельянова.

Люстигъ признал себя принадлежащимъ къ числу лицъ, же-
лающихъ соціально-революціоннаго переворота, и показалъ, что его
революціонная дѣятельность выражалась въ услугахъ, которыя онъ
оказывалъ партіи. Съ революціонными дѣятелями онъ познакомился
въ апрѣлѣ 1879 г. Первымъ его знакомымъ былъ Ал. Михайловъ,
а потомъ ближе всего онъ сошелся съ Желябовымъ. Его квартира
служила мѣстомъ сходокъ для революціонныхъ дѣятелей: тутъ бы-
вали Ал. Михайловъ, Желябовъ, Перовская, Кибальчичъ, Гельф-
манъ, Саблинъ, Исаевъ, Колоткевичъ, Фриденсонъ, Морозовъ, Суха-
новъ, Тригони, Рысаковъ, и другіе, которые до 1882 г. не были
еще разысканы. Въ происходившихъ переговорахъ, по словамъ Лю-
стига, онъ участія не принималъ и о террористическихъ покуше-
ніяхъ, въ томъ числѣ о 1-омъ мартѣ, не зналъ.

Люстигъ по почтѣ получилъ деньги для передачи Желябову и
Кибальчичу, нѣкоторое время хранилъ на своей квартирѣ типо-
графскій станокъ и вообще оказывалъ партіи подобнаго рода
услуги.

Затѣмъ сталъ давать обстоятельныя объясненія по своему
дѣлу Клѣточниковъ. Съ виду онъ производитъ впечатлѣніе самаго
обыкновеннаго мелкаго чиновника, говоритъ тихо, едва слышно,
потому что находится въ послѣднихъ градусахъ чахотки. Отъ не-
привычки говорить публично онъ часто теряется и конфузится.

Клѣточниковъ: „До 30 лѣтъ я жилъ въ глухой провинціи,
среди чиновниковъ, занимавшихся дрязгами, попойками, вообще,
ведшими самую пустую, безсодержательную жизнь. Среди такой
жизни я чувствовалъ какую-то неудовлетворенность, мнѣ хотѣлось
чего-то лучшаго. Наконецъ, я попалъ въ Петербургъ, но и здѣсь
нравственный уровень общества не былъ выше.

Я сталъ искать причины такого нравственнаго упадка и на-
шелъ, что есть одно отвратительное учрежденіе, которое развра-
щаетъ общество, которое убиваетъ всѣ лучшія стороны человѣче-
ской натуры и вызываетъ къ жизни всѣ ея пошлыя и темныя
черты. Такимъ учрежденіемъ было III отдѣленіе.

Тогда, гг. судьи, я рѣшился проникнуть въ это отвратитель-
ное учрежденіе, чтобы парализовать его дѣятельность. Наконецъ
мнѣ удалось поступить туда на службу.

Предсѣдатель (съ ироніей): „Кому же вы служили? Этому
отвратительному учрежденію, (Набоковъ въ волненіе встаетъ) т. е
по вашимъ словамъ, отвратительному, или кому другому?"

Клѣточниковъ: „Я служилъ обществу".

Предсѣдатель: (съ ироніей) „Какому же такому обществу? Тайному или явному?"

Клѣточниковъ: „Я служилъ русскому обществу, всей благомыслящей Россіи".

Предсѣдатель: „Вы получали жалованье въ III отдѣленіи?

Клѣточниковъ: „Да, получалъ".

Предсѣдатель (съ ироніей): „И вы находили возможнымъ брать деньги изъ этого „отвратительнаго учрежденія", какъ вы его называете?"

Клѣточниковъ: „Если бы я не бралъ, то это показалось бы страннымъ, и я навлекъ бы на себя подозрѣніе".

„Итакъ я очутился въ III отдѣленіи, среди шпіоновъ. Вы не можете себѣ представить, что это за люди! Они готовы за деньги отца родного продать, выдумать на человѣка какую угодно небылицу, лишь бы написать доносъ и получить награду. Меня просто поразило громадное число ложныхъ доносовъ. Я возьму громадный процентъ, если скажу, что изъ ста доносовъ одинъ оказывается вѣрнымъ. А между тѣмъ почти всѣ эти доносы влекутъ за собою арестъ, а потомъ и ссылку.

Такъ, напр., однажды былъ сдѣланъ доносъ на двухъ студентокъ, жившихъ въ домѣ Мурузи. Хозяйка квартиры была предупреждена и, когда пришли съ обыскомъ, то она прямо сказала, что она предупреждена, и не понимаетъ, за чѣмъ къ ней пришли. У студентокъ былъ произведенъ тщательный обыскъ, и, хотя ничего не нашли, обѣ они были высланы. Такихъ случаевъ была масса. Я возненавидѣлъ это отвратительное учрежденіе и сталъ подрывать его дѣятельность; предупреждалъ кого только могъ объ обыскѣ, а потомъ, когда познакомился съ революціонерами, то передавалъ имъ самыя подробныя свѣдѣнія.

Предсѣдатель: „Сколько вамъ платили за это".

Клѣточниковъ: „Нисколько".

Предсѣдатель: „На дознаніи вы показали, что брали у революціонеровъ деньги".

Клѣточниковъ: „На дознаніи я находился совсѣмъ въ исключительныхъ условіяхъ, не въ такихъ, въ какихъ обыкновенно находятся обвиняемые, хотя бы и въ политическихъ преступленіяхъ. Я находился подъ тяжелымъ давленіемъ. Я былъ весь въ рукахъ своего начальства, всемогущаго, озлобленнаго за то, что я такъ жестоко его обманулъ. Въ такомъ положеніи можно было и не то наговорить, на самомъ же дѣлѣ я дѣйствовалъ, глубоко убѣжденный въ томъ, что все общество, вся благомыслящая Россія будутъ мнѣ благодарны за то, что я подрывалъ дѣятельность III отдѣленія. Я былъ увѣренъ, что само правительство будетъ мнѣ благодарно впослѣдствіи. Кажется, я не ошибся, потому что само правительство сознало, наконецъ, вредъ этого отвратительнаго учрежденія и упразднило его".

Дейеръ: „Ну, положимъ, вы не можете сказать, что оно сознало".

Клѣточниковъ: „III отдѣленіе было уничтожено, но вмѣсто него было учреждено новое учрежденіе, которое было абсолютно тождественно съ нимъ во всемъ, что касается системы шпіонства, дсносовъ и другихъ гнусностей, которыя продолжались".

„Въ глубинѣ моей души я—соціалистъ-революціонеръ и ненавидѣлъ правительство, которому я служилъ. Я хотѣлъ быть полезнымъ революціонной партіи и, дѣйствительно, спасъ много народа отъ висѣлицы, давая имъ не только совѣты, но и средства для спасенія"...

Клѣточниковъ разсказалъ, какъ, благодаря его указаніямъ, удалось спасти типографію „Земли и Воли" и динамитную мастерскую.

Въ концѣ 1878 г., по словамъ Клѣточникова, онъ въ Петербургѣ случайно познакомился съ Ал. Михайловымъ, и они скоро сблизились. Сначала Михайловъ въ разговорахъ съ Клѣточниковымъ высказывалъ лишь общія сужденія о бѣдственномъ положеніи народа, а затѣмъ опредѣленно заявилъ, что онъ—соціалистъ и вмѣстѣ съ другими стремится подготовить народъ къ государственному и соціальному перевороту, что прежняя дѣятельность въ этомъ направленіи была неудачна, такъ какъ революціонеры дѣйствовали безъ единства, безъ правильной организаціи и безъ охраны отъ шпіоновъ; и что въ этомъ отношеніи онъ, Клѣточниковъ, какъ еще не навлекшій на себя никакого подозрѣнія со стороны правительства, можетъ оказать большія услуги партіи.

Подъ вліяніемъ этихъ убѣжденій Михайлова, Клѣточниковъ заручился рекомендаціей г-жи Кутузовой, имѣвшей большія связи съ III отдѣленіемъ, и въ январѣ былъ принятъ тамъ на службу, скоро получилъ штатную должность, а затѣмъ, съ упраздненіемъ III отдѣленія, перешелъ въ чиновники департамента государственной полиціи. Такое служебное положеніе дало Клѣточникову возможность стать близко къ разнаго рода розыскамъ по государственнымъ обвиненіямъ. Онъ былъ такимъ образомъ посвященъ во всѣ политическіе розыски, производившіеся не только въ Петербургѣ, но и, вообще, во всей имперіи. Всѣ полученныя имъ свѣдѣнія онъ своевременно передавалъ Михайлову, а когда онъ уѣхалъ,—Арончику, потомъ Квятковскому, Баранникову, Колоткевичу и другимъ.

Затѣмъ стали провѣрять то, что говорилъ Клѣточниковъ. Между прочими свидѣтелями вызваны: бывшій управляющій экспедиціи III отдѣленія Кирилловъ и жена жандармскаго полковника Кутузова. Кириллова спросили о фактѣ, бывшемъ въ домѣ Мурузи, и онъ подтвердилъ, что студентки были высланы.

Дейеръ: „Хотя ничего и не нашли?"

Кирилловъ: „Да, но доносъ былъ такъ важенъ, что никакъ нельзя было оставить безъ послѣдствій. Но за то потомъ, когда возникъ вопросъ о возвращеніи лицъ административно сосланныхъ онѣ, въ числѣ первыхъ, были возвращены".

Полковница Кутузова показала, что Клѣточниковъ жилъ у не въ меблированныхъ комнатахъ, и что она рекомендовала ег Кириллову.

Въ пятницу 12 февраля, судъ открылъ свое засѣданіе въ 1 часовъ.

Хозяйка, у которой Емельяновъ жилъ 1-го марта 1881 г, послѣ нѣкоторыхъ колебаній отвѣтила адвокату, что она помнитъ, что Емельяновъ 1-го марта оставался дома до 5 ч. вечера. Муравьевъ всячески старался поколебать это ея заявленіе. Между нимъ и Александровымъ, защитникомъ Емельянова, произошелъ горячій споръ.

Дейеръ заставилъ еще разъ перечитать прежнія показанія Емельянова, оговоръ Рысакова и другіе относящіеся къ этому дѣлу документы.

Въ 2 часа закончилось судебное слѣдствіе.

По просьбѣ прокуратуры, адвокатовъ и подсудимыхъ, были прочитаны нѣкоторые письменные документы, приложенные къ дѣлу. Исаевъ сталъ просить, чтобы было прочитано письмо Исполнительнаго Комитета къ Александру III. Дейеръ сначала въ этомъ ему отказалъ, такъ какъ письмо не имѣло существеннаго значенія для защиты Исаева, но потомъ согласился, и письмо это было прочитано цѣликомъ.

Суду пришлось изъ устъ оберъ-секретаря Попова выслушать цѣлый обвинительный актъ и противъ Александра II, и противъ всего русскаго правительства, и угрозы по адресу Александра III. Мы не перепечатываемъ здѣсь этого документа,—наши читатели знакомы съ нимъ. Чтеніемъ этого документа Набоковъ, говорятъ, остался очень недоволенъ.

Большой интересъ представляютъ дебаты по поводу брошюры Морозова „Террористическая борьба“, происходившіе въ присутствіи самого Морозова. Къ сожалѣнію, мы о нихъ почти ничего не знаемъ. Выяснилось, что эта брошюра представляетъ собою взгляды части террористовъ, но она, однако, не была партійнымъ изданіемъ, и многіе народовольцы не были съ ней согласны, какъ объ этомъ еще говорилъ и Желябовъ на своемъ судѣ.

Суду были предъявлены: 2 рукописи о приготовленіи динамита, захваченныя при Исаевѣ во время его ареста,—одна писана рукой Кибальчича, другая—рукой Терентьевой, партійныя изданія („Народная Воля“, „Рабочая Газета“, прокламаціи и т. д.), документы („Уставъ военной организаціи“), письма и т. д.

Въ 7 ч. вечера, въ пятницу, судъ открылъ свое засѣданіе, и Муравьевъ началъ обвинительную рѣчь. Онъ кончилъ говорить около 11 ч., послѣ него говорилъ его помощникъ, Островскій, до половины 12-го.

Морозовъ, Терентьева, Тетерка часто протестовали противъ прокурора во время его рѣчи.

Въ субботу, 13-го февраля, судъ открылъ свое засѣданіе въ 12 часовъ, и Муравьевъ сталъ продолжать обвинительную рѣчь. Особенно долго онъ остановился на дѣлѣ Емельянова. „Вамъ,—сказалъ Муравьевъ, обращаясь къ судьямъ,—прочитали здѣсь полныя признанія подсудимаго Емельянова. Даже здѣсь, на судѣ, онъ самъ разсказалъ вамъ съ мелкими подробностями о своемъ участіи въ событіи 1-го марта, онъ, казалось, гордился своимъ участіемъ въ этомъ ужаснѣйшемъ преступленіи, и его горячій разсказъ носитъ несомнѣнную печать правды,—теперь тотъ же Емельяновъ поворо-

тилъ назадъ и отрицаетъ рѣшительно все, что онъ ранѣе призна-
валъ. Онъ увѣряетъ, что во время преступленія 1-го марта онъ
спокойно читалъ газеты въ читальной залѣ. Все это странно для
тѣхъ, кто не знакомъ съ обычаями адвокатовъ, защищающихъ лю-
дей, сидящихъ въ тюрьмѣ".

Для всѣхъ подсудимыхъ, которыхъ обвинялъ Муравьевъ, онъ
требовалъ смертной казни.

Муравьевъ говорилъ до 2 ч., потомъ до 3 былъ перерывъ. Съ
3 ч. до 5 говорило 5 адвокатовъ.

Положеніе адвокатовъ было очень затруднительно, они не
имѣли, конечно, возможности поставить дѣло защиты на должную
почву и имѣли дѣло съ судомъ, у котораго было уже готово рѣ-
шеніе. „Herald" говоритъ, что адвокаты чувствовали, что почва
подъ ними очень скользкая (to be wolking upon eggs), и что они
боялись касаться фактовъ иначе, какъ только очень тонкими наме-
ками. Тѣмъ не менѣе, по общимъ отзывамъ, рѣчи адвокатовъ были
очень смѣлы и необычны для русскаго суда. Сквозь закрытыя две-
ри многое изъ сказаннаго адвокатами стало извѣстно русскому об-
ществу, и страницы „Times", „Herald" и др. газетъ, въ характер-
ныхъ выдержкахъ, разносили эти рѣчи по всему свѣту.

Говорятъ, Набоковъ послѣ суда подходилъ къ адвокатамъ и
благодарилъ ихъ за горячую преданность ихъ дѣлу защиты подсудимыхъ,
которая ввѣрена имъ новыми судами (?!—Herald). Подсудимые, ко-
торые отказались отъ защитниковъ, какъ сообщали англійскія га-
зеты, „имѣли поводъ раскаяться въ этомъ и не скрывали
этого".

Адвокаты говорили въ слѣдующемъ порядкѣ:

1) Шнеуръ, защитникъ Меркулова, сказалъ между прочимъ:
„Въ Россіи никто не доволенъ настоящимъ положеніемъ дѣла, ни
правительство ни самъ государь".

2) Кедринъ, защитникъ Михайлова: „Стремленіе гражданъ
къ измѣненію формъ правленія не есть измѣна". Кедринъ сказалъ,
что смертные приговоры въ свою очередь вызываютъ покушенія.

3) Рычковъ, редакторъ „Юридическаго Обозрѣнія", защит-
никъ Исаева, разсказалъ, какъ Исаевъ былъ исключенъ изъ гим-
назіи за чтеніе запрещенной литературы, и какъ полиція съ
тѣхъ поръ преслѣдовала его и гонялась за нимъ по пятамъ.

„Гг. судьи, я долженъ заявить откровенно вамъ, что мнѣ
много разъ приходилось получать въ конвертахъ брошюры и про-
кламаціи. Я ихъ читалъ съ величайшимъ интересомъ и переда-
валъ ихъ потомъ своимъ друзьямъ, чтобы и они прочитали. Если
вы желаете, я завтра ихъ покажу вамъ, ибо я такого мнѣнія, что
всякій образованный человѣкъ долженъ заниматься этими важны-
ми и серьезными вопросами".

4) Королевъ, защитникъ Лебедевой, выразилъ полную свою
симпатію къ подсудимымъ. „Ихъ хотѣли выдать за разбойниковъ и
воровъ, но никогда люди болѣе достойные не сидѣли на скамьяхъ под-
судимыхъ". „При другихъ обстоятельствахъ подсудимые были бы
судьями, а не преступниками". Лебедевой „всегда руководили самыя

честныя побужденія, и именно эта чистота мотивовъ дѣятельности и привела ее на скамью подсудимыхъ. Въ юности, по окончаніи фельдшерскаго училища, Лебедева отправилась къ неимущей массѣ русскаго крестьянства съ высокой цѣлью облегчить по возможности его страданія. Тутъ она собственнымъ опытомъ и опытомъ лицъ, совмѣстно съ ней трудившихся на томъ же поприщѣ, пришла къ убѣжденію, что, стоя на легальной почвѣ, народу помочь нельзя. Между тѣмъ въ Москвѣ подсудимая встрѣчается съ агентами-подстрекателями, изъ которыхъ одинъ (Рейнштейнъ) держитъ тайную типографію, а другой раздаетъ противоправительственныя прокламаціи. Эта встрѣча рѣшаетъ для Лебедевой переходъ въ нелегальное положеніе. Прокуроръ говоритъ, что на соц.-революціонной партіи лежитъ чернымъ пятномъ завлеченіе въ свои ряды Меркулова, которое его погубило. Какимъ же пятномъ должно лежать на правительствѣ завлеченіе людей, посредствомъ его собственныхъ агентовъ, въ ряды противной ему партіи съ спеціальной цѣлью погубить ихъ?"

После нѣсколькихъ замѣчаній Дейера, Королевъ былъ судебнымъ приставомъ выведенъ изъ залы суда.

5) Кишенскій, защитникъ Баранникова.

Былъ объявленъ перерывъ съ 5 до 7 часовъ. Снова засѣданіе началось въ 7 часовъ и продолжалось до 11 час. Говорило еще 6 адвокатовъ.

6) Чичаговъ, защитникъ Тетерки.

7) Спасовичъ, защитникъ Тригони, заявилъ, что защита собственно безполезна, такъ какъ участь подсудимыхъ заранѣе рѣшена.

„Прокуроръ замѣтилъ, что настоящій судъ—есть судъ страны. Я согласенъ съ прокуроромъ, что страна ждетъ, чтобы мы взглянули на подсудимыхъ не только со стороны нарушенія положительнаго законодательства, а и со стороны нравственной—конечно, не съ точки зрѣнія нравственности Департамента Государственной Полиціи, а нравственности общечеловѣческой".

Затѣмъ, переходя къ фактической части обвиненія, Спасовичъ доказывалъ: 1) что Тригони не могъ личнымъ трудомъ участвовать въ подкопѣ на Мал. Садовой, такъ какъ онъ, по ширинѣ своей атлетической фигуры, не могъ лазить въ подкопъ. При этомъ онъ указалъ на себя и попросилъ представить себѣ его вылѣзающимъ изъ узенькаго подкопа, и 2) всѣ обвиненія акта относятся не непосредственно къ Тригони, а къ „Милорду", личность которaго прокуроръ отождествляетъ съ Тригони. Спасовичъ доказываетъ, что этого тождества нѣтъ. Тригони, по его мнѣнію, виновенъ, безъ сомнѣнія, въ знаніи и недонесеніи.

„Но представьте себѣ, что другъ его юности приводитъ его въ лавку Кобозева, показываетъ ему подкопъ, указываетъ на его цѣль, открываетъ ему всю свою душу. Что остается ему дѣлать? Положимъ, что многіе, даже большинство, донесли бы; положимъ, даже, что это высоконравственно, но такая нравственность не всякому по плечу, ибо не всякій же способенъ быть Меркуловымъ. Показаніе послѣдняго составляетъ важнѣйшую улику противъ Тригони. Прокуроръ говоритъ, что оно заслуживаетъ полнаго довѣрія, такъ какъ Меркуловъ не могъ ждать облегченія своей участи, и, такимъ образомъ, своекорыстныхъ мотивовъ у него не было. Но этому положительно нельзя вѣрить. Даже Рысаковъ, который, какъ непосредственный участникъ цареубійства, еще менѣе могъ разсчитывать на смягченіе своей участи, далъ откровенныя показанія только изъ страха смерти и желанія отъ нея избавиться, желанія, заставившаго его бороться съ палачемъ, когда уже надъ нимъ висѣла петля».

Заканчиваетъ свою рѣчь Спасовичъ словами, что онъ низводитъ Тригони изъ милордскаго достоинства.

Между прочимъ въ своей рѣчи Спасовичъ указывалъ на то, что увѣреніямъ прокурора, будто настоящій процессъ есть послѣдній процессъ такого характера,—никто не повѣритъ. „Эти увѣренія,—сказалъ Спасовичъ,—повторялись при всѣхъ политическихъ процессахъ, а процессы все-таки не прекращались, и каждый послѣдующій былъ грандіознѣй предыдущаго".

8) Рихтеръ, защитникъ Морозова.

9) Соколовъ, защитникъ Суханова, возстановилъ свѣтлую, нравственную личность подсудимаго, въ которую грязью бросалъ прокуроръ Муравьевъ. „Пусть судъ обвиняетъ подсудимаго! Потомство жестоко обвинитъ его судей!» Въ своей рѣчи Соколовъ много говорилъ противъ высшихъ представителей морского вѣдомства, во главѣ котораго стояли великіе князья.

10) Михайловъ, защитникъ Клѣточникова.

11) Граціанскій, защитникъ Фриденсона. Фриденсонъ не разъ протестовалъ во время рѣчи своего защитника.

Въ воскресенье, 14-го февраля, засѣданіе суда открылось около 12 ч. Говорили остальные 6 адвокатовъ.

13-мъ произнесъ рѣчь Александровъ, защитникъ Емельянова. Его рѣчь, по этому дѣлу, говорятъ, одна изъ лучшихъ рѣчей, произнесенныхъ въ русскихъ судахъ.

Александровъ горячо протестовалъ противъ права прокурора обвинять Емельянова, на основаніи его перваго показанія при слѣдствіи въ участіи въ цареубійствѣ въ виду того факта, который былъ установленъ на судѣ свидѣтельскими показаніями, что Емельяновъ 1 марта до 5 часовъ вечера не выходилъ изъ своей квартиры.

Защитникъ ссылался на законы царя Алексѣя Михайловича и утверждалъ, что они въ своихъ юридическихъ принципахъ были гораздо болѣе гуманны, чѣмъ тѣ, на которые опирался прокуроръ въ настоящемъ дѣлѣ. Уложеніе Алексѣя Михайловича требуетъ, чтобы въ уголовныхъ процессахъ никто не былъ осужденъ на основаніи собственнаго сознанія, даннаго, какъ на слѣдствіи, такъ и на самомъ судѣ.

Александровъ не требуетъ отъ прокурора обнаруженія особенныхъ гуманныхъ чувствъ, но онъ хочетъ только, чтобы не были забываемы принципы судебной реформы, дарованной императоромъ Александромъ II. Онъ смотритъ на себя въ предоставленной ему закономъ сферѣ дѣятельности, какъ на исполнителя до нѣкоторой степени завѣщанія покойнаго императора, и какъ таковый, предлагаетъ прокурору и суду, беря во вниманіе обстоятельства настоящаго дѣла, почаще вспоминать объ этомъ, завѣщанномъ имъ наслѣдіи.

Указывая на подсудимыхъ, Александровъ сказалъ, что онъ смотритъ на нихъ, какъ на людей больныхъ, но почтенныхъ и достойныхъ всякаго уваженія и признаетъ, что, будь только цареубійство исключено изъ ихъ доктрины, онъ и многіе другіе вполнѣ признали бы логичность ихъ стремленій.

Касаясь показанія Емельянова, даннаго на предварительномъ слѣдствіи, Александровъ заявилъ, что Емельяновъ не былъ вынужденъ къ этому пытками. Въ Россіи и за границей ходятъ слухи, что политическіе преступники въ Россіи подвергаются пыткамъ при дознаніи, но, что касается Емельянова, то, по словамъ Александрова, по отношенію къ нему къ пыткамъ не прибѣгали, и онъ, какъ адвокатъ, имѣлъ возможность узнать полную истину. Но нельзя не пожалѣть, что въ политическихъ дѣлахъ предварительное слѣдствіе производится по недостойной системѣ, свойственной жандармамъ...

Дейеръ: „Все слѣдствіе въ данномъ процессѣ происходило въ присутствіи помощника прокурора Добржинскаго"...

Александровъ: „Это ничего не доказываетъ. Добржинскій, вѣроятно, шелъ объ руку съ жандармами и, какъ и, они, больше всего былъ озабоченъ желаніемъ отличиться усердіемъ на службѣ".

Дейеръ два раза останавливалъ Александрова, но онъ всякій разъ возвращался къ своей прежней темѣ еще съ большей горячностью.

Александровъ: „Процедура настоящаго суда составляетъ шагъ назадъ въ юридической практикѣ, шагъ назадъ сравнительно съ уложеніемъ о наказаніяхъ царя Алексѣя Михайловича. Этотъ судъ не можетъ быть названъ ни милостивымъ ни справедливымъ судомъ.

„Трое подсудимыхъ успѣли сдѣлаться сумасшедшими, и мой кліентъ былъ вынужденъ признать обвиненія въ томъ, въ чемъ онъ совсѣмъ не былъ виновенъ, ввиду обѣщанія, что его жизнь будетъ пощажена. Я допускаю,—Емельяновъ былъ знакомъ съ тѣми, кто участвовалъ въ убійствѣ императора, но это не значитъ, что онъ былъ ихъ сообщникомъ.

„Противъ Емельянова существуетъ только одно его собственное сознаніе, но этого не достаточно, чтобы признать его виновнымъ. Я прошу оправданія Емельянова на томъ основаніи, что доказательства противъ него недостаточны. Я настаиваю на этомъ, такъ какъ этого требуетъ „Уложеніе о наказаніяхъ" покойнаго императора. Вопросъ заключается въ томъ, будемъ или не будемъ мы повиноваться его завѣщанію. Пусть же его завѣтъ будетъ нами выполненъ!..." Сказавши это, Александровъ высоко поднялъ надъ головой „Уложеніе о наказаніяхъ" и показалъ его суду.

Всѣ слушали Александрова съ большимъ вниманіемъ.

14) Буймистровъ, защитникъ Арончика, сказалъ: „Въ государствѣ; гдѣ при сильномъ самодержавномъ правительствѣ законы имѣютъ полное дѣйствіе, смертная казнь—излишня“.

15) Кейкуатовъ, князь, защитникъ Златопольскаго.

16) Турчаниновъ, защитникъ Ланганса.

17 и 18) Нечаевъ и Герардъ, защитники Люстига. Герардъ, между прочимъ, обвинялъ Муравьева, что онъ въ обвинительномъ актѣ исказилъ показанія Кузьминой, съ которой жилъ вмѣстѣ Люстигъ, чтобы легче обвинить Люстига.

Послѣ рѣчей адвокатовъ слово было предоставлено Якимовой, Фроленко, Терентьевой и Колоткевичу, которые отказались имѣть защитниковъ.

Якимова начала, по словамъ иностранныхъ газетъ, свою рѣчь такимъ оскорбленіемъ суда, что Дейеръ сейчасъ же лишилъ ее права говорить („Herald“). Якимова сказала, между прочимъ, что весь судъ былъ комедіей.

Фроленко также сталъ нападать на судъ, и его тоже сейчасъ же лишили слова.

„Когда очередь дошла до Терентьевой, скандалъ достигъ своего апогея“, какъ выразился „Herald“. Терентьева упомянула, что прокуроръ въ своей рѣчи называетъ ее членомъ „Исполнительнаго Комитета“. Такое заявленіе очень лестно для нея, но несправедливо. Она была простымъ его агентомъ. Потомъ она указала на то, что 10 тыс. руб., которые были увезены ею изъ Херсонскаго казначейства, не были ею истрачены на себя лично, какъ это утверждалъ прокуроръ. Такое обвиненіе съ его стороны просто нечестно...

Дейеръ остановилъ въ этомъ мѣстѣ Терентьеву и сталъ ей мѣшать говорить,—она самымъ рѣзкимъ образомъ протестовала противъ него и противъ жандармовъ, которые тоже дѣлали ей замѣчанія. Въ концѣ концовъ, Дейеръ лишилъ ее слова.

Колоткевичъ началъ рѣчь протестомъ противъ суда. Онъ, между прочимъ, сказалъ: „Терроръ — борьба честныхъ людей противъ грабителей чиновниковъ. Нашъ терроръ вызывается вашимъ терроромъ“. Дейеръ нѣсколько разъ прерывалъ Колоткевича. Колоткевичъ, наконецъ, заявилъ, что уступаетъ власти предсѣдателя, зажимающаго ему ротъ, и принужденъ отказаться отъ своей защиты и возможности объясниться передъ судомъ.

Затѣмъ предоставлено было всѣмъ подсудимымъ воспользоваться послѣднимъ словомъ, но попытки подсудимыхъ сказать что-либо изъ того, что они хотѣли сказать, были тщетны: Дейеръ всѣхъ останавливалъ на полусловѣ.

Михайловъ сказалъ (эти его слова, можетъ быть, однако, были имъ произнесены и ранѣе, во время судебнаго слѣдствія): „Мы — члены партіи и организаціи „Народной Воли“. Дѣятельность нашу вы, гг. судьи, призваны разсмотрѣть.

„Борьба сдѣлала насъ личными врагами государя императора. Воля государя, воля оскорбленнаго сына, вручила своимъ довѣреннымъ слугамъ, вамъ, гг. сенаторы, мечъ Немезиды. Гдѣ же залогъ безпристрастнаго правосудія? Гдѣ посредникъ, къ которому мы могли бы апелировать? Гдѣ общество, гдѣ гласность, которыя могли

бы выяснить отношенія враждующихъ? Ихъ нѣтъ, и двери закрыты!!
И мы съ вами, гг. судьи, наединѣ!!

„...Передъ судомъ особ: присут. я чувствую себя плѣнникомъ,
связаннымъ по рукамъ и ногамъ".

Исаевъ готовился произнести рѣчь, но ему это сдѣлать, кажется, не удалось. До насъ дошла рукопись этой рѣчи, и мы приводимъ ее цѣликомъ.

Исаевъ: „Я пользуюсь предоставленнымъ мнѣ по закону послѣднимъ словомъ, потому что это слово, ввиду тѣхъ тяжкихъ, съ
точки зрѣнія закона, преступленій, которыя тяготѣютъ надо мной,
будетъ дѣйствительно послѣднимъ въ моей жизни. Этимъ послѣднимъ словомъ я считаю своею нравственною обязанностью, исключительно въ интересахъ справедливости, выяснить вамъ, гг. судьи,
истинныя задачи и цѣли партіи Народной Воли, партіи, уже за одну принадлежность къ которой законъ грозитъ примѣненіемъ своихъ кровавыхъ статей.

„Г. прокуроръ въ своей обвинительной рѣчи очертилъ эту
партію такими мрачными красками, что его рѣчь произвела въ
высшей степени тяжелое впечатлѣніе на каждаго изъ здѣсь находящихся. Онъ доказывалъ, что эта хвастливо-лживая партія ничего
общаго съ народомъ не имѣетъ, и интересы народа совершенно
чужды ей; онъ доказывалъ, что она стремится къ какому-то безсмысленному разрушенію и ниспроверженію существующаго государственнаго и общественнаго строя; онъ доказывалъ, что она стремится ко всеобщей анархіи, къ убійству для убійства и т. д. Онъ,
наконецъ, привелъ даже грамматическое значеніе слова „террор",
которое дѣйствительно, означаетъ ужасъ или страхъ, но онъ ни
однимъ словомъ не коснулся истинныхъ задачъ и цѣлей этой партіи и не привелъ ни одной цитаты изъ тѣхъ документовъ, гдѣ говорится объ этомъ предметѣ. Для подтвержденія своего мнѣнія онъ
привелъ лишь нѣсколько фразъ изъ нашихъ изданій, но самый
главный аргументъ его былъ взятъ изъ брошюры Н. Морозова, которая въ дѣйствительности, и какъ выяснилось здѣсь на судѣ, никакого отношенія къ партіи не имѣетъ,—больше же онъ не привелъ никакихъ аргументовъ.

„Я не буду останавливаться на опроверженіи тѣхъ аргументовъ, чтобы не утруждать напрасно вашего вниманія, гг. судьи,
тѣмъ болѣе, что это уже въ значительной степени выяснено защитой, а прямо перейду къ изложенію ближайшихъ задачъ и цѣлей
партіи, для чего воспользуюсь послѣдними печатными изданіями
Исполнительнаго Комитета, какъ центра партіи, имѣющимися при
настоящемъ дѣлѣ.

„Тотчасъ послѣ факта 1 марта, этого, по выраженію обвинителя, кульминаціоннаго пункта дѣятельности партіи, когда она, по
его словамъ, торжествовала свою побѣду, этими ужасными, какъ
онъ выразился, людьми—террористами—издаются нижеслѣдующіе
листки, на содержаніе которыхъ и обращаю ваше, гг. судьи, особенное вниманіе.

„Въ первомъ листкѣ, отъ 1-го марта 81 г., Исполнительный
Комитетъ очень скромно заявляетъ, что фактъ 1-го марта совер-

шенъ двумя его агентами, въ силу состоявшагося смертнаго приговора надъ императоромъ Александромъ II. Во второмъ листкѣ, отъ 2-го марта 81 г., подъ заглавіемъ: „Честному міру, православнымъ крестьянамъ и всему народу русскому объявленіе“, этими ужасными террористами предлагается крестьянамъ посылать ходоковъ къ государю императору и подавать ему прошенія такого содержанія:

„Во 1-хъ, просить объ увеличеніи надѣла, когда фактъ о недостаточности его констатированъ даже правительственною комиссіею, назначенною спеціально для изслѣдованія крестьянскихъ надѣловъ; и по этому вопросу есть множество сочиненій совершенно цензурныхъ, такъ, напр., могу назвать книгу проф. спб. университета Янсона.

„Во 2-хъ, имъ предлагается просить объ уменьшеніи податей, такъ какъ всѣ государственныя тягости въ Россіи лежатъ исключительно только на крестьянахъ.

„Въ 3-хъ, далѣе, предлагается просить о расширеніи самоуправленія и объ ограниченіи произвола становыхъ и урядниковъ, такъ какъ всѣмъ извѣстно, что эти лица, стоящія ближе всего къ народу, эксплуатируютъ его самымъ ужаснымъ образомъ и, совершенно помимо воли правительства, являются бичами страны родной.

„Въ 4-хъ, наконецъ, предлагается просить о созывѣ земскаго собора, когда факты подобнаго рода проходятъ черезъ всю исторію Россіи,—какъ на самый ближайшій изъ нихъ къ настоящему времени, я могу указать на законодательную комиссію императрицы Екатерины II.

„ Ни о какомъ насиліи, ни о какомъ разрушеніи и ниспроверженіи всего существующаго государственнаго и общественнаго строя, ни о какой, наконецъ, революціи,—что, между прочимъ, рекомендуетъ народу партія Чернаго Передѣла въ своемъ листкѣ, изданномъ послѣ факта 1-го марта,—въ томъ листкѣ нѣтъ рѣшительно ни одного слова.

„Наконецъ, послѣдній листокъ подъ заглавіемъ „Исполнительный Комитетъ императору Александру III“ прочитанъ здѣсь на судѣ, по моей личной просьбѣ, и вы, гг. судьи, его слышали. Въ немъ, послѣ весьма обстоятельнаго выясненія всѣхъ причинъ и условій, которыя неизбѣжно привели къ факту 1-го марта, выставляется, однако, единственное требованіе партіи отъ правительства,—а именно о созывѣ, по иниціативѣ государя императора, Учредительнаго Собранія, состоящаго изъ представителей всѣхъ сословій русской земли пропорціонально количеству каждаго, при условіи полной свободы слова, печати, сходокъ и избирательныхъ программъ, для пересмотра всѣхъ общественныхъ и государственныхъ формъ съ цѣлью сдѣлать въ нихъ необходимыя улучшенія, сообразныя съ потребностями времени, и затѣмъ партія торжественно заявляетъ передъ лицомъ родной страны и всего міра, что она тотчасъ же прекратитъ братоубійственную войну, которая для нея ненавистна гораздо болѣе, чѣмъ для правительства, вполнѣ подчинится рѣшенію этого собранія и всѣ силы направитъ исключительно только на культурную работу, для которой въ то время откроется широкое, плодотворное и въ высшей степени полезное поприще.

„Вотъ, гг. судьи, тѣ исключительныя ближайшія задачи и цѣли партіи Народной Воли, которыя я счелъ для себя обязательнымъ здѣсь высказать передъ вами.

„Въ случаѣ же, если правительство по какимъ-нибудь соображеніямъ найдетъ для себя невозможнымъ удовлетворить эти скромныя требованія партіи, то, въ силу историческихъ законовъ, которые, къ несчастью, совершенно не обязательны для правительства, я глубоко убѣжденъ, что ударитъ часъ, и онъ ужъ близокъ, когда кровь вмѣсто того, чтобы литься по каплямъ, какъ это было до сихъ поръ съ той и другой стороны, прольется ручьями и даже, быть можетъ, большими потоками!.. Но кто будетъ въ отвѣтѣ за все это?...

> Не надо мнѣ ни серебра
> Ни золота, а дай, Господь,
> Чтобъ землячкамъ моимъ,
> И каждому крестьянину
> Жилось вольготно, весело
> На всей Руси святой!...
>
> (Гриша)

„Вотъ мой девизъ, котораго я буду держаться до гроба".
15 февраля 1882 года.
Четыре стѣны каземата.

Прокуроръ, кажется, не отвѣчалъ адвокатамъ.

Въ девять часовъ вечера въ воскресенье, 14-го февраля, пренія были закончены.

Въ понедѣльникъ, 15-го февр., особое присутствіе еще разъ собралось въ 1 ч. 30 мин. дня, и, по приказу Дейера, было приступлено къ прочтенію выработанныхъ судомъ 63 вопросовъ о виновности подсудимыхъ.

Въ это время Дейеръ увидѣлъ, что полковникъ Nestowich(?), адъютантъ царя, рисуетъ портреты съ подсудимыхъ. Дейеръ сейчасъ же велѣлъ его удалить изъ залы. Кто-то другой подошелъ къ столу прокурора и взялъ положенный тамъ списокъ вопросовъ,— его тоже сейчасъ вывели изъ залы по приказу Дейера („Herald").

Вопросы были переданы адвокатамъ для обсужденія. Адвокаты для совѣщанія удалились въ особую комнату и обсуждали выработанные судомъ вопросы до 4 ч. Они спорили между собой горячо и продолжали спорить даже и тогда, когда снова вернулись въ залу. По просьбѣ адвокатовъ судъ видоизмѣнилъ два вопроса и потомъ удалился для постановленія рѣшеній.

Въ 11 ч. 15 м. ночи судъ вернулся въ залу. Въ сопровожденіи жандармовъ были введены и подсудимые.

Дейеръ увидалъ какихъ-то неизвѣстныхъ ему лицъ и спросилъ у судебнаго пристава: „Что это за люди?" Тотъ отвѣтилъ, что эти лица введены сюда министромъ юстиціи.

— „Выведите ихъ отсюда сейчасъ же! Здѣсь мы не знаемъ министра юстиціи. Здѣсь я одинъ начальникъ!"

Подсудимые выслушали приговоръ спокойно и внимательно.

Едва же только кончилось чтеніе 63-хъ вопросовъ, отвѣтовъ на нихъ и кровавой резолюціи суда, какъ вдругъ поднялся съ мѣста Тетерка (по „Herald“, Клѣточниковъ—по всѣмъ англійскимъ газетамъ), далъ увѣсистую пощечину Меркулову и сказалъ:

— Это тебѣ отъ меня и отъ моихъ товарищей!

Меркуловъ первый моментъ былъ озадаченъ, потомъ бросился на Тетерку, но его схватили жандармы за руки и обоихъ—его и Тетерку—вывели изъ залы суда. Долго слышно было, какъ они и за дверьми продолжали другъ друга ругать самыми крѣпкими словами.

Лебедева, Якимова, Фриденсонъ скоро приняли обычное свое насмѣшливо-презрительное отношеніе къ суду. Терентьева, ждавшая себѣ смертной казни, вслухъ смѣялась и издѣвалась надъ судьями. Жандармъ обратился къ ней и сказалъ ей, чтобы она потише вела себя.

— Пошелъ вонъ!—закричала на него Терентьева,—если ты еще разъ осмѣлишься это сказать мнѣ, я тебѣ дамъ по рожѣ!

Сухановъ казался спокойнымъ и ничѣмъ не выражалъ, что въ немъ происходило: видно только, что онъ не въ силахъ былъ посмотрѣть туда, гдѣ сидѣла уже безъ слезъ, но въ какомъ-то убитомъ состояніи, его мать.

Судъ приговорилъ: 1) 10 человѣкъ: Суханова, Ал. Михайлова, Колоткевича, Исаева, Фроленко, Емельянова, Тетерку, Клѣточникова, Лебедеву, Якимову—къ см. казни; 2) 5 чел.: Морозова, Баранникова, Арончика, Ланганса, Меркулова(?)—къ вѣч. кат.; 3) 5 чел.: Тригони, Терентьеву, Люстига, Златопольскаго, Фриденсона—къ 20 г. кат. раб.; при этомъ судъ постановилъ ходатайствовать о смягченіи приговора для Фриденсона и Люстига—первому на 10 л. кат. раб., второму—на 4 г.

„Бывая и на нѣсколькихъ прежнихъ политическихъ процессахъ, пишетъ одинъ изъ присутствовавшихъ на судѣ 20-ти, я уже давно вывелъ заключеніе, что всѣ они представляютъ настоящій бой между подсудимыми и ихъ адвокатами—съ одной стороны и судьями, прокурорами, жандармами и т. д.—съ другой.

„Странно то, что обѣ стороны обыкновенно остаются довольны исходомъ борьбы.

„Подсудимые и ихъ защитники не помышляютъ объ юридической побѣдѣ,—изъ нихъ никто не воображаетъ достигнуть оправданія передъ судомъ; но они, въ особенности подсудимые, пользуются случаемъ заклеймить поэнергичнѣе порядокъ вещей, съ которымъ имъ пришлось бороться и своею твердостью, мужествомъ и самоотверженіемъ вызвать изъ общества новыхъ борцовъ. Судьи, прокуроры и жандармы въ этихъ процессахъ—совершенно одно и то же: они не сомнѣваются, что будутъ побѣждены нравственно, но зато увѣрены, что такъ или иначе обвинятъ, осудятъ и казнятъ подсудимыхъ.

„Настоящій процессъ отличается отъ всѣхъ другихъ тѣмъ, что никогда еще подсудимые и ихъ защитники не говорили такихъ горькихъ истинъ суду и его поставившимъ. Бывали минуты, когда роли казались измѣненными: подсудимые превращались въ судей, адвокаты—въ прокуроровъ, а судьи—въ подсудимыхъ".

Правительство рѣшило, повидимому, не торопиться ни съ исполненіемъ приговоровъ, ни даже съ ихъ конфирмаціей царемъ. Предстояла въ скоромъ времени первая годовщина 1-го марта, потомъ восшествіе на престолъ и нѣкоторыя другія царскія торжества. Хотѣли не только избѣжать раздражить революціонеровъ, находившихся на волѣ, но кромѣ того и удержать ихъ отъ какихъ бы то ни было рѣшительныхъ шаговъ, пока ихъ видные дѣятели находятся въ ожиданіи своей окончательной участи.

25 февраля сенаторъ Бѣлостоцкій, въ присутствіи прокурора Муравьева и всѣхъ адвокатовъ, объявилъ подсудимымъ, которые въ послѣдній разъ были собраны вмѣстѣ, приговоръ въ окончательной формѣ. Подсудимымъ было сказано, что они имѣютъ право въ продолженіе двухъ недѣль подать кассаціонныя жалобы на рѣшеніе особаго присутствія.

Адвокаты сейчасъ же заявили желаніе видѣться наединѣ съ осужденными для того, чтобы условиться съ ними на счетъ подачи жалобъ, но прокуроръ Муравьевъ тутъ же заявилъ имъ, что онъ имъ запрещаетъ видѣться съ осужденными иначе, какъ въ присутствіи жандармовъ.

Адвокаты протестовали противъ такого рѣшенія прокурора и обратились съ жалобой къ Бѣлостоцкому, но Бѣлостоцкій прямо заявилъ, что онъ не можетъ вмѣшиваться въ это дѣло, такъ какъ Муравьевъ отвѣчаетъ только передъ своимъ непосредственнымъ начальникомъ—министромъ юстиціи Набоковымъ. Адвокаты поручили Герарду отъ имени всѣхъ ихъ составить протестъ противъ Муравьева и рѣшили въ то же время добиваться кассированія рѣшенія особаго присутствія, но ихъ предупредили, что никакого пересмотра дѣла допущено не будетъ, такъ какъ процессъ и безъ того сильно взволновалъ общественное мнѣніе на Западѣ.

Подсудимые попросили своихъ защитниковъ, чтобы они непремѣнно присутствовали при ихъ казни.

Если не ошибаемся, только отъ одного Клѣточникова поступила кассаціонная жалоба на рѣшеніе суда. 13-го марта въ общемъ собраніи кассаціонныхъ департаментовъ правительствующаго сената заявленіе защитника Клѣточникова было разсмотрѣно и оставлено безъ послѣдствій за 912 ст. уст. уг. суд.

Родственники нѣкоторыхъ осужденныхъ подали прошенія о смягченіи участи осужденныхъ.

Во французскихъ газетахъ появилась статья В. Гюго, гдѣ онъ съ ужасомъ говорилъ о новыхъ 10 висѣлицахъ.

Большинство окружавшихъ Александра III были за висѣлицы и остались недовольны лишь тѣмъ, что не всѣ 20 человѣкъ приговорены къ смертной казни. Но и въ бюрократическихъ сферахъ нашлись люди, которые поняли, что 10 новыхъ висѣлицъ многовато было для того времени. Игнатьевъ, министръ вн. дѣлъ, сталъ указывать на необходимость „помиловать", по крайней мѣрѣ, хоть женщинъ, да еще тѣхъ, кто не обвиненъ въ участіи въ террористическихъ фактахъ, какъ, напр., Клѣточниковъ, который приговоренъ къ смертной казни только потому, что возбудилъ особое негодованіе противъ себя правительства своей дѣятельностью. Людей, вродѣ Игнатьева, смущала не вообще смертная казнь по политическимъ обвиненіямъ, а то, что приходилось ставить новыхъ 10 висѣлицъ послѣ того, какъ еще недавно уже были въ виду всей Европы поставлены 5.

Александръ III, подъ вліяніемъ чьихъ-то совѣтовъ, согласился помиловать пять человѣкъ. Это извѣстіе по телеграфу было передано В. Гюго, когда онъ былъ на банкетѣ. Гюго всталъ и произнесъ тостъ:

— Пью за царя, который помиловалъ пять осужденныхъ на смерть, и который помилуетъ и остальныхъ пятерыхъ!"

Существуетъ очень интересный документъ, разсказывающій объ обстоятельствахъ, при которыхъ были помилованы еще 4 изъ осужденныхъ. Мы не можемъ разобраться ни въ достовѣрности сообщаемыхъ въ немъ фактовъ, ни въ мотивахъ, почему эти факты были опубликованы именно въ то время. Въ этомъ разсказѣ замѣшано нѣсколько именъ, но ни съ чьей стороны не было опроверженія.

Мы говоримъ о корреспонденціи, посланной по телеграфу 4-го апрѣля н. ст. въ „Herald", черезъ 3-4 дня послѣ казни Суханова. 6-го апрѣля эта корреспонденція по телеграфу была передана въ „Independence Belge" и въ другія европейскія газеты.

Окружавшіе царя, по словамъ петербургскаго корреспондента „Herald", стояли за то, чтобы были повѣшены всѣ 10 осужденныхъ, но Игнатьевъ настаивалъ на помилованіи двухъ женщинъ и 2 (3?) другихъ, менѣе скомпрометированныхъ. Онъ сталъ надѣяться спасти и другихъ, когда по телеграфу узналъ о тостѣ В. Гюго. Игнатьевъ тотчасъ доложилъ о немъ Александру III. Царь былъ польщенъ словами великаго французскаго писателя. Игнатьевъ сообщилъ эту новость С. Донато, и они рѣшили, что С. Донато немедленно поѣдетъ въ Парижъ и тамъ черезъ m-me Адамъ, которой онъ недавно оказалъ гостепріимство въ Петербургѣ, повидается съ В. Гюго.

С. Донато уѣхалъ изъ Петербурга въ четвергъ 11 марта, и прибылъ въ Парижъ 14 марта, въ воскресенье утромъ. 15-го онъ выѣхалъ въ Россію съ письмомъ отъ В. Гюго къ Александру III, гдѣ В. Гюго просилъ царя о помилованіи остальныхъ осужденныхъ. Александръ III прочиталъ письмо Гюго и немедленно помиловалъ еще четверыхъ къ общему изумленію окружавшихъ, которые ничего не знали о письмѣ Гюго. Игнатьевъ и С. Донато надѣялись спасти и пятаго—Суханова. Они хотѣли просить у Александра III отмѣны смертной казни для Суханова передъ самымъ ея совершеніемъ (19 марта), когда онъ стоялъ бы привязаннымъ къ „позорному столбу". Но 17-го вечеромъ было получено извѣстіе объ убійствѣ Стрѣльникова въ Одессѣ, и Игнатьевъ съ С. Донато... не считали болѣе возможнымъ хлопотать за Суханова.

Письмо В. Гюго не было опубликовано.

Мы, конечно, не заподазриваемъ Игнатьева и С. Донато въ особой гуманности, хотя для того, чтобы хлопотать объ отмѣнѣ смертной казни для Суханова, Михайлова, Исаева, Якимовой и ихъ друзей вовсе и не надо обладать особенно высокими гуманными чувствами. Но очень возможно, что корреспонденція въ „Herald" была послана по иниціативѣ Игнатьева и С. Донато и мотивами такого поспѣшнаго опубликованія разсказа объ ихъ роли, при помилованіи девятерыхъ осужденныхъ,—была потребность самооправданія относительно казни Суханова и желаніе свалить это гнусное преступленіе на другихъ.

17 марта министръ юстиціи далъ Александру III утвердить своею подписью приговоръ особаго присутствія сената. Смертная казнь для 9 осужденныхъ была замѣнена вѣчной каторгой, двадцатилѣтняя каторга для Фриденсона и Люстига—для перваго 9 годами к. р., для второго—4. Смертную казнь для Суханова Александръ III утвердилъ, какъ „для совершившаго тяжкія государственныя преступленія въ бытность на службѣ лейтенантомъ флота"

19 марта Сухановъ былъ разстрѣлянъ.

18 другихъ осужденныхъ были посажены въ одиночныя камеры Трубецкого и Александровскаго равелиновъ. Каковы были условія для сидѣвшихъ въ этихъ равелинахъ, знаютъ всѣ тѣ, кто читалъ брошюры „Отъ мертвыхъ къ живымъ" и „Каторга и пытка въ Петербургѣ". Осужденные были подвергнуты одному изъ самыхъ ужасныхъ тюремныхъ режимовъ, какіе только существовали въ русскихъ тюрьмахъ.

Надо-ли говорить, что 20-й изъ осужденныхъ—предатель Меркуловъ,—оффиціально приговоренный къ 20 г. каторги, былъ выпущенъ на свободу. Въ 1884 г., при цитированіи его показаній на судѣ Фигнеръ, было сказано: „Мѣстопребываніе Меркулова извѣстно Департаменту Полиціи".

Черезъ годъ часть изъ осужденныхъ по процессу 20-ти: Лебедева, Якимова, Фриденсонъ, Люстигъ, Емельяновъ, Златопольскій были отправлены въ Сибирь, въ тамошнія тюрьмы. Большинство изъ нихъ были въ ужасномъ видѣ, болѣе другихъ успѣла пострадать Лебедева,—она умерла въ Сибири, не выходя изъ стѣнъ каторжной тюрьмы.

Михайловъ, Баранниковъ, Тетерка, Клѣточниковъ, Колоткевичъ, Терентьева, Лангансъ умерли впродолженіе первыхъ же полутора лѣтъ въ Петропавловской крѣпости, благодаря ужаснымъ условіямъ тюремной жизни,—нѣкоторые изъ нихъ (напр., Михайловъ, кажется) покончили жизнь самоубійствомъ.

Остальные, лѣтомъ 1884 г., были переведены въ Шлиссельбургскую крѣпость. Изъ нихъ никто до сихъ поръ не вышелъ изъ этихъ тюремныхъ стѣнъ. Арончикъ умеръ тамъ,—онъ пролежалъ 4 года въ параличѣ, не вставая съ кровати. Тамъ же отъ чахотки въ одиночной камерѣ, лишенный возможности сноситься даже съ своими товарищами по тюрьмѣ, умеръ Исаевъ. Въ какихъ условіяхъ приходилось жить заключеннымъ въ этой крѣпости,— мы недавно узнали изъ потрясающаго разсказа Волкенштейнъ.

Тригони, Фроленко и Морозовъ до сихъ поръ еще сидятъ въ Шлиссельбургской крѣпости!... *)

Вл. Бурцевъ.

ЗАВѢЩАНІЕ АЛ. ИВ. БАРАННИКОВА.

Друзья!

Одинъ лишь шагъ остается до края могилы. Съ глубокой вѣрой въ свое святое дѣло, съ твердымъ убѣжденіемъ въ его близкое торжество, съ полнымъ сознаніемъ, что, по мѣрѣ слабыхъ своихъ силъ, служилъ ему, схожу со сцены.

Вы переживаете великую минуту; воспользуйтесь же всѣми ея послѣдствіями. Помните, что власть правительства опирается на меньшее, чѣмъ когда-либо, число искреннихъ приверженцевъ. Оно успѣло возбудить ненависть во всѣхъ. Еще одно усиліе—и оно перестанетъ существовать.

Готовы ли вы? Обладаете ли вы достаточными силами?

Помните, что тогда выступятъ на сцену права народа распоряжаться своими судьбами.

Живите и торжествуйте, мы торжествуемъ и умираемъ!

ЗАВѢЩАНІЕ АЛЕКСАНДРА ДМ. МИХАЙЛОВА.

16 февраля 1882 г.

Завѣщаю вамъ, братья, не расходовать силъ для насъ, но беречь ихъ отъ всякой безплодной гибели и употреблять ихъ только въ прямомъ стремленіи къ цѣли.

Завѣщаю вамъ, братья, издать постановленія И. К. отъ приговора А. и до объявленія о нашей смерти включительно (т. е. отъ 26-го авг. 1879 г. до марта 82 г.). При нихъ приложите краткую исторію дѣятельности организаціи и краткія біографіи погибшихъ членовъ ея.

Завѣщаю вамъ, братья, не посылайте слишкомъ молодыхъ людей въ борьбу на смерть. Давайте окрѣпнуть ихъ характерамъ, давайте время развить всѣ ихъ духовныя силы.

Завѣщаю вамъ, братья, установить единообразную форму дачи показаній до суда, причемъ рекомендую вамъ отказываться отъ всякихъ объясненій на дознаніи, какъ бы ясны оговоры или сыскныя свѣдѣнія ни были. Это избавитъ васъ отъ многихъ ошибокъ.

Завѣщаю вамъ, братья, еще на волѣ установить знакомства съ родственниками одинъ другого, чтобы въ случаѣ ареста и заключенія, вы могли поддерживать какія-либо сношенія съ оторваннымъ товарищемъ. Этотъ пріемъ въ прямыхъ вашихъ интересахъ. Онъ сохранитъ во многихъ случаяхъ достоинство партіи на

---

*) Освобождены въ 1905 г.

судѣ. При закрытыхъ судахъ, думаю, нѣтъ нужды отказываться отъ защитниковъ.

Завѣщаю вамъ, братья, контролировать одинъ другого во всякой практической дѣятельности, во всѣхъ мелочахъ, въ образѣ жизни. Это спасетъ васъ отъ неизбѣжныхъ для каждаго отдѣльнаго человѣка, но гибельныхъ для всей организаціи, ошибокъ. Надо, чтобы контроль вошелъ въ сознаніе и принципъ, чтобы онъ пересталъ быть обиднымъ, чтобы личное самолюбіе замолкало передъ требованіями разума. Необходимо знать всѣмъ ближайшимъ товарищамъ, какъ человѣкъ живетъ, что онъ носитъ съ собой, какъ записываетъ и что записываетъ, насколько онъ остороженъ, наблюдателенъ, находчивъ. Изучайте другъ друга. Въ этомъ сила, въ этомъ совершенство отправленій организаціи.

Завѣщаю вамъ, братья, установить строжайшія сигнальныя правила, которыя спасали бы васъ отъ повальныхъ погромовъ.

Завѣщаю вамъ, братья, заботьтесь объ нравственной удовлетворенности каждаго члена организаціи. Это сохранитъ между вами миръ и любовь; это сдѣлаетъ каждаго изъ васъ счастливымъ, сдѣлаетъ навсегда памятными дни, проведенные въ вашемъ обществѣ.

Затѣмъ цѣлую васъ всѣхъ, дорогіе братья, милыя сестры, цѣлую всѣхъ по одному и крѣпко, крѣпко прижимаю къ груди, которая полна желаніемъ, страстью, воодушевляющими и васъ. Простите, не поминайте лихомъ. Если я сдѣлалъ кому-либо непріятное, то, вѣрьте, не изъ личныхъ побужденій, а единственно изъ своеобразнаго пониманія нашей общей пользы и изъ свойственной характеру настойчивости.

Итакъ прощайте, дорогіе! Весь и до конца вашъ

Александръ Михайловъ.

КАЗНЬ Н. Е. СУХАНОВА.

Едва кончился судъ надъ 20-ю народовольцами, какъ десять изъ нихъ, осужденные къ смертной казни, въ томъ числѣ и Сухановъ, были снова переведены изъ Дома Предварительнаго Заключенія въ Петропавловскую крѣпость и тамъ болѣе мѣсяца ждали конфирмаціи своихъ приговоровъ.

18-го марта, въ четвергъ вечеромъ, Суханову объявили, что смертный приговоръ ему утвержденъ Александромъ III, и что казнь назначена на утро слѣдующаго дня.

— Хорошо,—отвѣтилъ спокойно Сухановъ,—я готовъ.

Раньше, когда Суханову говорили о возможности замѣны смертной казни вѣчной каторжной работой, онъ не разъ повторялъ: „я хотѣлъ бы скорѣе умереть, чѣмъ вести жизнь въ четырехъ стѣнахъ тюрьмы".

19-го марта, въ 5 ч. утра, разбудили Суханова, и къ 6-ти часамъ Сухановъ въ закрытой каретѣ съ тремя жандармами былъ перевезенъ изъ Петропавловской крѣпости на вокзалъ желѣзной дороги. Тамъ его ждалъ спеціальный поѣздъ, и въ 7 ч. 10 минутъ онъ былъ доставленъ въ Оранiенбаумъ. Суханова сопровождали: жандармскій генералъ-маiоръ Комаровъ, жандармскій капитанъ и нѣсколько пѣшихъ жандармовъ.

Съ оранiенбаумскаго вокзала Сухановъ былъ перевезенъ на пристань въ вагонѣ конно-желѣзной дороги. Тамъ для него приготовлено было два паровыхъ баркаса, и черезъ полчаса онъ былъ въ Кронштадтѣ.

На купеческой стѣнкѣ, близъ брандтвахты, Суханова ожидали закрытый лазаретный фургонъ и ружейный караулъ изъ двухъ унтеръ-офицеровъ и 20-ти рядовыхъ, подъ командой лейтенанта. Въ фургонѣ находился священникъ Павелъ Лудяновскій, въ полномъ траурномъ облаченiи съ крестомъ и евангеліемъ. Туда же помѣщенъ былъ и Сухановъ съ 4-мя жандармами. Затѣмъ фургонъ тронулся по купеческой стѣнкѣ къ цитадельскимъ воротамъ.

Не смотря на раннiй часъ и на то, что о предстоящей казни еще наканунѣ не было извѣстно никому, кромѣ лицъ, которыя должны были находиться при фронтѣ, Александровская улица и плацъ были наполнены народомъ, преимущественно нижними чинами, простыми рабочими и мелкими торговцами. Женщинъ на улицѣ почти не было.

За воротами крѣпости, у цитадельскихъ и кронштадтскихъ воротъ, разставлены были двѣ цѣпи, состоявшія каждая изъ 1 офицера, 2 унтеръ-офицеровъ и 40 нижнихъ чиновъ съ ружьями. Цѣпи эти были поставлены отъ воротъ до крѣпостного водяного рва. Въ серединѣ, между этими рядами солдатъ былъ поставленъ „позорный" столбъ, передъ которымъ въ видѣ полукруга разставлены взводы отъ всѣхъ флотскихъ экипажей и минныхъ ротъ по 12 рядовъ въ каждомъ, при должномъ числѣ офицеровъ и унтеръ-офицеровъ. Всѣми взводами, находившимися въ строю, такъ же какъ и цѣпью и командой стрѣлковъ командовалъ контръ-адмиралъ Ѳ. К. Крузенштернъ. При взводахъ находились барабанщики, а при правомъ фронтѣ своднаго батальона поставлены были горнисты. Въ пространство, отдѣленное цѣпью, никого не пускали, кромѣ начальствующихъ лицъ и офицеровъ, назначенныхъ по росписанiю. Надъ оборонительными казармами и на гласисѣ, за рвомъ, стояли, однако, довольно значительныя толпы народа, пробравшіяся или со стороны косы или изъ города.

Около 8-ми часовъ къ мѣсту казни прибыли: первый комендантъ вице-адмиралъ И. Н. Стромиловъ, контрадмиралы—А. Я. Хоменко и П. С. Шумовъ, адъютантъ штаба Сойкевичъ, жандармскій генералъ Комаровъ. Ровно въ 8 часовъ фургонъ, въ сопровожденiи караула, выѣхалъ изъ цитадельскихъ воротъ и поворотилъ направо, вдоль западной крѣпостной стѣнки. Не доѣзжая до фронта, фургонъ остановился. Изъ него вышли: Сухановъ, священникъ и 4 жандарма. Суханова окружилъ ружейный караулъ, а впереди его шелъ священникъ,—такимъ образомъ, его провели вдоль фронта и поставили около столба, лицомъ къ фронту.

Раздалась команда „на караулъ!" и пробиты были три дроби. Суханова заставили снять шапку, и лейтенантъ Сергѣевъ прочиталъ приговоръ ос. присутствія пр. сената и конфирмацію царя отъ 17 марта. Это чтеніе продолжалось болѣе получаса. По окончаніи чтенія было скомандовано „на плечо"!...

Съ Суханова сняли арестантскій халатъ и шапку, и госпитальными служителями на него была надѣта длинная рубашка съ длинными рукавами и наглухо иришитымъ колпакомъ. Сухановъ самъ помогалъ надѣвать эту рубашку, и, когда она была надѣта, его привязали рукавами рубашки къ столбу. Кромѣ того, сверхъ колпака, на глаза надѣта была повязка, которая тоже была привязана къ столбу.

Изъ-за фронта вышли 1 унтеръ-офицеръ и 12 рядовыхъ стрѣлковъ 1-го флотскаго экипажа съ заряженными ружьями. Когда госпитальные служители отошли отъ Суханова, солдаты взяли на прицѣлъ и затѣмъ, по знаку унтеръ-офицера, въ 8 ч. 45 м. послѣдовалъ залпъ изъ всѣхъ 12-ти ружей... Смерть была моментальная: ноги Суханова подкосились, и голова слегка покачнулась на бокъ. Всѣ 12 пуль попали въ рубаху, надѣтую на Суханова, и изъ нихъ 8—въ полость груди и сердца, и одна въ голову. До десяти пуль, пройдя сквозь тѣло казненнаго, скучились въ столбѣ, на пространствѣ 16-ти квадратныхъ вершковъ.

Врачъ Сайкевичъ, генералъ Комаровъ и другія начальствующія лица осмотрѣли тѣло казненнаго и констатировали, что смерть Суханова была моментальная.

Бой дроби прекратился. Тѣло отвязали отъ столба и положили въ яму, сзади его. Къ ямѣ подъѣхалъ ломовой извощикъ съ простымъ деревяннымъ гробомъ. Гробъ поставили возлѣ ямы и потомъ переложили въ него тѣло Суханова. Гробъ былъ заколоченъ, поставленъ на телѣгу и закрытъ рогожей. Телѣга отправилась въ сопровожденіи цѣпи ружейнаго караула и полицейскихъ служителей. Послѣ воротъ гробъ стали сопровождать до могилы одни полицейскіе,—могила была ими приготовлена заранѣе.

Послѣ казни былъ составленъ протоколъ о приведеніи въ исполненіе конфирмаціи Александра III и подписанъ: Стромиловымъ, Хоменко, Крузенштерномъ, лейтенантомъ Сергѣевымъ, Сайкевичемъ, частнымъ приставомъ Савичемъ.

Отъ редакціи. Разсказъ о казни Суханова мы составили, главнымъ образомъ, на основаніи оффиціальныхъ документовъ, опубликованныхъ въ Россіи (см. газеты за 22-23 марта 1882 г.), а кромѣ того воспользовались статьями въ "Herald", „Intransigeant", „Вѣстникѣ Народной Воли" (№ 5).

Мы на страницахъ „Былого" будемъ постоянно напоминать своимъ товарищамъ по борьбѣ о тѣхъ преступленіяхъ, которыя совершены правительствомъ надъ русскими революціонерами. Пусть правительство знаетъ, что мы хорошо помнимъ, какъ оно, среди бѣлаго дня, въ присутствіи толпы рабовъ, подъ прикрытіемъ тысячъ солдатъ вѣшало и разстрѣливало Желябовыхъ и Сухановыхъ, какъ оно убивало тайно въ камерахъ Петропавловской крѣпости Михайловыхъ и Исаевыхъ. Будетъ время, скоро будетъ это время,—русскіе революціонеры сумѣютъ отомстить за смерть своихъ товарищей.

Сухановъ въ Кронштадтѣ у „позорнаго" столба, и Михайловъ съ своими друзьями въ Петропавловской и Шлиссельбургской крѣпостяхъ остались вѣрны своей аннибаловой клятвѣ бороться за дѣло русской свободы съ русскимъ деспотизмомъ, и съ своей Голгофы они завѣщали русскимъ революціонерамъ и свою непримиримую вражду къ самодержавію и свои методы борьбы съ нимъ.

ПИСЬМО ПЕТРА ВЛАДИМІРОВИЧА КАРПОВИЧА.

Дорогіе друзья!

Пишу къ вамъ въ послѣдній разъ. Мнѣ только хочется, чтобы вы меня поняли. А это для меня важно: очень сильно я васъ люблю.

Когда получилось первое извѣстіе, что 60 человѣкъ сдано въ солдаты, во мнѣ поднялась такая буря, въ которой я совсѣмъ не могъ разобраться. Дней пять происходило во мнѣ броженіе, потомъ понемногу стало улегаться, оставивъ, конечно, извѣстный осадокъ. Мнѣ и тогда приходило въ голову покушеніе на Боголѣпова, но я ни къ какому рѣшенію не пришелъ. Желаніе жить, жить для борьбы, превозмогло.

Получилось извѣстіе въ газетахъ, уже истинное. Тутъ старыя раны вскрылись; правда, не такъ остро было чувство, но зато глубже. Съ этой поры и начинается процессъ. Много, много я пережилъ за это время. Медленно, но вѣрно подвигался я къ рѣшенію. Извѣстіе въ нѣмецкихъ газетахъ о смертномъ приговорѣ рѣшило все. Теперь оно для меня не имѣетъ значенія, и я, почти навѣрное, могу сказать, что слухъ не вѣренъ. Но, вѣдь это возможно! Я и раньше все это зналъ, зналъ головой, а это извѣстіе дало мнѣ пережить всѣмъ моимъ существомъ, надъ какою пропастью ходятъ сотни людей, лучшихъ людей Россіи. И я рѣшилъ отомстить.

Самый важный вопросъ для меня былъ—убійство, второй— уйти отъ дѣла или желаніе жить; но жизнь и революціонное дѣло срослись у меня воедино. Затѣмъ вы, мои друзья, а потомъ уже все другое. Все это я могу сейчасъ взвѣсить, тогда—все переплеталось. Какъ только я рѣшилъ, сдѣлалось такъ спокойно на душѣ, такъ тихо: временами мнѣ было какъ-то уютно, тепло. Вотъ уже больше недѣли, но ни одного сомнѣнія, ни одинъ нервъ не дрогнетъ. Ясно, очень ясно. И все-таки я остаюсь тотъ же.

Вѣрю глубоко въ соціализмъ, въ русское революціонное движеніе. Вѣрю по прежнему, что нужно созданіе дѣльной революціонной организаціи—безъ словъ, но для дѣла. Будетъ организація (з партія), сама жизнь заставитъ ее вступить въ политическую борьбу, т. е. борьбу непосредственную съ русскимъ правительствомъ. Безъ этого она растворится, растаетъ или упрется въ тупой уголъ, откуда выхода нѣтъ. А другой борьбы, какъ террористической, я не знаю. Теперь я могу еще прибавить,—это уже не перечувстві-

вжнное, а плодъ спокойной думы,—что на особенно безобразныя выход-
ки правительства нужно отвѣчать, но отвѣтъ пусть беретъ на себя
отдѣльный человѣкъ, не дожидаясь, пока возникнетъ организація
Теперь отвѣчу на послѣдній вопросъ. Почему я вамъ не ска-
залъ—никому, ничего? Предпріятіе мое очень ненадежное, меня
могли взять на границѣ: зачѣмъ же я буду заставлять васъ много,
много страдать, и вдругъ напрасно? Теперь, когда совершилось, есть
чего страдать, а тогда—не нужно было. На рѣшеніе же мое вы не
повліяли бы, слишкомъ оно для меня было ясно, срослось со мной.
Закончу повтореніемъ, что васъ я всѣхъ очень, очень люблю.
Люблю такъ, какъ никогда не любилъ никого въ жизни. Прощайте,
не поминайте лихомъ. Завѣтъ всѣмъ вамъ: боритесь за свободу. Обо
мнѣ забудьте: я не хочу стать у васъ на дорогѣ, т. е. не хочу,
чтобы моя смерть ослабила васъ въ тяжелой предстоящей борьбѣ.
Цѣлую всѣхъ васъ крѣпко, крѣпко. Вашъ

Владимірычъ.

НАРОДОВОЛЬЧЕСКАЯ ЛИТЕРАТУРА.

Было бы очень желательно составить списокъ народовольче-
ской литературы, изданной какъ въ Россіи, такъ и за-границей,
съ возможно большими комментаріями.

Пока мы пытаемся дать и, очевидно, съ большими пробѣла-
ми, а, быть можетъ, съ нѣкоторыми даже неточностями—списокъ
народовольческой литературы только за первые годы существова-
нія партіи. Надѣемся, начатый нами списокъ будетъ со временемъ
составленъ и полно и съ обстоятельными комментаріями.

Значкомъ * мы отмѣчаемъ изданія, которыя имѣются у насъ;
мы просимъ доставить намъ недостающія изданія или сообщить,
гдѣ и у кого они находятся. Если невозможно будетъ переслать
намъ эти изданія, то просимъ переписать для насъ наиболѣе важ-
ныя статьи.

А.) Газета „Народная Воля". „Соціально-революціон-
ное обозрѣніе": 1) №, 1 окт., 1879 г. (см. „Le Révolté" № 19-21,
1879 г.); 2) 2 №, 15 ноября (въ 2 № „Былого" перепечатана
одна статья съ гектографированнаго изданія этого номера*, выпу-
щеннаго за границей Степнякомъ въ 80 г.,—часть номера перепи-
сана его рукой. См. также № 23 и 25 „Révolté"); 3) 3 №, 1 (?)
января, 80 г., съ программой Исп. Ком.,—былъ, кажется, не до-
конченъ печатаніемъ (вышло 16 стр. изъ 24) вслѣдствіе ареста
типографіи 17 янв. (см. 26 № „Révolté"); 4) 4 №, 24 дек. 80 г.
(см. „Révolté" № 24); 5) 5 №, 21 (?) ф. 81 г. (см. „Révolté" 81 г.,
№ 2); 6) 6 №, 23 окт.,—перепечатано* за-границей въ 81 г.;
7) 7 №, 23 дек. 81 г. (см. Драгомановъ „Народная Воля" о
централизаціи революціонной борьбы въ Россіи" изъ
„Вол. Слова" 82 г. № 37 и 38); 8) 8-9 N, 26 ф. 82 г.; 9) при-
ложеніе къ 8-9 №, мартъ 82 г. (частью перепечатано во 2 N
„На родинѣ"*); 10) 10 №, сентябрь 1884 г. (документы частью пе-
репечатаны въ 4 № „Вѣстника Народной Воли",—см. процессъ

Лопатина): 11) 11 №, осенью 1885 г. (см. процессы Оржиха и Сигиды).

Первые 3 № печатались въ Саперномъ переулкѣ у Ивановой, Буха, Грязновой и Лубкина, 4 и 5-ый на Подольской ул. у Грачевскаго, Ивановской и Терентьевой, 8-9-й и приложеніе къ нему въ Москвѣ у Суровцева, Чернявской и Ковалевой, 10—въ Дерптѣ у Переляева и Якубовича, и въ Ростовѣ на Дону у Антонова и пр., 11—въ Таганрогѣ у Сигиды (мужъ и жена), Тринидацкой и Федоровой.

Далѣе будутъ даны списки другихъ народовольческихъ изданій: Б) „Листки Н. В.“; В) „Рабочая Газета“; Г) „Программа Исп. Ком.“; Д) „Программа рабочихъ партіи Народной Воли“; Е) Прокламаціи и отдѣльныя изданія Народной Воли.

У ГРОБА.

(Посвящается поразившему Мезенцева.)

Какъ ударъ громовой, всенародная казнь
Надъ безумнымъ злодѣемъ свершилась.
То одна изъ ступеней . . . .
Съ грознымъ трескомъ долой отвалилась.

Безсердечный палачъ успокоенъ на вѣкъ,
Не откроются грозныя очи...
И трепещетъ у пышнаго гроба его
Въ изумленіи деспотъ Полночи.

Мраченъ ... Думу крѣпкую думаетъ онъ:
„Кто осмѣлился стать судіею
„Надъ тобою, надъ вѣрнымъ слугою моимъ,
„Надъ любимцемъ, возвышеннымъ мною?

„Не злодѣй ли безъ правды и бога въ душѣ?
„Не завистникъ ли подлый, лукавый?
„Или врагъ потайной, или недругъ лихой,
„Преисполненный местью кровавой?“

Все молчитъ. Нѣтъ отвѣта. Кругомъ тишина.
Лишь псаломщикъ кафизмы читаетъ,
Да свѣтильня дрожитъ... И вторично судьбу
. . . . вопрошаетъ.

Вотъ упала свѣча и потухла, дымясь,
Вслѣдъ за нею потухли другія;
Мракъ густой опустился на бархатный гробъ,
На покровы его дорогіе.

. . . стоитъ и не вѣритъ смущеннымъ очамъ!..
Какъ на гласъ неземного велѣнья,
Поднялись и проносятся мимо него
Рой за роемъ живыя видѣнья.

Измозжены, избиты, въ тяжелыхъ цѣпяхъ,
Кто съ прострѣленной грудью, кто связанъ,
Кто въ зіяющихъ ранахъ на вопухшей спинѣ,
Будто только что плетью наказанъ.

Тутъ и лапоть крестьянскій, и черный сюртукъ,
Женскій локонъ, солдатикъ въ мундирѣ,—
И съ веревкой на шеѣ удавленный трупъ,
И поэтъ, заморенный въ Сибири.

Словно духи, на страшную тризну сошлись
Въ часъ условный ночного свиданья,
Подлетѣли и, ставши кругомъ мертвеца,
Затянули ему отпѣваніе:

Отпѣваніе.

Жизнью распутною всхоленный,
Нашею кровію вспоенный,
Жалости въ сердцѣ не вѣдавшій,
Пытки и казнь проповѣдавшій,
Шедшихъ дорогой тернистою
Мявшій стопою нечистою
Въ страшной неравной борьбѣ!
Вѣчная память тебѣ!

Память позорная
Мысли гонителю!
Память укорная
Злому мучителю!
Непоправимая,
Неизгладимая,
Безчеловѣчная,
Вѣчная, вѣчная
Память тебѣ!!

Застучали оковы на тощихъ ногахъ,
Въ расшивной катафалкъ ударяясь,
И съ проклятіемъ громкимъ они понеслись,
Черной кровью изъ ранъ обливаясь.

Но видѣнье одно, долетѣвъ . . . .
Передъ нимъ неподвижное стало.
И, взглянувъ на него, съ молодого чела
Гробовое сняло покрывало.

Блѣдный ликъ его гнѣвнымъ укоромъ сверкалъ,
Страстный вызовъ во взорѣ свѣтился:
„ . . . ты вѣдать хотѣлъ, кто любимца убилъ,
Кто на подвигъ кровавый рѣшился?

    „Не злодѣй, не завистникъ, не недругъ лихой:
Не свои вымещалъ онъ обиды.
То посланникъ смиренный, послушный боецъ,
Всенародной святой Немезиды.

    „Не опричника злого, онъ жизни искалъ.
Что опричникъ? ихъ много найдется...
 . . . ты совѣсть спроси — и правдивый отвѣтъ,
Можетъ быть, въ ея нѣдрахъ проснется.

. . . .
. . . .
. . . .
. . . .

    „Подойди и взгляни! Убивается мать
Надъ погибшимъ безвременно сыномъ
. . . .
. . . .

    „Изъ родимаго дома его увезли
И въ гранитный мѣшокъ посадили,
И на годы, на долгіе годы, въ тюрьмѣ
Какъ ненужную ветошь, забыли.

    „Вотъ рыдаютъ младенцы, рыдаетъ вдова,
Схоронивши колодника-мужа;
Вторятъ имъ невпопадъ, завывая, метель
И Сибири трескучая стужа.

    „Да товарищъ унылый стоитъ въ кандалахъ
Надъ могильнымъ холмомъ, вспоминая,
Какъ завяла во цвѣтѣ загубленныхъ силъ
Безкорыстная жизнь молодая.

    „Тамъ... невѣста въ слезахъ! Разстрѣляли вчера
Жениха, объявившаго смѣло,
Что не сдастся злодѣямъ, пришедшимъ его
Оторвать отъ великаго дѣла.

    „Стонутъ Польша, казаки, забитый еврей,
Стонетъ пахарь нашъ многострадальный,
Истомился въ далекой якутской тайгѣ
Яркій свѣточъ науки опальный.

„Всюду ходитъ бѣда—по селамъ, городамъ,
Во дворы, въ конуры заползая,
Волкомъ бѣшенымъ по міру рыщетъ она,
Воронье на поминки сзывая.

    „Стонъ и вопли страдальцевъ до самыхъ небесъ
Горемычной росой поднялися
И вселенскою тучей . . . .
Съ цѣлой русской земли собрался.

    „И виситъ эта туча и будто бы ждетъ,
Словно крылья орелъ расправляетъ;
Но ударитъ тотъ часъ—грозовая стрѣла,
Какъ архангела мечъ, засверкаетъ.

    „Каждый стонъ, каждый вздохъ, пролитая слеза
Въ огнедышащихъ змѣй обратятся
. . . .
Милліонами зубьевъ вонзятся".

———————

    . . . . . Все исчезло во тьмѣ.
И умолкли правдивыя рѣчи...
Встрепенулся псаломщикъ, опять зачиталъ,
Восковыя затеплились свѣчи.

    Все какъ прежде—и гробъ, и покрытый налой,
Зеркала обвиты простынями,
И холодный суровый въ мундирѣ мертвецъ,
И покровъ съ золотыми кистями.

                                    А. А. Ольхинъ.

———————

Отъ редакціи „Былого".—4 августа 1878 г. въ Петербургѣ былъ убитъ шефъ жандармовъ Мезенцевъ. Главнымъ выполнителемъ этого убійства явился Сергѣй Михайловичъ Кравчинскій (Степнякъ, умеръ за-границей въ 1895 г.); его товарищами по этому дѣлу были: Адр. Михайловъ (въ Забайк. области), Баранниковъ, Ал. Михайловъ (оба умерли въ Алексѣевскомъ равелинѣ въ 1883-1884 гг.), а также докторъ Веймаръ (умеръ въ Забайкал. области въ 1885 г.) и другіе.

Вслѣдъ за убійствомъ Мезенцева, Кравчинскій написалъ и издалъ брошюру „Смерть за смерть!", гдѣ выяснилъ причины, почему революціонеры рѣшили покончить съ нимъ.

Тогда же извѣстнымъ адвокатомъ Ольхинымъ было написано стихотвореніе „У гроба". Мы перепечатываемъ его на страницахъ „Былого" не потому только, что оно принадлежитъ къ лучшимъ стихотвореніямъ русской литературы, но и потому, что оно является однимъ изъ важныхъ документовъ по исторіи русскихъ революціонныхъ и общественныхъ движеній. Оно прекрасно говоритъ намъ, съ какимъ восторгомъ лучшіе представители русскаго общества встрѣтили извѣстіе объ убійствѣ Мезенцева, и какъ высоко они цѣнили подобщаго рода революціонную борьбу.

Ольхинъ, подобно другому адвокату Бардовскому, арестованному въ 1879 г. (брату мирового судьи, повѣшеннаго въ Варшавѣ въ 1886 г.), былъ очень популярнымъ русскимъ дѣятелемъ того времени и извѣстенъ своими смѣлыми и сильными рѣчами на процессахъ 50-ти и 193-хъ. Онъ и Бардовскій были любимцами русской молодежи, и она не разъ устраивала шумныя манифестаціи этимъ честнымъ людямъ и смѣлымъ гражданамъ.

Свое стихотвореніе „У гроба“, до его напечатанія, Ольхинъ самъ читалъ въ редакціи „Земли и Воли“ въ присутствіи Кравчинскаго, Н. Морозова и другихъ революціонеровъ, бывшихъ въ то время уже нелегальными. При этомъ чтеніи присутствовавшими было сдѣлано нѣсколько измѣненій въ стихотвореніи, и оно появилось потомъ въ № 1 „Земли и Воли“, вышедшемъ 1 ноября 1878 г.

Въ началѣ 1879 г., подъ какимъ-то нелѣпымъ предлогомъ, Ольхинъ былъ арестованъ. Въ томъ же году онъ участвовалъ, въ качествѣ подсудимаго, въ процессѣ Мирскаго, былъ по суду оправданъ, но правительство, тѣмъ не менѣе, сослало его административнымъ порядкомъ въ глухой городокъ Пермской губ., гдѣ онъ и пробылъ болѣе 10 лѣтъ. Впослѣдствіи Ольхинъ былъ возвращенъ изъ ссылки и умеръ не такъ давно въ Петербургѣ.

ЛЕТУЧІЙ ЛИСТОКЪ.

(№ 1, апрѣль 1878 г.)

Бываютъ тревожныя минуты, когда логика событій, не смотря на ихъ кажущуюся безпорядочность и внезапность, съ непреодолимою силою намѣчаетъ ближайшій историческій шагъ, безусловно необходимый для страны.

Мы переживаемъ одну изъ такихъ рѣшительныхъ минутъ.

Для уразумѣнія предстоящей русскому обществу задачи, не требуется особенной проницательности. Жизнь, факты говорятъ сами за себя такъ громко, вскрыть ихъ общій принципіальный смыслъ такъ легко, что не остается мѣста никакимъ сомнѣніямъ и разногласіямъ. Будущее покажетъ, можемъ ли мы надолго остаться единодушны, но относительно перваго шага впередъ—спора быть не можетъ.

31-е марта 1878 г. будетъ навсегда памятнымъ днемъ въ русской исторіи. Въ этотъ день общество, «избранное общество», по сознанію «Московскихъ Вѣдомостей», впервые оцѣнило героизмъ молодежи, гибнущей въ тюрьмахъ и на каторгѣ. Оно услышало возмутительныя подробности генеральскаго издѣвательства надъ человѣческимъ достоинствомъ, узнало прошлое самой Засуличъ, заглянуло въ ея чистую душу и не только вынесло ей, въ лицѣ присяжныхъ, юридическое оправданіе, но признало ее воплощеніемъ русской совѣсти и мысли. Кто былъ въ судѣ, тотъ знаетъ, что мы не преувеличиваемъ.

Чѣмъ же Засуличъ стала такъ дорога обществу?

Узнавъ о генеральной расправѣ, она ждала суда и возмездія. Она не могла допустить мысли, чтобы какъ разъ въ то время, когда мы парадируемъ передъ Европой въ мундирѣ лейбъ-спасителей Болгаріи, русскій генералъ могъ безнаказанно совершать турецкія звѣрства въ столицѣ державы-освободительницы. Она ждала, не дождалась и лично на себя взяла возмездіе. „Тяжело поднимать руку на человѣка", говорила она на судѣ. Но ей казалось, что это необходимо, что иначе нельзя обратить вниманіе общества на турецкія звѣрства въ Россіи. Эффектъ даже превзошелъ, вѣроятно, ея ожиданія.

Мы знали, конечно, и прежде, гдѣ мы живемъ, но на этотъ разъ страшная, позорная истина предстала во всей наготѣ, и мы почувствовали до какой степени безсловесна и безсудна наша родина. Наша пресса, умершая и погребенная подъ бременемъ безсудности, славословила освобожденіе славянъ и молчала о рабствѣ Россіи. Общественное мнѣніе тоже не смѣло наказать баши-бузуцкаго генерала. И насъ охватили негодованіе и жгучій стыдъ.

Съ этихъ поръ между правительствомъ и обществомъ открылась пропасть, и въ нынѣшнее же лѣто, отъ оправданія Засуличъ первое, царствованія же императора Александра II-го двадцать четвертое, фактъ передачи общественныхъ дѣлъ въ общественныя руки долженъ обратиться въ принципъ. Фактъ уже существуетъ и проявляется въ цѣломъ рядѣ дѣяній, героическихъ или подлыхъ, но, по необходимости, беззаконныхъ.

Безсильное во внѣшнихъ дѣлахъ, готовящееся къ позорному миру, правительство и внутри перестаетъ функціонировать. Оно вызываетъ Засуличъ на судъ и расправу надъ генераломъ Треповымъ*) и безмолвно назначаетъ генералъ-губернаторомъ Москвы цехъ мясниковъ и Охотный Рядъ.

Событія идутъ быстро, и всё въ одномъ и томъ же направленіи.

Правительство не хочетъ или не можетъ остановить жестокой, наглой дѣятельности кіевскаго товарища-прокурора Котляревскаго, и частныя лица берутся за это дѣло. Правительство не хочетъ или не можетъ предотвратить результатовъ безумнаго университетскаго суда, и частныя лица совершаютъ казнь надъ Матвѣевымъ. Правительство не можетъ остановить московскую демонстраціи, и представителями его являются частныя лица—московскіе мясники. Правительство, не смотря на присутствіе полиціи и войска, не хочетъ или не можетъ прекратить варварской бойни, и мясники вторично просятъ „работы".

Такимъ образомъ, фактически отправленіе правосудія и охраны гражданъ отъ насилій ускользаетъ изъ рукъ правительства.

Но такое ненормальное положеніе вещей невозможно. Мы не смѣемъ жертвовать тѣми частными лицами, которымъ „тяжело

*) Отецъ нынѣ дѣйствующаго ген. Трепова.

поднять руку на человѣка", и не можемъ отдаться на жертву мясникамъ, которымъ это легко. Нуженъ выходъ. Его указываетъ самое положеніе вещей.

Само правительство инстинктивно вовлекается въ водоворотъ. „Правительственный Вѣстникъ" перепечатываетъ выходки частной газеты противъ вердикта, законами установленнаго въ имперіи, суда. Императоръ дѣлаетъ визитъ сочувствія генералу Трепову, опозоренному дѣломъ 31 марта, и гласно отдѣляетъ свои личныя симпатіи отъ симпатій общества.

Таковы факты. Разрозненные, безпорядочные, они должны быть возведены въ принципъ.

Принципъ этотъ называется: конституція, земскій соборъ.

Тщетно правительство грозитъ репрессаліями, какъ закрытіе высшихъ учебныхъ заведеній, запрещеніе газетъ, приравниваніе жандармскихъ командъ къ военному караулу или законодательное сокращеніе района дѣйствій суда присяжныхъ.

Общественныя дѣла должны быть переданы въ общественныя руки. Если этого не будетъ достигнуто въ формахъ представительнаго правленія съ выборными отъ русской земли, въ странѣ долженъ возникнуть *тайный комитетъ общественной безопасности.* И тогда горе безумцамъ, становящимся поперекъ путей исторіи!

Безъ того или другого принципіальнаго объединенія отдѣльныхъ фактовъ, свидѣтельствующихъ о безсиліи правительства, обойтись нельзя.

Рѣшительныя минуты создаютъ рѣшительныхъ людей.

Отъ редакціи „Былого".—Прокламація „Летучій Листокъ"—въ подлинникѣ она была, если не обманываетъ насъ память, озаглавлена „Летучій Листокъ русскихъ конституціоналистовъ"— появилась въ Петербургѣ въ 1878 г. ввидѣ прибавленія къ газетѣ „Начало", издававшейся въ 1878 г. Мы перепечатываемъ „Лет. Листокъ" изъ 11 № „Общаго Дѣла".

Эта прокламація принадлежитъ перу очень извѣстнаго русскаго дѣятеля.*)

Въ 1878 г. идеи автора „Летучаго Листка" шли въ разрѣзъ со взглядами большинства русскихъ революціонеровъ, но они заключали въ себѣ много такого, что потомъ, начиная съ половины 1879 г., было принято партіей Народной Воли. Вся важность „Летучаго Листка" будетъ понята тогда, когда возможно будетъ опубликовать обстоятельства, сопровождавшія изданіе этой прокламаціи.

СТАТЬИ ИЗЪ № 4 „НАРОДНОЙ ВОЛИ".

а) Злоба дня.

25 ноября 1880 г.

Въ первыхъ номерахъ „Народной Воли" мы старались доказать, что главнымъ препятствіемъ къ экономическому и полити-

*) Н. М. Михайловскаго.

ческому освобожденію народа служитъ современный государствен-
ный строй, что борьба съ нимъ для партіи соціально-революціонной
неизбѣжна и въ ближайшее время стоитъ на первомъ планѣ, что
партія должна взять на себя починъ политическаго переворота, не
ожидая стихійнаго массоваго движенія и не разсчитывая исключи-
тельно на движеніе снизу, вызванное, по иниціативѣ и силами орга-
низаціи, въ народѣ. По нашему убѣжденію, при общемъ недоволь-
ствѣ и стремленіи къ выходу,—ввиду общаго сознанія, что существу-
ющій государственный и общественный строй—переходный, и ради-
кальное измѣненіе его—вопросъ ближайшихъ дней, въ виду полна-
го безсилія правительства облегчить положеніе,—недоставало только
сильнаго толчка, чтобы отъ старой руины остался одинъ прахъ.
Дать этотъ толчекъ при обыденномъ теченіи жизни могла только
соціально-революціонная партія, и въ этомъ мы видѣли ея ближай-
шую историческую миссію.

Въ № 3 „Народной Воли" мы напечатали программу, со-
держащую сводъ этихъ положеній вмѣстѣ съ нѣкоторыми деталь-
ми положеніями о практическихъ путяхъ, возможныхъ при томъ же
обыденномъ теченіи народной жизни (таковы: *Учредительное Собра-
ніе, Временное Правительство*, какъ результатъ заговора и проч.).

Гибель типографіи помѣшала намъ сдѣлать своевременно разъ-
ясненія и дополнить программу. Отсюда ея неправильное толкова-
ніе и одностороннее пониманіе многими по сей день. Все это обя-
зывало насъ заготовить рядъ статей программнаго характера. Но
первою возможностью сказать обстоятельное вольное слово мы долж-
ны воспользоваться, чтобы остановить вниманіе партіи, какъ можно
скорѣе, на новомъ факторѣ народной жизни, факторѣ чрезвычайна-
го значенія, обращающемъ положеніе дѣлъ въ исключительное.

Мы говоримъ о голодѣ многихъ милліоновъ. Житница Россіи,
недавняя житница Европы, стоитъ въ оцѣпенѣніи ужаса передъ голод-
ной смертью. Уныніе смѣнилось отчаяніемъ, и населеніе, предпріим-
чивость котораго раздвинула предѣлы царства, въ состояніи лишь
повторять: „все равно—смерти не минуешь!" Страданія чрез-
мѣрны. Народному терпѣнію бываетъ конецъ; подъ неотразимымъ
стихійнымъ давленіемъ голода, возможно массовое движеніе цѣлыхъ
областей. Партія соціально-революціонная должна серьезно взвѣсить
историческое значеніе момента и... приготовиться! Исторія, вложивъ
въ ея руки народное знамя, нынѣ ставитъ ей испытаніе. Созрѣла
ли партія до пониманія своихъ задачъ, столь же широкихъ, какъ и
самая жизнь народная? Гдѣ накопленныя силы? Что можемъ сдѣ-
лать въ подмогу народному движенію? Все ли будемъ теребить со-
ціалистическія теоріи да готовиться къ чему-то, или, покорные
воплю голоднаго, кликнемъ: „*дѣйствовать нужно, какъ подобаетъ
истинному народному революціонеру?*"

Исключительное положеніе требуетъ отъ постановки револю-
ціоннаго дѣла приспособленія. Больше, чѣмъ когда-либо, требуется
организація силъ во имя переворота и сосредоточеніе ихъ въ цен-
трахъ возможнаго движенія. Необходимо намѣтить базы возстанія
и быть наготовѣ овладѣть ими. Необходимо частными толчками
расшатывать подгнившіе устои. Въ исторіи революціоннаго движе-

нія наступаетъ героическій періодъ. Вопль изнывающей въ страда-
ніяхъ родины призываетъ на бой всѣхъ честныхъ, самоотвержен-
ныхъ сыновъ ея.

Активное участіе въ борьбѣ становится мѣриломъ революціон-
ной добропорядочности.

Прочь же худосочное резонерство! Дайте просторъ въ себѣ
боевому чувству и личнымъ примѣромъ ободрите народъ!

б) ЖЕЛАТЕЛЬНАЯ РОЛЬ НАРОДНЫХЪ МАССЪ
ВЪ РЕВОЛЮЦІИ.

Каждая инсуррекція — это такое дѣло, гдѣ по преимуществу оправ-
дывается пословица: человѣкъ предполагаетъ, а богъ располагаетъ.
Множество обстоятельствъ, болѣе или менѣе неожиданныхъ, посто-
янно встрѣчаются на пути человѣческихъ расчетовъ, то мѣшая
имъ, то помогая. Къ числу такихъ неизвѣстныхъ величинъ въ ин-
суррекціи относится настроеніе народныхъ массъ. Очень часто
горячая, кипучая, по всѣмъ наблюденіямъ, масса — въ рѣшительный
моментъ не двинетъ пальцемъ; наоборотъ — забитая, инертная тол-
па — совершенно неожиданно проявляетъ энергію и самодѣятель-
ность.

Настоящій годъ, съ его повсемѣстной голодовкой очень можетъ
вызвать въ народѣ настроеніе и инстинкты, о которыхъ въ про-
шломъ году можно было только мечтать, и привлечетъ, можетъ быть,
въ революціонное движеніе величины, которыя даже и въ настоя-
щій моментъ не могутъ быть вполнѣ извѣстны.

Тѣмъ не менѣе, нужно по возможности предвидѣть всякое со-
четаніе условій. И вотъ почему намъ кажется теперь болѣе,
чѣмъ когда-либо, умѣстнымъ опредѣленно поставить вопросъ о же-
лательной роли народныхъ массъ въ революціи. Мы дѣлаемъ это
тѣмъ съ большей охотой, что надѣемся при этомъ снять съ себя
обвиненіе въ неискреннемъ отношеніи къ народу, обвиненіе, кото-
рое — тоже едва ли искренне — взводилось на насъ нѣкоторыми
принципіальными противниками „Народной Воли“.

Одно изъ самыхъ драгоцѣнныхъ свойствъ, какими только можетъ
обладать народъ — это политическое, гражданское развитіе. Полити-
ческое развитіе можетъ спасти народъ при самыхъ неблагопріятныхъ
условіяхъ, при полномъ экономическомъ разореніи, при наличности
цѣлой стаи хищниковъ, при опасностяхъ иноземнаго господства.
Никакое бѣдствіе не страшно, если въ народѣ живетъ увѣренность
въ своихъ верховныхъ правахъ, если въ немъ сильна привычка и
умѣнье слѣдить за всѣми государственно-общественными дѣлами,
начиная съ деревни и кончая дворцомъ. При отсутствіи политиче-
скаго развитія — наоборотъ: ни роскошь природы, ни прекрасныя
свойства національнаго ума и характера, ни широкое общественное
чувство не спасетъ народъ отъ нищеты и рабства.

Благодѣтельныя послѣдствія, которыя замѣчаются обыкновенно
послѣ каждой революціи, обусловливаются отчасти улучшеніемъ са-

мыхъ общественныхъ формъ, отчасти же именно благодаря повышенію политическаго развитія народа. Конечно,—иногда первые шаги народной самодѣятельности въ революціонную эпоху неумѣлы, иногда самые дикіе страсти и инстинкты выступаютъ наружу, но, какъ бы то ни было, торжествуя, народъ начинаетъ сознавать свое право; покинутый на произволъ судьбы, лишенный обычныхъ опекателей,—народъ пріучается организовать общественныя отношенія, контролировать своихъ довѣренныхъ лицъ и пр. и пр., словомъ— дѣлается въ большей степени гражданиномъ. И затѣмъ, когда революціонная буря утихаетъ, и жизнь постепенно входитъ въ свое обычное русло, повышеніе политическаго развитія народа сразу сказывается въ уменьшеніи всякихъ злоупотребленій, правонарушеній, произвола. Жить становится легче.

Поэтому всякая инсуррекція наибольшіе результаты даетъ тогда, когда она является только прелюдіей къ народной революціи или ея эпизодомъ,—говоря другими словами— если инсуррекція только даетъ толчекъ народной революціи. Насколько возможно взвѣсить все наше положеніе,—въ Россіи дѣло такъ бы и вышло.

Будемъ ли мы однако въ состояніи подготовить удачное возстаніе раньше стихійнаго народнаго движенія, или оно предупредитъ наши расчеты—въ обоихъ случаяхъ, намъ кажется, наиболѣе производительно затратить силы, сорганизованныя партіей мы можемъ только, направляя ихъ для разрѣшенія, такъ сказать, народныхъ силъ, для превращенія народныхъ массъ въ сознательную политическую силу. Вотъ почему мы постоянно говоримъ и говорили о передачѣ власти народу, о народной волѣ, о народномъ самодержавіи. Для народа важно достигнуть лучшихъ общественныхъ формъ, но еще важнѣе—достигнуть этого самому; для него всего важнѣе пережить такой историческій моментъ, въ теченіе котораго онъ, народъ, былъ бы дѣйствительнымъ распорядителемъ своихъ судебъ. Такіе моменты никогда не забываются и создаютъ изъ обывателей—гражданъ.

Для того, чтобы рельефнѣе выразить, какъ мы понимаемъ рѣшающую роль партіи, мы возьмемъ наглядный примѣръ. Убѣдительно просимъ, однако, читателей не видѣть въ нашихъ словахъ изложеніе плана дѣйствій. Только революціонное доктринерство сосочиняетъ планы на десять лѣтъ впередъ. Настоящій же, живой, революціонеръ имѣетъ только одинъ планъ: свою основную идею примѣнять къ обстоятельствамъ и осуществлять сообразно съ ними.

Итакъ, мы говоримъ только къ примѣру, для большей наглядности.

Допустимъ, что партія сорганизовала достаточныя силы, дождавшись всенароднаго движенія, начала дѣйствовать самостоятельно и овладѣла центральною властью. Какова ея дальнѣйшая роль? Создавать новый государственный строй, декретировать необходимыя реформы? Мы полагаемъ—нѣтъ.

Только въ самомъ несчастномъ случаѣ, только тогда, еслибы народный организмъ не проявлялъ уже ни одной искры жизни,— можно было бы признать такую дѣятельность. Въ обыкновенное же

время для партіи было бы обязательнымъ употребить пріобрѣтен-
ную власть и средства на то, чтобы революціонизировать всю Рос-
сію—призывать повсюду народъ къ захвату власти и осуществле-
нію его завѣтныхъ желаній, помогать ему въ этомъ всѣми силами
и свою центральную власть держать въ рукахъ исключительно для
того, чтобы помочь сорганизоваться народу.

Принципъ указываетъ намъ вообще, что главная созидательная
сила революціи—въ народѣ, и что дѣло созиданія тѣмъ прочнѣе
чѣмъ болѣе участвуютъ въ немъ массы. Переходя къ дѣлу борьбы
и разрушенія, мы также утверждаемъ, что оно безъ участія народа
очень химерично. Правительство въ революціонный моментъ тер-
питъ пораженіе отъ двухъ причинъ: во-первыхъ, вслѣдствіе напа-
денія боевой революціонной силы, во-вторыхъ, вслѣдствіе разложе-
нія собственныхъ силъ. Но боевую силу, достаточную для того,
чтобы разбить правительство хотя на короткое время, немыслимо
составить безъ участія народа, ибо нѣсколькихъ тысячъ бойцовъ
единовременно интеллигенція поставить не въ состояніи. Разложе-
ніе же правительственныхъ войскъ совершится въ значительной
степени вслѣдствіе антиправительственнаго настроенія массъ, кото-
рыя заражаются иногда на самихъ баррикадахъ.

Воздѣйствіе со стороны партіи на массы, тѣсная связь съ ни-
ми составитъ, такимъ образомъ, для насъ главное условіе успѣха, и
только необходимость сообразоваться со средствами заставляетъ насъ
всегда указывать на извѣстную экономизацію силъ.

Въ настоящій, подготовительный, періодъ далеко не всѣ мѣст-
ности имѣютъ одинаково, революціонное значеніе, и, конечно,
главнаго вниманія требуютъ болѣе важные пункты. Таковы, вообще
крупные городскіе центры. Имъ придется вынести на плечахъ всю
тяжесть борьбы. Въ нихъ силы партіи должны быть наиболѣе зна-
чительны. Въ разное время такое же значеніе пріобрѣтаютъ раз-
личныя крестьянскія мѣстности, по стеченію обстоятельствъ, осо-
бенно обостряющихъ неудовольствіе и поднимающихъ революціон-
ное настроеніе. Онѣ также требуютъ немедленнаго воздѣйствія со
стороны партіи. Короче говоря: если связь съ народными массами
необходима вообще, то она уже просто обязательна тамъ, гдѣ этимъ
обезпечивается первый успѣхъ возстанія.

Мы часто указывали партіи на дѣятельность среди городского
рабочаго населенія. Безпримѣрныя бѣдствія нынѣшняго года въ
южной и юговосточной Россіи расширяютъ область обязательнаго
воздѣйствія на народъ въ десять разъ,—но увеличились ли въ той
же пропорціи силы, которыя партія можетъ удѣлить на эту работу?
Едва-ли.

Мы, конечно, дѣлаемъ значительные успѣхи,—это можно ска-
зать, не хвастаясь,—но дѣло требуетъ гораздо бо́льшихъ силъ.
Повсюду, даже въ наиболѣе оживленныхъ центрахъ, замѣчается
недостатокъ въ людяхъ по всѣмъ отраслямъ дѣятельности. Только
тѣсное сплоченіе всѣхъ революціонныхъ фракцій могло бы воспол-
нить этотъ недостатокъ. Найдетъ ли партія въ себѣ достаточно
единодушія и преданности дѣлу для того, чтобы, оставляя мелкія

различія взглядовъ, сомкнуться на общей работѣ? Мы надѣемся, что—да.

За послѣднее время въ этомъ отношеніи сдѣлано довольно много, и мы только для примѣра можемъ указать на заявленіе одного кружка деревенскихъ дѣятелей, публикуемое въ настоящемъ номерѣ.

в) ЗАЯВЛЕНІЕ ГРУППЫ НАРОДНИКОВЪ.

Послѣ нѣсколькихъ лѣтъ дѣятельности въ народѣ, гдѣ мы первоначально ставили своей цѣлью созданіе массовой сознательно-революціонной организаціи, силами и по иниціативѣ которой было бы вызвано народное возстаніе, мы пришли къ слѣдующимъ выводамъ:

1) что массовая организація такого рода въ настоящее время по многимъ причинамъ недостижима;

2) что для возбужденія въ народѣ общаго революціоннаго движенія необходимъ сильный внѣшній толчекъ, вродѣ политическаго переворота, или извѣстная комбинація экономическихъ и всякихъ случайныхъ причинъ (всероссійскій голодъ, неудачная война и т. п);

3) что въ виду вышесказаннаго, роль интеллигенціи въ народѣ сводится къ подготовленію его активнаго и возможно болѣе сознательнаго участія въ движеніи, вызванномъ вышеозначенными причинами, и къ тому, чтобы, заручившись предварительно довѣріемъ и популярностью въ массахъ, стать руководителями и организаторами движенія.

Признавая прошлогодній расколъ партіи на двѣ фракціи крайне вреднымъ для дѣла народнаго освобожденія, мы въ то же время находимъ, что:

1) постановка революціоннаго дѣла партіи „Народной Воли" вѣрна и охватываетъ всѣ отрасли революціонной дѣятельности;

2) въ способахъ веденія дѣла въ средѣ сельскихъ массъ мы вполнѣ согласны съ партіей „Народной Воли" и

3) террористическіе факты, будучи неизбѣжнымъ послѣдствіемъ современныхъ политическихъ условій, возбуждаютъ умы и способствуютъ уясненію народнаго сознанія. Совершаемые систематически въ періодъ возстанія, они въ высшей степени способствуютъ успѣху возстанія.

Въ виду всего этого, а также для обоюднаго согласованія дѣятельности мы порѣшили присоединиться къ партіи „Народной Воли", о чемъ и заявляемъ.

С. Петербургъ, 15 ноября 1880 г.
Въ подлинникѣ слѣдуютъ подписи членовъ кружка.

г) РЕЗОЛЮЦІЯ ГАВРСКАГО КОНГРЕССА.

Въ газетѣ „Marseillaise" напечатана слѣдующая резолюція Національнаго Соціалистическаго Конгресса, происходившаго въ прошломъ ноябрѣ мѣсяцѣ, выразившаго въ лицѣ представителей 36 городовъ Франціи горячее сочувствіе русской революціонной партіи:

„Французскіе соціалисты-рабочіе, собравшіеся на Національный Конгрессъ 1880 г. въ Гаврѣ, не исполнили бы своего долга, если бы не выразили полной своей солидарности съ русскими нигилистами, такъ мужественно сражающимися на другомъ концѣ Европы за свободу, за человѣческія права и за соціальную справедливость.

„Братья Россіи и Сибири!

„Взоры французскаго пролетаріата обращены на васъ. Онъ шлетъ вамъ благодарность за подаваемый вами примѣръ. Онъ шлетъ вамъ пожеланія близкаго торжества.

„Вашей побѣдѣ, вопреки Священному Союзу тирановъ и эксплуататоровъ, можетъ быть, суждено стать предвѣстникомъ освобожденія другихъ народовъ и сигналомъ международной революціи.

„Помня героическую роль женщинъ въ эпопеѣ, которая въ скоромъ времени должна завершиться полнымъ освобожденіемъ русскаго народа, конгрессъ, передъ заключеніемъ преній по женскому вопросу, входящему въ программу настоящаго его засѣданія, посылаетъ вамъ черезъ развалины Зимняго Дворца и славныя плахи вашихъ послѣднихъ мучениковъ, Квятковскаго и Прѣснякова, выраженіе своей симпатіи и своего удивленія, свои привѣтствія и одобреніе“.

д) ПОСЛѢ КАЗНИ 4-го НОЯБРЯ.

И опять палачи!.. Сердца крикъ, замолчи!..
Снова въ петлѣ качаются трупы.
На мученье бойцовъ, нашихъ лучшихъ сыновъ,
Смотрятъ массы безжизненно тупы.
. . . .
. . . .
. . . .
. . . .

Братья, труденъ нашъ путь! Надрывается грудь
Въ этой битвѣ съ бездушною силой.
Но сомнѣнія прочь! Вѣдь не все жъ будетъ ночь,
Свѣтъ блеснетъ хоть надъ нашей могилой.
И покончивъ борьбу, вспомнивъ нашу судьбу,
Обвинять насъ потомки не станутъ,
И въ свободной странѣ оправдаютъ вполнѣ,
Добрымъ словомъ погибшихъ помянутъ.

е) ПО ПОВОДУ ПРОЦЕССА 16-ти.

Процессъ 16-ти раскрылъ несомнѣнно глаза всѣмъ легкомысленнымъ россіянамъ, легко переходящимъ къ ликованію и еще легче падающимъ духомъ.

Установлено существованіе революціонной организаціи, дѣйствующей по опредѣленному плану, опредѣлившей свои ближайшія и отдаленныя задачи. Насколько эти задачи не химеричны, а наоборотъ соотвѣтствуютъ требованіямъ времени и условіямъ борьбы, показалъ опытъ.

Борьба съ правительствомъ оказалась возможной и полезной. Благодаря ей, партія, какъ борющаяся сторона въ государствѣ, получила право гражданства; ее одну принимаетъ правительство въ соображеніе; съ нею одною полагаетъ нужнымъ считаться. Ни земскіе протесты, ни разъединенные протесты сельскихъ массъ, ни безпорядки городского населенія, ни пропаганда въ народѣ идей соціализма не вынуждали правительство напрягать до крайности свои силы, не приводили его въ замѣшательство.

Да и соціалисты-народники были слабы, пока они узко понимали свою задачу. Но революціонное міровоззрѣніе и формы борьбы создаются жизнью и совершенствуются по мѣрѣ накопленія жизненнаго опыта. Такимъ образомъ, нынѣшняя постановка революціоннаго дѣла является лишь прямымъ послѣдствіемъ сознанныхъ ошибокъ, сознанной односторонности работы нашихъ предшественниковъ. Читатель догадается, въ чемъ заключалась, по нашему мнѣнію, ихъ односторонность. Программа, выработанная на Липецкомъ съѣздѣ въ іюнѣ 1879 г., резюмируетъ предшествующій революціонный опытъ, вводя въ программу существенную поправку.

Въ рѣчи своей, произнесенной 29 октября этого года въ стѣнахъ военно-окружного суда, Александръ Александровичъ Квятковскій останавливается на поправкѣ, послужившей принципіальнымъ поводомъ къ выдѣленію извѣстной части соціалистовъ-революціонеровъ въ особую партію—Народной Воли. Считаемъ нужнымъ привести его слова дословно.

Изложивъ кратко исторію революціоннаго движенія въ Россіи, Квятковскій говоритъ:

„Критическое отношеніе къ своей дѣятельности, анализъ фактовъ и наблюденій, почерпнутыхъ изъ хожденія въ народъ, послужили къ выработкѣ новой программы дѣятельности, основанной уже не на данныхъ теоретическаго характера, а живыхъ, почерпнутыхъ изъ наблюденій надъ жизнью народа. Вотъ на этихъ-то твердыхъ началахъ и была основана „народническая" программа, и образована народническая партія. Я изложу теперь существенныя черты этой программы, такъ какъ партія Народной Воли, къ которой я имѣю честь принадлежать, образовалась внесеніемъ въ нее нѣкоторыхъ измѣненій. Основное начало этой программы слѣдующее: каждая историческая эпоха должна ставить себѣ тѣ задачи, которыя осуществимы, хотя, быть можетъ, онѣ и не идеальны, хотя, быть можетъ, и не совершенны будутъ тѣ общественныя формы, которыя заключаютъ въ себѣ эти задачи. Какъ бы ни была сильна партія, она не въ состояніи измѣнить то народное міровоззрѣніе, которое сложилось вѣковой жизнью. Поэтому партія должна поставить себѣ цѣлью осуществленіе тѣхъ желаній, тѣхъ стремленій, которыя уже существуютъ въ народѣ. Средствомъ къ осуществленію поставленной цѣли служитъ заселеніе болѣе или менѣе значительнаго района, смотря по средствамъ партіи, съ цѣлью сдѣлаться, такъ сказать, гражданиномъ этой мѣстности, пріобрѣсти себѣ довѣріе и уваженіе народа и вызвать его на активное заявленіе своихъ нуждъ и потребностей... какъ на почвѣ легальной, такъ и нелегальной. Средства, которыя я обозначилъ, собственно должны быть названы подготовительными, потому что, въ концѣ концовъ, осуществленіе народныхъ идеаловъ можетъ произойти только посредствомъ народнаго возстанія... Вотъ существенныя черты программы народнической партіи... Теперь укажу и на сущность, основаніе нашей программы, а вы, гг. судьи, будете имѣть возможность сравнить обѣ и опредѣлить характерныя черты, послужившія основаніемъ для раздѣленія народнической партіи. Насъ давно называютъ анархистами, но это совершенно невѣрно. Въ своихъ практическихъ задачахъ мы никогда не отрицали государства вообще. Мы отрицаемъ только данную форму государственной организаціи, какъ такую, которая блюдетъ интересы только незначительной части общества, интересы капиталистовъ, землевладѣльцевъ, чиновничества и пр., и служитъ главной причиной даннаго бѣдственнаго положенія народа. Мы утверждаемъ, что государство, напротивъ, должно служить интересамъ большинства, т. е. народа, что можетъ быть исполнено только при передачѣ власти народу, при участіи въ государственной жизни самого народа. Отсюда уже ясна и практическая постановка задачи: требованіе передачи власти въ руки народа, которое можетъ формулироваться или требованіемъ Учредительнаго Собранія, или иного какого либо учрежденія".

Того же предмета касается въ своей рѣчи и Степанъ Григорьевичъ Ширяевъ, въ отвѣтъ на прочитанную на судѣ „записку" Гр. Гольденберга.

„Съѣздъ, говоритъ онъ, призналъ необходимымъ пополнить программу „Земли и Воли" требованіемъ измѣненія существующаго государственнаго строя въ томъ смыслѣ, чтобы власть въ государствѣ была передана народу путемъ организаціи представительныхъ политическихъ учрежденій. Это положеніе сдѣлалось основнымъ пунктомъ программы, развивая которую, съѣздъ сталъ далѣе обсуждать средства къ осуществленію намѣченной цѣли",

Итакъ, политическій переворотъ, какъ первый необходимый шагъ къ осуществленію радикальныхъ экономическихъ реформъ,— вотъ положеніе, послужившее поводомъ къ выдѣленію фракціи, сложившейся вскорѣ въ партію Народной Воли.

Къ принятію этого положенія клонилъ весь предшествовавшій опытъ, доказавшій, что при нынѣшней враждебной народу организаціи государства, проникающей глубоко во всѣ сферы его жизни, нѣтъ дѣятельности внѣ борьбы съ этимъ государствомъ. Оно не только поддерживаетъ ненормальное распредѣленіе земельной собственности, настоящую организацію фабричнаго производства, монополію и откупы, но само является крупнѣйшимъ собственникомъ фабрикантомъ, монополистомъ и откупщикомъ. Разъ это такъ, борьба съ нимъ неизбѣжна, и революціонная партія должна направит первые свои удары на этого крупнѣйшаго врага и эксплуататора Сообразно съ этимъ, и характеръ борьбы по необходимости вид изменяется. Партія должна обратить серьезное вниманіе на крупные центры правительственной организаціи, подготовлять и организовать въ нихъ рабочее населеніе къ возможной борьбѣ. Сельское населеніе не можетъ при этомъ не приниматься въ расчетъ. Чѣмъ шире будетъ вестись пропаганда и агитація въ селахъ, чѣмъ сильнѣе будетъ связь города съ деревней, тѣмъ смѣлѣе можетъ вестись борьба, тѣмъ надежнѣе будутъ народныя завоеванія.

Въ видахъ экономіи силъ и цѣлесообразнаго ихъ приложенія, дѣятельность въ деревнѣ не должна вестись разбросанно, какъ это было до сихъ поръ. Важно не столько то, чтобы въ средѣ крестьянства была извѣстная доля сознательныхъ соціалистовъ-революціонеровъ, способныхъ подготовить мѣстное крестьянское движеніе, сколько то, чтобы въ моментъ сильнаго толчка, даннаго отъ города, возставшее сельское населеніе могло его поддержать. Ввиду этого возможно вести подготовительную работу въ деревняхъ, въ районѣ крупныхъ промышленныхъ и административныхъ центровъ, какъ наиболѣе возможныхъ очаговъ возстанія.

Терроръ,—какъ одинъ изъ способовъ борьбы съ государственной организаціей, какъ сильное агитаціонное средство въ рукахъ соціалиста-революціонера,—оказалъ уже услугу народному дѣлу. Мысль о возможности и полезности этого рода борьбы проникаетъ все болѣе и болѣе въ сознаніе не только революціонеровъ всѣхъ фракцій, но—что еще важнѣе—въ сознаніе городского рабочаго населенія и крестьянства. Нужно стоять въ сторонѣ отъ жизни, чтобы не замѣчать этого или утверждать противное.

Въ рѣчахъ нашихъ товарищей, Ал. Ал. Квятковскаго и Ст. Гр. Ширяева, мѣсто, отводимое террору, какъ непосредственному нападенію на правительство силами организаціи, не вполнѣ соотвѣтствуетъ теперешнему представленію о немъ, какъ средствѣ для достиженія задачъ партіи. Но не слѣдуетъ забывать, что товарищи наши выясняютъ задачу террора, какъ она ставилась многими въ 1879 году, до ихъ ареста. Это было въ разгаръ правительственныхъ репрессалій. Понятная ненависть къ правителямъ, за пролитую кровь борцовъ, временно могла придать этому средству борьбы исключительный характеръ мести и самозащиты.

Вотъ что говоритъ по этому поводу Квятковскій:

…„Я не думаю утверждать, чтобы въ нашей программѣ не отводилось никакого мѣста террору. Нѣтъ, этотъ отдѣлъ дѣятельности существуетъ. Но онъ составляетъ второстепенную, если не третьестепенную часть этой программы… имѣетъ въ виду защиту и охраненіе членовъ ея, а не достиженіе цѣлей ея… Чтобы сдѣлаться тигромъ, не надо быть по природѣ. Бываютъ такія общественныя состоянія, когда агнцы становятся ими. Но такое, конечно, временное превращеніе ихъ вызываетъ одна только необходимость, и такою необходимостью фатально, неизбѣжно вызваны эти тяжелыя для всѣхъ (я думаю также и для насъ) событія—политическія убійства. Они вызваны страшнымъ, жестокимъ отношеніемъ правительства къ намъ—революціонерамъ; они вызваны массою загубленныхъ молодыхъ силъ по тюрьмамъ, въ централкахъ, на каторгѣ; они вызваны казнями десятковъ нашихъ товарищей; они вы-

званы исключительными, анормальными, спеціально только къ намъ—
революціонерамъ — примѣненными законами. Полная невозможность
какой бы то ни было общественной дѣятельности на пользу народа,
полная невозможность пользоваться сколько-нибудь свободой своихъ
убѣжденій, свободой жить и дышать,—все это заставило русскихъ
революціонеровъ, русскую молодежь, по своимъ наклонностямъ са-
мую гуманную, самую человѣчную, пойти на такія дѣла, которыя,
по самому существу своему, противны природѣ человѣка. Всякая
молодежь, особенно русская, всегда стремилась и будетъ стремить-
ся къ свободѣ, какъ листья растеній повертываются къ солнцу. Но
отношеніе правительства къ ней связываетъ ее по рукамъ и но-
гамъ въ ея человѣческихъ стремленіяхъ. Что же ей дѣлать? Отка-
заться отъ своихъ убѣжденій она не можетъ. Остается одно: смерть
или попытка защитить себя, сбросить тѣ цѣпи, тѣ узы, которыя
связываютъ ее въ стремленіи удовлетворить самыя законныя, человѣ-
ческія потребности. Въ этомъ заключается только реакція природы
противъ давленія. Такъ лучше смерть въ борьбѣ, чѣмъ нравствен-
ное или физическое самоубійство!“.

Также опредѣляетъ задачу террора и Ширяевъ.

...„Я уже имѣлъ случай сообщить вамъ все, что могъ, въ
объясненіе поступковъ своихъ, какъ члена Исполнительнаго Коми-
тета, въ объясненіе, но не въ оправданіе. Я не касался и не бу-
ду касаться вопроса о своей виновности, потому что у насъ съ вами
нѣтъ общаго мѣрила для рѣшенія этого вопроса. Вы стоите на точ-
кѣ зрѣнія существующихъ законовъ, мы—на точкѣ зрѣнія истори-
ческой необходимости. Вы являетесь представителями и защитни-
ками существующаго государственнаго строя, мы же дорожимъ этимъ
строемъ лишь постольку, по скольку онъ можетъ гарантировать луч-
шее будущее для нашей родины. Мы принадлежимъ, очевидно, къ
двумъ разнымъ мірамъ, соглашеніе между которыми невозможно. Но
всегда возможно уясненіе взаимныхъ отношеній, причинъ, вызы-
вающихъ разногласія. Всегда можно и должно стремиться къ избѣ-
жанію ненужнаго зла, печальныхъ послѣдствій увлеченія въ борь-
бѣ. Въ виду этой послѣдней цѣли я и давалъ свои объясненія. Я
надѣюсь, что выяснилъ слѣдующій фактъ: красный терроръ Испол-
нительнаго Комитета былъ лишь отвѣтомъ на бѣлый терроръ пра-
вительства. Не будь послѣдняго, не было бы и перваго. Я глубоко
убѣжденъ, что товарищи, оставшіеся на свободѣ, болѣе, чѣмъ
кто либо, будутъ рады прекращенію кровопролитія, прекращенію
той ожесточенной борьбы, на которую уходятъ лучшія силы партіи,
и которая лишь замедляетъ приближеніе момента торжества, цар-
ства правды, мира и свободы—нашей единственной завѣтной цѣли.
Какъ членъ партіи, я дѣйствовалъ въ ея интересахъ и лишь отъ
нея, да отъ суда потомства жду себѣ оправданія. Въ лицѣ многихъ
своихъ членовъ наша партія сумѣла доказать свою преданность
идеѣ, рѣшимость и готовность принимать на себя отвѣтственность
за всѣ свои поступки. Я надѣюсь еще разъ доказать это своей
смертью“.

Люди, оторванные отъ жизни стѣнами казематовъ Петропав-
ловской крѣпости, не имѣвшіе возможности взвѣсить и оцѣнить всѣхъ

послѣдствій активной борьбы партіи съ правительствомъ, могутъ сводить задачу террора къ „*самозащитѣ партіи и мести за жертвы правительственныхъ репрессалій*". Наши товарищи не имѣли, къ несчастью, возможности наблюдать за ростомъ партіи и дѣйствіемъ террора на сознаніе народныхъ массъ. Поэтому ихъ нельзя винить за то, что они не пожелали стать пророками и не внесли террора въ число средствъ къ достиженію задачъ партіи. Это лежитъ на нашей обязанности, на обязанности всѣхъ активныхъ революціонеровъ. Кто же изъ нихъ станетъ отрицать, что дезорганизація правительства въ крупнѣйшихъ административныхъ центрахъ помогла бы начавшемуся возстанію и облегчила бы побѣду народа? Задача наша широка и сложна. Она можетъ быть достигнута одновременной работой во всѣхъ слояхъ населенія, разбивается на множество частныхъ задачъ, и потому теперь болѣе, чѣмъ когда-либо, требуется единство дѣйствія, строгое согласованіе частныхъ работъ съ общимъ планомъ и крайнее напряженіе силъ. Посему, разъ она поставлена жизнью, разъ всѣ активные революціонеры приведены къ ней борьбою,—обязанность ихъ передъ родиной подчинить эти частныя работы общему плану, отдать свои силы осуществленію идеи переворота.

Настоящій процессъ служитъ блестящимъ доказательствомъ того, какую силу могла бы развернуть партія, ведя борьбу организованно, строго опредѣляя свои шаги. Еще въ 79 году организація могла одновременно приступить къ четыремъ сложнымъ планамъ цареубійства—въ Одессѣ, Александровскѣ, Москвѣ и Петербургѣ,—поддерживать нужныя связи и вести литературное дѣло.

Мы должны теперь доказать, что революціонный опытъ не пропадаетъ для насъ даромъ, что кровь нашихъ товарищей-героевъ намъ дорога, и что въ нашей власти отдавать свою жизнь дороже. Сдѣлавъ это, мы сдѣлаемъ все, чего можно требовать и желать.

Вѣчно будутъ дороги незабвенныя слова крестьянина Як. Тихонова и Софіи Андреевны Ивановой.

„Я знаю,—закончилъ свою рѣчь Тихоновъ,—что мнѣ и другимъ товарищамъ осталось всего нѣсколько часовъ до смерти, но я ожидаю ее спокойно, потому что идея, за которую я боролся и умираю, со мной не погибнетъ; ее нельзя бросить, какъ насъ, въ мрачныя тюрьмы, ее нельзя повѣсить..."

Иванова заявила: „Мое единственное желаніе заключается въ томъ, чтобы меня постигла та же участь, какая ожидаетъ моихъ товарищей, хотя бы даже это была смертная казнь."

Десять другихъ поддержали эти мужественныя заявленія, требуя себѣ казни.

Такъ говорятъ герои, свѣточи народа, въ его борьбѣ съ тираніей. Смерть ихъ не можетъ остаться безслѣдной.

Счастливъ народъ, въ нѣдрахъ котораго таятся эти титаны, глубоко знаменательна эпоха, рождающая ихъ десятками. Эти десятки предвѣщаютъ близкое наступленіе царства свободы.

Вотъ почему мы привѣтствуемъ геройскую смерть дорогихъ товарищей: научая людей умирать, они оказываютъ великую услугу борцамъ за свободу народа.

ж) ПАМЯТИ КВЯТКОВСКАГО.

> Великихъ жертвъ и чистыхъ дѣлъ
> Слѣды не пропадаютъ:
> Ихъ не смываютъ волны моря,
> И вѣтры не сметаютъ.
> Свой путь когда-нибудь другой
> По тѣмъ слѣдамъ проложитъ,
> И не робѣть передъ грозой
> Вашъ духъ ему поможетъ!
>
> (Изъ Лонгфелло).

Александръ Александровичъ Квятковскій родился въ г. Томскѣ.

Отецъ его былъ золотопромышленникъ. На золотыхъ пріискахъ отца впечатлительный и наблюдательный ребенокъ съ раннихъ лѣтъ могъ наблюдать тяжелую трудовую жизнь рабочаго люда. Дѣтскія игры не занимали его, зато онъ рано началъ читать и со страстью предавался чтенію. Онъ читалъ по цѣлымъ днямъ, пользуясь каждой свободной минутой, не отрываясь отъ книги даже во время обѣда, когда приходилось тщательно скрывать ее подъ скатертью. Ни наказанія ни строгость суроваго отца не могли заставить его оставить любимое занятіе.

Условія, болѣе благопріятныя для умственнаго развитія, Александръ Квятковскій встрѣтилъ въ гимназіи, куда онъ поступилъ десяти лѣтъ: здѣсь онъ попалъ въ товарищескій кружокъ самообразованія, который сослужилъ ему немалую службу въ дѣлѣ выработки его умственной и нравственной физіономіи. Товарищество пріучило его во многомъ отказывать себѣ, развило въ немъ пренебреженіе къ удобствамъ жизни и презрѣніе къ благамъ міра. Въ суровую сибирскую зиму онъ ходилъ въ легкомъ пальто, не желая носить шубы, когда другіе не имѣютъ ея, и тогда же началъ давать уроки, желая имѣть собственный заработокъ.

Уже достаточно окрѣпшимъ нравственно, пріѣхалъ Квятковскій въ Петербургъ для поступленія въ Технологическій Институтъ. Здѣсь его захватило то, замѣчательное по энергіи и воодушевленію, соціалистическое движеніе, которое обнаружилось среди молодежи въ началѣ 70-хъ годовъ. Искренній и любящій, Квятковскій не замедлилъ откликнуться на призывъ отдать свои силы народному дѣлу, а разъ отдавшись ему, онъ уже не оставлялъ его. Онъ предался всецѣло борьбѣ за счастье и свободу своихъ ближнихъ, за возможность развитія и лучшей жизни для русскаго народа, изнывающаго отъ голода физическаго и нравственнаго.

Свою дѣятельность въ народѣ Квятковскій началъ въ Тульской губерніи, гдѣ основалъ слесарную мастерскую. Эта мастерская имѣла цѣлью—съ одной стороны, выяснить на практикѣ вредъ и несостоятельность капиталистическаго способа производства, а съ другой стороны,—показать выгоду производства на артельныхъ началахъ. Пробывъ въ этой мѣстности годъ, Квятковскій долженъ былъ на время оставить положеніе рабочаго человѣка, такъ какъ заболѣлъ, но, поправившись, снова явился въ ту же губернію, остановившись на этотъ разъ въ Ефимовскомъ уѣздѣ. По доносу начальника станціи, близъ которой онъ жилъ, у него произведенъ былъ обыскъ, послѣ котораго пришлось уѣхать, такъ какъ дѣлать что-либо, будучи подъ надзоромъ полиціи, не представлялось возможнымъ.

Послѣ этого Квятковскій отправляется въ Кострому и поступаетъ въ качествѣ простого рабочаго на механическій заводъ Шипова, но тяжелый изнурительный трудъ сваливаетъ его,—ему приходится вернуться въ Петербургъ. Отсюда, въ 75 году, онъ направляется въ Нижегородскую губернію, поступаетъ въ качествѣ батрака на земледѣльческую ферму, гдѣ и остается въ теченіе года. Вытѣсненный отсюда полицейскими преслѣдованіями, Квятковскій переселяется на Поволжье, а потомъ, въ качествѣ деревенскаго торговца, офени, ходитъ съ товарищемъ по Воронежской губерніи. Между тѣмъ, за нѣсколько лѣтъ условія дѣятельности въ народѣ измѣнились: благодаря преслѣдованіямъ правительства, эта дѣятельность постепенно, изъ года въ годъ, стѣснялась и, становясь все болѣе и болѣе трудной, въ концѣ концовъ сдѣлалась почти невозможной.

Съ марта 79 г. Квятковскій остается въ Петербургѣ. Его дѣятельность, какъ члена Исполнительнаго Комитета, за періодъ времени до ареста, насколько она раскрыта, видна изъ процесса 16-ти.

Отрываясь силою внѣшнихъ обстоятельствъ отъ пропагаторской дѣятельности въ народѣ, въ качествѣ рабочаго, и принужденный періодически жить въ городѣ, Квятковскій и здѣсь не оставался безъ дѣла: такъ, онъ участвовалъ въ попыткѣ освобожденія Войнаральскаго, по пути слѣдованія въ Печенѣжскую центральную тюрьму; онъ, вмѣстѣ съ другимъ товарищемъ, освободилъ Прѣснякова изъ тюремнаго заключенія, того самаго Прѣснякова, котораго ему пришлось нѣсколькими мгновеніями пережить на эшафотѣ...

Въ городѣ и въ деревнѣ, среди народа и среди общества, вездѣ Квятковскій отличался своей энергіей, страстной преданностью идеѣ и самоотверженіемъ. Неутомимо дѣятельный, и въ самыя тяжелыя минуты своей общественной жизни не падающій духомъ, Квятковскій остался твердымъ до конца—вѣра въ дѣло ни на минуту не покинула его. Проводивъ на каторгу родного брата (сосланнаго по процессу 193), готовясь отдать жизнь на плахѣ, уже примирившись съ мыслью о смерти, онъ завѣщалъ своимъ близкимъ ту же идею, за которую погибалъ и самъ:

„Милый другъ, я умираю,
„Но спокоенъ я душою
„И тебя благословляю:
„Шествуй тою же стезею!"

писалъ онъ.

Вѣчная память тебѣ, герой-страдалецъ! Придетъ часъ, когда русскій народъ узнаетъ тебя, узнаетъ, за что тебя мучили, позорили, убили! Съ восторгомъ и любовью будетъ произноситься дорогое имя твое. Да! вѣчная память будетъ тебѣ!

з) ПРОКЛАМАЦIЯ ИСПОЛНИТЕЛЬНАГО КОМИТЕТА ПО ПОВОДУ КАЗНИ КВЯТКОВСКАГО И ПРѢСНЯКОВА.

4-го ноября въ 8 часовъ 10 минутъ утра, приняли мученическiй вѣнецъ двое нашихъ дорогихъ товарищей: Александръ Александровичъ Квятковскiй и Андрей Корнѣевичъ Прѣсняковъ. Они умерли, какъ умѣютъ умирать русскiе люди за великую идею. Умерли съ сознанiемъ живучести революцiоннаго дѣла, предрекая ему близкое торжество.

Но не доблесть ихъ станемъ мы разбирать,—ихъ оцѣнятъ потомки. Здѣсь мы намѣрены констатировать нѣкоторыя новыя обстоятельства, сопровождавшiя смерть этихъ мучениковъ.

Правительство убило ихъ тайкомъ, въ стѣнахъ крѣпости, вдали отъ глазъ народа, предъ лицомъ солдатъ. Какое соображенiе руководило палачемъ? Почему Лорисъ-Меликовъ, смаковавшiй смерть Млодецкаго на Семеновскомъ плацу, не задушилъ и этихъ всенародно? Почему царское правительство не воспользовалось попрежнему этимъ зрѣлищемъ, какъ любимѣйшимъ средствомъ—разжечь инстинкты массы противъ интеллигенцiи? Не потому ли, что народъ берется за умъ? Не потому ли, что настроенiе массъ таково, что грозитъ собственной шкурѣ начальства.

Поживемъ, увидимъ.

Почему казненъ Квятковскiй, а не Ширяевъ? Прѣсняковъ, а не Окладскiй или Тихоновъ?

Правительству хотѣлось задобрить, также гвардiю, пострадавшую въ лицѣ финляндскаго полка, хотѣлось отвести глаза народу, и вотъ,—выхваченъ дворянинъ Квятковскiй, а не крестьянинъ Ширяевъ, выхваченъ безъ всякихъ юридическихъ уликъ, вопiюще обвиненъ въ гибели караула 5-го февраля. Но крови одного Квятковскаго оказалось мало,—при томъ властямъ нужны дворники, швейцары,—и казнили мѣщанина Прѣснякова за огражденiе имъ своей свободы противъ уличнаго нападенiя со стороны неизвѣстныхъ лицъ. Казнили Прѣснякова, какъ грозу шпiоновъ, какъ предполагаемаго убiйцу вѣрныхъ царскихъ слугъ—шпiоновъ Жаркова и Финогенова (Шарашкина). Остальныхъ казнить не ловко: слишкомъ много, при томъ все крестьяне, да мѣщане,—чего добраго народъ въ мученики произведетъ. Оставалось только... замуравить въ склепъ.

Не знаемъ, долго ли правительство будетъ съ успѣхомъ дурачить русскiй народъ; но русское общество, чѣмъ оно себя заявило? Прекрасно сознавая, что наша борьба за народъ и права человѣка есть борьба и за свободу общества, понимая всю безцѣльность смертной казни и относясь къ ней съ омерзенiемъ какъ къ напрасному варварству,—общество молчало, молчало, когда одинъ говоръ его смутилъ бы палача! Своею дряблостью, пассивностью, оно вычеркнуло себя изъ ряда борющихся общественныхъ силъ. Пусть же не требуетъ впредь, чтобы партiя дѣйствiй принимала его въ разсчетъ при выборѣ момента и формъ борьбы.

Русская интеллигенція! Изъ твоихъ рядовъ вышли эти муче-
ники, чтобы, презрѣвъ личное счастье, стать за народное знамя.
Въ ихъ лицѣ казнили тебя. Но не изсякнетъ источникъ животвор-
ной силы. На смѣну выбывшимъ товарищамъ ты вышлешь десятки
новыхъ и съ кличемъ „смерть тиранамъ!“ поведешь народъ къ
побѣдѣ.

Братья и. товарищи! Отдѣльныя лица и кружки пылали стра-
стью—помѣряться съ врагомъ, вырвать узниковъ изъ пасти его.
Братья! не поддавайтесь чувству удали и мщенія, будьте вѣрны
расчету; сберегайте, накопляйте силы: судный часъ не-
далеко!

Исполнительный Комитетъ.

5-го ноября 1880 г.

———

и) 4-й № „НАРОДНОЙ ВОЛИ“.

4-й № „Народная Воля“. „Соціально-революціонное обо-
зрѣніе“.

На первой страницѣ находится помѣтка: „Годъ второй, 5 де-
кабря 1880 г.“, на послѣдней: „Типографія „Народной Воли“.
24-го декабря 1880 г.“.

Номеръ состоялъ изъ 12 стр. (61-72 стр. общей нумераціи)
in 4°.

Содержаніе.

1) Некрологъ А. А. Квятковскаго и А. Корнѣевича Прѣс-
някова.

> 4 ноября, въ 8 ч. 10 м. утра, на
> Іоанновскомъ равелинѣ Петропавловской
> крѣпости повѣшены соціалисты-револю-
> ціонеры Александръ Александровичъ
> Квятковскій и Андрей Корнѣевичъ
> Прѣсняковъ.

2) „Отъ Исполнительнаго Комитета“: а) прокламація
Исп. Ком. по поводу казни Квятковскаго и Прѣснякова; б) заявле-
ніе, что покушенія подъ Александровскомъ и Одессой сдѣланы по
иниціативѣ Исп. Ком., „съ цѣлью приведенія въ исполненіе смерт-
наго приговора надъ Александромъ II, постановленнаго Исполни-
тельнымъ К митетомъ 26 августа 1879 г.“ и в) предостереженія про-
тивъ шпіоновъ: Надежды Яковл. Бабичевой, Агафьи Александров-
ны Андріевской (поэтесса Ганка Ищенко,—оговорила болѣе 200
лицъ, преимущественно украинофиловъ „Старой и Молодой Грома-
ды“, подтвердила показанія Курицына и Веледницкаго) и Влад.
Вас. Дриго.

3) „Злоба дня“, передовая статья отъ 25 ноября 1880 г.

4) „Желательная роль народныхъ массъ въ революціи“.

5) „Заявленіе группы народниковъ“.

6) „Признаки голода“. Статья кончается слѣдующими строками:

„Что же остается дѣлать крестьянству?

„Оно не можетъ отдаться погибели, не испробовавъ своихъ силъ въ борьбѣ. Не видя передъ собою другого исхода, оно принуждено будетъ вступить въ бой съ существующимъ строемъ, грозящимъ раздавить его тяжестью своихъ несовершенныхъ формъ. Народъ начинаетъ борьбу стихійную, безъ опредѣленной цѣли впереди. Дѣло революціонной партіи сдѣлать эту борьбу сознательною и направить къ цѣли“.

7) „По поводу процесса 16-ти“.

8) „Послѣ казни 4 ноября“. („И опять палачи!.. Сердца крикъ, замолчи!“...—стихотвореніе).

9) „Памяти А. Квятковскаго“.

10) „Резолюція Гаврскаго конгресса“.

11) „Къ статистикѣ государственныхъ преступленій въ Россіи“,—по поводу книги Мальшинскаго: „Обзоръ соціально-революціоннаго движенія въ Россіи“.

12) „Сенаторская ревизія“ съ приложеніемъ „особаго наставленія“ сенаторамъ, назначеннымъ для производства общей ревизіи въ губерніяхъ: Казанской, Костромской, Воронежской, Тамбовской, Кіевской, Черниговской, Саратовской и Самарской.

13) „Отъ гмины польскихъ соціалистовъ по поводу 50-лѣтней годовщины возстанія польскаго народа (29-го ноября 1830 года)“.

Статьи № 1, 2 (прокламація по поводу казни Квятковскаго и Прѣснякова), 3, 4, 5, 8, 10 перепечатаны 'нами цѣликомъ, № 7 и 9 почти цѣликомъ.

4 № „Народной Воли“ составленъ былъ незадолго до 1-го марта 1881 г. при участіи Ал. Михайлова, Желябова, Перовской, Богдановича, В. Фигнеръ и ихъ друзей.

Если намъ удастся собрать какіе-нибудь комментаріи къ перепечатаннымъ нами статьямъ изъ „Народной Воли“, мы ихъ помѣстимъ въ слѣдующихъ номерахъ „Былого“.

Далѣе мы перепечатываемъ прокламацію рабочихъ-членовъ партіи Народной Воли, изданную ими по поводу казни Квятковскаго и Прѣснякова.

ОТЪ РАБОЧИХЪ ЧЛЕНОВЪ ПАРТІИ НАРОДНОЙ ВОЛИ.

Товарищи-рабочіе!

Каково наше положеніе, объ этомъ говорить много не приходится. Работаешь съ утра до ночи, обливаясь кровавымъ потомъ: жрешь хлѣбъ да воду, а придетъ получка,—хоть бы что осталось въ рукахъ. Такъ было прежде; но теперь положеніе наше становится съ каждымъ днемъ все хуже, все ужаснѣе! Почти на всѣхъ заводахъ и фабрикахъ идетъ разсчитываніе рабочихъ. Голодные, оборванные, цѣлыми толпами ходятъ они отъ завода къ заводу, прося работы хоть изъ-за хлѣба. А изъ деревни нужда го-

...ить все новыя толпы голодныхъ и оборванныхъ: продукты съ ...аждымъ днемъ дорожаютъ. Что же ждетъ, насъ впереди? И на ...ого намъ надѣяться?

Платишь разныя повинности, а правъ у тебя, какъ у собаки. ...жъ что, кажется, за начальство—бутарь, а и тотъ надъ тобой ...уражится, чуть-что, въ зубы: „съ начальствомъ, молъ, не разго-...аривай". О крупномъ-то начальствѣ и говорить нечего; а про ...аря такъ и думать воспрещается.

По какому же праву хозяйничаютъ эти проходимцы въ рус-...ской землѣ, держатъ народъ въ нищетѣ да невѣжествѣ? Кто далъ ...мъ право законы издавать, налоги назначать, солдатъ набирать? И куда идутъ кровныя трудовыя денежки изъ царевой казны?

Товарищи-рабочіе! пора взяться за умъ; пора призвать къ отвѣту своихъ притѣснителей, разорителей. Пора русскому наро-ду взять управленіе въ свои руки.

Такъ думаемъ мы, соціалисты-рабочіе, такъ думали наши товарищи рабочіе: Петръ Алексѣевъ, Филатъ Егоровъ, Мали-новскій, Зарубаевъ и многое множество другихъ, которыхъ пра-вительство заморило по тюрьмамъ и на каторгѣ. Такъ думали мученики-рабочіе: братья Ивичевичи, Логовенко, Горскій, Бѣльчанскій, Ѳедоровъ и другіе, казненные по приказу цар-скому.

Но не страшила висѣлица смѣлыхъ народныхъ борцовъ; на мѣсто погибшихъ выступали новые, и схватка становилась все жарче и жарче. Чѣмъ ближе подступали соціалисты къ корню зла, тѣмъ больше героевъ высылала рабочая среда. Всѣ послѣднія поку-шенія совершены рукой крестьянской да мѣщанской! Сбылось ска-заніе Петра Алексѣева: поднялась мускулистая рука рабочаго, и первые увѣсистые удары ея пришлись на головы тирановъ.

Изъ числа этихъ героевъ въ послѣднее время были осуждены на смерть пятеро: дворянинъ Александръ Квятковскій, мѣща-нинъ Андрей Прѣсняковъ, крестьянинъ Степанъ Ширяевъ, мѣщанинъ Иванъ Окладскій и крестьянинъ Яковъ Тихоновъ.

Изъ нихъ двое: Квятковскій и Прѣсняковъ, 4-го ноября, въ 8 часовъ 10 минутъ утра, казнены смертью тайкомъ отъ народа въ стѣнахъ крѣпости, остальные помилованы—заживо погребены въ одиночной тюрьмѣ.

Товарищи! Неужели мы не отомстимъ за своихъ заступни-ковъ и борцовъ? неужели мы будемъ молчать передъ своими му-чителями? Нѣтъ! Иначе кровь этихъ мучениковъ за народное счастье и волю падетъ на наши головы!

5 ноября 1880 г.

Летучая типографія „Народной Воли". 7 ноября 1880 г.

ДВѢ ЗАМѢТКИ Н. МОРОЗОВА ПО ПОВОДУ ПРОКЛАМАЦІЙ „НАРОДНОЙ ВОЛИ“.

Обѣ прокламаціи народовольцевъ, по поводу казни Квятковскаго и Прѣснякова, перепечатанныя нами въ настоящемъ номерѣ „Былого“, были въ свое время помѣщены съ введеніями Н. А. Морозова въ органѣ Бланки „Ni Dieu, ni Maître“, издававшемся въ Парижѣ при поддержкѣ и участіи революціонеровъ-набатовцевъ: Турскаго, Ткачева и др. Въ примѣчаніи къ первой прокламаціи (отъ Исполнительнаго Комитета) было сказано: „Гражданинъ Морозовъ—членъ Исполнительнаго Комитета и участникъ журналовъ „Земля и Воля“ и „Народная Воля“—органовъ русской революціонной партіи“.

Далѣе мы даемъ переводъ двухъ замѣтокъ Н. Морозова по поводу напечатанныхъ имъ прокламацій Народной Воли.

I.

„Прокламація, которую мы опубликовываемъ ниже, была напечатана по рѣшенію Исполнительнаго Комитета въ тайной петербургской типографіи. Она была расклеена въ Петербургѣ и во всѣхъ большихъ русскихъ городахъ черезъ день послѣ того, какъ были повѣшены Квятковскій и Прѣсняковъ. Эта прокламація дала русскому правительству предлогъ сдѣлать новые обыски, которые не привели ни къ какимъ желательнымъ для него результатамъ: ни одинъ изъ дѣйствительныхъ революціонеровъ не былъ арестованъ“.

(„Ni Dieu, ni Maître“, № 15—4 дек. н. с. 1880 г.).

II.

„Ниже помѣщенная прокламація появилась въ Петербургѣ въ началѣ декабря (стар. стиля). Приводимыя слова Петра Алексѣева были произнесены имъ въ его рѣчи во время процесса 1877 г. Эта рѣчь въ свое время обратила на себя общее вниманіе.

Мы считаемъ нужнымъ замѣтить здѣсь, что организація Народной Воли (органъ которой носитъ то же самое названіе) раздѣляется на нѣсколько отдѣловъ: одинъ изъ двухъ главныхъ отдѣловъ этой партіи состоитъ изъ студентовъ, офицеровъ, учителей и т. д., а другой—изъ рабочихъ“.

(„Ni Dieu, ni Maître“, № 24—13 дек. н. с. 1880 г.).

РѢЧЬ АННЫ ПАВЛОВНЫ КОРБА.

„Виновною себя не признаю, но признаю принадлежность къ партіи и полную солидарность съ ея принципами, цѣлями и взглядами. Но партіи, излюбленный путь которой—есть кровавый путь, такой партіи я не знаю, и врядъ ли она существуетъ, иначе мы слышали бы о ней. Можетъ быть, такая партія и возникнетъ со временемъ, если революціи суждено разлиться широкимъ потокомъ по Россіи. Но если я буду жива къ тому времени, я не примкну къ такой партіи.

Что же касается партіи Народной Воли, то она придерживается террора не потому, что это излюбленный ею путь, не потому, что это удобнѣйшій или кратчайшій путь для достиженія цѣлей, поставленныхъ ей историческими условіями Россіи, а потому, что это единственный путь. Горестныя, роковыя слова, носящія въ себѣ залогъ величайшихъ несчастій!

Гг. сенаторы! вамъ хорошо извѣстны основные законы Россійской Имперіи: никто въ Россіи не имѣетъ права высказываться за измѣненіе государственнаго строя; никто не можетъ даже помышлять объ этомъ; въ Россіи запрещены даже коллективныя петиціи! Но страна растетъ и развивается; условія общественной жизни усложняются съ каждымъ годомъ; наступаетъ моментъ— страна задыхается въ узкихъ рамкахъ, изъ которыхъ нѣтъ выхода"...

Предсѣдатель: „Это ваше личное мнѣніе".

Корба (продолжаетъ): „Я перейду теперь къ цѣлямъ партіи. Историческая задача партіи Народной Воли заключается въ томъ, чтобы расширить эти рамки, добыть для народа самостоятельность и свободу. А средства ея находятся въ непосредственной зависимости отъ правительства. Партія не стоитъ непреоборимо-упорно за терроръ; рука, поднятая для нанесенія удара, опустится немедленно, какъ только правительство заявитъ намѣреніе измѣнить политическія условія жизни. У партіи достанетъ патріотическаго самоотверженія, чтобы отказаться отъ мести за кровавыя раны, нанесенныя ей лично. Но отъ чего она не можетъ отказаться, не совершивъ предательства, измѣны противъ народа,—это отъ завоеванія для него свободы, а вмѣстѣ съ тѣмъ благосостоянія.

„Въ подтвержденіе того, что цѣли партіи совершенно миролюбивыя, я прошу прочесть письмо къ императору Александру III-му отъ Исполнительнаго Комитета, написанное вскорѣ послѣ 1-го марта. Изъ него вы увидите, что партія желаетъ реформъ сверху, но реформъ искреннихъ, полныхъ, жизненныхъ!"

Отъ редакціи „Былого". — А. П. Корба-Прибылева была видной дѣятельницей партіи Нар. Воли въ 1879—82 гг., обвинялась между прочимъ въ устройствѣ динамитной мастерской. По процессу 1883 г. (обвинительный актъ см. въ 1 № „Вѣстника Народной Воли") Корба осуждена была въ каторжныя работы, а въ настоящее время находится на поселеніи въ Забайкальской области. Намъ доставленъ отчетъ о процессѣ Корба, а также рѣчи другихъ участниковъ процесса: Грачевскаго, Телалова, Богдановича, Стефановича, Гринбергъ. Въ одномъ изъ номеровъ „Былого" мы помѣстимъ эти документы и просимъ товарищей доставить намъ дополнительныя свѣдѣнія о процессѣ и объ его участникахъ. Какого рода матеріалы нужны намъ для составленія отчетовъ о процессахъ, указано въ 2 № „Былого" въ статьѣ „Процессъ 20-ти".

ПРОЦЕССЪ ЛОРАНА ТАЙЯДА.

(Изъ газеты „Aurore").

10 октября н. с. 1901 г. въ Парижѣ судился сотрудникъ „Aurore" Тайядъ за выраженіе той же мысли, которая раньше была высказана Викторомъ Гюго.

Въ газетѣ „Libertaire" (въ номерѣ отъ 20-го сентября) Тайядъ помѣстилъ статью, по поводу пріѣзда русскаго царя во Францію, подъ заглавіемъ „Торжество лакейства". Въ ней онъ говорилъ о вѣчной приниженности бѣдныхъ и вѣчномъ торжествѣ богатыхъ и „сильныхъ".

Тайядъ и Грандидье, издатель „Libertaire", обвинялись въ томъ, что путемъ печати подстрекали къ совершенію преступленія—къ убійству. Послѣдствій отъ этого подстрекательства не произошло, но и одна анархистическая пропаганда во Франціи по закону преслѣдуется и наказуется.

Съ самаго начала засѣданія залъ суда былъ переполненъ публикой, среди которой находилось много друзей Тайяда и Грандидье. Когда оба они появились въ залѣ, друзья подходили къ нимъ и жали имъ руки. Тайядъ отвѣчалъ всѣмъ улыбаясь и точно готовился выступить съ лекціей. Грандидье съ спокойнымъ видомъ поздоровался съ друзьями и сѣлъ рядомъ съ Тайядомъ.

Свидѣтелями на судѣ выступили: Эмиль Золя, Густавъ Канъ, Журданъ, Жанъ Гравъ, Куртуа и др. Послѣ провѣрки списка свидѣтелей, предсѣдатель приступилъ къ допросу.

Сальмонъ—защитникъ Тайяда—заявилъ, что Анатоль Франсъ прислалъ ему письмо, въ которомъ свидѣтельствуетъ свое глубокое уваженіе къ Тайяду, а Гереди (академикъ) не могъ явиться въ качествѣ свидѣтеля на судъ по болѣзни.

Мэрль—защитникъ Грандидье—сказалъ, что Себастьянъ Форъ не могъ явиться, почему и прислалъ его кліенту письмо, въ которомъ высказываетъ къ нему свою глубокую симпатію.

По закону, издатель газеты считается главнымъ виновникомъ преступленія. Поэтому предсѣдатель допрашиваетъ сначала Грандидье, который уже трижды привлекался къ суду.

Предсѣдатель: „Васъ обвиняютъ въ подстрекательствѣ къ убійству, и ваши отношенія къ „Libertaire", какъ издателя, выставляютъ васъ главнымъ виновникомъ преступленія, о которомъ идетъ рѣчь. Читали ли вы статью Тайяда раньше, чѣмъ она была напечатана?"

Грандидье: „Да. Это было моей обязанностью".

Предсѣдатель: „Повторяю, судъ усмотрѣлъ въ этой статьѣ прямое подстрекательство къ убійству."

Грандидье: „Я это знаю. Статья мнѣ понравилась, и ничто мнѣ не давало права запретить моему другу Тайяду выражать свободно свои мысли, какъ онъ привыкъ это дѣлать. Къ тому же—высказанныя имъ мысли вполнѣ согласны съ моими. Я былъ, такимъ образомъ, вдвойнѣ радъ получить и напечатать его статью.

Предсѣдатель: „Все это вы сдѣлали съ цѣлью анархистической пропаганды?“

Грандидье: „Я бы очень желалъ узнать, что вы, г. предсѣдатель, понимаете подъ словомъ „анархистическая пропаганда“? Знаете ли вы, что это далеко не такъ легко опредѣлить? Я пробовалъ это сдѣлать, но никогда не могъ“.

Предсѣдатель: „Давно ли вы состоите издателемъ „Libertaire“?

Грандидье: «Около трехъ лѣтъ. Но обратимтесь же къ статьѣ моего друга Тайяда. Если бы вы были на моемъ мѣстѣ, г. предсѣдатель, если бы вы были издателемъ „Libertaire“, вы бы напечатали (я въ этомъ увѣренъ) эту статью Тайяда.“ (Смѣхъ).

Предсѣдатель: „Да, но, не будучи анархистомъ, я не могъ бы быть издателемъ „Libertaire'a“.“

Дальше послѣдовалъ допросъ Тайяда. Это—ученый. Ему 47 лѣтъ.

Предсѣдатель: „Не привлекались ли вы раньше къ суду?“

Тайядъ: „Я много разъ привлекался по разнаго рода дѣламъ, но все это было снято послѣдней амнистіей“.

Предсѣдатель: „Теперь васъ обвиняютъ въ подстрекательствѣ къ убійству съ анархистической цѣлью“.

Тайядъ: „Я знаю, что вы видите во мнѣ подстрекателя, но все же я бы очень хотѣлъ услышать, что вы разумѣете подъ словомъ „анархистическая пропаганда“? Какъ писатель, я имѣлъ право высказывать свои мысли; какъ историкъ, я имѣлъ право разбирать историческіе факты; какъ философъ, я имѣлъ право думать и выводить философскія заключенія. Я широко воспользовался тѣмъ, что считаю своимъ правомъ. Я всецѣло отвѣчаю за свои поступки. Я ими горжусь! Если завтра мнѣ снова представится случай также высказаться, я снова также воспользуюсь этимъ своимъ правомъ“.

Предсѣдатель: „Съ литературной точки зрѣнія ваша статья— прекрасна. Я этого не оспариваю, но судъ усматриваетъ въ ней подстрекательство къ убійству. Вотъ то мѣсто, изъ-за котораго вы привлекаетесь къ суду.“

Предсѣдатель читаетъ слѣдующій отрывокъ изъ статьи Тайяда.

„Неужели между этими солдатами, которыхъ вопреки закона заставляютъ сторожить на дорогѣ, по которой долженъ проѣхать трусъ, между этими сторожами, получающими по 9-ть франковъ въ мѣсяцъ, между этими нищими, бродягами, между всѣми тѣми, которые мрутъ отъ холода зимой подъ заборами, лѣтомъ погибаютъ отъ солнечныхъ ударовъ, всю жизнь страдаютъ отъ голода, не найдется ни одного, который схватился бы за свое ружье или за хорошую дубину, чтобы напасть на всѣхъ проѣзжающихъ эксплуататоровъ, которые смѣются надъ его нищетой, живутъ на его счетъ, гнутъ его спину и за все это платятъ ему пустыми обѣщаніями?

„Неужели же улица Ферронери (гдѣ былъ убитъ Генрихъ IV) навсегда забыта?

„Неужели же посѣвы героевъ останутся навсегда безплодными?

„Неужели же героическій рабочій Лувель (убившій герцога Бэрри) и Казеріо (казнившій Карно), не будутъ имѣть послѣдователей? Развѣ вымерли убійцы королей, которые, какъ Жеромъ Олжіати (казнившій миланскаго герцога Сфорца), вѣрили, что ихъ печальная участь создастъ для нихъ вѣчную славу?

„Нѣтъ! Совѣсть человѣческая все еще живетъ!“

Тайядъ: „Я вполнѣ принимаю на себя отвѣтственность за мою статью“.

Предсѣдатель: „Давно ли вы пишете въ анархистическихъ газетахъ?

Тайядъ: «Десять лѣтъ. Съ того времени, какъ Себастьянъ Форъ сталъ главнымъ распорядителемъ „Libertaire‘а“.»

Допросы подсудимыхъ были закончены. Тайядъ слегка поклонился и сѣлъ.

Первымъ свидѣтелемъ выступилъ Ивэто, который заявилъ, что, по его мнѣнію, статья Тайяда не заключаетъ въ себѣ большаго возбужденія, чѣмъ зрѣлище полка солдатъ, проходящихъ по улицѣ со штыками и пушкой. „Я читалъ,—закончилъ онъ свои показанія,—вещи, гораздо болѣе страстныя за подписью Анри Ришфора и Альфонса Гумберта. Я самъ былъ ихъ другомъ.“

Затѣмъ выступилъ Куртца, который былъ одной изъ первыхъ жертвъ, такъ называемыхъ „злодѣйскихъ законовъ“ и всего лишь 18-ть мѣсяцевъ тому назадъ, какъ печать освободила его изъ тюрьмы.

Куртца: „Я принадлежу къ редакціи „Libertaire“. Всѣ рукописи читаются администраціей газеты, слѣдовательно, и мною. Статья Тайяда, по моему мнѣнію, не должна подлежать преслѣдованію. Статьи Рошфора съ 1896 г. были гораздо болѣе рѣзки, чѣмъ она.“

Мэрль (адвокатъ): „Слова: „смерть жидамъ!“ не являются ли большимъ подстрекательствомъ къ убійству, чѣмъ статья Тайяда?“

Куртца: „Безъ сомнѣнія. Что касается меня, статья Тайяда не произвела на меня того дѣйствія, о которомъ говоритъ г. предсѣдатель.“

Предсѣдатель: „Вы являетесь интеллигентнымъ представителемъ анархистовъ, но, напримѣръ, бродяги, развѣ они не способны поддаться вліянію подобной статьи?“

Куртца: „Для этого они недостаточно развиты“.

Предсѣдатель: „Интеллигентные анархисты не проповѣдуютъ своихъ ученій личнымъ примѣромъ!“

Куртца (иронически): „Что же, г. предсѣдатель, вы возбуждаете насъ къ этому?“

Жанъ Гравъ говоритъ: „Я думаю, что Тайядъ сказалъ правду. Я также думаю, что мѣры, принятыя правительствомъ, скорѣе способны вызвать возбужденіе, чѣмъ статья „Libertaire“. Правительство преслѣдуетъ все то, что противъ него, и терпитъ все то, что за него.“

Наконецъ, наступилъ чередъ за авторомъ „Труда“, „Плодо-, родія“, „Жерминаль“ и „Я обвиняю!“, которое, ►чно динамитъ взорвало 13 ноября 1898 г. генеральный штабъ—мошенниковъ: Буадефровъ, Роже и разныхъ Эстергази.

Какъ только Золя показался въ залѣ суда, всѣ взоры были на него устремлены. Всѣ съ нетерпѣніемъ ждали, что онъ будетъ говорить. Объявивъ, кто онъ, и что ему 61 годъ, Золя сказалъ:

„Я очень друженъ съ Тайядомъ. Я пришелъ сюда выразить ему искреннѣйшимъ образомъ свою глубочайшую привязанность и исполнить свой долгъ по отношенію къ литератору, которымъ я восхищаюсь. Тайядъ—одинъ изъ наиболѣе уважаемыхъ нашихъ писателей; онъ оказываетъ честь французской литературѣ. Я читалъ статью, за которую онъ имѣетъ честь быть преслѣдуемымъ. Нѣкоторыя ея выраженія дѣйствительно рѣзки, но, если прочесть ее всю, въ цѣломъ, то она—образцовая въ литературномъ отношеніи.

„Не слѣдуетъ забывать, что Тайядъ прежде всего поэтъ, и что его языкъ богатъ разнообразнѣйшими вибраціями и образами. Этимъ именно онъ и могъ подѣйствовать на иныхъ людей, вызывая у нѣкоторыхъ изъ нихъ опасенія. Во многихъ журналахъ,—которые я не колеблясь назову журналами „соціальнаго отравленія“,— ежедневно пишутъ худшія вещи, но онѣ не дѣйствуютъ такъ сильно, потому что плохо написаны; онѣ не обращали на себя вниманія вслѣдствіе отсутствія въ нихъ стиля: о нихъ ничего не говорятъ, ихъ пропускали безъ вниманія.

„Тайяда преслѣдуютъ за его статью, которая, по своимъ потрясающимъ картинамъ и талантливости, принадлежитъ художественной литературѣ. Когда выходитъ новый трудъ, который потрясаетъ людей, судъ приходитъ въ волненіе. Вотъ почему Флобера преслѣдовали судомъ за его книгу“.

На вопросъ Сальмона (адвоката) Золя прибавилъ:

„Вы спрашиваете меня, опасны ли статьи Тайяда по своему вліянію, которое онѣ могутъ оказать на массу? Тайядъ, дѣйствительно, смѣло идетъ прямо къ народу, но я не думаю, чтобы онъ былъ теперь понятъ этимъ народомъ, котораго надо раньше развить. На самомъ дѣлѣ Тайядъ послѣднюю свою статью, о которой идетъ рѣчь, писалъ, главнымъ образомъ, для образованныхъ людей“.

Было прочитано письмо Анатоля Франса къ Тайяду.

„Дорогой другъ!

„На тотъ случай, если дѣло не будетъ отложено, я посылаю г. Сальмону мое письменное показаніе. Вотъ оно:

„Мой собратъ и другъ Тайядъ, ученый, поэтъ и одинъ изъ н іболѣе выдающихся нашихъ французскихъ писателей, оказывае е ь величайшую честь всей странѣ своей личностью и талантомъ. £ ҷе читалъ статьи, изъ-за которой онъ привлекается къ суду, но я е могу допустить, чтобы Тайядъ не высказался въ ней тѣмъ, ҷ ъ онъ есть на самомъ дѣлѣ: человѣкомъ искреннимъ и благо- р ымъ. Кромѣ того, признаюсь, я не понимаю преступленія по дѣламъ печати у свободнаго народа. Это ужасное нарушеніе права во Франціи: мысль штрафуютъ, а за идеи сажаютъ въ тюрьмы. Лучшія пожеланія—Анатоль Франсъ."

Чтеніе этого письма произвело сильное впечатлѣніе. Свидѣтель Лэдронъ, старикъ 57 лѣтъ, хранитель Луврскаго музея, явился засвидѣтельствовать свое уваженіе Тайяду и еще разъ указать на его талантъ. Онъ тѣмъ больше считалъ себя вправѣ сдѣлать это, такъ какъ самъ раздѣляетъ его мнѣнія и однажды написалъ предисловіе для одного его сочиненія.

Буазоленъ, почетный членъ морского министерства, учитель и воспитатель Тайяда сказалъ:

„Тайядъ рожденъ для исторіи. Выдвинулся же онъ больше на литературномъ поприщѣ. По мнѣнію Тайяда, дѣло литературы—знакомить читателей съ разными ученіями. Всѣ интеллигентные люди въ его статьѣ увидятъ лишь взглядъ на цареубійство, какимъ оно было извѣстно еще древнему міру, какимъ было цѣлые вѣка, и какимъ именно его воспроизвели Корнель, Вольтеръ и де-Местръ въ его „Петербургскихъ вечерахъ".

Требуя наиболѣе суроваго наказанія для подсудимаго, товарищъ-прокурора заявилъ, что онъ самъ преклоняется передъ талантомъ Тайяда. Но онъ находитъ, что своей статьей Тайядъ, во время празднества въ Копьенѣ, нарушилъ гостепріимство и національную честь.

Сальмонъ (адвокатъ) въ блестящей рѣчи коснулся выдающихся произведеній своего кліента, Тайяда, доказывалъ нелѣпость гоненій на его сочиненія и требовалъ его оправданія.

Мэрль въ своей рѣчи ссылался на Виктора Гюго, Гейне, цитировалъ рѣчи Бриссона и соціалиста Мильерана.

Судъ поступилъ именно такъ, какъ того опасался Анатоль Франсъ: „за мысли оштрафовалъ, а за ученія посадилъ въ тюрьму". Тайяда осудили къ 1000 франковъ штрафа и году тюремнаго заключенія, Грандидье къ 6 мѣсяцамъ тюрьмы и 600 франкамъ штрафа.

Публика въ залѣ суда встрѣтила приговоръ криками: „Да здравствуетъ Тайядъ"!

Тайядъ всталъ на скамью, на которой до того сидѣлъ, поднялъ шляпу вверхъ и крикнулъ: „Это послужитъ хорошимъ сѣменемъ для будущаго посѣва! Да здравствуетъ соціализмъ! Да здравствуетъ революція"!

Публика подхватила эти крики и закричала:

„Да здравствуетъ соціальная революція! Да здравствуетъ Тайядъ! Да здравствуетъ свобода! Долой тирановъ! Да здравствуетъ анархія!"

Отъ редакціи.—Послѣ приговора, до истеченія срока для подачи кассаціонной жалобы на рѣшеніе суда, Тайядъ находился на свободѣ. Въ это время въ Парижѣ состоялось огромное собраніе для выраженія сочувствія Тайяду и для протеста противъ франко-русскаго союза. На собраніи, кромѣ самого Тайяда, говорили очень многіе изъ выдающихся политическихъ дѣятелей: Золя, А. Франсъ и др. Были получены письма и телеграммы изъ разныхъ мѣстъ. По поводу этого собранія газеты, какъ французскія, такъ и иностранныя, посвятили рядъ статей, съ протестомъ противъ рѣшенія французскаго суда. О процессѣ Тайяда не было ни слова сказано только... въ русскихъ изданіяхъ, издающихся какъ въ Россіи, такъ и за-границей.

Недавно, послѣ выхода изъ тюрьмы, Тайядъ выпустилъ книгу, посвященную его дѣлу, гдѣ была перепечатана и статья „Торжество лакейства".

ИЗЪ ВОСПОМИНАНІЙ ЛЬВА ГАРТМАНА.

Въ революціонномъ движеніи я принималъ участіе всего лишь четыре года—съ 1876 по 1880-й. Изъ нихъ слѣдуетъ, однако, исключить одинъ годъ подготовительной работы надъ самимъ собою, чтобы сдѣлать себя пригоднымъ „идти въ народъ", и еще одинъ годъ, проведенный мной въ тюрьмѣ.

Въ 1876 году я былъ учителемъ земскаго училища въ Таганрогѣ, когда я познакомился съ только что пріѣхавшимъ туда Емельяновымъ, который впослѣдствіи участвовалъ въ процессѣ по дѣлу о Казанской демонстраціи и въ іюлѣ 1877 г. былъ наказанъ Треповымъ розгами въ Домѣ пред. заключенія*). Съ нимъ къ намъ пріѣхалъ и Мощенковъ. Вскорѣ мы перебрались въ Ростовъ на Дону, гдѣ стали жить на общей квартирѣ. Мы не замедлили завести знакомства въ городѣ, и вскорѣ трое мелкихъ торговцевъ, два доктора, молодой артиллерійскій офицеръ, стоявшій со своей командой близъ Азова, и нѣсколько учениковъ и ученицъ высшихъ классовъ гимназій и реальнаго училища вошли въ составъ нашего кружка самообразованія.

Емельяновъ привезъ съ собою много революціонныхъ заграничныхъ изданій и народныхъ книжекъ. Много книгъ было и у меня, и съ каждымъ вновь пріѣзжающимъ наша библіотека все росла и росла. Пріѣзжихъ было не мало, но помню хорошо лишь Михаила Попова, Юрія Тищенко и Мозгового. Всѣ они поселились у меня на квартирѣ, гдѣ также собирались и мѣстные члены кружка. Въ чтеніи книгъ, спорахъ и объясненіяхъ неясныхъ пунктовъ время проходило незамѣтно: собирались почти ежедневно часа въ 4 пополудни и расходились около 9 час. ночи. Нерѣдко на такихъ собраніяхъ присутствовало человѣкъ 15. Тѣ, которые обладали большимъ образованіемъ, помогали другимъ. Находилось время на зоологію, ботанику, физику и химію. „Сохраненіе энергіи"—помню—читалось и объяснялось съ большимъ интересомъ для всѣхъ присутствовавшихъ. Много читалось по исторіи, читались и сочиненія Писарева, Добролюбова, романы и повѣсти Эркмана-Шатріана, Шпильгагена и „Что дѣлать" Чернышевскаго. „Впередъ" Лаврова, рѣчи Лассаля слушались съ большимъ интересомъ и вниманіемъ,—и тогда весь кружокъ бывалъ на-лицо. Милль и Смитъ, „Примѣчанія къ Миллю" и „Капиталъ" Маркса были для многихъ трудны и не по силамъ

*) Емельяновъ судился подъ именемъ Боголюбова. Къ концу 1880 онъ сошелъ на каторгѣ съ ума и, если не ошибаюсь, до сихъ поръ находится въ Казанскомъ сумасшедшемъ домѣ. Прим. В. Б.

для нѣкоторыхъ. Тонъ собраніямъ кружка давалъ Емельяновъ. Говорилъ онъ постоянно съ чувствомъ, часто даже съ жаромъ; призывалъ учиться и готовиться идти въ народъ проповѣдывать идеи соціализма, возбуждать къ борьбѣ съ деспотизмомъ. Подобно рѣчамъ Емельянова, электризирующимъ элементомъ служили также пѣсни о вольномъ казачествѣ и нѣсколько революціонныхъ пѣсенъ, безъ которыхъ не обходилось ни одного собранія. Все это, необходимо, имѣло вліяніе не только на умственный складъ и развитіе слушателей, но измѣняло ихъ привычки и характеръ, давало новую оцѣнку удобствамъ и комфорту жизни. Денегъ у насъ было достаточно; не мало получалось ихъ на имя Тищенко, да и я зарабатывалъ хорошо, но, зъ всѣмъ тѣмъ, потребности ремонта одежды не считались существенными, забывались даже. Было время, когда у шести человѣкъ, жившихъ на общей квартирѣ, было всего лишь двѣ пары сапогъ. Четверо сидѣло дома, дожидаясь двухъ въ сапогахъ, и двѣ пары были впору всѣмъ шести. Спали на полу, подложивши платье подъ голову, съ газетой вмѣсто тюфяка, ѣли черный хлѣбъ съ колбасой и чаемъ.

Съ Валерьяномъ Андреевичемъ Осинскимъ мы познакомились лишь мѣсяца за три до распаденія нашего ростовскаго кружка. Въ то время онъ жилъ вмѣстѣ со всѣми своими братьями и сестрами у своего старшаго брата, Павла. Его отецъ по смерти оставилъ имъ въ ростовскомъ уѣздѣ большое имѣніе, которымъ они владѣли нераздѣльно. Павелъ Андреевичъ, лѣтъ на 10 или 12 старше Валерьяна, пользовался большимъ уваженіемъ и вліяніемъ во всемъ уѣздѣ. Крестьяне ростовскаго уѣзда любили его за его простоту, правдивость, честность и всегдашнюю готовность помочь въ чемъ бы то ни было. Онъ былъ земецъ, либералъ, убѣжденія котораго не обусловливались расчетами и соображеніями матеріальнаго характера. Таковъ же былъ и Валерьянъ Андреевичъ, и, какъ это онъ самъ мнѣ говорилъ, онъ многимъ былъ обязанъ въ своемъ характерѣ вліянію своего брата. Нѣкоторые изъ его родственниковъ пристали къ нашему кружку много раньше его и дѣлились съ нимъ книгами, которыя брали отъ насъ съ собой на домъ: „Впередъ“, рѣчи Лассаля и пр. Эти книги дали Валерьяну первое знакомство съ принципами соціализма и толкнули его на путь, который онъ избралъ вскорѣ безъ особой борьбы. Въ первый разъ, когда онъ пришелъ къ намъ, мы увидали юношу безукоризненно одѣтаго и своимъ разговоромъ напоминавшаго „лощеное общество“, какъ характеризовалъ его Емельяновъ. Кажется, подобнаго щегольства, кстати сказать, не водилось за его братьями и сестрами. При второмъ свиданіи вся эта „помада“ слѣзла съ него. Въ немъ виденъ былъ человѣкъ съ убѣжденіями, прямой, искренній и симпатичный съ которымъ можно говорить безъ опасеній, слову котораго можн вѣрить. Даже Емельяновъ, фанатизмъ котораго не допускалъ никакой „помады“ (это было его любимое выраженіе) на честномъ человѣкѣ, на томъ же первомъ свиданіи, разговаривалъ съ Осинскимъ, какъ съ давнишнимъ своимъ пріятелемъ. Въ слѣдующій разъ, когда Валерьянъ Андреевичъ пришелъ къ намъ, прежнихъ особенностей въ его одеждѣ и разговорахъ уже не было. Долг онъ не засиживался,—захватитъ нѣсколько книгъ и удалится на недѣлю. Далеко ли онъ пойдетъ, оставитъ ли свою семью и примкнетъ ли къ кружку людей, идущихъ въ народъ,—этого тогда нельзя было предугадать. Но вскорѣ случилось одно обстоятельство, и оно сразу разрѣшило всѣ наши сомнѣнія. На меня былъ сдѣланъ доносъ,—намъ всѣмъ угрожала опасность. Мнѣ и многимъ другимъ приходилось бѣжать. Валерьянъ Осинскій предложилъ мнѣ свой паспортъ и тѣмъ сразу и безповоротно примкнулъ къ нашему дѣлу.

Это было, если не ошибаюсь, ранней весной 1877 г. Емельяновъ и Тищенко готовились въ путь—на Кавказъ, Мозговой—на Волгу, два „хохла“—Мощенковъ и Быковцевъ—условились съ однимъ либераломъ, землевладѣльцемъ близъ Ейска, Кубанской области, и шли къ нему на полевую работу. У каждой партіи и у Мозгового было заготовлено мужицкое платье; имѣлся также небольшой запасъ медицинскихъ средствъ, россійская фармакопея и порядочное количество народныхъ книжекъ, какъ, напримѣръ, „Сказка о четырехъ братьяхъ“ и др.

Первыми тронулись въ путь Емельяновъ и Тищенко, но чрезъ недѣлю они вернулись. Ноги у нихъ были сбиты, кожа содрана и они натерли себѣ мозоли, а Емельяновъ вдобавокъ схватилъ жестокій насморкъ, и у него образовался мясистый наростъ на спинѣ между плечами, въ три или четыре дюйма длины и въ дюймъ ширины и вышины. Одинъ нашъ товарищъ, докторъ, вырѣзалъ этотъ наростъ „съ корнемъ“, стянулъ потомъ края кожи, сшилъ ихъ и положилъ бандажъ. Во все время операціи Емельяновъ стоялъ нагнувшись, чтобы облегчить работу доктора, курилъ и изрѣдка морщился, когда было особенно больно, но въ общемъ вынесъ легко, даже черезчуръ легко. Рахметовъ Чернышевскаго былъ его образцомъ, которому должны слѣдовать, какъ онъ говорилъ, всѣ пропагандисты-революціонеры.

Дней черезъ десять раны зажили, и Емельяновъ съ Тищенко вновь ушли. Это было въ послѣдній разъ, когда я видѣлъ Емельянова. Прощаясь со мною, онъ говорилъ мнѣ: „Я увѣренъ, я еще услышу о тебѣ, Алхимикъ (прозвище которое онъ мнѣ далъ)! Не сомнѣваюсь, ты сдѣлаешь все, что въ твоихъ силахъ. Я сдѣлаю все, что въ моихъ“.

Въ то время я служилъ повѣреннымъ общественнаго банка, но вскорѣ оставилъ это мѣсто и, по приглашенію городского головы, поступилъ въ городскую управу. Взяточничество и воровство служащихъ этой управы были, повидимому, феноменальны. „Надо во что бы то ни стало очистить управу отъ воровъ и взяточниковъ“, говоритъ мнѣ голова. Онъ предоставилъ мнѣ найти себѣ помощниковъ, и трое изъ нашего кружка—все донскіе казаки—вскорѣ поступили туда. Съ перваго же дня, однако, взяточники искали средствъ выжить насъ изъ управы, и немного требовалось труда, чтобъ узнать кое-что, компрометирующее насъ въ глазахъ начальства. Мы, нашъ кружокъ, держали себя много свободнѣе, чѣмъ это было бы возможно гдѣ-либо въ Россіи годъ спустя. Послѣдовали, какъ я уже сказалъ, доносъ и приказъ арестовать, о которомъ насъ, однако, увѣдомилъ заблаговременно одинъ изъ близкихъ къ такимъ дѣламъ. Оставаться и ждать не было смысла, и я и всѣ, кому нужно было, бѣжали.

Я высадился съ парохода въ Керчи и оттуда пошелъ на югъ и потомъ, вдоль по берегу, до Севастополя. На первыхъ же дняхъ мнѣ пришлось услышать „Ей, мусью!" отъ одного изъ группы косарей, къ которой я присталъ. Это мнѣ было вовсе не по душѣ. Я отсталъ отъ нихъ, ждалъ нѣсколько дней, пока лицо мое загру- бѣло, и тогда присталъ къ другой партіи. Конечно, я былъ въ мужицкомъ платьѣ. Попалась работа—за рубль въ день. Работали мы—человѣкъ десять косарей и столько же сгребальщиковъ—начиная часа за два до восхода солнца, кончая часа черезъ два послѣ заката. Что же касается до возможности уловить время на ознакомленіе, разговоры и передачу хоть отрывковъ тѣхъ идей, того ученія, ради котораго я шелъ въ народъ,—для этого рѣшительно не было времени. Не было его и тогда, когда черезъ недѣлю работа окончилась. Каждый косарь спѣшилъ впередъ, на новую работу.

Ноги едва держали меня, я былъ изнуренъ, обезкураженъ и медленно подвигался къ Севастополю, обдумывая, какъ было бы важно совмѣстить въ такой дѣятельности три условія первой необходимости: не столь тяжелый трудъ, достаточный на жизнь заработокъ и хоть нѣсколько свободнаго времени на пропаганду. Косовица удовлетворяла лишь второму изъ этихъ условій. Мнѣ казалось болѣе вѣроятнымъ, что какое-либо ремесло отвѣтитъ всѣмъ этимъ нашимъ требованіямъ. Какъ бы въ отвѣтъ на мысли, удручавшія меня, я получилъ въ Севастополѣ письмо отъ Тищенко изъ Керчи, приглашавшее меня учиться сапожному ремеслу въ только что устроенной тамъ мастерской. Конечно, я не замедлилъ туда вернуться. Нѣкто „Митрошка", харьковскій студентъ, имени котораго я не упомню, былъ нашимъ учителемъ. Учились Мощенковъ, Бибергаль, я, Тищенко и нѣсколько рабочихъ соляныхъ промысловъ.

Я былъ, кажется, первымъ, который оставилъ Керчь приблизительно послѣ двухъ мѣсяцевъ ученья и, перѣхавъ чрезъ проливъ, пошелъ вверхъ по Кубани къ Екатеринодару. Особеннаго искусства въ сапожномъ мастерствѣ я, конечно, въ такое короткое время достигнуть не могъ, но я могъ ограничиваться починками и въ то же время совершенствоваться въ своемъ ремеслѣ.

Поровнялся какъ-то я съ большимъ обозомъ, возвращавшимся изъ Ейска въ Ростовъ. Мужики—ихъ было до двадцати человѣкъ— сидѣли вокругъ костра, занятые расчетами расходовъ по ихъ артели. Всѣ внесли деньги въ общую кассу, но не поровну, и они теперь не могли опредѣлить, сколько слѣдуетъ съ души, а, сообразно этому, сколько приходится на брата, надо ли доплатить или дополучить. Послѣ мучительныхъ неудачъ въ выборѣ методовъ рѣшенія, они пригласили меня на помощь. Я разрѣшилъ ихъ недоразумѣнія. Окончивъ расчеты, мы поужинали и готовились ночевать вмѣстѣ. Всѣ были въ духѣ, чувствовали себя хорошо; никто не усталъ, не торопился, а, главное, у всѣхъ были деньги. Не надо было лучшихъ усіовій и лучшей обстановки; и, какъ мало я, новичекъ, ни довѣрялъ своимъ силамъ и ловкости, я, однако, не замедлилъ приступить къ дѣлу. Какъ будто нечаянно я выронилъ изъ своей котомки книжку; мужики заинтересовались, захотѣли узнать, о чемъ въ ней написано, и я сталъ читать имъ „Сказку о четырехъ братьяхъ“. Каждый пунктъ вызывалъ замѣчанія и обмѣнъ мыслей. Тѣмъ большій интересъ замѣчался въ слушателяхъ, чѣмъ далѣе развивался разсказъ. Далеко за полночь мы продолжали разговаривать, сидя и лежа, пока, наконецъ, сонъ не одолѣлъ насъ всѣхъ, и разговоръ такимъ образомъ кончился.

Рано утромъ слѣдующаго дня я отсталъ отъ нихъ послѣ дружескихъ прощаній,—всѣ приглашали меня навѣстить ихъ въ ихъ селахъ и снабжали меня своими адресами. Отойдя полъ-версты я присѣлъ, переписалъ всѣ адреса на маленькій клочекъ бумажки и спряталъ его подъ воротникомъ жилетки. Надо было увѣдомить моихъ: кто-нибудь изъ нихъ, быть можетъ, пойдетъ въ эти села и будетъ продолжать столь счастливо начатое знакомство. Этими адресами я, впрочемъ, разсчитывалъ воспользоваться и самъ. Да и почему бы мнѣ отдавать другимъ дѣло, которое мнѣ и самому вполнѣ по вкусу! Лишь бы удалось удержаться въ деревнѣ; пропаганду можно будетъ вести систематично, не урывками, какъ это было до сихъ поръ.

Мои думы были прерваны колокольчикомъ. Приближалась пара лошадей. Въ повозкѣ сидѣлъ какой-то офицеръ. Я поднялся и пошелъ навстрѣчу. На всемъ лету кони, поровнявшись со мной, остановились, выскочилъ становой приставъ и схватилъ мою котомку. Найдены были запрещенныя книжки, и меня арестовали. Я арестованъ былъ, какъ потомъ оказалось, совершенно случайно: искали не меня, а разбойниковъ, ограбившихъ въ прошлую ночь помѣстье одного казацкаго полковника.

Слѣдствіе и допросы тянулись цѣлый годъ. Тѣмъ временемъ мои товарищи, узнавши о моемъ арестѣ, послали Быковцева, чтобы освободить меня, если бы оказалась какая-либо возможность. Но Быковцевъ былъ самъ случайно арестованъ. Мнѣ было больно видѣть его въ тюрьмѣ въ Екатеринодарѣ, гдѣ и я былъ заключенъ. Его арестовали всего лишь по подозрѣнію, но такъ какъ онъ не говорилъ своего имени и назывался „Иваномъ непомнящимъ родства“, то ему предстояло идти въ Сибирь на поселеніе. Исполнялъ онъ свою роль „непомнящаго родства“ съ большимъ искусствомъ: его рѣчь, наружность и „Иванъ“, котораго онъ выводилъ съ искусствомъ безграмотнаго художника, подписывая свои показанія на слѣдствіи, не вызывали и мысли о притворствѣ. За укрывательство имени Быковцева стали прижимать, терзать придирками, донимать скверной ѣдой и т. п., чтобы вынудить признаніе. Благодаря своей крайней нервности, Быковцевъ не выдержалъ всего этого и повѣсился было, но его во-время спасли. Дѣло кончилось, однако, лучше, чѣмъ можно было ожидать: насъ обоихъ выпустили на поруки,—и мы бѣжали.

Въ началѣ 1878 г. я присоединился къ саратовскому кружку, центромъ котораго были Вѣра Фигнеръ съ ея сестрой Евгеніей.

Съ ними жили 2 или 8 дѣвушки, имена которыхъ я забылъ. Тамъ я впервые познакомился также съ Александромъ Михайловымъ, Соловьевымъ, Юріемъ Богдановичемъ, Преображенскимъ и многими другими. Одинъ изъ моихъ новыхъ товарищей, уѣзжая, передалъ мнѣ свое мѣсто писаря волостного суда въ с. Покровскомъ, недалеко отъ Саратова. Это было село въ 20.000 душъ, гдѣ многіе изъ крестьянъ разбогатѣли скупкою хлѣба и ѣздили въ каретахъ, посѣщали Парижъ, воспитывали своихъ дѣтей въ гимназіи и пренебрегали знакомствомъ съ болѣе бѣдными мужиками. Я поселился на постояломъ дворѣ, куда ежедневно пріѣзжали десятки людей изъ окрестныхъ деревень. Свободное время я проводилъ и спалъ въ общей комнатѣ, гдѣ споры, разговоры и пѣсни шли безъ умолку цѣлый день.

Познакомился я тутъ съ однимъ крестьяниномъ, который многими своими особенностями выдавался изъ среды другихъ. Онъ былъ всегда веселъ, шутливъ, привѣтливъ, искалъ знакомствъ, увлекалъ разговорами, привлекая къ себѣ довѣріе. Онъ былъ высокаго роста, сильно сложенный, съ густо обросшимъ волосами лицомъ и съ вдумчивымъ выраженіемъ глазъ. Онъ торговалъ серпами, косами и изъ года въ годъ ѣздилъ изъ села въ село. Своей избы и семьи у него не было.

При одномъ изъ разговоровъ, въ которомъ принимали участіе человѣкъ тридцать присутствовавшихъ, онъ посвятилъ насъ въ свое ученіе. „Вышелъ орелъ изъ пучины морской—началъ онъ—и былъ онъ о 18 головахъ. Вышелъ левъ изъ чащи лѣсной и сталъ онъ упрекать орла: „Орелъ, ты, орелъ! царство твое неправедное, царство твое губительное! Будь ты проклятъ, орелъ! Погибай ты въ пучинѣ морской!" И стали головы орла отсыхать. Отсохла одна и упала, затѣмъ другая и третья; отсохла послѣдняя, и царство орла прекратилось. Ну—закончилъ онъ—пересчитай-ка Романовыхъ, и выходитъ, что сынъ Александра II-го будетъ 13-мъ".

Утромъ на слѣдующій день я съѣздилъ въ Саратовъ и условился съ товарищами, чтобы познакомить ихъ съ этимъ мужикомъ-пропагандистомъ. Его согласіемъ на это я заручился еще раньше. Я тѣмъ болѣе спѣшилъ познакомить ихъ между собою, что ожидалъ для себя разнаго рода непріятностей и думалъ, что мнѣ самому скоро придется бѣжать. Незадолго до того волостной судъ приговорилъ одного изъ богачей на три дня въ „чижовку" за то, что онъ жестоко избилъ своего кучера. Богачъ пришелъ ко мнѣ, выбросилъ на столъ пятирублевую бумажку и потребовалъ отъ меня приговора суда. Когда приговора я ему не отдалъ, онъ обѣщалъ свести счеты со мной, и на слѣдующій день становой пришелъ за моимъ паспортомъ. Подумаешь, какъ мало нужно было, чтобы вызвать подозрѣніе въ „неблагонадежности"! Паспортъ мой былъ, конечно, фальшивый, и я не сталъ дожидаться послѣдствій справокъ и—скрылся.

Побывавши въ Москвѣ, я пріѣхалъ въ Петербургъ, гдѣ, къ моему удивленію, я вновь встрѣтилъ большинство саратовцевъ. У меня были свои планы на будущее, которыми я подѣлился еще въ Саратовѣ съ Преображенскимъ, и ихъ я хотѣлъ предложить на обсужденіе всего кружка въ Петербургѣ. Прежде, однако, чѣмъ я успѣлъ это сдѣлать, Александръ Михайловъ сообщилъ мнѣ, что я долженъ уѣхать изъ Петербурга и притомъ поскорѣе: должно было скоро случиться кое-что такое, что вызоветъ погромы и аресты. Всѣ, кто только былъ мнѣ извѣстенъ, уѣхали, чтобы избѣжать этихъ погромовъ и безполезной траты людей.

Въ это время въ Петербургѣ былъ Девель изъ Тамбова, и по его то приглашенію большинство извѣстныхъ мнѣ саратовцевъ отправились туда. Я примкнулъ къ нимъ позже, весною 1879 г., и принялъ отъ Либова, одного изъ членовъ тамбовскаго кружка, должность писаря въ Ивановской волости*). Не далеко отъ меня, въ другомъ селѣ, были Мощенковъ и Пекарскій.

Мнѣ случилось быть въ городѣ, когда получилось извѣстіе о неудавшемся покушеніи Соловьева. Юрій Богдановичъ, Вѣра Фигнеръ, ея сестра, я и еще нѣсколько человѣкъ стали ходить по городу: намъ хотѣлось видѣть и слышать, какъ народъ относится къ извѣстію, но, кромѣ полной индифферентности и очень рѣдкихъ флаговъ и иллюминованныхъ оконъ въ частныхъ домахъ, не видно было ничего, на чемъ можно было бы основывать свое сужденіе. Лучше всего были украшены кабаки, публичныя заведенія, присутственныя мѣста, что и слѣдовало, впрочемъ, ожидать.

Первый приказъ, который я, какъ волостной писарь, получилъ отъ исправника, касался „строгаго наблюденія за всѣми поднадзорными лицами, появляющимися въ волости“ и т. д. За этимъ слѣдовалъ другой приказъ—созвать волостной сходъ и предложить на его утвержденіе благодарственный адресъ, проектъ котораго прилагался.

Въ концѣ мая у насъ было собраніе нашихъ товарищей. Это было первое и единственное собраніе для обсужденія программы партіи, на которомъ я имѣлъ случай и возможность присутствовать. Поводомъ къ нему послужилъ пріѣздъ Михаила Попова. Онъ остановился у насъ по пути на съѣздъ, въ Липецкъ или Воронежъ (не помню); послѣдствіемъ съѣзда, было образованіе двухъ партій— Народной Воли и Чернаго Передѣла.

Поповъ стоялъ рѣшительно за полное прекращеніе террористическихъ дѣйствій и сосредоточеніе всѣхъ силъ исключительно на пропагандѣ. Въ этомъ онъ и ожидалъ себѣ поддержки и сочувствія отъ нашего кружка.

Программы Народной Воли въ то время еще не было, и всѣ сужденія сходки необходимо касались такого рода чисто практическихъ вопросовъ, какъ напр.,—есть ли смыслъ продолжать вооруженную борьбу, вызывать тѣмъ погромы, тормозить дѣло пропаганцы въ народѣ, когда пропаганда, и только она одна, способна двинуть впередъ наше дѣло? Кто допускалъ возможность въ то время, при тѣхъ политическихъ условіяхъ, продолжать пропаганду среди народа, тотъ не могъ не согласиться съ этимъ за-

---

*) Мих. Девель, который, по показаніямъ Гольденберга, протежировалъ мнѣ, былъ въ данномъ случаѣ не причемъ. (Это замѣчаніе сдѣлано Л. Гартманомъ по поводу посланнаго нами ему отрывка объ его дѣлѣ изъ шпіонской книги, о которой мы говоримъ ниже. В. В.)

явленіемъ, но эту возможность допускали, однако, далеко не всѣ изъ насъ.

Предшествовавшіе процессы 50-ти и 193-хъ, аресты и ссылки, слѣдовавшіе за ними, усиливающіяся мѣры наблюденія и, вообще, усиленіе реакціи, не встрѣчавшей отпора со стороны соціалистовъ, ихъ собственный опытъ,—все это, по меньшей мѣрѣ, не распола-гало къ такой увѣренности. Не было увѣренности и въ томъ, что приростъ силъ партіи будетъ превосходить ея потери. Это съ одной стороны, а съ другой, намъ казалось, что вооруженная борьба и терроръ, доведенный систематическими усиліями революціонеровъ, ну, скажемъ, до того, что правительство принужденобудетъ сдѣлать уступки, могутъ вызвать условія, облегчающія пропаганду соціальныхъ идей, дадутъ народу примѣръ успѣшной борьбы, пробудятъ его нрав-ственно и сдѣлаютъ его тѣмъ болѣе воспріимчивымъ къ ученію соці-ализма. Такова была сущность высказанныхъ мнѣній большинства при-сутствовавшихъ на нашей сходкѣ. Таково же было и мое личное мнѣ-ніе. Когда я былъ еще въ Саратовѣ,—ипрежде чѣмъ я могъ узнать о предстоявшей попыткѣ Соловьева и о существованіи среди рево-люціонеровъ тенденцій, которая вскорѣ имѣли послѣдствіемъ образо-ваніе партіи Народной Воли,—подкопъ подъ какую-либо желѣз-ную дорогу и взрывъ царскаго поѣзда динамитомъ казались мнѣ наиболѣе подходящими средствами; и я тогда подѣлился своими мыслями съ Преображенскимъ.

Я не пробылъ въ Ивановской волости и четырехъ мѣсяцевъ, какъ приходитъ ко мнѣ жандармъ. Онъ былъ посланъ своимъ пол-ковникомъ, чтобы искать у меня запрещенныхъ книгъ, какъ онъ самъ объяснилъ это мнѣ. „Сдѣлайте одолженіе“,—отвѣчалъ я ему, но жандармъ, обезкураженный моимъ предложеніемъ, не сталъ и искать. Волостной старшина, узнавшій отъ исправника о предстоя-вшемъ визитѣ, увѣдомилъ меня еще наканунѣ, и я въ ту же ночь утопилъ мои четыре связки книгъ въ пруду, на берегу котораго стояла моя изба.

Что вызвало этотъ визитъ, я не могъ себѣ объяснить. Я былъ увѣренъ во всѣхъ моихъ знакомыхъ крестьянахъ и не допускалъ возможности доноса. Черезъ день или два пришелъ ко мнѣ уѣзд-ный фельдшеръ—маленькій, сладенькій, глаза котораго безустанно бѣгали. Волостной старшина тутъ же мигнулъ мнѣ. Фельдшеръ былъ извѣстный всему уѣзду предвѣстникъ бѣдъ—шпіонъ ис-правника.

Необходимо было узнать, въ чемъ дѣло, и я поѣхалъ въ Тамбовъ. За недѣлю до этого, какъ мнѣ сказали, Девель послалъ мнѣ письмо, въ которомъ увѣдомлялъ меня, что нѣкто Е. Скура-това назначена фельдшерицей куда-то близъ Ивановки, но это письмо было перехвачено. Тутъ же я узналъ, что Мощенковъ аре-стованъ, и мы тогда поторопились увѣдомить объ этомъ Пекарска-го и другихъ своихъ товарищей.

Отъ редакціи.—Печатающійся отрывокъ изъ воспоминан Л. Н. Гартмана не предназначался для печати,—мы его взяли и частныхъ писемъ Гартмана къ редактору „Былого“. Вскорѣ к надѣемся помѣстить продолженіе воспоминаній нашего товарищ

·тносящихся ко времени дѣятельности Исполнительнаго Комитета
Народной Воли.

ПРОГРАММА РАБОЧИХЪ ЧЛЕНОВЪ ПАРТІИ НАРОДНОЙ ВОЛИ.

(Изданіе редакціи „Народной Воли")

А.

„Историческій опытъ человѣчества, а также изученіе и на-
блюденіе жизни народовъ убѣдительно и ясно доказываютъ, что
народы только тогда достигнутъ наибольшаго счастья и силы, что
люди тогда только станутъ братьями, будутъ свободны и равны,
когда устроятъ свою жизнь согласно соціалистическому ученію, то
есть, слѣдующимъ образомъ:

1) Земля и орудія труда должны принадлежать всему народу,
и всякій работникъ вправѣ ими пользоваться.

2) Работа производится не въ одиночку, а сообща (общинами,
артелями, ассоціаціями).

3) Продукты общаго труда должны дѣлиться, по рѣшенію,
между всѣми работниками, по потребностямъ каждаго.

4) Государственное устройство должно быть основано на со-
юзномъ договорѣ всѣхъ общинъ.

5) Каждая община въ своихъ внутреннихъ дѣлахъ вполнѣ
независима и свободна.

6) Каждый членъ общины вполнѣ свободенъ въ своихъ убѣ-
жденіяхъ и личной жизни; его свобода ограничивается только въ
тѣхъ случаяхъ, гдѣ она переходитъ въ насиліе надъ другими чле-
нами своей или чужой общины."

„Если народы перестроятъ свою жизнь такъ, какъ мы, соціа-
листы-работники, этого желаемъ, то они станутъ дѣйствительно сво-
бодны и независимы, потому что не будетъ болѣе ни господъ ни
рабовъ." Каждый можетъ тогда работать, не попадая въ кабалу къ
помѣщику, фабриканту, хозяину, потому что этихъ тунеядцевъ не
будетъ и въ поминѣ. Землею станетъ пользоваться каждый, жела-
ющій заниматься хлѣбопашествомъ. Фабрики и заводы будутъ въ
рукахъ тѣхъ общинъ, которыя пожелаютъ пристать къ фабричному
труду. Каждый будетъ имѣть все, что ему нужно для жизни, а по-
тому не будетъ продавать себя, своего труда, своихъ убѣжденій, да и
покупать то будетъ некому.

„Работа общиною, артелью дастъ возможность широко поль-
зоваться машинами и всѣми изобрѣтеніями и открытіями на-
уки, облегчающими трудъ, поэтому у работниковъ, членовъ общины,
производство всего нужнаго для жизни потребуетъ гораздо меньше
труда, и въ ихъ распоряженіи останется много свободнаго времени
и силъ для развитія своего ума и занятія наукою". Такая жизнь
дастъ работнику много наслажденій, о которыхъ онъ теперь и по-
нятія не имѣетъ: дастъ ему научное знаніе и сдѣлаетъ его самого
способнымъ служить дальнѣйшему развитію науки, облегченію труда
и улучшенію жизни. Число всякихъ улучшеній сдѣлается безконечно

больше, чѣмъ теперь, и люди-работники достигнутъ высокой власти надъ природой. „Личная свобода человѣка, т. е. свобода мнѣній, изслѣдованій и всякой дѣятельности сниметъ съ человѣческаго ума оковы и дастъ ему полный просторъ.

Свобода общины,—т. е. права ея, вмѣстѣ со всѣми общинами и союзами, вмѣшиваться въ государственныя дѣла и направлять ихъ по общему желанію всѣхъ общинъ,—не дастъ возникнуть государственному гнету, не допуститъ того, чтобы безнравственные люди забрали въ свои руки страну, разоряли ее въ качествѣ разныхъ правителей и чиновниковъ и подавляли свободу народа, какъ это дѣлается теперь".

Б.

Мы глубоко убѣждены, что такой общественный и государственный порядокъ обезпечилъ бы народное благо, *но мы знаемъ также по опыту другихъ народовъ, что сразу, и въ самомъ близкомъ будущемъ, невозможно добиться полной свободы и прочнаго счастья народа.* Намъ предстоитъ долгая и упорная борьба съ правителями и расточителями народнаго богатства—постепенное завоеваніе гражданскихъ правъ. Слишкомъ долго, цѣлые вѣка, правительство и всѣ прихвостни его, которымъ теперь хорошо и тепло живется, изъ силъ выбивались, чтобы держать русскій народъ въ послушаніи и забитости. Имъ это почти всегда удавалось. Дѣйствительно, темные люди, въ большинствѣ случаевъ, не сознаютъ и не чувствуютъ, что они граждане своей родной страны и не должны дозволять, чтобы страною распоряжались коронованные проходимцы и всякіе охотники до чужого труда и кармана; бѣднымъ, голоднымъ людямъ слишкомъ часто приходилось дрожать и унижаться передъ сильными и богатыми, даже мошенничать и продаваться, и все изъ-за насущнаго куска хлѣба...

Потому люди настоящаго времени не могли бы устроиться и жить въ ладу при такихъ хорошихъ и справедливыхъ порядкахъ, гдѣ нѣтъ ни богатыхъ, ни бѣдныхъ, ни господъ-тунеядцевъ, ни слугъ-работниковъ, гдѣ всѣ равно обезпечены, всѣ трудятся, всѣ свободны. Унывать, однако, не приходится. Если въ наше время такіе порядки намъ не по плечу, то слѣдуетъ къ нимъ приближаться постепенно, добиваясь, если не полной свободы и счастья, то, во всякомъ случаѣ, большей свободы и значительнаго улучшенія своей жизни. При лучшихъ порядкахъ и лучшей жизни люди станутъ умнѣе, нравственнѣе, поймутъ, наконецъ, что они граждане, т. е. полноправные хозяева своей страны, и пойдутъ далѣе, т. е. устроятъ свою жизнь еще лучше, еще справедливѣе. При этомъ тотъ »общественный и государственный порядокъ, котораго желаемъ мы, соціалисты-работники, долженъ служить людямъ путеводною звѣздою, чтобы они не сбились и не попали въ новыя цѣпи, въ еще худшую кабалу.«

Мы ставимъ задачею своей жизни помочь всему русскому народу выйти на новый путь свободы и лучшей жизни. Положеніе народа такъ тяжело, жизнь его такъ безобразна, что обязанность всѣхъ понимающихъ дѣло и честныхъ людей поддержать насто

положить конецъ этому безобразію. Такъ идти дѣла далѣе не могутъ и не должны. »Поглядите: въ деревняхъ крестьянская земля постепенно переходитъ въ руки кулаковъ и спекуляторовъ; въ городахъ фабричные и заводскіе рабочіе попадаютъ все въ бо́льшую кабалу къ фабриканту; капиталисты становятся силой, съ которой разъединеннымъ рабочимъ бороться трудно; государство и правительство стягиваютъ къ себѣ все богатство и силу страны при содѣйствіи цѣлой арміи чиновниковъ, вполнѣ независимыхъ отъ народа и вполнѣ покорныхъ волѣ правительства; весь народъ отданъ подъ надзоръ жадной и невѣжественной полиціи (урядниковъ и другихъ полицейскихъ чиновъ).« Въ послѣднее время правительство нашло, *что волостные суды и сходы даютъ слишкомъ большой просторъ народному духу, и порѣшило прибрать ихъ къ рукамъ* Всякому видно, что этими мѣрами »желаютъ въ конецъ обезсилить русскій народъ и заглушить въ немъ всякое стремленіе къ вольной жизни.« Можемъ ли мы, соціалисты-работники, могутъ-ли всѣ понимающіе дѣло рабочіе допустить, чтобы русскій народъ вели по этому опасному пути? Нѣтъ! Всѣ »мы должны добиваться такихъ порядковъ, гдѣ бы самъ народъ сталъ господиномъ страны, гдѣ бы не правительственные чиновники, а онъ самъ рѣшалъ, какой путь приведетъ его къ благоденствію и свободѣ. Необходимо сдѣлать первый шагъ!«

В

Но этотъ шагъ слѣдуетъ обдумать. Слѣдуетъ прежде всего выяснить себѣ, кто наши враги, кто наши друзья, и какихъ измѣненій въ теперешнихъ порядкахъ слѣдуетъ добиваться. Мы должны знать, что:

1) »всѣ, *кто живетъ теперь на счетъ народа, т. е. правительство, помѣщики, фабриканты, заводчики и кулаки, никог а по доброй волѣ не откажутся отъ выгодъ своего положенія,* потому что имъ гораздо пріятнѣе взваливать всю работу на спину рабочаго, чѣмъ самимъ приняться за нее«. Эти господа смекаютъ, что рабочій народъ будетъ служить имъ лишь до тѣхъ поръ, пока онъ темёнъ, задавленъ нуждою и разоренъ, пока онъ не понимаетъ, *что сила его въ союзѣ всѣхъ работниковъ*. Поэтому безполезно ждать отъ этихъ господъ улучшенія теперешнихъ порядковъ. Правда, они устраиваютъ иногда коммиссіи для улучшенія быта рабочихъ на фабрикахъ и заводахъ *но всѣ заботы ихъ напоминаютъ заботы хозяина о содержаніи рабочаго скота.* Никогда не станутъ они думать о поднятіи народнаго образованія, никогда не позволятъ рабочему человѣку устроиться такъ, чтобы онъ пересталъ въ нихъ нуждаться. Стало быть, рабочій народъ долженъ разсчитывать на свои силы: враги ему не помогутъ.

Но народъ всегда можетъ разсчитывать на вѣрнаго союзника— ...іально-революціонную партію. Люди этой партіи набираются изъ ...хъ сословій русскаго царства, но жизнь свою отдаютъ народному ...у и думаютъ, что всѣ станутъ равны и свободны, добьются ...аведливыхъ порядковъ только тогда, когда дѣлами страны бу... ...ъ заправлять рабочее сословіе, т. е. »крестьянство и городскіе ...іе, потому что всѣ другія сословія, если и добивались свободы и

равенства, то лишь для себя, а не для всего народа«. Поэтому со-
ціально-революціонная партія—лучшій союзникъ, и рабочій **народъ**
всегда можетъ братски протянуть ей руку.

Кромѣ нея у народа нѣтъ вѣрныхъ союзниковъ; *однако, во
многихъ случаяхъ онъ найдетъ поддержку въ отдѣльныхъ лицахъ
изъ другихъ сословій, въ людяхъ образованныхъ, которымъ также
хотѣлось бы, чтобы въ Россіи жилось свободнѣе и лучше. Ихъ* не
очень тревожитъ то обстоятельство, что русскій крестьянинъ въ
кабалѣ у хозяина и кулака, потому что этотъ гнетъ имъ не зна-
комъ, но они испытали на своей шкурѣ произволъ полицейскій и
чиновничій и охотно помогли бы народу съ нимъ покончить. На-
родъ, конечно, выигралъ бы отъ ослабленія правительственнаго гне-
та: всѣмъ дышалось бы вольнѣе, мысль каждаго человѣка работала
бы сильнѣе, знанія стали бы доступнѣе всѣмъ, число до-
брожелателей народа возросло бы, но главное,—народъ могъ бы
сговориться и сплотиться. Поэтому рабочій народъ не долженъ от-
вергать этихъ людей: выгодно добиваться расширенія свободы рука
объ руку съ ними. Нужно только, чтобы рабочіе не забывали, *что
ихъ дѣло на этомъ не останавливается, что вскорѣ придется раз-
статься съ этимъ временнымъ другомъ и идти далѣе въ союзѣ съ
одной соціально-революціонною партіею.*

2) Перемѣны въ порядкахъ, которыя мы желаемъ совершить,
должны быть понятны народу и согласны съ его требованіями, иначе
онъ не станетъ ихъ вводить и поддерживать, на другія же сосло-
вія, какъ мы сказали, разсчитывать нельзя, потому что они сдѣла-
ютъ не то, что выгодно для народа, а то, что выгодно имъ са-
мимъ.

3) Перемѣны въ порядкахъ должны приближать жизнь къ со-
ціалистическому строю.

Г

Принимая все это во вниманіе, мы признаемъ, *что въ бли-
жайшее время мы можемъ добиваться слѣдующихъ перемѣнъ въ
государственномъ строѣ и народной жизни:*

1) *»Царская власть въ Россіи замѣняется народоправленіемъ«,*
т. е. правительство составляется изъ народныхъ представителей
(депутатовъ); самъ народъ ихъ назначаетъ и смѣняетъ: выбирая,
подробно указываетъ, чего они должны добиваться, и требуетъ от-
чета въ ихъ дѣятельности.

2) *Русское государство,* по характеру и условіямъ жизни на-
селенія, *дѣлится на области, самостоятельныя во внутреннихъ сво-
ихъ дѣлахъ, но связанныя въ одинъ общерусскій союзъ.* Внутреннія
дѣла области вѣдаются *Областнымъ Управленіемъ;* дѣла же обще-
государственныя—*Союзнымъ Правительствомъ.*

3) *Народы, насильственно присоединенные къ русскому цар-
ству, вольны отдѣлиться или остаться въ обще-русскомъ союзѣ.*

4) *Общины* (села, деревни, пригороды, заводскія артели и пр.)
*рѣшаютъ свои дѣла на сходахъ и приводятъ ихъ въ исполненіе
чрезъ своихъ выборныхъ должностныхъ лицъ—старостъ,* сотскихъ,
писарей, управляющихъ, мастеровъ, конторщиковъ и пр.

5) *»Вся земля переходитъ въ руки рабочаго народа и счи-
тается народной собственностью.*

Каждая отдѣльная область отдаетъ землю въ пользованіе об-
щинамъ или отдѣльнымъ лицамъ, но только тѣмъ, кто самъ зани-
мается обработкой ея.« Никто не вправѣ получить больше того ко-
личества, которое онъ самъ въ силахъ обработать. По требованію
общины устанавливаются передѣлы земель.

6) *»Заводы и фабрики считаются народной собственностью и
отдаются въ пользованіе заводскихъ и фабричныхъ общинъ,—дохо-
ды принадлежатъ этимъ общинамъ.*

7) Народные представители издаютъ законы и правила, ука-
зывая, какъ должны быть устроены фабрики и заводы, чтобы не
вредить здоровью и жизни рабочихъ, опредѣляя количество рабо-
чихъ часовъ для мужчинъ, женщинъ и пр.«

8) *Право избирать представителей (делегатовъ), какъ въ Со-
юзное Правительство, такъ и въ Областное Управленіе, принад-
лежитъ всякому совершеннолѣтнему: точно также всякій совер-
шеннолѣтній можетъ быть избранъ въ Союзное Правительство
и Областное Управленіе.*

9) Всѣ русскіе люди вправѣ держаться и переходить въ ка-
кое угодно вѣроученіе (религіозная свобода); вправѣ распространять
устно или печатно какія-угодно мысли или ученія (свобода слова и
печати); вправѣ собираться для обсужденія своихъ дѣлъ (свобода
собраній); вправѣ составлять общества (общины, артели, союзы, ас-
соціацій) 'для преслѣдованія какихъ угодно цѣлей; вправѣ предла-
гать народу свои совѣты при избраніи представителей и при вся-
комъ общественномъ дѣлѣ (свобода избирательной агитаціи).

10) *»Образованіе народа во всѣхъ низшихъ и высшихъ шко-
лахъ даровое и доступное всѣмъ.*

11) *Теперешняя армія и вообще всѣ войска замѣняются мѣст-
нымъ народнымъ ополченіемъ. Всѣ обязаны военной службой,
обучаются военному дѣлу, не отрываясь отъ работы и семьи, и
созываются только въ случаѣ опредѣленной закономъ надобности.*

12) *Учреждается Государственный Русскій Банкъ съ отдѣле-
ніями въ разныхъ мѣстахъ Россіи для поддержки и устройства фаб-
ричныхъ, заводскихъ, земледѣльческихъ и вообще всякихъ промы-
шленныхъ и ученыхъ общинъ, артелей, союзовъ«.*

Вотъ какія, по нашему мнѣнію, перемѣны въ народной жизни
могутъ быть совершены въ ближайшее время; мы думаемъ, что
весь народъ—городскіе рабочіе и крестьянство—пойметъ всю ихъ
полезность и готовъ будетъ ихъ отстаивать. Городскимъ рабочимъ
слѣдуетъ только помнить, что *»отдѣльно отъ крестьянства они
всегда будутъ подавлены правительствомъ, фабрикантами и кула-
ками, потому что главная народная сила не въ нихъ, а въ кре-
стьянствѣ. Если же они будутъ постоянно ставить себя рядомъ съ
крестьянствомъ, склонять его къ себѣ и доказывать, что вести дѣло
слѣдуетъ заодно, общими усиліями, тогда весь рабочій народъ ста-
нетъ несокрушимой силой«.*

Д

Надъ этимъ придется много и усердно поработать, и мы **думаемъ**, что работу нужно повести такъ.

а) Тѣ изъ рабочихъ, которые твердо порѣшили, что теперешніе порядки и всю народную жизнь слѣдуетъ измѣнить, составляютъ небольшія, но дружныя общества (кружки) рабочихъ, **выясняютъ** себѣ, чего слѣдуетъ добиваться, и »готовятъ себя къ тому времени, когда общими усиліями нужно будетъ приступить къ выполненію переворота. Кружки должны быть тайными, недоступными для правительственныхъ ударовъ«.

б) Члены кружковъ должны выяснять народу, *что изъ теперешняго гибельнаго порядка одинъ выходъ—насильственный переворотъ, что переворотъ необходимъ и возможенъ.* Съ этой цѣлью члены кружковъ размѣщаются по заводамъ, фабрикамъ и деревнямъ и заводятъ новые кружки рабочихъ и крестьянъ подъ разными предлогами, преимущественно вполнѣ законными. (Такъ, напр., кружокъ заводитъ свою кассу, библіотеку, чтенія, общежитія и пр.). Пользуясь уваженіемъ и любовью рабочихъ, члены кружка поддерживаютъ бунтовской духъ въ рабочей средѣ, *»устраиваютъ, гдѣ нужно, стачки противъ фабрикантовъ и готовятся къ борьбѣ съ полицейскими и правительственными властями, всегда стоящими за фабриканта.«* Тѣ изъ рабочихъ кружка, которые выкажутъ свою умѣлость и настойчивость въ веденіи рабочаго дѣла, поступаютъ въ главные рабочіе кружки, и, такимъ образомъ, тайный союзъ рабочихъ укрѣпляется.

Е

Невозможно угадать, при какихъ именно условіяхъ придется дѣйствовать рабочимъ союзамъ (рабочей организаціи). Но каковы бы они ни были, необходимо постоянно имѣть въ виду общія правила.

1) »Для того, чтобы добиться чего бы то ни было, рабочіе должны составлять силу, способную напирать на правительство и, при надобности, готовую поддержать свои требованія съ оружіемъ въ рукахъ«. Дойдетъ ли дѣло до кровавой борьбы или враги народа уступятъ безъ бою,—все равно: нужно готовить силу, и, чѣмъ больше эта сила готова вступить въ бой, тѣмъ скорѣе враги отступятъ безъ бою.

2) Напасть на враговъ съ надеждою на побѣду можетъ только вся соціально-революціонная партія, въ которую рабочая организація входитъ какъ часть. Партія собираетъ въ народѣ, въ обществѣ силы для совершенія переворота; устраиваетъ союзы въ крестьянствѣ и въ средѣ городскихъ рабочихъ, въ войскѣ и другихъ общественныхъ слояхъ. »Партія выдѣляетъ изъ себя боевой союзъ, который нападаетъ на правительство«, разстраиваетъ его, приводитъ въ замѣшательство и этимъ облегчаетъ всѣмъ недовольнымъ—народу, рабочимъ и всѣмъ доброжелательнымъ имъ людямъ—подняться и произвести повсемѣстный переворотъ.

Разъ началось надежное возмущеніе въ городѣ или въ деревняхъ, партія должна поддержать его своими силами, внести въ не-

'о свои требованія, вызвать подобныя же волненія въ другихъ мѣстахъ, гдѣ только возможна, должно объединить эти волненія въ одно общее возстаніе и расширить его на всю Россію. Одновременно нужно разстроить правительство, уничтожить крупныхъ чиновниковъ его (чѣмъ крупнѣе, тѣмъ лучше), какъ гражданскихъ, такъ и военныхъ; нужно перетянуть войско на сторону народа, распустить его и замѣнить народнымъ ополченіемъ изъ крестьянъ, рабочихъ, бывшихъ солдатъ и всѣхъ честныхъ гражданъ.

„Для успѣха дѣла крайне важно овладѣть крупнѣйшими городами и удержать ихъ за собою. Съ этою цѣлью возставшій народъ, немедленно по очищеніи города отъ врага, долженъ избрать свое Временное Правительство изъ рабочихъ, или лицъ, извѣстныхъ своею преданностью народному дѣлу“. Временное Правительство, опираясь на ополченіе, обороняетъ городъ отъ враговъ и всячески помогаетъ возстанію въ другихъ мѣстахъ, объединяетъ и направляетъ возставшихъ. Рабочіе зорко слѣдятъ за Временнымъ Правительствомъ и заставляютъ его дѣйствовать въ пользу народа. Когда возстаніе одержитъ побѣду по всей странѣ, когда земля, фабрики и заводы перейдутъ въ руки народа, а въ селахъ, городахъ и областяхъ установится выборное народное управленіе, когда въ государствѣ не будетъ иной военной силы, кромѣ ополченія—тогда немедленно народъ посылаетъ своихъ представителей въ (Союзное Правительство) Учредительное Собраніе, которое, упразднивъ Временное Правительство, утверждаетъ народныя завоеванія и устанавливаетъ порядокъ обще-союзный. Представители дѣйствуютъ по точной инструкціи, какую дадутъ имъ избиратели ихъ.

Вотъ общій планъ дѣятельности партіи во время переворота.

Можетъ быть, однако, и другой случай.

Если бы правительство изъ боязни общаго бунта рѣшилось сдѣлать обществу кое-какія уступки, т. е. дать конституцію, то дѣятельность рабочихъ не должна отъ этого измѣняться. Они должны заявить себя силою, должны требовать себѣ крупныхъ уступокъ, должны вводить своихъ представителей въ парламентъ (т. е. законодательное собраніе) и, въ случаѣ надобности, поддержать эти требованія массовыми заявленіями и возмущеніями. Напирая такимъ образомъ постоянно на правительство, набираясь силъ въ борьбѣ съ нимъ, партія Народной Воли выжидаетъ лишь удобнаго момента, когда старый, негодный порядокъ окажется неспособнымъ противостоять требованіямъ народа,—и совершаетъ переворотъ съ полной надеждой на успѣхъ.

Отъ редакціи.—„Программа рабочихъ членовъ партіи Народной Воли“ была издана въ ноябрѣ 1880 г. въ типографіи Гельфманъ и Тетерки, гдѣ печаталась и „Рабочая Газета“. Она была выработана при непосредственномъ участіи Желябова и Коховскаго (см. его біографію въ № 4 „Вѣстника Народной Воли“). Эта программа—одинъ изъ наиболѣе важныхъ документовъ для характеристики дѣятельности всѣхъ видныхъ народовольцевъ 1879-1881 годовъ. В. Фигнеръ, Перовская, Корба, А. Михайловъ, Телдаловъ—всѣ они вполнѣ раздѣляли ее и въ ней отразились ихъ взгляды на важнѣйшіе революціонные вопросы.

Для народовольцевъ борьба съ царизмомъ была ближайшей задачей, цареубійство и систематическій терроръ вообще—однимъ изъ важнѣйшихъ средствъ борьбы съ русскимъ деспотизмомъ за политическую свободу и соціализмъ, при данныхъ условіяхъ. Въ первомъ же своемъ засѣданіи (26 авг. 1879 г.) Исп. Ком. постановилъ во что бы то ни стало совершить цареубійство. На ряду съ террористической борьбой Исп. Комитетъ все время велъ энергичную пропаганду и агитацію во всѣхъ слояхъ населенія. Когда народовольцы выступили на сцену, въ Россіи не было почти ни одной революціонной организаціи,—ни среди рабочихъ („Сѣверно-русскій рабочій союзъ" былъ разбитъ), ни среди крестьянъ, ни среди студенчества, ни среди военныхъ, ни въ обществѣ,—культурная и оппозиціонная дѣятельность велась очень вяло. Во время самаго разгара террористической борьбы и благодаря ей, Исп. Комитету уже къ началу 1881 г. удалось внести небывалое оживленіе въ дѣятельность среди всѣхъ слоевъ населенія. За это время, по иниціативѣ народовольцевъ, образовались правильно дѣйствовавшія серьезныя революціонныя организаціи среди студенчества, офицеровъ и рабочихъ. Съ особеннымъ увлеченіемъ, затрачивая много силъ, занимались въ это время народовольцы пропагандой и организаціей среди рабочихъ, какъ на экономической, такъ и на политической почвѣ. Своей дѣятельности среди рабочихъ многіе отдѣльные революціонеры, вродѣ Коковскаго, и цѣлыя организаціи (напр., почти цѣликомъ всѣ провинціальныя народовольческія организаціи) отдавали всѣ свои силы и все свое время, и ничто другое не отвлекало ихъ отъ этихъ ихъ задачъ: втянуть рабочую массу въ борьбу съ правительствомъ было для этихъ революціонеровъ главной цѣлью ихъ дѣятельности. Только въ лучшія времена революціонной борьбы можно было встрѣчать такой беззавѣтный энтузіазмъ, съ какимъ тогда народовольцы занимались пропагандой среди рабочихъ. Подобной дѣятельности среди рабочихъ значительную часть своихъ силъ отдавали даже такіе народовольцы, какъ Желябовъ, Фигнеръ, Перовская, Теллаловъ, которые занимались въ то же самое время самыми сложными и отвѣтственными общепартійными дѣлами, напр., приготовленіемъ къ цареубійству. Къ началу 1881 г. народовольцы имѣли въ Петербургѣ и во многихъ другихъ мѣстахъ правильно дѣйствующіе кружки рабочихъ. Объ экстенсивности этой пропаганды мы уже говорили въ статьѣ „Памяти Гриневицкаго" (№ 1 „Былого"), а скоро надѣемся помѣстить въ „Быломъ" еще четыре имѣющіяся у насъ рукописи о дѣятельности народовольцевъ среди рабочихъ 1879-85 гг. въ Петербургѣ, Одессѣ, Ростовѣ, Кіевѣ и другихъ мѣстахъ.

Печатающаяся программа рабочихъ членовъ партіи Народной Воли, равно какъ прокламація народовольцевъ къ рабочимъ и „Рабочая Газета" (№ 2 „Былого") знакомятъ читателей съ широкимъ, чисто соціалистическимъ, взглядомъ народовольцевъ на пропаганду среди рабочихъ. Въ этомъ отношеніи, тѣмъ, кто хотѣлъ бы уяснить себѣ содержаніе пропаганды народовольцевъ среди рабочихъ, мы совѣтовали бы познакомиться съ недавно перепечатанной книжкой Баха „Царь голодъ", составленной для рабочихъ еще въ въ 1883 г.: въ ней политическіе и соціалистическіе вопросы поставлены такъ, какъ они ставились въ большинствѣ случаевъ всюду народовольцами въ 1879-83 гг.

Мы перепечатываемъ „Программу рабочихъ" съ экземпляра, присланнаго Исп. Комитетомъ въ 1880 году К. Марксу почти одновременно съ письмомъ къ нему (это письмо Исп. Комитета нами напечатано въ № 1 „Былого") и сохраняющагося въ настоящее время въ библіотекѣ нѣмецкихъ соціалъ-демократовъ въ Берлинѣ. О сношеніяхъ Исп. Ком. съ Марксомъ въ 1880-81 гг. мы надѣемся скоро разсказать со словъ двухъ членовъ Исп. Ком., принимавшихъ участіе въ этихъ сношеніяхъ. Отвѣтомъ Маркса Исп. Комитету былъ его горячій привѣтъ, напечатанный въ свое время въ „Народной Волѣ".

Марксъ, повидимому, отнесся съ большимъ вниманіемъ къ „Программѣ рабочихъ членовъ партіи Нар. Воли": присланный ему экземпляръ этой программы съ начала до конца испещренъ его замѣчаніями. Мы воспроизведемъ нѣкоторыя изъ нихъ. Многія мѣста программы Марксъ подчеркнулъ нѣсколько строкъ имъ зачеркнуто,—мы ихъ поставили въ кавычкахъ („ "): во многихъ случаяхъ чертами на поляхъ Марксъ обращалъ свое вниманіе на тѣ или иныя мысли, высказанныя въ программѣ,—ихъ мы поставили въ другого рода кавычки (» «). Очень многія буквы и слова въ программѣ, плохо напечатанныя, исправлены рукой Маркса; есть вставки его рукой, какъ, напр., курсивомъ мы отмѣчаемъ вставку Маркса въ слѣдующей цитатѣ: „Кружки должны быть связаны между собою, но въ то же время тайными, недоступными для правительственныхъ ударовъ". Мѣсто о національныхъ правахъ Марксъ не только подчеркнулъ, но еще отмѣтилъ крестомъ.

О СѢВЕРНО-РУССКОМЪ РАБОЧЕМЪ СОЮЗѢ.

По поводу нашей статьи о народовольческой „Рабочей Газетѣ" (№ 2 „Былого", 87 стр.), мы получили отъ товарища В. Муранова письмо, гдѣ онъ, между прочимъ, пишетъ:

„Рабочая Газета" не была первой рабочей газетой, издававшейся въ Россіи. Первой попыткой была „Заря Рабочаго"*), которой вышелъ только одинъ номеръ въ началѣ 1880 г. Этотъ листокъ былъ изданъ „Сѣверно-русскимъ рабочимъ союзомъ" и былъ составленъ самими рабочими, о чемъ явно свидѣтельствуетъ какъ слогъ, такъ и содержаніе его. Я читалъ этотъ листокъ лѣтомъ того же года, но, конечно, теперь содержанія его уже не помню, кромѣ того, что тамъ были политическія требованія къ большому неудовольствію „чистыхъ соціалистовъ", къ которымъ и я тогда принадлежалъ. Всѣ или почти всѣ члены союза были арестованы въ мартѣ 80 г. (?), и съ нѣкоторыми изъ нихъ я познакомился въ... Главнымъ руководителемъ былъ Степанъ Халтуринъ, который чрезвычайно ревниво въ то время относился къ вмѣшательству интеллигенціи въ дѣла Союза. Послѣднее передавалъ мнѣ сидѣвшій со мною вмѣстѣ N, близко стоявшій къ Союзу въ началѣ 1879 г.".

Въ отвѣтъ на это письмо Муранова мы замѣтили ему, что, по всей вѣроятности, онъ видѣлъ не отпечатанный номеръ „Зари Рабочаго“, а корректурные листы, такъ какъ ея типографія, кажется, была взята до выхода газеты въ свѣтъ, и что, во всякомъ случаѣ, попытка Халтурина издать газету для рабочихъ могла быть не въ 1880, а только въ началѣ 1879 года. На эти замѣчанія намъ Мурановъ написалъ слѣдующее:

„Я видѣлъ „Зарю Рабочаго“ лѣтомъ 1880 года. Въ этомъ не можетъ быть ошибки, такъ какъ это былъ годъ моего выхода изъ тюрьмы. Видѣлъ я не корректуру, а скверно отпечатанный листокъ. Я его видѣлъ въ Минскѣ, куда корректура не дошла бы въ то время“...

„Я лично знавалъ членовъ „Союза“ только въ тюрьмѣ. Я знавалъ Бамбина, Гусева, Павлова. Два послѣдніе были впослѣдствіи высланы административнымъ порядкомъ въ Сибирь, отказались принять присягу въ 1881 г. и высланы въ Якутскую область. Павловъ, кажется, застрѣлился въ первой половинѣ 80-хъ гг.“

Мы сдѣлали выписки изъ письма Муранова съ той цѣлью, чтобы вызвать разъясненія со стороны лицъ, знакомыхъ съ дѣятельностью „Союза“. Въ русской литературѣ мы о „Союзѣ“ не имѣемъ ничего, кромѣ двухъ очень тенденціозныхъ брошюръ: г. Плеханова „Русскій Рабочій“ и автора „Красное Знамя въ Россіи“.

Въ „Календарѣ Нар. Воли“ было сказано: „Союзу удалось таки приступить къ изданію газеты, которая, однако, вмѣстѣ съ типографіей была заарестована при наборѣ перваго же номера и не оставила по себѣ ничего, кромѣ „памяти о попыткѣ чисто рабочаго органа, не повторявшейся уже потомъ ни разу“. По поводу этой цитаты г. Плехановъ въ брошюрѣ „Русскій рабочій“ замѣтилъ: „авторъ относитъ эту попытку ко времени, предшествовавшему поступленію Халтурина во дворецъ. Но это ошибка“. Такимъ образомъ, г. Плехановъ хлопоты Халтурина съ типографіей относитъ къ 1880 г.—къ его народовольческому періоду дѣятельности*). Сколько намъ извѣстно, Халтуринъ, послѣ взрыва въ Зимнемъ Дворцѣ, уѣхалъ въ южныя народовольческія организаціи и занимался тамъ почти два года исключительно устной пропагандой среди рабочихъ, а типографіей для рабочихъ былъ занятъ въ первой половинѣ 1879 г., когда онъ былъ противъ террора и противъ вмѣшательства интеллигенціи въ дѣла рабочихъ.

Мы попросимъ г. N и всѣхъ другихъ, знавшихъ дѣла „Союза“, выяснить поднятые вопросы. Скажемъ еще два-три слова о „Союзѣ“.

Однимъ изъ основателей „Союза“, наряду съ Халтуринымъ, а можетъ быть, въ большей степени, чѣмъ онъ, былъ слесарь Викт. Обнорскій, осужденный въ 1880 г. на 10 л. кат. работъ вмѣстѣ съ рабочимъ Петр. Н. Петерсономъ и крест. Ан. П. Смирновымъ. Въ началѣ 70-хъ годовъ Обнорскій былъ изъ тѣхъ рабочихъ, съ которыми занимались чайковцы. Затѣмъ онъ уѣхалъ а долгое время за-границу, гдѣ, благодаря нѣкоторымъ обстоятельствамъ, смогъ довольно близко познакомиться съ революціонными и рабочими организаціями на Западѣ и сошелся съ набатовцами, которые съ начала 70-хъ годовъ ставили на первый планъ необходимость политической борьбы. Тамъ Обнорскій, какъ намъ сообщали, былъ свидѣтелемъ попытки издавать спеціально для рабочихъ органъ съ ярко-политической окраской (1 № этой газеты уже печатался, но не вышелъ въ свѣтъ). Съ планами систематической дѣятельности среди рабочихъ, со станкомъ и шрифтомъ, полученными отъ набатовцевъ, Обнорскій вернулся въ Петербургъ въ 1878 г. Тамъ онъ встрѣтилъ Халтурина и нѣкоторыхъ распропагандированныхъ рабочихъ. Съ ними онъ и началъ организацію „Союза". 23 декабря 1878 г., какъ это отмѣчено въ „Календарѣ Н. В.", было 1-ое генеральное собраніе „Сѣверно-Русскаго Рабочаго Союза", а 30 дек.—2-ое. Въ январѣ 1879 г. „Союзъ" издалъ „Воззваніе къ русскимъ рабочимъ", а въ № „Земли и Воли", вышедшемъ уже послѣ ареста Обнорскаго, „Союзъ" защищалъ свою программу отъ нападковъ „неполитиковъ". Вся дѣятельность „Союза", его программа были тѣсно связаны съ личностью Обнорскаго и, слѣдовательно, съ его заграничными впечатлѣніями. Это, какъ передавалъ намъ одинъ изъ извѣстныхъ землевольцевъ, особенно ясно было видно изъ русскаго текста всего, что вышло отъ имени „Союза". Къ сожалѣнію, у насъ нѣтъ ни одной прокламаціи „Союза", ни его письма въ редакцію „Земли и Воли"; въ „Красномъ Знамени" же изданія „Союза" приведены въ отрывкахъ, и то въ переводѣ изъ нѣмецкой статьи Лаврова. Объясненіе же автора „Краснаго знамени" политическаго характера программы „Союза" чисто мѣстными русскими условіями, тенденціями петербургскихъ рабочихъ, какъ таковыхъ, болѣе чѣмъ недостаточно.

Извѣстно, что послужило причиной разгрома организаціи „Союза": его руководители съ самаго почти начала своей дѣятельности наткнулись на двухъ провокаторовъ: въ Москвѣ—на Рейнштейна, въ Петербургѣ—на его жену, и „Союзъ" почти все время былъ въ рукахъ полиціи (см. книгу Тихомирова „Conspir. et Polic."). Рейнштейнъ былъ казненъ революціонерами 26 февр. 79 г., Обнорскій и его друзья арестованы, „Союзъ" сталъ едва влачить свое существованіе. Халтурину вряд ли удалось въ это время сдѣлать что-либо серьезное въ рабочей средѣ; его попытки поставить типографію (это, кажется, была не та, что привезъ съ собой Обнорскій изъ-за границы,—та была арестована) тоже не удавались. Можетъ быть, именно въ это время и пытался Халтуринъ издать „Рабочую Зарю". Во всякомъ случаѣ, Халтуринъ не былъ въ очень радужномъ настроеніи отъ своей работы среди рабочихъ: онъ видѣлъ, что рабочіе встрѣчаютъ политическія препятствія бóльшія, чѣмъ это онъ предполагалъ раньше... И вотъ съ осени 1879 г. онъ входитъ въ сношеніе съ народовольцами и до 5-го февраля 1880 года весь отдается минированію Зимняго Дворца.

Кстати. Авторъ „Краснаго знамени", какъ по отношенію къ „Союзу", такъ и по отношенію къ одесскимъ рабочимъ, объясняетъ ихъ политическое направленіе въ 1875 г. исключительно тѣмъ, что они, по своему положенію рабочихъ, могли легче усвоить идеи политической борьбы, чѣмъ интеллигенція. Это объясненіе, по крайней мѣрѣ, не полно. Авторъ не упоминаетъ о ярко-политической пропагандѣ среди одесскихъ рабочихъ Е. Южаковой и ея друзей-набатчиковъ съ начала 70-хъ годовъ. Да кромѣ того: отрицаніе политики революціонныхъ народниковъ 70-хъ годовъ не имѣетъ ничего общаго съ отрицаніемъ политики соціалъ-демократовъ-экономистовъ 90-хъ годовъ. Такъ называемое отрицаніе политики у народниковъ было собственно призывъ къ немедленной революціонной борьбѣ съ царизмомъ, со всѣмъ русскимъ государственныхъ строемъ. Вотъ почему изъ ихъ среды и вышли Петръ Алексѣевъ и его товарищи, дѣятельность которыхъ и до сихъ поръ представляетъ классическіе примѣры политической борьбы съ русскимъ деспотизмомъ.

МАТЕРІАЛЫ ДЛЯ СЛОВАРЯ ПОЛИТИЧЕСКИХЪ ССЫЛЬНЫХЪ ВЪ РОССІИ.

Намъ доставленъ составленный въ Сибири списокъ 214 ссыльныхъ, съ краткими біографическими свѣдѣніями. Мы разсчитываемъ эту рукопись значительно дополнить и напечатать. Въ настоящемъ № „Былого" мы нѣсколькими примѣрами хотѣли бы познакомить съ этой работой тѣхъ, кто пожелалъ бы откликнуться и помочь намъ своими свѣдѣніями. Мы просимъ тѣхъ, до которыхъ дойдутъ эти страницы, заняться собираніемъ біографическихъ свѣдѣній о тѣхъ политическихъ ссыльныхъ, которыхъ они знавали. Не надо останавливаться передъ неполнотой свѣдѣній,—одного, двухъ точныхъ фактовъ о каждомъ лицѣ достаточно, остальное можно собрать потомъ. Біографическія свѣдѣнія о большомъ количествѣ лицъ могутъ послужить источникомъ для разнаго рода работъ. Впослѣдствіи, когда будетъ собрано много біографическаго матеріала, мы разсчитываемъ выпустить „Словарь политическихъ ссыльныхъ въ Россіи".

Свѣдѣнія мы располагаемъ по слѣдующимъ рубрикамъ: 1) гдѣ и когда родился; 2) вѣроисповѣданіе; 3) сословіе; 4) образованіе; 5) занятіе; 6) когда и гдѣ былъ арестованъ; 7) гдѣ и когда судился; 8) приговоръ; 9) когда и куда былъ сосланъ, съ какого года на поселеніе; 10) участвовалъ ли въ литературѣ; 11) источники для біографіи; 12) примѣчанія (о побѣгахъ, гдѣ находится въ настоящее время и т. д.).

Алексѣевъ, Петръ Алексѣевъ: 1) въ 49 г., Смоленск. губ., Сычев. уѣзда, д. Новинской; 2) правосл.; 3) крестьянинъ; 5) ткачъ; 6) въ Москвѣ, 4 апрѣля 75 г. (пропаганда среди рабочихъ); 7) Спб., О. п. пр. сен., 77 г.; 8) 10 л. к. р.; 9) Кара, съ 84 г. на поселеніе въ Як. обл.; 10) рѣчь Ал. 10 ф. 77 г. перепечатана была много разъ; 11) см. проц. 50-ти; біогр. Ал., составленная Волховскимъ, изд. въ 1899 г.; 12) въ іюнѣ 91 г убитъ якутами.

Армфельдъ, Наталья Александровна: 1) 48 г.; 3) двор.; 6) 75 г. по дѣлу пропаганды; въ Кіевѣ въ фев. 79 г. при вооруж. сопротивленіи; 7) К. в. о. судъ, въ 79 г. 30 апр.—4 мая; 8) 1 л. 10 м. зав.; 9) на Карѣ; 11) проц., книга Кеннана; 2 Л

„Самоуправленія"; 12) умер. въ вол. командѣ въ сент. 87 отъ
чах.; б. замужемъ за Комовымъ.

Баломезъ, Андрей Мих.: 1) 60 г., Кишиневъ; 3) куп.; 6) въ Одес-
сѣ, 78 г.; 7) Од. в. о. с. 79 г., проц. Чубарова; 8) 20 л. руд.;
9) Кара; 12) предатель; пытался бѣжать съ дороги 80 г. и съ
Кары; въ 88 г. подалъ прошеніе о помилованіи; жилъ потомъ
въ Болгаріи, гдѣ, кажется, и умеръ.

Бобоховъ, Серг. Ник.: 1) 58 г., Смолен. губ.; 2) прав.; 5) студ.
ветер. инст. въ Спб.; 6) въ Саратовѣ; въ Шенкурскѣ въ 78
г.; 7) изъ Саратова въ Мезень адм. пор. (за пропаганду); по-
томъ арх. в. пол. с. 79 г. 12 мар. (воор уж. сопротивленіе);
8) см. казнь замѣнена 20 г. руд.; 8) Кара; 11) процессъ, въ
„За сто лѣтъ"; 1 № „Был."; 12) Отравился на Карѣ 16
нояб. 89 г.

Бибергаль, Александръ: 1) 54 г., Тавр. губ.; 2) правосл.; 3) мѣщ.;
5) студ. матем.; 6) Спб., 6 дек. 76 г.; 7) Ос. пр. пр. с. 25
янв. 77 г. (за участіе въ демонстраціи на Казан. площади);
8) 15 л. руд.; 9) Кара, съ 85 г. на пос. въ Амур. обл.

Богомолецъ, Софья Николаевна (ур. Присецкая); 1) Полт. губ.;
2) правосл.; 3) двор.; 6) въ Кіевѣ, въ 81 г.; 7) К. в. о. с., д.
Щедрина, май 81 г. (принадлежность къ „Юж.-рус. раб.союзу");
8) 10 л. к. р.; 9) на Карѣ; 12) бѣжала изъ Ирк. тюрьмы въ
82 г., арест. въ Иркутскѣ; ум. на Карѣ въ 87 г.

Брешковская, Екат. Конст. (урож. Вериго); 1) 48 г.; 2) прав.; 3)
двор., теперь крестьянка Забайк. обл.; 6) ар. въ 74 г.; по-
томъ въ 81; 7) ос. н. пр. с. въ 78 г.; по приговору баргу-
зинскаго полиц. правленія; 8) 5 л. к. р.; въ 1-й разъ 4 г. к.
р.; 9) на Карѣ, съ мая 79 г. на пос. въ Забайк. обл.; съ 3
іюня 84 г. снова на посел. въ Заб. обл.; съ 3 іюня 98 г.
была въ Россіи; скрылась изъ Минска; 10) ея воспоминанія о
пропагандѣ среди крестьянъ въ „Общинѣ" 78 г. 7 9 №; о ея
побѣгѣ въ „Истор. Вѣст." у Фаресова; „Искра" № 26; „Посл.
Изв." № 91; 12) въ 81 г. сдѣлала неудачную попытку бѣ-
жать изъ Забайк. области.

Богдановичъ, Флоріонъ Григорьевичъ: 1) 49 г., Варшава; 2) кат.;
3) двор.; 4) высш. обр.; 5) прив. доцентъ; 6) въ Бѣлой цер-
кви, въ 78 г.; 7) К. в. о. с. 79 г.; 8) 4 г. зав.; 9) Кара; съ
83 г. пос. въ Як. обл.; 10) лит.; по-польски заграницей вы-
шли его воспоминанія; 12) въ 87 г. выѣхалъ заграницу и ум.
въ 90-хъ гг.

Геккеръ, Наумъ Леонт.: 1) 61 г., Екатер.; 2) евр.; 3) мѣщ.; 5)
гимназистъ; 6) въ Одессѣ 81 г.; 7) Од. в. о. с., 82 г. (про-
паганда среди рабочихъ); 8) 10 л. зав.; 9) Кара; вольн. ко-
манда; съ 91 на пос. Як. обл.; 10) лит., сотр. од. газ.; 11)
проц. см. „В. Н. В." 2; 12) возвр. въ Россію (въ Одессѣ).

аниловъ, Викторъ Александровичъ: 1) 51 г., Харьковъ; 2) прав.;
3) двор.; 5) лаборантъ лѣс. инст.; 6) 74 г. на Кавказѣ (про-
паганда среди сектантовъ), 80, 81 г. въ Харьковѣ, 86 въ Мо-
сквѣ; 7) въ Харьковѣ Х. в. о. с. по д. Сыцянко въ 80 гг.
(оправ.), въ 82 г. Х. в. о. с., въ Иркут. 1889 г. (сопротивле-

ніе въ тюрьмѣ); 8) 4 г. зав.; 9) Кара, въ 85 на пос. въ Якут. обл., послѣ побѣга въ 89—въ С.-Колымскъ; 12) бѣжалъ изъ Сибири въ авг. 86 г., въ окт. ар. въ Москвѣ.

Джабодари, Ив. Спир.: 1) 52 г. Тифлисъ; 2) прав.; 3) двор.; 5) студ. М. Ак.; 6) 4 апр. въ Москвѣ 76 г.; 7) Ос.п. пр. с., 77 г. д. 50-ти (пропаганда среди рабочихъ); 8) 5 л. зав.; 9) Хар. ц. тюр., пос. въ Киренскѣ въ 83 г.; 10) лит., авторъ брошюры о смерт. казни и пр.; 11) проц. 50-ти; „Надгр. сл. Ал. II“; 12) верн. въ Россію (адвокатомъ въ Тифлисѣ).

Добрускина, Генр. Ник.: 1) 63, Рогачевъ, Могил. губ.; 2) евр.; 3) мѣщ.; 5) курсистка; 6) окт. 84 въ Ростовѣ на-Дону; 7) петер. в. о. с. въ 87 г., дѣло Лопатина (принадлежность къ партіи Н. В.); 8) 8 л. к. р.; 9) Кара, посел. съ 1892 въ Читѣ; 12) замужемъ за Адр. Михайловымъ.

Ефремовъ, Вас.: 1) 54 г., Курскъ; 2) правосл.; 3) духов. зван.; 5) студ. хар. вет. инст.; 6) Харьковъ, 78; 7) Х. в. о. с. въ 79 г. (за попытку освободить Медвѣдева изъ тюрьмы); 8) см. казнь замѣнена безср. кат.; 9) Кара, съ 90 на пос. въ Як. обл.; 12) теперь въ Иркутскѣ.

Здановичъ, Георг. Феликсовичъ: 1) 55, Кутаиск. г.; 2) прав.; 3) двор.; 5) студ. моск. ун.; 6) въ 75 г. на границѣ; 7) въ 77, ос. пр. пр. с.; д. 50-ти (пропаг. среди рабочихъ); 8) 6 л. 8 м. к. р.; 9) Хар. ц. тюр.; Кара, съ 84 посел. въ Верхоянскѣ, Томскъ; 10) рѣчь на судѣ въ 5 т. „Впередъ!“; 12) съ 89 г. въ Кутаисѣ (возвр. права).

Зунделевичъ, Ааронъ: 1) 54 г. Вильно; 2) евр.; 3) мѣщанинъ; 6) въ нояб. 79 въ Спб.; 7) пет. в. о. с. 80 г., д. Квятковскаго (принадлежность къ партіи Н. В.): 8) безср.; 9) Кара, съ 96 на пос. въ Читѣ.

Корба, Анна Павловна (ур. Менгардтъ); 2) прав.; 3) двор.; 5) нелегальная: 6) въ Спб., 4 іюня 82 г.; 7) пет. в. о. с. въ 83 г., д. Богдановича (принадлежность къ партіи Н. В.); 8) 20 л. к. р.; 9) Кара, на пос. въ Читѣ, Срѣтенскѣ; 10) рѣчь на судѣ въ № 3 „Былого“; 12) замужемъ за Прибылевымъ.

Миноръ, Осипъ Соломоновичъ: 1) 61, Минскъ; 2) евр.; 3) мѣщ.; 4) въ 1 и 2 моск. гимн.; моск. унив.; Ярос. Лицей; 5) студ.; 6) ар. 19 дек. 83 въ Москвѣ, выпущ. 25 фев.; 17 окт. 84 г. высланъ подъ надзоръ полиціи въ Тулу, потомъ Ярославль; ар. въ Яросл. 10 іюня 86 (вып. 14 іюля); снова ар. 27 авг. 86 г.; 8) 18 нояб. Якутскъ; якутскимъ в. о. с. за вооруж. сопротив. осужденъ на безср. кат. р.: 9) до 2 апр. 92 былъ въ вилюйс. кат. тюрьмѣ, потомъ перев. въ акатуйскую тюрьму (Заб. обл.); на основ. маниф., примѣненнаго ко всѣмъ участникамъ якут. процесса, вып. на житье въ Читу 12 марта 95 г.; въ авг. 98 г. вып. въ Россію, былъ въ Вильнѣ, откуда высланъ на годъ подъ надзоръ въ Слуцкъ, потомъ былъ въ Одессѣ, Кишиневѣ; 10) литер., сотрудн. „С.-З. Слова“; 11) см. якутскій процессъ; 12) съ 1902 выѣхалъ за-границу.

Степуринъ, Конст. Алексѣевичъ: 5) офицеръ въ отставкѣ; 6) въ мартѣ 84 г., 11) бр. „Процессъ 21-го“ 88; 12) содержался въ пе-

тропавл. крѣп., потомъ въ Д. П. З., гдѣ въ началѣ 86 г. за-
рѣзался. Обвинялся въ принадлежности къ партіи Н. В.

Фундаминскій, Матвѣй: 1) Минскъ; 2) еврейскаго; 3) купецъ; 5)
студентъ Петр. Ак.; 6) въ Москвѣ въ дек. 86 г. по дѣлу Бо-
гораза; 22 марта 89 г. въ Якутскѣ; 7) въ 88 г. сосл. адм.
пор. въ Вост. Сиб. на 10 л. (принадлеж. къ народов. кружку);
Як. в. о. с. въ іюлѣ 89 г. (воору. сопрот.); 8) на 20 л. к. р.;
9) въ Акатуѣ, въ 94 на пос.; 11) см. „Убійство пол. ссыльн.
въ Як.“; 12) ум. въ 95 г. въ Иркутскѣ.

Чикоидзе, М.: 1) 52, въ ноябрѣ, Тифлисъ; 2) православн.; 3) дво-
рян.; 5) землемѣръ; 6) 4 апр. 75 г. въ Москвѣ; въ мартѣ 82
7) Ос. пр. пр. с. въ 77 г., д. 50-ти (пропаг. среди рабочихъ);
Кирен. с. п. въ 83 г. (за побѣгъ); 8) по первому д. осужд. на
пос. въ Кирен. округъ, по второму—на 3 г. к. 9) пос. во второй
разъ въ 86 г. въ Верхоянскъ; 12) ум. въ 97 г. въ Курганѣ.

Якубовичъ, Петръ Филипповичъ: 1) Спб.; 2) прав.; 3) двор.; 5)
литераторъ; 6) 14 нояб. 84 г. въ Спб.; 7) пет. в. о. с., 87 г.,
іюль, д. Лопатина (принад. къ партіи Н. В., печатаніе 10 №
„Нар. Воли“ и пр.); 8) 18 л. к. р.; 9) Кара, съ 95 на пос. въ
Курганѣ; 10) литераторъ-поэтъ, участв. въ „От. Зап.“ и въ
др. журн.; 11) „Процессъ 21-го“ 88 г.; рѣчи Спасовича, изд.
за-границей; 12) вернулся въ Россію, живетъ близъ Петербурга.

Влад. Бурцевъ.

БИБЛІОГРАФІЯ.

Въ отдѣлѣ „Библіографія“ мы будемъ знакомить нашихъ чи-
тателей съ содержаніемъ нѣкоторыхъ, въ томъ или иномъ отноше-
ніи, интересныхъ брошюръ и листковъ, появившихся въ разное
время какъ въ Россіи, такъ и заграницей. Кромѣ того въ этомъ
же отдѣлѣ мы будемъ давать одни библіографическія описанія раз-
ныхъ рѣдкихъ изданій. Мы просимъ и нашихъ читателей подѣ-
литься съ нами такимъ же описаніемъ имѣющихся у нихъ рѣдкихъ
изданій. Этимъ путемъ современемъ мы сможемъ составить библі-
ографію изданій, которыя до сихъ поръ не зарегистрировались ни
Межовыми, ни Венгеровыми.

„Объ изданіи Русской Соціально - Революціонной Библіотеки“
16 стр. 8⁰ (листокъ, изданный въ концѣ 1880 г. за подписью чле-
зъ комиссіи: Л. Н. Гартмана, П. Л. Лаврова, Н. А. Морозова).
Мы приведемъ нѣсколько мѣстъ изъ листка, подписаннаго
ъ имени многихъ эмигрантовъ двумя народовольцамии еще
Л. Лавровымъ, философскіе взгляды и отношеніе къ соціализму
гораго народовольцы, въ большинствѣ случаевъ, раздѣляли вполнѣ.
ъ приводимыхъ ниже цитатъ видно, какъ широко и тогда смотрѣли

народовольцы на процаганду среди народа (крестьянъ и рабочихъ) и на роль народныхъ массъ въ предстоящей борьбѣ за соціализмъ.

„Крупныя стачки петербургскихъ ткачей и прядильщиковъ показали, какую важность имѣетъ существованіе рабочихъ организацій въ промышленныхъ центрахъ. Тѣ же самыя стачки показали, что вліяніе тайныхъ организацій рабочихъ соціалистовъ находится въ прямой зависимости отъ ясности пониманія ими современныхъ общественныхъ отношеній и задачъ экономической революціи. Впрочемъ, это понятно и a priori. Пополненіе соціалистической литературы является одной изъ насущнѣйшихъ задачъ современнаго рабочаго движенія въ Россіи. Это одна изъ насущнѣйшихъ услугъ, какую только можетъ оказать ему наша соціалистическая интеллигенція, къ которой нужно причислить и часть городскихъ рабочихъ.

Точно также, едва ли кто станетъ отрицать значеніе соціалистическихъ изданій для крестьянъ.

Степень устойчивости и вліятельности организаціи и здѣсь, какъ въ средѣ городскихъ рабочихъ или въ интеллигенціи, прямо пропорціональна сознательности ея членовъ къ окружающей ихъ дѣйствительности и средство достиженія лучшаго будущаго. Въ этомъ отношеніи, описаніе современнаго положенія крестьянства, его надѣловъ и лежащихъ на нихъ платежей, количественное отношеніе мелкаго и крупнаго землевладѣнія въ Россіи, исторія крестьянскаго сословія, наконецъ, цѣли и стремленія соціально-революціонной партіи,—все это могло бы быть весьма благодарною темой для нашихъ народныхъ изданій".

„...Обѣщаны въ будущемъ слѣдующія работы: 1) „Декабристы" И. Павловскаго; 2) „Соціалистическіе элементы въ русскихъ раскольничьихъ сектахъ" Днѣпрюка; 3) „Что такое соціализмъ?" (для рабочихъ) Г. Плеханова; 4) „Рабочее движеніе въ Америкѣ" Н. Македонскаго; 5) „Очеркъ развитія научнаго соціализма" П. Лаврова; 6) „Два направленія въ современной общественной жизни" Днѣпрюка; 7) „Исторія русскаго крестьянства" (для крестьянъ и рабочихъ) Л. Гартмана; 8) „Государственныя мѣры по рабочему вопросу въ разныхъ странахъ Европы"***; 9) „Великорусскій раскольничій радикализмъ. Секта странниковъ" М. Драгоманова; 10) „Исторія соціалистическаго движенія въ Россіи за 1873-1875 гг." Николая Морозова; 11) „Соціализмъ въ Сербіи" П. Тодоровича; 12) „Крестьянскія войны XVI вѣка въ Германіи" Н. Шполянскаго.

„Женевское Общество пособія политическимъ изгнанникамъ изъ Россіи". 8 стр., in-12⁰.

Съ 29 апрѣля 1877 г. въ Женевѣ было основано Общество пособія политическимъ изгнанникамъ въ Россіи. 5-го апрѣля 1880 уставъ былъ пересмотрѣнъ. За все время въ кассу поступилъ 1738 фр. Членами комитета общества на 1880 годъ были: Гутеръ манъ Наумъ, Драгомановъ Михаилъ, Длусскій Казиміръ, Морозовъ Николай (кассиръ).

ОПЫТЪ ПРОГРАММЫ ДЛЯ ИЗУЧЕНІЯ ИСТОРІИ РЕВОЛЮЦІОН-НАГО И ОБЩЕСТВЕННАГО ДВИЖЕНІЯ ВЪ РОССІИ.

I. Библіографическія изданія.

Списки заграничныхъ изданій: 1) каталогъ Бера, Берлинъ, 1876 и 1903 гг.; 2) каталоги запрещенныхъ книгъ, изданные цензурными комитетами (одинъ такой каталогъ былъ перепечатанъ въ „Библіограф. Извѣстіяхъ“ 1896-97 гг.); 3) каталоги: Элпидина, Фонда Вольной Рус. Прессы, Черткова, склада Лиги русской револ. соціалъ-демократіи и т. д.

При брошюрѣ „13 лѣтъ въ Шлис. крѣпости“ Л. Волкенштейнъ (изд. 99 г.) помѣщены библіографическія свѣдѣнія о дѣлахъ лицъ, заключ. въ Шлиссельбургской крѣпости.

„За сто лѣтъ“ Бурцева, изд. 1897 г. Во второй части сборника, при упоминаніи политическихъ событій, процессовъ, именъ дѣятелей указаны литературные источники.

Указатели книгъ для чтенія: 1) „Систематическій указатель лучшихъ книгъ и журнальныхъ статей“ Челябинскъ 83; 2) указатель лучшихъ книгъ, изд. Распоповымъ (сост. Фельдманомъ); 3) Янжулъ „Книга о книгахъ“ 1894; 4) „Программы чтенія для самообразованія“ Спб.; 5) „Программы домашняго чтенія“ (объ этого рода изданіяхъ см. „Рус. Мысль“ 902, № 8); 6) каталогъ харьковской общественной библіотеки.

Справочныя изданія: 1) Межова „Исторія рус. и всеобщей литературы“ 72 г., „Рус. Историческая Библіографія“ 82 г. 8 т., „Сибирская библіографія“ 3 т. и др.; 2) Венгеровъ „Критико-біографическій словарь русскихъ писателей“, „Источники словаря русскихъ писателей“ и др.; 3) „Энциклопедическій словарь“ Брокгауза и Эфрона (о библіографическихъ изданіяхъ см. слово „Библіографія“ т. 6-й, потомъ сл. „Россія“ т. 54-55).

Указатели къ журналамъ: 1) „Русская Старина“, ежегодные указатели при декаб. книжкахъ и 3 тома: 1890, 1895, 1900; 2) „Историческій Вѣстникъ“, указатель за 1880-90 гг., изд. 1890 г.; 3) „Русскій Архивъ“, указатель за 1863-1893 гг. (при янв. книжкѣ „Русск. Арх“. 1894 г.); 4) „Вѣстникъ Европы“ за 1866-1900 гг. (3 выпуска при дек. книжкахъ 1890, 895, 900 гг.); 5) „Рус. Мысль“ за 1880-89 гг. (при декабр. книжкѣ 1889 г.); 6) „Міръ Божій“ за 1892-901 гг., отд. изд.

II. Историческіе очерки революціонныхъ и общественныхъ теченій.

Тунъ „Очеркъ рус. революціоннаго движенія“, изд. въ 83 г. по-нѣмецки, въ 93 г. по польски (со статьями Лаврова и Плеханова); по-русски были пока гектографированныя изданія. Такого же рода очерки были составлены—Ольденбергомъ (по-нѣмецки), Малономъ (по франц.) и др. (см. 3 № „В. Н. В.“ у Рубановича въ „Матер“. 1893 г. № 3).

Степнякъ „Подпольная Россія" 1893 г. Она была реферирована Маркевичемъ въ „Русск. Вѣстникѣ" 82, № 10, см. также статьи Ціона—„Рус. Вѣст." 86, № 6-7, „Вѣст. Европы" 86, № 8.

Лавровъ „Взглядъ на прошедшее и настоящее русска го соціализма" въ „Календарѣ Н. В." 83 г.

(Венюковъ) „Историческіе очерки Россіи со времени крымской войны до заключенія берлинскаго договора" 5 т. Прага 1879-80 гг. Объ этомъ соч. см. „Общее дѣло" №№ 19, 20, 26, 27, 39.

„Красное Знамя въ Россіи". Очеркъ исторіи русскаго рабочаго движенія. Женева 1900 г.

Въ „За сто лѣтъ" въ хронологическомъ порядкѣ приведены программы различныхъ партій.

Краткіе очерки политическихъ движеній въ Россіи можно найти у Леруа-Болье „L'Empire des Tsars et les Russes", Тихомірова „La Russie politique et sociale".

(Гиляровъ-Платоновъ?) „15 лѣтъ крамолы" съ генеалогическимъ деревомъ рус. революціоннаго движенія—рядъ фельетоновъ въ газетѣ „Современныя Извѣстія", изд. въ Москвѣ въ 1881-83 гг.,—объ этихъ статьяхъ см. у Межова въ „Сибир. библіографіи".

Въ „Земствѣ", изд. въ Москвѣ, 1881 г., за апрѣль (№ 16) былъ помѣщенъ краткій очеркъ револ. движенія С. Приклонскаго.

Пыпинъ. „Характеристика литерат. мнѣній отъ 20-хъ до 50-хъ гг.", 2 изд. 90 г., „Исторія русской этнографіи" и „Исторія русской литературы", 4 т.

Милюковъ „Очерки по исторіи рус. культуры", 1-3 т.

Головачевъ „Десять лѣтъ реформъ" 71 г.

Джаншіевъ „Эпоха великихъ реформъ".

Иванюковъ „Паденіе крѣпостного права въ Россіи" изъ „Отеч. Зап." 80-81 гг.—Семеновъ „Освобожденіе крестьянъ въ царствованіе Ал. II". (Трубачевъ „Лѣтописецъ крестьян. освобожденія" „И. В." 93, № 3).—И. Игнатовичъ „Помѣщичьи крестьяне наканунѣ освобожденія" „Р. Б." 1900, № 9.—Милюковъ „Освоб. крестьянъ", въ 32 т. „Энц. Сл.".—(Хрущовъ?) „Матеріалы для ист. упраздненія крѣпостного состоянія помѣщичьихъ крестьянъ". Берлинъ. 3 т. 60-62 гг. —Струве „На разныя темы".—Джаншіевъ „Эп. вел. реф."—Головачевъ „Д. л. р."—Ходскій „Земля и землевладѣніе".

Сухомлинъ „Изслѣдованія и статьи по русской литературѣ и просвѣщенію" 1889 г.

Мякотинъ „Изъ исторіи русскаго общества".

Соловьевъ „Очерки по исторіи рус. самосознанія".

Головинъ „Русскій романъ и русское общество". (См. ст. Сементовскаго „И. В." 97. № 6).

Скабичевскій „Сочин." (Очерки умственнаго развитія русскаго общества" „О. З." 70-71 гг. и въ соб. соч.),—его же: „Исторія новѣйшей русской литературы".

О цензурѣ: Скабичевскій „Очерки ист. рус. цензуры".—Джаншіевъ.—Головачевъ.—Коркуновъ „Рус. госуд. право".—„Ходатайство рус. литераторовъ объ облегченіи цензуры". Лонд. 95.—„Матеріалы для характеристики положенія рус. печати". Женева. 2 вып. 98.—„Самодержавіе и печать въ Россіи". Берл. 98.—„Энц. Сл.".

О женскомъ движеніи: Стасовъ „Воспоминанія о моейсестрѣ“. —Абрамовъ „Женскіе врачебные курсы“ „С. В.“ 88, № 8.—Герценштейнъ „С. В.“ 93, № 3.—Лихачева „Матеріалы для исторіи женскаго образованія въ Россіи“ 2 т. (1786-880 гг.)—Шашковъ „Историческій очеркъ женскаго движенія въ Россіи“ (въ собр. его соч.)—„Энц. Сл.“ 22-й т. слово „Женскіе курсы“.

Глинскій „Очерки русскаго прогресса“ 1900.

Очеркъ русской исторіи за XIX ст. см. въ „Энц. Сл.“ слово „Россія“ 55 т. стр. 478-489 и очеркъ литературы за послѣдніе 50 лѣтъ стр. 634-650.

III. Біографіи и автобіографіи революціонныхъ и общественныхъ дѣятелей.

Герценъ, А. И. 1812-70 гг.: 1) „Былое и думы“ 6-10 т. Соч. и „Сборникъ посмертныхъ сочиненій“ 70 и 71 гг.; 2) „Письма К. Д. Кавелина и И. С. Тургенева къ А. И. Г.“ Ж. 92 г. (извлеченіе изъ нихъ въ „Вѣст. Всемір. Исторіи“ за 1900-901 гг.) и „Письма М. А. Бакунина къ А. И. Г. и Н. П. Огареву“ Ж. 96 г.; 3) Пассекъ „Изъ дальнихъ лѣтъ“ 3 т. (см. соч. Благосвѣтлова); 4) Анненковъ „Замѣчательное десятилѣтіе“ въ 3 т. сочин. и „П. В. Анненковъ и его друзья“; 5) Смирновъ (Соловьевъ) „Жизнь и дѣятельность А. И. Г. въ Россіи и за-границей“. Спб. 97; 6) Вѣтринскій (Чешихинъ) „Въ сороковыхъ годахъ“. 1899 и его же „Т. Н. Грановскій и его время“ 97 г.; 7) Милюковъ „Изъ ист. русской интеллигенціи“ Спб. 902 изъ „М. Б.“ 901, № 2; 8) „Образованіе“ 1900 № 2; 9) Некрасова въ сбор. „Починъ“; 10) Богучарскій „Столкновеніе двухъ теченій общественной мысли“ „М. Б.“ 901, № 11. —его же „Науч. Обоз.“ 900; 11) „Записки Наталіи Ал. Огаревой-Тучковой“ „Рус. Стар.“ 90 г., № 10, 95, № 3-12 и „Сѣв. Вѣст.“ 96, № 2-3; 12) „Энц. Сл.“, т. 16.

Огаревъ, Н. Пл. † 1877: 1) см. „Герценъ“; 2) сборн. „Подъ знаменемъ науки“; 3) „Энц. Сл.“.

Бѣлинскій, Вис. Гр. † 1848 г.: 1) Пыпинъ—біографія,-Б. 76 г., 2) Протопоповъ, біограф, Б.; изд. Павленковымъ; 3) Анненковъ; Вѣтринскій и др. (см. Герценъ); 4) воспоминанія Тургенева; 5) Милюковъ „Изъ исторіи р. ин.“; 6) Ивановъ „Изъ исторіи рус. критики“ „М. Б.“ 98 г. и отд. изд.; 7) Каменскій „Судьба русской критики“ „Нов. Слово“ 97 г.; 8) Венгеровъ „Великое сердце“ „Р. Б.“ 98 г. и его же изданіе соч. Бѣлинскаго; 9) „Энц. Сл.“

Чернышевскій, Н. Гав. † 1899 г.: 1) „За сто лѣтъ“; 2) при загран. собр. соч.; 3) Короленко „Восп. о Ч.“ Лонд. 94 г.; 4) „Рус. Арх.“ 90 г.; 5) „Русская Стар.“ 89, № 12 90 № 4 или 5 (библіограф. соч. Ч.); 90, № 9; 6) „М. Б.“ 1900, № 4 и 1901, № 4 и 1901, № 12; 7) Плехановъ „Соціалъ-демократъ“ 1890-92 гг., № 1-4; 8) Волынскій (Флексеръ) „Рус. критики“.

Щаповъ, Аф. П. † 76 г.: Аристовъ „А. П. Щ.“ въ „Ист. Вѣст.“ 82, № 10-12 и отд. изд. (см. ст. Плеханова въ 1 № „В. Н. В.“).

Писаревъ, Дм. Ив. † 68 г.: 1) Соловьевъ, біогр. П., изд. Павленковымъ; 2) Скабичевскій въ „О. З.“ 69 г. и въ соб. соч.; 3)

Н. Морозовъ (М. Протопоповъ) „Литературная злоба дня" „О. З."
77, № 1 и его соб. соч.; 4) Кольцовъ (Тихоміровъ) „Неразрѣшен-
ные вопросы" „Д." 1881 г., № 1; 5) Ивановъ „П. и его сподви-
жники и его враги" „М. Б." 99, № 2-3; ему отвѣтъ въ „Научн.
Обозр." и его „Изъ исторіи р. кр."; 6) Волынскій „Рус. кр." 96 г.;
7) во 2 т. его соч., изд. 66 г., есть процессъ Павленкова за изд.
его соч.; 8) „Энц. Сл.".

Зайцевъ, В. А. † 82: 1) (Христофоровъ) „Общее Дѣло" 82 г.
№ 47; 2) Алисовъ „В. А. З." 82 г.

Худяковъ, И. А. † 77 г.: „Автобіографія И. А. Х." Жен. 82.

Ткачевъ, П. Никит. † 84: 1) (Христофоровъ) „Общее Дѣло",
№ 83-85; 2) „В. Н. В." № 5; 3) „Энц. Сл." 65 т.

Зайчневскій, П. Гр.: „Матеріалы", № 6-7.

Бакунинъ, М. А. † 76: 1) „Письма М. А. Б. къ А. И. Герце-
ну" съ біограф. очеркомъ, сост. Драгомановымъ; 2) Герценъ „Сбор-
никъ посл. соч." и др. статьи; 3) Мечниковъ „Б. въ Италіи"
въ 1864 г. „Историч. Вѣстн." 97, № 3; 4) Глинскій „М. А. Б. и
и его бѣгство изъ Россіи" „И. В." 98, № 3; 3) „Русск. Стар."
1900 ; 6) „Энц. Сл."

Лавровъ, П. Лавр. † 900: 1) „Біографія П. Л. Л.", изд. „Раб.
Зн." 1899; 2) Тарасовъ „Жизнь и смерть П. Л. Л." изъ 6-го №
„Раб. Дѣла" и отд. изд. 3) „Семидесятилѣтіе П. Л. Л." 93 г.; 4)
Милюковъ „М. Б." 900, № 3 и въ „Изъ ист. р. инт."; 5) Каблу-
ковскій „Матеріалы для исторіи философіи въ Россіи"; 6) Карѣевъ
„Введеніе въ изученіе соціологіи" Спб. 97; 7) „Энц. Сл.", т. 33.

Берви, Вас. Вас. (Флеровскій): 1) его „Три политическія си-
стемы" Берл. 97; 2) Венгеровъ „Крит.-біогр. словарь".

Нечаевъ, Сер. Ген. † 82: 1) 1 № «В. Н. В."; 2) его катехи-
зисъ въ „Сборникѣ" Алисова и „Рус. В." 80, № 2; 3) „Письма
М. А. Бакунина"; 4) см. процессы въ 71 и 73 гг.

Кропоткинъ, П. Ал.: 1) его „Записки революціонера" Лонд.
902; 2) Степнякъ „Подпольная Россія.»

Кравчинскій, Сер. М. † 95; 1) 28 номеръ „Летуч. Листковъ"
и „Free Rus."; 96; 2) статья Брандеса при ром. „Андрей Кожу-
ховъ"; 3) Засуличъ въ 1-2 ном. „Работника"; 4) Шишко въ 3 ном.
„Вѣст. Рус. Рев.".

Дебогорій-Мокріевичъ, Влад. Карп.: 1) „Воспоминанія", 3
вып. 94-98; 2) тоже въ 1-3 ном. „В Н. В.".

Купріяновъ и Сердюковъ † 78: 1) „Община", ном. 5 и 6;
2) Шишко, въ 3 ном. „В. Р. Р.".

Бардина, Соф. Илар. † 83: 1) (Степнякъ) „С. Ил. Б.", изд.
83 (изъ 61-62 ном. „Вол. Сл."); 2) ея рѣчь на судѣ—см. проц.
77 года.

Клеменсъ, Стефановичъ, Осинскій, Засуличъ—см
„Подп. Россія" и процессы Ст., Ос. и Засуличъ.

Алексѣевъ, П. А. † 91: 1) Волховскій „Русскій ткачъ П. А
А.", изд. „Раб. Зн."; также въ „Календарѣ соц.-дем." 902; 2) его
рѣчь на судѣ—см. его проц. въ 77 г.

Бобоховъ, С. Н. † 89: 1) 1 ном. „Былого"; 2) „За сто лѣтъ"
3) его процессъ 79 г.

Соловьевъ, А. К. † 79: 1) (Богдановичъ) „На родинѣ“, ном. 1; 2) его процессъ 79 г.

Попко, Григ. Амфим. 52—85: 1) (Стеблинъ-Каменскій) въ 3 ном. „Матеріаловъ“; 2) процессъ 79 г.

Михайловъ, А. Дм. † 84: 1) (Плехановъ?) біографія М. и автобіогр. М. въ „На родинѣ“, ном. 2 и 3; 2) 2-й ном. „Былого“.

Желябовъ, Ан. Ив. † 81: 1) „А. И. Ж.“; 2) Драгомановъ „Къ біографіи Ж.“ 82 г.; 3) процессъ 81 г.

Перовская, С. Л. † 81 г.: 1) „С. Л. П.“ 83; 2) Степнякъ „Подп. Россія“; 3) „Календарь Н. В.“; 4) процессъ 81 г.

Кибальчичъ, Н. И. † 81 г.: (Дейчъ?) „Н. И. К.“ 83; 2) проц. 81 г.

Гельфманъ, Гес. Мироновна. † 82: 1) „Кал. Н. В.“ 83; 2) Степнякъ „Подп. Россія“; 3) проц. 81 г.

Коковскій, Вал. † 81: 1) Тихоміровъ „Изъ давняго разговора“, номеръ 4-й „В. Н. В.“; 2) ном. 2-й „Былого“.

Фигнеръ, В. Н.: 1) Тихоміровъ „Честно погибшимъ“, ном. 4 „В. Н. Воли“; 2) проц. 84 г.

Халтуринъ, Ст. † 82: 1) „Пребываніе Х. въ Зим. Дворцѣ“ въ „К. Н. В.“; 2) „Календарь соц.-дем.“

Грачевскій, М. Ф. † 87: 1) „Побѣгъ М. Ф. Г.“ „Календарь Н. В.“; 2) процессъ 83 г.

Франжоли, Ан. Аф. и Завадская, Евг. Флор.—см. ном. 1 „В. Н. В.“.

Гриневицкій, Игн. Іос. 56—81: 1) „На родинѣ“, ном. 1; 2) „Былое“, 2 ном.

Сухановъ, Н. Е. † 82: 1) (Серебряковъ) „Матеріалы для біографіи Сухан.“ „В. Н.В.“, ном. 5; 2) „Былое“, ном. 2.

Тютчева, Раиса Льв. (Гросманъ): 1) 22 ном. „Наканунѣ“; 2) проц. 83 г.

Лопатинъ, Гер. А.: 1) Лавровъ о Л. въ брошюрѣ „Процессъ 21-го“ 88 г.; 2) проц. 87 г.

Вѣтрова, М.: „Памяти Мар. Ѳеодос. Вѣтровой“ 98, Лондонъ.

Балмашевъ, Степ. Валер. † 1902: 1) «Памяти С. В. Б.“ сборникъ 1902 г.; 2) процессъ его.

О слѣдующихъ лицахъ біографическія указанія надо искать: въ „Энц. Сл.“, въ „За сто лѣтъ“ и въ другихъ указанныхъ выше библіографическихъ изданіяхъ.

Аксаковъ (см. у Венгерова „Крит.-Біогр. сл.“ и „Источники словаря русск. писат.“); Анненковъ (тамъ же); Астыревъ (при книгѣ „Въ волостныхъ писаряхъ“); Бенни, Блюммеръ, Грибоѣдовъ, Гоголь (біогр., составленная Шенрокомъ), Грановскій (Вѣтринскій— см. выше; Милюковъ „Изъ исторіи рус. инт.“); Говоруха-Отрокъ („Памяти Ю. Г. Отрокъ“, М. 98); Добролюбовъ (Скабичевскій „Н. А. Д.“, изд. Павленкова; „Матеріалы для біогр. Д., изд. Чернышевскимъ; Антоновичъ „Изъ воспоминаній о Н. А. Д.“ „Журналъ для всѣхъ“ 901); П. Долгоруковъ, Достоевскій (Миллеръ и Страховъ при I т. соч.; біограф. въ изд. Павленкова), Драгомановъ, Заіончковская (Семевскій „Р. М.“ 90, ном. 10-12); Каразинъ Карамзинъ, Кирѣевскій, Кельсіевъ (см. его „Пережитое и передуманное“; восп. Михайловскаго); Кавелинъ (Кони „За послѣдніе годы“ 1896,—тамъ же о Ровинскомъ, Арцыбушевѣ, Градовскомъ; „Рус. Ст.“ 85; Корсаковъ въ „В. Е.“ 86-87 гг.); Костомаровъ, Ковалевская (ея воспоминанія; Лавровъ „Замѣчательная русская женщина“, Ж. 91); Кошелевъ (его „Записки“, Берлинъ 84); Каблицъ, Лермонтовъ (біографія, сост. Висковатымъ); Лорисъ-Меликовъ (воспоминанія Бѣлоголоваго; (Скальковскій) „Русскіе госуд. дѣятели“; Левитовъ, Лѣсковъ (Фаресовъ „И. В.» 94, ном. 4 и 97, ном. 3; біогр. Л., при собр. его соч.; „Энц. Сл.“); Милютинъ, Михайловскій (Кудринъ въ сбор. „На славномъ посту“; книга Бердяева;„ Энц. Сл.“); М. Л. Михайловъ, Вал. Майковъ, Одоевскій, Осиповичъ (Новодворскій,—при соб. соч., изд. Авкс. Батуевымъ; Ясинскій въ „О. З.“ 82; „М. Б.“ 97, ном. 10 и отвѣтъ Михайловскаго въ „Р. Б.“); Печоринъ, Петрашевскій (см. ниже); Петропавловскій - Каронинъ (при собр. соч.; „М. Б.“ 95, ном. 12; Плехановъ въ „Соц.-дем.“ 88); Пироговъ (его восп.; біогр. оч., изд. Павленковымъ); Писемскій (біогр., сост. Венгеровымъ); Полевой, Полежаевъ (Герценъ „Былое и думы“; Рябиновъ „Р. А.“ 81, ном. 1 и 2; Пыпинъ „В. Е.“, 89, ном. 2; Якушкинъ „В. Е.“ 97, ном. 6); Погодинъ (Барсуковъ „Жизнь и труды П.“,—объ этомъ изд. см. „В. Е.“ 97, ном. 4 и 7); Пушкинъ, Рылѣевъ (Сиротинъ „Р. А.“ 90, ном. 2); Рѣшетниковъ, Ю. Самаринъ (при соб. соч.); С.-Соловьевичъ, Сперанскій (біогр. оч., изд. Павленковымъ; Семевскій „Кр. вопр.“ и „Ист. Обозр.“ 9 и 10 т.); Салтыковъ (біогр. оч. Кривенко, изд. Павленковымъ; Пыпинъ „М. Е. С. и его публицисти ч. статьи въ 63-64 гг.“; Семевскій „Къ исторіи кр. вопроса“ въ „Сборникѣ правовѣдѣнія“ 93; восп. Михайловскаго); Л. Толстой, Тургеневъ (Лавровъ „И. С. Т. и развитіе рус. общества“ „В. Н. Воли“, 2 ном.; Ивановъ „И. С. Т.“); Н. Тургеневъ, Шелгуновъ (Лавровъ и Тарасовъ „Послѣдовательныя поколѣнія. Въ память Елисѣева и Ш.“ Парижъ); Шашковъ, Ядринцевъ (книга Глинскаго); Якушкинъ, Хомяковъ, Энгельгардъ (Мертваго „Не по торному пути“ 95; Фаресовъ „В. Е.“ 95, ном. 7 и 8); Чаадаевъ.

Александръ II (Татищевъ—его книга объ Ал. II, изд. 902; „Русскій біографическій словарь“, изд. историч. общ. I т.); Александръ III, Муравьевъ, Катковъ (Невѣдомскій „М. Н. К. и его время“; Арсеньевъ „В. Е.“ 88, ном. 7; Любимовъ въ „Р. В.“ 89 и отд. изд.; біогр. оч., изд. Павленковымъ; Грингмутъ „Памяти М. Н. К.“ 97,—о ней „В. Е.“ 97, ном. 9); Дубельтъ, Бенкендорфъ, Д. Толстой.

IV Революціонныя и общественныя движенія до 60-хъ годовъ.

До декабристовъ и декабристы.

Новиковъ, (1744—1818): Лонгиновъ „Н. и мартинисты 869; біогр. оч., изд. Павленковымъ; „Энц. Сл.“.

Радищевъ, (1749—1802): Мякотинъ „На зарѣ рус. общ ственности“ (въ сборн. „На славномъ посту“ и въ собр. стате

Мякотина); Сухомлинъ „Изсл.“; Якушкинъ „Судъ надъ русскимъ писателемъ въ XVIII в.“ „Р. С.“ 82, ном. 9; „Энц. Сл.“; „За сто лѣтъ“.

Чарторижскій „Убійство импер. Павла I“, Жен. (изъ 99 ном. „Общ. Дѣла“),—о томъ же Саблуковъ въ „Рус. Арх.“ 69 (то же полнѣе, изд. Каспровичемъ въ Лейпцигѣ).—Ѳ. Ѳ. Шиманъ „Убіеніе Павла I и восшествіе на престолъ Николая I“, Берлинъ 1902 г.— Библіографію вопроса см. въ „За сто лѣтъ“.

Пыпинъ „Общ. движеніе при Ал. I“; Шильдеръ „Импер. Алекс. I“, 4 т.; Семевскій „Кр. вопр“.

Проектъ конституцій: а) Сперанскаго „Проектъ уложенія государственныхъ законовъ“ (въ 10 т. „Истор. Обозр.“,—то же было у Н. Тургенева въ „La Russie et les Russes“ 47 г.,—см. еще „Записку М. М. Сперанскаго объ устройствѣ учебныхъ и правительственныхъ учрежденій въ Россіи 1803 г.“,—о дѣятельности Сп. см. статью Семевскаго „Изъ исторіи общественныхъ теченій Россіи въ XVIII и первой половинѣ XIX в.“ въ 9 т. „Ист. Об.“); б) Мордвинова (Н. Викторовъ „Рус. Стар.“ 1900, ном. 4); в) Новосильцева (у Пыпина „Обществ. движ.“).

„Донесеніе слѣдственной комиссіи“ 26 г.—то же въ „Р. Ар.“ 75 и 81 гг. и у Герцена; „Донесеніе варшавскаго слѣдст. комитета“, рус. газ. 26 г..

„14 декабря 1825 г. и императоръ Николай“, изд. Герцена 58; „Тайное общ. и 14 декабря 25 г.“ Лейпцигъ; Корфъ „Восшествіе на престолъ импер. Николая“ 57; Плехановъ „Четырнадцатое декабря 1825 г.“ въ „Зарѣ“, ном. 1; „Энц. Сл.“, т. 23-й (слово „Заговоръ“); „За сто лѣтъ“.

Казнь декабристовъ: 1) „Полярная Звѣзда“ 62; 2) восп. Розена; 3) „Р. Ар.“ 81, т. 2-й.

Біографіи декабристовъ: 1) Пестеля (въ „Рус. біогр. словарѣ“,—тамъ же есть отрывки изъ „Рус. Правды“ Пестеля); 2) Рылѣевъ (Сиротинъ въ „Рус. Ар.“ 90, т. 2); 3) о Бестужевыхъ, Басаргинѣ, Батенковѣ у Венгерова въ „Крит.-біограф. словарѣ“.

Воспоминанія декабристовъ: 1) „Записки декабристовъ“, изд. Герцена 62-63 гг. (Записки Трубецкого, Якушкина—отчасти перепечатаны въ „Р. Ар.“ 70,—Пущина, Лунина, Н. Муравьева и др.); 2) Розена, изд. въ 70 г. въ Лейпцигѣ,—въ извлеченіи переп. въ Россіи въ 99 г.; 3) Ф. Визина, изд. въ Берлинѣ въ 59 (отрывки въ „Р. С.“ 84 и 85 гг.); 4) „Записки Н. В. Басаргина“ въ сборникѣ Бартенева „19-й вѣкъ“; 5) Горбачевскаго „Р. Ар.“ 82 г.; 6) Волконскаго, изд. въ 1902 г.

Петрашевцы.

1) „Историческій сборникъ“ Герцена; 2) „Общество пропаганв 1849 г.“ Лейпцигъ 75; 3) Записка Липранди въ „Пол. зздѣ“ 62 и „Рус. Ст.“ 72, ном. 7; 4) Семевскій „Крестьянскій просъ въ Россіи въ XVIII в. и первой половинѣ XIX в.“ (о ней

см. статьи Пыпина „В. Е.“ 88, ном. 9; „Р. С.“ 82, ном. 5 и 91, ном. 1; В. В. „Сѣв. Вѣст.“ 88, ном. 2); 5) его же „Изъ исторіи общ. идей въ концѣ 40-хъ гг.“ въ сборникѣ „На славномъ посту“ 901; 6) Скабичевскій о петрашевцахъ „О. З.“ 83, ном. 11 (эта глава вырѣзана изъ его „Очерковъ ист. рус. цензуры“); 7) воспом. Ахшарумова „В. Е.“ 901, ном. 11-12; 8) показанія Петрашевскаго „М. Б.“ 88, ном. 9; 9) Арефьевъ „М. В. Петраш. въ Сибири“ „Р. С.“ 902, ном. 1; 10) „Энц. Слов.“, т. 41 (см. ниже „Тюрьма и ссылка“).

Украинское Общество „Кирилло-Меѳодіевскаго братства“.

1) (Костомаровъ) „Украина“ въ „Колоколѣ“ 60 г., ном. 60 (отд. изд. Драгомановымъ въ 86),—его же „Украинофильство“ „Р. С.“ 80, ном. 2; 2) „Къ свѣдѣніямъ объ украинск.-слав. обществахъ“ „Р. Ар.“ 93, ном. 7; 3) „Порабощенный народъ“ Львовъ 90; 4) Огоновскій „Исторія литературы русской“, 5 т. (о ней статья Пыпина „В. Е.“ 90, ном. 9; тоже „В. Е.“ 92, ном. 11; 5) Пыпинъ „Характеристика лит. мн.“ и „Исторія рус. этногр.“; 6) Семевскій „Кр. вопр.“; 7) Чалый „Жизнь и произведенія Т. Шевченко“ 82; 8) Конисскій — біогр. Ш. на малор. языкѣ и по-русски (сокр. изд.) „Жизнь укр. поэта Т. Г. Ш.“ Одесса 98 г.; 9) воспоминанія Костомарова въ „Р. М.“ 85, ном. 5 и 6,—тоже въ его книгѣ „Литературное наслѣдство“ 91; 10) Семевскій, Бѣлозерская, Мордовцевъ и Костомаровъ въ „Р. С.“ 85; 11) „Энц. Слов.“, 31 т. и „За сто лѣтъ“.

О революціонномъ движеніи въ 60-хъ годахъ.

1) Пантелѣевъ „Изъ воспоминаній о 60-хъ гг.“ въ сборникѣ „На славномъ посту“; 2) И. Красноперовъ „Мои воспоминанія 56-62 гг.“ „М. Б.“ 96, ном. 9 и 10; 3) Лѣсковъ „Загадочный человѣкъ“ и „В. Е.“ 70, ном. 8 „Незагадочный писатель“; 4) Автобіографія Худякова; 5) „Бѣлый терроръ“ (изъ „Колокола“), Лейпцигъ 1874 г.; 6) о Каракозовскомъ дѣлѣ см. процессы 66 г.; 7) „За сто лѣтъ“.

Влад. Бурцевъ.

(Продолженіе слѣдуетъ).

P. S. Мы помѣщаемъ въ настоящемъ номерѣ „Былого“ всего лишь нѣсколько страницъ изъ составленной нами довольно обширной (2—2½ листа) программы для чтенія по исторіи револ. и общств. движеній, но за недостаткомъ мѣста ея окончаніе мы откладываемъ до слѣдующаго номера нашего журнала.

Тамъ будутъ помѣщены слѣдующіе отдѣлы: „процессы“ (18 1902), „народники“, „народовольцы“, „соціалъ-демократы“, „литература для рабочихъ и крестьянъ“, „движеніе среди рабочихъ“, „движенія среди крестьянъ“ (за XIX ст.), „соціалисты-революціонеры“, „анархисты“, „толстовцы“, „либеральное движеніе“, „еврейское движеніе“, „польское движеніе“, „студенческое движеніе

„тюрьма и ссылка“, „романы, разсказы, стихи“, „періодическая печать“ и пр.

Просимъ нашихъ товарищей помочь намъ своими свѣдѣніями при составленіи и переработкѣ печатающейся программы для чтенія. Намъ хотѣлось-бы выслушать голоса компетентныхъ лицъ до выпуска программы отдѣльнымъ изданіемъ.

2/VI 33?.

Русская Историческая Библіотека.

№ 5.

947
Б-95

БЫЛОЕ

ЖУРНАЛЪ

издававшійся ЗАГРАНИЦЕЮ подъ редакціей
В. Л. Бурцева.

Выпускъ II.

(1903—1904 гг.).

Молодымъ людямъ на поученіе,
Старымъ людямъ—на послушаніе.
Изъ народныхъ стиховъ.
Братья! Поминайте наставниковъ
вашихъ!

Апостолъ Павелъ.

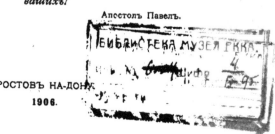

РОСТОВЪ НА-ДОНУ.
1906.

Типографія „Донская Рѣчь". Ростовъ на-Дону. 1906 г.

Содержаніе.

ИЗЪ ЖИЗНИ САРАТОВСКИХЪ КРУЖКОВЪ.

Начало революціоннаго броженія въ Саратовѣ относится къ половинѣ 50-хъ годовъ, когда Н. Г. Чернышевскій былъ тамъ учителемъ гимназіи. О его личности, какъ учителя, и его дѣятельности въ этомъ положеніи имѣются указанія въ очеркахъ писателя 70-хъ годовъ, Воронова, сотрудничавшаго въ журналѣ „Дѣло“ и впослѣдствіи издавшаго книгу „Болото“—очерки провинціальной жизни, въ которыхъ подъ именемъ города Желтогорска описывается Саратовъ 50-хъ годовъ. Въ концѣ этой книги выводится молодой учитель, сумѣвшій подчинить себѣ директора и оказавшій огромное вліяніе на общій духъ гимназіи. Этотъ учитель и есть Чернышевскій.

По переѣздѣ въ Петербургъ Н. Г. продолжалъ поддерживать самую тѣсную связь съ пензяками и саратовцами, державшимися въ Москвѣ и Петербургѣ заодно, въ сплоченныхъ кружкахъ рѣзко радикальнаго направленія. Главнымъ образомъ, изъ пензяковъ и саратовцевъ составилась въ Москвѣ группа каракозовцевъ, а года за три до этого времени образовалась въ Саратовѣ чисто революціонная организація, во главѣ которой стоялъ уроженецъ г. Казани, бывшій студентъ казанскаго университета, А. Х. Христофоровъ (впослѣдствіи эмигрантъ и редакторъ „Общаго Дѣла“). Дѣятельность Христофорова замѣчательна тѣмъ, что она являлась одной изъ первыхъ въ Россіи попытокъ внесенія соціальной пропаганды въ среду рабочихъ. Высланный изъ Казани за вредное направленіе и вліяніе, Христофоровъ поселился въ Саратовѣ, сплотилъ около себя группу единомышленниковъ и началъ вести пропаганду революціонныхъ идей во всѣхъ слояхъ мѣстнаго населенія.

Благодаря вліянію Чернышевскаго, о которомъ остались въ Саратовѣ самыя свѣтлыя воспоминанія, въ саратовскомъ обществѣ было болѣе, чѣмъ въ другихъ поволжскихъ городахъ, людей либерально и даже радикально настроенныхъ. Эти „сочувствующіе“ элементы попадались даже среди лицъ, занимавшихъ видные служебные посты (такъ, напримѣръ, инспекторъ института благородныхъ дѣвицъ, Е. И. Бѣловъ, совѣтникъ палаты Вознесенскій и т. д.), что значительно облегчало условія революціонной дѣятельности.

Съ цѣлью сближенія съ рабочими и практическаго доказательства выгодности для нихъ соціализма, Христофоровымъ было основано въ городѣ три артельныя мастерскія по разнымъ производствамъ. Въ этихъ мастерскихъ перебывало много народа, и пропагандистамъ позднѣйшаго періода (конца 70-хъ годовъ) еще случалось наталкиваться въ рабочей средѣ на лицъ, помнившихъ дѣятельность Христофорова. Въ половинѣ 60-хъ годовъ, послѣ раскрытія каракозовской организаціи, въ Москвѣ, въ Саратовѣ были произведены большіе аресты; гимназія и семинарія на нѣсколько недѣль были закрыты, самъ Христофоровъ и многіе изъ его сотрудниковъ были разосланы или подчинены строгому полицейскому надзору.

Броженіе на нѣсколько лѣтъ замерло и не имѣло сколько-нибудь яркихъ проявленій до 1874 года, когда новый толчекъ былъ данъ мѣстной молодежи заѣзжими пропагандистами, главнымъ образомъ, Д. М. Рогачевымъ и П. И. Войнаральскимъ. Составъ дѣятелей того времени и общій характеръ ихъ дѣятельности достаточно извѣстны по обвинительному акту по дѣлу 193-хъ. Здѣсь стоитъ упомянуть развѣ о томъ, что, благодаря патріархальности тогдашней полиціи, довольно многочисленныя сходки собирались безъ всякихъ предосторожностей, иногда на открытыхъ мѣстахъ (на одной изъ площадей близъ семинаріи и т. д.); зажигательныя рѣчи произносились на улицахъ или въ городскомъ саду, въ присутствіи лицъ, совершенно незнакомыхъ пропагандистамъ, и къ дѣлу привлекалось множество молодежи, только что услыхавшей о существованіи соціализма. Результатомъ этого было то, что пропаганда сразу охватила очень широкій кругъ интеллигентной молодежи, служащей и учащейся, соціализмъ (вѣрнѣе, тогдашній анархизмъ) въ короткое время пріобрѣлъ множество сторонниковъ. Но вліяніе его на большинство примкнувшихъ было довольно поверхностно, и черезъ два—три года участники сходокъ, собиравшіеся въ 1874 году "идти въ народъ", преблагополучно поступали на службу и сливались съ обывательской массой. Нѣкоторыя черты изъ революціонной жизни этого періода были описаны въ эпоху "диктатуры сердца" Фирсовымъ въ фельетонахъ газеты "Молва" подъ общимъ заглавіемъ "По тюрьмамъ". Положительными результатами шумной, но мимолетной, пропаганды 74 года въ Саратовѣ, явилась широкая популяризація самого факта революціонной борьбы и образованіе революціонной традиціи, такъ какъ съ участниками движенія 60-хъ годовъ прямой связи въ это время уже не сохранялось. (Отголоскомъ этого же періода въ легальной литературѣ явился грубо-реакціонный романъ ренегата И. Тхоржевскаго "Тенета", гдѣ всѣ революціонеры выставлены или мошенниками или идіотами. Въ романѣ содержатся пасквили на живыхъ лицъ. Появились "Тенета" уже въ половинѣ 80-хъ годовъ.)

Изъ дѣятелей 1874 г.—мѣстныхъ уроженцевъ—наибольшую память оставили по себѣ Григорьевъ, впослѣдствіи эмигрантъ и одинъ изъ сотрудниковъ Ткачева, по изданію якобинской газеты

„Набатъ", и студентъ Владиміръ Мейеръ, успѣвшій завести связи съ рабочими (впослѣдствіи умеръ эмигрантомъ въ Парагваѣ) *).

Многочисленные аресты 1874 г. всполошили либеральное общество и заставили насторожиться администрацію и начальство учебныхъ заведеній. Однако, не смотря на массовыя исключенія заподозрѣнныхъ, ферментъ оказался настолько живучимъ, что движеніе продолжало развиваться само собой, уже безъ воздѣйствій со стороны, и вскорѣ перешло въ рабочую среду. Руководителемъ молодежи, въ этомъ новомъ фазисѣ движенія, явился мѣстный уроженецъ, сынъ священника, бывшій студентъ Петровской академіи, Федоръ Ермолаевичъ Гераклитовъ. Послѣ разгрома московской организаціи (Бардиной и друг., судившихся, главнымъ образомъ, по дѣлу 50-ти), Гераклитовъ, избавившійся какъ-то случайно отъ ареста, переселился въ Саратовъ и съ осени 1875 г. сталъ вести жизнь простого рабочаго. Занявшись, какъ профессіей, переплетнымъ мастерствомъ, онъ нанималъ себѣ квартиру въ маленькихъ комнаткахъ, которыя нерѣдко сдаются хозяевами мелкихъ мастерскихъ постояльцамъ изъ самостоятельныхъ ремесленниковъ. Сблизившись съ рабочими одной мастерской, онъ переселялся въ другую и т. д. Благодаря такому образу дѣйствій и выдающимся пропагандистскимъ способностямъ, Ф. Е. въ короткое время пріобрѣлъ столько послѣдователей изъ рабочихъ, что ему одному стало не подъ силу вести съ ними занятія. Тогда Гераклитовъ пригласилъ себѣ сотрудниковъ изъ членовъ двухъ, существовавшихъ въ то время, гимназическихъ кружковъ. Въ старшихъ классахъ кружекъ образовался еще въ 1874 г.; въ центрѣ его стояли лица, участвовавшія на сходкахъ, собираемыхъ по призыву Рогачева и его товарищей. Наибольшимъ вліяніемъ среди членовъ этого кружка пользовались Степановъ Ширяевъ, С. Н. Бобоховъ и П. С. Поливановъ. Въ среднихъ классахъ гимназіи кружокъ возникъ нѣсколько позже, самостоятельно, подъ вліяніемъ общаго духа времени. Въ послѣднемъ кружкѣ имѣлась своя касса, а библіотеки легальная и нелегальная, составляли общее достояніе обоихъ кружковъ. Изъ членовъ младшаго кружка наибольшее участіе въ позднѣйшемъ движеніи принимали: Петръ Ширяевъ, Майновъ, Кирхнеръ, Вороновъ **) и Лавровъ ***). Направленіе въ обоихъ кружкахъ

---

*) Къ нимъ слѣдуетъ добавить студента Царевскаго, сосланнаго въ Сибирь административнымъ порядкомъ. Царевскій участвовалъ въ попыткѣ побѣга изъ Верхоянска морскимъ путемъ, вмѣстѣ съ Сѣрошевскимъ, Арцибушевымъ и другими. Умеръ въ Киренскѣ въ первой половинѣ 80-хъ годовъ.

**) Николай Алексѣевичъ Вороновъ, сынъ мелочнаго лавочника, привлекался по дѣлу о пропагандѣ 1877 г., но исключенъ изъ гимназіи не былъ. Впослѣдствіи окончилъ курсъ въ Московскомъ университетѣ и былъ учителемъ саратовской женской гимназіи. Во время холерныхъ безпорядковъ 1891 г. былъ арестованъ, по обвиненію въ подстрекательствѣ толпы къ бунту, и въ тюрьмѣ сошелъ съ ума.

***) Николай Евгеніевичъ Лавровъ, сынъ священника г. Камышина, привлекался свидѣтелемъ по дѣлу 193-хъ. Въ 1881 г. привлекался по дѣлу Майнова. Студентъ московскаго университета, участвовавшій въ народовольческихъ кружкахъ. Въ половинѣ 80-хъ годовъ отравился въ Москвѣ.

было строго лавристское, по журналу „Впередъ!" Во второй поло-
винѣ 76 года, наряду съ этими кружками, началъ возникать третій,
вызванный къ жизни переѣхавшимъ изъ Самары Викторомъ Пав-
ловичемъ Благовѣщенскимъ, сторонникомъ преобладавшаго въ Са-
марѣ „бунтарскаго" (т. е. бакунинскаго) направленія. Этотъ кру-
жокъ не имѣлъ правильной организаціи и состоялъ изъ молодыхъ
людей, самыхъ разнообразныхъ общественныхъ положеній, собира-
вшихся на сходки у одной дѣвицы, переѣхавшей изъ Самары. Увле-
ченные примѣромъ и личнымъ вліяніемъ Гераклитова, нѣкоторые
изъ учатниковъ всѣхъ этихъ кружковъ начали всевозможными
способами искать сближенія съ рабочими; гимназисты, напримѣръ,
стали посѣщать мастерскія, преимущественно столярныя, подъ
предлогомъ изученія мастерства, которое имъ пригодится при по-
ступленіи въ технологическій институтъ и т. п. Въ этотъ періодъ
Петръ Ширяевъ вышелъ изъ гимназіи и поступилъ наборщикомъ
въ типографію; бывшій семинаристъ, Иванъ Софинскій поступилъ
чернорабочимъ на чугунно литейный заводъ Плотникова; бывшій
студентъ московскаго университета, П. Щербина поступилъ въ сто-
лярную мастерскую; Майновъ, Кирхнеръ, Лавровъ стали обучаться
въ столярныхъ мастерскихъ; Степанъ Ширяевъ завязалъ сношенія
съ сапожниками и т. п. Зимой 1876 г. Гераклитовъ объединилъ
человѣкъ десять названныхъ выше лицъ и нѣкоторыхъ другихъ въ
особый „кружокъ пропагандистовъ", ставившій цѣлью своей дѣя-
тельности организацію поволжскихъ рабочихъ для будущаго возста-
нія. Настроеніе рабочихъ было очень благопріятное для пропаган-
ды, и въ концѣ 1876 г. вокругъ Гераклитова и его товарищей уже
сплотилось человѣкъ до 40 рабочихъ разныхъ производствъ. Пред-
полагалось весной разослать нѣсколько человѣкъ для агитаціи въ
другіе города Поволжья и Урала. Для покрытія расходовъ агитаціи
и для связи рабочихъ была основана касса. На Ильинской улицѣ
была нанята квартира, на которой еженедѣльно, по субботамъ, со-
бирались рабочіе и пропагандисты; тамъ вырабатывался уставъ
кассы, обсуждался планъ дѣйствій, читались и раздавались по ру-
камъ новыя изданія; нерѣдко пѣлись и революціонныя пѣсни, ко-
торыя были слышны далеко на улицѣ. Квартира просуществовала
до конца января 1877 г., когда послѣдовалъ разгромъ. Къ дѣлу
было привлечено множество лицъ. Обыски и аресты продолжались
весь февраль и часть марта. Гераклитовъ и С. Ширяевъ успѣли
скрыться за-границу*). Изъ числа арестованныхъ, но черезъ нѣко-
торое время выпущенныхъ подъ надзоръ полиціи впредь, до окон-
чанія дѣла, вскорѣ же умеръ рѣзчикъ Рябовъ, одинъ изъ самыхъ
дѣятельныхъ и смѣлыхъ рабочихъ.

Черезъ полтора года послѣдовало рѣшеніе, въ силу котораго

*) Гераклитовъ не долго оставался въ Швейцаріи. Уже весной 1877
г. онъ вернулся нелегально въ Россію, но въ Москвѣ былъ арестованъ и
посаженъ въ Пречистенскую часть, откуда вскорѣ бѣжалъ при помощи
червоннаго валета Огонь-Доголовскаго. Тяжкая болѣзнь (чахотка) заста-
вила его воспользоваться гостепріимствомъ одного либеральнаго помѣщика,
пригласившаго Гераклитова въ свое имѣніе въ Крыму, гдѣ онъ и умеръ въ
1878 году.

семь лицъ: Бобоховъ, Благовѣщенскій*), И. Софинскій, П. Щербина, П. Ширяевъ и слесаря—Нагель и Бобылевъ, были высланы административнымъ порядкомъ въ Архангельскую г. Студентъ мед.-хир. академіи Е. А. Дубровинъ (осужденный въ 1882 г. въ каторгу по дѣлу о солдатахъ Петропавловской крѣпости, черезъ посредство которыхъ Нечаевъ устроилъ сношенія съ Желябовымъ, Перовской и друг.) и нѣкоторые другіе были приговорены къ кратковременному тюремному заключенію или отданы подъ надзоръ полиціи. Наличныя средства кассы пошли безъ остатка на побѣгъ Гераклитова. Часть кружковой библіотеки погибла въ передрягахъ. Большинство рабочихъ или разъѣхалось изъ Саратова или утратило связь съ уцѣлѣвшими пропагандистами и, такъ сказать, потонуло въ массѣ. Организація разсыпалась, но дѣло не остановилось, такъ какъ оставшихся на свободѣ было достаточно для возстановленія черезъ нѣсколько мѣсяцевъ, послѣ январьскаго погрома 1877 г., рабочаго кружка, частью изъ прежнихъ посѣтителей квартиры на Ильинской ул., частью изъ привлеченныхъ къ дѣлу вновь. Съ цѣлью восполненія убыли, произведенной погромомъ, нѣкоторые изъ пропагандистовъ рѣшили усилить интенсивность своей работы и начали дѣйствовать, что называется, напропалую. Лѣтомъ 1877 года на Армянской улицѣ нанята довольно большая квартира, на которой поселились Лавровъ, Поливановъ и Майновъ; своимъ знакомымъ они разрѣшили приводить туда всѣхъ желающихъ и каждый вечеръ въ домѣ нѣкоей вдовы Смиренномудренской, у ея жильцовъ, начали собираться толпы всякаго рода молодежи, въ значительной части совершенно неизвѣстной самимъ хозяевамъ квартиры. Бывали тутъ и городскіе жители, и пріѣзжіе изъ провинціи, и рабочіе, и чиновники, и юнкера, и учительницы, и просто богъ знаетъ кто.... Каждый вечеръ на обсужденіе ставилась какая-нибудь тема политическаго или утопическаго характера (въ то время всѣхъ интересовалъ вопросъ объ основныхъ чертахъ „будущаго общества"), шли дебаты, желающимъ тутъ же раздавались нелегальныя изданія. Многіе изъ посѣтителей квартиры втягивались въ кругъ революціонныхъ интересовъ и примыкали къ кружку, другіе появлялись разъ-другой, исчезали съ горизонта, но, въ общемъ, квартира никогда не пустовала; и „Хитрая механика", журналъ „Впередъ" и т. п. изданія расходились во множествѣ экземпляровъ и, передаваясь съ рукъ на руки, исчезали невидимо гдѣ. Къ началу зимы продолженіе такой дѣятельности стало невозможно, такъ какъ ясно было, что нынче-завтра долженъ послѣдовать новый разгромъ. Квартира на Армянской прекратила свое

---

*) Благовѣщенскій вскорѣ же бѣжалъ изъ Пинеги, жилъ нелегально въ Петербургѣ. Тамъ принималъ участіе въ организаціи одной большой стачки, былъ вновь арестованъ въ 1879 году и высланъ въ Ишимъ, Тобольской г., откуда вновь бѣжалъ въ началѣ 80-хъ годовъ.

Бобоховъ и С. Ширяевъ бѣжали изъ Мезени, но были задержаны въ пути, при чемъ Бобоховъ оказалъ вооруженное сопротивленіе. Его дальнѣйшая участь извѣстна (см. его біографію въ 1-мъ № „Былого"). П. Ширяевъ былъ сосланъ въ Средне-Колымскъ, откуда вернулся въ половинѣ 80-хъ годовъ и сотрудничалъ въ казанскихъ и нижегородскихъ газетахъ. Умеръ въ началѣ 90-хъ годовъ.

существованіе, и лица, которыя тамъ жили, вошли въ соглашеніе съ нѣкоторыми изъ своихъ товарищей и рѣшили нѣсколько обособиться. Разселившись по одиночкѣ, они ввели нѣкоторую конспиративность въ пріемы пропаганды и отдались всецѣло дѣятельности среди рабочихъ. Къ троимъ, названнымъ выше, въ этомъ дѣлѣ примкнули: только что выпущенный изъ тюрьмы, бывшій семинаристъ Поморцевъ*), реалистъ Кирхнеръ**), Вороновъ и друг. На рѣшеніе мѣстныхъ радикаловъ, усилить конспиративность пріемовъ, имѣло нѣкоторое вліяніе появленіе въ Саратовѣ съ весны 1877 г. двухъ группъ революціонеровъ, наѣхавшихъ изъ Петербурга и другихъ мѣстъ: чистыхъ народниковъ, рѣшившихъ разселиться по деревнямъ Поволжья и Урала (Новицкій, Сергѣевъ, Демчинская и др.) и нѣсколько позже—землевольцевъ (Плехановъ, Ю. Богдановичъ, Соловьевъ, Гартманъ и др.). Дѣятельность этихъ лицъ слишкомъ извѣстна по позднѣйшимъ процессамъ, такъ какъ очень многіе изъ нихъ стали впослѣдствіи террористами. Въ этомъ періодѣ всѣ они были народниками разныхъ оттѣнковъ. Поселенія ихъ были особенно многочисленны въ Вольскомъ уѣздѣ, въ самомъ же городѣ у нихъ имѣлись конспиративныя квартиры: у перваго кружка—на Камышинской ул., у А. М. Демчинской (впослѣдствіи вышедшей замужъ за Новицкаго); у второго—на Пріютской, у Ф. В. Трощанскаго***), служившаго въ земской управѣ подъ фамиліей Васильева.

Въ ноябрѣ 1877 г. квартира на Камышинской улицѣ была замѣчена полиціей, которая явилась туда внезапно и захватила 10 человѣкъ, присутствовавшихъ на собраніи: Демчинскую, бѣжавшаго изъ Олонецкой губ. Сергѣева, бѣжавшаго съ сѣвера Бондарева, нелегальныхъ: П. Мощенко, рабочаго Яковлева и курсистку Богомолову и нѣкоторыхъ другихъ.

Такъ какъ писемъ и революціонныхъ изданій при обыскѣ найдено не было, то послѣдствія ограничились тѣмъ, что нѣсколько человѣкъ были высланы изъ Саратова подъ надзоръ полиціи, а четверо нелегальныхъ въ 1878 году судились обыкновеннымъ уголовнымъ порядкомъ за проживаніе по фальшивымъ паспортамъ, но были присяжными оправданы. Принадлежащіе къ той же группѣ пропагандисты, проживавшіе по деревнямъ въ качествѣ сельскихъ учителей, писарей, ремесленниковъ или мелкихъ лавочниковъ, были своевременно предупреждены Кирхнеромъ и членомъ мѣстнаго

---

*) Поморцевъ въ началѣ 80-хъ годовъ отошелъ въ сторону отъ движенія и впослѣдствіи умеръ на Кавказѣ.

**) Александръ Валеріановичъ Кирхнеръ, сынъ помѣщика Петровскаго уѣзда, привлекался по дѣлу 1877 года; въ началѣ 80-хъ годовъ былъ студентомъ техническаго училища, принималъ дѣятельное участіе въ студенческой агитаціи во время министра Сабурова, состоялъ членомъ народовольческой рабочей группы въ Москвѣ. Въ декабрѣ 1881 г. былъ осужденъ вмѣстѣ съ Майновымъ и сосланъ въ Сибирь. Въ 1888 г. сдѣлалъ неудачную попытку бѣжать.

***) В. Ф. Трощанскій впослѣдствіи былъ осужденъ по процессу Веймара (1880 г.) въ каторгу, по окончаніи которой вышелъ на поселеніе въ Батурусскій улусъ, Якутской области, гдѣ и умеръ во второй половинѣ 90-хъ годовъ.

кружка Лобовымъ, совершившими спѣшный объѣздъ по деревнямъ, причемъ поѣздка сопровождалась многими характерными, для того времени, приключеніями.

Изъ множества землевольцевъ и народниковъ, перебывавшихъ въ Саратовѣ въ 1877—79 г., наибольшее участіе въ мѣстной жизни принимали слѣдующія лица: Юрій Богдановичъ, Николай Морозовъ, Вѣра Николаевна Фигнеръ (впослѣдствіи народовольцы), находившіеся въ сношеніяхъ съ молодежью; Иванчинъ-Писаревъ, служившій подъ фамиліей Кудряшева волостнымъ писаремъ въ Вольскомъ уѣздѣ, и Ольга Александровна Натансонъ, служившая фельдшерицей, — имѣли въ городѣ большія знакомства какъ среди молодежи, такъ и въ либеральномъ обществѣ. Александръ Михайловъ (впослѣдствіи народоволецъ), поселившись въ горной части города, подъ видомъ торговца изъ раскольниковъ, пріобрѣлъ широкія связи среди сектантовъ, участвовалъ на одномъ изъ раскольничьихъ съѣздовъ, но успѣха въ попыткѣ склонить сектантовъ на революціонный путь не имѣлъ. Съ мѣстнымъ рабочимъ кружкомъ, возстановленнымъ лѣтомъ 1877 г. Майновымъ, Кирхнеромъ и др., вступили въ сношенія, а затѣмъ и вошли въ его составъ въ качествѣ членовъ, Г. Плехановъ и Н. Мощенко *). Изъ членовъ этого кружка особенно выдѣлялся своей интеллигентностью наборщикъ Егоровъ (по паспорту Жарковъ). Ученикъ Петра Ширяева—Егоровъ обнаруживалъ необыкновенный революціонный пылъ и казался человѣкомъ, готовымъ на всякія жертвы. Плехановъ сошелся съ нимъ довольно близко и впослѣдствіи убѣждалъ его уѣхать въ Петербургъ для работы въ тайной типографіи **). Присутствіе въ Саратовѣ множества лицъ, являвшихся представителями всѣхъ существовавшихъ тогда оттѣнковъ революціонной мысли, вело къ постояннымъ теоретическимъ спорамъ, въ которыхъ центральное мѣсто занималъ вопросъ о томъ, какъ отнесется „народъ" къ тому или иному способу дѣйствій со стороны радикаловъ. Оживленные дебаты вызывалъ вопросъ о пользѣ и вредѣ стачекъ, объ умѣстности или неумѣстности уличныхъ демонстрацій и т. п. Слишкомъ кабинетный по своей программѣ, лавризмъ пересталъ удовлетворять молодежь, въ которой обще-русскія событія быстро развили активное, боевое настроеніе. Уже въ декабрѣ 1876 года Бобоховъ, въ то время студентъ медико-хирургической академіи, принималъ участіе въ Казанской демонстраціи въ Петербургѣ. Саратовецъ И. П. Ювенальевъ ***), по окончаніи курса въ кіевскомъ университетѣ, оставаясь въ Кіевѣ для приготовленія къ кафедрѣ, сильно агитировалъ за массовый и активный характеръ протестовъ. Поливановъ, бывшій по дѣламъ кружка въ

---

*) Никандръ Мощенко былъ арестованъ въ ноябрѣ 1877 г. и высланъ административно въ Тобольскую губ.

**) Арестованный въ декабрѣ 1879 г. въ Саратовѣ, Жарковъ выдалъ типографію народнической газеты „Черный Передѣлъ" и согласился служить правительству шпіономъ. Въ февралѣ 80-хъ годовъ онъ былъ убитъ Преснаковымъ въ Петербургѣ.

***) И. П. Ювенальевъ былъ высланъ изъ Кіева въ Вологодскую губ. въ 1878 г. Впослѣдствіи былъ учителемъ въ саратовской женской гимназіи. Умеръ въ половинѣ 80-хъ годовъ.

Петербургѣ во время процесса Вѣры Засуличъ, участвовалъ въ уличной свалкѣ при объявленіи приговора, а на пути изъ Петербурга въ Саратовъ остался на лишній день въ Москвѣ для того, чтобы принять участіе въ встрѣчѣ кіевлянъ, высылавшихся въ Вологодскую губернію, что окончилось, какъ извѣстно, побоищемъ въ Охотномъ ряду, при которомъ Поливановъ и саратовецъ Сергѣй Малышевъ *) сильно пострадали.

Передъ лицомъ такихъ возбуждающихъ событій, не только развитіе въ себѣ „гармонической личности" и соціалистическое просвѣщеніе рабочихъ по П. Л. Лаврову, но и болѣе активное бунтарство или агитація среди крестьянъ, въ духѣ тогдашнихъ народниковъ, уже не удовлетворяли молодежь, искавшую борьбы и вѣрившую въ побѣду, отчасти благодаря общему возбужденію недовольства въ интеллигентномъ населеніи, явно усилившемуся со времени русско-турецкой войны 1877—78 года. Въ половинѣ 1879 года лавризмъ, бунтарство и народничество настолько устарѣли, что большинство радикаловъ уже не причисляло себя къ тому или другому изъ этихъ толковъ и избѣгало опредѣленныхъ кличекъ. Заканчивался цѣлый періодъ русскаго революціоннаго движенія, связанный теоретически съ анархизмомъ Бакунина и Прудона, а практически выражавшійся въ разнообразныхъ попыткахъ сближенія съ народной массой, при полномъ отрицаніи культурнаго значенія и сколько-нибудь прогрессивной политической роли за всѣми элементами націи, кромѣ „народа" и, несущихъ знамя его интересовъ, „критически мыслящихъ личностей".... Оглядываясь на этотъ періодъ и вспоминая вліяніе тогдашнихъ идей на массу молодежи, участвовавшей въ кружкахъ, надо признать, что вліяніе это, въ общемъ, было въ высшей степени благотворнымъ: если пропаганда 1874 г. дала сильный толчекъ революціонному чувству, то литературная дѣятельность П. Л. Лаврова, внося опредѣленное содержаніе въ идею революціи, въ то же время пробуждала широкій интересъ къ міру идей вообще, поддерживала и развивала жажду знанія, стремленіе къ полнотѣ научнаго образованія (конечно, не казеннаго) и исканіе общаго смысла въ калейдоскопѣ явленій міровой и человѣческой жизни. Эта сторона лавризма давала себя чувствовать въ Саратовѣ настолько сильно, что въ мѣстныхъ кружкахъ вопросы философскіе дебатировались точно такъ же страстно, какъ и чисто политическіе, а Спенсеръ, Милль, Льюисъ и др. философы того времени являлись такимъ же обязательнымъ предметомъ изученія для всякаго, пріобщающагося къ радикализму, какъ Марксъ (1 т.), Бакунинъ или текущая нелегальная литература. Интересъ къ теоріи и увлеченіе практикой у большинства шли рука объ руку, и лишь немногіе впослѣдствіи, увлекаясь все болѣе и болѣе наукой, отдавались исключительно ей и устранялись отъ прямого участія въ революціонномъ дѣлѣ или, наоборотъ,—въ разгарѣ борьбы совершенно забывали заботу о личномъ развитіи. Другую особенность этого момента въ Саратовѣ составлялъ живой

*) С. Малышевъ, сынъ помѣщика, студентъ Петровской академіи, въ 1879 году былъ арестованъ въ Москвѣ по дѣлу объ убійствѣ шпіона Рейнштейна и сосланъ административнымъ порядкомъ въ Тобольскую губ.

интересъ радикаловъ къ мѣстной жизни—городской, деревенской и земской и стремленіе ихъ, по возможности, опираться при агитаціи на реальныя нужды различныхъ слоевъ населенія. Отчасти эта особенность вызывалась тѣмъ, что членами саратовскихъ кружковъ, въ огромномъ большинствѣ, состояли природные саратовцы, не утра́тившіе связи съ тѣми кругами населенія, къ которымъ принадлежали ихъ родныя семьи; но въ значительной степени реалистическій оттѣнокъ радикализма вызывался и общимъ народническимъ настроеніемъ, благодаря которому интересы радикаловъ не сосредоточивались исключительно на городѣ, а распространялись и на деревню, съ ея часто мѣстными будничными нуждами. Какъ проявленія этой тенденціи „къ сближенію съ почвой", можно провести три факта: основаніе въ Саратовѣ мѣстнымъ кружкомъ легальной библіотеки для чтенія, черезъ посредство которой организаторы библіотеки (Пономаревъ, Поливановъ и Майновъ) надѣялись расширить связи, завести знакомства въ читающей публикѣ и вліять на выборъ ея чтенія,—попытки тѣхъ же лицъ организовать нѣсколько артелей среди городскихъ столяровъ, рѣзчиковъ по дереву и обойщиковъ, чтобы сплотить ихъ для борьбы съ двумя-тремя крупными мебельными фирмами, отъ которыхъ находились въ зависимости сотни рабочихъ и мелкихъ ремесленниковъ; и, наконецъ,—попытки многихъ лицъ завязать прочныя сношенія съ крестьянами. Практическіе результаты двухъ первыхъ затѣй далеко не соотвѣтствовали ожиданіямъ иниціаторовъ, но, въ дѣлѣ сближенія съ крестьянами, одному изъ мѣстныхъ радикаловъ удалось достигнуть довольно существеннаго успѣха: нѣкто,—назовемъ его хоть Боголюбовымъ,—прослуживъ нѣсколько лѣтъ волостнымъ писаремъ въ одномъ большомъ селѣ, женился на крестьянкѣ, приписался и самъ въ крестьяне и занялся земледѣліемъ на крестьянскій ладъ. Чрезвычайно осторожный въ своей дѣятельности, онъ уцѣлѣлъ, не смотря на частые обыски и всевозможныя каверзы со стороны мѣстныхъ кулаковъ и уѣздной администраціи. Личными качествами и культурнымъ вліяніемъ на крестьянскій обиходъ, а всего болѣе, чрезвычайно стойкой и умѣлой защитой деревенскихъ интересовъ противъ всѣхъ безчисленныхъ враговъ и супостатовъ деревенскаго міра, Боголюбовъ пріобрѣлъ огромный авторитетъ въ населеніи обширнаго района и въ моментъ крупныхъ политическихъ волненій несомнѣнно могъ бы потянуть за собой массу крестьянъ. Подъ вліяніемъ этого, въ своемъ родѣ выдающагося, человѣка находилось много молодыхъ людей, съ меньшимъ успѣхомъ пытавшихся слѣдовать его примѣру. Къ числу ихъ принадлежала, между прочимъ, Валентина Ивановна Дмитріева, впослѣдствіи получившая извѣстность, какъ писательница, а въ то время—молодая дѣвушка, только что окончившая институтъ. Ея деревенская дѣятельность продолжалась недолго, такъ какъ, прослуживъ нѣкоторое время учительницей въ селѣ, она была арестована, а послѣ освобожденія изъ тюрьмы выѣхала въ Саратовъ и въ 1879 году поступила на медицинскіе курсы въ Петербургѣ. Нѣкоторыя характерныя черты того времени и отдѣльные эпизоды, изъ жизни саратовской революціонной молодежи описаннаго періода, воспроизведены В. Дмитріевой нѣсколько лѣтъ спустя—уже въ концѣ 80-хъ годовъ—въ разсказѣ „Доброволецъ", печатавшемся въ „Вѣстникѣ Европы». Къ тому же періоду или немного болѣе позднему относится возникновеніе довольно популярной въ радикальномъ мірѣ 80-хъ годовъ пѣсни „О, Волга мать, рѣка моя родная!" и т. д., переложеніе на музыку однимъ изъ саратовцевъ пѣсни П. Л. Лаврова „Вставай, подымайся, рабочій народъ!" и цѣлая масса рукописныхъ поэмъ, балладъ, эпиграммъ и всякаго рода литературныхъ произведеній, давнымъ давно забытыхъ, но въ свое время болѣе или менѣе популярныхъ въ мѣстныхъ кружкахъ. Въ легальной литературѣ края это умственное возбужденіе молодежи отражалось очень слабо по цензурнымъ причинамъ, но кое-что все-таки проникало на страницы мѣстныхъ газетъ, такъ какъ многіе изъ радикаловъ въ нихъ сотрудничали. Въ началѣ 70-хъ годовъ „Саратовскій Листокъ" (въ то время справочный листокъ) представлялъ собою нѣчто въ высшей степени жалкое, съ редакторомъ—директоромъ гимназіи А. И. Соколовымъ во главѣ,—чиновникомъ и которому вполнѣ подходила фамилія щедринскаго педагога Кейнъ-Герухъ.

Въ концѣ 70-хъ годовъ въ Саратовѣ издавались уже газеты, и нѣкоторый „герухъ" въ нихъ ощущался, хотя и не всегда, онъ былъ одинаково благоуханнымъ. Въ общемъ, настроеніе начала и половины 79 года можно охарактеризовать, какъ моментъ страстнаго подъема революціоннаго чувства и полнаго разложенія революціонныхъ программъ. Выстрѣлъ Соловьева засталъ саратовцевъ врасплохъ. Взрывъ 19 ноября уже вызвалъ въ двухъ-трехъ лицахъ восторженное сочувствіе и всѣхъ заставилъ встрепенуться и почувствовать, что настоящая борьба только что начинается. Степанъ Ширяевъ въ 79 г. не поддерживалъ постоянной переписки съ Саратовомъ, но съ нимъ встрѣчались саратовцы, жившіе въ Петербургѣ или выѣзжавшіе туда по дѣламъ, и тотъ фактъ, что одинъ изъ популярнѣйшихъ на родинѣ радикаловъ примкнулъ къ „Народной Волѣ", былъ не лишенъ значенія при возникновеніи симпатій къ новому направленію. Въ началѣ 80-хъ годовъ въ городѣ было уже нѣсколько лицъ, окончательно усвоившихъ еретическій, съ прежней точки зрѣнія, взглядъ на необходимость для Россіи прежде всего политической свободы, на нравственную допустимость террора, какъ одного изъ средствъ политической борьбы, и, наконецъ, на безусловную необходимость для такой борьбы въ существованіи строго централизованной организаціи, съ властнымъ управленіемъ во главѣ и съ военной дисциплиной въ рядахъ. Всѣ эти положенія глубоко возмущали народниковъ, сохранившихъ вѣрность ветхому завѣту. Въ спорахъ съ приверженцами Исполнительнаго Комитета они выдвинули тотъ аргументъ, что политическая свобода въ Россіи могла бы послужить въ пользу лишь буржуазіи и повела бы къ полному экономическому закабаленію народа. Народовольцы возражали имъ, что капитализмъ поддерживается у насъ деспотическимъ правительствомъ, и самъ по себѣ не имѣетъ почвы. Въ разгарѣ этого спора появились знаменитыя статьи В. В о судьбѣ капитализма въ Россіи и Николая—она—о пореформенномъ хозяйствѣ, и народовольцы стали черпать оттуда аргументы обѣими руками. Такая же борьба взглядовъ шла тогда повсюду въ Россіи, и лѣтомъ 1880 года Саратовъ былъ наводненъ цѣлымъ потокомъ печатныхъ, гектографированныхъ и рукописныхъ программъ, которыя составлялись и распространялись многими кружками, вышибленными изъ прежней колеи и всуе взыскующими новой. Въ этотъ періодъ въ мѣстномъ радикальномъ мірѣ появилось новое лицо, которое въ продолженіе слѣдующихъ двухъ лѣтъ играло выдающуюся роль. Этимъ лицомъ былъ старый радикалъ—Михаилъ Петровичъ Троицкій *), которому въ то время было уже 36 лѣтъ. М. П., сынъ священника, въ концѣ 60-хъ годовъ былъ слушателемъ Петровской академіи и стоялъ весьма близко къ Нечаеву. Послѣ разгрома нечаевцевъ, М. П., вмѣстѣ съ двумя другими саратовцами, поселился близъ румынской границы и года два занимался организаціей доставки этимъ путемъ въ Россію эмиграціонной литературы. Послѣ крушенія этого дѣла, онъ переселился въ Пензу и тамъ провелъ нѣсколько лѣтъ сравнительно тихо. Буржуазное благополучіе и черезчуръ тихій темпъ пензенской жизни ему, въ концѣ концовъ, надоѣли, и Троицкій переселился въ Саратовъ, ожидая найти здѣсь больше простора для проявленія своей агитаторской энергіи. Лѣтомъ 80 года, по иниціативѣ Троицкаго, нѣсколько радикаловъ, имѣвшихъ, каждый, болѣе или менѣе самостоятельный кругъ знакомствъ и отчасти знавшихъ другъ друга только понаслышкѣ, сблизились и совершенно конспиративно устроили рядъ собраній, на которыхъ критиковались полученныя отовсюду программы, и вырабатывалась собственная. Троицкій и Майновъ рѣшительно высказывались за программу Исполнительнаго Комитета, Е. А. Дубровинъ и новое лицо—помѣщикъ Z, не менѣе упорно отстаивали программу народнической группы, издававшей газету „Черный Передѣлъ“. Другіе участники собраній колебались, склоняясь, однако, больше на сторону „Народной Воли“. Послѣ долгихъ споровъ было рѣшено: игнорировать пункты разногласія, какъ не имѣющіе практическаго значенія въ провинціи, войти въ сношенія какъ съ Исполнительнымъ Комитетомъ, такъ и съ редакціей „Чернаго Передѣла“, образовать изъ себя строго замкнутый кружокъ, который, по составу своихъ членовъ, естественно явился для Саратова центральнымъ; участіе въ террористической борьбѣ оставить на совѣсти каждаго члена въ отдѣльности, никому изъ членовъ ея не возбраняя и никого къ ней нравственно не принуждая, такъ какъ Z. и Дубровинъ категорически заявили, что ни тотъ ни другой изъ нихъ крови не прольютъ. Вскорѣ послѣ образованія центральнаго кружка вернулся изъ ссылки Поливановъ, который былъ принятъ съ распростертыми объятіями, и съ его прибытіемъ кружокъ началъ дѣйствовать въ такомъ составѣ: М. П. Троицкій, нѣкто Z, Майновъ, Поливановъ, Дубровинъ, чиновникъ палаты государственныхъ имуществъ, Алексѣй Петровичъ Ювенальевъ *) (братъ Ив. П. Ю—ева), чиновникъ контрольной палаты—скій, штабсъ-капитанъ N,—одинъ изъ батарейныхъ командировъ 40 бригады, сту-

*) Въ концѣ 80-хъ годовъ, послѣ продолжительнаго тюремнаго заключенія, сошелъ съ ума и умеръ.
**) Умеръ въ началѣ 80-хъ годовъ.

дентъ Львовъ (псевдонимъ), служащій въ одномъ общественномъ учрежденіи Орловъ (псевдонимъ), служащій земской управы—овъ, и вдова генералъ-маіора Елизавета Христіановна Томилова *).

Помимо перечисленныхъ выше лицъ, въ составъ кружка предполагалось принять популярнаго въ городѣ общественнаго дѣятеля Г.**), находившагося въ сношеніяхъ съ прежними народниками и землевольцами. Сколько помнится, разъ или два Г. присутствовалъ на предварительныхъ совѣщаніяхъ, но ко времени окончательнаго сформированія кружка онъ уже былъ арестованъ, по связи съ дѣятельностью землевольцевъ. Его обширныя городскія знакомства не были, однако, утрачены, и кружокъ успѣлъ ими воспользоваться. Пока уполномоченныя кружкомъ лица искали въ Петербургѣ сближенія съ членами Исполнительнаго Комитета, самъ Комитетъ, прочно организовавъ свой центръ, приступилъ къ организаціи боевыхъ силъ въ провинціи. На Волгу съ этой цѣлью былъ посланъ агентъ комитета Х***),посѣтившій Казань, Симбирскъ, Самару, а въ Саратовѣ имѣвшій рекомендацію отъ Вѣры Фигнеръ къ двумъ лицамъ, которыя оба состояли въ новообразовавшемся центральномъ кружкѣ. Х прожилъ въ Саратовѣ мѣсяца два и за это время былъ приглашаемъ на всѣ собранія кружка, постановившаго въ полномъ составѣ вступить въ организацію Народной Воли. Рѣшеніе это состоялось тѣмъ легче, что оба правовѣрныхъ народника - Дубровинъ и Z—были въ это время въ Петербургѣ. Основанія соглашенія состояли въ слѣдующемъ: кружокъ присваиваетъ себѣ названіе „саратовскаго центральнаго кружка партіи Народной Воли“; всѣ его члены считаются членами партіи и на этомъ основаніи, при переѣздѣ въ какой-либо другой городъ, немедленно и безъ особыхъ рекомендацій вступаютъ въ мѣстныя народовольческія организаціи; кружку гарантируется своевременое полученіе всѣхъ народовольческихъ изданій и прочей нелегальной литературы, которыя будутъ высылаться Комитетомъ указаннымъ кружкомъ способомъ: по требованію кружка, Комитетъ обязывается высылать въ Саратовъ людей для выполненія какихъ-либо особыхъ функцій, почему-либо невыполнимыхъ для наличныхъ членомъ кружка; кружокъ обязывается ежемѣсячно высылать въ кассу Комитета по 150 рублей, а въ исключительныхъ случаяхъ производить въ пользу Комитета особые сборы въ городѣ; кружокъ обязывается, по требованію Комитета, немедленно высылать въ указанные пункты до шести человѣкъ для участія въ боевыхъ дѣйствіяхъ, причемъ вооруженіе и содержаніе этихъ лицъ во все время ихъ отлучки остается на средства кружка; кружокъ обязывается безъ разрѣшенія Комитета не выполнять никакихъ террористическихъ дѣйствій, не дѣлать попы-

*) Томилова судилась раньше по нечаевскому дѣлу, но, кажется, была оправдана. Въ девяностыхъ годахъ умерла въ Харьковѣ.
***) Впослѣдствіи Г. былъ въ ссылкѣ на сѣверѣ.
*) Х. былъ арестованъ впослѣдствіи при очень слабыхъ уликахъ, но какъ старый радикалъ, принимавшій участіе въ движеніи съ начала 70-хъ гг., былъ высланъ административно въ очень отдаленный край, откуда давно вернулся. Дѣятельность его въ народовольческой партіи осталась правительству неизвѣстной, такъ какъ всѣ предатели не знали его настоящей фамиліи.

токъ мѣстнаго возстанія и не возбуждать крупныхъ стачекъ; всѣ постановленія кружка по указаннымъ поводамъ должны получать утвержденіе Комитета; кружокъ обязывается, помимо обычныхъ пріемовъ пропаганды и агитаціи, усилить сношенія съ офицерами и солдатами, имѣть точныя свѣдѣнія о численности и составѣ мѣстныхъ войскъ, объ ихъ размѣщеніи по городу и о личныхъ качествахъ всѣхъ командировъ; въ случаѣ возстанія въ центрѣ, кружокъ, если у него хватитъ для этого силъ, обязывается сдѣлать попытку внезапнаго ареста губернатора, вице-губернатора, полиціймейстера, губ. воинскаго начальника и другихъ лицъ, которыхъ онъ признаетъ полезными задержать; при успѣхѣ этой попытки, кружокъ издаетъ прокламацію, въ которой призываетъ гласныхъ губернскаго земства немедленно съѣхаться въ Саратовъ на экстренное собраніе для выбора мѣстнаго временнаго правительства, къ которому должна перейти вся власть въ краѣ впредь до созыва Всероссійскаго Земскаго Собора. При недостаткѣ силъ для мѣстнаго возстанія, кружокъ обязывается, въ моментъ движенія въ центрѣ, принять всѣ зависящія отъ него мѣры къ тому, чтобы устрашить мѣстную администрацію и удержать саратовскія войска отъ выступленія въ какую-либо другую мѣстность. По сравненію съ прежними мечтами о туманномъ „будущемъ обществѣ“, которое съ волшебной быстротой должно замѣнить существующее общество со всею его неправдою, „Всероссійскій Земскій Соборъ“ народовольцевъ представлялъ собою идею чрезвычайно ясную и конкретную: точно также и планъ возстанія, изложенный въ общихъ чертахъ въ брошюрѣ „Подготовительная работа партіи“ и разрабатывавшійся детально въ кружковыхъ совѣщаніяхъ, указывалъ гораздо болѣе опредѣленный путь для дѣйствія, чѣмъ прежнія упованія на грозный и сокрушительный подъемъ народныхъ массъ, рисовавшійся въ воображеніи чѣмъ то вродѣ грандіозной пугачевщины. Эта ясность и опредѣленность программы давала народовольцамъ огромное преимущество передъ всѣми остальными радикалами и обезпечила имъ успѣхъ среди молодежи на долгое время. Еще болѣе содѣйствовали популярности партіи—стремительныя мѣры Исполнительнаго Комитета, очевидная растерянность и переполохъ въ правительствѣ, небывалый ранѣе подъемъ настроенія въ либеральномъ обществѣ и, наконецъ, тревожные и смутные толки, распространявшіеся по поводу непонятыхъ и грозныхъ событій въ народной массѣ. При такихъ условіяхъ, революціонная энергія всѣхъ рядовыхъ членовъ партіи достигла силы страстнаго порыва и окрылялась сильной вѣрой въ близкую побѣду. Для саратовцевъ чувство внутренней силы увеличивалось еще и тѣмъ, что только теперь, съ объединеніемъ разрозненныхъ ранѣе мѣстныхъ группъ, передъ каждымъ въ отдѣльности развернулась полная картина того, что уже есть на-лицо. Оказалось, что сравнительно съ прежними, силы у центральнаго кружка не малыя: денежныя средства, главнымъ образомъ, благодаря щедрымъ взносамъ Томиловой, имѣлись всегда въ размѣрѣ, превышающемъ текущія нужды; кругъ лицъ, сочувствовавшихъ Народной Волѣ и готовыхъ оказывать ей тайную поддержку, въ администраціи, земствѣ и среди городской интеллигенціи, оказался гораздо шире, чѣмъ это можно было думать сначала .

Отзывчивость къ пропагандѣ народовольческихъ идей обнаружили и нѣкоторые изъ офицеровъ и кое-кто изъ солдатъ, и этотъ успѣхъ въ самомъ же началѣ дѣятельности давалъ надежду на еще большіе результаты въ ближайшемъ будущемъ. Хуже всего обстояло дѣло съ рабочими. Тѣ изъ рабочихъ, которые стали радикалами еще въ прежній періодъ, легко склонялись къ народовольчеству, но пріобрѣтеніе новыхъ сторонниковъ въ рабочей средѣ чрезвычайно затруднялось тѣмъ обстоятельствомъ, что всѣ наличные пропагандисты были слишкомъ хорошо извѣстны мѣстной жандармеріи; не смотря на всѣ переодѣванія и разнообразныя конспиративныя ухищренія, трое членовъ центральнаго кружка, которымъ было поручено поддерживать и развивать сношенія съ рабочими: Поливановъ, Ювенальевъ и Майновъ много разъ, только благодаря счастливымъ случайностямъ, избавлялись отъ ареста на самомъ мѣстѣ пропаганды. Особенно затруднилось ихъ положеніе послѣ агитаціи, предпринятой кружкомъ по случаю пріѣзда на ревизію сенатора Шамшина. Въ краѣ былъ въ эту зиму голодъ, и масса бѣдноты толпилась въ городѣ безъ работы. Радикалы хотѣли воспользоваться этимъ обытоятельствомъ, чтобы двинуть возможно большую массу безработсыхъ и прочей голытьбы къ гостинницѣ Вакурова на Театральной площади, гдѣ остановился Шамшинъ, для подачи ему петиціи на имя государя о необходимости придти на помощь народу въ его бѣдствіяхъ. Предполагалось, что при такомъ движеніи либо произойдетъ уличная свалка съ войсками, и голодные будутъ представителемъ царя разогнаны, либо петицію примутъ, скажутъ нѣсколько теплыхъ словъ, но ровно ничего не сдѣлаютъ,—результатъ, во вся комъ случаѣ, раздражающій и революціонизирующій массу. Для под иотовки движенія были призваны на подмогу всѣ рабочіе-радикалы „ нѣкоторые изъ молодыхъ людей, входившихъ въ составъ т. назыв. «периферическихъ кружковъ". Началась агитація по базарамъ, харгевнямъ и прочимъ мѣстамъ скопленія рабочаго люда; но, въ концѣ концовъ, все дѣло ограничилось толками, никакого движенія не произошло, а между тѣмъ администрація насторожилась, и нѣкоторые изъ агитаторовъ были хорошо замѣчены. Чтобы поправить дѣло, кружокъ обратился къ Исполнительному Комитету съ просьбой прислать двухъ-трехъ пропагандистовъ, которые могли бы руководить рабочими кружками, и въ то же время рѣшили привлечь къ занятіямъ съ рабочими свѣжія силы изъ мѣстной молодежи. Съ этой цѣлью была основана „Рабочая группа", въ составъ которой вошло человѣкъ пять молодыхъ людей. Въ февралѣ 1881 г. Комитетъ прислалъ въ Саратовъ для занятій съ рабочими Льва Матвѣевича Коганъ-Бернштейна (казненъ въ Якутскѣ, въ августѣ 89 г.), который, однако, вскорѣ же обратилъ на себя вниманіе полиціи и долженъ былъ уѣхать въ Москву, гдѣ и былъ арестованъ въ апрѣлѣ 81 года, при расклейкѣ прокламацій въ Якиманской части. Вмѣсто него изъ Москвы былъ присланъ, уже извѣстный саратовцамъ, Новицкій, который работалъ до февраля 82 года, когда, выѣхавъ на короткое время въ Москву, онъ былъ арестованъ на квартирѣ

Я. В. Стефановича, съ паспортомъ на имя саратовскаго мѣщанина Машихина, и высланъ для установленія личности въ саратовскую тюрьму. Вскорѣ послѣ ареста Новицкаго прибылъ въ Саратовъ, бѣжавшій изъ ссылки, Михаилъ Дмитріевичъ Райко, который продолжалъ занятія съ рабочими до половины августа 1882 года. Для воздѣйствія на крестьянъ кружокъ постановилъ издавать народную литературу и основалъ для этого собственную типографію. Такъ какъ первыя народныя брошюры („Сказка о копейкѣ" и т. п.) были составлены въ анархическомъ духѣ и давно перестали соотвѣтствовать господствующимъ (т. е. не анархическимъ, а соціалистическимъ) взглядамъ, то имѣлось въ виду перепечатать только „Хитрую Механику *)", подновивъ цифры, а прочія брошюры составить совершенно заново, отправляясь отъ назрѣвшихъ и проникшихъ во всеобщее сознаніе деревенскихъ нуждъ и заканчивая указаніями на способы удовлетворенія такихъ нуждъ при демократическомъ государственномъ строѣ. Шрифтъ для типографіи и нѣкоторыя принадлежности были пріобрѣтены еще въ концѣ 1880-го г., но по разнымъ причинамъ дѣло затормозилось, и саратовская типографія, начало которой было положено въ этотъ періодъ, фактически открыла свои дѣйствія значительно позже и въ эпоху Лопатина была передана однимъ изъ саратовцевъ въ его распоряженіе.

Съ крестьянами сношенія велись черезъ посредство радикаловъ, проживавшихъ по уѣздамъ. Особенно много радикальнаго элемента было въ то время среди интеллигенціи Вольскаго, Балашовскаго и отчасти Камышинскаго уѣздовъ. Съ выходомъ послѣ 1-го марта 1881 года прокламацій Исполнительнаго комитета къ крестьянамъ, въ которыхъ сельскія общества приглашались посылать въ уѣздные города или прямо въ столицу ходоковъ съ заявленіями о деревенскихъ нуждахъ и требованіяхъ,—масса такихъ прокламацій была направлена по деревнямъ, и въ Вольскомъ уѣздѣ онѣ вызвали среди крестьянъ нѣкоторое броженіе. Среди учащейся и служащей молодежи, подъ воздѣйствіемъ Центральнаго Кружка было основано въ концѣ 1880 и въ началѣ 1881 года нѣсколько „периферическихъ кружковъ", многіе члены которыхъ впослѣдствіи принимали живое участіе въ дѣятельности революціонныхъ группъ въ Саратовѣ, Петербургѣ, Москвѣ и Казани, причемъ въ послѣдующій періодъ 1882—87 гг. нѣкоторые изъ нихъ были сосланы въ Сибирь административнымъ порядкомъ (братья П. и С. Степановы **), Блекъ, Моисеевъ, Зароастрова, Чумаевскій ***), Теселкинъ и др.). Пропаганда и агитація, хотя бы и болѣе широкая, чѣмъ раньше, не давала, однако, полнаго удовлетворенія боевому настроенію

---

*) „Хитрая Механика"—наиболѣе удачная изъ народныхъ брошюръ первой половины 70 годовъ; въ ней въ очень популярной формѣ излагался взглядъ Лассаля на значеніе косвенныхъ налоговъ и на прочія основы финансоваго строя буржуазнаго государства.

**) О пропагандѣ среди сектантовъ одного изъ братьевъ Степановыхъ (Петра) см. въ отчетахъ Побѣдоносцева за 1885 и 86 гг. и тогда-же въ „Вѣстникѣ Европы".

***) Былъ сосланъ въ Сибирь; въ настоящее время—саратовскій присяжный повѣренный. Его рѣчь въ защиту саратовскихъ демонстрантовъ см. въ „Освобожденіи" № 16.

многихъ народовольцевъ, стремившихся къ активной борьбѣ. Участіе въ террористическихъ предпріятіяхъ Исполнительнаго Комитета поглощало далеко не всѣхъ, готовившихся къ такой борьбѣ, и понятно, что, въ концѣ 80 и началѣ 81-го года, въ разныхъ кружкахъ одновременно зародилась мысль объ основаніи особой организаціи, которая поставила бы своей исключительной цѣлью освобожденіе плѣнныхъ изъ тюрьмы и изъ ссылки, когда это потребуется—съ оружіемъ въ рукахъ. Убѣжденіе въ необходимости и практической осуществимости такой организаціи существовало въ саратовскомъ центральномъ кружкѣ, изъ членовъ котораго трое— Ювеналъевъ, Поливановъ и Майновъ—желали бы отдаться всецѣло именно освободительной дѣятельности. Въ началѣ 1881-го года эти лица рѣшили, что одинъ изъ нихъ, именно Майновъ, рьѣдетъ въ Москву, а въ случаѣ надобности въ Петербургъ, и войдетъ по этому поводу въ сношенія съ Исполнительнымъ Комитетомъ. Въ Москвѣ Майновъ увидѣлся съ членомъ Комитета П. А. Теллаловымъ *), отъ котораго узналъ о зарождающейся организаціи Краснаго Креста. Лѣтомъ 1881 г. Ю. А. Богдановичъ **) и И. В. Калюжный ***), по порученію Комитета, съѣздили въ Сибирь и тамъ организовали путь для бѣглецовъ на протяженіи отъ Красноярска до Казани. Въ августѣ 1881 г. Майновъ, по соглашенію съ Халтуринымъ*), долженъ былъ выѣхать изъ Москвы съ подобнымъ же порученіемъ въ Вологодскую губернію, а съ возвращеніемъ всѣхъ этихъ лицъ въ Москву предполагалось вызвать туда Поливанова и, при участіи нѣсколькихъ саратовцевъ и другихъ лицъ, по указанію Комитета, организовать при Красномъ Крестѣ особый боевой отдѣлъ, подъ общимъ руководствомъ Ю. А. Богдановича или С. Халтурина. Наканунѣ предполагаемой поѣздки Майновъ былъ арестованъ въ Москвѣ, и Поливановъ, почти въ то же время прибывшій въ Москву, не засталъ тамъ никого изъ нужныхъ ему людей и долженъ былъ возвратиться въ Саратовъ. Мысль объ освободительной дѣятельности, однако, не покинула его; но возможность организовать для этой задачи цѣлое общество съ каждымъ мѣсяцемъ становилась все болѣе и болѣе шаткой. Повсюду въ Россіи аресты шли непрерывно, выхватывая изъ рядовъ не только единицы, но и цѣлыя группы заразъ. Исполнительный Комитетъ видимо слабѣлъ въ борьбѣ, волна революціоннаго настроенія съ начала 1882 года пошла на убыль, и личный составъ дѣйствующихъ группъ рѣдѣлъ не по днямъ, а по часамъ. Къ лѣту 1882 года изъ состава саратовскаго кружка уже выбыли вслѣдствіе ареста: Новицкій, Майновъ, Дубровинъ, Орловъ, помѣщикъ Z; штабсъ-капитанъ N и, не числившійся въ кружкѣ, но стоявшій къ нему весьма близко, студентъ-техникъ Е. Кирхнеръ. Ювеналъевъ находился въ послѣднемъ градусѣ скоротечной чахотки, а уцѣлѣвшіе члены висѣли на волоскѣ, такъ какъ жандармерія, если не знала, то догадывалась объ ихъ прикосновенности къ агитаціи и слѣдила за

---

*) Впослѣдствіи умеръ въ Петропавловской крѣпости.
**) Впослѣдствіи умеръ въ Шлиссельбургской крѣпости въ 1885 г.
***) Въ ноябрѣ 1889 г. отравился на Карѣ.
) Казненъ въ Одессѣ весной 1882 года.

ними по пятамъ. Нравственное состояніе этихъ уцѣлѣвшихъ было страшно тяжелое. Послѣ такихъ надеждъ, когда побѣда казалась почти въ рукахъ, видѣть полный разгромъ для наиболѣе впечатлительныхъ и страстныхъ натуръ было невыносимо, и многіе въ этотъ періодъ, въ душѣ, искали ареста, какъ избавленія отъ мучительнаго сознанія, что надо же дѣйствовать, когда ясно, что нѣтъ силы для дѣйствія. Всего болѣзненнѣй испытывалъ это чувство Поливановъ, потерявшій въ короткое время всѣхъ своихъ ближайшихъ друзей и оставшійся одинокимъ, точно на кладбищѣ. Выходомъ изъ этого состоянія для него явилась, отчаянная по своей смѣлости, попытка освободить изъ саратовской тюрьмы Новицкаго. Вступивъ съ нимъ въ сношенія, Поливановъ пріобрѣлъ телѣжку и лошадь, пригласилъ къ участію въ дѣлѣ Райко, и въ условленный часъ, когда Новицкій былъ выведенъ на прогулку, они подъѣхали къ невысокой оградѣ тюремнаго сада. Новицкій, засыпавъ табакомъ глаза слѣдовавшаго за нимъ надзирателя, вскочилъ на ограду, но надзиратель, хотя и закашлялся немного, поднялъ тревогу и пытался противодѣйствовать бѣгству. Выстрѣломъ изъ револьвера Поливановъ уложилъ его на мѣстѣ. Новицкій вскочилъ въ телѣжку, Райко схватилъ въ руки вожжи, и конь помчался сначала по Московской улицѣ, а потомъ по одной изъ пересѣкающихъ ее улицъ. При новомъ поворотѣ телѣжка наскочила на тумбу и опрокинулась, а между тѣмъ посланный въ погоню конвой былъ уже близко, и народъ, не зная въ чемъ дѣло, сбѣгался со всѣхъ сторонъ на шумъ выстрѣловъ. Вскочивъ на ноги, Поливановъ и Райко отстрѣливаясь, пытались прорваться сквозь кругъ нападавшихъ, но было уже поздно спасаться: вскорѣ всѣ трое были сшиблены съ ногъ и превращены въ битое мясо отъ безчисленныхъ ударовъ. Райко былъ живъ послѣ этого только часъ и передъ смертью отказался назвать свое имя и отвѣчать на вопросы[*]). Поливановъ и

[*] Объ этой попыткѣ освободить Новицкаго см. въ „Голосѣ“ 1882 г. 20 августа.

Новицкій по выздоровленію были преданы военному суду и приговорены къ смертной казни, которая была замѣнена для Поливанова—вѣчнымъ заключеніемъ въ Шлиссельбургской крѣпости, а для Новицкаго—12-ю годами каторги. Съ гибелью Поливанова закончилась активная роль того кружка саратовцевъ, которые примкнули къ движенію въ половинѣ 70-хъ годовъ. Въ слѣдующемъ періодѣ выступили уже новыя лица, а вскорѣ развились и новыя направленія.

Н. Волковъ.

ДВА ПИСЬМА С. Г. ШИРЯЕВА[**]) къ редактору „ВПЕРЕДЪ!“

Я пишу два отдѣльныя письма въ виду того, что одно изъ нихъ—именно это самое—представляетъ только частный интересъ, въ другомъ же я Вамъ, какъ редактору русскаго соціально-револю-

[**] С. Г. Ширяевъ осужденъ по процессу 16-ти народовольцевъ въ 1880 г. (изд. Парамоновымъ въ 1906 г.) и умеръ въ Петропавловской крѣпости въ 1881 г.

ціоннаго изданія, предлагаю на обсужденіе вопросъ, имѣющій, какъ мнѣ кажется, интересъ общій.

. Здѣсь буду говорить о себѣ. Я—русскій, молодъ (мнѣ 20-й годъ), уѣхалъ изъ Россіи не вслѣдствіе преслѣдованія властей предержащихъ, хотя и безъ паспорта.

Самое щекотливое дѣло для меня, разумѣется, объяснить причину моего добровольнаго побѣга. Попробую.

Начавшееся въ 1873 году анти-государственное, анти-правительственное „броженіе“ застало меня совсѣмъ мальчикомъ, ученикомъ 6 кл. гимназіи. Сначала, какъ водится, начали ходить неопредѣленные слухи „о чемъ-то“, а потомъ дѣло выяснилось и болѣе: пріѣхала изъ Питера въ Саратовъ сестра одного моего товарища, Эдемова, привезла нѣкоторыя революціонныя изданія, между прочимъ, „Государственность и анархія“, „Отщепенцы“, 1-й № „Впередъ“ (журн.) и пр. Съ жадностью накинулись мы—я и мои товарищи—на „запрещенный плодъ“, сразу поглотили все, что было, ходили какъ отуманенные, какъ помѣшавшіеся,—такъ все это было ново, неожиданно, и, въ то же время, просто, невыразимо-увлекательно... Вотъ, черезъ нѣсколько времени являются къ намъ, въ Саратовъ, „пропагандисты“: Рогачевъ, Фаресовъ, Коваликъ, Войнаральскій, Янышевскій и др. Съ нѣкоторыми изъ нихъ я познакомился хорошо, напр., съ Фаресовымъ и Янышевскимъ. Фаресовъ—личность до крайности симпатичная, горячій, страстный, краснорѣчивый „трибунъ“,—имѣлъ на меня большое вліяніе, хотя въ практическихъ дѣлахъ онъ былъ больно не силенъ, и это-то, по моему мнѣнію, погубило его;—это же послѣднее обстоятельство было причиною того, что отъ практическихъ начинаній я и мои товарищи сторонились: я говорю о сапожной мастерской; какъ Вамъ, вѣроятно, извѣстно, дѣло это велось чрезвычайно неосновательно...

Начался погромъ... Схваченъ бѣжавшій было Фаресовъ, схвачены Войнаральскій, Коваликъ,—схваченъ мой товарищъ, Эдемовъ, съ сестрой, съ зятемъ, съ товарищемъ послѣдняго... И отовсюду, со всѣхъ концовъ Россіи, несутся зловѣщіе слухи о дикихъ оргіяхъ вѣрныхъ слугъ царскихъ, объ арестахъ-монстрахъ... Тяжелое, невыносимо-гадкое было то время! Въ передрягахъ, происходившихъ у насъ, я былъ нѣсколько скомпрометированъ: „начальству“ извѣстно сдѣлалось, что меня часто посѣщалъ Фаресовъ; товарищъ мой Эдемовъ взятъ; извѣстно было, что я имѣлъ и передавалъ кое-кому нѣкоторыя запрещенныя изданія. Призывали въ жандармскую комиссію для снятія показаній; директоръ говорилъ „убійственныя“ рѣчи о „сѣдомъ студентѣ“ Бакунинѣ, о „спятившемъ съ ума“ Лавровѣ и пр.,—прибавляя при этомъ, что онъ и самъ либералъ въ душѣ, даже радикалъ („я стою за представительное выборное правленіе“), но что обстоятельства въ настоящее время не благопріятствуютъ начинаніямъ въ этомъ духѣ, что мечтать о „радикальныхъ реформахъ“ теперь не время, нельзя, непрактично и пр. и пр. Слушалъ я — на усъ моталъ... Ничего, обошлось,— остался я въ гимназіи.

Конецъ 1874 и начало 1875 гг.—послѣднее время моего пре-
быванія въ гимназіи—было лучшимъ для меня временемъ во всю
гимназическую жизнь. Гимназію я почти забросилъ,—ходилъ въ
классъ раза два-три въ мѣсяцъ, отзываясь болѣзнью,—имѣлъ уро-
ки на сумму около 30 руб.—жить, значитъ, можно было хорошо;
завелъ сношенія съ семинаристами, съ нѣкоторыми сошелся хо-
рошо; всѣ лучшіе гимназисты были моими товарищами; собирались
у меня по вечерамъ, читали, толковали...

Разумѣется, даромъ все это не прошло: многое опять сдѣла-
лось извѣстно начальству. Начались опять рѣчи безъ конца, рѣчи
уже не только конфиденціальныя, обращенныя ко мнѣ одному, но,
такъ сказать, публичныя лекціи, въ которыхъ громились „лже-уче-
нія“, „гнусная пропаганда“, „безумные и безсовѣстные совратители,
развратители“ и пр. и пр. Вообще, нашъ незабвенный „отецъ-вто-
рой“ добросовѣстно, съ жаромъ пропагандировалъ соціализмъ сво-
имъ „дѣтямъ“—разумѣется, въ самомъ изуродованномъ, нелѣпѣй-
шемъ видѣ, но уже и за то одно спасибо ему, что направлялъ лю-
бопытство наше на такой диковинный предметъ. Слава ему!—онъ
достигъ цѣли... какъ разъ противоположной той, къ какой стре-
мился: пагубныя лжеученія такъ основательно „засѣли“ въ гимна-
зіи, что выкурить ихъ оттуда теперь—мудрено.

Я убѣдился, что въ гимназіи мнѣ больше оставаться неза-
чѣмъ: во-первыхъ, она не даетъ мнѣ того, что нужно; а потомъ—
какъ разъ „турнутъ“ по волчьему билету (какъ сдѣлали съ однимъ
моимъ товарищемъ, уже наполовину выдержавшимъ „искусъ зрѣ-
лости“). Я вышелъ изъ гимназіи—и благо сдѣлалъ, потому что,
нѣсколькими недѣлями позже, меня непремѣнно выпроводили бы
оттуда.

Теперь представлялась мнѣ такая задача: доставить себѣ воз-
можность саморазвитія, пріобрѣтенія знанія,—и въ то же время,
какъ ни на есть, просуществовать, кормиться. Нѣчто вродѣ этого
удалось: я поступилъ стипендіатомъ „общества вспомоществованія“
въ Харьковскій Ветеринарный Институтъ. Здѣсь пробылъ до апрѣ-
ля 76 г., успѣлъ кое-что сдѣлать: занялся политической экономіей,
что,—при отсутствіи всякой подготовки, при отсутствіи лицъ, мо-
гущихъ быть, нѣкоторымъ образомъ, руководителями,—представляло
не мало трудностей: прочелъ я нѣсколько разъ, проконспектиро-
валъ Милля, дополненія и объясненія Чернышевскаго, прочелъ
Смита, кое-какія монографіи и трактаты буржуазныхъ экономи-
стовъ, потомъ,—въ теченіе почти полугода „зудилъ“ Маркса „Ка-
питалъ“ и прозудилъ основательно. Занимался также исторіей, пре-
имущественно русской и исторіей революцій во Франціи; познако-
мился здѣсь, впервые, основательно съ соціально-революціонной
прессой и, кромѣ того, что было важно для меня, довольно осно-
вательно познакомился съ харьковской радикальной молодежью,
узналъ, какъ ведутся тамъ дѣла. Разсчитывать на стипендію болѣе
какъ на годъ мнѣ, по уставу „общества“, было нельзя. Другихъ
средствъ существованія—тоже не предвидѣлось. Кромѣ того, я убѣ-
дился, что двумъ господамъ служить нельзя: быть студентомъ Ве-
теринарнаго Института и серьезно заниматься собствепно-человѣ-

ческимъ развитіемъ. Я вышелъ изъ Института съ тѣмъ, чтобы уѣхать опять въ Саратовъ.

Съ Саратовомъ все время харьковской жизни я имѣлъ постоянныя сношенія: переписывался, пересылалъ (по почтѣ) „Впередъ“, народныя изданія и пр. Изъ писемъ моихъ товарищей я зналъ, что „дѣло“ тамъ, въ Саратовѣ, „идетъ хорошо“: образовался „кружокъ“, состоящій, главнымъ образомъ, изъ гимназистовъ, составилась библіотека, касса, и, главное,—завязаны серьезныя и довольно обширныя сношенія съ рабочими. Въ Саратовъ я хотѣлъ попасть, главнымъ образомъ, потому, что одинъ сапожникъ-хозяинъ, хорошій человѣкъ, обѣщалъ принять меня къ себѣ въ мастерскую въ качествѣ ученика.

Въ апрѣлѣ 1876 г. я пріѣхалъ въ Саратовъ, познакомился, разумѣется, со всѣмъ и всѣми. Нашлись препятствія для поступленія моего въ сапожную мастерскую, пришлось, чтобы существовать, приняться за прежнее ремесло—уроки. Я не распространяюсь объ этомъ послѣднемъ періодѣ жизни моей въ Россіи, потому что нужно или говорить много, или же почти ничего не говорить о немъ. Замѣчу только, что за это время я имѣлъ возможность познакомиться со многими мастеровыми, съ нѣкоторыми сошелся хорошо; многое для меня въ это время болѣе уяснилось; здѣсь же я пришелъ къ ясному сознанію всенепремѣннѣйшей необходимости серьезной теоретической подготовки для того, чтобы успѣшно дѣйствовать среди рабочихъ, въ роли пропагандиста соціально-революціонныхъ идей,—къ сознанію настоятельности вопроса, о которомъ я говорю въ другомъ письмѣ, здѣсь же прилагаемомъ.

При всѣхъ моихъ усиліяхъ, я не могъ выбиться изъ того сквернаго положенія, въ которое былъ поставленъ въ Саратовѣ въ послѣднее время, не могъ добиться своего: возможности заняться самообразованіемъ и возможности изученія ремесла. Но вотъ случай, казалось, способствовалъ осуществленію моей завѣтной мечты: мнѣ указали на одного очень хорошаго человѣка, русскаго, живущаго въ Лондонѣ, комиссіонера по распространенію нѣкоторыхъ нововоизобрѣтенныхъ машинъ, у котораго, будто бы, есть мастерскія въ Лондонѣ, и который съ удовольствіемъ доставитъ мнѣ возможность существовать и учиться въ Лондонѣ. Получилъ я къ нему рекомендаціи, сколотилъ кое-какъ около 80 руб. на проѣздъ—заграничнаго паспорта не получилъ,—отправился, явился въ Лондонъ. Оказалось, дѣйствительно, это—очень хорошій человѣкъ; на рукахъ у него есть нѣсколько изобрѣтеній, распространеніемъ которыхъ онъ занимается; но мастерскихъ никакихъ нѣтъ, да и вообще дѣла-то его довольно плохи.

У него—его фамилія Трироговъ—я живу теперь. Обѣщалъ онъ, при помощи своихъ знакомыхъ въ Лондонѣ и Парижѣ, похлопотать о помѣщеніи меня въ какую-нибудь слесарную, токарную и другую мастерскую, кое-куда уже толкался, да безуспѣшно пока.

Мнѣ хотѣлось бы повидаться съ Вами, попросить Вашего совѣта,—вообще, поговорить съ Вами.

Разумѣется, мнѣ было бы очень неудобно сдѣлать это пря
мо, просто взять да явиться. Вы имѣете, должны имѣть, особый
взглядъ на такихъ личностей, очень ихъ не рекомендующій, вооб-
ще, очень невыгодный для нихъ. Въ виду этого-то послѣдняго об-
стоятельства, я и счелъ нужнымъ обратиться къ Вамъ сначала
письменно и пускаться въ такія подробности. Кромѣ того, своихъ
питерскихъ знакомыхъ я просилъ увѣдомить Васъ, чтобы Вы не
могли подозрѣвать во мнѣ какого-нибудь шпіона, на случай, если я
явлюсь къ Вамъ. Не знаю, исполнили ли мою просьбу. Уже отсюда,
нѣсколько дней тому назадъ, я напоминалъ о томъ же. Думаю, что
въ этомъ случаѣ—при составленіи Вашего взгляда на меня—мо-
жетъ имѣть нѣкоторое значеніе и то обстоятельство, что я живу у
г. Трирогова, который знакомъ съ г. Лопатинымъ, и котораго труд-
но подозрѣвать въ укрывательствѣ сомнительныхъ личностей.

Прошу Васъ отвѣтить скорѣе на мое письмо, если можно—
сообщить адресъ, по которому я могъ бы Васъ найти и видѣть. Для
отвѣта адресъ слѣдующій:

London, E. C. (слѣдуетъ адресъ).

Съ уваженіемъ къ Вамъ и пр.

С. Ширяевъ.

Лондонъ, 17-го декабря 1876 г.

Письмо 2-ое.

Изученіе дѣла развитія соціально-революціонной пропаганды
въ Россіи въ послѣднее время,—насколько это было доступно для
меня, разумѣется,—мой личный, правда очень небольшой, прак-
тическій опытъ и пр.,—все это поселило во мнѣ глубокое убѣжде-
ніе въ насущности вопроса, настоятельности вопроса, на который я желаю
здѣсь обратить вниманіе Ваше, М. Г. Разумѣется, вопросъ этотъ—
не новый. Онъ долженъ стоять на видномъ мѣстѣ у всякаго, кому
дороги интересы народа русскаго. Такъ или иначе, онъ долженъ
рѣшаться всякимъ, отдающимся дѣлу соціально-революціонной про-
паганды среди народа. Но меня всегда поражало и поражаетъ пол-
ное отсутствіе печатныхъ—а слѣдовательно и общихъ, общедоступ-
ныхъ—обсужденій его. Мнѣ странно, что до сихъ поръ, сколько я
знаю, было дѣлано очень мало серьезныхъ, значительно широкихъ
попытокъ рѣшить его.

Я говорю о народной литературѣ.

У насъ въ настоящее время есть уже, можно сказать, народ-
ная соціально-революціонная литература. Весьма естественно за-
дать себѣ вопросъ: насколько эта литература удовлетворяетъ су-
ществующимъ потребностямъ,—тѣмъ потребностямъ, для удовле-
творенія которыхъ она создана,—каковы, вообще, ея достоинства и
недостатки и, вообще, какая именно народная литература нужна
намъ теперь? Это—важный вопросъ, и отъ того или другого рѣ-
шенія его, въ значительной степени, зависитъ, мнѣ кажется, харак-
теръ и успѣхъ соціально-революціонной пропаганды въ Россіи.
Около 3-хъ лѣтъ практическаго опыта могутъ, мнѣ кажется, дать

достаточно матеріала для приблизительно вѣрнаго рѣшенія вопроса—рѣшенія, опирающагося на факты. Драгоцѣннѣе всего здѣсь, разумѣется, мнѣнія людей, практически знакомыхъ съ нуждами и потребностями народа, но и общія теоретическія соображенія должны, мнѣ кажется, имѣть значительное вліяніе на способъ рѣшенія вопроса.

Выскажусь подробнѣе, опредѣленнѣе.

Основныя требованія, которымъ должно удовлетворять всякое произведеніе, претендующее на серьезное распространеніе среди народа, слишкомъ извѣстны каждому, чтобы была нужда развивать ихъ. Я напомню ихъ коротко.

Дѣйствительность, жизненная правда—вотъ матеріалъ, содержаніе для народныхъ произведеній. Факты, въ которыхъ уродливости того строя, противъ котораго ратуешь, проявляются типичнѣе, должно собрать въ цѣльную, яркую до поразительнаго, картину, чтобы безобразіе ихъ, уклоненія отъ естественнаго, желаемаго порядка вещей, здѣсь происходящія, были всякому очевидны; должно возвести ихъ—эти факты—къ ихъ основнымъ причинамъ, показать, какія именно естественныя потребности здѣсь уродуются, заглушаются, и какъ онѣ, эти потребности, должны бы быть удовлетворяемы.

Становясь на эту точку зрѣнія, нельзя не замѣтить, что наша народная соціально-революціонная литература не прошла безслѣдно. Она дѣлала и дѣлаетъ свое дѣло. Независимо отъ непосредственнаго знакомства съ нею, это доказывается количествомъ распространенныхъ и распространяемыхъ экземпляровъ, и тѣми, извѣстными каждому интересующемуся этимъ, многими отдѣльными случаями, гдѣ высказывалась вся интенсивность потребности въ нихъ, въ этихъ изданіяхъ, гдѣ выказывалось, какъ дорожатъ ими. И, въ особенности, все это должно сказать о такихъ прекрасныхъ вещахъ, какъ „Хитрая Механика“ и книжка, вышедшая первоначально подъ фирмою „О смутномъ времени“—изданіе Соляного Городка. Сколько я могъ замѣтить и узнать, эти двѣ книжки заслуживаютъ наибольшую популярность среди рабочихъ,—жаль только, что онѣ, особенно послѣдняя, до сихъ поръ мало распространены.

Относительно другихъ изданій я сдѣлаю одно общее замѣчаніе: успѣху ихъ вредитъ нѣкоторая фантастичность формы, нѣкоторая утрировка фактовъ. Безспорно, что, напр., „Говоруха“ („Мудрица“, „Похожденіе пошехонцевъ“ тожъ)—прекраснѣйшая вещь, и я знаю, что нѣкоторыя чувствительныя натуры прослезились, читая ее,—но фантастичность первой части много мѣшала цѣльности общаго впечатлѣнія отъ разсказа. Русскій человѣкъ вообще сантиментальничать не любитъ,—не до того ему; давай ему правду, голую истину, не „краснобайствуй“. Факты и факты—это всего дѣйствительнѣе, всего убѣдительнѣе.

Изъ всѣхъ мнѣ извѣстныхъ народныхъ изданій наименьшимъ успѣхомъ пользуется, кажется, „Сказка о копейкѣ“, гдѣ фантастичность разсказа, аллегоричность формы доведены, мнѣ кажется, до абсурда,—да еще, сколько я могъ замѣтить, прокламаціи, вообще, пользуются очень незначительнымъ вліяніемъ, не смотря на то, что, напр., воззваніе, начинающееся со словъ „Чтой то, братцы“, составлено очень не дурно.

Моей цѣлью не было заниматься разборомъ наличной нашей народной литературы. Это очень важный вопросъ, который мимоходомъ, а тѣмъ болѣе въ спѣшномъ письмѣ, порѣшить нельзя. Какъ я уже заявилъ, я хочу поставить, предложить на обсужденіе всѣхъ, мыслящихъ и сочувствующихъ успѣхамъ народнаго дѣла въ Россіи, такой вопросъ:

Какая именно народная литература нужна теперь, настоятельнѣйше необходима.

Разумѣется, рѣшая его, нужно принять во вниманіе условія среды, въ которой данныя литературныя произведенія должны распространяться.

Сообразно съ этимъ послѣднимъ условіемъ можно, мнѣ кажется, утверждать, что намъ нужна народная литература двоякаго рода. Именно, вотъ почему.

Всю массу народа, до которой печатное слово можетъ имѣть доступъ — прямо, непосредственно или же при посредствѣ другихъ лицъ, это все равно, — можно раздѣлить на двѣ категоріи; разумѣется, такого рѣзкаго дѣленія, безъ переходныхъ ступеней, на самомъ дѣлѣ не замѣчается.

Въ силу невыносимо-тяжелаго экономическаго положенія, въ силу всѣхъ, вообще, бытовыхъ условій, большинство, главнѣйшая масса народа, имѣетъ возможность только въ самыхъ ограниченныхъ размѣрахъ, только при извѣстныхъ — самыхъ стѣснительныхъ — условіяхъ пользоваться печатнымъ словомъ. При многихъ положеніяхъ такое пользованіе и вовсе не возможно, — но объ этомъ случаѣ и говорить нечего. Такимъ образомъ, большинство — и въ силу особенныхъ условій своего умственнаго развитія, и соразмѣрно тому количеству времени, которое оно можетъ удѣлять и пр., — большинство требуетъ литературныхъ произведеній, отличающихся прежде всего наивозможнѣйшею краткостью, простотою, удобопонятностью изложенія, образностью, близко и непосредственно, очевидно-явно затрогивающимъ жизнь содержаніемъ. Литература „Хитрой механики“, „Сказки о четырехъ братьяхъ“, „Внушителя словили“ и т. п., — это самая подходящая, единственно-цѣлесообразная литература для этой категоріи читателей и слушателей.

Нелѣпо и смѣшно было бы мечтать о такъ наз. развитіи, просвѣщеніи полуголодной, полубольной, фатально осужденной на невѣжество, массы. Дѣло здѣсь идетъ лишь о томъ, чтобы возбудить, направить на настоящую дорогу уже существующія, проявляющіяся уже чувства, помочь имъ вылиться, такъ сказать, цѣлесообразнѣе. Нужно выставить. знамя, произнести пароль и лозунгъ.

Но и въ самомъ народѣ, среди самого рабочаго сословія, есть горсть, ядро, такъ сказать, личностей, съ болѣе широкими потребностями и запросами относительно литературы.

Эти единицы изъ народа имѣли случайную возможность заручиться болѣе широкимъ умственнымъ развитіемъ; пониманію ихъ доступенъ большій кругъ предметовъ; онѣ, наконецъ, могутъ имѣть большій досугъ, необходимый для пріобрѣтенія знаній.

Итакъ, вопросъ такой: какъ же, какимъ путемъ открыть имъ, этимъ единицамъ изъ народа, доступъ къ знанію?

У насъ въ Россіи соціально-революціонная пропаганда поставлена, какъ извѣстно всякому, въ совершенно иныя условія сравнительно съ Западной Европой и Америкой. Большинство средствъ пропаганды, практикуемыхъ въ послѣднихъ странахъ, у насъ не могутъ имѣть приложенія, напр., —митинги, конгрессы, лекціи, журналы и газеты, помимо такъ называемой подпольнойпрессы. Нечего и говорить, какъ мало, недостаточно, одного общенія, такъ сказать, непосредственнаго соприкосновенія этихъ способныхъ единицъ изъ народа съ представителями интеллигентныхъ соціально-революціонныхъ силъ, общенія, до крайности подверженнаго всякимъ случайностямъ, непостоянству, и, наконецъ, по самой сущности своей, неудобнаго для передачи, серьезной передачи знаній.

Мнѣ кажется, остается одно средство, которымъ мы еще можемъ воспользоваться, которое мы должны испробовать серьезно: создать литературу по разнымъ отраслямъ знаній, спеціально приспособленную къ потребностямъ и уровню пониманія данной среды.

Такая литература—можетъ быть создана. Есть и антецеденты. Можно, напр., указать на книжку Худякова „Древняя Русь“, какъ на очень удачное произведеніе въ этомъ родѣ. Кромѣ того, есть не мало такихъ, которыя составлены вовсе не съ тою цѣлью, какъ, напр., книжка Худякова,—и, тѣмъ не менѣе, довольно удовлетворительныя въ томъ же отношеніи, напр., нѣкоторыя историческія монографіи Костомарова, Мордовцева и др.

Подобная литература—я увѣренъ—найдетъ среди нашего рабочаго люда серьезный, хотя и не довольно большой, кругъ читателей; она можетъ прекрасно способствовать созданію въ Россіи лучшаго, драгоцѣннѣйшаго типа соціально-революціоннаго дѣятеля—людей народа, могучихъ, кромѣ своей кровной, самой близкой связи съ народомъ,—знаніемъ.

Нужно ли мнѣ говорить, что послѣднее составляло завѣтнѣйшую цѣль всякаго серьезнаго соціальнаго революціонера у насъ, въ Россіи, что только этотъ путь—подготовленіе народной, соціальной революціи, при непосредственномъ активномъ участіи самого народа,—только этотъ путь и считался нами цѣлесообразнымъ путемъ для водворенія „правды и справедливости?“ Въ виду такой задачи стоитъ, мнѣ кажется, серьезно заняться обсужденіемъ и практическимъ рѣшеніемъ указываемаго мною вопроса. Поэтому-то я и предлагаю Вамъ, М. Г., высказать свое мнѣніе на счетъ него на страницахъ „Впередъ“, и, вообще, сдѣлать все, отъ васъ зависящее, чтобы выдвинуть его, этотъ вопросъ, на видное мѣсто, вполнѣ имъ заслуживаемое.

Что же касается меня, то я—говорю это, какъ отъ себя самого, такъ и отъ лица тѣхъ товарищей по дѣлу, мнѣніе которыхъ по этому вопросу мнѣ извѣстно, наконецъ,—отъ лица тѣхъ немногихъ рабочихъ, съ которыми мнѣ приходилось сталкиваться, нужды, потребности которыхъ мнѣ извѣстны,—я глубоко убѣжденъ, что, при настоящихъ условіяхъ русской общественной жизни, дѣло соціальной революціи неможетъ успѣшно и правильно развиваться до тѣхъ поръ, пока этотъ насущнѣйшій вопросъ не будетъ рѣшенъ удовлетворительнымъ образомъ.

С. Ширяевъ.

Лондонъ, 17 декабря 1876 г.

ВОСПОМИНАНІЕ О С. М. КРАВЧИНСКОМЪ.

(Изъ 16 № „Рабочей Мысли“ 1902 г.).

Вотъ что разсказалъ мнѣ одинъ рабочій, съ которымъ я встрѣтился случайно въ вагонѣ желѣзной дороги.

„Это было въ 1871 году. Мнѣ тогда былъ 21 годъ. Война французовъ съ пруссаками кончилась. Рабочіе слѣдили по газетамъ за перипетіями войны и очень жалѣли французовъ. Читали рабочіе довольно много, но безъ всякаго разбора—все, что попадалось подъ руку,—а того, напримѣръ, кто такіе были коммунисты во Франціи, чего они хотѣли, изъ насъ почти никто не зналъ. Но такъ какъ во всякой, самой дрянной, литературѣ есть герои и хорошіе люди, то у нѣкоторыхъ рабочихъ выработывалось сознаніе, что надо быть честнымъ и служить какому либо доброму дѣлу—словомъ, тогда идеалы какъ бы носились въ воздухѣ.

Вотъ въ это время я познакомился съ однимъ рабочимъ, который познакомилъ меня съ болѣе опредѣленной литературой; толковали мы о прочитанномъ—и когда мои взгляды показались ему родственными его собственнымъ—онъ меня познакомилъ съ нѣкоторыми студентами-медиками. Медики жили на Выборгской сторонѣ, на Саратовской улицѣ; у нихъ на квартирѣ собирались рабочіе. Одинъ изъ медиковъ велъ пропаганду, другой читалъ рабочимъ лекціи по физіологіи. Не ограничиваясь этимъ, они рѣшили познакомить насъ съ исторіей. Надо было найти для этого лектора, и лекторъ нашелся. Осенью 1872 года онъ явился къ намъ въ первый разъ. Это былъ молодой человѣкъ, блестящій, красивый—съ умнымъ, выразительнымъ лицомъ и темно-карими глазами, каштановые волосы обрамляли высокій лобъ. Одѣтъ онъ былъ въ черное пальто, съ наброшеннымъ поверхъ плечъ темносѣрымъ пледомъ. Раздѣвшись и оглядѣвъ нашу аудиторію, онъ сѣлъ и долго смотрѣлъ на насъ, какъ будто изучая каждаго, какъ бы раздумывая, съ чего начать. Мы тоже сидѣли молча и разсматривали это молодое симпатичное лицо. Осмотрѣвъ насъ и какъ бы вдохновившись, онъ началъ, изрѣдка взглядывая на свои пальцы своими нѣсколько близорукими глазами. Мы услышали высокій грудной теноръ. Онъ началъ говорить о крестовыхъ походахъ. Обрисовавъ ту духовную, нравственную атмосферу, которая вызвала крестовые походы, онъ сталъ объяснять, какъ историческіе факты отражаются на современникахъ и на отдаленномъ потомствѣ. Увлекательная лекція, обрисовавшая намъ все движеніе эпохи крестовыхъ походовъ, и этотъ молодой человѣкъ съ такимъ симпатичнымъ голосомъ, говорившій такъ горячо—все это привело насъ въ возбужденное состояніе. Мы увидѣли ясно, чего намъ недостаетъ, поняли, что у насъ нѣтъ ни знанія исторіи, ни знанія тѣхъ обстоятельствъ, среди которыхъ мы живемъ. Лекціи протянулись всю зиму, и мы на нихъ являлись, какъ на праздникъ. Многіе изъ насъ, сознавъ, благодаря имъ, недостатокъ своихъ знаній, стали пополнять свои свѣдѣнія изъ исторіи и изъ другихъ отраслей науки.

Лекторъ являлся всегда неизмѣнно въ одни и тѣ же часы, и мы не пропускали ни одной лекціи—развѣ только по болѣзни. Для насъ не было тайной, кто такой лекторъ, и что онъ. Это былъ артиллерійскій поручикъ, Сергѣй Кравчинскій, только что сбросившій военный мундиръ и отдавшій себя на служеніе рабочему классу для уясненія ему тѣхъ порядковъ, среди которыхъ онъ живетъ, для уясненія того, что такое представляютъ собою крестьянинъ и рабочій въ россійскомъ государствѣ, и чѣмъ они могли бы быть.

Много онъ сдѣлалъ для этого, и если есть еще оставшіеся въ живыхъ тѣ рабочіе, которые его слушали, то такіе рабочіе и самому Зубатову не по зубамъ придутся.

Лекціи продолжались до 1874 года; въ 1874 году произошелъ погромъ; многіе были арестованы, но Кравчинскій арестованъ не былъ; послѣдній разъ я его видѣлъ въ 1876 году передъ отправленіемъ его въ Сербію. Изъ Сербіи, какъ извѣстно, онъ уѣхалъ въ Италію, и тамъ ему пришлось просидѣть въ тюрьмѣ. Но и тамъ онъ пробылъ не даромъ: изучивъ итальянскій ударъ кинжаломъ, онъ хорошо прикончилъ съ шефомъ жандармовъ Мезенцевымъ, поразивъ его среди бѣла дня на улицѣ. По этому поводу писалось много стиховъ; одни изъ нихъ я и до сихъ поръ помню:

Какъ ударъ громовой, всенародная казнь
Надъ злодѣемъ бездушнымъ свершилась.
То одна изъ ступеней . . . .
Съ громкимъ трескомъ долой отвалилась.

Кравчинскій-Степнякъ умеръ въ Англіи, попавъ подъ поѣздъ во время тумана. Послѣ убійства Мезенцева онъ, конечно, уже не могъ жить въ Россіи.

Миръ праху твоему, незабвенный лекторъ и неизмѣнный товарищъ!"

Рабочій.

ВОСПОМИНАНІЯ ПРОПАГАНДИСТКИ.

(Изъ №№ 7, 8-9; „Община" за 1878 г.)

Исключительно въ средѣ народа я пробыла всего три съ половиною мѣсяца (лѣто 1873 г.). Жила въ это время подъ видомъ заурядной крестьянки, помѣщалась въ избахъ, одѣвалась по крестьянски и питалась тѣмъ же, чѣмъ и простой народъ тѣхъ мѣстностей, въ которыхъ мнѣ приходилось бывать. А за эти 3 съ половиною мѣсяца я побывала въ трехъ южныхъ губерніяхъ. Языкъ малорусскій мнѣ былъ плохо извѣстенъ, и потому я выдавала себя за уроженку великороссійской губерніи и одѣвалась не по-хохлацки, а какъ русская женщина. Подъ рѣчь народа я не поддѣлывалась, а только иногда употребляла чисто народныя выраженія. Почти везде была извѣстна за грамотную и бывалую женщину. Я говорю „почти" везде, потому что въ началѣ странствованія, въ нѣкоторыхъ случаяхъ, я не выказывала своей грамотности, не желая обратить на себя особеннаго вниманія; но скоро убѣдилась въ томъ, что умѣнье читать и писать придаетъ большую авторитетность человѣку, проживающему среди крестьянъ, а грамотная, трезвая и съ достоинствомъ держащая себя женщина пользуется ихъ особеннымъ уваженіемъ.

Я говорила съ крестьянами, какъ человѣкъ самостоятельный и увѣренный въ томъ, что говоритъ. Часто говорила горячо и настойчиво и ни разу не слышала со стороны мужчинъ, съ которыми почти исключительно и вела дѣловые разговоры, замѣчанія, что вотъ, молъ, баба взялась не за свое дѣло и вмѣшивается туда, куда не слѣдуетъ. Напротивъ, за весьма рѣдкими исключеніями, крестьяне, въ особенности пожилые, говорили и слушали меня весьма охотно, и когда я подтверждала свои слова печатнымъ словомъ, то окончательно складывали оружіе. Обыкновенно, я приступала почти сразу къ сути вопроса, о которомъ шла рѣчь, и только разъ мнѣ пришлось обрѣзаться, и то потому, что я наскочила не на заправскаго мужика, а на пройдоху, изловчившагося уже на всякія каверзы, но объ этомъ послѣ. Ни разу также не случилось такъ, чтобы крестьяне заподозрили меня въ дѣйствительности моего происхожденія и моей принадлежности къ ихъ сословію. Они не обращали никакого вниманія на то, что мои босыя ноги были бѣлы, руки сравнительно нѣжны, что силы у меня было очень мало, и я иногда не могла пронести 2-хъ ведеръ на коромыслѣ, а таскала руками по одному ведру, и то съ большимъ усиліемъ; что вставала позднѣе ихъ, у печки обращалась неумѣло. Правда, что я не являлась ни разу въ качествѣ простой работницы или батрачки, занималась ремеслами—крашеніемъ, шитьемъ, вышиваніемъ; въ другихъ же мѣстахъ, гдѣ приходилось оставаться не долго, два-три дня, и по дорогѣ, я выдавала себя за разносчицу полотенъ, а такъ какъ при мнѣ ихъ не было, то ссылалась на то, что поджидаю товарищей съ издѣліями, или иду за получкой товара на извѣстную станцію. Но во всѣхъ случаяхъ я сохраняла одну и ту же внѣшность, и нигдѣ моя особа не вызывала подозрѣній, опять таки кромѣ того случая, о которомъ я упомянула выше. Даже то обстоятельство, что я выдавала себя за 40-лѣтнюю, хотя въ то время мнѣ было только тридцать лѣтъ, не вводило въ сомнѣніе, а моя мнимая моложавость вызывала изрѣдка лишь одобрительное удивленіе. Такое довѣрчивое и безразличное отношеніе ко мнѣ со стороны крестьянъ я объясняю, во-первыхъ, тѣмъ, что мѣстности, въ которыхъ мнѣ приходилось странствовать, представляли собою не захолустье, а состояли изъ большихъ селъ и мѣстечекъ и, какъ всѣ населенныя мѣста южной Россіи, заключали въ себѣ много пришлаго элемента, который пріучилъ мѣстныхъ жителей не уди-

вляться всему тому, что рознится съ складомъ ихъ жизни; во-вто-
рыхъ, и главнымъ образомъ, тѣмъ дѣтскимъ довѣріемъ простого
человѣка, который самъ настолько далекъ отъ всякой искуственно-
сти и притворства (особенно такого, которое входитъ въ расчетъ
его личныхъ обыденныхъ интересовъ), что ему и въ голову не
приходитъ заподозрить другого, безъ какихъ-либо особыхъ при-
чинъ. Разъ человѣкъ ведетъ себя скромно и честно по отношенію
къ крестьянамъ, говоритъ съ ними по душѣ и живетъ такимъ же
мужикомъ, какъ и они, то послѣдніе или ничего въ немъ не за-
мѣтятъ, или же, если что и замѣтятъ, то объяснятъ какъ-нибудь
въ пользу своего новаго знакомаго. Такъ, по крайней мѣрѣ, было
со мною и еще съ 2-3 лицами, положеніе которыхъ въ народѣ мнѣ
было близко извѣстно. Только женщины, какъ болѣе консерватив-
ный элементъ, подмѣчали иногда пустяшныя особенности и не
утерпѣвали, чтобы не сдѣлать замѣчанія.

Отправляясь въ народъ, я имѣла спеціальную задачу (о ко-
торой здѣсь говорить не буду), и словесная революціонная прома-
ганда стояла на второмъ планѣ моей дѣятельности. Но такъ какъ
за все лѣто мнѣ все-таки приходилось много разъ говорить съ
крестьянами и читать имъ, то считаю себя обязанною дать отчетъ
и въ этихъ кратковременныхъ наблюденіяхъ.

Имѣя, какъ я уже сказала, спеціальную задачу, которую я
преслѣдовала своимъ путемъ, я сначала мало обращала вниманія
на то, съ какими именно людьми мнѣ придется сталкиваться въ
обыденныхъ дѣлахъ и, выискавъ себѣ мѣсто и квартиру, подходя-
щія для моихъ цѣлей, я въ то же время очутилась въ средѣ наи-
менѣе благопріятной для пропаганды. Это было на окраинѣ огром-
наго села, въ углу, гдѣ на крошечныхъ огородикахъ лѣпились
убогія хатки, и населялъ ихъ самый разношерстный людъ: отстав-
ные солдаты, бывшіе дворовые, мѣщане, захожіе пильщики, нѣ-
сколько мѣстныхъ бобылей и бобылокъ изъ крестьянства и нѣ-
сколько наиболѣе бѣдныхъ хозяевъ, обладавшихъ душевыми надѣ-
лами земли. Не только бѣдно, но робко жилъ этотъ сбродъ тру-
жениковъ, точно надъ ними висѣла постоянно туча громовая, кото-
рая вотъ-вотъ разразится, при первомъ смѣломъ движеніи со сто-
роны этого полуголоднаго муравейника. И мудрено ему было хра-
бриться при условіяхъ, которыя его окружали: каждый членъ му-
равейника находился подъ страхомъ за каждый день своего су-
ществованія и существованія своего имущества. Старики и дѣти
всегда трепетали за то, что сторожевой казакъ изловить ихъ въ
казенномъ лѣсу, откуда они таскали на своихъ плечахъ валежникъ,
безъ котораго имъ буквально нечѣмъ было топить хаты, потому
что ни соломы ни навозу у нихъ не было. Бабы и дѣвки только
и думали о томъ, какъ бы встать раньше одна другой, чтобы пер-
вой захватить появившійся за ночь грибъ или ягоду; а не захва-
тятъ онѣ гриба и ягоды, не съ чѣмъ будетъ появиться на базаръ,
слѣдовательно, не на что будетъ купить крупъ и сала. Мужикъ-
хозяинъ и его хозяйка болѣзненно смотрѣли на свои песчаныя по-
лоски, какъ высыхаютъ на нихъ не успѣвшіе налиться колосья,
какъ вѣтеръ заноситъ пескомъ гряды, какъ голодный, исхудалый,

отъ безпрерывной работы, волъ еле-еле волочится домой. Но чего пуще всего боялись обитатели „песочковъ",—такъ назывался этотъ уголокъ села,—это нашествія сборщика податей.

Процедура взиманія производилась тамъ особеннымъ образомъ, впервые видѣннымъ мною. Разъ, когда я сидѣла въ своей хатѣ, дверь отворилась, и вошла толпа изъ 5—6 человѣкъ. Впереди молодой еще парень, сотскій, за нимъ отставной солдатъ въ истасканной шинели, но со шпагой, потомъ заурядный мужикъ, держа въ одной рукѣ посудину, въ какой обыкновенно хранится деготь; изъ нея торчала ручка большой мазалки. Что изображали изъ себя остальныя лица?—я не знаю. Сотскій сталъ разспрашивать меня: кто я, откуда и зачѣмъ здѣсь поселилась, и велѣлъ мнѣ явиться въ волостное правленіе, чтобы представить паспортъ. (У меня былъ сдѣланъ билетъ на имя крестьянки, и я его представляла, когда требовали власти). Въ свою очередь я спросила сотскаго, что означаетъ его торжественное шествіе, на что и получила такое объясненіе.—Сотскій вмѣстѣ съ сборщикомъ податей ходитъ по дворамъ и побуждаетъ крестьянъ вносить всякія повинности; если же къ извѣстному сроку не всѣ крестьяне-хозяева уплатили подати, то сотскій приглашаетъ на помощь одного разсыльнаго станового пристава и нѣсколькихъ десятскихъ, обязанность которыхъ состоитъ въ томъ, чтобы ворвавшись въ домъ неисправнаго плательщика, произвести въ немъ всевозможную пакость: разведенной сажей, которая находится въ упомянутой посудинѣ, вымазывается печь и стѣны хаты, кромѣ того печь подвергается разрушенію посредствомъ ударовъ долбни, которую сборщики также таскаютъ за собою. Все жидкое, что застается въ хатѣ— вода, помои, варево—выливается на полъ, глиняная посуда разбивается въ дребезги.

На мой вопросъ, кто приказываетъ собирать подати такимъ образомъ, сотскій сказалъ, что это распоряженіе начальства, что становой каждый разъ присылаетъ своего разсыльнаго на устрашеніе крестьянъ и на помощь сборщику.

Не страхъ, а ужасъ овладѣлъ жителями „песочковъ" при появленіи грозной команды: дѣти запрятались куда-то на цѣлый день, бабы выносили изъ хатъ посуду и все, что могло подвергнуться уничтоженію въ рукахъ исполнительной власти; выносили воду, все жидкое. Мужчины закладывали въ ближайшемъ кабакѣ послѣдній кафтанъ, чтобы взять полштофа водки и этимъ хоть нѣсколько отвлечь грозу.

Кто знаетъ устройство жилья южныхъ славянъ, тому будетъ понятно, почему такъ особенно боятся его обитатели сырости и грязи въ хатѣ. Тамъ каждая мужицкая постройка состоитъ изъ прутьевъ и глины, сверху выбѣленной известью. Полъ также смазанъ глиной, даже печь, по большей части, сложена не изъ кирпичей, а все изъ той же глины, и вся эта постройка такъ непрочна и настолько боится мокроты, что случалось видѣть, какъ цѣлыя стѣны отставали и проваливались послѣ сильнаго дождя. Бѣлизна и чистота хаты составляютъ тамъ особый предметъ заботъ хозяйки, и поддержка ихъ стоитъ многихъ трудовъ. Каково же ей видѣть, какъ ея чистенькое гнѣздышко превращается въ одну минуту въ комокъ грязи!

Роящутъ жители песочковъ, проклинаютъ и судьбу свою и сильныхъ враговъ своихъ, начальство, но голосъ протеста не возвышается среди нихъ. „Видно, ничего не подѣлаешь: видно, на роду намъ такъ написано“, возражали мнѣ горемыки на всѣ мои правдивыя рѣчи.—Если, съ одной стороны, нужда и вѣчный гнетъ могутъ довести человѣка до отчаянныхъ поступковъ, то съ другой—доводятъ его до идіотизма.

Изъ этого села я перебралась въ большое мѣстечко, населенное множествомъ всякаго народа и преимущественно рабочаго, такъ какъ тамъ находилось нѣсколько заводовъ. Здѣсь дѣло пошло иначе. Поселилась я между русскими переселенцами, которые почти всѣ работали на заводахъ. Они еще во время крѣпостного права были перевезены помѣщиками изъ Самарской губ., гдѣ жили хлѣбопашцами, а здѣсь имъ дали нѣсколько квадратныхъ аршинъ земли на семейство, чтобы они могли завести собственныя хаты, а все свое время употребляли бы на заводскія работы. Крестьяне эти были страшно недовольны своимъ положеніемъ, сознавали, что съ ними поступили варварски, закабаливъ ихъ и ихъ потомство на вѣчную каторжную работу на заводахъ. При крайней бѣдности, другого исхода не было.

Здѣсь я стала знакомиться съ тѣми изъ крестьянъ, которые отличались или смышленностью, или духомъ протеста. Знакомства эти завязывались не на работѣ, потому что я не нанималась ни на заводы ни на какія другія работы, но въ качествѣ швеи и красильщицы имѣла доступъ въ любую хату; а по вечерамъ фабричные собирались группами на улицѣ и охотно принимали въ свое общество новую личность.

Особенно усердно слушали крестьяне, когда говорилось объ отрицательной сторонѣ ихъ жизни. Имъ было пріятно, что есть человѣкъ, который не только понимаетъ ихъ горе, сочувствуетъ имъ, но и указываетъ, поясняетъ причины ихъ бѣдственнаго положенія. Они даже шли дальше и сознавали сами, что могли бы нѣсколько помочь бѣдѣ, если бы единодушно отказались отъ заводскихъ работъ и требовали бы общей прибавки платы; но тутъ-же рѣшали, что стачка состояться не можетъ, потому что рабочіе мастера не откажутся отъ своихъ должностей, такъ какъ, получая болѣе простыхъ рабочихъ, они еще могутъ кое-какъ существовать; если же откажутся только заурядные рабочіе, то на ихъ мѣсто сейчасъ же добудутъ другихъ, выпишутъ изъ населенныхъ губерній цѣлыя артели, и тогда, оставшіеся безъ работъ и безъ всякихъ средствъ къ жизни, безземельные крестьяне должны будутъ вмѣстѣ съ семействами своими умирать съ голоду.

Приходилось, значитъ, искать болѣе глубокихъ причинъ и указывать болѣе радикальныя мѣры.—Тутъ то особенно рѣзко сказывались тѣ черты, которыя мѣшаютъ людямъ сознательно бороться за общее дѣло: боязнь рисковать собою за блага, пользоваться которыми придется лишь дѣтямъ ихъ, а не то и внукамъ; страхъ оставить извѣстное настоящее для неизвѣстнаго будущаго, а главное—недовѣріе къ собственнымъ силамъ и къ единодушію народа. Всѣ эти черты выплывали тутъ же.

Нѣкоторое единодушіе и энергія проявлялись въ ихъ средѣ тогда только, когда дѣло шло объ интересахъ, касающихся ихъ „общества“. Такъ, при мнѣ возникъ вопросъ объ общественномъ магазинѣ, принадлежавшемъ заводскимъ рабочимъ и расхищенномъ властями до послѣдняго зерна. Начались у крестьянъ сходки, толки, довольно шумныя пренія; нашлись мужики, которые взялись заявить начальству о понесенномъ ими ущербѣ и настойчиво обращались къ властямъ, отъ которыхъ зависѣло вознагражденіе общества за убытки. Но когда на всѣ свои заявленія крестьяне получили уклончивые отвѣты отъ директора завода, отъ мирового посредника и, наконецъ, отъ исправника, къ которому они рѣшились обратиться, перебывавъ у всѣхъ своихъ ближайшихъ начальниковъ, когда, наконецъ, имъ и совсѣмъ отказали въ удовлетвореніи ихъ просьбы, крестьяне еще болѣе вознегодовали и возроптали... но на этомъ дѣло и кончилось.

Между тѣмъ жители этого мѣстечка считались, на далекомъ разстояніи въ окружности, людьми наиболѣе самостоятельными и умѣющими постоять за свои интересы. Дѣятельность этого общества приводилась въ примѣръ крестьянами другихъ селъ и, какъ оказалось, не безосновательно, потому что это общество умѣло справиться, по крайней мѣрѣ, съ своими выборными, т. е. старшиной и старостами, и не дозволяло имъ явныхъ надъ собой безобразій; между тѣмъ, какъ хотя бы въ томъ селѣ, гдѣ я жила до перееѣзда въ мѣстечко, старшина, богатый мужикъ и пріятель станового, былъ полнымъ хозяиномъ всего селенія, и не находилось ни одного крестьянина, который осмѣлился бы перечить ему, въ чемъ бы то ни было. А жителей въ селѣ было 1000 человѣкъ!

Чаще, нежели съ другими, приходилось мнѣ говорить съ сосѣдомъ моимъ Иваномъ Ч—мъ, мужикомъ умнымъ, сравнительно развитымъ, притомъ трезвымъ и добрымъ семьяниномъ. Онъ особенно горевалъ о бѣдственномъ положеніи заводскихъ крестьянъ, понималъ ясно всѣ несправедливости со стороны владѣльцевъ и начальства, всю силу эксплуатаціи, которой подвергались рабочіе, и тѣ громадные барыши, которые достаются на долю эксплуататоровъ. Иванъ не только скорбѣлъ и ропталъ, но и задавалъ себѣ вопросы— почему на свѣтѣ творятся такія вопіющія несправедливости, и на сколько человѣкъ долженъ сносить ихъ безропотно? Долго я говорила съ нимъ о томъ, что и какъ должны дѣлать угнетенные, чтобы избавиться отъ враговъ своихъ, и онъ слушалъ съ большимъ вниманіемъ, почти не возражая. Скоро послѣ этого разговора пришла я къ нему съ печатнымъ словомъ, которое вполнѣ подтверждало то, что я говорила. Надо было видѣть, съ какимъ напряженіемъ, съ какимъ радостнымъ вниманіемъ Иванъ слушалъ, что я читала. Было поздно вечеромъ; ему давно было пора спать послѣ 14-ти часовой работы на заводѣ, но онъ слушалъ и, казалось, слушалъ бы всю ночь. Когда чтеніе кончилось, лицо Ивана сіяло, и онъ торжественно сказалъ: „Вотъ, голубочка, когда ты ушла отъ меня прошлый разъ, я подумалъ: хорошо то она, хорошо, говоритъ, но все-таки не можетъ быть, чтобы все такъ и слѣдовало, чтобы, значитъ, мы сами могли покончить со всѣмъ этимъ зломъ, что намъ житья не даетъ, и обойтись безъ царя; а теперь вижу, что твои слова истинная правда, и что, какъ ты говорила, такъ и должно быть."— Я торжествовала. Не теряя времени, на другой же день, снова являюсь къ Ивану, снова встрѣчаю то же горячее отношеніе къ занимавшему насъ вопросу и говорю ему откровенно, что не хочу ограничить своего сочувствія народному дѣлу одними словами и безплодными сѣтованіями, а готова приняться за самое дѣло и ищу людей подходящихъ, готовыхъ въ случаѣ нужды грудью постоять за интересы народа. Иванъ чуть ли не съ благоговѣніемъ смотрѣлъ на меня.

„Послушайте, говорю я ему, вы здѣсь уже много лѣтъ живете, хорошо знаете всѣхъ заводскихъ крестьянъ, такъ укажите мнѣ такихъ, на которыхъ я могла бы положиться и поговорить съ ними обо всемъ, не опасаясь, что они трусостью или глупостью повредятъ дѣлу". Иванъ потупился, видимо смѣшался и отвѣтилъ голосомъ отчасти недовольнымъ, отчасти сконфуженнымъ: „Да я ихъ не знаю, я никого изъ нихъ не знаю, и мудреное это дѣло, опасное". Онъ поспѣшно натянулъ на ноги сапоги и ушелъ на улицу. Съ тѣхъ поръ Иванъ не разговаривалъ о народномъ дѣлѣ!

Читала я и толковала съ другими хозяевами, и слухъ о находящихся при мнѣ „грамоткахъ" (такъ называли крестьяне печатные листки) распространился и между другими рабочими.

Нѣсколько хозяевъ пригласили меня прочесть имъ то, что я уже читала другимъ, и такъ какъ назначенный для чтенія день былъ праздничный, то послѣ обѣда мы должны были собраться въ извѣстную хату. Я вышла на улицу, грамотка была при мнѣ. Нѣсколько человѣкъ заводскихъ сидѣли у забора и играли въ карты; возлѣ нихъ сидѣлъ Иванъ. Я сѣла на завалинку, поджидая, пока приглашавшіе меня хозяева пройдутъ въ означенную хату. Рабочіе, игравшіе въ карты, подошли ко мнѣ, съ ними подошелъ и Иванъ, и всѣ стали толковать о своемъ вѣчно больномъ, экономическомъ, вопросѣ. Пошли разсужденія о стачкахъ, о безвыходности положенія рабочихъ и т. д. „Вотъ, ребята,—не вытерпѣлъ Иванъ,—если бы вы послушали, что читаетъ эта женщина! Есть у нея листокъ такой, такъ въ томъ листкѣ вся правда сказана, а прочиталъ бы его какой-нибудь баринъ, закрутило бы у него въ носу." Рабочіе стали просить меня прочитать имъ тотъ листокъ. Мнѣ не хотѣлось этого, и не только потому, что читать такія вещи въ праздникъ среди улицы, когда на ней движется множество всякаго народа, не совсѣмъ удобно, но, главнымъ образомъ, потому, что этого самаго листка ждали съ благоговѣйнымъ трепетомъ старики хозяева. Я отказалась читать листокъ и предложила прочесть книжку (Сказку о 4-хъ братьяхъ), которую Иванъ уже слышалъ, и она ему понравилась. Но онъ, а за нимъ и остальные рабочіе, настойчиво просили, чтобы я сейчасъ же прочла листокъ. Я, наконецъ, сдалась. Сначала всѣ слушали внимательно. Но подошло еще нѣсколько человѣкъ; молодые рабочіе стали съ ними здороваться и мѣшать чтенію. Подошелъ отставной солдатъ съ новыми часами, и нѣкоторые изъ слушателей занялись разсматриваніемъ ихъ. Я начинала терять терпѣніе, что проявлялось и въ моемъ чтеніи и въ моихъ взглядахъ. Иванъ подмѣтилъ это и старался сосредоточить вниманіе публики на чтеніи; самъ же онъ опять восхищался тѣмъ, что читалось.

Между тѣмъ, старики-хозяева вышли изъ своихъ хатъ и начали осторожно пробираться къ мѣсту сходки. Они уже собрались небольшой толпой возлѣ одной хаты, когда замѣтили происходившее на улицѣ, т. е. сборище рабочихъ и посреди ихъ меня, читающую „грамотку". Я вспыхнула отъ негодованія на свое малодушіе, а старики поглядѣли и разошлись: какая же это грамотка, говорящая въ пользу крестьянъ, которую можно читать на улицѣ, среди бѣлаго дня и первой собравшейся толпѣ? или—что же эта за человѣкъ, который такъ относится къ дорогому для народа дѣлу? О легкомысліе! О профанація!...—А Иванъ? Онъ слушалъ все съ тѣмъ же напряженнымъ вниманіемъ и умиленіемъ. Онъ не только сочувствовалъ смыслу того, что читалось, но и понималъ это, а когда я въ тотъ же вечеръ заговорила съ нимъ наединѣ о приложеніи слова къ дѣлу, онъ нахмурился и только махнулъ рукой.

Возвращаясь съ мірскихъ сходокъ, заводскіе крестьяне часто разсказывали, что никто такъ усердно не отстаиваетъ ихъ интересовъ, нарушаемыхъ ближайшими властями, какъ одинъ изъ ихъ же рабочихъ Жу—ль; что человѣкъ онъ бойкій, даже задорный и ни передъ кѣмъ не струситъ.

Его домикъ стоялъ на другомъ концѣ мѣстечка, далеко отъ моей квартиры; слѣдовательно, явиться къ нему, какъ сосѣдка, я не могла, а потому, взявъ съ собою образчики вышиванія, явилась какъ-бы къ женѣ Жу—ля съ предложеніемъ работы. Не сразу я освоилась съ тѣмъ, что къ крестьянину въ домъ можно свободно идти безъ всякихъ прелиминарій и предлоговъ, что въ ихъ средѣ нѣтъ обычая рекомендоваться, и хозяева дома не встрѣчаютъ неизвѣстно откуда явившихся гостей распросами объ ихъ личности, но начинаютъ разговоръ съ тѣхъ обыденныхъ вопросовъ, которые интересуютъ ихъ въ данное время и уже потомъ, въ видѣ любопытства, освѣдомляются, съ кѣмъ имѣютъ дѣло.

Жу—ль жилъ бѣдно, это сразу замѣчалось по убогой обстановкѣ его дворика. И онъ и жена его были дома. Хозяйка толкла просо, а хозяинъ, пьяный, сидѣлъ на завалинѣ хаты. Гигантъ, въ кожаномъ фартукѣ (онъ былъ кузнецомъ на заводѣ), съ огромными мускулистыми руками, съ черными, какъ смоль, курчавыми волосами на громадной башкѣ и блестящими, какъ огонь, глазами, Жу—ль явился мнѣ типомъ мужика-багатыря. Я поздоровалась съ хозяйкою; хозяинъ самъ протянулъ мнѣ руку; всѣ трое усѣлись на завалинку. Говорить о своемъ ремеслѣ мнѣ не хотѣлось, потому что, въ такомъ случаѣ, пришлось бы толковать только съ хозяйкой, и я воспользовалась тѣмъ, что знала отъ хозяина своей квартиры (пріятеля Жу—ля), что у того болятъ ноги, и что онъ никакъ не можетъ избавиться отъ своего лиха, такъ что приступить къ знакомству было удобно, а отъ больныхъ погъ къ работѣ на заводѣ—рукой подать; разъ же мы коснулись завода,—я считала себя у пристани. Громовой голосъ собесѣдника, его энергическіе жесты и ругань, тыканье въ мое плечо здоровеннымъ пальцемъ — меня нисколько не смущали, напротивъ, эта внѣшность, въ связи съ тѣмъ, что я слышала о немъ предварительно, заставляли радостно биться мое сердце, и я ждала, что вотъ-вотъ услышу „живыя“ слова, увижу дѣйствительную готовность работать на общее народное дѣло. Но вотъ что я услышала послѣ первыхъ восклицаній.

„Ты говоришь, голубушка, заводъ. Да ты знаешь ли, каковъ нашъ заводъ есть? Нашъ заводъ первый на всю Россію; такого завода ты нигдѣ не отыщешь! Машины у насъ первый сортъ, а рабочихъ нигдѣ и половины столько не держатъ, сколько у насъ. Зимою до 4000 рабочихъ набирается. Ты вѣдь не здѣшняя, не знаешь. А-къ нашъ—первый господинъ во всей губерніи; такихъ, можетъ быть, въ Питерѣ немного“.—И пошелъ и пошелъ мой Жу—ль.. Онъ гордился тѣмъ, что имѣетъ честь служить на такомъ заводѣ, и считалъ, что, тотъ, кто такъ или иначе, соприкасается этого завода, стоитъ на недосягаемой для другихъ высотѣ.

Попробовала я разъ, другой, третій направить мысли собесѣдника на другую сторону вопроса, но онъ счелъ такое мое отношеніе къ дѣлу полнѣйшимъ непониманіемъ тѣхъ красотъ, на которыя онъ указывалъ, и постоянно возвращался къ своей излюбленной темѣ. На прощанье онъ требовалъ, чтобы я еще пришла къ нимъ въ гости. Я ушла отъ него съ чувствомъ человѣка, понявшаго, что онъ принялъ прекрасный призракъ за дѣйствительность. Въ слѣдующій праздникъ я снова пришла къ Жу—лю. Жены его не было дома, а онъ лежалъ посреди двора мертвецки пьяный...

Скоро я получила извѣстіе, что мое пребываніе въ этой мѣстности извѣстно жандармамъ, и что они ѣдутъ за мною, потому я должна была оставить это мѣстечко, проживъ въ немъ около мѣсяца, и мои связи съ заводскими рабочими прервались въ самомъ ихъ зачаткѣ.

Хорошее воспоминаніе оставилъ во мнѣ 80-тилѣтній старикъ, съ которымъ я постоянно видѣлась. Онъ самъ когда то участвовалъ въ народномъ движеніи въ Самарской губ.; жестоко былъ истязаемъ за протестъ противъ всевозможныхъ насилій со стороны помѣщика и властей, и до сихъ поръ сохранилъ свѣжесть чувствъ къ народному дѣлу. Случилось такъ, что при первой же моей съ нимъ встрѣчѣ, я говорила вполнѣ откровенно, такъ сказать, на чистоту и когда черезъ недѣлю снова увидѣла его, онъ обратился ко мнѣ съ такими словами: „Я тебя сразу узналъ, что ты за человѣкъ; умное слово ты мнѣ сказала, еще когда мы въ первый разъ увидѣлись“. Подъ умнымъ словомъ онъ разумѣлъ самое радикальное отношеніе къ дѣлу. Съ этимъ дѣдомъ я жила въ большой дружбѣ (онъ и былъ хозяинъ моей квартиры) и на прощаніе услышала отъ него такой привѣтъ: „13 лѣтъ прожилъ я со своей любимой женой, а все не то было“.

Впослѣдствіи, когда я была арестована и для разслѣдованія дѣла меня привозили въ это мѣстечко, то ни одинъ крестьянинъ не показалъ противъ меня. Признали они, что я, дѣйствительно, проживала у нихъ, занималась своимъ ремесломъ, но никакихъ книгъ они у меня не видѣли и никакихъ „особенныхъ" разговоровъ не слыхали отъ меня. То же самое заявили крестьяне и въ предыдущемъ селѣ.

О моемъ пребываніи въ этихъ двухъ мѣстахъ жандармерія узнала изъ моего адреса (довольно подробнаго), который былъ найденъ при арестѣ человѣка, имѣвшаго неосторожность хранить его, да еще записаннымъ не шифромъ.

Отправившись дальше, мнѣ пришлось остановиться въ уѣздномъ городкѣ, гдѣ дня три я поджидала нужныхъ извѣстій и наняла квартиру на краю слободы у одной мѣщанки. Оказалось, что спеціальное занятіе мѣстнаго мужского населенія составляли землекопныя работы, и каждое лѣто они отправлялись на заработки въ болѣе южныя мѣста, гдѣ руки цѣнятся дороже. Жены ихъ оставались полными хозяйками и, при помощи нанятыхъ батраковъ, обрабатывали клочки своихъ полей и огородовъ; а тѣ у которыхъ не было земли, жили изо дня въ день, поджидая отъ мужей присылки денегъ. Моя хозяйка была женщина зажиточная, и въ то время у нея работало 2 поденщика: отпускной солдатъ и хохолъ изъ сосѣдней деревни. У хозяйки было много дѣла, и она просила меня прислуживать работникамъ, когда они приходили обѣдать и ужинать. Крестьяне быстро знакомятся, и на другой же день я услышала отъ хохла слѣдующій разсказъ: „Въ нашей деревнѣ народъ хорошій, дружный (впослѣдствіи совершенно случайно, когда по этимъ же мѣстамъ меня возили прокуроръ и жандармы, на одной изъ станцій мы встрѣтились съ мѣстнымъ лѣсникомъ, который восхищался энергіей крестьянъ этой деревни), наши мужики постоять за себя сумѣютъ, да одной деревней ничего не подѣлаешь. Вотъ три года назадъ было у насъ межеваніе земли, и вотъ отрѣзали отъ крестьянъ всю удобную землю. Общество наше спорило сначала съ помѣщикомъ и землемѣромъ, но они не уступали и оставили насъ при однихъ пустыряхъ. Тогда подали жалобу посреднику, а въ отвѣтъ на нее пріѣхалъ исправникъ и перепоролъ всю деревню. Рѣшили мы тогда послать жалобу къ самому генералу-губернатору. Выбрали изъ своего общества трехъ надежныхъ людей и отправили ихъ съ прошеніемъ. Долго прожили посланцы въ губернскомъ городѣ, наконецъ, вернулись. Говорятъ, были у ген.-губ., были у губернатора, всѣхъ просили, всѣмъ разсказывали свое дѣло и всюду получили отказъ. Думали мы, думали, что теперь дѣлать? Порѣшили идти къ ген.-губернатору всѣмъ обществомъ, до послѣдняго значитъ хозяина. И набралось насъ до 200 человѣкъ. Пошли. Приходимъ въ губ. городъ. Только что перешли большой мостъ (черезъ Днѣпръ), какъ откуда взялись солдаты, окружили насъ со всѣхъ сторонъ и повели въ городъ. Что мы ни говорили чего ни дѣлали! и прошеніе къ генералъ-губернатору показывали—не отпускаютъ насъ. Говорятъ: „самъ же онъ и велѣлъ такъ съ вами распорядиться". Всѣхъ насъ потащили въ полицію. Къ вечеру и рѣшеніе вышло: 6 изъ насъ сослать въ Сибирь, а изъ остальныхъ—19 го выпороть. Ну и пороли же они насъ! Три мужика такъ и не вернулись домой,—дорогой умерли. После мы узнали, что, когда мы выходили изъ деревни, исправникъ эстафету послалъ генералъ-губернатору, что мужики бунтуютъ; вотъ насъ такъ и встретили".

— Такъ ничего и не возьмешь, заметилъ солдатъ; одной деревней ничего не сделешь.

— Что же нужно делать? спросила я.

— Надо написать грамоту и разослать ее по всей земле, чтобы весь народъ поднялся... Ну, тогда можно будетъ справиться и съ начальствомъ и съ войскомъ.

— А кто теперь орудуетъ общественными делами въ вашей деревне? спросила я хохла.

— Очень насъ после того случая прижимать стали, все лучшіе дворы разорили, такъ что самый первый народъ въ батраки пошелъ. Теперь всего 3 такихъ осталось, которые на все готовы; другіе—кто присмирелъ, кто ушелъ на заработки, да тамъ и остался.

Я сказала хохлу, что хочу видеться съ этими тремя мужиками, и онъ назначилъ мне явиться въ деревню въ ближайшее воскресенье, такъ какъ въ будни не застану никого дома. Выспрашивалъ меня, нетъ ли у меня какой-нибудь „полезной" для крестьянъ грамоты, и просилъ принести съ собою. Очень мне хотелось познакомиться съ этими крестьянами, но на другой день чуть светъ пришло известіе, которое угнало меня дальше.

II.

Я уже въ другой губерніи и опять въ большомъ местечке, где на базаре толчется пропасть всякаго народа. Преследуя свою спеціальную цель, я, темъ не менее, старалась заводить знакомства и зондировать настроеніе и направленіе рабочаго страдающаго люда, при всякомъ удобномъ и неудобномъ случае. Сидя на базаре, где-нибудь подъ навесомъ, я вступала въ разговоръ при первой возможности, и беседа, начатая по поводу ли привезеннаго на базаръ продукта, по поводу ли надувательства торговцевъ и т. п., быстро переходила на положеніе народа, который буквально везде, где мне приходилось говорить съ нимъ, жаловался на увеличивающуюся бедность и дороговизну, на непосильные поборы, на самое нахальное притесненіе со стороны начальства. Начальство и господа виновны въ бедственномъ положеніи народа,—въ этомъ каждый мужикъ уверенъ непоколебимо; но какъ избавиться отъ этихъ бичей, даже возможно ли избавиться,—вопросы не только нерешенные, но почти нигде не поднятые. Когда же ихъ возбуждаютъ другіе (я это говорю, какъ по собственному опыту, какъ и по опыту лицъ, деятельность которыхъ мне близко известна), то приходится слышать все почти одно и то же заключеніе:„оно бы очень хорошо, если бы весь народъ разомъ всталъ, тогда, конечно, начальству и господамъ пришлось бы уступить. Но сперва сговориться надо, и пусть кто-нибудь начнетъ, а мы не отстанемъ". Почти каждый говорилъ, что надо „бумагу" по всемъ деревнямъ разослать, что „бумаге" верить будутъ, потому что всякій понимаетъ, что если написано или напечатано, значитъ не пустяки, „не изъ своей головы выдумано“. Нѣкоторые приглашали въ свои деревни, чтобы потолковать о народномъ дѣлѣ съ хозяевами и почитать „грамоты“, если таковыя имѣются.

На югѣ Россіи (я не знаю, какъ въ другихъ мѣстахъ) народъ далеко не привязанъ къ верховной власти. Всѣ традиціи его находятся въ антагонизмѣ съ нею; но дѣло въ томъ, что традиціи эти все болѣе и болѣе сглаживаются изъ памяти народа, вытѣсняются современными интересами; и такъ какъ нужда и безвыходность положенія постигаютъ и населеніе Малороссіи, то оно, не зная, куда обратить свою надежду, гдѣ искать спасенія, безсознательно впадаетъ въ суевѣрное отношеніе къ источнику власти, въ рукахъ котораго, по мнѣнію народа, находятся оба начала—доброе и злое. И такъ какъ человѣкъ по натурѣ склоненъ вѣрить тому, чего ему хочется, то и южнорусскіе крестьяне думаютъ иногда, что, быть можетъ, верховная власть не желаетъ имъ зла, что она, можетъ быть, не прочь и добро сдѣлать, но что посредники, стоящіе между нею и народомъ, искажаютъ умышленно всѣ распоряженія, исходящія отъ царя; и что вотъ на этихъ-то посредниковъ и должна обрушиться вся кара со стороны народа. Вотъ почему слово „грамота“ (подъ этимъ словомъ они разумѣютъ бумагу, заключающую въ себѣ распоряженіе верховной власти) вызываетъ въ нихъ представленіе о какой-нибудь милости или облегченіи ихъ участи, и такъ какъ они увѣрены, что всѣ бумаги, касающіяся ихъ благосостоянія и проходящія черезъ руки чиновниковъ, передаются крестьянамъ всегда или не въ полномъ, или совершенно въ искаженномъ видѣ, то они и стремятся добиться тѣхъ предполагаемыхъ подлинныхъ экземпляровъ, которые, какъ имъ думается, могутъ случайно попадать въ частныя руки. Такъ, напр., нѣкоторые крестьяне спрашивали, нѣтъ ли подъ моими грамотами подписи царя или кого нибудь изъ его семейства, и, лишь прослушавъ ихъ, уразумѣвали, что таковыхъ подписей подъ этими грамотами никакъ быть не можетъ. Оказывается, однако, не труднымъ разбивать ихъ химеры, наглядно доказывая всю несостоятельность ихъ надеждъ на доброжелательство къ нимъ верховной власти. Особенно сильно дѣйствовалъ аргументъ, что каждый разъ, какъ только народъ начинаетъ отстаивать свои права и возмущается противъ господъ и чиновниковъ, то царь приказываетъ своему войску поступать съ крестьянами, какъ съ врагами, и безпощадно избивать ихъ. Противъ этого довода мнѣ ни разу не возражали, такъ какъ народъ знаетъ, что военная сила находится въ рукахъ верховной власти. Одно, что оставалось почти непреодолимымъ, это ихъ недовѣріе къ собственнымъ силамъ и нѣкоторая трусость, весьма впрочемъ понятная въ людяхъ, привыкшихъ постоянно покоряться и почти никогда не протестовать. Пугала ихъ отчасти и отдаленность цѣли.

Въ то время я много слышала хорошаго объ одной вновь появившейся сектѣ на югѣ Россіи. Даже тѣ изъ крестьянъ, которые неблагосклонно относились къ ея ученію (впрочемъ совершенно не понимая его, а потому и искажая до неузнаваемости), отдавали справедливость этимъ сектантамъ, признавая ихъ людьми трудолюбивыми, трезвыми и готовыми помочь своему ближнему. Я направилась на то село, которое послужило разсадникомъ этого ученія, и остановилась не у сектанта, а у православнаго мужика, чтобы предварительно узнать нѣкоторыя подробности.—Да вотъ,— говоритъ мой хозяинъ,—рядомъ со мной живетъ ихъ вѣры человѣкъ, и одинъ изъ самыхъ завзятыхъ „ревнителей“. Мужикъ онъ и честный и работящій, только вѣру свою очень любитъ. Какъ увидитъ свѣжаго человѣка, такъ онъ ему и день и ночь будетъ говорить объ ней и все на свою сторону переманиваетъ“.

Было утро. Я взяла свое вышиваніе и отправилась на указанный дворъ. Сектантъ Степанъ вѣялъ хлѣбъ посреди своего двора; кругомъ было тихо, потому что вся семья ушла на работу въ поле. Я поздоровалась, сѣла на солому и стала работать. Скоро Степанъ довѣялъ кучу зеренъ, молча прибралъ дворъ и подошелъ ко мнѣ. Это былъ хохолъ высокаго роста, съ некрасивымъ лицомъ, но съ такой доброй улыбкой и такими привѣтливыми глазами, что располагалъ къ себѣ. — „Здравствуй, сестра!“ — „Здравствуй, братъ!“ — Достаточно было услышать такой привѣтъ, чтобы почувствовать себя въ своей сферѣ, и разговоръ у насъ полился. Степанъ объявилъ мнѣ, что онъ сразу понялъ, что я человѣкъ, ищущій истины, и что онъ радъ душевно, что можетъ подѣлиться ею со мною. Затѣмъ онъ повелъ меня въ хату, гдѣ сталъ разсказывать о притѣсненіяхъ, которымъ подвергалось ихъ ученіе, о томъ, какъ били и сѣкли его самого и другихъ „братьевъ“ за упорное нежеланіе вернуться къ православной вѣрѣ; какъ всѣ испытанныя ими страданія не только не привели ихъ въ уныніе, но, напротивъ, укрѣпили ихъ духовныя силы, и они еще усерднѣе стали проповѣдывать и распространять свое ученіе. „Мы и школу выстроили, чтобы воспитывать нашихъ дѣтей, сдѣлать ихъ грамотными, чтобы они сами читали Слово Божіе и понимали бы больше насъ; но школу нашу закрыли, и она стоитъ пустая съ заколоченными дверьми и окнами, а дѣти наши растутъ безграмотными. Намъ не позволяютъ собираться по нѣскольку человѣкъ въ одну хату и запрещаютъ пѣть божественные псалмы. Не позволяютъ читать молитвъ надъ покойниками и новорожденными. „Брата“ Ивана (это первый пропагандистъ этого ученія въ Россіи между крестьянами) сажали въ тюрьму, держали болѣе года и выпустили только тогда, когда мы внесли слѣдователю 500 руб.“ и т. д. Онъ вынулъ изъ сундука евангеліе, напечатанное по-гражданскіи, и нѣсколько азбучекъ и сталъ мнѣ показывать все это. Убѣдившись въ томъ, что я грамотная, Степанъ сталъ заставлять меня читать разныя мѣста изъ евангелія (самъ онъ еще только обучался грамотѣ, такъ какъ каждый изъ нихъ считаетъ за великое счастье читать Слово Божіе и толковать его другимъ), причемъ останавливался на каждомъ многозначительномъ, по его мнѣнію, выраженіи и толковалъ мнѣ его съ такимъ жаромъ и увлеченіемъ, какихъ я еще ни разу не встрѣчала въ неинтеллигентномъ человѣкѣ.

Когда онъ нѣсколько успокоился, я начала ему говорить, въ свою очередь, и доказывать, что не однимъ сектантамъ, а всему народу, безъ исключенія, живется скверно до безобразія, что положеніе сектантовъ еще нѣсколько лучше, нежели остальныхъ крестьянъ, потому что у первыхъ существуетъ нѣкоторая сплоченность, единодушіе, которое побуждаетъ ихъ помогать другъ другу, тогда какъ другіе предоставлены, каждый, самому себѣ и въ одиночку не могутъ справиться даже съ самою небольшою невзгодою; что гоненія и преслѣдованія, которымъ сектанты подвергаются со стороны начальства, есть только отголосокъ общаго строя настоящаго порядка вещей, который гнететъ и давитъ все непривилегированное и трудящееся. Пришлось говорить и о верховной власти и о тѣхъ средствахъ, которыми народъ можетъ освободиться отъ своихъ тирановъ. Смышленый сектантъ понялъ меня хорошо, ему, видимо, по сердцу были такія рѣчи; но, воспитанный на самомъ узкомъ пониманіи священнаго писанія, онъ не рѣшался открыто согласиться со мною и сталъ приводить цитаты изъ евангелія, разбивающія мои положенія. Я была приготовлена къ этому и стала его побивать тѣмъ же оружіемъ, т. е. приводить изъ евангелія и апостоловъ такія мѣста, которыя подтверждали мое ученіе. „Христосъ велѣлъ положить душу свою за брата своего“, сказала я въ заключеніе, „а мы допускаемъ враговъ нашихъ издѣваться надъ нашими и палецъ о палецъ не ударимъ для того, чтобы избавить ихъ отъ страданій“.

Разстались мы со Степаномъ большими друзьями и порѣшили собрать на слѣдующій день къ ночи сходку, изъ самыхъ ревностныхъ и надежныхъ сектантовъ, чтобы переговорить съ ними о томъ, не согласятся ли они принять активное участіе въ народномъ дѣлѣ и стать въ открытую борьбу съ правительствомъ.

На другой день утромъ Степанъ не вытерпѣлъ и позвалъ меня къ себѣ. Семья его была дома. Его вторая жена, молодая и пріятная женщина, его дочери отъ первой жены и дѣти второй—всѣ были привѣтливы къ чужому человѣку, усаживали, угощали, говорили ласково. Но все это дѣлалось тихо, спокойно, даже дѣти держали себя, какъ взрослые. Не было жизни, не было свободы, рамка чувствовалась на каждомъ шагу, хотя секта эта отрицала всѣ обрядовыя стороны религіи и, кромѣ пѣнія псалмовъ и чтенія евангелія и молитвъ, никакихъ богослуженій не признавала. Даже образа отрящались, и уголъ хаты, когда-то уставленный иконами, былъ оклеенъ бумажками и утыканъ цвѣтами.

Бесѣда наша вращалась на тѣхъ же вопросахъ, о которыхъ мы говорили наканунѣ; наконецъ, Степанъ сказалъ мнѣ: „Сестра, я не знаю тебя, не знаю даже, дѣйствительно ли ты сестра или нѣтъ (т. е. искренно ли я исповѣдую ученіе евангелія), но вчера, когда ты мнѣ говорила, я принялъ тебя за царицу или цареву дочку.“—„Почему это, братъ?“—„Потому что въ Библіи сказано, что хула на царя и власть впервые изыдетъ изъ ихъ же рода.“—„Да, братъ, но хула на князей и на сильныхъ міра сего давно уже произнесена Христомъ, который былъ самъ царскаго рода, а мы, какъ послѣдователи его, только продолжаемъ то, что онъ началъ.“ Степанъ такъ увлекся разговоромъ, что забылъ свое хозяйство. Онъ спорилъ, горячился, доказывалъ, повѣствовалъ объ успѣхахъ ихъ ученія—видимо, блаженствовалъ. Онъ мнилъ такъ: если она еще не окончательно пребываетъ во Христѣ, то все-таки есть много основаній надѣяться, что изъ нея можно сдѣлать усердную слугу и поборницу ученія Христа. Я мнила такъ: если онъ такъ живо и искренно вѣритъ и любитъ, то непремѣнно приложитъ свои чувства къ дѣлу и отдастъ себя на активную борьбу со зломъ.

Насталъ вечеръ. Къ 11 часамъ стали собираться къ Степану „братья" и „сестры". Хата наполнилась, мы усѣлись, предварительно, всё, пожавъ другъ другу руки. „А братъ Иванъ здѣсь?" спросила я. „Нѣтъ, онъ только завтра вернется съ базара".—„Братъ" Иванъ Р—ка, первый распространитель ученія, пользовался особеннымъ уваженіемъ и довѣріемъ своихъ адептовъ и хотя увѣрялъ ихъ, что онъ есть не кто иной, какъ такой же братъ, какъ и каждый изъ „вѣрующихъ", но, на самомъ дѣлѣ, имѣлъ огромное нравственное вліяніе не только на обращенныхъ этого села, но и на все стадо своей церкви, разбросавшейся уже по нѣсколькимъ губеніямъ. Онъ ѣздилъ постоянно изъ одного пункта въ другой, на что получалъ деньги отъ своей секты, принимался неофитами съ распростертыми объятіями, и ни одно сколько-нибудь важное дѣло не рѣшалось безъ его совѣта (который, въ сущности, былъ не что иное, какъ приказаніе, облеченное въ мягкую форму). Потому я и знала, что сколько бы ни бесѣдовала съ добродушными и искренними хохлами, какъ бы они мнѣ ни сочувствовали, но что если Ивану мое предложеніе не понравится, то онъ все повернетъ по своему.

Еще раньше я слышала, что люди, примыкающіе къ этой сектѣ, составляютъ весьма годный элементъ; и такъ какъ въ ученіи этомъ заключается нѣкоторый протестъ противъ существующаго общественнаго строя, то натуры, еще не забитыя на столько, чтобы индифферентно относиться ко всѣмъ окружающимъ ихъ мерзостямъ, ищутъ исхода своимъ антипатіямъ, своему недовольству въ первомъ подвернувшемся ученіи, сколько нибудь противорѣчащемъ ихъ прежнему кодексу жизни. Такая натура всецѣло отдается новой вѣрѣ, въ чемъ бы она ни заключалась, и смотритъ на человѣка, посвятившаго его въ желанную область духа, какъ на нѣчто высшее, и ужъ, конечно, достойное полнаго довѣрія. Но совершенно противоположную почву или матеріалъ представляютъ собою коноводы этого ученія или, какъ ихъ называютъ въ той мѣстности, „ватажки". Это честолюбивые и корыстные люди, которые, подъ видомъ благочестія и рвенія къ распространенію евангелія, служатъ исключительно личнымъ своимъ цѣлямъ и, разъ пріобрѣвъ репутацію страдальцевъ за истину (что, впрочемъ, имъ дешево обходится—и потому, что сами они люди весьма ловкіе въ практическихъ дѣлахъ, и потому еще, что адепты ихъ готовы снять послѣднюю рубаху, чтобы выкупить своихъ руководителей) и упрочивъ свое вліяніе на паству (что, однако, они бережно скрываютъ), ватажки начинаютъ эксплуатировать ее и водить за носъ. „Братъ" Иванъ представлялъ и, вѣроятно, еще представляетъ одинъ изъ выдающихся типовъ сектантскихъ коноводовъ.

Степанъ предупредилъ о томъ, что прибылъ человѣкъ, который хочетъ познакомиться и сойтись съ „братьями", а потому бесѣда наша скоро оживилась, и тутъ я увидала большую аналогію въ отношеніяхъ людей, основанныхъ на духовномъ родствѣ, на родствѣ мыслей и вѣрованій. Какъ въ соціально-революціонныхъ кружкахъ съ радостью встрѣчаютъ каждаго, въ комъ чаютъ найти, теперь или со временемъ, поборника излюбленной идеи, такъ точно и въ религіозныхъ сектахъ единомышленники спѣшатъ съ привѣтомъ къ каждому, въ комъ замѣчаютъ способность или желаніе усвоить ихъ понятія или вѣрованія. Члены секты, о которой я говорю, представляли собою лучшіе элементы крестьянства той мѣстности потому еще, что въ составъ ея не успѣло набраться всякаго сброда, т. е. людей, которые идутъ по извѣстной дорогѣ не по собственному призванію или убѣжденію, а изъ подражанія или расчета. Первымъ поборникамъ идеи приходится выносить много борьбы за проводимое ученіе, испытать много превратностей, а на такой подвигъ способны только искренніе люди. При этомъ они закаляются, дѣлаются устойчивыми, энергичными. Таковы были „братья“ и „сестры“, собравшіеся у Степана, и одно только непріятно поражало, это—большая сдержанность, монашескій отпечатокъ на всѣхъ (хотя секта эта не признавала ни постовъ ни безбрачной жизни). Я изложила собранію, въ чемъ заключается мой символъ вѣры, и какія средства я считаю наилучшими, наиболѣе цѣлесообразными для проведенія въ жизнь моихъ убѣжденій. „Положимъ души наши за братьевъ нашихъ, умремъ въ борьбѣ за угнетаемый народъ; завѣщаемъ эту борьбу и дѣтямъ нашимъ, и пусть она продолжается до тѣхъ поръ, пока народъ не добудетъ своихъ человѣческихъ правъ —на землю, равенство и самоуправленіе.“ На эту тему говорили мы долго за полночь. Сначала нѣкоторые изъ присутствующихъ пробовали возражать мнѣ словами изъ священнаго писанія, къ чему, какъ видно было, пріучили ихъ частые религіозные дебаты, но скоро чувство взяло верхъ, здравый смыслъ осилилъ навѣянные предразсудки,—хохлы начали соглашаться. Негодованіе за личныя обиды, за угнетеніе ихъ дорогого дѣла, состраданіе къ бѣдственному положенію всего народа—все всплыло. Они обращались другъ къ другу, доказывая, что вооружаться на спасеніе притѣсняемаго ближняго нисколько не противорѣчитъ ученію Христа, который заповѣдалъ намъ выражать свою любовь къ несчастнымъ не словомъ, а дѣломъ. Только двое изъ „братьевъ“, оказавшихся грамотными и ближе другихъ стоящихъ къ Ивану, туго соглашались со мною и сомнительно покачивали головами. „Чѣмъ же вы порѣшили, братья?„ спросила я, прощаясь съ ними. „Мы не противъ того, что ты говоришь; приходи еще завтра, надо обсудить это дѣло“. Съ какими сладкими надеждами засыпала я въ ту ночь!

На слѣдующій вечеръ, также поздно, я сидѣла у Степана; собрались сектанты. Меня приняли радушно, но замѣчалась большая сдержанность.—„Что же, братъ Иванъ пріѣхалъ?“—Онъ вчера вернулся, сейчасъ придетъ сюда.—Вошелъ, наконецъ, и онъ вмѣстѣ съ двумя—тремя братьями, которые служили ему какъ бы свитой. Средняго роста, разжирѣвшій и одѣтый какъ купецъ, съ заплывшимъ краснымъ лицомъ, Иванъ представлялъ своею наружностью типъ провинціальнаго кулака, который издали чуетъ добычу и, по привычкѣ имѣть дѣло съ массою всякаго народа, рѣдко ошибается въ опредѣленіи личности почти съ перваго взгляда. Онъ безцеремонно подошелъ ко мнѣ и сталъ меня разглядывать. Затѣмъ посыпался рядъ вопросовъ чисто слѣдовательскаго свойства, точно онъ пришелъ снимать съ меня допросъ.—„Откуда?“—„Куда?“—„Зачѣмъ?“—„Какъ зовутъ?“—„Сколько лѣтъ?“ и т. д. и т. д.—„Сорокъ лѣтъ? странно, по лицу не видно!“ Иванъ слушалъ отвѣты, прищуривая свои свиные глаза. И чѣмъ нахальнѣе онъ приставалъ ко мнѣ, тѣмъ спокойнѣе и презрительнѣе отвѣчала я ему. „Да у меня есть паспортъ; если хотите, могу показать“. — А, есть паспортъ? — Иванъ усѣлся нѣсколько озадаченный: онъ, по всей вѣроятности, принялъ меня за бродягу. — „Что это, — началъ онъ, — что вы говорите (онъ ни разу не сказалъ мнѣ „ты“, хотя у нихъ обычай говорить „ты, братъ,“ „ты, сестра,“), что земля должна принадлежать всѣмъ поровну, и что народъ долженъ добиваться своихъ правъ даже силою?“—„Да, я говорю это.“

Едва начался у насъ разговоръ, какъ онъ перебилъ меня и заявилъ съ ироніей, прикрываясь маской притворной скромности: „Да гдѣ мнѣ съ вами спорить; вы русская, значитъ, образованная, а я хохолъ необразованный, ничего не понимаю“. Приходилось или плюнуть и уйти, или если продолжать (хотя я уже сильно сомнѣвалась въ успѣхѣ, но все-таки желала сдѣлать попытку), то дать почувствовать Ивану, что онъ имѣетъ дѣло не съ богомолкой или пройдохой, которая всюду суетъ свой носъ, но при первой же острасткѣ пугается и прячется, а потому заговорила такимъ тономъ и въ такихъ выраженіяхъ, которыя заставили Ивана сойти съ высоты его величія и приступить къ серьезному обсужденію вопроса. Понятно, что въ этомъ случаѣ я говорила не для, закалившагося въ казуистикѣ и всякихъ грязныхъ дѣлишкахъ, „ватажка“, а для той аудиторіи, которая жадно слушала каждое наше слово. Помощниками Ивана въ диспутѣ явились два грамотные сектанта: одинъ—изъ вчерашнихъ слушателей, другой, вновь пришедшій,—наперсникъ Ивана, исправляющій обязанность чтеца молитвъ при обрядахъ во время отсутствія послѣдняго. Этотъ еще молодой человѣкъ, съ виду ужасная шельма, видимо гордился и хвасталъ своимъ знаніемъ новаго завѣта и безпрестанно цитировалъ то тѣ, то другія мѣста. Иванъ любовно поглядывалъ на своего ученика, присутствующіе также находили большое удовольствіе въ томъ, что имѣютъ въ средѣ своей такихъ, по ихъ мнѣнію, ученыхъ и умныхъ людей. Когда я, въ свою очередь, начала приводить изреченія изъ свящ. писанія, подтверждающія мои доводы, начетчикъ замѣтилъ мнѣ, что „женамъ“ не подобаетъ вступать въ споръ въ общественныхъ мѣстахъ, на что я возразила ему, что, можетъ быть, ихъ обычаи не дозволяютъ женщинамъ возвышать голоса, но что у насъ этого обычая нѣтъ, а потому я привыкла говорить въ собраніяхъ и считаю себя въ правѣ говорить и здѣсь.

Было невыносимо больно смотрѣть на это засѣданіе. Вмѣсто вчерашней искренней и чистосердечной бесѣды, явилось какое-то фокусничество, точно грамотные сектанты сознавали себя на сценѣ, и одинъ передъ другимъ старались выкидывать колѣнца. Только наиболѣе простые слушатели, считавшіе себя послѣдней спицей въ собраніи, вслѣдствіе своей безграмотности и своей небывалости, возвышали иногда, но весьма робко, свои голоса въ пользу моихъ требованій нелицемѣрнаго отношенія къ ученію Христа, повелѣвающему доказывать свою любовь къ ближнему дѣломъ, а не словомъ.

Я еще разъ попробовала нарисовать присутствующимъ картину бѣдственнаго положенія всего народа и безвыходности его состоянія; говорила о неизбѣжности радикальныхъ переворотовъ, которые одни могутъ вывести народъ изъ нищеты и невѣжества. Сектанты охали, вздыхали, взывали ко Христу, одинъ Иванъ былъ неуязвимъ. „Что же дѣлать,—сказалъ онъ,—на то воля божья, а мы должны молиться и скорбѣть, ибо за грѣхи наши Господь наказываетъ насъ“. —„Да!—поддакивало ему большинство,— молиться будемъ, авось Господь и помилуетъ, а самимъ какъ можно сопротивляться? если Господь послалъ страданія, то смиряйся и неси свой крестъ“.

Иванъ боялся, чтобы я не заразила его паствы духомъ анализа, а потому спѣшилъ кончить разговоръ. Наконецъ, онъ не вытерпѣлъ и сказалъ: „если бы я не понималъ какъ должно евангелія, то сейчасъ бы донесъ на васъ становому“.—„Этимъ бы вы меня не удивили, доносчиковъ у правительства такъ много, что ихъ всюду можно встрѣтить“. Поднялось нѣсколько человѣкъ: „Зачѣмъ же,—говорили они,—вѣдь она не за себя хлопочетъ, а за весь народъ, какъ можно доносить? она жалѣючи народъ такъ говоритъ“!— Собраніе находилось въ неловкомъ положеніи, даже Иванъ замялся. Кто-то предложилъ спѣть псалмы, и всѣ сектанты затянули одинъ изъ переложенныхъ псалмовъ, приспособивъ его къ самому неказистому нѣмецкому напѣву (эта секта занесена въ Россію нѣмцами). Иванъ, какъ человѣкъ бывалый и сравнительно цивилизованный, чувствовалъ себя не совсѣмъ ловко при усердномъ завываніи хохликовъ и не принималъ участія въ пѣніи. Кончилось и это богопріятное занятіе; я встала и простилась. Всѣмъ было не по себѣ, а нѣсколько женщинъ, присутствовавшихъ на собраніи и не проронившихъ за все время ни одного слова, выглядѣли людьми, которые постоянно чувствуютъ себя подъ давленіемъ какой-то невидимой силы и потому не могутъ свободно мыслить и дѣйствовать.

Жену Степана я видѣла нѣско.ько разъ; это была молодая и пріятная съ виду женщина, но всегда грустная. Разъ она позвала меня къ себѣ спеціально для того, чтобы я помогла ей разрѣшить ея сомнѣнія. „Я уже давно жду грамотной и пожилой сестры,—говорила она,—чтобы разсказать ей, что дѣлается у меня на душѣ, и спросить ея совѣта. Я во многомъ сомнѣваюсь, и многое мнѣ кажется не должнымъ, но объяснить себѣ всего не умѣю. Обращалась къ братьямъ, но они не то говорятъ, что мнѣ надо; а теперь я и не могу имъ вѣрить, потому что они несправедливы. Ты видишь, сестра, Степана, какимъ онъ усерднымъ и добрымъ братомъ кажется, а развѣ онъ поступаетъ такъ, какъ говоритъ, и какъ написано въ евангеліи? Нѣтъ, онъ и ко мнѣ несправедливъ: позволяетъ падчерицамъ обижать меня и моего сына, даже самъ бьетъ его. Каково же мнѣ видѣть это, и какъ могу я любить мужа, когда считаю его виноватымъ противъ себя и своего сына? Я нѣсколько разъ говорила объ этомъ на собраніи и просила „братьевъ" разобрать все, что касается моей жизни въ семействѣ мужа, а они отвѣчаютъ на все, что жена обязана слушать и уважать мужа... за меня никто и слова не скажетъ. Они считаютъ Степана усерднымъ и искреннимъ „братомъ" и не хотятъ вѣрить, чтобы онъ могъ быть дурнымъ семьяниномъ, потому я все должна выносить молча. Но я не могу терпѣть долѣе, въ сердцѣ моемъ нѣтъ мира, и я перестала ходить на молитву, потому что и въ евангеліи сказано: „примирись сначала съ братомъ своимъ и тогда иди въ домъ Господень".

Много и долго говорила она, изливала свою душу и ждала отъ меня успокоенія и утѣшенія...

. Послѣ второй сходки было ясно, что сектанты находятся подъ непосредственнымъ вліяніемъ Ивана, и что дальнѣйшіе разговоры не поведутъ ни къ чему; разсчитывать же склонить на свою сторону „ватажка" было бы большой наивностью, такъ какъ онъ добивался всѣми силами (для чего ѣздилъ въ Питеръ) юридической гражданственности для своего новаго вѣроисповѣданія и никогда бы не согласился ни на одинъ шагъ, могущій возбудить противъ него неудовольствіе правительства, не только на какія-либо радикальныя мѣры борьбы. Въ виду всего этого я не хотѣла затягивать сношеній съ этими сектантами и, пробывъ въ ихъ деревнѣ еще сутки (чтобы не дать поводовъ думать, что я испугалась намековъ на доносъ), отправилась дальше по своей дорогѣ и въ то утро, когда выходила, зашла проститься съ семействомъ Степана. Онъ былъ привѣтливъ, но уже безъ всякаго колебанія стоялъ на сторонѣ Ивана, что однако же не помѣшало ему прочесть экспромтомъ молитву, въ которой онъ призывалъ благословеніе божіе на мой путь. Тайными проселками вывели меня за село,—обыкновенная предосторожность, которую принимаютъ сектанты относительно своихъ посѣтителей.

Мнѣ уже немного осталось говорить о моихъ похожденіяхъ, такъ какъ скоро меня арестовали.

Отъ сектантовъ я отправилась на юго-западъ, въ мѣстность, народъ которой еще въ нынѣшнемъ столѣтіи не разъ проявлялъ активное желаніе освободиться изъ-подъ гнета привилегированныхъ сословій и имѣлъ своими вожаками людей замѣчательной отваги и удали. Холмистая и лѣсистая мѣстность дѣлаютъ тамъ возможною борьбу даже и мало организованныхъ силъ съ войскомъ. Я знала, что воспоминанія о народныхъ герояхъ еще живетъ въ памяти населенія, и мнѣ хотѣлось самой услышать и увидѣть, насколько современное поколѣніе готово итти по слѣдамъ своихъ дѣдовъ и отцовъ.

Опять большое мѣстечко, окруженное селами и деревнями. Я на базарѣ собираю нужныя мнѣ свѣдѣнія и между прочимъ узнаю, что недалеко находится село, извѣстное духомъ протеста своихъ жителей. Наканунѣ того дня, когда я собиралась туда итти, когда я возвращалась съ базара на свою квартиру (я остановилась въ смежной деревнѣ), меня окликнулъ ѣхавшій мимо становой и сталъ разспрашивать: кто, куда, откуда и есть ли паспортъ? Впослѣдствіи я узнала, что онъ ѣхалъ именно за мной къ хозяину моей квартиры, и вотъ по какому случаю: въ моей котомкѣ находились весьма подробныя карты тѣхъ мѣстностей, по которымъ лежалъ мой путь, и еще нѣсколько экземпляровъ прокламацій. Привыкнувъ къ тому, что крестьяне относятся настолько честно и деликатно къ квартирующимъ у нихъ, что даже не притрогиваются къ ихъ вещамъ, и когда постоялецъ занимаетъ особую каморку, то хозяева избѣгаютъ входить въ нее въ его отсутствіе, я не приняла должныхъ предосторожностей и оставила свою котомку въ общей хатѣ, гдѣ жила вмѣстѣ съ хозяевами. У послѣднихъ была наймичка (батрачка), дѣвушка, избалованная близостью городской жизни и утратившая характеръ деревенской крестьянки. Хозяева были недовольны ею и относились къ ней недовѣрчиво, что заставило меня предположить, что они не оставляютъ ее надолго одну въ хатѣ. Но дѣвушка ухитрилась разсмотрѣть все, что находилось въ моемъ мѣшкѣ и, отправившись на работу къ становому (тамъ становой заставлялъ поочередно крестьянъ обрабатывать его огородъ, и хозяева вмѣсто себя посылали къ нему свою батрачку), разсказала ему самому или кому другому, этого я не знаю, о томъ, что у ея хозяина остановилась русская женщина, у которой въ котомкѣ находятся какія-то особенныя бумаги (вѣроятно, карты ее поразили). Становой, узнавъ объ этомъ, поспѣшилъ къ мужику, у котораго я квартировала, и совершенно случайно встрѣтилъ меня на дорогѣ, а такъ какъ мой костюмъ рѣзко отличался отъ мѣстнаго, то онъ и обратилъ вниманіе на „русскую". Я отвѣтила на всѣ его вопросы, но паспорта показать не могла, такъ какъ онъ оставался у хозяина. (Это былъ первый случай со мной, что крестьянинъ пожелалъ оставить паспортъ у себя; въ другихъ мѣстахъ только освѣдомлялись, есть ли паспортъ, иногда и смотрѣли его, но всегда возвращали мнѣ обратно. Я объясняю предосторожность моего послѣдняго хозяина тѣмъ, что въ этой мѣстности, въ особенности, много вращалось разнохарактерныхъ людей, и часто случались казусы въ родѣ воровства и убійства, такъ что народъ привыкъ быть на сторожѣ и недовѣрчиво относиться къ незнакомымъ людямъ). „Садись на козлы". Я сѣла, и мы поѣхали на мою квартиру. Такъ какъ мнѣ и въ голову не приходило, что становой предупрежденъ не только обо мнѣ, но и о моихъ вещахъ, то я надѣялась отдѣлаться отъ него, показавъ ему свой фальшивый, но очень хорошо изготовленный, двухмѣсячный билетъ.

Испугался мужикъ (это былъ простодушный и глуповатый хохолъ, но настолько честный, что впослѣдствіи ни однимъ словомъ не выдалъ меня) и съ трепетомъ досталъ мой паспортъ изъ сундука. Становой, читая его, началъ экзаменовать меня, т. е. спрашивалъ, какъ зовутъ мою деревню, волость, старшину и писаря, выдававшихъ билетъ и т. д. Въ заключеніе онъ сказалъ, что не можетъ быть, чтобы мнѣ было 40 лѣтъ, и потребовалъ мои вещи. Ему подали мой мѣшокъ, и онъ бережно сталъ вынимать одну вещь за другою и внимательно ихъ разсматривать. Я только улыбнулась и внутренно посмѣялась надъ собою. Добравшись до картъ и прокламацій, становой вспыхнулъ и вскочилъ отъ радости. Онъ сразу перемѣнилъ тонъ, сталъ говорить мнѣ „вы" и относить-ся вѣжливо, не смотря на то, что я выдала себя за безграмотную крестьянку,—смекнулъ, значитъ, въ чемъ дѣло. Но чѣмъ безвыход-нѣе становилось мое положеніе, тѣмъ большій задоръ овладѣвалъ мною. Я отказалась давать отвѣты на его дальнѣйшіе распросы и усѣлась ѣсть яблоки, которыя принесла съ базара.

Позвали понятыхъ (изъ крестьянъ) и приставили ко мнѣ нѣсколько человѣкъ караульныхъ. Становой, не помня себя отъ радости, сталъ читать вслухъ, съ толкомъ и чувствомъ, найденныя прокламаціи (онъ былъ прежде слѣдователемъ, но за мошенниче-ство выгнанъ изъ службы и поступилъ въ становые; фамилія его Ю—въ). Крестьяне сначала удивились, но такъ какъ прокламаціи были написаны вполнѣ удобопонятнымъ языкомъ, то имъ, видимо, поправилось чтеніе, и они слушали съ напряженнымъ вниманіемъ. Когда становой вышелъ на время изъ хаты, старикъ понятой обра-тился къ другимъ крестьянамъ: „бумаги очень хорошія, и все въ нихъ говорится, какъ нельзя быть лучше: чтобы вся земля поров-ну, что господъ, поповъ и кулаковъ долой; только одно непонят-но: зачѣмъ сказано, что царя не нужно? какъ же такъ можно со-всѣмъ безъ царя, кто же управлять то станетъ?" Между тѣмъ, въ хатѣ и на дворѣ собралась толпа любопытныхъ, а становой счелъ нужнымъ послать за священникомъ, и когда тотъ пришелъ, то снова сталъ читать „грамоту", какъ называли прокламацію.

Время шло, народъ прибывалъ, слышались возгласы соболѣз-нованія; караульные и женщины, которыя меня обыскивали, выска-зывали мнѣ прямо свое сочувствіе, но все это дѣлалось робко, тайно, и вмѣсто помощи предлагали лишь покориться своей участи и ждать лучшаго времени. Такое пассивное сочувствіе крестьянъ къ арестованнымъ по народному дѣлу встрѣчала я много разъ и послѣ: охаютъ, вздыхаютъ, молятся о васъ, но не хватаетъ духу оказать дѣйствительную помощь. Страхъ, страхъ и страхъ тяго-тѣетъ надъ крестьянами при каждомъ словѣ, каждомъ движеніи, выходящими сколько-нибудь изъ ряда обыкновенныхъ; лишь превращаясь въ безсознательную силу, онъ дѣйствуетъ неустраши-мо. Разъ мысль человѣка скована превратными, уродливыми поня-тіями, онъ не властенъ жить и дѣйствовать согласно своимъ вну-треннимъ побужденіямъ.

Явился слѣдователь, и опять началось чтеніе прокламацій, потомъ допросъ хозяина, его жены и батрачки. Я отказалась да-вать показанія. Къ вечеру пріѣхалъ исправникъ, которому дали знать о случившемся, и также приказалъ читать прокламаціи, но, не давъ окончить, прекратилъ чтеніе, сообразивъ, что не дѣло по-лиціи заниматься распространеніемъ правды въ народѣ. Однако, уже было поздно, и въ тотъ же день все мѣстечко и окружныя села знали не только о моемъ арестѣ, но и содержаніе бумагъ, найденныхъ при мнѣ, которое настолько распространилось и усвои-лось, что впослѣдствіи, когда я уже сидѣла въ острогѣ, то вновь приводимые арестанты передавали мнѣ почти дословно содержаніе этихъ прокламацій.

Въ полночь меня отвезли въ арестантскую и приставили въ сторожа толпу крестьянъ. Въ комнатѣ смежной съ моею жилъ смотритель этой крошечной тюрьмы и съ нимъ тысяцкій, отъявленный негодяй, который и устроилъ доносъ двухъ крестьянъ на меня, о чемъ скажу ниже. Крестьяне не отходили отъ окна моей камеры и разспрашивали, какъ я за что меня арестовали. Я, не стѣсняясь, говорила имъ о всемъ происшедшемъ и подробно передавала содержаніе „грамотъ“, читанныхъ становымъ и другими властями.

Здѣсь я просидѣла трое сутокъ, и каждые 24 часа являлась на смѣну новая толпа крестьянъ, и снова начинались разспросы и разсказы. Мнѣ необходимо нужно было немедленно предупредить одно лицо, и я, нацарапавъ на клочкѣ бумажки нѣсколько словъ, просила одного изъ крестьянъ сдать ее на телеграфную станцію и дала на это денегъ. Но мой посланецъ передалъ бумажку тысяцкому, который доставилъ ее исправнику. Этотъ послѣдній схватилъ ее, помчался къ генералъ-губернатору и тамъ надѣлалъ столько шуму съ этой телеграммой, что содержаніе ея стало извѣстно всѣмъ и каждому, а также и тому, кому слѣдовало знать. Двое изъ массы сторожившихъ меня крестьянъ также соблазнились увѣщаніями тысяцкаго и донесли, что я, сидя въ тюрьмѣ, бунтую народъ,— это единственные случаи предательства, которые я испытала со стороны крестьянъ.

Меня перевезли въ уѣздный острогъ, гдѣ слухи о событіяхъ, сопровождавшихъ мой арестъ, предупредили мое появленіе, а именно говорили,—что арестована не простая баба, а великая княгиня или сама царица, потому что у меня были найдены весьма благопріятныя для народа грамоты и карты, на которыхъ были обозначены „проходы во всѣ страны свѣта“. Одинъ, сидѣвшій въ этомъ острогѣ, старшина (за превышеніе власти) просилъ меня, чтобы я приказала отпустить его на свободу; другіе просили хлопотать о нихъ, спрашивали совѣтовъ и т. п. Такому ихъ заблужденію способствовалъ и мой способъ обращенія съ мѣстными властями, и мое нежеланіе давать объясненія.

За то и начальство не церемонилось со мною. Съ перваго же дня моего прибытія въ тюрьму меня засадили въ карцеръ и надѣли на руки кандалы; а чтобы никто не могъ подойти ко мнѣ, поставили у дверей солдата. Но часовой не устрашилъ арестантовъ: они постоянно имѣли сношенія со мною и помогали мнѣ, чѣмъ могли. Однако грязь, зловоніе и вши были моимъ удѣломъ весь мѣсяцъ, который я просидѣла въ этомъ острогѣ. Каково было содержаніе, таково и обращеніе начальства со мною: грубость и нахальство ставились непремѣннымъ условіемъ усердной службы правительству. Въ карцерѣ печь была разрушена, въ наружной стѣнѣ, гдѣ было когда то окно и потомъ заложено, вынуто нѣсколько кирпичей (арестанты еще до меня сдѣлали отверстіе, чтобы подавать пищу); холодъ былъ такой, что вода замерзала въ моемъ помѣщеніи, но никто изъ начальства не обращалъ ни малѣйшаго вниманія. Зато мѣстный прокуроръ далъ одному изъ арестантовъ три рубля съ тѣмъ, чтобы онъ уговорилъ меня написать отъ его лица прошеніе; прокурору это нужно было для того, чтобы изобличить меня въ грамотности... Описывать всѣ подлости и мерзости, которымъ я, какъ каждый изъ насъ, подвергалась съ тѣхъ поръ, какъ попалась въ руки властей, было бы и долго и скучно, а потому я привожу только нѣкоторые изъ случаевъ усердія чиновниковъ всякихъ вѣдомствъ.

Когда меня перевели въ губернскую тюрьму, гдѣ содержали въ такой же нуждѣ и грязи, какъ и въ предыдущей,—не давали ни работы, ни книгъ, не пускали въ баню и на прогулки, то оттуда возили по разнымъ деревнямъ и селамъ, въ надеждѣ раскрыть мои преступныя дѣянія, а также и потому, что никакихъ показаній я сама не давала, хотя личность моя была уже установлена многими свидѣтелями (не изъ крестьянъ). Во время дороги, на одной изъ станцій жандармскій офицеръ удалилъ отъ меня жандарма, который находился при мнѣ неотлучно, а вмѣсто него прислалъ въ мою комнату двухъ сотскихъ, въ видѣ сторожей. Это было вечеромъ, и я всю ночь проговорила съ ними. Одинъ изъ сотскихъ отворилъ дверь въ корридоръ, и мы увидѣли лежащаго на полу и подслушивающаго слѣдователя (П—къ), въ квартирѣ котораго мы и остановились. Когда я возвращалась по этой же дорогѣ, то стерегшіе меня разсказывали мнѣ, что послѣ моего отъѣзда слѣдователь призывалъ ихъ къ себѣ и допытывался отъ нихъ, о чемъ я съ ними говорила. Конечно, слѣдователь поступилъ такъ по соглашенію съ жандармскимъ офицеромъ и товарищемъ прокурора (Г—ке и Св—кій), которые сопровождали меня; отъ нихъ только онъ и узналъ обо мнѣ и моемъ дѣлѣ.

Перевезли меня въ М. и стали ухаживать за мною, въ надеждѣ развязать мнѣ языкъ: посадили въ просторную камеру, дали книгъ и разрѣшили работать. Но такъ какъ относительно дѣла я никакихъ показаній не давала, то, наконецъ, одинъ товарищъ прокурора (М—въ) сыгралъ со мной такую штуку: вызвалъ меня въ жандармское управленіе и говоритъ, что такой-то и такой-то арестованы и даютъ показанія, въ которыхъ открываютъ все, что имъ извѣстно по дѣлу, и путаютъ массу лицъ, въ томъ числѣ моихъ родныхъ и знакомыхъ; что если я не скажу всего, что мнѣ извѣстно, то пострадаю не только сама, но и другіе. Я имѣла глупость повѣрять и мучилась страшнымъ образомъ, а показаній все же не дала; и кончилось тѣмъ, что меня перевели въ одну изъ тѣхъ сырыхъ, темныхъ и вонючихъ каморокъ, въ которыхъ погибло и погибаетъ столько нашихъ товарищей, и снова лишили книгъ, прогулокъ и даже перестали отсылать мои письма къ роднымъ. Такъ продолжалось до перевода въ П.

Удержать за собою чужое имя я считала выгоднымъ потому, что это не дало бы возможности раскрывать мое дѣло и дѣло лицъ, близко ко мнѣ стоявшихъ, по моимъ слѣдамъ, такъ какъ я оставалась бы совершенно въ сторонѣ. Но оказывается, что сокрытіе настоящаго имени невозможно безъ слѣдующихъ условій: во 1), чтобы человѣкъ былъ арестованъ въ такой мѣстности, гдѣ его положительно никто не знаетъ (это условіе сопровождало мой арестъ); 2), чтобы при арестованномъ не было вещей, могущихъ изобличить его личность (а при мнѣ были карты, о которыхъ жандармы уже знали, такъ какъ часть ихъ еще раньше попала въ ихъ руки); въ 3), чтобы, между арестованными по одному дѣлу, скрывающаго свое настоящее имя знали только люди, неспособные измѣнить и выдать. За исключеніемъ хотя одного изъ этихъ условій едва ли есть какое-нибудь основаніе надѣяться сохранить за собою инкогнито. Если у преслѣдователей хотя одна нить, за которую они могутъ ухватиться, то неизвѣстность или сомнѣніе относительно личности, порождая въ нихъ особое рвеніе, подстрекая ихъ, заставляетъ работать по всѣмъ направленіямъ, разыскивать, разнюхивать и такимъ образомъ, случайно даже, попадать на новые слѣды, которые могли бы остаться неоткрытыми, если бы желаніе искать истину не заставляло жандармовъ удесятерять свое рвеніе, т. е. собирать справки по всевозможнымъ направленіямъ и сколько-нибудь подозрительнымъ, въ ихъ глазахъ, мѣстамъ призывать къ допросамъ и для уличенія массы лицъ и т. п.

Съ другой стороны, даже временное сокрытіе имени можетъ способствовать тому, чтобы свѣжіе послѣдніе слѣды были скрыты, и этимъ дать возможность знакомымъ и сообщникамъ принять мѣры предосторожности. Достовѣрно одно, что почти никогда попытка удержать за собою чужое имя не удается.

Что же касается до способа держать себя на допросахъ, то, какъ по личному опыту, такъ и изъ опыта массы другихъ лицъ, я пришла къ тому заключенію, что для лицъ, твердо стоящихъ на своей дорогѣ и участіе которыхъ въ революціонномъ дѣлѣ не подлежитъ сомнѣнію для преслѣдователей, самое разумное и достойное отказаться отъ дачи какихъ либо показаній. А на вопросы о другихъ арестованныхъ и подозрѣваемыхъ не говорить ничего утвердительнаго, пока не станутъ извѣстны ихъ собственныя показанія о нихъ другихъ лицъ. Я приведу лишь два примѣра, и то изъ показаній такихъ лицъ, которыя не давали сами по себѣ никакихъ объясненій, а отвѣчали только въ крайнихъ случаяхъ, т. е. когда считали возможнымъ выгородить другихъ; а между тѣмъ имъ все-таки пришлось сказать невпопадъ. Къ одному арестованному приставали съ разспросами по поводу одной личности, которая, какъ онъ зналъ навѣрное, умерла уже нѣсколько времени тому назадъ. Желая избавить отъ непріятностей знакомыхъ умершаго лица, арестованный сказалъ, наконецъ, жандармамъ: „оставьте вы эту особу въ покоѣ, она давно уже умерла!" Казалось бы, такой отвѣтъ не могъ бы никому повредить; на самомъ же дѣлѣ онъ выдалъ человѣка, который проживалъ съ бумагами умершаго лица, что, конечно, не было извѣстно отвѣчавшему.

Второй случай: арестованнаго спрашиваютъ, какимъ образомъ его бумаги попали къ одному его знакомому. „Не знаю".—Можетъ быть, онъ невзначай захватилъ ихъ на вашей, такой-то квартирѣ вмѣстѣ съ другими вещами?"—„Развѣ незначай, потому что онѣ не были ему нужны." Оказалось, что слѣдователю только и нуженъ былъ такой отвѣтъ, чтобы удостовѣриться, бывалъ ли знакомый и именно на этой квартирѣ.

Подобныхъ примѣровъ масса. И если возможно такъ сильно повредить человѣку при самыхъ сдержанныхъ отвѣтахъ, то чего не откроютъ пространныя показанія даже тогда, когда ихъ дѣлаютъ самымъ осторожнымъ образомъ. Говорить же что бы то ни было объ отношеніяхъ между собою другихъ лицъ положительно не слѣдуетъ, пока ихъ показанія не станутъ извѣстными.

Пространныя показанія вредятъ дѣлу во всякомъ случаѣ: если они ложны, т. е. арестованный сочинилъ факты и весь ходъ дѣла для того, чтобы скрыть истину, то не сегодня-завтра обнаруживается, и послѣдній является въ самомъ глупомъ положеніи, а жандармы соображаютъ, что коли человѣкъ выдумываетъ факты, значитъ, ему извѣстны такіе, которые онъ опасается сказать. Если же дать не вымышленное подробное показаніе, хотя бы даже придавая всему ходу дѣла и дѣятельности лицъ, о которыхъ упоминается, самый невинный характеръ, то оно почти всегда принесетъ существенный вредъ дѣлу, потому что такое показаніе будетъ констатировать факты, о революціонномъ значеніи которыхъ ведущіе слѣдствіе узнаютъ изъ другихъ источниковъ. Каждая упомянутая фамилія, каждое неосторожно сказанное слово могутъ повлечь за собою бѣду. Я знаю такой случай: жандармамъ было извѣстно, что на такой-то квартирѣ собирались сходки, имѣвшія совершенно революціонный характеръ; но они не знали многихъ лицъ, посѣщавшихъ эти сходки. Одной арестованной были по этому поводу предложены такіе вопросы: „такъ какъ вы часто бывали въ такой-то квартирѣ и были въ хорошихъ отношеніяхъ съ ея хозяевами, то, безъ сомнѣнія, знаете направленіе бывшихъ тамъ сходокъ?“—„Да, я знаю навѣрное, что сходки имѣли самый невинный характеръ, знакомые собирались лишь съ цѣлью пріятно провести время.“—„А кто посѣщалъ хозяйку, у которой собирались гости?“—Воображая, что жандармы вѣрятъ ея словамъ о невинномъ значеніи сходокъ, арестованная, не стѣсняясь, назвала лицъ, посѣщавшихъ ихъ.

Примѣровъ болтливости, къ несчастію, масса, и имъ то преимущественно обязаны многочисленными арестами и открытіемъ плановъ и дѣйствій революціонеровъ. Я уже не говорю объ умышленныхъ доносахъ тѣхъ изъ арестованныхъ, которые въ рѣшительную минуту оказываются трусами и подлецами; для тѣхъ, конечно, нѣтъ другого руководства, кромѣ ихъ животныхъ инстинктовъ, которые заглушаютъ въ нихъ всѣ чувства, исключая самосохраненія; но многіе, весьма многіе портятъ дѣло вслѣдствіе неопытности, не зная, какое громадное значеніе имѣетъ въ подобныхъ дѣлахъ каждое неумѣстное слово. Чрезвычайно ошибочно мнѣніе, что готовность отвѣчать на вопросы жандармовъ, прокуроровъ и слѣдователей приноситъ существенную пользу тому, кто отвѣчаетъ. Власти довольны только тогда показаніями допрашиваемаго, когда они выдаютъ лицъ и дѣятельность другихъ, т. е. когда они преднамѣренно приносятъ существенный вредъ сторонникамъ революціоннаго дѣла. Но даже и въ послѣднемъ случаѣ малодушный человѣкъ по большей части не достигаетъ своей цѣли, потому что, выдавъ все, что ему извѣстно, онъ тѣмъ самымъ уличаетъ и себя, и власти, добившись отъ измѣнника всего, чего хотѣли, накажутъ и его, какъ соучастника въ дѣлѣ, или же держатъ его въ тюрьмѣ, какъ драгоцѣнную улику противъ другихъ, такъ что доносчикъ успѣетъ нѣсколько разъ умереть въ кутузкѣ, прежде чѣмъ вкуситъ отъ плодовъ своихъ подлыхъ показаній.

Не ошибется тотъ, кто съ перваго же дня ареста будетъ имѣть въ виду двѣ истины: 1) что власти не гнушаются никакими средствами, чтобы выпытать отъ допрашиваемаго возможно больше и 2) что, выпытавъ все, что могли, они употребятъ всѣ свои силы, чтобы осудить такъ называемаго государственнаго преступника возможно строже. Если же за неимѣніемъ уликъ осудить не удастся, то упекутъ его административнымъ порядкомъ такъ, что человѣкъ очутится въ положеніи еще худшемъ.

Самостоятельное и стойкое поведеніе на слѣдствіи и на судѣ служитъ гораздо болѣе сильной пропагандой, нежели та, которая ведется втихомолку и за спиною власти. Открытое признаніе своихъ убѣжденій передъ лицомъ сильныхъ (хотя бы только физическою силою) враговъ свидѣтельствуетъ какъ о нравственномъ превосходствѣ человѣка, такъ и о его глубокой вѣрѣ въ дѣло, которому онъ служитъ. Такимъ образомъ, человѣкъ доказываетъ не словами, а дѣломъ, что онъ способенъ жертвовать собою для торжества своей идеи, и вмѣстѣ съ тѣмъ вполнѣ поддерживаетъ свое человѣческое достоинство. Учить другихъ отстаивать свою свободу, сопротивляться власти, гнету—и при первомъ же столкновеніи съ этой властью открещиваться отъ своего ученія, отрекаться отъ убѣжденій и выказывать покорность передъ палачами народа—не только крайне непослѣдовательно, оскорбительно для чести каждаго порядочнаго человѣка, но и положительно вредно для самого дѣла. Такое рабское поведеніе передъ судомъ враговъ отнимаетъ у общества вѣру и въ силу людей, взявшихся за революціонное дѣло, и въ правоту самого дѣла. Кто правъ, тому нечего склонять свою голову, нечего скрывать своихъ убѣжденій и дѣйствій. Такъ смотритъ на дѣло каждая неиспорченная натура, и понятно, что на нее всегда тяжело подѣйствуетъ, когда люди, въ которыхъ она мнила встрѣтить неустрашимыхъ борцовъ за святое дѣло, являются передъ судьями (которыхъ при томъ презираютъ) въ такомъ же положеніи, въ какомъ является передъ ними воръ и мошенникъ, запирающійся въ своихъ поступкахъ. Я не говорю о лицахъ, участіе которыхъ въ революціонномъ дѣлѣ не выяснено; имъ нѣтъ надобности заявлять себя принадлежащими къ соціально-революціонной партіи въ виду того, что будущее можетъ представить имъ, даже въ скоромъ будущемъ, возможность снова дѣйствовать; но во всякомъ случаѣ они обязаны вести себя такъ, чтобы не портить общаго впечатлѣнія суда на общество и не являться отщепенцами отъ товарищей.

Е. Брешковская.

ССЫЛКА И КАТОРГА ВЪ 60-хъ ГОДАХЪ.

(Отрывокъ изъ письма Муравскаго).

Митрофанъ Даниловичъ Муравскій, исключенный въ 1859 г. изъ харьковскаго университета, былъ арестованъ въ Петербургѣ въ 1863 г. по дѣлу о распространеніи·прокламацій и сосланъ въ каторжныя работы на 8 лѣтъ. По окончаніи срока каторги былъ поселенъ въ Оренбургѣ и въ началѣ 70-хъ годовъ принялъ живое участіе въ возникшемъ тогда революціонномъ движеніи. Онъ былъ основателемъ оренбургскаго кружка молодежи, былъ арестованъ въ 1874 г. и по процессу 193-хъ снова осужденъ въ каторжныя работы. Вмѣстѣ съ главнѣйшими участниками этого процесса онъ былъ отправленъ лѣтомъ 1878 г. въ харьковскую центральную тюрьму, гдѣ вскорѣ умеръ.

Помѣщаемое ниже письмо было написано Муравскимъ въ концѣ 1877 года въ Домѣ Предварительнаго Заключенія, гдѣ онъ тогда находился, по просьбѣ его молодыхъ товарищей, которыхъ ожидала ссылка въ Сибирь.

* *

При слѣдованіи въ Сибирь все зависитъ отъ мѣстнаго начальства—губернскаго, уѣзднаго и особенно этапнаго: чѣмъ мельче начальство, тѣмъ оно важнѣе. Ѣдутъ на общемъ арестантскомъ положеніи при арестантской партіи, но отдѣльно отъ нея на особой подводѣ. Ѣдутъ иногда прямо отъ губернскаго города до губернскаго или отъ станка до станка. Довольно часто начальство благодушное, въ большинствѣ случаевъ,—податливо, но иногда попадаются „звѣри“, гадящіе только изъ любви къ искусству, но это не особенно часто. Нынѣ по этапамъ мало гоняютъ, а больше возятъ въ арестантскихъ вагонахъ, на арестантскихъ баржахъ и на тройкахъ (отъ Перми до Тюмени). Отъ Томска до Иркутска и далѣе политическихъ возятъ на подводахъ, впрочемъ, только „привилегированныхъ“, политическое же мужичье по-прежнему шествуетъ пѣхтурой, хотя, конечно, въ Сибири можно всякія дѣлишки обдѣлывать и непривиллегированныхъ превращать въ привиллегированныхъ, ибо Сибирь есть страна „безгосударственности“, такъ сказать „утопія“.

Въ дорогѣ у насъ бывали и непріятности и очень тяжелыя вещи, но ко всему можно приспособиться. Я не отличался какимъ-нибудь особеннымъ здоровьемъ, а закалки, даже просто умѣнія помогать себѣ, у меня вовсе не было. Я даже самовара не умѣлъ поставить, ибо воспитаніе получилъ дворянское. И что же? Передѣлало меня начальство изъ тонкаго сукна въ толстое, встрѣтился съ этапами лично,—откуда что взялось. Не хуже людей, бывало, прешь пѣхтурой верстъ 20 или 30 въ морозъ и вѣтеръ, да потомъ, не отдыхая (ибо некогда), идешь версты за три въ лѣсъ, набираешь дровъ, тащишь ихъ на себѣ, растопишь замерзшую печку на этапѣ и варишь ѣду.

Каковы работы (на каторгѣ) теперь, не знаю. Въ мое же

время (1865-1870) онѣ были разныя. Дѣло вотъ въ чемъ. Каторж-
ныя работы были въ разныхъ мѣстахъ Сибири; въ иныхъ было
скверно, въ иныхъ—сносно. Я былъ въ Забайкальской области,
Нерчинскомъ округѣ, въ Александровскомъ заводѣ. На казенныя
работы насъ гоняли только первые два года, потомъ отмѣнили, и
каждый жилъ мирно и занимался, чѣмъ хотѣлъ. Сначала и въ
кандалы ковали, потомъ оставили, и кандалы хранились только
для парада, на случай посѣщенія важныхъ особъ. Работы были
пустыя и вовсе не тяжелыя: возить въ тачкахъ землю, кирпичи,
глину, чистить дворъ, убирать сорныя кучи и т. п.,—все это не
было особенно мудреной работой и работать не приходилось че-
резъ силу. Въ другихъ мѣстахъ было хуже,—приходилось работать
въ шахтахъ, какъ, напр., въ Алгачинскомъ рудникѣ, въ Сиваковѣ
принуждали возить деревья изъ лѣсу, зимою въ 4-мъ часу утра.
На Байкалѣ и на Ленѣ дорогу строили, и тогда каторжанамъ при-
ходилось жить въ шахтахъ и землянкахъ. Въ нѣкоторыхъ же ка-
торжныхъ тюрьмахъ жить было очень хорошо; жили не въ остро-
гахъ, а на вольныхъ квартирахъ, могли отлучаться верстъ за 100,
за 200, по недѣлямъ, по мѣсяцу, по два. Все, что я выше гово-
рилъ и буду говорить ниже, я говорю объ однихъ только полити-
ческихъ и государственныхъ каторжанахъ, гражданскихъ же ка-
торжниковъ держали отъ насъ совершенно отдѣльно. Политиче-
скими начальство называло только тѣхъ, которые сосланы за поль-
ское возстаніе, насъ же, сосланныхъ за русскія политическія дѣла, на-
зывали государственными преступниками. Причины, отчего въ од-
нѣхъ каторжныхъ тюрьмахъ было лучше, а въ другихъ хуже, бы-
ли различныя. Прежде всего, гдѣ больше начальства, тамъ жилось
хуже; между разными начальниками возникало благородное соревно-
ваніе, каждый норовилъ выслужиться другъ передъ другомъ. Они
начинали шпіонить другъ за другомъ,—иной и радъ бы дать ка-
кую-нибудь льготу, да своихъ товарищей боязно, а все это на на-
шей шкурѣ отзывается. У насъ было много начальства: комендантъ,
плацъ-маіоръ, плацъ-адъютантъ, смотритель, ротный командиръ.
Начальства было много потому, что нашъ заводъ былъ централь-
нымъ (поневолѣ федералистомъ тутъ сдѣлаешься!), и въ немъ было
комендантское управленіе надъ политическими каторжанами во
всемъ Забайкальѣ. Въ другихъ заводахъ начальства было мало:
смотритель и еще тамъ кто-нибудь,—ну, вдвоемъ они себѣ и
пьянствуютъ мирно. Многое, очень многое зависитъ отъ смотри-
телей,—это народъ, съ которымъ въ большинствѣ случаевъ ладить
можно; отчаянные-же негодяи хотя и встрѣчались между ними, но
не часто. Многое зависитъ отъ самихъ каторжанъ; важно, на ка-
кую ногу поставить себя съ начальствомъ: 1) не слѣдуетъ заво-
дить съ начальствомъ панибратскихъ отношеній, а слѣдуетъ (съ
соблюденіемъ, впрочемъ, всѣхъ наружныхъ вѣжливостей) постоянно
давать ему чувствовать, что де знай свинья свое стойло, 2) не
слѣдуетъ заводить „исторій" изъ за мелочей—изъ за недоданныхъ
полуштанниковъ или фунтовъ хлѣба и т. п. 3) желанія начальству
слѣдуетъ заявлять только такія, на исполненіе которыхъ можно
разсчитывать навѣрняка, 4) разъ заявивъ, стоять на своемъ, не

уступая ни іоты. При такой политикѣ начальство чувствуетъ се-
бя нѣсколько, такъ сказать, растерявшимся; въ противномъ же
случаѣ оно „знать не захочетъ“ политическихъ: не велики, дескать,
птицы! У насъ начальство отъ многаго воздерживалось единствен-
но изъ опасенія, что Чернышевскій на это „косо посмотритъ“.
Я говорилъ о большинствѣ начальства, а съ отпѣтыми скотами,
которыхъ меньшинство, всякая политика безполезна и съ ними
остается одно: защищаться отъ нихъ кулаками. Въ этомъ родѣ
исторіи случались не рѣдко, особенно въ первое время. Въ нѣко-
торыхъ мѣстахъ бывали тюремные бунты и частыя единичныя
драки съ начальствомъ. Въ иныхъ случаяхъ это сходило съ рукъ,
а иногда нѣтъ: по двумъ дѣламъ былъ военный судъ и нѣсколько
политическихъ было приговорено къ плетямъ, но Корсаковъ (гене-
ралъ-губернаторъ) замѣнилъ плети увеличеніемъ срока каторги.

Эти схватки съ начальствомъ бывали только у политическихъ,
а не у государственныхъ. Впрочемъ, въ одной такой исторіи при-
нялъ участіе одинъ государственный Б., студентъ петербургскаго
университета. Онъ выломалъ ворота и такъ избилъ казачьяго офи-
цера, что тотъ послѣ былъ боленъ, но Б. какимъ то образомъ остал-
ся въ тѣни, его только продержали подъ арестомъ и потомъ пере-
вели на другой заводъ.

Въ нашемъ Александровскомъ заводѣ было 4 острога; въ нихъ
содержались исключительно политическіе каторжане, гражданскихъ
не было ни одного. Всего было до 200 человѣкъ, въ томъ числѣ
насъ, государственныхъ, 20 человѣкъ, остальные поляки. Въ 3-хъ
острогахъ жили поляки, въ 4-мъ—мы. Въ нашемъ острогѣ жили
слѣдующія лица:

1) Чернышевскій, Николай Гавриловичъ,—на 7 лѣтъ.

2) Баллодъ, студентъ петербургскаго университета, осуж-
денъ, за участіе въ тайной типографіи и печатаніе прокламацій—
на 7 лѣтъ. *)

3) Васильевъ, Николай, вольнослушатель петербургскаго
университета, осужденъ за составленіе прокламаціи на 12 лѣтъ.

4) Степановъ, Дмитрій, студентъ петербургскаго универси-
тета, за печатаніе воззванія „Свобода“ въ 1863 г., устройство тай-
ной типографіи и участіе въ польскомъ движеніи, на 10 лѣтъ.

5) Жуковъ, Илья, армейскій штабсъ-капитанъ, по тому же
дѣлу, какъ и Степановъ,—на 12 лѣтъ.

6) Стаховичъ, С. Гр., студентъ медицинской академіи, за
распространеніе прокламацій,—на 6 лѣтъ.

7) Кувязевъ, артиллерійскій поручикъ, за распространеніе
прокламацій,—на 6 лѣтъ.

8) Михайловъ, поручикъ Николаевской академіи по казан-
скому дѣлу (въ 1863 г. въ Казани въ связи съ польскимъ дѣломъ
былъ составленъ планъ вооруженнаго возстанія. Въ 1864-65 г.—5
человѣкъ было разстрѣляно, многіе были сосланы въ каторгу),—
осужденъ на 10 лѣтъ.

*) Баллодъ опубликовалъ въ сибирскихъ газетахъ нѣсколько отры-
вочныхъ свѣдѣній о Чернышевскомъ. По дѣлу Баллода судились въ 1864 году
Писаревъ и Ткачевъ.

9) Красовскій, гусарскій полковникъ, за распространеніе прокламацій среди солдатъ, осужденъ на 10 лѣтъ. (Сначала былъ приговоренъ къ разстрѣлянію).

10) Климовъ, фельдъ-егерь его величества, за выраженіе въ своемъ дневникѣ сочувствія къ Каракозову,—на 4года.

11) Крушевскій, линейный поручикъ, полякъ, за стрѣльбу въ пьяномъ видѣ въ царскій портретъ,—на 10 лѣтъ. (Сначала былъ приговоренъ къ разстрѣлу).

12) Муравскій, Митрофанъ *).

13 Дзголковскій, солдатъ, полякъ, осужденъ за то, что обругалъ царя въ пьяномъ видѣ, на 6 лѣтъ. Вскорѣ по прибытіи въ Александровскій заводъ бѣжалъ оттуда и не былъ розысканъ. Бѣжалъ изъ Алгачей, куда былъ переведенъ изъ Александровскаго завода.

14) Зайончковскій, солдатъ, полякъ, осужденъ за грубый отзывъ о царѣ (въ нетрезвомъ видѣ)**)—на 1 годъ. Онъ былъ женатъ, дѣтей у него не было; жена жила на квартирѣ, ходила въ острогъ къ мужу, а мужъ къ ней на квартиру. Во всей тюрьмѣ каторжанъ съ женами было всего двое,—второй былъ Зилиницкій, полякъ, политическій, за польское возстаніе. Женѣ Зилиницкаго вмѣстѣ съ ребенкомъ позволено было жить въ острогѣ вмѣстѣ съ мужемъ. Изъ острога она могла выходить безпрепятственно, когда угодно.

15) Дядинъ, солдатъ, русскій, осужденъ за то, что обругалъ царя въ пьяномъ видѣ,—на 4 года. Севастопольскій герой.

16) Масло, полякъ, барскій управляющій, негодяй, былъ сосланъ въ 1863 году по доносу крестьянъ, которые, желая отъ него избавиться, выдумали на него, что онъ въ ихъ присутствіи выразился, что „царя слѣдуетъ повѣсить“.

Слѣдующіе шестеро осуждены по Каракозовскому дѣлу.

17) Страиденъ, Николай Павловичъ, изъ Нижегородскаго дворянскаго института,—на 20 лѣтъ.

18) Ишутинъ, Николай Андреевичъ, интелигентный пролетарій, безъ опредѣленнаго званія—на вѣчную каторгу. У насъ онъ пробылъ три дня,—потомъ его отправили въ Алгачи и постоянно держали въ одиночномъ заключеніи, не снимая кандаловъ и даже наручней. Онъ потомъ сошелъ съ ума. Сначала былъ приговоренъ къ повѣшенію; на него была надѣта петля и саванъ. Ишутинъ въ этотъ моментъ посѣдѣлъ и сошелъ съума***). До конца своей жиз-

---

*) Авторъ печатающейся рукописи.

**) Никогда не пилъ. Сосланъ за то, что не пошелъ на молебенъ о спасеніи Александра II отъ пули Каракозова.
                                        Прим. одного сибиряка.

***) Послѣ совершенія обряда повѣшенія и помилованія чувствовалъ себя вполнѣ хорошо, не посѣдѣлъ, былъ бодръ и даже веселъ; по прибытіи вмѣстѣ съ товарищами въ Москву былъ взятъ и отправленъ въ Шлиссельбургъ, гдѣ его продержали съ октября 1866 года по май 1868 г.; тамъ его здоровье пошатнулось, начались галлюцинаціи и очень яркія: видѣлъ пытки и смерть товарищей. По пріѣздѣ въ Александровскій заводъ, гдѣ пробылъ нѣсколько дней (4-5), оправился, казалось, совершенно; потомъ былъ увезенъ въ Алгачи, тамъ снова сталъ страдать галлюцинаціями и безумнымъ бредомъ. (Форма помѣшательства смѣшанная—отчасти религіозная манія, отчасти манія величія, но великимъ или могуществен-

ни онъ хорошо помнилъ и вѣрно разсказывалъ то, что было до того момента, какъ ему надѣли петлю, но едва касался всего, что было послѣ этого. Ишутинъ впадалъ въ галлюцинаціи и говорилъ невозможныя вещи. До 1868 или 1869 г. его содержали въ одиночномъ заключеніи въ Шлиссельбургской крѣпости закованнымъ въ цѣпи *).

20) Юрасовъ, Дмитрій Александровичъ, студентъ Московскаго университета, осужденъ на 10 лѣтъ.

21) Ермоловъ, Петръ Дмитріевичъ, студентъ Московскаго университета, осужденъ на 10 лѣтъ.

22) Шагановъ, Вячеславъ Николаевичъ, судебный слѣдователь, осужденъ на 6 лѣтъ.

23) Николаевъ, Петръ Ѳедоровичъ, кандидатъ правъ, осужденъ на 8 лѣтъ**).

Вотъ всѣ государственные, которые были при мнѣ въ Александровскомъ заводѣ. Въ другихъ каторжныхъ тюрьмахъ тоже содержались государственные, но по одиночкѣ. Изъ нихъ знаю не всѣхъ, а только нѣкоторыхъ:

24) Зайчневскій, Петръ Григорьевичъ, студентъ, за участіе въ Московской литографіи, осужденъ на полтора года. Былъ въ Усть-Кутѣ; по окончаніи срока поселенъ въ Витимѣ.

25) Хохряковъ, Василій, студентъ медико-хирургической академіи, за пропаганду въ воскресныхъ школахъ, осужденъ на 5 лѣтъ***).

26) Ушаковъ, поручикъ гвардейскаго стрѣлковаго баталіона, осужденъ за пропаганду между рабочими—на 4 года. Сначала былъ приговоренъ къ разстрѣлу.

27) Яковлевъ, Алексѣй Андреевичъ, студентъ Петербургскаго университета, осужденъ за пропаганду между саперными солдатами на 6 лѣтъ. Сначала былъ приговоренъ къ разстрѣлу.

28) Серно-Соловьевичъ, Николай Александровичъ, лите-

нымъ считалъ онъ не себя, а своихъ друзей, захватившихъ якобы власть и устраивающихъ русскую жизнь по соціалистическому идеалу, а о немъ позабывшихъ).

Въ 71 г. его привезли въ больницу въ Александр. заводъ. Въ 72 году перевели его на Кару. До самой смерти были у него свѣтлые моменты. Я увѣренъ, что при другихъ условіяхъ оригинальный и по своему мощный умъ Ишутина поправился бы.

Въ цѣпяхъ его не держали ни въ Шлиссельбургѣ, ни на каторгѣ. Умеръ онъ въ тюремной больницѣ.

Прим. одного сибиряка.

*) Въ Сибири въ каторжной тюрьмѣ пробылъ до 1878 года, когда его выпустили въ вольныя команды, гдѣ онъ могъ еще давать уроки. Вскорѣ послѣ освобожденія изъ тюрьмы Ишутинъ умеръ въ карійскомъ госпиталѣ, гдѣ за нимъ ухаживала Е. К. Брешковская, бывшая тогда въ вольной командѣ.

Прим. ред.

**) Извѣстный современный писатель и переводчикъ.

***) Хохряковъ былъ ближайшимъ другомъ и вѣрнымъ помощникомъ другого студента медико-хирургической академіи, Рымаренко, выдающагося организатора и пропагандиста, арестованнаго въ 1862 г. по обвиненію въ устройствѣ типографіи.

Прим. ред.

рагоръ, сосланъ по подозрѣнію въ участіи въ центральномъ русскомъ комитетѣ, на 6 лѣтъ*).

29) Мотковъ, Осипъ Антоновичъ, крестьянинъ, судился по Каракозовскому дѣлу (предатель), осужденъ на 4 года. Съ каторги бѣжалъ, но былъ пойманъ**)

Насчетъ книгъ въ нашемъ Александровскомъ заводѣ было довольно свободно. У насъ была недурная библіотека. Выписывали мы „Отечественныя записки“, а до тѣхъ поръ Чернышевскому присылался „Современникъ“ и „Вѣстникъ Европы“. Газеты запрещались, но, разумѣется, мы постоянно ихъ получали.

Процвѣтали у насъ ремесла: свѣчное, мыловаренное, колбасное, горшечное, а у поляковъ, кромѣ того,—столярное, кожевенное, сапожное, портняжное, кондитерское, слесарное, каменщицкое; сапожное, впрочемъ, и у насъ было.—Было у насъ огородничество. Около нашего острога было пустопорожнее мѣсто. Начальство отдало этотъ пустырь намъ, и въ нашихъ рукахъ онъ превратился, можно сказать, въ земной эдемъ:—весь его мы засадили картофелемъ, капустой, рѣпой, брюквой и т. п. Были упражненія въ хлѣбопашествѣ. Было у насъ, каторжанъ, свое хозяйство: лошади, коровы, куры, свиньи,—однѣхъ свиней штукъ 40 было. Сѣно для

*) Серно-Соловьевичъ, одинъ изъ первыхъ горячихъ сторонниковъ идеи сближенія революціонной интеллигенціи съ народомъ, одинъ изъ первыхъ устроителей воскресныхъ школъ и народныхъ читаленъ съ цѣлями пропаганды, былъ петербургскимъ представителемъ московскаго революціоннаго кружка, изъ уже умершихъ членовъ котораго можно назвать извѣстнаго собирателя русскихъ сказокъ Афанасьева, его друга Касаткина (библіографъ, писавшій подъ псевдонимомъ Павла Любопытнаго; умеръ въ Швейцаріи), Орфанова (Мишле) и Козлова, философа, переводчика Канта. Серно-Соловьевичъ присоединился къ петербургскому обществу Земли и Воли уже послѣ его образованія.

(Изъ воспоминаній шестидесятника).

**) По моему глубокому убѣжденію совершенно несправедливо заклеймлена позорной кличкой память Моткова, юноши горячо преданнаго дѣлу революціи и очень симпатичнаго вообще. Мотковъ предателемъ не былъ; онъ былъ еще совсѣмъ мальчикъ и подъ вліяніемъ раздраженія, (но не страха, какъ многіе другіе), нѣкоторыхъ ложныхъ идей и неоснователнаго негодованія на якобы іезуитскіе пріемы нѣкоторыхъ товарищей далъ дурныя и вредящія другимъ показанія. Это, конечно, дурно, и я не буду оправдывать Моткова, но въ извиненіе его могу сказать, что показанія многихъ другихъ были не лучше, а при томъ эти и другіе давали такія показанія вслѣдствіе позорной трусости. Да проститъ имъ это малодушіе родина въ виду того, что они были піонерами, первыми народовольцами (?), первыми соціалистами-революціонерами, постаравшимися создать прочную революціонную организацію. Сами они были мелкими людьми, но дѣлали большое дѣло,—это ихъ историческая заслуга. Въ каракозовскомъ дѣлѣ предателемъ можно назвать только Дмитрія Иванова, зломѣренно и съ холоднымъ разсчетомъ выдавшаго все, что онъ зналъ, за что и получилъ награду: былъ отданъ въ солдаты, отправленъ въ Ташкентъ, черезъ нѣсколько мѣсяцевъ произведенъ въ офицеры и умеръ генераломъ. Мое мнѣніе о Мотковѣ подтверждается его героическимъ бѣгствомъ съ этапа (а не съ каторги), при чемъ мотивомъ бѣгства было его страстное стремленіе снова стать въ ряды борцовъ за народное дѣло.

Прим. одного сибиряка.

По свѣдѣніямъ, имѣющимся въ редакціи, это мнѣніе о Мотковѣ раздѣлялъ также Александръ Дмитріевичъ Путята, авторъ извѣстной космографіи, долго содержавшійся по каракозовскому дѣлу и умершій въ 1901 г. членомъ ученаго комитета при мин. народнаго просв.

скота было своей собственной косьбы. Изъ ремеселъ я хорошо научился только свѣчному, — съ другими я познакомился лишь отчасти.

Въ нашей каторжной тюрьмѣ можно было научиться'языкамъ: польскому, французскому, нѣмецкому, англійскому, итальянскому (между поляками было нѣсколько человѣкъ гарибальдійцевъ, взятыхъ въ плѣнъ во время возстанія) и монгольскому. Можно было у насъ изучить хорошо исторію, технологію, политическую экономію, математику. Многіе изучали агитаторское и ораторское искусство,—были для этого организованы спеціальные кружки, на которыхъ задавались вопросы. Очень много занимались у насъ музыкой. У поляковъ былъ свой хорошій оркестръ,—музыкальные инструменты, струны и т. д. все было своей работы. Бывали у насъ иногда и театры. Сами сочиняли пьесы, сами играли,—зрителями тоже по большей части были свои все товарищи. Двѣ оперы, составленныя для тогдашняго театра, я и сейчасъ помню.

Были у насъ свои ассоціація, касса, лавочка. Одинъ разъ была и коммуна. Такимъ образомъ, наша каторжная тюрьма представляла изъ себя довольно своеобразный университетъ, хорошо дѣйствовавшій. Одно было плохо: это недостатокъ внѣшнихъ впечатлѣній; вѣчно передъ тобой одни и тѣ же люди и невозможность ни на минуту остаться одному. Это тяготило насъ несмотря на то, что окружающіе насъ товарищи были люди все хорошіе, очень и очень хорошіе. Когда я послѣ окончанія каторжныхъ работъ очутился въ образованномъ, оренбургскомъ обществѣ, то я почувствовалъ, точно меня въ наказаніе перевели изъ шестого класса гимназіи во второй.

ПЕРВАЯ РУССКАЯ СОЦІАЛИСТИЧЕСКАЯ РАБОЧАЯ ГАЗЕТА.

„Работникъ". Газета для русскихъ рабочихъ. №№ 1-16. Январь 1875—Мартъ 1876 гг.

> „Слово „Революція" — не русское, а значитъ оно „Возстаніе, Бунтъ", только не просто бунтъ, а такой, въ которомъ смыслъ есть, отъ котораго, стало быть, дѣло настоящее выходить".
> („Работникъ", № 7, 1875 г.)

Газета „Работникъ", издававшаяся въ 1875-76 гг. въ Женевѣ, представляетъ крупный историческій интересъ, какъ первая попытка того времени дать народу популярный революціонный органъ, систематически освѣщающій злобы дня русской и иностранной жизни. До этого времени, какъ въ Россіи, такъ и заграницей, появлялись эпизодически народныя брошюры, изъ которыхъ нѣкоторыя играли видную роль у пропагандистовъ 70-хъ годовъ. Сюда прежде всего относятся брошюры, печатавшіяся въ 1872-73 гг. кружкомъ чайковцевъ въ заграничной типографіи сначала Александрова, а затѣмъ Л. Гольденберга и благополучно доставленныя

ютомъ въ Россію*). Незадолго до появленія „Работникъ" и одно-
временно съ его выходомъ, печатались почти непрерывно брошю-
ы и книжки, изъ которыхъ наиболѣе извѣстны: „Чтой-то братцы"**),
„Исторія одного французскаго крестьянина"***), „Сказка о четырехъ-
ратьяхъ", „Сказка о копейкѣ"*****), „Мудрица Наумовна", „Хитрая
Механика" и др. Редакціей „Работника", наконецъ, издана доволь-
но большая книжка З. Г. Ралли: „Сытые и Голодные" и отдѣль-
ные разсказы, перепечатанные изъ фельетоновъ газеты „Работникъ".

Эта литература распространялась въ рабочихъ кружкахъ чай-
ковцевъ въ Петербургѣ, въ кружкахъ лицъ, создавшихъ процессъ
50-ти, въ Москвѣ, Кіевѣ, Одессѣ, Тулѣ, Иваново-Вознесенскѣ; о
нихъ же неоднократно упоминается, какъ о средствѣ пропаганды
среди крестьянъ, въ процессѣ 193-хъ.

Меньше всего сохранилось свѣдѣній о распространеніи газе-
ты „Работникъ", не говоря уже о томъ, что не существуетъ ни-
какихъ матеріаловъ, позволяющихъ судить о степени ея вліянія
въ рабочихъ кружкахъ. Въ „Процессѣ пятидесяти" (Лондонъ,
1877 г.) находимъ, однако, упоминанія объ этой газетѣ, доказы-
вающія, что она играла роль въ пропагандѣ лицъ, привлекавшихся
по этому дѣлу*****). Вас. Ковалевъ показалъ на допросѣ, что рабо-
тавшій съ нимъ одновременно на сахарномъ заводѣ въ г. Кіевѣ
„Герасимъ Петровъ часто носилъ на заводъ книги преступнаго со-
держанія—„Хитрую Механику", „Сказку о 4 братьяхъ", „Сказку о
копейкѣ", газету „Работникъ" и давалъ читать какъ ему, Кова-
леву, такъ и другимъ рабочимъ" (Пр. 50, стр. 22). Въ бумагахъ
Циціанова, найденныхъ во время обысковъ въ Москвѣ, протоколъ
отмѣчаетъ, между прочимъ, слѣдующее: „Революціонныя книги
и клочекъ бумаги, на которомъ написано карандашемъ: „напиши
на этомъ клочкѣ, сколько книгъ ты взялъ, когда первый разъ от-
правился, какія и куда". Внизу написано: „Работ. 1 и 2 около
37, 2 и 3 по 20, Коммуна 5, Сказка 5, Пугачъ 9 и мелкія бро-

*) Л. Шишко: „С. М. Кравчинскій и кружокъ чайковцевъ", „В. Р.
.", № 3, стр. 61. — Обзоръ народной литературы см. въ статьѣ П. Лавро-
ва „Народники-пропагандисты" („Матеріалы" № 5 и 6-7).
**) Клеменса.
***) Л. Тихомірова.
****) Кравчинскаго,—его же „Мудрица Наумовна"
*****) Заслуживаетъ, между прочимъ, вниманія, но и провѣрки, то, что
разсказывается у А. Туна въ связи съ процессомъ 50-ти. „...Московское об-
щество было открыто въ августѣ 1875 года и цѣликомъ уничтожено. Въ
другихъ городахъ, въ особенности въ С.-Петербургѣ остатки разсѣянныхъ
революціонеровъ начали оказывать вліяніе на городскихъ рабочихъ, на
которыхъ лавристы и безъ того обратили вниманіе, какъ на особый, под-
лежащій революціонированію объектъ. И дѣйствительно, въ Петербургѣ,
Москвѣ, Кіевѣ и Одессѣ возникли союзы рабочихъ, выставившіе соціали-
стическія цѣли и самостоятельно организовавшіе кассы и библіотеки;
союзъ одесскихъ рабочихъ праздновалъ въ 1878 году годовщину
парижской коммуны, а оставшимся въ живыхъ участникамъ ея былъ по-
сланъ адресъ. Распропагандированные рабочіе должны были отправиться
въ качествѣ агитаторовъ въ деревню, гдѣ они могли работать съ большей
ловкостью и менѣе обращая на себя вниманіе, чѣмъ „господскіе сынки".
Органомъ агитаторовъ и рабочихъ служила выходившая въ Женевѣ газе-
та „Работникъ". (А. Тунъ: „Ист. рев. движ. въ Россіи", стр. 85, Жене-
ва, 1903.)

шюрки". (Ib., стр. 41). Затѣмъ о газетѣ „Іаб тникъ" упоминается еще въ обвинительномъ актѣ по „Дѣлу о п опагандѣ въ войскахъ петербургскаго округа" (Процессъ Евг. Семеновскаго, Степ. Богданова, Александра Дьяконова и др.; судъ происходилъ 19 и 20 окт. 1876 г.); а именно тамъ сказано, что у одного изъ арестованныхъ, Н. Богушевича, бывшаго дѣлопроизводителя Сарапульскаго воинскаго начальника, „найдены номера 1, 2, 3 и 4 преступнаго періодическаго изданія, озаглавленнаго „Работникъ". Въ процессахъ Ковальскаго (1878 г.), Антонова (1879 г) и др. также упоминается объ найденныхъ при обыскахъ №№ „Работника".

Но этимъ почти и ограничиваются всѣ данныя, которыя мы имѣемъ относительно распространенія газеты въ томъ слоѣ, для котораго она предназначалась.

За недостаткомъ такихъ вспомогательныхъ матеріаловъ приходится обратиться къ самой газетѣ, при чемъ мы имѣемъ въ виду извлеченіями изъ этого рѣдкаго документа освѣтить теоретическую физіономію „Работника" и дать представленіе о его пріемахъ популяризаціи идей соціализма и революціи *).

Въ передовицѣ 1-го №, (янв. 75 г.), озаглавленной „Почему мы печатаемъ газету", редакція немногими словами выясняетъ свою главную задачу: „Мы хотимъ, по мѣрѣ силъ и возможности, познакомить русскій рабочій людъ съ житьемъ-бытьемъ и дѣлами рабочихъ другихъ земель; хотимъ познакомить ихъ съ тѣмъ, что думаютъ другіе работники о своемъ горькомъ положеніи и какими средствами хотятъ выйти изъ него. Мы пишемъ газету для работающаго народа русскаго, вотъ почему она и называется „Работникъ". По подчеркнутымъ нами словамъ „для работающаго народа русскаго" можно видѣть, что редакція считается съ тогдашними хозяйственными условіями Россіи, концентрировавшими главную массу труда въ деревняхъ, а слѣдовательно, не позволявшими еще революціонной интеллигенціи опереться на городской пролетаріатъ, какъ на силу соціалистическаго переворота. Мы подчеркиваемъ послѣднія слова потому, что, какъ увидимъ дальше, идея соціалистическаго переворота занимаетъ передній уголъ въ проповѣди газеты, чуждавшейся „политики", хотя бы и обѣщавшей скорые успѣхи при меньшей тратѣ революціонныхъ силъ.

Для газеты не существуетъ, впрочемъ, и вопроса о классовыхъ различіяхъ города и деревни. Поскольку и городъ и деревня представлены „работающимъ народомъ", ихъ интересы при осуществленіи соціалистическаго переворота едины: „Какъ землю надо крестьянству отъ помѣщиковъ въ общину отобрать, такъ и городскимъ фабричнымъ да заводскимъ работникамъ надо всѣ мастерскія, фабрики и заводы въ рабочія артели отобрать, а

---

*) Отмѣтимъ, что П. Л. Лавровъ при перечисленіи библіографическаго матеріала въ статьѣ „Народники—пропагандисты" („Матеріалы", № 5, 6-7) проситъ доставить ему комплектъ „Работника", имѣя въ распоряженіи только не совсѣмъ удачные фельетонные разсказы газеты, изданные отдѣльно редакціей „Работника".

господа-хозяева пусть по добру да по здорову убираются, пусть сами работают, потому что дармоѣдовъ никто кормить не станетъ"... „Какъ у земледѣльцевъ, такъ и у работниковъ городскихъ дѣло, стало-быть, одно, хотятъ они одного". (Тамъ же № 1). Не мѣняется взглядъ газеты и тогда, когда она отмѣчаетъ ростъ крупной промышленности послѣ освобожденія крестьянъ; классовая группировка является въ упрощенномъ видѣ: „Выходитъ, что не народу, не мужикамъ, а купцамъ далъ царь землю и волю. Съ каждымъ днемъ все болѣе и болѣе растетъ сила и богатство купеческія; сами дворяне начинаютъ заводить торговлю, строить фабрики и дѣлаться купцами. Да если вникнуть въ это дѣло хорошенько, то оказывается, что, собственно говоря, есть только два сословія: голодные работники и сытые кулаки-купцы. Къ первымъ, кромѣ простого чернаго народа, принадлежатъ такъ же всѣ тѣ люди, которые честно добываютъ хлѣбъ свой, а не грабятъ своего ближняго. Къ послѣднимъ относятся всѣ грабители, живущіе чужимъ трудомъ, кто бы они такіе ни были, въ какомъ бы платьѣ они ни ходили—въ нѣмецкомъ сюртукѣ, въ длиннополомъ кафтанѣ, или даже въ мужицкомъ тулупѣ. Въ рукахъ этихъ грабителей находятся законы, власть, судъ, полиція, войско, деньги, словомъ, вся государственная сила. Между этими двумя сословіями примиреніе невозможно; между ними идетъ борьба на жизнь и смерть" (№ 5, „Русское государство").

Обращаясь въ частности къ крестьянству, газета видитъ нѣкоторую положительную силу, на пути къ соціализму, въ сохранившейся крестьянской общинѣ, но вмѣстѣ съ тѣмъ не закрываетъ глазъ и на вторженіе туда, вслѣдствіе государственной регламентаціи, элементовъ обособленія и хищничества. „Не могло, да и по сіе время не можетъ еще государство наложить свою лапу желѣзную на общину крестьянскую. Не сумѣло оно устроить дѣло свое подлое такъ, чтобы и эту льготу послѣднюю (курсивъ нашъ) отобрать отъ народа рабочаго. За то отравило оно зельемъ смертоноснымъ міръ деревенскій,—разрознило общину отъ общины, приковало оно мужика къ деревнѣ своей—невозможно стало народу рабочему вести сговоръ промежъ себя, противъ врага своего"... „Нужно приняться за дѣло великое: разрушить государство русское и устроить свой вольный союзъ рабочихъ общинъ (кур. нашъ), по правдѣ и по справедливости" (№ 6, „Борьба народа съ государствомъ"). Изъ послѣднихъ словъ очевидно, что соціалистическій строй представляется газетѣ въ видѣ федераціи вольныхъ общинъ, такъ что и называла она себя газетой „федералистовъ". Неоднократно возвращаясь къ тяжелымъ сторонамъ существовавшей крестьянской общины, газета постоянно выдвигаетъ идеаломъ будущаго вольный союзъ общинъ. „При той розни общинной, какая существуетъ теперь въ Россіи, при той розни, какая существуетъ теперь между сельскими, городскими и заводскими работниками установленіе истинной общины на Руси невозможно. Крестьянство великорусское должно вмѣстѣ съ другими работниками сложиться въ одну великую общину; но Русь велика, стало-быть, много въ ней должно быть областей, самостоятельно живущихъ и тѣсно другъ съ другомъ связанныхъ" (№ 10, въ ст. „Земля и Воля"). Та же мысль популяризуется на исторической подкладкѣ въ беллетристическихъ фельетонахъ газеты примѣрно такъ:

„Москва на крови стоитъ" говоритъ старинная пословица; такъ оно и есть. Русскій народъ искони жилъ общинами да волостами; изъ волостей собирались области и управлялись сами собой вольно. Пришли изъ за моря вражескія дружины, завоевали русскую землю и раздѣлили ее на княжества. Князья стали раздавать земли народныя своимъ дружинникамъ и посѣяли проклятое дармоѣдское сѣмя, изъ котораго выросли при царяхъ московскихъ помѣщики"... „Вспомнимъ добрымъ словомъ грознаго богатыря Разина и будемъ думать думу о томъ, какъ безъ атамановъ своимъ умомъ и своимъ знаніемъ народъ долженъ сложить свою волю". (№ 3, „Пѣсни о Стенькѣ Разинѣ"—фельетонъ).

Въ послѣднихъ словахъ ставится вопросъ о силахъ, на которыя можно разсчитывать при осуществленіи революціи. Къ этому вопросу газета возвращается очень часто и рѣшеніе его тѣсно связано съ общимъ характеромъ пропаганды 72-75 г.г. среди рабочихъ и крестьянъ. Интересна характеристика этой пропаганды, подготовившей появленіе „Работника", въ цитированной нами статьѣ Л. Шишко: „С. М. Кравчинскій и кружокъ чайковцевъ". Она собственно относится къ пропагандѣ чайковцевъ среди петербургскихъ рабочихъ въ періодъ 1872-73 г.г., но уясняетъ также и движеніе слѣдующихъ двухъ лѣтъ, поскольку оно, съ одной стороны, выразилось въ хожденіи въ народъ, съ другой въ появленіи такихъ газетъ, какъ „Работникъ" и позже „Община".

„Что касается общаго характера той пропаганды, которая велась тогда среди петербургскихъ рабочихъ, то прежде всего это было стремленіе передать дѣло рабочихъ въ ихъ собственныя руки. Такова была одна изъ главныхъ руководящихъ идей того времени. Тогда среди русскихъ революціонеровъ господствовало сильное предубѣжденіе противъ политическаго якобинства, противъ революціонной диктатуры, противъ мысли о пересозданіи общественнаго строя путемъ декретовъ, при чемъ съ представленіемъ о революціонномъ якобинствѣ естественно связывалось также представленіе о болѣе или менѣе значительномъ участіи въ переворотѣ буржуазіи, въ отличіе отъ чисто народныхъ революціонныхъ движеній"... „Но это еще вовсе не значило, чтобы революціонеры 70-хъ годовъ считали возможнымъ примирить какимъ-то путемъ соціалистическое движеніе съ самодержавіемъ и чтобы они понесли въ народъ мирную соціалистическую пропаганду. Это значило только, что ихъ политическая программа заключалась въ прямомъ обращеніи къ народу, въ призывѣ къ революціонному возстанію самихъ рабочихъ массъ. Съ этою цѣлью они и двинулись въ народъ, оставляя пока въ сторонѣ непосредственную политическую борьбу съ правительствомъ и отказавшись принципіально отъ всякихъ союзовъ съ либералами. Въ сущности, ихъ программа была тою же программой Интернаціонала съ ея основной идеей о вели-

кой исторической роли рабочаго класса, но только перенесенная въ
условія русской общественной жизни". (l. с. стр. 61-68).

Въ рядѣ статей „Работника" по вопросамъ того же порядка
мы видимъ энергичное отстаиваніе такой же политической про-
граммы, какую находитъ Л. Шишко у чайковцевъ: то же „стре-
мленіе передать дѣло рабочихъ въ ихъ собственныя руки", то же
„предубѣжденіе противъ революціонной диктатуры", то же отноше-
ніе къ „участію въ переворотѣ буржуазіи", такой же принци-
піальный „отказъ отъ всякихъ союзовъ съ либералами" и такое
же „прямое обращеніе къ народу" съ призывомъ „къ революціон-
ному возстанію самихъ рабочихъ массъ". Что же касается теоре-
тической связи съ Интернаціоналомъ, то она усматривается, какъ
изъ обзоровъ заграничной жизни въ „Работникѣ", такъ и изъ
книжки Ралли „Сытые и Голодные", заканчивающейся популяри-
заціей идей Интернаціонала.

Прежде всего газета стремится разрушить вѣру въ царя, съ
идеализаціей котораго въ народѣ такъ нерѣдко приходилось стал-
киваться пропагандистамъ и бунтарямъ 70-хъ годовъ. „Надо разъ
навсегда перестать надѣяться на царя, надо сговориться и под-
нять бунтъ по всей Руси, но поднять его тогда, когда сила му-
жицкая будетъ сосчитана, когда работники русскіе будутъ знать,
куда идутъ и чего хотятъ!" (№ 3—„Бунтъ и реформы").

...„Ждать отъ царя нечего. Царь не можетъ сдѣлаться
крестьянскимъ, земскимъ царемъ.— Отъ кого же ждать воли за-
вѣтной? На кого надежду положить? На себя надѣйся!" (№ 4
„На себя надѣйся!")... „Борьба царя съ народомъ въ томъ именно
и заключается, что царь народную землю отнимаетъ для того,
чтобы отнять у него и волю, а народъ добивается земли потому,
что хочетъ воли! Разрывъ между народомъ и царемъ долженъ
произойти не изъ-за чего другого, какъ изъ за земли!"... (№ 10,
„Земля и Воля!").

Либералы-конституціоналисты, буржуазные радикалы, якобин-
цы-диктаторы и всѣ партіи, такъ или иначе, игнорирующія созна-
тельное участіе народа въ революціи, объединяются газетой подъ
одной кличкой „благодѣтели", о которыхъ имѣется спеціальная
статья подъ тѣмъ же названіемъ. Приводимъ изъ нея характерныя
выдержки: „Теперь царь съ помѣщиками давитъ рабочій на-
родъ, а при конституціи помѣщики съ царемъ будутъ грабить
народъ. Вотъ и вся перемѣна. — Самодержавіе надо долой; долой
благодѣтелей, которые народъ обмануть хотятъ всякими конститу-
ціями. На себя надѣйся!..." ...„Народъ подаетъ голосъ за сы-
тыхъ, потому что зависитъ отъ сытыхъ... въ республикѣ наро-
домъ правятъ помѣщики, купцы, кулаки безъ царя..." Разни-
цы между царствомъ и республикой, въ которой попрежнему оста-
нутся сытые и голодные, нѣтъ никакой, долой и этихъ благодѣте-
лей! На себя надѣйся! ...„Есть еще и другіе благодѣтели. Они
идутъ дальше. Незванные и непрошенные, они хотятъ произвести
бунтъ, прогнать царя и сѣсть на его мѣсто, не дожидаясь народ-
наго выбора. Захвативъ власть въ руки, мы облагодѣтельствуемъ
народъ! говорятъ эти люди. Мы отдадимъ ему отнятую у него

землю и другія орудія труда! Мы истребимъ враговъ народа; мы возвратимъ народу волю! ...Эти благодѣтели не лучше другихъ; они хотятъ учредить опеку надъ народомъ и заставить его силой принять то, что вздумаютъ дать ему. Бунтъ народный можетъ принести ожидаемую народомъ волю только тогда, когда народъ самъ вложитъ въ него смыслъ... Долой и этихъ благодѣтелей! На себя надѣйся! Но одной надежды на себя мало", прибавляетъ газета, надо еще дѣйствовать; надо за дѣло приниматься; надо въ силу сложиться!" (№ 4 „Благодѣтели"). Та же мысль резюмируется слѣдующимъ образомъ въ одной корреспонденціи о Швейцаріи: „Надо перестать обманывать себя надеждой на то, что кто-либо, кромѣ самихъ рабочихъ, сможетъ освободить рабочій народъ". (№ 14—15, корреспон. изъ Швейцаріи *).

Въ несомнѣнной связи съ предубѣжденіемъ противъ всякой „политики" находится и анархическій элементъ программы „Работника": отрицаніе государственнаго начала и правительства, каково бы оно ни было. Проводникомъ этихъ идей явился въ „Работникѣ", между прочимъ, рабочій Шалэнъ, членъ Интернаціонала. Въ письмѣ второмъ своихъ „Писемъ французскаго работника къ его братьямъ въ Россіи", онъ говоритъ: „Не вѣрьте, товарищи, никогда тѣмъ людямъ, которые обѣщаютъ вамъ свободу и братство подъ покровительствомъ какъ го-нибудь новаго „мудраго и справедливаго правительства": справедливаго правительства быть не можетъ; согласить справедливость съ правительствомъ также трудно, какъ помирить воду съ огнемъ. Всякое правительство, какое бы оно ни было всегда будетъ врагомъ народнымъ. Народъ освободится только тогда, когда у него не будетъ болѣе правительства, когда онъ окончательно уничтожитъ государство (№ 7, фельетонъ).

Не слѣдуетъ, однако, думать, что газета, поставившая девизомъ народнымъ: „на себя надѣйся!", старалась вообще поселить недовѣріе къ интеллигенціи, какъ къ „благодѣтелямъ". При всякомъ удобномъ случаѣ напротивъ, она стремится истолковать народу поведеніе „бѣлыхъ вороновъ" и горячо призываетъ народъ защищать ихъ отъ правительственнаго сыска: „Нужно пуще зеницы ока своего беречь намъ тѣхъ людей, что промежъ насъ нонѣ ходятъ и про правду толкуютъ. Хоронить ихъ, скрывать, всякую помощь имъ оказывать, чтобы не могли перехватить ихъ злодѣи наши. Нужны намъ эти люди, шибко нужны! На наши народныя денежки научились они думать справедливо; намъ, какъ честные люди, принесли они даму объ освобожденіи народа рабочаго, думу, нашимъ трудомъ и кровью купленную. Наша она эта дума завѣтная! Наши они—эти люди желѣзные" (№ 7, „Приказъ царскаго министра"). И въ другомъ мѣстѣ: „Грабителей своихъ народъ ненавидѣлъ всегда, ненавидитъ онъ ихъ и теперь,

*) Отношеніе газеты къ культуртрегерству и земской „агитаціи" не менѣе рѣзко и опредѣленно: „Теперь, когда приходится холодать и голодать, да несмѣтныя богатства въ царскую казну тащить, — рабочему человѣку не до школы, и всѣ земства годны только для барской болтовни (№ 1, „Солдатчина, налоги и земство").

но не достаточно разглядѣлъ онъ друзей своихъ. Онъ равнодушно смотритъ на гибель ихъ или просто жалѣетъ онъ ихъ, какъ о „несчастныхъ“, не зная, не понимая, что они погибли и будутъ погибать въ борьбѣ за волю народа. Много такихъ людей ушло въ Сибирь“... „Освобождайте, отбивайте этихъ мучениковъ, и во сто кратъ живѣе и бодрѣе пойдутъ новые люди на трудную работу“ (№ 9, „Какъ отзовется въ народѣ послѣдній судъ“).

Между строкъ этихъ слышится отчаяніе передъ глухимъ молчаніемъ народа, который „недостаточно разглядѣлъ друзей своихъ“, а дальше нѣсколько звучатъ и другія ноты, въ которыхъ нетрудно угадать отдаленные раскаты надвигающейся грозы террора. Во всякомъ случаѣ въ № 11—12 напечатанъ такой призывъ къ самооборонѣ жирнымъ шрифтомъ: „Мы только что получили извѣстіе, что Хома Прядко выданъ въ Чигиринскомъ уѣздѣ однимъ изъ земляковъ своихъ правительству за большія деньги. Неужто же Каинъ этотъ живъ еще!? Смерть, товарищи, смерть измѣннику мужицкой громады! Велика заслуга того, кто отомститъ за громаду!“ Въ томъ же номерѣ въ корреспонденціи изъ Москвы пишутъ: „Такихъ людей, какъ доносчики, шпіоны, душить, лишать живота надо, на фонарѣ въ темномъ переулкѣ вѣшать, чтобы знали дьяволы проклятые, что и для нихъ иное времячко настало“ (№ 11-12).

Какъ видимъ, газета далеко не ограничивала своихъ задачъ ознакомленіемъ русскаго рабочаго люда съ „житьемъ-бытьемъ и дѣлами рабочихъ другихъ земель“ (см. выше выдержку изъ передовицы № 1), а давала освѣщеніе самыхъ разнообразныхъ вопросовъ революціонной теоріи и практики. Въ тѣхъ же статьяхъ и корреспонденціяхъ, которыя имѣли съ цѣлью ознакомить съ дѣлами въ чужихъ краяхъ, постоянно подчеркивается интернаціональный характеръ рабочаго движенія *) и извлекаются уроки изъ борьбы съ капиталомъ западно-европейскихъ рабочихъ. „Многіе думаютъ, что въ другихъ земляхъ, за границей, лучше живется рабочимъ, но это невѣрно. Правда, въ нѣкоторыхъ государствахъ... за рабочими признается право дѣлать стачки и право это называется „свободой труда“. Но если пораздумать объ этомъ дѣлѣ хорошенько, то оказывается, что, собственно говоря, никакой свободы тутъ нѣтъ, потому что стачкой рабочіе своего положенія улучшить не могутъ. Много, много если имъ удается вырвать какой-нибудь лишній грошъ изъ рукъ своихъ грабителей и отъ этого они богаче не станутъ, останутся тѣми же бѣдняками, на ихъ шеѣ будетъ сидѣть все тотъ же хозяинъ, да кровь ихъ сосать по-прежнему. Къ тому же тяжело бываетъ рабочимъ дѣлать эти стачки; пока не работаешь, ѣсть то вѣдь нужно, а денегъ взять негдѣ. Поэтому рабочіе долго выдержать стачки не могутъ, между тѣмъ какъ хозяева оставаться безъ рабочихъ могутъ долго, такъ какъ мошна у нихъ набита туго. Борьба, значитъ, совсѣмъ не равная и выходитъ опять, что никакой свободы труда нѣтъ, а есть только свобода помирать съ голоду“. (№ 4, „Стачки“). Но указавъ предѣлы дальнобойности стачекъ, газета не ограничи-

---

*) „У работы нѣтъ отечества“ пишетъ въ № 11—12 авторъ корреспонденціи изъ Швейцаріи.

вается только отрицательными ихъ сторонами, и въ той же статьѣ говорится: „Во время стачки всего лучше можно узнавать людей, кто хорошій человѣкъ, за себя и за своихъ постоять умѣетъ, а кто трусъ и измѣнникъ, трусящій каждаго станового. Привыкаетъ рабочій бунтовать, не робѣть передъ каждымъ чиновникомъ да полицейскимъ, научается половчѣй съ ними расправляться. Въ этомъ главное значеніе стачки...“ „За границей рабочіе всего охотнѣе дѣлаютъ стачки не для того, чтобы имъ прибавили платы, а для уменьшенія часовъ работы и во многихъ мѣстахъ имъ удалось такъ устроиться, что они работаютъ только 10, 9 и 8 часовъ въ сутки. Пора и русскимъ рабочимъ за умъ взяться; пора и имъ сплотиться между собою за борьбу противъ общаго врага... Иностраннымъ работникамъ право дѣлать стачки не даромъ досталось; много трудовъ и жертвъ стоило оно имъ, да эта ихъ не остановило. И русскіе рабочіе должны послѣдовать примѣру своихъ чужеземныхъ братьевъ. Только чтобы былъ какой-нибудь успѣхъ, дѣло нужно вести умѣючи“ (№ 4, „Стачки“).

Очень картинно указываются положительныя стороны стачекъ въ одномъ изъ фельетоновъ „Работника“: „Стакнутся рабочіе и во время стачки во-очію видятъ, какая пропасть непроходимая находится промежъ нихъ и хозяевъ; видятъ, братцы, люди рабочіе во время стачки лучше, чѣмъ въ другое время, что мирно да полюбовно порѣшить свое дѣло рабочее съ хозяевами народу рабочему никакъ не возможно. Стачка, братцы, — та же война, только война это не настоящая, а такъ, перестрѣлка больше,—во время стачки враги только щипаютъ бока другъ другу, только готовятся къ бою великому (№ 5, „Разсказъ бывалаго человѣка“).

Газета безусловно осуждаетъ трэдъ-юніонистскую работу созиданія артелей производительныхъ и потребительныхъ, ссудныхъ кассъ и т. п. при современныхъ условіяхъ эксплуатаціи труда. „Артельная работа вещь хорошая, дѣльная, только рано еще рабочимъ объ этомъ думать. Пока въ силѣ враги народные, не освободиться рабочему артелями; немногимъ можетъ быть и посчастливится, а большая часть попадетъ еще въ пущую нищету; стало быть надо искать иного пути для освобожденія, на артели разныя пока надежда плоха“. Они „не только что отъ хозяевъ рабочаго не освободятъ, а еще новыхъ хозяевъ заведутъ, еще пуще расплодятся враги“... „Дѣло то видно въ томъ, что не раздавивши пчелъ, меду не ѣсть; пока человѣчество, какъ теперь, будетъ состоять изъ двухъ половинъ—изъ тружениковъ и тунеядцевъ, изъ нищихъ и богачей, изъ голодныхъ и сытыхъ, отъ этихъ затѣй толку не будетъ. Вотъ когда настанетъ такое время, что исчезнутъ съ лица земли дармоѣды—враги народные, когда всякій будетъ работать, тогда и артельное дѣло пойдетъ на ладъ. А пока рабочему человѣку объ немъ думать нечего“ (№ 7 „Международное товарищество работниковъ“).

Въ одномъ мѣстѣ только что цитированной статьи слѣдующимъ образомъ резюмируются уроки рабочей жизни заграницей для отставшей рабочей Россіи: „Какъ ни плохо, какъ ни тяжело живется русскому рабочему, хоть бы въ сравненіи съ западнымъ, а все же ему легче будетъ выбиться изъ своей кабалы, чѣмъ западнымъ рабочимъ въ прежнее время. Первая причина та, что передъ глазами у русскаго рабочаго примѣръ, стало-быть, ему уже не приходится дѣлать всѣхъ промаховъ, которые дѣлали западные рабочіе въ борьбѣ своей съ хозяевами; а вторая причина та, что какъ встанутъ русскіе рабочіе на враговъ своихъ, имъ не однимъ, не безъ помощи придется биться—со всѣхъ сторонъ отъ чужеземныхъ рабочихъ имъ будетъ поддержка (№ 6, „Международное товарищество работниковъ“).

Заканчивая на этомъ характеристику революціоннаго міросозерцанія газеты „Работникъ“, мы не можемъ не согласиться съ А. Туномъ, когда онъ говоритъ о группѣ ея издателей: „Эта группа, по своему анархическому направленію, примыкала къ Бакунину, но не раздѣляла исключительности его бунтарства, признавая необходимость также пропаганды и агитаціи и объявляя себя солидарной съ интернаціоналомъ“ *). Полагаемъ вмѣстѣ съ тѣмъ, что по приведеннымъ нами выдержкамъ изъ газеты можно судить и о ея пріемахъ популяризаціи идей революціи, какъ ее понимали издатели. Несомнѣнно, что пріемы эти порой не застрахованы отъ упрековъ въ искуственности и даже вульгаризаціи, но въ общемъ газета производитъ впечатлѣніе удачной попытки дать народу популярную революціонную газету, опираясь на принципъ самодѣятельности рабочихъ массъ.

ПРОПАГАНДА СРЕДИ РАБОЧИХЪ ВЪ РОСТОВѢ-НА-ДОНУ ВЪ 1882—84 гг.

Въ 1882—84 гг. организованныя силы партіи Народной Воли въ Ростовѣ-на-Дону представлены были „группой“ партіи, находившейся въ подчиненномъ отношеніи къ ней. Въ составъ группы входили какъ нелегальные дѣятели (элементъ пришлый), такъ и легальные (элементъ мѣстный, но имѣвшій за собою революціонное прошлое и обладавшій болѣе или менѣе обширными связями); составъ и число членовъ, конечно, измѣнялись, смотря по времени и обстоятельствамъ. Обязанности и характеръ дѣятельности членовъ группы были разнообразны: образованіе кружковъ среди интеллигенціи, организація кружковъ для пропаганды и агитаціи среди рабочихъ, а также организація, такъ наз., „боевой рабочей дружины“, устройство паспортнаго бюро, отыскиваніе денежныхъ и иныхъ связей среди мѣстнаго общества и интеллигенціи и, въ связи съ этимъ, нахожденіе надежныхъ адресовъ для явокъ и писемъ, устройство конспиративныхъ квартиръ, помощь центральной организаціи въ добываніи шрифтовъ и типографскихъ принадлежностей, храненіе бомбъ и, вообще, помощь террористическимъ предпріятіямъ. Раздѣленіе труда существовало болѣе или менѣе строгое, но каждый членъ обязанъ былъ, помимо постоянныхъ своихъ функцій, исполнять и другія, временныя, если имѣлъ къ тому воз-

---

*) А. Тунъ. „Ист. револ. движеній“: стр. 38.

можность. Съ теченіемъ времени потребность въ новыхъ силахъ подала мысль мѣстной группѣ о созданіи „подгруппы". Одинъ изъ членовъ группы, обладавшій большими связями и большимъ вліяніемъ среди мѣстной интеллигенціи и молодежи, и создалъ въ то время такую подгруппу. Только одинъ этотъ членъ группы сносился съ вновь организованной имъ группой, а члены подгруппы знали только его и только черезъ него входили въ сношенія съ группой. Въ составъ образовавшейся подгруппы входили молодые еще люди, почему-либо выдѣлявшіеся—своей ли энергіей, преданностью или другими спеціальными качествами—изъ числа лицъ, участвовавшихъ въ тогдашнихъ группахъ и кружкахъ для саморазвитія, очень многочисленныхъ и распространенныхъ въ нашемъ городѣ. Эта молодежь, конечно, и до этого времени помогала всѣми средствами мѣстной группѣ, но только въ качествѣ волонтеровъ. Образованіе подгруппы нѣкоторыхъ изъ нихъ ставило уже въ обязательныя отношенія къ группѣ и, такимъ образомъ, вводило въ организацію.

Насколько позволяютъ мнѣ это моя практика и личный опытъ, сначала въ качествѣ члена подгруппы, а затѣмъ и группы, я постараюсь здѣсь разсказать, въ чемъ заключалась работа членовъ обѣихъ группъ и подгруппы среди рабочихъ, и какъ она велась у насъ.

Начну съ того, что мы, т. е. я и мои товарищи, вступившіе одновременно въ организацію въ качествѣ членовъ подгруппы, только съ того момента стали себя считать активно и полезно дѣйствовавшими членами партіи, когда намъ открыли доступъ къ рабочимъ и стали поручать вести пропаганду среди нихъ. Оно и понятно: ни работа среди молодежи (образованіе революціонныхъ кружковъ), ни денежный сборъ, ни добываніе адресовъ, квартиръ и проч., ни даже добываніе шрифта, паспортовъ и т. п. не могло насъ удовлетворить, такъ какъ, во-первыхъ, это достигалось нами безъ особеннаго усилія и затраты энергіи, а во-вторыхъ не давало идейнаго удовлетворенія, какъ работа болѣе или менѣе механическая и подсобная. Суть революціонной дѣятельности, по нашему тогдашнему пониманію, заключалась не въ этихъ работахъ, къ тому же вовсе не требовавшихъ систематическаго служенія дѣлу (нельзя же было, въ самомъ дѣлѣ, ежедневно отыскивать адреса, квартиры, паспорта и проч., все это дѣлалось по мѣрѣ надобности и урывками), а въ созданіи, какъ въ обществѣ, такъ и въ рабочей массѣ сознательныхъ революціонныхъ силъ, какъ главной силы для подготовленія будущаго соціальнаго переворота. Весьма возможно, что въ описываемый періодъ это стремленіе работать среди городскихъ рабочихъ заступило у насъ мѣсто хожденія въ народъ въ предшествовавшій періодъ—въ 70-хъ гг. Вести пропаганду и агитацію среди интеллигенціи и молодежи казалось для насъ дѣломъ весьма легкимъ и опредѣленнымъ,—это какъ бы дѣлалось само собою, попутно. Другое дѣло—работа среди рабочихъ. Тутъ не только требовалась извѣстнаго рода подготовка, запасъ знаній какъ теоретическихъ, такъ и фактическихъ (такъ, необходимо было знакомство съ положеніемъ рабочихъ у насъ и въ Европѣ), но извѣстнаго рода личныя качества, напримѣръ, талантъ пропагаторскій. Необходимо было создать, выработать у себя эти качества. И мы всѣ пробовали свои силы на этомъ поприщѣ. Не всѣ изъ насъ, конечно, достигали своей цѣли; нѣкоторые изъ насъ должны были, въ концѣ-концовъ, горькимъ опытомъ убѣдиться, что они не годятся для этого рода дѣятельности. Много горькихъ минутъ доставляло имъ это сознаніе, и я помню, какъ мой близкій товарищъ и другъ (Р. Чернышевъ) такъ до конца жизни (онъ умеръ отъ чахотки спустя нѣсколько мѣсяцевъ послѣ выхода изъ тюрьмы, въ 1885 г.) мучился сознаніемъ, что онъ не могъ поработать для „дѣла“ такъ, какъ ему хотѣлось, только потому, что онъ не работалъ среди рабочихъ, хотя онъ отдавалъ все свое время для революціонной работы, но только на другомъ поприщѣ.

Въ тѣ годы въ Ростовѣ насчитывалось до 10000 рабочихъ всякихъ категорій. Большую часть составляли рабочіе желѣзнодорожнаго депо и сталелитейныхъ, чугуннолитейныхъ и механическихъ заводовъ вообще (мастерскія владикавказской желѣзной дороги, заводы Вил. Грагама, Попа и Грагама, Лимарева, Бронштейна, впослѣдствіи Пастухова), а затѣмъ табачныхъ фабрикъ—Асмолова, Кушнарева и другихъ, писчебумажной фабрики Панченко и т. д. Главной средой для революціонной пропаганды служили, конечно, квалифицированные рабочіе желѣзнодорожныхъ и механическихъ заводовъ; меньше были распропагандированы рабочіе другихъ фабрикъ. Пропаганда велась лично членами группы и подгруппы, конечно не массовая, т. е. не въ массѣ, а среди отдѣльныхъ группъ. Массовой пропагандой занимались лишь тѣ члены ростовской группы, которые сами были рабочими. Пропаганда и агитація велись такимъ образомъ. Болѣе или менѣе выдающіеся рабочіе и распропагандированные раньше и находившіеся въ постоянныхъ сношеніяхъ съ членами мѣстной группы, путемъ пропаганды среди массы рабочихъ, намѣчали и выбирали наиболѣе отзывчивыхъ изъ нихъ и составляли изъ нихъ группы или кружки иногда изъ 5-6, иногда изъ 10 и болѣе лицъ, смотря по обстоятельствамъ. Послѣ нѣсколькихъ предварительныхъ бесѣдъ на собраніяхъ или чтеній, рабочій-пропагандистъ вводилъ въ свою группу члена партіи, на обязанности котораго и лежала дальнѣйшая работа среди этой группы. Сама группа эта не оставалась замкнутой такъ навсегда: каждый изъ членовъ этой группы по собственной иниціативѣ старался привлечь новыхъ адептовъ, ведя пропаганду на заводѣ за станкомъ или въ иномъ мѣстѣ, и потомъ вводилъ ихъ въ группу. Если группа разросталась, она распадалась на 2 или 3 новыхъ группы, которыя тогда поручались новымъ членамъ группы или подгруппы. Такимъ образомъ, у насъ одновременно существовало нѣсколько различныхъ группъ. Группы эти образовывались часто независимо другъ отъ друга. По мѣрѣ того какъ рабочіе въ этихъ группахъ распропагандировывались, изъ нихъ вырабатывались хорошіе пропагандисты уже среди массы; да и вообще, каждый изъ членовъ этой группы пользовался всѣми удобными случаями для пропаганды среди своихъ товарищей. Часто изъ членовъ этихъ рабочихъ кружковъ являлись желающіе ѣхать въ другія мѣстности и города, гдѣ еще не было пропагандистовъ; и они, бросая свои мѣста, отправлялись въ Новочеркаскъ, Ставрополь, Кавказъ, что-бы положить тамъ начало соціалистической пропагандѣ. Несомнѣн-но, самое трудное—было начало, т. е. умѣлая пропаганда среди вновь образовавшихся кружковъ. За это обыкновенно брались опыт-ные члены группы партіи и затѣмъ, доведя до извѣстнаго момента, передавали членамъ подгруппы, которые уже вели кружокъ дальше, пріобрѣтая, такимъ образомъ, нѣкоторый навыкъ и умѣніе. Изъ чис-ла участвовавшихъ въ этихъ кружкахъ молодыхъ рабочихъ впо-слѣдствіи вышли выдающіеся пропагандисты и агитаторы. Не могу не упомянуть здѣсь одного изъ нихъ—Андрея Карпенко, рабочаго, токаря желѣзнодорожныхъ мастерскихъ, осужденнаго потомъ адми-нистративно на 10 лѣтъ на Сахалинъ и умершаго тамъ отъ ча-хотки. Онъ былъ въ числѣ другихъ 6-7 рабочихъ, порученныхъ мнѣ для занятій, какъ члену подгруппы, впервые въ 1882 г. По разсказамъ рабочихъ, это былъ незамѣнимый человѣкъ въ мастер-скихъ, благодаря своему умѣнію освѣщать факты, разсказывать, пользоваться всякимъ удобнымъ случаемъ и временемъ, чтобы ве-сти пропаганду. Другого, равнаго ему, не было. Прекрасно зная свое ремесло, онъ, не смотря на свою молодость, импонировалъ своей серьезностью, скромностью и умомъ. Какъ прекрасный това-рищъ, онъ всегда собиралъ вокругъ себя рабочихъ, приходившихъ къ нему за совѣтомъ: либо спросить, какъ поставить ту или иную шестерню въ станкѣ, или какъ сдѣлать нарѣзку винта желаемой величины, или разрѣшить какой-нибудь спорный вопросъ. „Андрю-ша", какъ его называли рабочіе, никогда никому не отказывалъ въ своемъ совѣтѣ: направлялъ шестерню, разрѣшалъ споръ и тутъ же заводилъ непремѣнно разговоръ на злобу дня, на тему о поло-женіи рабочихъ и пр., и пр., и, глядишь, мало-по-малу вербовалъ новыхъ адептовъ для дѣла. Авторитетомъ онъ пользовался боль-шимъ въ устройствѣ кассы, библіотеки и т. п. Другой подобный примѣръ представлялъ собой В. К—въ, пробывшій потомъ 8 лѣтъ въ Восточной Сибири. Я всегда поражался его умѣніемъ переда-вать своимъ товарищамъ просто и рельефно свою мысль; онъ обла-далъ также недюжинными организаторскими способностями.

Нужно ли говорить о томъ, что эти то, сознательно относя-щіеся къ своему положенію, рабочіе и были всегда на фабрикахъ и заводахъ тѣми элементами, которые стояли всегда во главѣ, какъ въ качествѣ иниціаторовъ, такъ и руководителей, во время стачекъ, столкновеній съ начальствомъ изъ-за штрафовъ, злоупо-требленій въ отчетности кассы для рабочихъ, больничныхъ денегъ и, наконецъ, они же являлись руководителями въ дѣлѣ обуздыва-нія, въ той или иной степени, чрезмѣрно зазнавшихся мастеровъ, а иногда и управляющихъ. На этотъ счетъ можно было бы привести факты. Въ отношеніи, собственно, стачекъ члены партіи держались такого взгляда, что не должно было искусственно взывать къ стачкѣ тамъ, гдѣ большинство, масса рабочихъ еще не сознала ея необхо-димости; но разъ мысль о стачкѣ встрѣчалась сочувственно, рабо-чіе агитаторы должны были ее поддерживать и руководить ею. Пропаганда и агитація, веденная такимъ образомъ, имѣла такой успѣхъ, особенно среди нашихъ желѣзнодорожныхъ рабочихъ, что по-требованію жандармскихъ властей увольнялись и выселялись сотни рабочихъ, которые, конечно, попадая въ другія мѣстности, продол-жали свое дѣло и тамъ. По крайней мѣрѣ, изъ числа всѣхъ рабо-чихъ, съ которыми мнѣ приходилось работать (около 12-20), за исключеніемъ 2-3, остальные до самаго ареста, будучи увольняемы изъ ростовскихъ мастерскихъ, продолжали свое дѣло, кто—въ Ека-теринославѣ, кто—въ Новочеркаскѣ, Батумѣ, Владикавказѣ, Воро-нежѣ и другихъ городахъ. Изъ ихъ числа ни одинъ не ушелъ изъ рабочей среды, не сталъ чуждъ рабочимъ интересамъ; напротивъ, чѣмъ развитѣе онъ становился, тѣмъ преданнѣе и горячѣе отно-сился къ своему дѣлу. Я уже приводилъ, какъ примѣръ, А. Кар-ченко, который не уступалъ по своему развитію многимъ интел-лигентамъ (у него, между прочимъ, была собственная библіотека, прекрасная, пріобрѣтенная на свои заработанныя деньги), а, между тѣмъ, онъ никогда не переставалъ быть однимъ изъ видныхъ аги-таторовъ и пропагандистовъ среди рабочихъ. Другой К—въ, дѣя-тельный и способный пропагандистъ, не смотря на свое долгое зна-комство съ народовольцами, такъ-таки и не имѣлъ времени вы-учиться писать (читалъ онъ прекрасно) и выучился этому во вре-мя этапнаго пути въ Сибирь у товарищей, а первые уроки ари-ѳметики и геометріи(такъ необходимыя для его ремесла, какъ сле-саря, токаря и кузнеца) онъ бралъ у меня, уже будучи въ ссылкѣ въ Сибири. Видно, плохими преподавателями математики и чисто-писанія были наши народовольцы!

Еще одно замѣчаніе. Народовольцевъ упрекали въ томъ, что, будучи чисто (?) политической партіей („конституціоналистами"), имѣющей въ виду политическій переворотъ путемъ захвата власти, они смотрѣли на рабочую массу единственно съ точки зрѣнія ору-дія для достиженія этой цѣли, какъ на нѣчто вродѣ „пушечнаго мяса". Но какова могла быть цѣль у этой партіи, которая гово-рила о себѣ, что „по основнымъ принципамъ мы—соціалисты-на-родники"? Очевидно, этой цѣлью могло быть только осуществленіе соціалистическаго строя, и я думаю, что всякій соціалистъ (а не только одни соціальдемократы) вмѣстѣ съ тѣмъ является также представителемъ, борцомъ за интересы рабочаго, какъ части „тру-дящейся массы". Весь характеръ нашей пропаганды именно и былъ таковъ, чтобы выяснить рабочему, что соціалистическій идеалъ является вмѣстѣ съ тѣмъ и идеаломъ рабочихъ. Правда, народо-вольцы говорили не только о городскомъ рабочемъ, но и о сель-скомъ крестьянствѣ, какъ представителѣ труда, но отъ этого да-леко до игнорированія рабочаго, какъ таковаго. Вѣдь не даромъ же народовольцы читали Маркса, Чернышевскаго, Энгельса, и, если они не видѣли возможности произвести политическій переворотъ только путемъ развитія политическаго сознанія рабочихъ массъ, то вѣдь и на Западѣ также перевороты производились не одной орга-низованной рабочей массой, и, тѣмъ менѣе, организованной въ со-ціальдемократическомъ духѣ. Во всякомъ случаѣ, это уже другой вопросъ, но помимо этого,—для чего, для кого и во имя чьихъ интересовъ народовольцы желали такъ страстно политической свободы, если они не были представителями ничьихъ интересовъ? Такъ, ради „свободы для свободы", или же за здорово живешь люди шли на смерть? Нѣтъ, политической свободы мы добивались для того, чтобы имѣть возможность вести пропаганду и агитацію въ широкихъ размѣрахъ, организовать трудящіяся массы для осуществленія соціальнаго переворота и созданія соціалистическаго строя.

Для своихъ занятій мы лѣтомъ пользовались либо загородными прогулками, либо переѣзжали на лодкѣ на другой берегъ или островокъ, и тамъ, выбравъ укромное мѣстечко, вели бесѣду. Но это можно было дѣлать только по праздникамъ и воскресеніямъ. Зимою приходилось устраиваться иначе, да и лѣтомъ, когда собранія назначались въ будни, мы устраивались иначе: одинъ изъ холостыхъ рабочихъ нанималъ обыкновенно для себя комнату на окраинѣ города, вблизи завода или фабрики, гдѣ работало большинство членовъ кружка. Квартира должна была удовлетворять многимъ условіямъ конспираціи: имѣть, напр., отдѣльный ходъ или же находиться въ отдѣльномъ флигелькѣ, во дворѣ; хозяева должны были быть людьми не любопытствующими; комнату выбирали болѣе или менѣе обширную и т. под. Если цѣна комнаты превышала сумму, платимую рабочими обыкновенно, излишекъ вносился либо партіей, либо, что бывало чаще, мы всѣ платили сообща.

Перехожу теперь къ содержанію пропаганды, къ тому, что мы старались давать рабочимъ на своихъ занятіяхъ и въ какомъ направленіи вели пропаганду.

Мнѣ приходилось впослѣдствіи очень часто слышать отъ дѣятелей слѣдующей формаціи, а иногда и читать, что дѣятельность членовъ партіи Народ. Воли среди рабочихъ, въ смыслѣ пропаганды, сводилась только къ тому, что они старались отдѣльныхъ рабочихъ, выдающихся своими умственными и вообще духовными качествами, путемъ развитія довести до уровня интеллигента и потому давали ему всевозможныя знанія изъ разныхъ областей, культивировали его умъ, такъ сказать, какъ это дѣлалось и съ интеллигентами. Поэтому, говорятъ намъ нѣкоторые, нерѣдко можно было видѣть пропагандиста, преподающаго рабочимъ математику, естественныя науки и проч.; и при такомъ веденіи дѣла пропаганды изъ этихъ рабочихъ вырабатывались люди, весьма сами по себѣ хорошіе, развитые, но которые совершенно исчезали, уходили изъ среды массовыхъ рабочихъ и, превращаясь въ обыкновеннаго интеллигента, прерывали всѣ связи съ обыкновенными рабочими. Вмѣсто того, чтобы укрѣплять въ рабочихъ ихъ классовое самосознаніе, народовольцы, напротивъ, какъ бы ослабляли его, они вырывали отдѣльныхъ рабочихъ изъ ихъ среды и вырабатывали изъ нихъ соціалистовъ, вообще, а не борцовъ за ихъ классовые интересы. Это было вредно еще и потому, что рабочая среда, какъ таковая, постепенно лишалась наиболѣе энергичныхъ своихъ членовъ, которые, оставаясь въ ней, конечно, способствовали бы лучше, чѣмъ кто-либо другой, развитію классового самосознанія. Такимъ образомъ, народовольцы, по мнѣнію ихъ критиковъ, распропагандировывали единичныхъ рабочихъ, развивали въ нихъ ихъ сознаніе, какъ развитой личности вообще, и не обращали вниманія на развитіе классоваго́ ихъ сознанія на почвѣ классовой борьбы. Нѣкоторые критики пошли далѣе,—они говорили, что народовольцы и не могли заниматься развитіемъ классоваго сознанія рабочихъ, такъ какъ у нихъ не было понятія о классахъ и классовой борьбѣ.

Отвѣтить этимъ критикамъ народовольцевъ можно прежде всего ссылкой на оффиціальные документы партіи Народной Воли, гдѣ говорится о дѣятельности и пропагандѣ среди рабочихъ и о томъ, какъ партія смотрѣла на рабочихъ, какъ революціонную силу вообще. Изъ этихъ документовъ совсѣмъ не видно, чтобы партія рекомендовала своимъ членамъ заниматься съ рабочими для культивированія мозговъ отдѣльныхъ рабочихъ, а напротивъ, тамъ ясно сказано, что пропаганда среди рабочихъ должна вестись на почвѣ ихъ экономическихъ, матеріальныхъ интересовъ, какъ довлѣющихъ надъ всѣми остальными и общихъ всему рабочему классу. Да и было бы нелѣпо со стороны народовольцевъ выхватывать изъ среды рабочей массы отдѣльныхъ рабочихъ для созданія изъ нихъ партіи сознательныхъ соціалистовъ, какъ таковыхъ, когда добиться этого можно было во сто разъ легче, работая среди другихъ слоевъ населенія. Наконецъ, народовольцы, ведя пропаганду кружковую, групповую, имѣли ввиду не только то, чтобы изъ членовъ этого кружка создать сознательныхъ личностей—соціалистовъ, а прежде всего и главнымъ образомъ то, чтобы создать изъ нихъ сознательныхъ пропагандистовъ и агитаторовъ среди самой рабочей массы, такъ какъ пропагандистъ и агитаторъ изъ рабочихъ и лучше знаетъ свою среду и связанъ съ нею своими интересами, и ему гораздо легче и доступнѣе эта среда, чѣмъ пропагандисту изъ интеллигентной среды,—да это, впрочемъ, такъ понятно и логично. Добавлю здѣсь еще нѣсколько фактовъ, относящихся къ моей двухлѣтней пропагаторской дѣятельности въ Ростовѣ въ 1882-84 гг.

Прежде всего,—съ чѣмъ я и мои товарищи по дѣлу шли къ рабочимъ, т. е. какова была наша программа дѣятельности, и каковъ былъ основной принципъ ея? О программѣ въ деталяхъ нечего и говорить, ея не было и не могло быть. Я зналъ, что пропаганда моя среди рабочихъ, какъ слоя, класса, имѣющаго свои опредѣленные интересы, и прежде всего экономическіе, должна была опираться или, лучше сказать, исходить изъ этихъ интересовъ, какъ наиболѣе понятныхъ и близкихъ имъ, рабочимъ. Сообразне съ этимъ я думалъ, что выполню болѣе или менѣе полно принятую на себя задачу, если: 1) выясню положеніе рабочихъ въ настоящее время, вообще, какъ у насъ, такъ и въ другихъ странахъ, т. е. выясню, что вездѣ и всюду экономическіе интересы рабочаго и капиталиста противоположны и при существующихъ условіяхъ иными быть не могутъ, и укажу на причины такого положенія; 2) укажу, что вездѣ и всюду, а у насъ въ особенности, политическая власть, т. е. правительство вообще, поддерживаетъ интересы капиталистовъ и помѣщиковъ противъ интересовъ рабочихъ и народа вообще; 3) что, при существованіи у насъ полнаго безправія рабочихъ (какъ, впрочемъ, и другихъ слоевъ), измѣненіе экономическаго положенія рабочаго класса возможно только съ уничтоженіемъ этого безправія

(т. е. при борьбѣ за политическую свободу, за уничтоженіе само-
державія) и, наконецъ, 4) ознакомлю съ программой дѣятельности
партіи Народной Воли, т. е. выясню, что ближайшія цѣли партіи
(борьба съ самодержавіемъ для осуществленія болѣе отдаленной
цѣли—соціалистическаго строя) совпадаютъ съ интересами рабочаго
класса и потому должны быть имъ поддерживаемы.

Конечно, нельзя думать, что я такъ строго-систематически
выполнялъ свою программу, пунктъ за пунктомъ. Ни мои личныя
силы ни находящаяся въ нашемъ распоряженіи литература—ле-
гальная и нелегальная—не позволяли этого сдѣлать. Да и, впро-
чемъ, вѣдь не профессорскія лекціи мы читали рабочимъ, а вели
бесѣды, читали статьи, обсуждали событія. Но ведя дѣло не систе-
матически, все же мы не теряли изъ виду конечной цѣли. Для
этого я пользовался всѣми средствами: ведя устную бесѣду, пере-
давая рабочимъ болѣе или менѣе систематически, напр., мои знанія
по рабочему вопросу, т. е. о положеніи рабочаго класса, причинахъ
и средствахъ къ измѣненію этого положенія, я тутъ же попутно
читалъ и обсуждалъ вмѣстѣ съ ними какую-нибудь подходящую
статью изъ легальной или нелегальной литературы: Чернышевскаго
(Примѣч. къ полит. экон.), соч. Лассаля (I-II т.), главнымъ обра-
зомъ, „Капиталъ и Трудъ“, его рѣчи: „Что такое конституція“ и
др.; Флеровскаго: „Положеніе рабочаго класса въ Россіи“, Соколо-
ва: „Экономическіе вопросы“, „Рабочій вопросъ“ Бехера, соч. Лан-
ге, брош. Либкнехта (литографированное изданіе, названіе забылъ)
и затѣмъ цѣлый рядъ журнальныхъ статей и газетныхъ корреспон-
денцій, выясняющихъ положеніе рабочихъ въ различныхъ райо-
нахъ Россіи или тѣ или другіе экономическіе вопросы—все это
служило источникомъ, откуда мы черпали необходимый матеріалъ
для пропаганды. Я уже не говорю о подпольной литературѣ, въ
родѣ: „Сытые и голодные“, „Хитрая механика“, „Паровая машина-
молотилка“, и др., или заграничныя изданія („Манифестъ комму-
нистической партіи“ и др.). Если къ этому прибавить устно пере-
даваемые самими рабочими факты изъ заводской или фабричной
жизни, относительно которыхъ тоже приходилось много говорить,
то станетъ понятнымъ, что не стремленіе выработать изъ рабочихъ
отдѣльныхъ развитыхъ личностей, порывающихъ потомъ всякую
связь съ рабочей средой, руководило нами (и, между прочимъ,
мною), а совершенно напротивъ: созданіе цѣлаго кадра сознатель-
ныхъ пропагандистовъ изъ рабочихъ для пропаганды и агитаціи
среди рабочихъ же,—вотъ что было единственной цѣлью нашихъ
занятій.

ПАМЯТИ КОКОВСКАГО.
(Изъ „Вѣстника Народной Воли“ № 5*).

Дѣло происходило лѣтомъ 1880 г.

Я тогда хотѣла познакомиться съ рабочими и говорила объ
этомъ Вѣрѣ Николаевнѣ Фигнеръ. Вотъ однажды она зашла къ намъ

*) Разсказъ С..., записанный съ ея словъ въ 1883 г. и опубликован-
ный въ „Вѣстникѣ Народной Воли“ въ 1885 г. Ред.

и сказала, что это можно устроить, и что завтра она познакомить меня съ однимъ господиномъ, который мнѣ „сдасть“ кой-какія связи съ рабочими. Свиданіе мы назначили въ Петровскомъ паркѣ.

Пошла я на другой день въ паркъ. Тамъ въ это время часто назначались свиданія. День, помню, былъ пасмурный, каждую минуту могъ пойти дождь. Однако, черезъ нѣсколько времени явились и они, Вѣра Николаевна съ Валентиномъ. Это не настоящее его имя, а только радикальское прозвище. Настоящаго имени я такъ и не знаю до сихъ поръ. Фамилія же его, дѣйствительно, Коковскій. Это оказался еще совсѣмъ молодой человѣкъ, юноша лѣтъ 20, бѣлый и розовый. На подбородкѣ и верхней губѣ его едва пробивался легкій пушокъ, лицо круглое съ выдающимися скулами, носъ немного вздернутый... Вообще, лицо не особенно изящное. Только глаза, переливающіе изъ синяго въ сѣрый цвѣтъ, были замѣчательно красивы. Все это мнѣ какъ-то въ глаза бросилось. Вы знаете, женщины все замѣчаютъ... И не понравился мнѣ Валентинъ. Это простое малорусское лицо, да и вся фигура, средняго роста, коренастая, неотесанная—впечатлѣніе самое заурядное. Онъ казался какимъ-то прикащикомъ изъ Сытнаго рынка. Одѣтъ онъ былъ бѣдно: сапоги дырявые; пальто выцвѣтшее, потертое и—зимнее, хотя дѣло было въ іюлѣ (1880 г.); простой рабочій картузъ, по фабричному, небрежно спускался козырькомъ на самые глаза, почти не прикрывая черныхъ лохматыхъ волосъ. Однимъ словомъ, Валентинъ представлялъ полный контрастъ со своей спутницей, чистенькой и изящной, какъ всегда.

Она, впрочемъ, пробыла съ нами минутку. Только представила насъ другъ другу и убѣжала, озабоченная и улыбающаяся, къ своимъ десяти тысячамъ дѣлъ, тоже по обыкновенію. Вѣдь вы ее знаете.

Валентинъ сказалъ, что можетъ познакомить меня съ рабочей семьей Полозовыхъ. Я спросила ихъ адресъ, но Валентинъ, не отвѣчая, свелъ разговоръ на общіе пріемы дѣятельности среди рабочихъ. Непріятное впечатлѣніе во мнѣ еще болѣе усилилось. Я, вообще, не чувствовала ни малѣйшаго желанія разговаривать съ новымъ знакомымъ, но то, что онъ говорилъ, невозможно было слушать хладнокровно. Онъ началъ поучать меня, что съ рабочими не слѣдуетъ держаться за панибрата, что они уважаютъ только того, кто ихъ держитъ въ рукахъ и умѣетъ дать почувствовать свою силу... Все въ такомъ духѣ. Я положительно не могла слушать и заспорила. У меня не было ни малѣйшаго опыта собственно за рабочемъ дѣлѣ, да и вообще не много. Но тутъ вопросъ не въ опытѣ. Мнѣ всегда противны и отвратительны были эти дутыя и глупыя претензіи корчить авторитетъ передъ людьми: рабочій или не рабочій, это рѣшительно все равно! Вообще, тотъ не можетъ имѣть полезнаго вліянія, кто не любитъ людей, съ которыми имѣетъ дѣло, и не считаетъ ихъ себѣ равными. Я невольно заспорила, а потомъ, видя, что онъ настаиваетъ, встала и хотѣла уйти.

Но Валентинъ удержалъ меня. Онъ вдругъ перемѣнилъ тонъ, извинился и заявилъ, что вполнѣ раздѣляетъ мои взгляды. „Я хотѣлъ только посмотрѣть, насколько вы стоите за нихъ“, замѣтилъ онъ... Вы понимате, подобное нахальство меня положительно взбѣсило. Конечно, я сама была совсѣмъ молодая, но, все-таки, съ какой стати этотъ мальчишка экзаменуетъ меня? Что это за глупыя испытанія?.. А, между тѣмъ, въ голосѣ Валентина теперь звучала такая задушевная и грустная нотка, онъ говорилъ такъ просто, что слово „нахальство“, уже готовое сорваться, невольно замирало на губахъ моихъ. Онъ началъ мнѣ толковать, какіе хорошіе люди его знакомые, какъ ему тяжело было передать ихъ человѣку, способному ихъ обидѣть и оттолкнуть отъ партіи. „Для многихъ,—продолжалъ Валентинъ,—дѣятельность среди рабочихъ представляется какой-то формальностью, которая выполняется съ высокомѣрнымъ убѣжденіемъ въ своемъ воображаемомъ превосходствѣ надъ толпой. Это такъ ошибочно и такъ вредно! А вѣдь васъ я не зналъ,—заключилъ онъ,—но теперь, увѣряю васъ, я очень радъ и очень желалъ бы именно вамъ сдать своихъ пріятелей!“

Если бы я не до такой степени хотѣла сойтись съ рабочими, я бы не стала даже и разговаривать. Онъ, замѣтьте, даже и извиняясь, былъ, очевидно, убѣжденъ, что поступилъ совершенно правильно. Но, въ концѣ-концовъ, что мнѣ за дѣло до самонадѣяннаго мальчишки, котораго я, вѣроятно, больше никогда не увижу?... Я успокоилась и попросила его перейти къ дѣлу. Началась характеристика братьевъ Полозовыхъ, обстоятельная до безконечности. Чего только не объяснилъ мнѣ Валентинъ!.. Ну, да я не стану этого разсказывать. Однимъ словомъ, Валентинъ говорилъ такъ, какъ будто само собою предполагалось, что я должна интересоваться каждымъ волосомъ на головѣ двухъ драгоцѣнныхъ братьевъ... И тутъ опять фальши у него не слышалось, но это безконечно внимательное, влюбленное отношеніе къ дѣлу мнѣ еще было незнакомо и невольно казалось неестественнымъ. Вообще, Валентинъ мнѣ не нравился, и я торопилась отъ него отдѣлаться, сведя разговоръ на то, когда и какъ увидаться съ Полозовыми. Условились на воскресенье. Я надѣялась, что все кончено, и заговорила о кіевскихъ рекомендаціяхъ, но Валентинъ перебилъ меня и опять пустился въ длиннѣйшія наставленія о томъ, какъ я должна себя держать съ Полозовыми, какъ одѣваться, что говорить съ матерью, съ сестрой, съ сосѣдями, если какъ-нибудь встрѣтятся. Все это впослѣдствіи оказалось очень полезнымъ для меня и убѣдило меня въ тонкой наблюдательности Валентина. Но тогда онъ мнѣ надоѣлъ до смерти: и экзамены его, и наставленія, и настойчивость, съ которой онъ училъ меня, безъ всякаго вниманія къ тому, желаю ли я принимать его уроки... Можетъ быть, мы бы опять поругались, но тутъ за меня вступилась сама природа: полилъ сильный дождь и положилъ конецъ разговорамъ. Мы вышли изъ парка, повторяя условія насчетъ воскресенья. Но Валентинъ не оставлялъ меня. Когда мы подошли къ конкѣ, въ которую я должна была сѣсть, онъ сказалъ, что ему тутъ, около, нужно забѣжать къ одному знакомому, и просилъ меня подождать его. „Хорошо, хорошо!“ отвѣтила я съ досадой и, какъ только онъ скрылся, поспѣшила сѣсть въ первый вагонъ, довольная, что, наконецъ, избавилась отъ назойливаго спутника.

Вотъ какое впечатлѣніе онъ произвелъ на меня въ первый разъ! Да, я забыла вамъ сказать, что на этотъ разъ все-таки не избавилась отъ Валентина. Онъ сѣлъ въ другой вагонъ, догналъ меня, когда я уже шла по улицѣ, и проводилъ до самой квартиры, все развивая свои соображенія о дѣятельности среди рабочихъ.

Ему, бѣдному, это дѣло было самому почти вновѣ, и онъ находился въ самомъ пылу увлеченія. А впрочемъ, — такіе люди не остываютъ никогда. Они просто умираютъ. Но тогда я его совсѣмъ еще не понимала.

Однако, въ назначенное воскресенье мое первое впечатлѣніе все-таки значительно измѣнилось къ лучшему. Свиданіе съ Полозовымъ было назначено опять въ паркѣ. Я пришла вдвоемъ съ Валентиномъ и застала младшаго брата уже на мѣстѣ. Старшій не могъ по дѣламъ отлучиться изъ дому. И вотъ тутъ Валентинъ мнѣ понравился въ первый разъ. Полозовъ встрѣтилъ его совсѣмъ по-товарищески, совсѣмъ просто, хотя видимо обрадованный. Валентинъ также могъ показаться скорѣе товарищемъ Полозова, чѣмъ моимъ. Но больше всего мнѣ понравилось, что разговоръ скоро сталъ совсѣмъ серьезнымъ, и въ то же время безъ малѣйшей натяжки. Валентинъ вытащилъ изъ кармана какія-то газеты, съ интересными новостями о движеніи рабочихъ за-границей, и началъ оживленно передавать ихъ содержаніе Полозову; повидимому это было продолженіе какого-то предыдущаго спора. Полозовъ иногда возражалъ, а еще больше разспрашивалъ. Валентинъ объяснялъ, иногда вдаваясь въ большія подробности, но, повторяю вамъ, совсѣмъ по-товарищески. Такъ, вѣроятно, питерскій рабочій передаетъ своему деревенскому пріятелю новости городской политики. На этотъ разъ я была совсѣмъ довольна: видно было, что Валентинъ, дѣйствительно, умѣетъ себя поставить. Впрочемъ, онъ скоро оборвалъ этотъ разговоръ и перешелъ къ предмету свиданія.

Рабочій, видимо, былъ огорченъ, когда Валентинъ сказалъ ему, что не можетъ больше заходить къ нимъ. Полозовъ благодарилъ его за знакомство со мной, но нѣсколько разъ принимался упрашивать Валентина заходить хоть изрѣдка, при малѣйшей возможности. Это мнѣ тоже понравилось: Полозовъ просилъ безъ стѣсненій, какъ товарищъ, увѣренный, что его просьба не покажется навязчивостью. А, между тѣмъ, о причинахъ, по которымъ должны прекратиться ихъ свиданія, Валентинъ не упомянулъ ни слова, и Полозовъ не разспрашивалъ. Видно было, что рабочему ясна роль Валентина, и что онъ умѣетъ уважать чужую конспирацію. Все это я невольно подмѣтила сразу.

Полозовы не были въ какомъ-нибудь отношеніи замѣчательными людьми. Они жили на Васильевскомъ Островѣ, цѣлымъ семействомъ: мать, дочь, молоденькая еще, лѣтъ 14, и вотъ эти самые два брата. Семья—ничего себѣ, хорошая. Мать тоже была хорошая, умная старуха; она имѣла въ общихъ чертахъ понятіе о соціалистахъ и сочувствовала имъ. Тутъ отчасти примѣшивались личные элементы: ея старшій сынъ былъ сосланъ за пропаганду. Я не знавала его, но слыхала самые прекрасные отзывы. А эти два брата не представляли ничего особеннаго: они интересовались нашимъ революціоннымъ движеніемъ, интересовались рабочими партіями въ Европѣ, разспрашивали о многомъ, но сами дѣйствовали мало; младшій, фабричный, былъ еще совсѣмъ неразвитъ, сознавалъ это и посвящалъ все свободное время на собственное обученіе. Старшій же, дѣйствительно, очень умный, какъ-то скептически относился къ возможности что-нибудь сдѣлать въ Россіи. Лично, впрочемъ, оба были хорошіе ребята.

У нихъ уже давно пробудилось сознательное отношеніе въ жизни. Они понимали значеніе соціалистовъ и дорожили связью съ партіей... Въ случаѣ чего, вѣдь они не стали бы сидѣть сложа руки, а пока, въ ожиданіи—они все-таки очень дорожили связью съ міромъ активной революціонной дѣятельности, къ которому были привязаны если не своей дѣятельностью, то хоть симпатіями. Нѣтъ, мои отношенія къ Полозовымъ сложились вполнѣ естественно. Они знали, чего я хочу отъ нихъ, и относились ко мнѣ такъ же, какъ къ нужному для себя человѣку. Мы условились, что я буду навѣщать ихъ, а для того, чтобы эти посѣщенія не казались подозрительными дворнику, я взяла на себя роль учительницы ихъ сестры. Она же, кстати, дѣйствительно, готовилась къ экзамену въ одну школу, Братьямъ я носила книги, газеты и всякія вѣсти изъ своего міра,— они уже не могли безъ этого жить. Нѣтъ, я то имъ была нужна, а вотъ они мнѣ, дѣйствительно, не очень. Они жили уединенно, своимъ кружкомъ, и черезъ нихъ трудно было даже заводить какія-нибудь связи.

У Коковскаго были, конечно, тогда и болѣе интересные рабочіе—онъ вѣдь состоялъ членомъ рабочей группы. Но я думаю, въ то время онъ заботился о своихъ Полозовыхъ больше, чѣмъ обо мнѣ, о нихъ, а не обо мнѣ онъ хлопоталъ. Да притомъ для меня, на первое время, для ознакомленія съ рабочими, знакомство было вполнѣ подходящее...

Изъ Кіева Валентинъ возвратился только въ сентябрѣ. Тутъ онъ изрѣдка сталъ заходить ко мнѣ на минуту, только справиться, какъ поживаютъ Полозовы. Ходить къ нимъ лично онъ не могъ: некогда было... Потомъ, однако, мы начали всѣ больше сходиться. Я увидѣла, что это человѣкъ замѣчательно симпатичный. Дѣйствительно, трудно себѣ представить натуру болѣе мягкую, гуманную любящую. Обыкновенно, когда говорятъ, что такой-то любитъ людей или тамъ человѣчество—это составляетъ, въ сущности, только фигуральное выраженіе для обозначенія убѣжденій человѣка, а вовсе не характеризуетъ его чувствъ. У Валентина было не такъ. Онъ, дѣйствительно, любилъ людей, не въ отвлеченіи только, а совершенно конкретно, тѣхъ самыхъ людей, которые были вокругъ него. Идеалистъ онъ былъ неисправимѣйшій, и, разумѣется, постоянно разочаровывался, мучился, страдалъ всѣмъ существомъ, и все-таки опять увлекался съ прежней вѣрой и силой... Вообще, я теперь понимаю, что онъ не могъ долго жить, онъ долженъ былъ сгорѣть безъ остатка и очень скоро: съ такими требованіями отъ жизни и людей въ Россіи нельзя жить.

Правда, товарищи любили его. Но это его вовсе не удовлетворяло. Онъ самъ привязывался къ этимъ людямъ гораздо сильнѣе и очень огорчался, замѣчая съ ихъ стороны то, что онъ называлъ только дѣловыми товарищескими отношеніями. По-своему они его любили, но по его мѣркѣ это выходило нѣчто гораздо меньшее, чѣмъ по ихъ. И каждый такой случай болѣзненно мучилъ Валентина, хотя онъ никого не обвинялъ. Со мной онъ былъ очень откровененъ и часто жаловался на то, что радикальская жизнь „изсушаетъ“ человѣка. „Эта жизнь,—говорилъ онъ, истощаетъ нервы: постоянныя хлопоты, дѣла, заботы, непріятности, постоянная необходимость жертвовать своимъ чувствомъ дѣловымъ соображеніямъ, постоянная гибель всѣхъ близкихъ людей, которыхъ теряешь, едва успѣвъ къ нимъ привязаться... подумайте, какой громадный запасъ чувства не истощится, наконецъ, при такихъ условіяхъ? Я думаю, каждый раньше или позже начинаетъ просто бояться всякаго проблеска личнаго чувства, чтобы не дать жизни случая снова бить васъ по наболѣвшему мѣсту. Это неизбѣжно... А въ то же время, вѣдь такимъ путемъ можно, наконецъ, совсѣмъ выдохнуться“...

Это я, впрочемъ, передаю только его слова. Вы видите, какъ трудно было на него угодить. А вѣдь и онъ самъ сознавалъ и говорилъ, что въ радикальной средѣ собраны лучшіе люди; онъ этихъ людей любилъ, гордился ими. Что же сказать объ остальномъ русскомъ мірѣ? Какъ онъ долженъ былъ бить Валентина? Что долженъ былъ перечувствовать Валентинъ, когда на его глазахъ Прѣсняковъ былъ выданъ полиціи и отправленъ на висѣлицу своимъ лучшимъ другомъ? Вѣдь этотъ негодяй, Смирновъ, былъ его другомъ, и Прѣсняковъ вѣрилъ въ него безусловно. А за что продалъ, за какія сокровища? Только для того, чтобы избавиться отъ административной высылки! Валентинъ всю эту исторію зналъ во всѣхъ перипетіяхъ. Онъ и Смирнова зналъ; между рабочими этотъ человѣкъ даже казался довольно выдающимся; съ Прѣсняковымъ же Валентинъ состоялъ въ одной группѣ.

Валентинъ иногда разсказывалъ мнѣ разные эпизоды изъ своей жизни, кое-что я слыхала и отъ знакомыхъ, такъ что въ общихъ чертахъ знаю жизнь Валентина. Родился онъ гдѣ-то въ Малороссіи, кажется, въ Кіевской губерніи. Отецъ его былъ священникъ. Мать умерла очень рано, такъ что Валентинъ ея даже не помнилъ. Отецъ, оставшись вдовцомъ, привязался къ сыну, какъ рѣдко бываетъ: баловалъ его до нельзя, берегъ отъ малѣйшаго непріятнаго впечатлѣнія, отъ малѣйшаго труда. Удивительно, какъ при этомъ могла выработаться такая дѣятельная натура. Должно быть, Валентинъ и учился хорошо, по крайней мѣрѣ, въ университетъ (кіевскій) онъ поступилъ еще совсѣмъ мальчикомъ. Способности у него были богатыя. Ну, въ университетъ онъ, конечно, вступилъ съ благоговѣніемъ. Онъ уже былъ въ то время полонъ всякихъ туманныхъ мечтаній служить человѣчеству... Но жить въ университетѣ оказалось далеко не весело. Валентинъ въ своихъ мечтахъ рисовалъ себѣ неясныя картины какого-то великаго дѣла. Мелкія студенческія дѣлишки, какія навертывались въ университетѣ, казались ему совсѣмъ не имѣющими смысла. Онъ все искалъ „настоящаго“ дѣла. На товарищей же это производило впечатлѣніе резонерства.—Начались насмѣшки, колкости, на Валентина стали смотрѣть какъ на плохого товарища. Положеніе его стало для него невыносимо, и онъ рѣшился перебраться въ Петербургъ. Въ Кіевѣ Валентину, впрочемъ, вообще не везло. Даже впослѣдствіи, въ ту поѣздку, съ которой началось наше знакомство, онъ никакъ не могъ приспособиться къ этому городу; а ужъ, кажется, былъ на-стоящій хохолъ и никогда не могъ избавиться даже отъ своего ма-лорусскаго акцента. Впрочемъ, въ послѣднюю поѣздку ему мѣшало еще особое обстоятельство... Валентинъ, если ужъ вѣрилъ во что-нибудь, то вѣрилъ безусловно. Такъ относился онъ и къ планамъ революціоннаго заговора. Для него это было великое дѣло, отъ ис-хода котораго зависѣла судьба милліоновъ. И вотъ такое дѣло могло восторжествовать или кончиться жалкой неудачей, смотря по степени умѣлости, осторожности, организованности революціонеровъ... Понятно, что Валентинъ сдѣлался фанатическимъ проповѣдникомъ организаціи и всякой конспираціи. Въ Петербургѣ онъ, сверхъ того, попалъ въ такую среду, которая, дѣйствительно умѣла вести дѣла и могла наглядно показать ему, какіе результаты даетъ правиль-ное организованное веденіе работы. Вѣдь Валентинъ имѣлъ свои-ми учителями Квятковскаго, Михайлова, Желябова! И онъ гордился этой „школой“... Въ Кіевѣ же господствовалъ совершенно другой типъ революціонера: типъ добраго малаго, готоваго на всякій про-тестъ, на всякую лихую штуку, но менѣе всего способнаго подчи-нить себя какой-нибудь системѣ. Валентинъ, разумѣется, съ своей точки зрѣнія возмущался этой „распущенностью“, но уничтожить ее не имѣлъ силы. Вступать въ сдѣлки, уступать въ серьезномъ дѣлѣ или даже дипломатничать, въ надеждѣ когда-нибудь достиг-нуть своего—онъ былъ также совершенно не способенъ. Остава-лось, стало быть, только удалиться. „Полная анархія, и не мнѣ внести въ нее систему; пусть за это берутся люди болѣе сильные!“— такъ формулировалъ мнѣ Валентинъ свои кіевскія впечатлѣнія, по возвращеніи изъ поѣздки.

Я не знаю, сколько времени онъ пробылъ въ кіевскомъ уни-верситетѣ. Но положеніе его было тогда самое тяжелое: неудовле-творенность, бездѣйствіе, отчужденность отъ товарищей, словомъ, все, что только можно придумать самаго страшнаго для Валентина. Онъ рѣшился попытать счастья въ Петербургѣ и перевелся въ здѣшній университетъ.

Въ Петербургѣ его положеніе сначала было тоже не лучше: такое же бездѣйствіе, такое же одиночество. Валентинъ не нахо-дилъ ни дѣла ни людей и уже началъ приходить въ полное от-чаяніе. Случайная встрѣча съ Михайловымъ*) выручила его. Ми-

*) Рѣчь идетъ объ извѣстномъ Александрѣ Михайловѣ. Но ошибка думать, что они встрѣтились съ Валентиномъ въ Петербургѣ. Со словъ Михайлова извѣстно, что онъ съ Валентиномъ, дѣйствительно, случайно столкнулся еще во время своей поѣздки въ Кіевъ, въ маѣ 1879 года. Съ обыкновенной своей проницательностью Михайловъ сразу оцѣнилъ Вален-тина, и самъ совѣтовалъ ему перебраться въ Петербургъ, куда Валентинъ прибылъ, повидимому, осенью 1879 г. Въ то время Михайлова въ Петербур-гѣ уже не было. Пробывъ тутъ очень не долго во время петербургскаго съѣзда, окончательно разорвавшаго „Землю и Волю“ на двѣ фракціи, и дождавшись выработки программы „Народной Воли“, Михайловъ уѣхалъ

хайловъ рекомендовалъ товарищамъ обратить вниманіе на Валентина, и съ нимъ, наконецъ, дѣйствительно познакомились Квятковскій и другіе. Нѣкоторое время его еще держали вдалекѣ, поручали разныя мелочи, вообще, присматривались. Тутъ, между прочимъ, онъ участвовалъ, вмѣстѣ съ Гриневицкимъ, въ слѣженіи за Гурко. Наконецъ, Валентина пустили на серьезную, самостоятельную роль въ рабочей группѣ. Онъ совсѣмъ ожилъ и развернулся. Эта дѣятельность давала широкій просторъ его способностямъ. Онъ вѣрилъ въ народъ и среди него чувствовалъ себя на „прочной почвѣ“, какъ онъ любилъ выражаться.

Въ это время я съ нимъ и подружилась.

Хорошее, живое было это время. Новое народовольческое направленіе находилось въ порѣ самаго свѣжаго, молодого роста. Оно должно было пробивать себѣ дорогу черезъ множество препятствій, но дѣлало это уже съ полною увѣренностью въ своей силѣ и побѣдѣ. Сила революціоннаго движенія видимо росла, а съ ней росло и всеобщее оживленіе. Въ молодежи шли повсюду толки о программахъ, о дѣятельности въ народѣ, о политикѣ и захватѣ власти, толки, согрѣтые увѣренностью въ полной реальности нашихъ общихъ надеждъ. Между прочимъ, въ молодежи того времени чрезвычайно усилилось стремленіе дѣйствовать среди городскихъ рабочихъ. Множество студентовъ и студентокъ, не находясь ни въ какихъ связяхъ съ революціонными организаціями, самостоятельно заводили связи между рабочими. Я бы могла назвать цѣлый рядъ своихъ личныхъ знакомыхъ, имѣвшихъ такія связи и самостоятельно занимавшихся пропагандой. Это стремленіе очень поощрялось народовольцами, которые, одновременно съ этимъ, постоянно возбуждали вопросъ о сліяніи обѣихъ партій (т. е. ихъ и чернопередѣльцевъ), на одной и тойже работѣ въ народѣ. Впрочемъ, и помимо этого, дѣятельность среди молодежи и среди рабочихъ какъ-то естественно переплетались между собой: при широкой пропагандѣ среди рабочихъ невозможно обойтись безъ молодежи; съ другой стороны, дѣйствуя среди молодежи, приходится указывать ей какія-нибудь средства для ея революціонной выработки, а въ этомъ отношеніи—дѣятельность среди рабочихъ представляется самой подходящей. Такимъ образомъ, мы съ Валентиномъ постоянно встрѣчались.

Я сначала хотѣла дѣйствовать среди рабочихъ и познакомилась съ Полововыми. Потомъ я мало-по-малу стала расширять связи самостоятельно, потому что я въ то время еще не принадлежала совсѣмъ къ организаціи. Такъ я познакомилась еще съ тремя рабочими, и около полугода вращалась, до нѣкоторой степени, въ этой средѣ. Но я вскорѣ стала убѣждаться, что, въ сущности, это не женское дѣло. Сойтись съ рабочими не трудно, и поставить себя съ ними тоже не трудно, но сношенія съ ними для

___
въ Москву, гдѣ оставался до самаго декабря 1879 г. Такимъ образомъ, онъ не могъ поддерживать сношеній съ Валентиномъ, но товарищамъ говорилъ о немъ, настоятельно совѣтуя свести знакомство. „Изъ этого мальчика,— говорилъ Михайловъ,—можетъ выработаться крупнѣйшій дѣятель...“ Въ срединѣ октября съ Валентиномъ народовольцы уже были знакомы.

женщины слишкомъ странны и возбуждаютъ подозрѣніе въ окружающихъ. Для избѣжанія этихъ подозрѣній приходится съеживаться, суживать свою пропаганду, и, наконецъ, оказывается, что результаты совершенно не окупаютъ времени и труда. Такъ, напримѣръ, я съ Полововыми должна была разстаться черезъ 3 мѣсяца. Ихъ денежныя дѣла пошли плохо, такъ что семьѣ пришлось перебраться на другую квартиру и принять цѣлую бучу жильцовъ. Я очутилась въ очень неловкомъ положеніи: особенно бабы, жилички, надоѣдали своими разспросами, кто я, да чѣмъ занимаюсь, да много ли зарабатываю и т. п. Вообще—положеніе мое въ глазахъ жильцовъ было очень странное, а съ самими Полововыми часто нельзя было и слова сказать. Мать иногда помогала немного случалось, что когда я уходила, послѣ безцѣльно и безцвѣтно потраченнаго вечера, старуха приказывала кому-нибудь изъ сыновей проводить меня. Такимъ образомъ, мы получали возможность немного потолковать; но, въ концѣ-концовъ, все это такъ мало вознаграждало... Положеніе мужчины гораздо удобнѣе...

Ну, я, мало-по-малу, и начала оставлять рабочихъ, переходя все больше въ среду молодежи. Потомъ я уже формально присоединилась къ народовольческой организаціи, именно поступила въ группу, которая дѣйствовала среди студенчества. Но, повторяю, эти двѣ сферы находились тогда въ постоянномъ общеніи. Старанія народовольцевъ—слить всѣ силы на рабочемъ дѣлѣ давали еще больше поводовъ къ тому, чтобы лица, занятыя пропагандой среди рабочихъ, постоянно появлялись передъ студенческими кружками, проповѣдуя это сліяніе. Этотъ вопросъ постоянно возбуждался, для этого созывались собранія, приглашались на диспуты народовольцы и чернопередѣльцы... Надо сказать, что чернопередѣльцы принадлежали, по преимуществу, къ студенчеству и мало дѣйствовали даже среди рабочихъ; они занимались больше всего собственной подготовкой. Однако же, бывали все-таки случаи, что на одной и той же фабрикѣ сталкивались народовольцы и чернопередѣльцы, причемъ между ними начинались пререканія и споры, которыя, разумѣется, производили на рабочихъ самое печальное впечатлѣніе. Рабочіе всѣхъ насъ одинаково называли соціалистами и плохо понимали фракціонныя различія принциповъ, но видѣли только, что люди, проповѣдующіе другимъ объединеніе и организацію, между собою грызутся, соперничаютъ... Понятно, что этому необходимо было положить конецъ. Народовольцы, которымъ больше приходилось дѣйствовать, чувствовали болѣе ясно необходимость прекратить возможность такихъ столкновеній. Чернопередѣльцы въ принципѣ не отвергали самой мысли о соглашеніи, но въ частностяхъ сходились туго. Такъ, напримѣръ, помню я случай съ „Программой рабочихъ членовъ партіи Народной Воли“. Одна моя пріятельница, М., рьяная чернопередѣлка, давно уже мнѣ говорила, что народовольцы вырабатываютъ программу по рабочему дѣлу, которая будетъ предложена на обсужденіе и имъ, чернопередѣльцамъ. Я въ это время уже принадлежала, по симпатіямъ, къ народовольцамъ, но къ организаціи еще не примкнула и, вообще, держалась въ неопредѣленномъ положеніи. Поэтому М. пригласила

и меня на собраніе. Это было въ октябрѣ мѣсяцѣ 1880 г. Наро-
довольцы предъявили свою программу, выработанную ихъ рабочей
группой. Средактирована же она была Валентиномъ. Собраніе черно-
передѣльцевъ было, помню, очень многочисленно, и къ программѣ
они придирались страшно. Особенно сама М. нападала на каждый
пунктъ, говоря, что тутъ нѣтъ никакихъ „уступокъ“... Упрекъ, въ
сущности, совсѣмъ неосновательный, потому что народовольцы и не
обѣщали никакихъ уступокъ, а только выражали надежду, что на
ихъ программѣ дѣятельности среди рабочихъ могутъ сойтись и
чернопередѣльцы... Такимъ образомъ, общаго соглашенія не состоя-
лось, хотя много отдѣльныхъ лицъ, какъ вамъ извѣстно, присоеди-
нилось къ программѣ Народной Воли.

Для Валентина это была пора самой оживленной дѣятельности.
Онъ состоялъ въ рабочей группѣ и въ редакціи „Рабочей Газе-
ты“*). Съ рабочими онъ велъ дѣло замѣчательно. Онъ ихъ любилъ
просто съ какой-то нѣжностью. Кажется, не было для него боль-
шаго удовольствія, какъ разсказать о нихъ что-нибудь хорошее...
ну, однимъ словомъ, о ихъ способности къ самоотверженности и т. п.
Помню, между прочимъ, говорилъ онъ мнѣ объ одномъ рабочемъ,
который запустилъ всѣ свои дѣла, тратя все время на пропаганду
и организацію среди своихъ собратьевъ; жить приходилось въ стра-
шной бѣдности, а на рукахъ—цѣлая семья; но онъ все-таки упор-
но отвергалъ предложенія хоть малѣйшей помощи со стороны ра-
дикаловъ. Этотъ героизмъ и благородная гордость приводили Ва-
лентина въ умиленіе. Но не думайте, чтобы онъ способенъ былъ
только умиляться передъ рабочими. Я была разъ на рабочемъ со-
браніи, которое, несправедливо обвиняя революціонеровъ, не хотѣло
исполнять принятыхъ на себя обязанностей. Валентинъ возмутился
и вспыхнулъ... Я даже не подозрѣвала, какія нотки имѣются въ
его голосѣ—рѣзко, повелительно... онъ разругалъ ихъ страшнѣй-
шимъ образомъ, и, право, не у многихъ бы хватило силы возра-
жать ему. Этотъ безбородый юноша выросъ въ моихъ глазахъ, сра-
зу на цѣлую голову, когда я услышала эти внушительные звуки,
передъ которыми оробѣла и съежилась цѣлая куча людей, вдвое
старше его по возрасту. О, да! онъ умѣлъ при надобности „скру-
тить“ людей, получше чѣмъ тѣ, кто думаетъ выѣзжать на одной
дисциплинѣ. Вообще, въ немъ иногда сверкала громадная сила ха-
рактера. Работалъ онъ тоже неутомимо. Лично поддерживая мно-
жество рабочихъ знакомствъ, онъ посѣщалъ также постоянно сту-
денческія сходки, вербуя дѣятелей для рабочей сферы, отстаивая
народовольческую программу и проповѣдуя сліяніе всѣхъ на „ней-
тральной почвѣ народнаго дѣла“... Я въ это время поступила въ
студенческую группу: тамъ было всего 5 человѣкъ студентовъ и
студентокъ изъ разныхъ учебныхъ заведеній и трое нелегальныхъ:
Франжоли, Вѣра Ник. Фигнеръ и Перовская. Франжоли тогда уже
былъ хромой калѣка, съ пожелтѣвшимъ, изможденнымъ лицомъ,

*) Изъ литературныхъ работъ Валентина можно указать статью:
„Рабочее житье-бытье“ въ №№ „Рабочей Газеты“. Затѣмъ,—Валентину же
принадлежитъ литературная редакція означенной „Программы рабочихъ,
членовъ партіи Народной Воли“.

какъ старая икона мученика, но — вѣчно горѣлъ и увлекался не хуже Валентина. Кстати сказать, они были между собою очень дружны. Валентинъ познакомился съ Франжоли уже послѣ его побѣга изъ ссылки, въ Петербургѣ, и сильно привязался къ нему и женѣ его, Завадской. Тѣ его тоже любили. Валентинъ часто просиживалъ цѣлые часы у постели больного Франжоли, который иной разъ не могъ перевернуться безъ боли съ одного бока на другой, но со сверкающими глазами и вдохновеннымъ видомъ не уставалъ толковать со своимъ молодымъ другомъ о дѣятельности, о нравственныхъ задачахъ, о народѣ... Это тоже была оригинальная личность, Франжоли...

Самъ Валентинъ къ нашей группѣ не принадлежалъ, но на собранія молодежи являлся часто вмѣстѣ съ нами. Иногда приходилъ и Желябовъ. Они дѣйствовали постоянно сообща.

Интересно, что въ отношеніяхъ между Валентиномъ и Желябовымъ громко звучала такая же товарищеская нотка, какъ у Валентина съ рабочими. Желябовъ былъ уже почти знаменитость. Его ораторская слава гремѣла въ революціонныхъ кружкахъ Петербурга; его организаторская роль уже выдвинула его на первый планъ среди самыхъ вліятельныхъ членовъ партіи. Валентинъ, конечно, былъ только скромнымъ ученикомъ, да и по лѣтамъ онъ былъ сравнительно съ учителемъ еще совсѣмъ юношей. Но ни малѣйшаго отношенія снизу вверхъ не было замѣтно въ Валентинѣ рядомъ съ Желябовымъ. На собраніяхъ они дѣйствовали постоянно дружно, ловко поддерживая одинъ другого, и хотя Желябовъ, разумѣется, игралъ первую роль, но случалось и наоборотъ. Видно было, что ни одинъ изъ нихъ не чувствовалъ неловкости, когда младшему товарищу почему-нибудь приходилось выручать старшаго. Но уважалъ Валентинъ Желябова чрезвычайно. „Тарасъ" — такъ звали тогда Желябова — былъ его любимый герой.

Помню я одинъ случай на этихъ сходкахъ, когда Желябовъ подвергался большому риску. Вообще, это былъ для него несчастный день. Одинъ изъ членовъ нашей группы, N-скій, назначилъ у себя сходку студентовъ для обсужденія способовъ дѣятельности среди рабочихъ. Сходка сперва назначалась на вечеръ, но потомъ, не знаю почему, это перемѣнили, и вся компанія собралась утромъ. Пришло всего человѣкъ 15. А въ это время сходки были уже очень стѣснены. Бывало, соберется человѣкъ 10, и то уже замѣтно, и то — того гляди — донесутъ въ полицію. Пришелъ и Желябовъ. Начались разговоры. Тарасъ былъ ужасно не въ ударѣ: я его такимъ никогда не видѣла. Онъ казался до нельзя усталымъ, разсѣяннымъ, не могъ собраться съ мыслями... Иногда онъ какъ будто хотѣлъ встрепенуться и развернуться въ спорѣ, но каждый разъ чрезвычайно неудачно, не находилъ словъ и снова погружался въ апатію... Валентинъ потихоньку шепнулъ мнѣ: „Ну, провалился нынче нашъ Тарасъ, придется устраивать ему другую сходку: фонды подымать". А, между тѣмъ, споръ понемногу разгорался, голоса стали возвышаться. Одинъ изъ присутствующихъ, Л., который обыкновенно отличался упорной нѣмотой, тутъ вдругъ пришелъ въ экстазъ, вскочилъ и закричалъ буквально во всю глотку, излагая какія-то свои соображенія... Валентинъ, видя полную неудачу Желябова, поднялся и сталъ говорить... Я сидѣла съ нимъ рядомъ, спиной къ двери и лицомъ къ зеркалу, на противоположной стѣнѣ комнаты. Только вдругъ, въ самый разгаръ рѣчи Валентина, въ зеркалѣ передо мной отразилась неожиданная картина: отворенная за нашими спинами дверь, а въ дверяхъ мрачная нахмуренная фигура дворника...Этотъ моментъ врѣзался у меня въ памяти навѣки. Какъ теперь вижу передъ собой эти лица, секунду назадъ оживленныя, раскраснѣвшіяся, а теперь сразу поблѣднѣвшія и смущенныя. Я невольно взглянула на Желябова: онъ сидѣлъ—блѣдный и, очевидно, растерялся... Валентинъ моментально измѣнилъ тему и вмѣсто рабочаго дѣла сразу свелъ рѣчь на недавній фельетонъ „Голоса", преувеличенно громко крича. У него, очевидно, мелькнула мысль одурачить дворника. Среди мертваго молчанія пятнадцати человѣкъ какъ-то дико звучалъ неестественно громкій голосъ Валентина, а потомъ, еще черезъ секунду, Валентинъ вдругъ также сразу смолкъ и опустился на стулъ со словами: „вотъ скандалъ-то!" Вся эта сцена продолжалась не болѣе нѣсколькихъ секундъ...

— Господа,—сказалъ дворникъ,—что это у васъ за собраніе?

Хозяинъ вышелъ изъ толпы и заявилъ довольно твердо, что онъ сегодня именинникъ, почему и пригласилъ къ себѣ гостей. Дворникъ недовѣрчиво обвелъ насъ глазами.

— Ну, какъ вамъ будетъ угодно, г. N-скій, я долженъ донести... Нынче этого не дозволяется. Я долженъ пойти въ участокъ... Какъ вамъ угодно...

Онъ скрылся за дверями. Въ комнатѣ сразу поднялся невообразимый гамъ. Что теперь дѣлать? Со всѣхъ сторонъ тревожные голоса раздавались одновременно и, другъ другу мѣшая, торопились внести одно и то же предложеніе. Дѣло ясно, конечно: Желябовъ долженъ былъ немедленно уйти, какъ всѣ остальные, какъ легальные, должны были оставаться и разыгрывать до конца комедію именинной пирушки. Валентинъ тоже былъ легальный: онъ все еще числился студентомъ университета, онъ могъ и долженъ былъ оставаться. Но Желябовъ, должно быть, разсерженный своей минутной слабостью, какъ будто рѣшилъ навѣки вытравить изъ головы присутствующихъ малѣйшую мысль о томъ, что онъ, Желябовъ, можетъ чего-нибудь испугаться. Онъ вдругъ оживился, повеселѣлъ, началъ шутить, увѣрялъ, что все глупости, и ему вовсе не зачѣмъ уходить... Не могу вамъ выразить этого томительнаго раздражающаго ощущенія. Тутъ каждая секунда дорога, въ каждый моментъ можетъ ввалиться полиція, а онъ смѣется, анекдоты разсказываетъ, тратитъ послѣднее время. Въ концѣ-концовъ онъ, конечно, долженъ былъ уйти, это каждый понималъ, уже хотя бы для того, чтобы насъ не компрометировать. Но, тратя дорогія минуты, Желябовъ, дѣйствительно, могъ дождаться, что уже станетъ поздно... Валентинъ схватилъ пальто и, накидывая его на плечи Тараса, со злостью крикнулъ: „Да уходите же, пожалуйста! Будетъ вамъ..." Такимъ образомъ, нѣсколько рукъ почти насильно вытолкали Желябова за двери. Онъ ушелъ, а мы съ безпокойствомъ кинулись къ окнамъ. Комната опять стихла. Мы прислушивались, стараясь угадать, что дѣлается на дворѣ: нѣтъ ли полицейскихъ около дома, не схватятъ ли Желябова. Но все было тихо. Не слышно ни шума ни крика. Увсѣхъ отлегло на сердцѣ. Ясно, что Тарасъ ушелъ благополучно. И тутъ уже у насъ поднялась суета и шумъ другого рода. Со смѣхомъ и шутками мы наскоро декорировали именинную пирушку. Стулья шумно придвинулись къ столу, на которомъ моментально появилась водка, закуска, пиво... Откуда только что взялось! Вся компанія, на этотъ разъ, дѣйствительно, веселая, начала пить и болтать въ ожиданіи нашествія...

Не больше какъ черезъ нѣсколько минутъ, дверь, дѣйствительно, снова отворилась и—показался околоточный надзиратель. Онъ былъ одинъ, даже безъ дворника. Н-скій развязно объяснилъ, что дворникъ—дуракъ, поднялъ тревогу неизвѣстно съ чего: „Какія тутъ собранія, помилуйте, просто товарищи пришли выпить да поболтать". Околоточный со строго недовѣрчивой миной обошелъ гостей и записалъ наши фамиліи, но, исполнивъ эту церемонію, смягчился и даже, по приглашенію хозяина, присѣлъ „закусить". Напился онъ до положенія ризъ. Совершенно пьяный, онъ расшутился, разболтался и началъ, наконецъ, разсказывать такіе анекдоты, что намъ, женщинамъ, пришлось спасаться бѣгствомъ...

Такъ благополучно кончилась эта исторія, грозившая было разыграться очень трагически.

Въ февралѣ 1881 года однажды зашла ко мнѣ Завадская, жена Франжоли, и сообщила, что Валентинъ очень боленъ. Я его за это время не видала что-то очень долго.

Нѣсколько времени передъ этимъ у меня вышелъ очень непріятный случай съ Франжоли. Я только что возвратилась съ лекціи объ атаксіи, какъ зашелъ ко мнѣ Франжоли. Онъ съ трудомъ ходилъ, хромалъ, казался очень истощеннымъ и въ какомъ-то нервномъ состояніи. На мой вопросъ, онъ разсказалъ, что совершенно измученъ какой-то странной болѣзнью. Еще въ 1874 г., будучи арестованъ, онъ, при перевозѣ его изъ Одессы въ Петербургъ, выскочилъ изъ вагона желѣзной дороги и приэтомъ сильно ушибъ позвоночный столбъ. Этому-то ушибу онъ приписывалъ свою болѣзнь. Когда онъ разсказывалъ мнѣ ея симптомы, я, подъ впечатлѣніемъ только что выслушанной лекціи, забылась, и слово „атаксія" невольно сорвалось у меня... Франжоли началъ разспрашивать, что это за болѣзнь. Патологія лежала тутъ же на столѣ. Онъ сталъ перелистывать ее... Вы знаете, это болѣзнь страшная, неизлѣчимая, кончающаяся общимъ параличемъ. Франжоли, однако, не казался обезпокоеннымъ, или, можетъ быть, не вчитался, какъ слѣдуетъ, и только спросилъ, долго-ли тянется этотъ процессъ разрушенія. Я сказала успокоительно, что это можетъ продолжаться 15—20 лѣтъ, и онъ даже пошутилъ: „Ну, значитъ, бояться нечего, я столько лѣтъ не проживу!". На всякій случай, я все-таки постаралась высказать нѣсколько соображеній, которыя должны были уничтожить его подозрѣнія. И онъ ушелъ совсѣмъ спокойный, хотя паталогію взялъ таки съ собой. Какъ было этому помѣшать?

Вообще, конечно, я поступила крайне неосторожно, но, въ концѣ-концовъ, была увѣрена, что все обошлось прекрасно. Но вотъ теперь прибѣгаетъ ко мнѣ Женичка (Завадская) и сообщаетъ, что съ мужемъ ея, богъ знаетъ, что дѣлается. Оказалось, что отъ меня онъ отправился въ одно знакомое семейство и тамъ почувствовалъ себя совсѣмъ дурно. Очевидно, разговоръ у меня произвелъ на него страшное впечатлѣніе. Онъ казался совершенно разстроеннымъ и не въ состояніи былъ двигаться. Его привезли домой, и съ тѣхъ поръ онъ лежитъ совсѣмъ больной, чувствуя себя съ каждымъ днемъ хуже. Женичка просила меня свести его въ клинику, на консультацію, и попросить доктора, чтобы онъ успокоилъ больного, а настоящую болѣзнь сказалъ бы мнѣ, а не ему. Тутъ же Завадская сказала, что и Валентинъ боленъ, такъ что въ клинику за одно слѣдуетъ свести и его.

На другой день я пошла съ ними обоими и узнала страшную истину: у Валентина началась бугорчатка. Болѣзни Франжоли докторъ не умѣлъ окончательно опредѣлить, но ясно было, что это нѣчто очень серьезное... Впрочемъ, согласно моей просьбѣ, докторъ успокоилъ его. Валентину онъ тоже ничего не сказалъ о бугорчаткѣ, а только приказалъ ему немедленно ѣхать въ Крымъ. Болѣзнь его, вѣроятно, была наслѣдственная. Но болѣзненный процессъ нашелъ самую благопріятную почву въ этомъ организмѣ, истощенномъ плохимъ питаніемъ, бѣготней во всякую погоду, въ морозъ и слякоть, въ драной одеждѣ и рваныхъ сапогахъ, а больше всего— постояннымъ нервнымъ напряженіемъ, рѣчами и спорами. Бугорчатка развивалась у него необыкновенно быстро, и докторъ сказалъ, что съ отъѣздомъ нельзя медлить ни одного дня...

Вечеромъ я навѣстила Валентина. Онъ только теперь, въ первый разъ, сказалъ мнѣ адресъ своего жилища. Это была крохотная комнатка, гдѣ едва помѣщались комодъ, кровать и столъ; единственное окно выходило на грязный дворъ. Въ комнатѣ было душно, воздухъ спертый. Жарко натопленная печь едва позволяла сидѣть въ комнатѣ, а Валентинъ трясся отъ озноба. Я смотрѣла на него, какъ на приговореннаго къ смерти. Онъ замѣтно измѣнился къ худшему даже въ теченіе нѣсколькихъ часовъ съ утра. Лихорадочно воспаленные глаза, температура 40°, страшное нервное возбужденіе—все показывало безпощадную работу разрушенія въ его организмѣ. Докторъ предписалъ ему полное спокойствіе, но какъ исполнить это предписаніе?.... Больной, напротивъ, находился въ состояніи крайняго возбужденія. Онъ возмущался всѣмъ: „Это богъ знаетъ что! Куда я теперь уѣду? зачѣмъ?“ Онъ пускался въ длинные разсказы о томъ, какъ долго рвался къ дѣлу, какъ трудно ему было найти примѣненіе своимъ силамъ. „И вотъ теперь, когда все только что поставлено, когда я знаю, зачѣмъ живу на свѣтѣ—я долженъ уѣхать! Это невозможно“. Я старалась заставить его замолчать, пыталась сама говорить, но онъ не слушалъ, перебивалъ и опять разражался цѣлыми потоками взволнованныхъ рѣчей... Между прочимъ, я узнала, что въ этотъ самый день у него былъ Желябовъ и оффиціально, отъ имени организаціи, заявилъ ему, чтобы онъ немедленно уѣзжалъ въ Крымъ и оставался тамъ, пока не поправится... „Скажите, пожалуйста,—вдругъ обратился ко мнѣ Валентинъ,—да что же со мной будетъ, если я не уѣду?“ Я отвѣчала, что отъ этого могутъ быть самыя серьезныя послѣдствія. „Да что же именно? Вѣдь не умру же я, наконецъ? Они говорятъ—какіе то прыщики въ горлѣ... Ну, что же будетъ? Скажите?“... У меня языкъ не поворачивался сказать ему что-нибудь о смерти... „Увѣряю васъ, что это очень серьезно“. „Да вѣдь не умру же я отъ этой болѣзни?“... Это была настоящая пытка. Я насилу ушла.

На другой день мы его провожали. Онъ пришелъ на квартиру Франжоли. Тутъ же была и Перовская. Меня тоже позвали. Я никогда еще не была на этой квартирѣ. Тутъ помѣщалась, очевидно, какая-то мастерская, можетъ быть, динамитная... не знаю. Я, конечно, не спрашивала. Въ атмосферѣ лабораторнаго воздуха, среди какихъ-то приборовъ и склянокъ, словно тѣнь, двигалась искривленная фигура Франжоли. Онъ и Валентинъ жалѣли другъ друга тѣмъ сильнѣе, что ни одинъ изъ нихъ не понималъ опасности собственнаго положенія. Франжоли, благодаря доктору, уже успокоился. Валентинъ ничего не зналъ про свою бугорчатку и нисколько не ждалъ смерти. И вотъ эти кандидаты на тотъ свѣтъ старались изо всѣхъ силъ ободрить другъ друга. Господи, какъ тяжела была эта сцена... Но ужъ, конечно, никто изъ насъ не думалъ въ ту минуту, чтобы изъ всѣхъ присутствующихъ раньше всѣхъ умерла здоровая, цвѣтущая Софья Перовская... Ласково прощалась она съ Валентиномъ: „Выздоравливайте поскорѣй, возвращайтесь, еще поработаемъ вмѣстѣ!“ И онъ тоже повторялъ: „Еще увидимся. Жаль, что немного пришлось вмѣстѣ дѣйствовать, ну да еще будетъ время“...

Но время это больше не наступило.... Черезъ два мѣсяца Софья Перовская уже качалась чернымъ трупомъ на веревкѣ. Той же весной и Валентинъ умеръ въ Крыму...

СѢВЕРНЫЙ РАБОЧІЙ СОЮЗЪ.

Съ самаго зарожденія соціалистическаго движенія въ Россіи, Петербургъ представлялъ собою главный центръ рабочей пропаганды. Начало этой пропаганды въ сколько-нибудь организованномъ видѣ было положено въ 1871-72 г. кружкомъ чайковцевъ, у котораго были завязаны сношенія какъ съ заводскими, такъ и съ фабричными рабочими. Среди заводскихъ рабочихъ, преимущественно на Васильевскомъ Островѣ, тогда возникла довольно большая группа, члены которой были хорошо знакомы съ соціалистической литературой того времени и вполнѣ сознательно относились къ рабочему дѣлу. Среди фабричныхъ рабочихъ также были организованы тогда кружки почти во всѣхъ главныхъ рабочихъ кварталахъ Петербурга: на Выборгской сторонѣ, за Невской и за Московской заставами. Большинство этихъ кружковъ были разбиты и уничтожены во время погрома 1874 г., но многіе изъ его членовъ уцѣлѣли; арестованныхъ рабочихъ, по большей части, скоро освобождали, суду же предавались только наиболѣе скомпрометированные. Такимъ образомъ, рабочая пропаганда начала 70-хъ годовъ оставила свои слѣды въ Петербургѣ; вновь возникавшія революціонныя организаціи всегда находили тамъ отдѣльныхъ рабочихъ, уже затронутыхъ соціалистической пропагандой. Эта пропаганда, впрочемъ, почти и не прекращалась въ Петербургѣ. За чайковцами слѣдовали такъ называемые „лавристы“ (1876-77 г.), а затѣмъ возникла землевольческая организація, которая повела рабочую пропаганду уже въ болѣе широкихъ размѣрахъ.

Къ этому, именно, времени и относится образованіе въ Петербургѣ Сѣвернаго Рабочаго Союза, программу котораго мы печатаемъ ниже.

Иниціаторами этого Союза были извѣстный Халтуринъ и В. Обнорскій, одинъ изъ видныхъ членовъ вышеупомянутой рабочей группы Васильевскаго Острова, уцѣлѣвшій отъ погрома 1874 г. Халтуринъ пользовался огромной популярностью среди петербургскихъ рабочихъ и крайне ревниво относился къ интересамъ своего рабочаго дѣла. Въ 1878 г., когда въ русскомъ революціонномъ движеніи уже стала замѣтно пробиваться политическая струя, Халтуринъ встрѣтилъ сначала это теченіе даже враждебно и задумалъ основать, какъ бы въ противовѣсъ ему, чисто рабочую организацію. Сѣверный Рабочій Союзъ сталъ быстро расширяться и уже насчитывалъ болѣе ста человѣкъ. Но политика не замедлила, конечно, заявить о себѣ и въ этомъ случаѣ. Въ декабрѣ 1878 г. происходили первыя общія собранія Рабочаго Союза, а въ мартѣ 1879 г. изъ него уже было выхвачено около 60-ти человѣкъ, вмѣстѣ съ типографіей Союза и съ набраннымъ уже первымъ номеромъ „Рабочей Газеты“. Тогда же былъ арестованъ и В. Обнорскій, а Ст. Халтуринъ, убѣдившись въ невозможности отдѣлить рабочее движеніе отъ политики, рѣзко повернулъ въ сторону террористической борьбы и осенью 1879 г. предложилъ свои услуги Исполнительному Комитету.

Ниже мы печатаемъ воззваніе, съ которымъ Сѣверный Рабочій Союзъ обратился ко всѣмъ русскимъ рабочимъ.

КЪ РУССКИМЪ РАБОЧИМЪ!

Программа „Сѣвернаго Союза Русскихъ Рабочихъ“.

Сознавая крайне-вредную сторону политическаго и экономическаго гнета, обрушивающагося на наши головы со всею силою своего неумолимаго каприза, сознавая всю невыносимую тяжесть нашего соціальнаго положенія, лишающаго насъ всякой возможности и надежды на сколько-нибудь сносное существованіе, сознавая, наконецъ, болѣе невозможнымъ сносить этотъ порядокъ вещей, грозящій намъ полнѣйшимъ матеріальнымъ лишеніемъ и парализаціею духовныхъ силъ, мы, рабочіе Петербурга, на общемъ собраніи отъ 23 и 30 декабря 1878 г. пришли къ мысли объ организаціи обще-русскаго союза рабочихъ, который, сплачивая разрозненныя силы городскаго и сельскаго рабочаго населенія и выясняя ему его собственные интересы, цѣли и стремленія, служилъ бы ему достаточнымъ оплотомъ въ борьбѣ съ соціальнымъ безправiемъ и давалъ бы ему ту органическую внутреннюю связь, какая необходима для успѣшнаго веденiя борьбы.

Организацiя Сѣвернаго Союза Русскихъ Рабочихъ должна имѣть строго опредѣленный характеръ и преслѣдовать именно тѣ цѣли, какiя поставлены въ ея программѣ.

Въ члены этого союза избираются исключительно только рабочiе и черезъ лицъ болѣе или менѣе извѣстныхъ, числомъ не менѣе двухъ.

Всякiй рабочiй, желающiй сдѣлаться членомъ Союза, обязанъ предварительно ознакомиться съ нижеслѣдующей программой и съ сущностью соцiальнаго ученiя.

Всѣ члены Союза должны сохранять между собой полную солидарность, и нарушившiй ее подвергается немедленному исключенiю.

Членъ же, навлекшiй на себя подозрѣнiе, изобличающее его въ измѣнѣ Союзу, подвергается особому суду выборныхъ.

Каждый членъ обязанъ вносить въ общую кассу Союза извѣстную сумму, опредѣляемую на нашемъ собранiи членовъ.

Дѣлами Союза завѣдываетъ комитетъ выборныхъ, состоящiй изъ 10 членовъ, на попеченiи котораго лежатъ также обязанности по кассѣ и библiотекѣ. Общiя собранiя членовъ происходятъ разъ въ мѣсяцъ, гдѣ контролируется дѣятельность комитета, и обсуждаются вопросы Союза.

Собранiе уполномачиваетъ комитетъ только въ дѣйствiяхъ, являющихся непосредственно въ интересахъ всего Союза.

На обязанности комитета лежитъ также право сношенiя съ представителями провинцiальныхъ кружковъ и фракцiй рабочихъ Россiи, принявшихъ программу Сѣвернаго Союза.

Провинцiальныя фракцiи Союза удерживаютъ за собою автономное значенiе въ сферѣ дѣятельности, опредѣляемой общею программою, и подчиняются только рѣшенiямъ общихъ представительныхъ собранiй.

Центральная касса предназначается исключительно на расходы, необходимые для выполненiя плановъ Союза, и на поддержку рабочихъ во время стачекъ.

Библiотека имѣетъ цѣлью безплатно удовлетворять потребностямъ столичныхъ рабочихъ, даже и не принадлежащихъ къ Союзу.

Расходы на ея содержанiе и на выписку книгъ идутъ изъ кассы Союза и изъ суммъ, жертвуемыхъ рабочими.

Сѣверный Союзъ Русскихъ Рабочихъ, тѣсно примыкая по своимъ задачамъ къ соцiально-демократической партiи Запада, ставитъ своею программою:

1) Ниспроверженiе существующаго политическаго и экономическаго строя государства, какъ строя крайне несправедливаго.

2) Учрежденiе свободной народной федерацiи общинъ, основанныхъ на полной политической равноправности и съ полнымъ внутреннимъ самоуправленiемъ на началахъ русскаго обычнаго права.

3) Уничтоженіе поземельной собственности и замѣна ея общиннымъ землевладѣніемъ.

4) Правильную ассоціаціонную организацію труда, предоставляющую въ руки рабочихъ-производителей продукты и орудія производства.

Такъ какъ политическая свобода обезпечиваетъ за каждымъ человѣкомъ самостоятельность его убѣжденій и дѣйствій, и такъ какъ ею прежде всего обезпечивается рѣшеніе соціальнаго вопроса, то непосредственными требованіями Союза должны быть:

1) Свобода слова, печати; право собраній и сходокъ.

2) Уничтоженіе сыскной полиціи и дѣлъ по политическимъ преступленіямъ.

3) Уничтоженіе сословныхъ правъ и преимуществъ.

4) Обязательное и безплатное обученіе во всѣхъ школахъ и учебныхъ заведеніяхъ.

5) Уменьшеніе количества постоянныхъ войскъ или полная замѣна ихъ народнымъ вооруженіемъ.

6) Право сельской общины на рѣшеніе дѣлъ, касающихся ея, какъ-то: размѣра податей, надѣла земли и внутренняго самоуправленія.

7) Уничтоженіе паспортной системы и свобода передвиженія.

8) Отмѣна косвенныхъ налоговъ и установленіе прямого, сообразно доходу и наслѣдству.

9) Ограниченіе числа рабочихъ часовъ и запрещеніе дѣтскаго труда.

10) Учрежденіе производительныхъ ассоціацій, ссудныхъ кассъ и дарового кредита рабочимъ ассоціаціямъ и крестьянскимъ общинамъ.

Вотъ, въ главныхъ чертахъ, та программа, руководиться какою поставило себѣ задачею общее собраніе петербургскихъ рабочихъ отъ 23 и 30 декабря.

Путемъ неутомимой и дѣятельной пропаганды въ средѣ своихъ собратьевъ, Сѣверный Союзъ надѣется достичь тѣхъ результатовъ, которые выдвинутъ и у насъ рабочее сословіе и заставятъ заговорить о немъ, о его правахъ; посему на обязанности каждаго члена этого Союза лежитъ священный долгъ вести посильную агитацію въ угнетаемой и отзывчивой на требованія справедливости рабочей массѣ. Услуга его не останется забытою потомствомъ, и славное имя его, какъ апостола евангельской истины, занесется въ лѣтописи исторіи.

Рабочіе! васъ мы зовемъ теперь, къ вашему голосу совѣсти и сознанію обращаемся мы!

Великая соціальная борьба уже началась — и намъ нечего ждать; наши западные братья уже подняли знамя освобожденія милліоновъ — и намъ остается только примкнуть къ нимъ. Рука объ руку съ ними пойдемъ мы впередъ и въ братскомъ единеніи сольемся въ одну грозную боевую силу...

На насъ, рабочіе, лежитъ великое дѣло—дѣло освобожденія себя и своихъ братьевъ, на насъ лежитъ обязанность обновленія міра, утопающаго въ роскоши и истощающаго наши силы,—и мы должны дать его!

Вспомните, кто первый откликнулся на великія слова Христа, кто первый былъ носителемъ его ученія о любви и братствѣ, перевернувшаго весь старый міръ? — простые поселяне... Мы тоже зовемся къ проповѣди, мы тоже призываемся быть апостолами ученія, не новаго, но въ сущности только непонятаго и позабытаго ученія Христа. Насъ будутъ гнать, какъ гнали первыхъ христіанъ, насъ будутъ бить и издѣваться надъ нами, но будемъ неустрашимы и не постыдимся ихъ поруганій, такъ какъ одно это озлобленіе противъ насъ покажетъ намъ ихъ безсиліе въ борьбѣ съ нравственнымъ величіемъ идей, въ борьбѣ·съ тою силою, какую мы представимъ собою.

„Вы развращаете міръ,—скажутъ намъ,—вы разрушаете семью, вы попираете собственность и оскверняете религію".—Нѣтъ, будемъ отвѣчать имъ, не мы развращаемъ міръ, а вы, не мы причиною зла, а вы. Напротивъ, мы идемъ обновить міръ, возродить семью, установить собственность, какъ она должна быть и воскресить великое ученіе Христа о братствѣ и равенствѣ...

Рабочіе! становитесь смѣло подъ наше знамя соціальнаго переворота, сомкнитесь въ дружную братскую семью и, опоясавшись духовнымъ мечемъ истины, идите проповѣдывать свое ученіе по городамъ и селамъ! Ваше будущее лежитъ въ этой спасительной пропагандѣ, и вашъ успѣхъ зависитъ отъ нравственной силы вашей; съ нею мощны вы, съ нею вы покорите міръ!

Знайте, что въ васъ заключается вся сила и значеніе страны, вы—плоть и кровь государства, и безъ васъ не существовало бы другихъ классовъ, сосущихъ теперь вашу кровь. Вы смутно сознаете это, но у васъ нѣтъ организаціи, нѣтъ идеи, которой бы вы руководились, нѣтъ, наконецъ, нравственной поддержки, столь необходимой для дружнаго отпора врагу. Но мы, рабочіе—организаторы Сѣвернаго Союза, даемъ вамъ эту руководящую идею, даемъ вамъ нравственную поддержку въ сплоченіи интересовъ и, наконецъ, даемъ ту организацію, въ какой нуждаетесь вы.

Итакъ, за вами, рабочіе, послѣднее слово, отъ васъ зависитъ участь великаго Союза и успѣхъ соціальной революціи въ Россіи!

МЕЖДУНАРОДНЫЙ КОНГРЕССЪ ВЪ ХУРѢ.

2 октября (н. ст.) 1881 г. въ швейцарскомъ городѣ Хурѣ состоялся международный соціалистическій конгрессъ. Во время его засѣданій произошли очень интересные дебаты относительно тогдашняго русскаго революціоннаго движенія. Между прочимъ, П. Аксельродомъ, не въ качествѣ уполномоченнаго делегата, а въ качествѣ „русскаго гостя", была произнесена рѣчь о современномъ состояніи русскаго революціоннаго движенія. Эта рѣчь въ свое время была цѣликомъ напечатана самимъ П. Аксельродомъ въ „Вольномъ Словѣ" (№ 13, ноябрь 1881 г.) и вызвала возраженіе на страницахъ „Народной Воли".

На страницахъ „Былого“ мы приводимъ ту часть рѣчи П. Аксельрода, которая заключаетъ его взглядъ на дѣятельность партіи Народной Воли, взглядъ во многомъ не согласный съ тѣмъ, что потомъ П. Аксельродъ писалъ о той же Народной Волѣ, напр., въ 1887 г. въ письмѣ къ товарищамъ въ Россіи, гдѣ онъ утверждалъ, что во время народовольчества „пропагандистско-народническая дѣятельность все болѣе и болѣе суживалась и превратилась преимущественно въ орудіе вербовки, въ средѣ рабочихъ, подходящихъ къ террористической борьбѣ лицъ. Но о сознательномъ и систематическомъ стремленіи вызвать среди рабочихъ самостоятельное политическое броженіе у насъ никогда и рѣчи не было“ и т. д. (см. № 2 „Былого“ стр. 84-85).

Вотъ отрывокъ изъ упомянутой нами выше рѣчи г. Аксельрода:

......„Скажу нѣсколько словъ о взаимныхъ отношеніяхъ фракцій „Ч. П.“ и „Н. В.“ Германскій делегатъ замѣтилъ сегодня мимоходомъ, что разница между ними та, что первая стоитъ исключительно на почвѣ пропаганды, вторая—на почвѣ террора. Это невѣрно. При теперешнихъ обстоятельствахъ въ Россіи невозможно революціоннымъ элементамъ ограничиться одной пропагандой, какъ ее здѣсь понимаютъ. Разница между ними состояла, по крайней мѣрѣ прежде (я напоминаю, что я давно изъ Россіи и, слѣдовательно, могу ошибиться относительно теперешняго положенія дѣлъ), въ томъ, что „Н. В.“ требовала сосредоточенія дѣятельности въ городахъ, на почвѣ антиправительственной борьбы—пуская въ ходъ какъ терроръ, такъ и пропаганду; между тѣмъ, какъ „Ч. П.“ напиралъ на сосредоточеніи силъ въ деревнѣ и на возбужденіи духа протеста въ крестьянствѣ—также путемъ пропаганды и террора—напримѣръ, противъ особенно ненавистныхъ народу своей эксплуатаціей правительственныхъ и даже частныхъ лицъ. Привер женцы „Ч. П.“ указывали, особенно на то обстоятельство, что терроръ противъ крайне жестокихъ эксплуататоровъ народа, произведетъ такое же возбуждающее дѣйствіе на оппозиціонное настроеніе народа и сдѣлаетъ провинціальную партію столь же популярною въ его средѣ, какъ городской терроръ по отношенію къ интеллигентнымъ слоямъ общества. Нельзя далѣе сказать, чтобы фракція „Н. В.“ отличалась отъ „Ч. П.“ меньшей преданностью соціализму, какъ думаютъ нѣкоторые. По крайней мѣрѣ относительно членовъ „Исполнительнаго Комитета“ я могу съ полнымъ убѣжденіемъ заявить, что они глубоко проникнуты соціалистическими идеями. Мало того, многіе изъ нихъ, между прочимъ Перовская и Кибальчичъ, даже въ тактическомъ отношеніи сочувствовали „Ч. П.“ и стояли въ рядахъ „Н. В.“ только въ надеждѣ общими усиліями скорѣе избавиться отъ абсолютизма, чтобы затѣмъ приняться за несравненно болѣе симпатичную имъ работу среди народа. Только немногіе члены „Н. В.“, какъ напр., героическій Желябовъ, особенно настаивали на агитаціи преимущественно радикально—политическаго характера, въ виду соображеній чисто практическихъ, именно: возможно скораго ниспроверженія деспотизма и проложенія пути къ большему развитію народныхъ силъ,

Словомъ, принципіально и всѣ члены „Исп. Ком." цѣликомъ стоятъ на почвѣ соціализма. Вообще, не нужно упускать изъ виду, что тактика и программа „Н. В." возникли не по плану или принципу, составленному напередъ, а постепенно, почти непроизвольно, подъ вліяніемъ страшныхъ преслѣдованій правительственныхъ и крайней трудности образовать истинно народную партію при обстоятельствахъ, въ которыхъ очутились пропагандисты изъ интеллигенціи. Чтобы ближе стать къ народу, большинство искреннихъ пропагандистовъ рѣшилось въ началѣ 70-хъ годовъ посвятить себя физическому труду. Но сразу сдѣлаться хорошимъ рабочимъ, конечно, невозможно. Болѣе терпѣливые тратили по нѣскольку лѣтъ на изученіе ремесла; натуры болѣе стремительныя отправлялись въ среду крестьянъ безъ всякихъ профессіональныхъ знаній, облекаясь только въ народный костюмъ. Но тѣ и другіе, въ большинствѣ случаевъ, не могли пріобрѣсти среди народа уваженія, какъ люди практическаго дѣла, въ будничномъ, хозяйственномъ смыслѣ слова. При этомъ, чтобы не возбудить подозрѣнія властей относительно своего происхожденія, необходимо было воздерживаться отъ удовлетворенія одной изъ насущнѣйшихъ потребностей интеллигентнаго человѣка—чтенія книгъ, журналовъ, а то и газетъ. Рабочій, посвящающій свои досуги подобнымъ занятіямъ,—личность очень подозрительная для русскаго полицейскаго или жандарма. При такихъ обстоятельствахъ неудивительно, что вліяніе пропагандистовъ въ народной средѣ росло далеко не съ такой быстротой, какъ многіе надѣялись, что въ связи съ варварскими преслѣдованіями постепенно выработалась мысль о выступленіи на путь болѣе интенсивной борьбы, а затѣмъ и о временномъ концентрированіи силъ на борьбѣ за освобожденіе Россіи отъ абсолютизма. О принципіальномъ отреченіи отъ соціализма не можетъ быть, слѣдовательно, и рѣчи и съ этой стороны нѣтъ различія между обѣими фракціями. Но разница между ними проявилась, помимо вопроса о центрѣ дѣятельности, по отношенію къ политическимъ требованіямъ. „Н. В." выдвинула политическимъ лозунгомъ созваніе земскаго собора, „Ч. П." высказался противъ этого требованія, какъ несоотвѣтствующаго разнообразію составныхъ элементовъ чудовищно-обширной имперіи. Невозможно представить себѣ такого парламента, который сколько-нибудь сносно могъ бы регулировать разнообразные интересы столь разнообразнаго населенія,—возражали изъ рядовъ фракціи „Ч. П.". Поэтому центромъ тяжести политическихъ требованій должно быть требованіе общинной и областной автономіи и свободныхъ федерацій населенія разныхъ мѣстностей.

Повторяю еще разъ, что я уже больше года изъ Россіи, и все сказанное мною относится къ прошедшему. По новѣйшимъ же свѣдѣніямъ можно заключить, что обѣ фракціи сближаются между собою и, быть можетъ, скоро сольются въ одну организацію. Это тѣмъ болѣе вѣроятно, что фракція „Н. В." на дѣлѣ давно уже энергично принялась за организаціонную работу среди городскихъ рабочихъ и взываетъ къ молодежи о необходимости приняться за агитацію въ крестьянствѣ. Она ясно высказалась за устремленіе революціонныхъ элементовъ на подготовленіе народнаго возстанія. Съ другой стороны,—„Ч. П." призналъ необходимость спеціально политической борьбы для избавленія народа отъ гнета абсолютизма. Объ фракціи отказались отъ нѣкоторыхъ своихъ крайностей, и весьма вѣроятно, что онѣ скоро выступятъ на борьбу противъ современнаго строя соединенными силами".

Во время дебатовъ по поводу изданія манифеста отъ имени конгресса, американскій делегатъ предложилъ высказать въ манифестѣ ту мысль, „что въ задачи соціалистовъ не входитъ подготовленіе насильственной революціи, а лишь организація массъ для сопротивленія буржуазіи". Польскій писатель Лимановскій отвѣтилъ ему, что въ Россіи приходится именно подготовлять насильственную революцію, такъ какъ иныхъ путей тамъ быть не можетъ. П. Аксельродъ („русскій гость") добавилъ, что „принятіе предложенія американскаго делегата уничтожило бы въ корнѣ возможность сближенія русскихъ революціонеровъ съ западными соціалистами. Русскимъ революціонерамъ приходится пускать въ ходъ рядъ страшныхъ, героическихъ дѣйствій, чтобы подорвать авторитетъ власти... Въ борьбѣ съ русскимъ правительствомъ, которое не есть уполномоченный органъ хотя-бы одного сословія, хороши всѣ средства. Пусть конгрессъ ясно опредѣлитъ свое отношеніе къ образу дѣйствій русскихъ революціонеровъ, чтобы не вышло никакихъ недоразумѣній".

При всеобщемъ одушевленномъ одобреніи, конгрессъ принялъ слѣдующую резолюцію, сформулированную французскимъ делегатомъ:

„Международный конгрессъ въ Хурѣ шлетъ свой сочувственный привѣтъ соціалистамъ-революціонерамъ Россіи, которые, находясь въ состояніи самозащиты, отвѣчаютъ на насиліе—насиліемъ, на терроръ—терроромъ. Конгрессъ призываетъ также всѣ свободные народы открыто выразить свои симпатіи тѣмъ, которые борются, страдаютъ и умираютъ за свободу и соціальную справедливость подъ гнетомъ московской тираніи".

Въ предшествовавшемъ 1880 году аналогичную резолюцію принялъ французскій соціалистическій конгрессъ (см. № 3-й „Былого", перепечатано изъ № 4-го „Народной Воли"). Въ 8-9 №№ „Народной Воли" сочувствіе къ дѣятельности партіи Народной Воли было высказано также Марксомъ и Энгельсомъ, въ ихъ предисловіи къ „Коммунистическому манифесту".

Далѣе мы цѣликомъ перепечатываемъ изъ 7-го № „Народной Воли" (вышедшаго 23 дек. 1881 г.) интересную передовую статью, составляющую отвѣтъ на рѣчь П. Аксельрода въ Хурѣ. Если мы не ошибаемся, въ нѣмецкихъ газетахъ въ свое время былъ отвѣтъ П. Аксельрода на то мѣсто изъ статьи „Народной Воли", которое относилось къ его замѣчаніямъ о Желябовѣ,—но этого отвѣта П. Аксельрода мы не нашли.

ИЗЪ № 7 „НАРОДНОЙ ВОЛИ".
(Передовая статья отъ 8 декабря 1881 г.)

Ниже мы помѣщаемъ отчетъ о международномъ соціалистическомъ конгрессѣ въ Хурѣ. Читатели могутъ видѣть, что представители европейскаго соціализма понимаютъ положеніе своихъ русскихъ собратьевъ и настоятельную необходимость для насъ систематической борьбы противъ абсолютизма. Мы надѣемся, что вѣрно выразимъ чувства всей народовольческой партіи, отвѣтивъ на заявленіе конгресса—своей искренней благодарностью за эту нравственную поддержку. Пусть угнетатели народовъ знаютъ, что если существуютъ союзы деспотовъ, то существуетъ солидарность и между революціонерами различныхъ странъ, какъ будетъ она со временемъ существовать и между народами, сознавшими свои истинные интересы, распознавшими своихъ истинныхъ друзей и враговъ.

Мы готовы были бы поблагодарить и „Русскаго Гостя" (не знаемъ, имѣемъ ли мы право называть его фамилію), взявшагося разъяснять передъ конгрессомъ положеніе русскаго революціоннаго движенія. Къ прискорбію, мы имѣемъ, однако, гораздо болѣе основаній высказать сожалѣніе, что конгрессъ не имѣлъ передъ собой человѣка, лучше освѣдомленнаго относительно этого предмета. Характеристика, сдѣланная „Русскимъ Гостемъ", на нашъ взглядъ, отличается чрезвычайной неточностью и несоотвѣтствіемъ съ истиннымъ положеніемъ вещей. Мы не заявляемъ по этому поводу особенныхъ претензій, потому что ошибки очень извинительны для „Русскаго Гостя", слишкомъ мало бывавшаго въ Россіи; но въ интересахъ возстановленія истины, мы считаемъ, однако, необходимымъ сдѣлать нѣсколько поправокъ и съ своей стороны.

Прежде всего, едва ли основательно прилагать къ Народной Волѣ слишкомъ буквально европейскія клички „политическихъ радикаловъ", „соціалистовъ" и т. п. Въ задачахъ народовольчества есть элементы и политическаго радикализма и соціализма, но они совершенно неразрывно слиты въ одну цѣль и въ одно дѣло. Въ Россіи переворотъ политическій настолько же необходимъ, какъ и переворотъ экономическій. Никакія экономическія реформы, никакая организація труда не могутъ помочь русскому народу, если не будетъ измѣнена существующая государственная система; точно также какъ наоборотъ—политическое самодержавіе народа не можетъ быть достигнуто безъ экономическаго его освобожденія. Русскій соціальный переворотъ заключаетъ въ себѣ, въ одинаково важной степени, оба элемента—политическій и экономическій.

Народное самодержавіе и политическая свобода необходимы вездѣ и каждому народу. Но въ Европѣ все это уже существуетъ, если и не въ вполнѣ желательной степени, то, по крайней мѣрѣ, въ большей, чѣмъ можетъ фактически воспользоваться народъ, задавленный экономическимъ гнетомъ. Поэтому экономическій гнетъ—есть злоба дня въ Европѣ. При разрѣшеніи соціальнаго вопроса въ Европѣ, на первое мѣсто выдвигается его экономическая сторона.

У насъ далеко не такъ. У насъ разрѣшеніе вопроса политическаго составляетъ такую же насущную потребность, какъ и вопроса экономическаго. Переворотъ политическій составляетъ существенную часть нашего соціальнаго вопроса. Практическій народный дѣятель въ Европѣ очень хорошо знаетъ, что его народъ развивается настолько свободно, насколько онъ свободенъ экономически. Русскій народный дѣятель видитъ, напротивъ, что нашъ рабочій и крестьянинъ до тѣхъ поръ не будутъ свободны даже экономически, пока не стряхнутъ своего политическаго ярма. Нѣтъ сомнѣнія, что для насъ необходима въ такой же степени и экономическая свобода рабочаго, но она немыслима безъ политическаго самодержавія народа.

Между тѣмъ, народовольцы выступили въ свѣтъ, именно, какъ партія дѣйствія, по преимуществу. Народовольчество не есть направленіе только культурное, а задается цѣлью фактическихъ, дѣйствительныхъ измѣненій въ жизни народа, и притомъ не въ отдаленномъ, а въ самомъ ближайшемъ будущемъ. А такъ какъ дѣйствительное, реальное содержаніе нашего соціальнаго вопроса составляетъ не одна экономическая путаница, а, въ еще большей степени, уродливость политическихъ отношеній, то понятно, что мы не могли не включить задачи политическаго переворота въ число своихъ ближайшихъ цѣлей. И мы не только сдѣлали это, но утверждаемъ даже, что всякая партія въ Россіи, которая поступаетъ иначе, никакого практическаго улучшенія въ жизни народа не можетъ произвести. Первое, что у насъ должно сдѣлать, это—развязать народу руки, сдѣлать его господиномъ самого себя, хотя въ общемъ направленіи своей жизни. Безъ этого у насъ и въ экономической сферѣ возможны не Оуены, а развѣ Аракчеевы. Мы, разумѣется, не считаемъ возможнымъ упрочить политическую свободу народа, безъ его экономической независимости. Но это, во всякомъ случаѣ,—второй шагъ, тѣсно связанный съ первымъ, но самъ по себѣ невозможный до тѣхъ поръ, пока существуетъ современный государственный строй, пока существуетъ современное правительство.

Съ такими взглядами выступило народовольчество, съ ними осталось оно и до сихъ поръ. Такимъ образомъ, „Русскій Гость" совершенно ошибается, говоря о какихъ-то измѣненіяхъ въ нашемъ направленіи. Читатели могутъ видѣть, насколько неосновательны и другія утвержденія—будто народовольчество выросло не на основаніи какой-нибудь доктрины, а чисто эмпирически... Странно! Откуда могъ „Русскій Гость" почерпнуть такое оригинальное убѣжденіе? Основаніе народовольчеству положило несомнѣнно народничество. Думаетъ ли „Русскій Гость", что и оно не имѣло доктрины? Народничество дало народовольчеству его государственный характеръ, его оцѣнку и народныхъ силъ и враждебныхъ народу элементовъ. Логически развивая принципъ народничества на практикѣ, народовольчество въ теоріи создаетъ не только доктрину, а цѣлое міросозерцаніе. Что же касается до эмпиризма нашего, то „Русскій Гость" едва ли не введенъ въ заблужденіе тѣмъ обстоятельствомъ, которое замѣчается рѣшительно при всякомъ умственномъ или политическомъ движеніи, и которое ничуть не доказываетъ нашего эмпиризма. Внѣшніе факты, положеніе народа, положеніе и характеръ правительства и т. д.—безъ сомнѣнія, обусловили извѣстнымъ образомъ характеръ самого народовольчества, но вѣдь иначе и не бываетъ на свѣтѣ! На чемъ же и строить теорію, какъ не на осно-

Былое —7 л.

·ваніи, дѣйствительно, существующихъ фактовъ? Неужели „Русскій Гость“ полагаетъ, что какая нибудь доктрина возникаетъ иначе?

Не менѣе серьезное замѣчаніе мы должны сдѣлать по поводу отношеній народовольчества къ народу. „Русскій Гость“ говоритъ, что мы сначала игнорировали народныя массы, а потомъ убѣдились въ невозможности даже временно дѣлать это. Когда же это мы игнорировали народныя массы? Намъ кажется, что мнѣніе „Русскаго Гостя“ происходитъ просто отъ привычки прикидывать къ Россіи европейскую мѣрку. Въ Европѣ люди, дѣйствующіе среди народныхъ массъ, мало занимаются политикой. Народовольцы занимаются политикой очень много. Отсюда выводъ: значитъ народовольцы игнорируютъ народныя массы. На самомъ дѣлѣ, это вовсе не такъ. Основные принципы народовольцевъ-проникнуты сознаніемъ значенія массъ и уваженіемъ къ нимъ. Практическая дѣятельность среди рабочихъ всегда составляла очень видную задачу нашей партіи, и мы полагаемъ, что, задаваясь цѣлями чисто практическими, народовольцы должны были помнить значеніе массъ лучше, чѣмъ кто другой. Поэтому мы всегда дѣлали въ народѣ все, что могли. Правда, мы очень порицали болтовню о народѣ, мы боролись противъ такой дѣятельности (якобы) въ народѣ, которая, на самомъ дѣлѣ, была чисто политической фразой и, не принеся ни малѣйшей пользы революціи, только деморализировала революціонеровъ буржуазнѣйшимъ „сидѣньемъ“ въ народѣ. Все это правда. Но все это доказываетъ только то, что народовольцы стремились дѣло дѣлать, а не то, что они будто бы игнорировали народъ. Что можно было, дѣйствительно, сдѣлать—мы дѣлали и другимъ совѣтовали, а то, что въ дѣйствительности было фразой,—мы отрицали. Во всякомъ случаѣ, хорошо или дурно мы поступили, дѣлая это, но мы все-таки должны сказать „Русскому Гостю“, что наша точка зрѣнія, нашъ принципъ въ этомъ отношеніи не измѣнился. Наиболѣе экономная и цѣлесообразная трата силъ съ цѣлью произведенія переворота, выше характеризованнаго—вотъ нашъ принципъ, который прилагается одинаково ко всѣмъ сферамъ нашей дѣятельности, между прочимъ, и въ народѣ. Мы ведемъ, какъ вели, въ народѣ лишь такую дѣятельность, которая имѣетъ прямое отношеніе къ перевороту и, вмѣстѣ съ тѣмъ, дѣйствительно ему способствуетъ. Съ этой точки зрѣнія мы, правда, можемъ теперь взяться за кое-что, недоступное намъ прежде. Но это есть не измѣненіе, а приложеніе нашего собственнаго принципа. Есть виды революціонной дѣятельности въ народѣ, которые обусловливаются, напр., количествомъ силы, затрачиваемой единовременно. Стало-быть, съ увеличеніемъ силъ, мы можемъ взяться за то, за что не брались раньше, и, наоборотъ, съ уменьшеніемъ силъ, должны отказаться отъ того, что раньше признавали полезной работой. Точно также дѣятельность въ народѣ обусловливается настроеніемъ массы и т. д. „Русскій Гость“ можетъ увидѣть, соотвѣтственно всѣмъ подобнымъ условіямъ, много варіацій въ нашей дѣятельности. Но надѣемся, что онъ никогда впредь до достиженія цѣли, не увидитъ уклоненія нашей партіи отъ нашего основного принципа: дѣлать лишь то, что наискоее и наилучше ведетъ къ перевороту, низвергающему равительство и передающему государственную власть въ уки народа или, на худой конецъ, его революціонныхъ редставителей.

Недостаточное знакомство съ принципами и задачами наро- вольчества заставляетъ „Русскаго Гостя" сдѣлать еще одну ошиб- у. Мы говоримъ о нѣкоторомъ выдѣленіи Желябова изъ нашей артіи. Это въ высшей степени невѣрно. Собственно говоря, намъ ажется довольно страннымъ уже то, что „Русскій Гость" беретъ а себя судить о принадлежности Желябова къ партіи, въ то вре- я, когда Желябовъ самъ себя причислялъ къ ней, участвовалъ въ я формированіи и затѣмъ со стороны партіи всегда признавался днимъ изъ талантливѣйшихъ и вѣрнѣйшихъ ея представителей. сли мнѣніе редакціи Н. В. имѣетъ въ этомъ вопросѣ какой-нибудь ѣсъ для „Русскаго Гостя", то мы, съ своей стороны, заявляемъ, о все, что дѣлалъ Желябовъ, какъ террористъ, какъ политиче- кій агитаторъ, какъ редакторъ „Рабочей Газеты", все, что онъ ворилъ въ обществѣ ли, или среди рабочихъ—все, по нашему нѣнію, строго сообразовалось съ принципами партіи и выражало й духъ.

ИЗЪ № 10 „НАРОДНОЙ ВОЛИ"

(сентябрь 1884 г.).

Мы считаемъ не лишнимъ остановиться болѣе обстоятельно а выясненіи нашихъ задачъ въ народѣ. Какое мѣсто въ общей уммѣ нашей дѣятельности должна занимать работа въ народѣ? аковъ долженъ быть ея характеръ? Мы подымаемъ снова эти во- росы, потому что ошибочное распредѣленіе и направленіе силъ игдѣ, быть можетъ, не способно отзываться такими вредными по- ѣдствіями, какъ въ этой области. Сверхъ того, наши истинныя нѣнія и дѣйствія ни въ одномъ отношеніи не перетолковывались олѣе неправильно, благодаря тенденціознымъ искаженіямъ полити- ескихъ противниковъ. Мы хотѣли бы разъ навсегда устранить ги недоразумѣнія, и въ этихъ видахъ прежде всего напомнить чи- ателямъ, каково было въ дѣйствительности отношеніе нашихъ пред- ественниковъ къ дѣятельности въ народѣ.

— Наиболѣе экономная и цѣлесообразная затрата силъ съ цѣлью роизведенія переворота, выше характеризованнаго,*)—говоритъ пе- едовая статья въ № 7 „Народной Воли",—вотъ нашъ принципъ актическій), который прилагается одинаково ко всѣмъ сферамъ ашей дѣятельности, между прочимъ и въ народѣ. Мы ведемъ въ ародѣ лишь такую дѣятельность, которая, дѣйствительно, способ- гвуетъ перевороту, т. е. окупаетъ затрачиваемыя нами силы и

*) Т. е. переворота, передающаго власть въ руки народа. Во избѣ- аніе недоразумѣній напомнимъ, что наша партія никогда не ждала этогоереворота исключительно отъ заговора. Переворотъ можетъ быть ре- ультатомъ самостоятельной революціи; партія, во всякомъ случаѣ, должна ринять участіе въ революціи, чтобы помочь ей закончиться указаннымъ ереворотомъ. Подготовительная дѣятельность наша, такимъ образомъ, не ѣняется отъ этого. См. „Подготовительная работа партіи".

увеличиваетъ въ наибольшей степени способность партіи выполнить свои задачи. Съ этой точки зрѣнія мы отрицали не „дѣятельность“ въ народѣ, а именно „бездѣятельность“, „сидѣнье въ народѣ“, „болтовню о народѣ“, такую якобы дѣятельность, которая, на самомъ дѣлѣ, составляла чистую „политическую фразу“. Въ такую „политическую фразу“ неизбѣжно превращается все, что по самымъ условіямъ жизни или по количеству нашихъ силъ—невыполнимо. Но, отрицая фразу, мы сами настаивали на необходимости дѣлать въ народѣ то, что представляетъ дѣйствительную, реальную работу. На такую работу Народная Воля энергически звала революціонеровъ съ самаго начала. Уже „Программа Исполнительнаго Комитета“, вырабатывавшаяся подъ грохотъ динамитныхъ взрывовъ, напоминаетъ намъ обратить самое серьезное вниманіе на народъ. „Партія,—говоритъ программа,—должна пріобрѣсть себѣ сознательныхъ сторонниковъ въ наиболѣе выдающейся части крестьянства, должна подготовить себѣ активное содѣйствіе массъ въ наиболѣе важныхъ пунктахъ и среди наиболѣе воспріимчиваго населенія“ (§ 4). Нѣсколько мѣсяцевъ позже (начало 1880 года) въ „Подготовительной работѣ партіи“ мы находимъ уже цѣлый подробный планъ пропаганды и организаціи среди городскихъ рабочихъ и выясненіе необходимости „сходиться съ лучшими изъ крестьянства, обращая ихъ по возможности въ сознательныхъ сторонниковъ партіи“. Въ то же время „Программа рабочихъ членовъ партіи Народной Воли“ подробно разъясняетъ важную роль рабочихъ въ переворотѣ. Такъ относятся къ дѣлу наши оффиціальные документы. То же самое видимъ мы въ текущей публицистикѣ. Уже въ № 1 „Народной Воли“ редакція, указывая „злобу дня“—„разрушеніе Карфагена“—напоминаетъ, однако, что завтра же можетъ оказаться необходимой „усиленная дѣятельность среди городскихъ рабочихъ, среди крестьянства“. Передовая № 3, упрекая интеллигенцію въ бездѣятельности, гонитъ ее, между прочимъ, и на работу въ народѣ. „Городскіе рабочіе,—восклицаетъ газета,—не допросятся книгъ, связей съ интеллигенціей, крестьяне не имѣютъ понятія о своихъ друзьяхъ и бойцахъ, а между тѣмъ сотни соціалистовъ-народниковъ упражняются въ обсужденіи разныхъ теорій и направленій и обиваютъ столичные тротуары, говоря безъ умолку о дѣятельности въ народѣ“.

Голодъ 1880 года опять даетъ „Народной Волѣ“ поводъ возобновить свой призывъ. „Народному терпѣнію бываетъ конецъ,—говоритъ передовая статья № 4,—партія должна серьезно взвѣсить моментъ и приготовиться“. „Мы часто указывали партіи,—говорится далѣе,—на дѣятельность среди городского рабочаго населенія. Безпримѣрныя бѣдствія нынѣшняго года расширяютъ область обязательнаго воздѣйствія на народъ въ 10 разъ“. Въ № 5 находимъ опять указаніе на обязанность партіи внести больше сознательности въ народную программу, организованности—въ народное движеніе и т. д.

Ограничиваемся этими немногими цитатами: онѣ достаточно характеризуютъ пропаганду партіи, а мы должны экономничать каждой строкой. Что касается самой дѣятельности, то, разумѣется, всегда и вездѣ не трудно обращаться къ другимъ съ упреками: по-

чему не сдѣлали того или другого, почему не сдѣлали больше и
такъ дальше.

Напомнимъ строгимъ критикамъ, что успѣхъ дѣятельности за-
виситъ не отъ однихъ стараній и даже не отъ одной умѣлости,
а въ гораздо большей степени отъ объективныхъ условій. Нельзя
сдѣлать больше того, что возможно при данныхъ условіяхъ, и На-
родная Воля сдѣлала въ народѣ, во всякомъ случаѣ, больше, чѣмъ
кто другой. Намъ часто говорили: вы бы сдѣлали больше, если бы
направили въ народъ больше силъ... Конечно, это правда; но, къ
несчастію, мы не могли этого сдѣлать, не покидая всѣхъ другихъ
отраслей дѣятельности, а покидать ихъ мы не могли, не должны
были. Если бы мы ихъ покинули—мы не въ состояніи были бы
производить воздѣйствіе и на самый же народъ. Народъ, для того
чтобы понимать насъ, долженъ видѣть въ насъ силу борющуюся, и
уже это одно не позволяетъ намъ уйти цѣликомъ въ современную
массу. Сверхъ того—судьбы всей русской революціи существенно
зависятъ отъ того, насколько быстро мы успѣемъ разрушить самый
центръ гнетущаго народъ строя—самодержавное правительство. По-
тому уничтожать или ослаблять ту армію, которая непосредствен-
но борется противъ правительства—есть преступленіе и измѣна на-
родному же дѣлу. Эти условія, конечно, значительно урѣзываютъ
количество силы, которую мы можемъ направить въ народъ, но что
же дѣлать? Зато—они же даютъ единственную возможность ока-
зывать на массу, дѣйствительно, широкое революціонное воздѣйствіе.
Такъ смотрѣли на дѣло наши предшественники, но—за тѣми огра-
ниченіями, которыя были неизбѣжны,—они направляли въ народъ
всѣ силы. Цитируемъ для краткости характеристику, сдѣланную
П. Л. Лавровымъ въ его „Взглядѣ на прошедшее и будущее рус-
скаго соціализма“... „Усиленная пропаганда среди рабочихъ,—гово-
ритъ почтенный авторъ,—выставленная какъ одна изъ задачъ под-
готовительной работы партіи, въ нѣкоторыхъ мѣстностяхъ выходила
даже за предѣлы городскихъ группъ рабочихъ. Въ большей части
мѣстныхъ группъ дѣятельность среди рабочихъ поглощала большую
часть силъ. Первая рабочая группа народовольческой партіи въ
Петербургѣ образовалась въ концѣ 1879 г., а въ 1880 г. около
нея, какъ центра тайной организаціи партіи, группировались мно-
гія сотни рабочихъ. Съ 15 декабря 1880 г. сталъ появляться ея
органъ „Рабочая Газета“. Двѣ мѣстныя группы нашли возможность
вести энергичную агитацію на почвѣ аграрнаго вопроса и среди
крестьянскаго населенія“. Мы не имѣемъ, къ сожалѣнію, мѣста
для дополненія этой характеристики новыми фактическими подроб-
ностями, но и сказаннаго, полагаемъ, достаточно для того, чтобы
показать въ истинномъ свѣтѣ дѣятельность нашей партіи въ на-
родѣ за прошлыя времена. Напомнимъ развѣ еще, что у такихъ
людей, какъ Желябовъ, Перовская, Халтуринъ, Тригони и т. д.,
личная дѣятельность среди рабочихъ поглощала значительную
часть силъ, даже въ самый разгаръ террористической
борьбы.

Такъ смотрѣла и дѣйствовала Народная Воля съ начала сво-
его существованія; такъ мы смотримъ и дѣйствуемъ въ настоящее

время, и этотъ образъ дѣйствій вытекаетъ изъ всего нашего міро-
созерцанія. Все наше революціонное значеніе опредѣляется тѣмъ,
насколько мы содѣйствуемъ демократическому перевороту, къ ко-
торому идетъ Россія, и отъ котораго зависитъ ея возрожденіе. Та-
кимъ образомъ, мы идемъ не только за народъ, но и съ наро-
домъ. Мы должны дѣлать многое, что недоступно разрозненной
массѣ, мы нерѣдко должны дѣлать выводы, которыхъ она еще не
сумѣла формулировать. Мы должны это дѣлать, потому что въ
противномъ случаѣ—какая бы изъ насъ была польза для народа?
Но дѣло наше остается все-таки народнымъ дѣломъ. Мы необхо-
димо нужны народу. Безъ насъ, т. е. безъ достаточнаго количе-
ства интеллигентной сознательной силы, онъ рискуетъ быть обма-
нутымъ и разбитымъ по частямъ даже въ эпоху революціи. Тѣмъ
болѣе нужны мы ему теперь, когда интересы революціи требуютъ
прежде всего низверженія правительства и подготовки хоть не-
большой, но хорошо организованной, силы, способной сразу внести
организацію въ революціонное движеніе и спасти его отъ опасно-
сти остаться лишь хаотическимъ безпорядкомъ, какъ это, къ не-
счастію, столько разъ было въ исторіи. Итакъ, мы, элементъ со-
знательности, необходимы для народа, но, съ другой стороны, мы
безъ содѣйствія народа, безъ его силы точно также
не можемъ ничего сдѣлать въ моментъ окончательной развязки.
Сліяніе силы и сознанія необходимы для торжества рево-
люціи.

Въ настоящее время, однако, это сліяніе совершенно невоз-
можно. Невозможность открытой легальной организаціи заставляетъ
насъ быть заговорщиками, „подпольными" дѣятелями. Тайное же
общество, по существу дѣла, не можетъ быть многочисленнымъ,
тѣмъ болѣе, не можетъ охватывать массъ. Сверхъ того, заговоръ
требуетъ людей, всецѣло отдавшихся дѣлу революціи, способ-
ныхъ замѣнить количество качествомъ, стало быть, между про-
чимъ, вполнѣ развитыхъ и сознательныхъ. Въ массѣ нашего на-
рода такихъ людей именно не много. Это опять суживаетъ воз-
можность для современной организаціи охватывать собою народ-
ные слои. Въ общей сложности наши задачи теперь сводятся, та-
кимъ образомъ, лишь къ подготовкѣ возможности такой органи-
заціи, какая необходима будетъ въ эпоху революціи, т. е. органи-
заціи, охватывающей одновременно и насъ и значительныя массы
народа. Въ настоящее время, для подготовленія такой возможности,
мы можемъ создать только извѣстную связь между собою и наро-
домъ, связь въ нѣкоторой незначительной степени организаціон-
ную и уже въ гораздо большей степени нравственную. Это все,
чего можно достигнуть, пока держится существующій строй. Но
зато мы обязаны достигнуть всего, что только въ этомъ случаѣ
возможно. Мы упомянули сейчасъ о связи организаціонной и же-
лали бы, чтобы насъ не перетолковывали. Въ революціи види-
мость, форма, фраза хуже, чѣмъ ничего. Тратить дѣйствительную
силу мы можемъ лишь на созданіе дѣйствительной же силы (или,
конечно, на разрушеніе вредной намъ силы). Поэтому мы считаемъ
прямо вредными, несбыточными мечты о широкой народной орга-

низаціи. Не широкая организація нужна, а прочная, рѣшительная, революціонная. Сверхъ того, она, вообще, нужнѣе всего тамъ, гдѣ долженъ быть нанесенъ правительству главный ударъ. По всѣмъ этимъ причинамъ мы должны прежде всего создать нѣкоторые небольшіе, но испытанные революціонные кадры среди городскихъ рабочихъ, съ тѣмъ, чтобы эти группы заранѣе обезпечили себя обширными связями съ остальною массою городскихъ рабочихъ и, разумѣется, съ крестьянствомъ, поскольку это возможно. Что касается самого крестьянства, то, кромѣ такихъ посредственныхъ связей, мы должны по необходимости удовольствоваться выработкой въ немъ лишь отдѣльныхъ личностей, сознательно и систематически способствующихъ планамъ партіи. Люди, дѣйствительно, способные къ такой революціонной организаціи здѣсь такъ рѣдки и разсѣяны на такихъ громадныхъ пространствахъ, что о групповой организаціи здѣсь не можетъ быть и рѣчи. Такіе люди въ деревнѣ, конечно, будутъ фактически являться, такъ сказать, лишь агентами городской организаціи. Мы говоримъ, разумѣется, не о частныхъ фактахъ, по поводу которыхъ временно могутъ и въ деревнѣ складываться группы, столь же быстро расплывающіяся, какъ, напр., это случается при разныхъ протестахъ и бунтахъ. Мы говоримъ лишь о дѣятельности систематической и сознательно-революціонной. Однако, возвращаемся къ дѣлу. Итакъ, организаціонныя связи съ народомъ, если не говорить о совершенно исключительныхъ случаяхъ, исчерпываются вышесказаннымъ. А затѣмъ передъ нами стоитъ еще другая, въ высшей степени важная, задача: это пропаганда идей соціализма, идей и задачъ партіи, популяризація этой послѣдней, короче—установленіе между нами и возможно большею массою народа нравственной связи, которая позволила бы намъ въ моментъ революціи быстро понять другъ друга...

...Напомнимъ читателямъ еще разъ, что дѣятельность въ народѣ есть только одна изъ отраслей нашей дѣятельности вообще. Мы не только пропагандисты, агитаторы, бунтовщики,—мы передовой отрядъ самой революціи, исполняющій ея общую миссію, разрушеніе существующаго строя. Наша дѣятельность, въ общей сложности,—есть живой примѣръ, живой образчикъ, видимый милліонами, пропагандирующій и агитирующій ихъ. Наша борьба, поэтому, должна быть борьбою дѣйствительно-революціонною широкою, бьющею въ самую настоящую точку. Наше историческое значеніе и, между прочимъ, наше обаяніе всецѣло зависитъ отъ этого. Переходя къ частностямъ—наша первая и главная задача, какъ силы сознательной и но преимуществу способной къ организаціи, состоитъ въ расчисткѣ народу пути, въ устраненіи съ этого пути главныхъ препятствій, а также въ выработкѣ до революціи тѣхъ небольшихъ, но крѣпкихъ кадровъ организаціи, около которыхъ можетъ потомъ сплотиться масса. Вотъ что должны мы постоянно помнить и этого главнаго значенія своего не должны разрушать ни для какой частной формы дѣятельности, даже и для дѣятельности въ народѣ. Это значило бы оказывать народу очень плохую услугу и отнимать у него все то, что больше всего ему нужно въ насъ. Что касается спеціально дѣятельности нашей въ народѣ, ея общій характеръ опредѣляется опять-таки значеніемъ, которое мы имѣемъ въ революціи. Наше значеніе для народа зависитъ не отъ физической силы, которой мы не имѣемъ, не отъ того, чтобы мы были храбрѣе и т. дал., а отъ того элемента сознательности, который мы способны внести въ революціонное движеніе. Этотъ элементъ, позволяющій понять и оцѣнить общее положеніе дѣлъ и составить поэтому правильный общій планъ дѣйствій, даетъ намъ увѣренность въ себѣ и помогаетъ сдѣлаться силой иниціативной. Такова сущность нашего значенія, отъ которой мы не можемъ отрѣшиться, не лишаясь и самого значенія. Вездѣ, а стало быть и въ народѣ, мы должны являться силой не только иниціативной, по и сознательной, дѣйствующей во имя опредѣленной программы, указывающей народу опредѣленные пути дѣйствія*). Этимъ опредѣляется характеръ не только пропаганды, но и агитаціи нашей и вооруженной борьбы.

...Революціонеръ старается сдѣлать каждое проявленіе народнаго протеста цѣлесообразнымъ, для того чтобы движеніе, даже въ случаѣ неуспѣха, осталось въ народѣ памятникомъ только частной неудачи, а не доказательствомъ невозможности что-нибудь сдѣлать по существу. Такова наша общая точка зрѣнія, дающая намъ надежную руководящую нить при всѣхъ столкновеніяхъ съ явленіями народной жизни. Являясь въ народъ, мы должны быть силой дѣятельной революціонной, бунтовской даже, но непремѣнно сознательной. Народъ всегда и во всемъ долженъ видѣть, что мы не только на его сторонѣ, не только хотимъ ему добра, но сверхъ того знаемъ, какъ этого достигнуть. Только такимъ путемъ мы можемъ пріобрѣсти дѣйствительную популярность, основанную на уваженіи и на увѣренности, что отъ насъ можно узнать кое-что полезное. Лишь такимъ путемъ наша дѣятельность въ народѣ можетъ создать между нимъ и партіей ту нравственную связь, которая такъ необходима для успѣха революціи.

ПРЕБЫВАНІЕ ХАЛТУРИНА ВЪ ЗИМНЕМЪ ДВОРЦѢ**).

(Изъ Календаря Народной Воли на 1883 г.)

До 1879 года Халтуринъ былъ извѣстенъ исключительно своею пропагандистскою и организаторскою дѣятельностью среди петербургскихъ рабочихъ. Но въ этомъ отношеніи онъ былъ извѣстенъ какъ человѣкъ въ высшей степени энергичный и умный. Уже въ 1878 году (Халтуринъ появился въ качествѣ революціонера въ 1873 г.) онъ пользовался среди рабочихъ, подъ именемъ Степана, популярностью, очень рѣдкою у насъ, и заявилъ себя нѣсколькими

---

*) Конечно, и намъ приходится многому учиться у народа, но и учась мы не теряемъ своего основного характера—элемента сознательности.

**) Настоящая замѣтка составлена (кажется, Л. Мечниковымъ) на основаніи разсказовъ разныхъ, вполнѣ благонадежныхъ, лицъ, слышавшихъ, въ свою очередь, разсказъ объ этомъ эпизодѣ отъ Желябова и Халтурина.
Прим. автора.

рганизаціонными попытками на широкую ногу. Основанный имъ Сѣверный Рабочій Союзъ", считавшій сотнями своихъ членовъ, родержался недолго, но представлялъ, конечно, самую крупную у асъ попытку чисто рабочей организаціи. Не менѣе извѣстна по- ытка Халтурина создать чисто рабочую газету. Типографія ея бы- а основана на средства и стараніями группы, состоявшей исклю- ительно изъ рабочихъ. Изъ рабочихъ же состоялъ весь персоналъ ипографіи и редакціи. Къ сожалѣнію, газета, вмѣстѣ съ типогра- іей, была заарестована при наборѣ перваго же номера и не оста- ила по себѣ ничего, кромѣ памяти о попыткѣ чисто рабочаго ор- ана, не повторявшейся уже потомъ ни разу.

Подъ вліяніемъ всѣхъ этихъ неудачъ, постоянно встрѣчая на зоемъ пути императорскую полицію и политику, разрушающія въ ародышѣ всякое проявленіе рабочаго дѣла, Халтуринъ пришелъ ь мысли протестовать посредствомъ убійства царя. Не подлежитъ омнѣнію, что эти мысли родились у него такъ же самостоятельно, акъ у Соловьева.

Дѣло въ томъ, что, задумавши цареубійство, Халтуринъ сталъ режде всего искать средствъ поближе подойти къ царю. Какъ ра- очій, чрезвычайно искусный по своей спеціальности (столяръ), и, акъ человѣкъ съ огромнымъ знакомствомъ въ петербургскомъ ра- очемъ мірѣ, Халтуринъ могъ, дѣйствительно, проникнуть, куда одно: и въ мастерскія, и во дворцы, и въ монастыри, и въ ка- рмы. Поискавъ и разнюхавши разные ходы, онъ дѣйствительно эпалъ на какую-то царскую яхту, гдѣ нужно было что-то отдѣ- ывать и лакировать, а Халтуринъ славился особенно, какъ знаме- итый лакировщикъ и составитель лаковъ. На яхтѣ онъ разъ ви- ѣлъ кого-то изъ царской фамиліи, чуть ли не самого Александра . Но, самое главное, здѣсь онъ зарекомендовалъ себя искуснымъ абочимъ и могъ поэтому, посредствомъ ряда рекомендацій, полу- ять мѣсто въ зимнемъ дворцѣ. Само собою разумѣется, что реко- ендующія лица не имѣли понятія о томъ, что Халтуринъ человѣкъ злегальный и революціонеръ. Добившись этого важнаго успѣха, алтуринъ, какъ сказано выше, обратился къ Исполнительному омитету съ предложеніемъ взорвать зимній дворецъ, можетъ ыть, со всѣмъ царскимъ семействомъ. Отъ Исполнительнаго Ко- итета онъ требовалъ помощи разнаго рода свѣдѣніями, и, главное,— іабженія его динамитомъ. Это предложеніе, совпадавшее съ поста- эвкою Исполнительнымъ Комитетомъ цѣлаго ряда другихъ пред- ріятій противъ Александра II, было, разумѣется, принято и, по ервоначальныхъ предположеніямъ, взрывъ дворца рѣшено было вести, какъ резервъ, въ сѣть другихъ предпріятій. На самомъ дѣ- ѣ вышло, однако, иначе.

Во дворецъ Халтуринъ поступилъ, кажется, около октября 879 года и первое время, конечно, былъ занятъ исключительно азвѣдками въ этомъ новомъ для него мірѣ. Царь въ это время зоживалъ еще въ Ливадіи, и во дворцѣ по этому случаю все бы- э свободно, безъ стѣсненій, безъ присмотра. Нравы и обычаи но- іхъ сотоварищей поражали Халтурина. Прежде всего удивителенъ ілъ безпорядокъ въ управленіи. Распущенность прислуги и страш-

ное повальное воровство сверху до низу превосходили всякое
вѣроятіе. Дворцовые товарищи Халтурина устраивали у себя пируш-
ки, на которыя свободно приходили, безъ контроля и надзора, де-
сятки ихъ знакомыхъ. Въ то время, какъ съ парадныхъ подъѣздовъ
во дворецъ не было доступа самымъ высокопоставленнымъ лицамъ,
черные ходы, во всякое время дня и ночи, были открыты для вся-
каго трактирнаго знакомца самаго послѣдняго дворцоваго служите-
ля. Нерѣдко посѣтители оставались и ночевать во дворцѣ, такъ
какъ остаться тамъ было безопаснѣе, чѣмъ идти поздно ночью до-
мой по улицамъ, на которыхъ усердствовала полиція Гурко. Во-
ровство дворцоваго имущества оказывалось настолько всеобщимъ,
что даже Халтуринъ принужденъ былъ ходить воровать съѣстные
припасы, чтобы не показаться подозрительнымъ. Впрочемъ, нельзя
было и не воровать: едва-ли кто повѣритъ, чтобы у русскаго царя
дворцовые камердинеры получали по 15 р. въ мѣсяцъ, и однако
же жалованье дворцовой прислуги было именно таково!

Халтуринъ, поступившій во дворецъ съ фальшивымъ паспор-
томъ, въ конторѣ числился крестьяниномъ Олонецкой губерн. и
старался разыгрывать роль простяка. Онъ всюду удивлялся, обо
всемъ разспрашивалъ. Его учили придворнымъ порядкамъ, какъ го-
ворить, какъ отвѣчать, какъ себя держать. Надъ его неуклюжими
манерами, надъ его притворной привычкой чесать за ухомъ потѣ-
шалось все „полированное" лакейство. „Нѣтъ, братъ, нѣтъ! Поли-
ровать ты, дѣйствительно, мастеръ, такъ что блоха не вскочитъ*),
а обращенія настоящаго не понимаешь". Неотесанному мужику
всякій старался пустить пыль въ глаза, и изъ множества разска-
зовъ Халтуринъ скоро познакомился съ жизнью даже и верхнихъ
этажей дворца. Что касается самаго зданія, то Халтуринъ, конеч-
но, скоро съ нимъ вполнѣ ознакомился. Съ любопытствомъ осма-
тривалъ онъ царскіе покои, видѣлъ всѣ эти несмѣтныя богатства,
видѣлъ комнату, гдѣ хранятся груды золотыхъ и серебряныхъ ве-
щей и множество драгоцѣнныхъ камней, видѣлъ и только удивлял-
ся, почему это все не раскрадено еще: до такой степени небре-
женъ былъ надзоръ. Познакомившись съ расположеніемъ комнатъ,
Халтуринъ убѣдился, что подвалъ, гдѣ живутъ столяры, а въ томъ
числѣ и онъ, находится какъ разъ подъ царской столовой, а въ
среднемъ этажѣ, между подваломъ и столовой, помѣщается кордегар-
дія дворцоваго караула. Обстоятельства, такимъ образомъ, склады-
вались благопріятно для замысловъ Халтурина; но, несмотря на
это, онъ не могъ приступить ни къ какимъ дальнѣйшимъ дѣй-
ствіямъ, такъ какъ въ это время во дворцѣ началась усиленная
уборка, чистка, вообще, работа. Царь долженъ былъ скоро пріѣхать,
и во дворцѣ засуетились. Халтуринъ былъ заваленъ работою и,
какъ лучшій столяръ, работалъ, главнымъ образомъ, въ царскихъ
покояхъ, въ кабинетѣ и т. д., между прочимъ, и въ столовой, кото-
рую собирался взорвать. Выходить изъ дворца было некогда, рабо-

---

*) Это—высшая похвала полировщику. Значитъ, если на отполиро-
ванную имъ вещь пустить блоху, то она не можетъ вскочить: настолько
гладка поверхность, что даже блошиная нога скользитъ. Рабочіе уверж-да-
ютъ, что это дѣйствительно бываетъ.

тать надъ „своей" работой тоже. Въ общей сложности вышло, что первоначальный планъ Исполнительнаго Комитета—превратить дворецъ въ резервный пунктъ, на случай неудачи въ другихъ мѣстахъ, не осуществился. Въ Одессѣ, Александровскѣ, Москвѣ, ко времени отъѣзда царя изъ Крыма, все было готово для его встрѣчи. Но дворецъ оставался совершенно невооруженнымъ*).

Настала середина ноября. Царь выѣхалъ изъ Крыма сухимъ путемъ. Одесса, стало быть, осталась въ сторонѣ. Затѣмъ, въ Александровскѣ произошла осѣчка, въ Москвѣ промахъ. Зимній дворецъ долженъ былъ молчаливо принять въ свои покои высокаго гостя. Но зато, очевидно, съ этого момента дворецъ сосредоточиваетъ на себѣ все вниманіе революціонеровъ. Минированье царскаго жилища естественно должно было быть поведено самымъ энергичнымъ образомъ. Однако же, въ это именно время произошелъ арестъ Квятковскаго съ захватомъ у него плана зимняго дворца, на которомъ (планѣ) царская столовая была помѣчена крестомъ. Обстоятельство это подвергало страшному риску все дѣло, а Халтурина, въ частности, поставило въ истинно каторжное положеніе.

Планъ дворца, захваченный на такой квартирѣ, заставляетъ встрепенуться дворцовую полицію. Начались строгости. Но хуже всего подѣйствовалъ крестъ на столовой. Что онъ означаетъ? Полиція государственная и дворцовая ломала себѣ голову и хотя въ точности не могла разобрать дѣла, но не могла не почуять, вообще, какой-то опасности. Всѣ покои, прилегающіе къ столовой, сверху, снизу и съ боковъ подверглись осмотру и самому тщательному надзору. Дворцовая полиція была усилена. Въ подвалѣ, гдѣ жили столяры, поселился жандармъ. Полковникъ, завѣдывающій дворцовой полиціей, ввелъ систему внезапныхъ обысковъ, дневныхъ и ночныхъ. Халтуринъ, который уже успѣлъ перенести къ себѣ нѣкоторое количество динамита, въ первый разъ былъ страшно встревоженъ обыскомъ. Ночью, когда уже всѣ спали, двери подвальнаго помѣщенія вдругъ отворяются. Полковникъ, въ сопровожденіи жандармовъ, быстро входитъ. Звукъ шпоръ, бряцанье сабель, наконецъ, приказаніе полковника встать—разбудили столяровъ. Халтуринъ считалъ себя погибшимъ. Не зная еще о систематическихъ обыскахъ, только что введенныхъ, онъ, конечно, могъ отнести ночное посѣщеніе только на свой счетъ. А у него лежалъ подъ подушкой динамитъ... Однако, дѣло обошлось благополучно. Порывшись слегка въ вещахъ рабочихъ, заглянувши въ разные углы, охранители царскаго жилища съ такимъ же громомъ, звономъ и сверканьемъ удалились для обыска другихъ помѣщеній, а Халтуринъ только тутъ повѣрилъ, что онъ еще не провалился. Съ тѣхъ поръ, обыски въ разное время стали повторяться все чаще. Но такъ какъ они, большею частью, были довольно поверхностны, то Халтуринъ ихъ еще не очень боялся. Гораздо хуже было то, что обыску стали подвергать всѣхъ рабочихъ, возвращающихся во дворецъ изъ какихъ-либо отлучекъ. Какъ при такихъ условіяхъ пере-

___

*) Въ это время, по словамъ лицъ, сообщившихъ намъ свѣдѣнія, Халтуринъ уже былъ агентомъ Исполнительнаго Комитета и сношенія велъ съ нимъ черезъ Квятковскаго.

носить на себѣ динамитъ? Вообще, свободный входъ и выходъ всякой прислуги чрезвычайно стѣснили. Всѣ, живущіе во дворцѣ, обязаны были постоянно имѣть при себѣ свой значекъ (мѣдная бляха), отлучки контролировались, возвращающіеся обыскивались. Посѣщенія постороннихъ стали невозможны.

При такихъ-то условіяхъ нужно было переносить во дворецъ динамитъ и устраивать мину. Желябовъ*), смѣнившій Квятковскаго въ сношеніяхъ Халтурина съ Исполнительнымъ Комитет., лихорадочно торопилъ дѣло минированія; но оно все-таки подвигалось черепашьимъ шагомъ. Не было никакой возможности проносить динамитъ иначе, какъ небольшими кусками, каждый разъ изобрѣтая разныя хитрости, чтобы избѣжать осмотра, или обмануть бдительность осматривающихъ. Съ другой стороны, нельзя было и отлучаться изъ дворца слишкомъ часто. При всемъ желаніи покончить, наконецъ, съ такимъ мучительнымъ положеніемъ, Халтуринъ могъ наполнить свою мину только очень медленно. Впрочемъ, въ сущности, это вовсе и не была мина, потому что, при существующихъ тогда условіяхъ, Халтуринъ не могъ сдѣлать почти никакихъ приспособленій для направленія силы взрыва. Онъ сперва держалъ свой динамитъ просто подъ подушкой, испытывая отъ этого страшныя головныя боли. Извѣстно, что нитроглицеринъ — вещество крайне ядовитое, довольно сильно испаряется и отравляетъ кровь даже черезъ вдыханіе этихъ испареній, производя нервное разстройство и головныя боли, которыхъ ничѣмъ нельзя облегчить. Потомъ, когда динамиту набралось много, Халтуринъ перемѣстилъ его въ свой сундукъ, заложивши разными вещами. Такимъ образомъ, роль мины игралъ простой сундукъ. Затѣмъ, по совѣту техниковъ, Халтуринъ придвинулъ его возможно ближе къ углу между двумя капитальными стѣнами, чтобы имѣть наиболѣе шансовъ обрушить столовую. Для воспламененія же динамита сразу рѣшено было прибѣгнуть къ трубкамъ, начиненнымъ особымъ составомъ, который могъ горѣть и при отсутствіи воздуха. Само собою разумѣется, трубки были разсчитаны на то время, которое требовалось для того, чтобы выйти изъ дворца, на столько-то минутъ. Вотъ и всѣ нехитрыя приспособленія, какія возможно было сдѣлать. Что же касается помѣщенія мины въ стѣну и т. под., то объ этомъ не стоило даже фантазировать. Риску на каждомъ шагу и каждую секунду и безъ того было достаточно.

Вообще, положеніе Халтурина было самое непріятное. Постоянно слѣдя за собою и за всѣмъ окружающимъ, ему нужно было въ то же время тщательно скрывать свое напряженное душевное состояніе, казаться беззаботнымъ. Между тѣмъ, Халтуринъ отъ природы человѣкъ крайне нервный и впечатлительный. Чахотка, которая у него развивалась все больше, еще усиливала эту нервность, не говоря уже о томъ, что самое положеніе, безпрерывная опасность, безпрерывная хитрость, безпрерывный переходъ отъ тревоги къ надеждѣ, — все это страшно раздражало нервы. Нужно было постоянное напряженіе всей силы воли для того, чтобы не

---

*) По тѣмъ же свѣдѣніямъ, переданнымъ со словъ Халтурина.

выдавать своего волненія и всей внутренней борьбы душевной. Во что обошлась Халтурину эта игра, про то знаетъ только онъ, одинъ. Но, въ концѣ концовъ, онъ выдержалъ роль превосходно. Подозрительность носилась въ дворцовомъ воздухѣ, всеобщая мнительность готова была привязаться. къ малѣйшему обстоятельству. Но Халтурина никто все таки не заподозрилъ. Даже жандармъ, поселенный въ одной комнатѣ со столярами, почувствовалъ къ Халтурину особенную симпатію и все обучалъ его „благородному обхожденію“. „Ну, чего ты руки въ затылокъ тычешь,--выговаривалъ онъ,—съ тобой господинъ полковникъ говорятъ, а ты руку въ затылокъ. Эхъ ты, деревня! Нужно, братецъ ты мой, по благородному“... Жандармъ, впрочемъ, имѣлъ свои виды: онъ помышлялъ о приличной партіи для своей дочери и остановилъ выборъ на молодомъ столярѣ. Халтуринъ, съ своей стороны, не отказывался прямо, хотя и не особенно поощрялъ намеки старика. Вообще же эта неожиданная исторія сослужила ему хорошую службу. Впрочемъ, Халтурина и безъ того никто не заподозривалъ. По прежнему ему поручались работы въ царскихъ комнатахъ. Дѣлалось это, конечно, въ отсутствіи царя, но однажды случилось, что царь возвратился не въ срокъ, Халтурина не успѣли вывести, и Александръ II неожиданно столкнулся со своимъ врагомъ. Это былъ единственный случай встрѣчи ихъ за все время, но онъ все-таки показалъ Халтурину, какъ далеки во дворцѣ отъ всякихъ подозрѣній относительно его. А между тѣмъ, разговоры о соціалистахъ (ихъ такъ называли тамъ) шли между полиціей и прислугой постоянно. Жандармы часто напоминали рабочимъ о злоумышленникахъ, о планѣ, найденномъ у Квятковскаго, и внушали, что нужно смотрѣть въ оба, что крестъ стоялъ на планѣ недаромъ, и во дворцѣ, навѣрное, гдѣ-нибудь кроется измѣна. Эти рѣчи возбуждали всеобщую подозрительность, хотя, надо сказать, соціалисты рисовались нижнимъ этажамъ дворца, въ довольно фантастическомъ свѣтѣ. „Вотъ хотѣлось бы взглянуть на кого-нибудь изъ нихъ,—говоритъ, напр., одинъ служитель,—хоть бы встрѣтить на улицѣ что ли!“—„Да вѣдь какъ же ты его узнаешь,—возражаетъ Халтуринъ,—развѣ на немъ написано?“—„Не узнаешь? Эхъ ты, деревня! Его сейчасъ видно. Онъ, братъ, идетъ, такъ сторонись. Того гляди пырнетъ. Ничего не боится, глядитъ высоко, видъ у него отчаянный... Его, братъ, сразу признаешь!“ По такимъ примѣтамъ, разумѣется, не легко было узнать Халтурина, и онъ продолжалъ свое дѣло, при общемъ довѣріи, получивши даже къ празднику (на Рождество) 100 руб. награды.

А дѣло уже шло къ развязкѣ. Около трехъ пудовъ динамиту было перенесено въ сундукъ. По расчетамъ техниковъ, этого казалось достаточно для того, чтобы взорвать столовую, не производя въ другихъ частяхъ дворца безполезнаго опустошенія. Вообще, со стороны Желябова, слѣдившаго за ходомъ дѣла, постоянно сказывалось желаніе—по возможности уменьшить число жертвъ. Халтуринъ, напротивъ, не хотѣлъ этого принимать въ соображеніе. Онъ доказывалъ, что число жертвъ все равно будетъ огромное. „Человѣкъ 50 перебьешь, безъ сомнѣнія,--говорилъ онъ,—такъ ужъ лучше класть побольше динамиту, чтобы хоть люди недаромъ пропа-

дали, чтобъ навѣрное свалить и самого*) и не устраивать новаго
покушенія." Страшный рискъ при переноскѣ динамита и постоянно усиливающаяся строгость надзора во дворцѣ заставляли, однако,
дѣйствительно торопиться. Сверхъ того, были даже слухи, что столяровъ переведутъ куда то. Мнѣніе Желябова, естественно, въ силу
обстоятельствъ, восторжествовало. Рѣшено было дѣйствовать при
данномъ количествѣ динамита, какъ только представится случай.

Благопріятный случай этотъ требовалъ совпаденія 2-хъ обстоятельствъ. Нужно, чтобы царь находился въ столовой, а Халтуринъ
въ подвалѣ—безъ всякаго надзора. Въ столовой царь обѣдалъ ежедневно, хотя съ нѣкоторыми колебаніями во времени, такъ на полчаса раньше или позже. Что касается столяровъ и жандарма, то
ихъ отсутствіе зависѣло отчасти отъ распредѣленія дежурства въ
работѣ, отчасти же отъ простой случайности. Совпаденіе всѣхъ
этихъ благопріятныхъ условій происходило, однако, не такъ часто, и
когда въ началѣ февраля Халтуринъ долженъ былъ „дѣйствовать",
то нѣсколько дней испытывалъ постоянныя неудачи. Онъ въ это
время каждый день, послѣ времени предполагаемаго взрыва, долженъ былъ видѣться съ Желябовымъ, чтобы сообщать объ исходѣ,
такъ какъ въ случаѣ удачи ему слѣдовало скрыться при помощи
Желябова. Они встрѣчались на площади, въ темнотѣ, не всегда
здороваясь. Халтуринъ, мрачный и злой, проходилъ быстро мимо,
произнося нервнымъ шопотомъ „нельзя было"... „ничего не вышло"...
Эти отвѣты Желябовъ слышалъ нѣсколько дней подрядъ. Наконецъ, 5 февраля, Халтуринъ, замѣчательно спокойный, поздоровался съ нимъ, и словно фразу изъ самаго обычнаго разговора произнесъ: „готово"**)... Черезъ секунду страшный грохотъ подтвердилъ его слова. Мину взорвало. Огни во дворцѣ потухли. Черная
Адмиралтейская площадь стала какъ будто еще темнѣе. Но что
скрывалось за этою темнотою, тамъ—на другомъ концѣ площади?...
Ни Желябовъ ни Халтуринъ не могли ждать разъясненій, несмотря
на жгучее любопытство. Ко дворцу сходились люди, прибѣжали пожарные. Что-то выносили оттуда: это трупы и раненые. Ихъ казалось ужасно много. Но что съ самимъ виновникомъ этой бойни,
съ Александромъ II?

Желябовъ и Халтуринъ быстро удалились. Для послѣдняго
уже готово было вѣрное убѣжище, на сколько, конечно, они, вообще,
существуютъ въ Россіи; и только по прибытіи туда нервы Халтурина будто сразу размякли. Усталый, больной, онъ едва могъ
стоять и только немедленно справился, есть ли въ квартирѣ достаточно оружія. „Живой я не отдамся!"—говорилъ онъ. Его успокоили: квартира была защищена такими же динамитными бомбами.

Извѣстіе о томъ, что царь спасся, подѣйствовало на Халтурина самымъ угнетающимъ образомъ. Онъ свалился совсѣмъ больной, и только разсказы о громадномъ впечатлѣніи, произведенномъ

---

*) Эти свѣдѣнія передаются въ одинаковомъ смыслѣ со словъ и
Желябова и Халтурина. Халтуринъ всегда потомъ жаловался, что его не
послушали и испортили дѣло.
**) Все это передано со словъ Желябова, который былъ, по нашимъ
свѣдѣніямъ, просто восхищенъ самообладаніемъ Халтурина.

5-ымъ февраля на всю Россію, могли его нѣсколько утѣшить, хотя никогда онъ не могъ примириться со своей неудачей и не простилъ Желябову того, что называлъ его ошибкой.

ПИСЬМО СТЕПАНА ХАЛТУРИНА*).

Запомните этотъ почеркъ и, когда придется въ будущемъ, можете не конспирировать, какъ въ прошломъ письмѣ. Кстати—оно получено.

Можете пользоваться тѣмъ адресомъ съ обозначеніемъ на внутреннемъ конвертѣ одного только имени или буквы адресата. Посылаемъ вамъ 3 листка о безпорядкахъ въ Харьковѣ и Петербургской Медицинской Академіи. Вотъ краткое описаніе ихъ:

Дѣло началось съ Харькова. Студенты ветеринарнаго института возмутились поведеніемъ проф. Журавскаго и выгнали его изъ аудиторіи. Часть студентовъ пожелала, чтобы профессоръ записалъ ихъ фамиліи, какъ неучаствовавшихъ. Остальная масса возмутилась, вырвала списокъ и окончательно выгнала Журавскаго. На другой день пристали студенты университета и рѣшили дѣйствовать сообща. На сходку явился попечитель съ угрозами удалить студентовъ. Студенты не расходились. Попечитель требовалъ военную силу. и она явилась съ губернаторомъ во главѣ. Этотъ изъ-за спины казаковъ кричалъ: „Расходитесь, черезъ 5 минутъ начну дѣйствовать". Всѣ разошлись, исключая одного больного пляской Св. Вита. Онъ хотѣлъ что-то сказать попечителю, а тотъ, толкнувши его, сказалъ: «вотъ!» и толпа полицейскихъ окружила его и начала бить. Возмущенные этимъ поступкомъ студенты собрались на другой день и потребовали отъ попечителя объясненія. Онъ нагло отрицалъ, но продолжалъ угрожать студентамъ; но тутъ показался больной, и вся аудиторія погрузилась въ глубокое молчаніе. Больной шелъ съ искаженнымъ лицомъ и страшнымъ подергиваніемъ части тѣла: прерывающимся голосомъ онъ разсказалъ поступокъ съ ними попечителя. Разсказъ былъ такъ потрясающъ, что съ нѣкоторыми изъ слушателей сдѣлалась истерика, аудиторія была потрясена, ректоръ, схватившись за голову, убѣжалъ, одинъ только попечитель стоялъ и хоть бы что... Студенты съ крикомъ „убить его!" бросились, но болѣе крѣпкіе нервами не допустили до этого. Попечителя попросили убраться. Наряженъ судъ, привлечено до 50 виновныхъ. Ветеринарный институтъ закрытъ, оцѣпленъ войсками; служители расхаживаютъ передъ институтомъ и сейчасъ же выстраиваются передъ институтомъ, какъ только собирается кучка студентовъ... Понятно, имъ грозитъ повтореніе кіевской исторіи. Они просятъ помощи. Откликнулись медики, путейцы и другіе, но больше медики. Демонстраціи, про которыя вы, вѣроятно, уже знаете, состоялись, главнымъ образомъ, подъ вліяніемъ харьковской

*) Помѣщаемъ это письмо, какъ имѣющее нѣкоторый біографическій интересъ. Рѣчь идетъ въ немъ о студенческихъ безпорядкахъ въ Петербургѣ осенью 1878 г.

исторіи. Объ пей довольно подробно изложено въ газетахъ и въ этихъ листкахъ, хотя и не такъ ясно. Агитаторовъ совсѣмъ не было. Аресты, про которые здѣсь говорится, произведены раньше демонстраціи, съ цѣлью найти адресъ, уже составленный. Въ этомъ отношеніи ихъ усилія увѣнчались успѣхомъ,—адресъ былъ найденъ у одного, хотя засадили за компанію 12 человѣкъ... Сцена: офицеры на коняхъ жмутъ руки студентамъ и черезъ 5 минутъ—по приказанію „начинай!“—принимаются хлестать нагайками и топтать лошадьми студентовъ; многіе искалѣчены; одному оторвано ухо, 142 человѣка арестовано. Библіотека закрыта. Студенты и профессора забастовали; первые не хотятъ идти на лекціи, а профессора—читать ихъ. Академія передана въ руки полиціи. Чѣмъ кончится—неизвѣстно. Судъ падъ университантами кончился ничѣмъ, порѣшили сдѣлать выговоръ большинству, а 3 подвергнуть 3-хъ дневному аресту.

Мы совсѣмъ оконфузились... собрались было на демонстрацію, но студенты университета не пошли, убоялись войскъ и объявленія съ угрозами выдать университетъ полиціи.

Прощайте.

Андреевичъ.

ПО ПОВОДУ СБОРНИКА „ЗА СТО ЛѢТЪ“, „ИСТОРІИ РЕВОЛЮЦІОННАГО ДВИЖЕНІЯ“ И НѢКОТОРЫХЪ ДРУГИХЪ ИСТОРИЧЕСКИХЪ ИЗДАНІЙ.

Въ настоящее время нами приготовляется къ печати 2-ое, значительно дополненное и передѣланное изданіе „За сто лѣтъ“ и „Исторія русскаго революціоннаго движенія“. Тѣхъ, кто сочувствуетъ нашимъ работамъ, мы просимъ помочь намъ въ отыскиваніи недостающихъ намъ изданій.

Мы просимъ доставить намъ:

1) Изданія, выходившія въ тайныхъ русскихъ типографіяхъ и литографіяхъ:

а) газету „Народная Воля“, номера 1, 5, 10 (имѣется только 16 стр., дерптскаго изданія; нѣтъ-ли у кого 10 номера ростовскаго изданія съ некрологомъ Бердичевскаго?);

б) „Листокъ Народной Воли“ 86 г. съ рѣчью Фигнеръ;

в) 3-й номеръ „Рабочей Газеты“ 1881 г.

г) прокламаціи Нар. В.: къ офицерамъ 82 г., къ украинскому народу 1881 г., къ европейскому обществу (1881 г.), „Объявленіе къ русскимъ крестьянамъ“, по поводу казней 3-го апрѣля, вольному казачеству, 3 изданія программы Н. В., 2 изданія программы рабочей партіи Н. В. и пр.;

д) газету „Земля и Воля“: номеръ 1 (есть только нѣсколько страницъ), 4 и прибавленіе къ 4 №, 5;

е) „Листокъ З. и В.“ № 4 и др. изданія того времени: „Отчетъ о засѣданіяхъ ос. пр. прав. сената по большому процессу“ 1878 года, „Записка м. ю. Паленъ“ (по поводу измѣненія подсудности дѣлъ о преступленіяхъ противъ должностныхъ лицъ), „Къ обществу—письмо соц.-революціонера, взявшаго на себя казнь Кропоткина" (28 февр. 1879 г.), „Казнь шпіона Рейнштейна" (1 марта 1879 года), „Приказъ исправникамъ", „Русскіе отцы и матери къ русскому обществу", „Приказъ по войскамъ одесскаго военнаго округа", „Адресъ Палену отъ петербургской учащейся молодежи", „Адресъ Палену отъ московской учащейся молодежи", „Покушеніе на жизнь Трепова", „13 іюля и 24 янв.", „Убійство шпіона" (78 г.), „Покушеніе на жизнь Котляревскаго", „Прибавленіе къ приказу с. п. градоначальника", „По поводу приговора", „Рѣчь И. Мышкина", „Къ рабочимъ всѣхъ фабрикъ и заводовъ", „Отъ ткачей Нрвой бумагопрядильни къ рабочимъ всѣхъ фабрикъ и заводовъ" (16 января 79 г.), „Отъ рабочихъ Шау всѣмъ петербургскимъ рабочимъ" (17 янв. 79 г.), „Рабочимъ отъ центральнаго комитета Сѣвернаго Союза русскихъ рабочихъ" (14 января 79 г.).

ж) 3-й номеръ „Чернаго Передѣла".

з) газету „Заря Рабочаго" 79-80 гг., „Зерно" (у насъ есть только 1-й номеръ), „Гомонъ" 1884 г., „Своб. Слово" и „Студенчество" 1883-84 гг.; „Рабочій" 1884 г., гектограф. изд. (Екатеринославъ), „Рабочій" 1-й номеръ, 1885 издан. въ Спб., „Журналъ политическихъ ссыльныхъ" и др. сибирскіе журналы, „Впередъ!" кіевское изд., „Южный Рабочій", „Рабочая Газ." 1897-98 гг., и проч.;

к) брошюры и книги: „Политическій терроръ", гектографъ изд. 1884 г.: „Письмо къ товарищамъ" Москва, 20 января 84 г. (Распопина? см. „В. Н. Воли" номеръ 4), „Самозванные марксисты" 1885 г., „Печать и пессимизмъ" (по поводу лекцій Иванюкова) 1885 г., „Посланіе къ землякамъ бѣлоруссамъ", 1 января 84 г., литогр. изданіе московскаго общества переводчиковъ и издателей (Л. Блана „Монархія и Республика", „Всеобщая подача голосовъ", „Организація труда", Ланге, „Рабочій Вопросъ", ихъ же „Союзъ" 84 г., „Борьба общественныхъ силъ въ Россіи", „Радикалы и поссибилисты" (8 стр., 1893 г.);

л) изданія Сѣверно Русскаго Рабочаго Союза 79 г. и пр., прокламаціи Южнаго Рабочаго Союза (1880-81 гг.); юмористическія изданія (гект.) по дѣлу Гартмана 1880 г., прокламаціи Центральной Студенческой Группы Партіи Народной Воли (1880-1881 гг.) и „Инструкцію", составленную этой группѣ Партіей Нар. Воли (гектограф. изд.) и пр.

Лицъ, обѣщавшихъ прислать намъ имѣющіеся у нихъ 1 и 5 номера „Нар. Воли", 1, 4, 5 номера „З. и В.", прокламаціи „Къ офицерамъ" 82 г., и пр., мы убѣдительно просимъ поторопиться присылкой намъ этихъ изданій,—а также выслать имѣющійся у нихъ пропускъ въ обвинительномъ актѣ по д. Богдановича (1883 г.), обвинительные акты по д. Алекс. Михайлова (82 г.), офицеровъ (87 г.), Оржиха и др. дѣламъ.

Изъ полученныхъ нами изданій или находящихся въ распоряженіи с.-р. укажемъ: 2, 3, 4, 6, 7, 8-9, 11-12 номера „Н. В.", листки „Н. В." 80 г. номера 1 и 2; 83 г. номера 1 и 2 и приложеніе; 2, 3 номера „З. и В."; 4 номера „Начала";„Ко всѣмъ честнымъ людямъ", 78 г. по д. Засуличъ; „Къ русскому обществу", тоже; „Два засѣданія министровъ"; „Отвѣтъ московской учащейся молодежи„ Московскимъ Вѣдомостямъ"; „Убійство шефа жандармовъ г.-ад. Мезенцева"; „Заживо погребенные", 78 г.; «Отъ мертвыхъ къ живымъ", 83 г.; „Пытка и каторга въ СПБ.", 83 г.; Процессъ пролетаріатцевъ, 1886 г.; Сборникъ „Соціальный вопросъ"; „По поводу рѣчи царя. Радикалы и поссибилисты" 95 года.

Владѣльцевъ изданій тайнаго типографскаго станка мы просимъ сообщить намъ списки имѣющихся у нихъ изданій,—тогда мы могли бы указать, которыя изъ нихъ необходимы 'для насъ.

2) Заграничныя изданія: „Стрѣла" (58); „Вѣсть" (62); „Европеецъ" (1864); „Le Véridique" (Долгорукова); „La Cloche" (62—64); „Отголоски русской печати" (издавалъ ихъ Шедо Ферроти по-русски и по-французски въ Бельгіи); „Современность" (68); „Община" (Нечаева, 71); „Отечество въ опасности", изд. ред. „Набата" (77-78).

3) Тайныя правительственныя изданія: „Царскій Листокъ", издающійся въ 3-хъ экз. (о немъ см. въ книгѣ Ланина), біографическій словарь русскихъ революціонеровъ (изд. Н. Н. Голицинымъ), „Списки лицъ, разыскиваемыхъ по дѣламъ департамента полиціи" (изд. каждое полугодіе,—такія изданія есть и на иностранныхъ языкахъ у международной полиціи,—въ этихъ спискахъ имѣются біографіи и нѣкоторыхъ русскихъ эмигрантовъ); „Ежегодный обзоръ важнѣйшихъ дознаній" (объ этихъ изданіяхъ см. въ 3 ном. „Народовольца"), отчеты засѣданій государственнаго совѣта, министерскіе отчеты, разнаго рода циркуляры и т. д.

Революціонеры въ Россіи должны приложить всѣ усилія разыскать упомянутыя нами правительственныя изданія. Это нужно не для однихъ историческихъ работъ. Замѣтимъ, что при настойчивости раздобыть эти изданія уже не такъ и трудно.

4) Легальныя изданія:

а) Русскія газеты за старые годы, особенно за 77—81 гг., гдѣ помѣщались политическіе процессы,—почти безразлично какія изъ большихъ газетъ: „Голосъ", „Новое Время", „Правительственный Вѣстникъ", особенно желательно получить: „Порядокъ" (81-82 гг.), „Берегъ" (1880 г.), „Московскій Телеграфъ" (81—83 гг.) или „Страну" (80—83 гг.) и т. п. газеты. Мы, живущіе заграницей, можемъ пользоваться—и то съ большими затрудненіями—лишь слѣдующими газетами: „Новое Время" (съ 80 г.—въ Парижѣ), „Голосъ" (81—83), „Новости" (съ 83 г.), „Московскія Вѣдомости" и „Новое Время" съ 91 года (послѣднія 4 газеты въ Лондонѣ). Просимъ нашихъ читателей прислать намъ указанія на интересныя въ какомъ-либо отношеніи статьи въ легальныхъ газетахъ, журналахъ и книгахъ по исторіи революціонныхъ и общественныхъ движеній въ Россіи.

То, что мы говоримъ о легальныхъ русскихъ изданіяхъ, относится и къ изданіямъ французскимъ, англійскимъ, нѣмецкимъ, польскимъ, малорусскимъ и т. д.

б) Земскія изданія, напр., гдѣ есть матеріалы о либераль-номъ или революціонномъ движеніи.

в) Книги, задержанныя цензурою, напр., книга Гилярова-Платонова „15 лѣтъ крамолы“ (фельетоны изъ „Современныхъ Извѣстій“ за 81—83 гг.), „Исторія литературы“ Венгерова, сочиненія Елисеева и т. д. Книги и статьи историческаго характера въ журналахъ часто выходятъ съ цензурными пропусками,—рѣдкіе изъ интересныхъ матеріаловъ въ „Русской Старинѣ“, „Русскомъ Архивѣ“, „Историческомъ Вѣстникѣ“ были напечатаны безъ цензурныхъ урѣзываній (дневники Никитенко и Пирогова, воспоминанія Горбачевскаго, Волконскаго и т. д.). Мы просимъ прислать намъ всѣ эти вырѣзанныя цензурой мѣста для напечатанія ихъ на страницахъ „Былого“.

5) Матеріалы для изученія политическихъ процессовъ.

Мы особенно просимъ помочь намъ въ собираніи матеріаловъ относительно политическихъ процессовъ. Многіе изъ процессовъ были крупными событіями русской жизни и отчеты о нихъ являются характернѣйшими документами по исторіи революціоннаго движенія. Кромѣ того, они до сихъ поръ имѣютъ огромное воспитательное значеніе для дѣйствующихъ революціонеровъ.

Желательно, чтобы участники этихъ процессовъ (подсудымые, свидѣтели, адвокаты и т. д.) просмотрѣли имѣющійся въ печати матеріалъ, внесли въ него поправки, дополненія, всякаго рода коментаріи, собрали бы біографическіе матеріалы о лицахъ, причастныхъ къ процессамъ и ихъ судьбѣ. Этими свѣдѣніями—какъ бы они ни были отрывочны и случайны, мы воспользуемся при составленіи отчетовъ о процессахъ по тому плану, какъ это нами было сдѣлано во 2-мъ № „Былого“ относительно процесса 20-ти. Въ настоящее время мы приготовляемъ къ печати процессы: Лизогуба, Веймара, Квятковскаго, Желябова, Лопатина, Ульянова и нѣкоторыхъ другихъ.

а) Для нѣкоторыхъ процессовъ, главнымъ образомъ происходившихъ въ 1871—81 гг., имѣются обвинительные акты и отчеты о судебныхъ засѣданіяхъ. Къ этимъ процессамъ относятся главнымъ образомъ: дѣло нечаевцевъ 1871 г. и Нечаева въ 1873 г.; участниковъ демонстраціи на Казанской площади; 50-ти; 193-хъ; Засуличъ, Ковальскаго, Дубровина, Лизогуба, Соловьева, чигиринцевъ, Мирскаго, Россиковой, Веймара, Юрковскаго, Квятковскаго, Желябова.

б) Для другихъ процессовъ имѣются обвинительные акты, но въ большинствѣ случаевъ нѣтъ никакихъ иныхъ свѣдѣній. Къ этому разряду процессовъ относятся: дѣло нечаевскихъ солдатъ 82 г.; Юр. Богдановича 83 г. (въ обвинительномъ актѣ недостаетъ 5-й главы о дѣлѣ 1 го марта, просимъ ее намъ разыскать; имѣются рѣчи подсудимыхъ: рѣчь Спасовича, отрывокъ изъ рѣчи Спасовича, отрывокъ изъ рѣчи Желиховскаго); Вѣры Фигнеръ 84 года; Шебалина 84 г.; Ульянова 87 г.; Лопатина 87 г.; Гинсбургъ 90 г.; Балмашева.

в) Для политическихъ процессовъ 60-хъ гг. нѣтъ ни обвини́-
тельныхъ актовъ (кромѣ д. Григорьева, Красовскаго, Чернышев-
скаго, Андрущенко) и никакихъ, хотя бы краткихъ, замѣтокъ о
нихъ въ современныхъ русскихъ газетахъ, кромѣ того, что собра-
но въ книгѣ „Государственныя преступленія въ Россіи въ XIX вѣ-
кѣ“. Хорошо сдѣлалъ бы кто-нибудь, если-бы, пользуясь указані-
ями свѣдущихъ людей, просмотрѣлъ бы газеты того времени, се-
натскія рѣшенія и т. п. изданія и собралъ бы всѣ свѣдѣнія, каса-
ющіяся этихъ процессовъ. Особенно желательно разыскать матеріа-
алы о процессахъ: Михайлова 61 г., Вс. Костомарова, Зайчнев-
скаго, Обручева 62, Муравскаго 63, Мартьянова, Баллода и Писа-
рева, Иваницкаго 64 г., Н. Серно-Соловьевича, Шапкова, бр. Юни-
совыхъ, Черняка 65 г., Каракозова, Худякова 66 г., Соколо-
ва 67 г.

г) Для слѣдующихъ процессовъ нѣтъ обвинительныхъ актовъ,
а для большинства изъ нихъ нѣтъ ровно никакихъ матеріаловъ:
рабочаго Малиновскаго 74 г., Обнорскаго 80 г., Ковальской 81 г.,
Суханова, Халтурина, Геккера 82, Дзвонкевича, Гориновича 83,
Манучарова 84, пролетаріатцевъ 85, офицеровъ 87, Сигиды 87,
Оржиха 88, Перлашкевича, Зотова 89, Вейнштока, Кочурихина 92,
Лекерта, Качура и мн. др.

6) Неопубликованные документы, письма, дневники и руко-
писи замѣчательнѣйшихъ революціонныхъ и оппозиціонныхъ дѣя-
телей, неопубликованныя рукописи разныхъ лицъ о революціон-
номъ и общественномъ движеніяхъ. Желательно получить:

а) Конституцію Никиты Муравьева, „Русскую Правду“ Пе-
стеля, записку Петрашевскаго (1848 г.).

б) Документы различныхъ революціонныхъ группъ, до сихъ
поръ не опубликованные: уставы провинціальныхъ группъ Народ-
ной Воли, „Уставъ боевой дружины рабочихъ“ 1880 г., „Задачи
боевой рабочей организаціи“, „Объяснительную записку къ про-
граммѣ рабочихъ членовъ партіи Н. В.“ и очень многіе документы,
которые въ 80—84 гг. давались въ руководство членамъ партіи
Н. В., а также аналогичные документы относительно партіи Земли
и Воли и другихъ партій.

в) Показанія и заявленія подсудимыхъ на допросахъ. Гово-
рятъ, огромный интересъ представляютъ показанія Пестеля и нѣ-
которыхъ другихъ декабристовъ.—Въ судейскомъ мѣрѣ были въ
свое время распространены показанія Рысакова, Желябова и нѣко-
торыхъ другихъ подсудимыхъ; были также: писанная рукой Желя-
бова рукопись въ 29 стр. по поводу его процесса и предсмертныя
письма (послѣ суда) Желябова, Перовской, Кибальчича, Т. Михай-
лова.

г) Полное завѣщаніе Гриневицкаго (часть напечатана въ 1 №
„Былого“), письма Желябова, Перовской, Халтурина, Гриневицкаго,
Суханова, В. Фигнеръ, А. Михайлова и др.

д) Такія рукописи, какъ неопубликованныя статьи Добролю-
бова, Тургенева, Салтыкова („Переписка императора Николая I съ
Поль-де-Кокомъ“ и др.), ихъ письма, имѣющія огромное обще-
ственно-политическое значеніе,—такого рода матеріалы до сихъ поръ

хранятся подъ спудомъ многими, очень многими въ Россіи. Пора, наконецъ, не ждать, пока цензура разрѣшитъ ихъ печатанье, а печатать за-границей, чтобы цензура потеряла смыслъ и значеніе въ глазахъ даже тѣхъ лицъ, кому она служитъ.

7) Матеріалы для біографій революціонныхъ и обществен-ныхъ дѣятелей. Съ 3-го № „Былого“ начинается печатанье матеріаловъ для біографій ссыльныхъ. Желательно получить слѣдую-щаго рода свѣдѣнія: 1) гдѣ и когда родился; 2) вѣроисповѣданіе; 3) сословіе; 4) образованіе; 5) занятіе; 6) когда и гдѣ былъ аре-стованъ; 7) гдѣ и когда судился; 8) приговоръ; 9) когда и куда былъ сосланъ, съ какого года на поселеніе; 10) участвовалъ-ли въ литературѣ; 11) источники для біографіи; 12) примѣчанія (о побѣ-гахъ, гдѣ находится въ настоящее время и т. д.)

Конечно, кромѣ краткихъ хронологическихъ данныхъ, жела-тельно записываніе всего интереснаго въ жизни нашихъ товари-щей. Этими матеріалами мы воспользуемся въ другихъ отдѣлахъ нашего журнала.

Убѣдительно просимъ товарищей за-границей и въ Россіи за-няться, по предложенной нами программѣ, собираніемъ матеріа-ловъ для біографій всѣхъ извѣстныхъ имъ лицъ.

Изъ дѣятелей, для чьихъ біографій мы особенно нуждаемся въ матеріалахъ для начатыхъ работъ, мы укажемъ на слѣдую-щихъ: Желябовъ, Перовская, Халтуринъ, Гриневицкій, Сухановъ, Ал. Михайловъ, Исаевъ, Вѣра Фигнеръ, Богдановичъ, Морозовъ, Саблинъ, Ширяевъ, Осинскій, Герм. Лопатинъ, Кравчинскій, Неча-евъ, Ткачевъ, а о лицахъ, такъ или иначе имѣвшихъ прикосно-веніе къ террористической дѣятельности, просимъ сообщать все-возможныя свѣдѣнія, какъ бы они, повидимому, и ни были незна-чительны. Желательно получить всякаго рода поправки и до-полненія къ имѣющимся въ литературѣ біографическимъ матеріа-ламъ о только что перечисленныхъ нами лицахъ,—это необхо-димо намъ при пользованіи этими матеріалами, а особенно при ихъ перепечаткахъ.

8) Поправки и дополненія къ хроникѣ революціоннаго дви-женія въ сборникѣ „За сто лѣтъ“. Для новаго изданія сборника (хроника будетъ доведена до самаго послѣдняго времени) просимъ дополнить и провѣрить собранный матеріалъ. Присылая свѣдѣнія, достаточно или отмѣтить страницу сборника, къ которой они отно-сятся, или указать годъ. Какого рода свѣдѣнія намъ нужны,—наши читатели знаютъ. Нѣтъ такого факта, представляющаго ин-тересъ въ исторіи революціоннаго и оппозиціоннаго движенія, ка-кой не нашелъ бы себѣ мѣста въ широкой программѣ, намѣченной нами въ „Хроникѣ“. Всѣ пропуски документовъ и фактовъ будутъ объясняться исключительно тѣмъ, что мы сами не-знакомы были съ ними и что они никѣмъ не были намъ сообщены.

9) Отвѣты на сдѣланные запросы. Мы еще не на всѣ вопро-сы, заданные въ 1 № „Былого“, получили отвѣты. Просимъ: а) дополнить списки участниковъ революціонныхъ съѣздовъ: въ Ли-пецкѣ, Воронежѣ, Парижѣ въ 1876 г., въ Петербургѣ 77 г. и др. и

-списки участниковъ либеральныхъ съѣздовъ 1878—81 гг.; б) дать -списки членовъ различныхъ революціонныхъ организацій: Народ- наго Освобожденія, Земли и Воли, Народной Воли и т. д.; в) до- ставить новыя свѣдѣнія о либеральной лигѣ 80—81 гг., Охранѣ и т. д.; г) указать имена участниковъ типографій Земли и Воли, Народной Воли: дерптской, ростовской 84 г. и др.; д) сообщить, кто участвовалъ въ казни Рейнштейна въ 1879 г. и т. п. собы- тіяхъ; е) указать имена авторовъ неподписанныхъ статей въ „Нар. Волѣ“, „Землѣ и Волѣ“ и др. какъ старыхъ, такъ и новыхъ из- даній, наиболѣе выдающихся прокламацій, раскрыть псевдонимы статей и брошюръ; ж) указать, что было выпущено въ 5-мъ пунк- тѣ программы Исполнительнаго Комитета, въ „Подготовительной работѣ партіи“ (о пропагандѣ среди солдатъ); з) указать, кто изъ русскихъ участвовалъ въ польскомъ возстаніи 63 г., въ интернаціо- налѣ, въ парижской коммунѣ; и) разъяснить: если „Молодая Рос- сія“ была написана Зайчневскимъ въ маѣ 1862 г. (см. статью Пантелѣева въ сборникѣ „На славномъ посту“), то издана ли она имъ, когда онъ сидѣлъ въ тюрьмѣ? Когда, по какому поводу онъ былъ арестованъ? і) собрать матеріалы о казанскомъ дѣлѣ 64 г., когда было 5 человѣкъ разстрѣлено, о Землѣ и Волѣ 62-63 гг., о каракозовскомъ дѣлѣ; к) гдѣ бумаги Бенни, П. Долгорукова, Неча- ева, Бакунина, многихъ изъ сибиряковъ: Т., С. и т. д.? л) допол- нить списки предателей и провокаторовъ, съ указаніемъ на мѣ- сто настоящаго ихъ нахожденія.

10) Карточки политическихъ дѣятелей для помѣщенія въ „Быломъ“. У насъ нѣтъ карточекъ Пестеля, Петрашевскаго, Ка- ракозова, Желябова (мы слышали, что въ Петербургѣ есть одна миніатюрная карточка Желябова, снятая съ него во весь ростъ, а другая снятая во время его послѣдняго ареста), Кибальчича, Хал- турина, Саблина, Колоткевича, Стѣпурина, Кутитонской, Южаковой, Поливанова,—а также тѣ карточки Морозова, Перовской, Грине- вицкаго, Карповича и др. революціонеровъ, которыя не были до сихъ поръ извѣстны и распространены. Просимъ присылать намъ портреты извѣстныхъ революціонныхъ и оппозиціонныхъ дѣятелей за разные періоды ихъ жизни.

Влад. Бурцевъ.

МИХАИЛУ ЛАРІОНОВИЧУ МИХАЙЛОВУ.

Сонъ былъ нарушенъ. Здѣсь и тамъ
Молва бродила по устамъ,
Вспыхала мысль, шепталась рѣчь—
Грядущихъ подвиговъ предтечь;
Но, робко зыблясь, подлый страхъ
Привычно жилъ еще въ сердцахъ,
И надо было жертвы вновь—
Разжечь ихъ немощную кровь...
Такъ, цѣпенѣя, ратный строй

Стоитъ и не вступаетъ въ бой;
Но вражій выстрѣлъ просвисталъ—
Въ рядахъ одинъ изъ нашихъ палъ!...
И гнѣва трепетъ боевой
Объемлетъ вдохновенный строй.
Впередъ, впередъ! Разрушенъ страхъ—
И гордый врагъ падетъ во прахъ.
Ты—эта жертва! За тобой
Сомкнется грозно юный строй,
Не побоится палачей,
Ни тюрьмъ, ни ссылокъ, ни смертей.
Твой подвигъ даромъ не пропалъ—
Онъ чары страха разорвалъ!
Иди-жъ на каторгу бодрѣй,
Ты дѣло сдѣлалъ,—не жалѣй!

* *
*

.... не посмѣлъ тебя казнить...
Вѣдь ты изъ фрачныхъ... можетъ быть,
Въ средѣ господъ себѣ отпоръ
Нашелъ бы смертный приговоръ...
Вотъ если бы тебя нашли
Въ поддевкѣ, въ трудовой пыли,—
Тебя велѣлъ бы онъ схватить
И, какъ собаку, пристрѣлить.
Онъ слово „казнь"—не произнесъ,
Но до пощады не доросъ:
Мозгъ узокъ, и душа мелка,
Мысль милосердья далека.
Но ты пройдешь чрезъ тѣ мѣста,
Гдѣ безъ могилы и креста
Недавно брошенъ свѣжій трупъ
Бойца, носившаго тулупъ*).
Нашъ старшій братъ изъ мужиковъ,
Онъ первый сталъ противъ враговъ,
И волей .... былъ онъ
За волю русскую казненъ...
Ты тихо голову склони
И имя брата помяни!..

* *
*

Закованъ въ желѣзо съ тяжелою цѣпью,
Идешь ты, изгнанникъ, въ холодную даль,
Идешь безконечною снѣжною степью,
Идешь въ рудокопы на трудъ и печаль.
Иди безъ унынья, иди безъ роптанья,
Твой подвигъ прекрасенъ, и святы страданья!
И вѣрь неослабно, мой мученикъ ссыльный,
Иной рудокопъ не исчезъ, не потухъ—

---

*) Здѣсь говорится объ Антонѣ Петровѣ, разстрѣлянномъ близъ Ка-
зани въ 1861 году.

Незримый, но слышный повсюдный всесильный
Народной свободы таинственный духъ.
    Иди-жъ безъ унынья, иди безъ роптанья,
    Твой подвигъ прекрасенъ, и святы страданья!
Онъ роется мыслью, работаетъ словомъ,
Онъ юношей будитъ въ безмолвьи ночей,
Пророчитъ о племени сильномъ и новомъ,
Хоронитъ безжалостно ветхихъ людей.
    Иди-жъ безъ унынья, иди безъ роптанья,
    Твой подвигъ прекрасенъ, и святы страданья!
Онъ создалъ тебя и въ плѣну не покинетъ,
Онъ стражу разгонитъ и цѣпь раскуетъ,
Онъ камень отъ входа въ темницу отдвинетъ,
На праздникъ народный тебя призоветъ.
    Иди-жъ безъ унынья, иди безъ роптанья,
    Твой подвигъ прекрасенъ, и святы страданья!
                Н. Огаревъ.

УЗНИКУ.

Изъ стѣнъ тюрьмы, изъ стѣнъ неволи,
Мы братскій шлемъ тебѣ привѣтъ,
Пусть облегчитъ въ часъ злобной доли
Тебя онъ, нашъ родной поэтъ!

Проклятымъ гнетомъ самовластья
Намъ не дано тебя обнять,
И дань любви и дань участья
Тебѣ, учитель нашъ, воздать!

Но день придетъ, и на свободѣ
Мы про тебя разскажемъ все,
Разскажемъ въ русскомъ мы народѣ,
Какъ ты страдалъ изъ-за него!

Да, сѣялъ доброе ты сѣмя,
Вѣщалъ ты слово правды намъ,
Вѣрь,—плодъ взойдетъ, и наше племя
Отмститъ сторицею врагамъ!

И разорветъ позора цѣпи,
Сорветъ съ чела ярмо раба
И призоветъ изъ снѣжной степи
Сыновъ народа и тебя!
                Н. Утинъ.

ОТВѢТЪ МИХАЙЛОВА СТУДЕНТАМЪ.

Крѣпко, дружно васъ въ объятья
Всѣхъ бы, братья, заключилъ
И надежды и проклятья
Съ вами, братья, раздѣлилъ!
Но тупая сила злобы
Вонъ изъ братскаго кружка
Гонитъ въ снѣжные сугробы,

В тьму и холодъ рудника.
Но и тамъ, на зло гоненью,
Вѣру лучшую мою
Въ молодое поколѣнье
Свято въ сердцѣ сохраню.

Въ безотрадной мглѣ изгнанья
Твердо буду свѣта ждать
И души одно желанье,
Какъ молитву, повторять:
Будь борьба успѣшнѣй ваша,
Встрѣть въ бою побѣда васъ,
И минуй васъ эта чаша,
Отравляющая насъ!

Спасибо вамъ за тѣ слезы, которыя вызвалъ у меня вашъ братскій привѣтъ. Съ кровью приходится мнѣ отрывать отъ сердца все, что дорого, чѣмъ свѣтла жизнь! Дай богъ лучшаго времени, хоть можетъ, мнѣ уже и не суждено воротиться.

ПРОКЛАМАЦІИ 60-хъ ГОДОВЪ*).

Первыя произведенія тайнаго типографскаго станка въ Россіи появились лишь въ 1861 г. За-границей свободная русская печать возникла нѣсколько раньше,—такъ, Головинъ напечаталъ свой „Катехизисъ“ въ 1849 г., а съ 1853 г. въ Лондонѣ начала работать типографія Герцена, гдѣ печатались произведенія Герцена, Энгельсона, Сазонова, Огарева и друг. На иностранныхъ языкахъ по русскимъ вопросамъ Бакунинъ, Головинъ, Н. Тургеневъ стали печатать еще раньше.

У декабристовъ, петрашевцевъ и другихъ революціонныхъ и оппозиціонныхъ дѣятелей бывали разнаго рода записки, договоры, проекты конституцій, стихотворенія и т. д., но все это вплоть до 50-хъ годовъ оставалось въ рукописяхъ и ходило среди публики въ спискахъ; и ни разу основанія типографій за-границей или въ самой Россіи не были осуществлены, хотя объ этомъ подумывали и декабристы, и петрашевцы, и многіе другіе. Въ Россіи иногда, впрочемъ, появлялись тайныя литографированныя изданія,— такъ напр.: въ 1848 г. Петрашевскій напечаталъ записку для дворянскихъ собраній, въ 1858 г. издавался, въ подражаніе лондонскому „Колоколу“, „Колоколъ“ въ Россіи (1 экз. его можно видѣть въ петербургской библіотекѣ), въ 1859 г. появилась рукопись „Западъ», въ 1860—61 г. Зайчневскій и его товарищи тайно, подъ видомъ студенческихъ лекцій, напечатали Бюхнера „Матерія и сила“, переиздали книжку Огарева о декабристахъ и т. д.

До 60-хъ гг. иногда появлялись прокламаціи: напримѣръ, въ 1821 г.—о конституціи, въ 1842 г. прокламаціи были разосланы по почтѣ въ казармы къ солдатамъ. Эти прокламаціи производили сильное впечатлѣніе, но всѣ онѣ были рукописныя; только съ 1861

---

*) Послѣ выхода за-границей 6 № „Былого“, прокламаціи 60-хъ годовъ были собраны Базилевскимъ и изданы тамъ же отдѣльной книгой.

тода, и то съ перерывами, сталъ въ Россіи работать тайный пе-
чатный станокъ.

1861 годъ.

1) Лѣтомъ 1861 г. кружокъ лицъ, въ которомъ принималъ
участіе сотрудникъ „Современника“, офицеръ Обручевъ (если не
ошибаемся, при помощи Домбровскаго, Сѣраковскаго и др.), тайно
сталъ выпускать листокъ „Великоруссъ“, кажется, въ типографіи
генеральнаго штаба. 1-й № „Великорусса“ перепечатанъ въ 107 №
„Колокола“ (15 сен., н. с.), 2-й—въ 109, 3-й—въ 115 (20 окт.);
всѣ эти №№, вмѣстѣ съ статьями Михайлова и Огарева, были пе-
репечатаны въ „Летучихъ листкахъ“, изд. въ 1862 г. въ Гейдель-
бергѣ, и въ отрывкахъ въ „За сто лѣтъ“. О „Великоруссѣ“ см.
105 № „Колокола“ (отъ 15 авг. 1861 г.), 107 (статья Михайлова)
и 108 (ст. Огарева о Михайловѣ).

2) Въ томъ же году въ Петербургѣ былъ распространенъ
листокъ Михайлова „Къ молодому поколѣнію“, напечатанный за-
границей; онъ перепечатанъ въ „Летучихъ листкахъ“ и въ от-
рывкахъ въ „За сто лѣтъ“.—За эту прокламацію Михайловъ въ
декабрѣ 1861 г. былъ осужденъ въ каторжныя работы. Въ прило-
женіи 119 и 120 №№ „Колокола“ (15 янв. 1862 г.) появились
стихотворенія Огарева и Утина, посвященныя Михайлову, и от-
вѣтъ имъ Михайлова.

3) „Что нужно народу?“—листокъ, представляющій собою от-
дѣльный оттискъ передовой статьи изъ 102 № „Колокола“,—пере-
печатанъ въ книгѣ г. Куклина „Итоги революціоннаго движенія въ
Россіи“ (1904); тамъ же есть отрывки изъ прокламацій: „Молодая
Россія“, „Къ молодому поколѣнію“, 2 №№ „Великорусса“.

1862 годъ.

4) „Къ образованнымъ классамъ“,—прокламація, изданная,
кажется, кружкомъ братьевъ Серно-Соловьевичей; она была пере-
печатана въ 148 № „Колокола“ отъ 30 авг. 1862 г.—О дѣятель-
ности Серно-Соловьевичей и другихъ дѣятеляхъ 60-хъ гг. см 4-й №
„Былого“, изданнаго за-границей, стр. 58—65.

5) „Земская Дума“,—перепечатана въ 139 № „Колокола“ (15
іюля 1862 г.).

6) „Молодая Россія“,—появилась въ маѣ 1862 г. и приписы-
вается Зайчневскому (см. статью Пантелѣева въ сбор. „На слав-
номъ посту“); перепечатана въ „Свободномъ Словѣ“ Блюммера
(Берлинъ, 1862 г.) и въ отрывкахъ въ „За сто лѣтъ“; о „Моло-
дой Россіи“ см. „Колоколъ“ 15 іюля 1862 г.

7) „Мужицкая Правда“, изд. въ гродненской губерніи Вруб-
левскимъ и Томашевскимъ (объ ихъ дѣлѣ см. „Колоколъ“ № 162,
1 мая 1863 г.).

8) Прокламація,—по поводу брошюры Шедо-Ферроти противъ
Герцена; перепечатана въ „Свободномъ Словѣ“ 62 г. и въ „За сто
лѣтъ“; она приписывается Писареву и печаталась Бал-
лодомъ.

9) Прокламація „Къ офицерамъ".

— „Въ Петербургѣ лѣтомъ 1862 г. было разослано въ большомъ количествѣ ко всѣмъ военнымъ печатное воззваніе къ офицерамъ съ эпиграфомъ: „не терновый вѣнецъ, а вѣрный успѣхъ ждетъ васъ!"

„Кому будетъ принадлежать честь,—спрашиваетъ воззваніе,— честь освобожденія отечества отъ заразы, отъ смерти?" и отвѣчаетъ: „современное состояніе Россіи бросаетъ этотъ завидный жребій на войско, ему должна принадлежать честь поднятія знамени Свободы!" („Колоколъ" № 148, 22 окт. 1862 г.)

Цѣликомъ она была, кажется, перепечатана въ „Вѣсти" (Берлинъ, 1862 г.).

10) Другая прокламація къ офицерамъ была, по словамъ „Колокола" (№ 133), разослана по Петербургу, и нѣсколько экземпляровъ ея были разбросаны въ пріемной залѣ зимняго дворца, въ день пасхи.

Въ 1862 году судился Красовскій за распространеніе своихъ писанныхъ прокламацій,—ихъ текстъ см. въ 165 № „Колокола" и въ „За сто лѣтъ". Офицеры въ Польшѣ составили и напечатали въ „Колоколѣ" (№№ 148 и 151) и въ „Общемъ Вѣчѣ" (15 декабря 1862 г.) свои воззванія къ великому князю Константину Николаевичу и къ своимъ товарищамъ.

Въ томъ же 1862 г. въ Лондонѣ предпринято было Огаревымъ и Герценомъ изданіе журнала „Общее Вѣче", спеціально для раскольниковъ. Тамъ же былъ изданъ для пропаганды небольшой сборникъ революціонныхъ пѣсенъ, отдѣльно издано обращеніе къ офицерамъ въ Польшѣ и т. д.

1863 годъ.

11) „Свобода" № 1,—изданіе общества „Земли и Воли"; распространено оно было въ Россіи 19 февр. 1863 г., перепечатано въ 164 № „Колокола" (1 іюня 1863 г.) и частью въ „За сто лѣтъ". Въ Британскомъ Музеѣ имѣется оригиналъ этой прокламаціи съ печатью общества „Земли и Воли".—Объ обществѣ „Земли и Воли" и о „Свободѣ" см. „Колоколъ" №№ 157, 159, 160.

12) „Свобода" № 2.—Въ ней, между прочимъ, по словамъ обвинительнаго акта по дѣлу Андрущенко, говорилось „по поводу адресовъ, присланныхъ отъ разныхъ сословій на высочайшее имя, что будто адресы написаны по принужденію; подписавшихъ адресы называютъ измѣнниками родины и въ высшей степени дерзко отзываются о государѣ императорѣ и правительствѣ, называя ихъ презрѣнными рабами, тиранами народа, измѣнниками родины, высасывающими послѣднюю каплю крови. Далѣе въ воззваніи говорится, что члены бывшаго комитета Великорусса соединились съ обществомъ Земля и Воля, что комитетъ Земля и Воля доводитъ до общаго свѣдѣнія, что лица, уполномоченныя имъ, снабжены новыми документами, и потому проситъ ни въ какомъ случаѣ не исполнять требованія лицъ, не имѣющихъ ихъ, и что номера выдаваемыхъ квитанцій напечатаны въ особомъ прибавленіи, въ ко-

торомъ, дѣйствительно, объяснено, что въ общество получено обратно 34 квитанціи во взносѣ денегъ".

„Номера объявленныхъ въ приложеніи квитанцій начинаются съ 1001, а номера квитанцій въ прибавленіи до 1000 выдаются за-границей".

„Хотя въ приведенныхъ воззваніяхъ „Свободы" №№ 1 и 2 не сказано, на какой именно предметъ предназначаются пожертвованія, но въ газетѣ „Колоколъ", и въ прибавленіи къ ней „Общее Вѣче" за 1863 г., въ которыхъ также напечатано приглашеніе къ пожертвованію, объяснены предметы, на которые предназначаются пожертвованія. Такъ, въ № 16 „Общаго Вѣча", говоря, что деньги будутъ употребляемы на расходы на помощь ссылаемымъ въ Сибирь и въ разные губернскіе и уѣздные города, на помощь ушедшимъ отъ преслѣдованія за-границу и, наконецъ, на расходы, прямо относящіеся къ дѣлу общества: посылка людей и печатныхъ листовъ, типографскіе расходы и пр.".

Въ обвинительномъ актѣ по дѣлу Андрущенко, Мосолова, Лебединскаго и др. („Колоколъ" № 208) упоминалось еще о слѣдующихъ изданіяхъ: а) „Земля и Воля, свобода вѣроисповѣданія", б) „Земля и Воля, временное народное правленіе", в) „Земля и Воля, журналъ издаваемый обществомъ „Земли и Воли" отъ русскаго народнаго комитета". Этотъ журналъ, кажется, не вышелъ въ свѣтъ и захваченъ правительствомъ при арестѣ тайной типографіи въ имѣніи Марченгаузена Люцинскаго уѣзда, Витебской губер. Въ одной изъ статей этого журнала было сказано, что въ „программу дѣйствія комитета входитъ, между прочимъ, изданіе особаго журнала, что комиссія старается заводить дѣятельныхъ агентовъ для того, чтобы соединить съ обществомъ отдѣльные кружки, кромѣ тѣхъ, которые уже удалось соединить, что изъ свѣдѣній, полученныхъ обществомъ отъ своего военнаго комитета въ Варшавѣ, извѣстно, что изъ среды войскъ, стоявшихъ въ Польшѣ, выдѣлились благородныя и энергическія личности, ясно сознавшія, что лучше гибнуть самимъ, чѣмъ быть палачами мученическаго народа, и что русская военная организація въ Польшѣ соединилась съ обществомъ, чтобы дѣйствовать единодушно со взаимною помощью, насколько то возможно при разныхъ положеніяхъ и обстоятельствахъ".

13) „Долго давили васъ братцы"... приписывается казанскому студенту Умному („Колоколъ" № 210). Объ этомъ воззваніи, въ обвинительномъ актѣ по д. Андрущенко, между прочимъ, говорилось:

„Воззваніе безъ заглавія, начинающееся словами „Долго давили васъ братцы", старается поколебать въ народѣ вѣру въ царя, возбудить надежду на собственныя силы и подстрекнуть народъ требовать отъ царя земли и воли, выборнаго начала и самоуправленія. Съ этою цѣлью въ прокламаціи говорится: „Царь собиралъ совѣтъ изъ помѣщиковъ, судилъ да рядилъ съ ними и, наконецъ, далъ вамъ волю. Ничего тутъ не поймешь, что это за воля такая: вольные вы люди стали, только земли не дали вамъ, а выкупаете её за свои кровныя денежки. Не повѣрили вы, чтобъ царь обѣщалъ вамъ дать и не сдержалъ своего обѣщанія царскаго, и подумали что обманываютъ васъ помѣщики да чиновники, что не царскій указъ они вамъ читаютъ. И послалъ царь своихъ генераловъ вразумлять васъ; и стали они вразумлять розгами, да солдатскими штыками, да пулями. Нѣтъ, братцы, плоха надежда на царя-батюшку". Далѣе прибавлено, что царю некому разсказать про вашу нужду, и что ему мѣшаютъ помѣщики. Въ прокламаціи приведенъ текстъ изъ книги царствъ (кн. 1 гл. 8), гдѣ Самуилъ не совѣтуетъ избирать царя Саула. Далѣе сказано: „Надѣйтесь, братцы, на самихъ себя, да и добывайте себѣ волю сами". Предостерегаетъ не торопиться, чтобы не испортить дѣла, пообдумать, собраться съ силами, не затѣвать дѣла по кучкамъ. „А когда всѣ будутъ готовы,— о чемъ прокламація обѣщаетъ извѣстить народъ,—тогда можно будетъ потребовать отъ царя все, что нужно, и чего онъ теперь не даетъ, т. е. землю безъ выкупа, назначеніе и расходованіе податей черезъ выборныхъ, судъ и расправу тоже черезъ выборныхъ".

14) „Долго насъ помѣщики душили", стих. Холодковскаго-Цибульскаго; перепечатано было въ „Колоколѣ" № 212 и „Пѣсенникѣ", изданномъ въ 1874 г. въ Женевѣ чайковцами.

15) „Льется польская кровь, льется русская кровь" (объ этой прокламаціи см. „Колоколъ" № 208),—о ней было сказано въ обвинительномъ актѣ по дѣлу Андрущенко:

„Воззваніе: Льется польская кровь!.. приглашаетъ русскихъ къ сочувствію польскому возстанію, говоря, что съ освобожденіемъ Польши тѣсно связана свобода нашей страдальческой родины; обращается къ офицерамъ и солдатамъ русской арміи, между прочимъ, съ слѣдующими словами: „Вмѣсто того, чтобы поворить себя преступнымъ избіеніемъ поляковъ, обратите свой мечъ на общаго нашего врага! Выйдите изъ Польши, возвративши ей похищенную свободу, и идите къ намъ въ свое отечество—освобождать отъ виновника всѣхъ народныхъ бѣдствій, императорскаго правительства". И потомъ приводятъ прокламацію польскаго народнаго комитета къ русскому народу, въ которой сначала говорится, что поляки прощаютъ русскимъ прежнее, и въ заключеніе помѣщенъ слѣдующій призывъ къ русскому народу: „Если ты въ эту рѣшительную минуту не почувствуешь въ душѣ своей угрызеній за прошедшее, если въ борьбѣ съ нами станешь содѣйствовать тирану, который убиваетъ насъ, а васъ запрягаетъ въ ярмо, то горе тебѣ, потому что ты явишься тогда виновникомъ замедленія побѣды въ послѣдней борьбѣ Европейской цивилизаціи съ дикимъ варварствомъ Азіи".

Къ воззванію сверху приложена голубая печать съ словами по серединѣ „Земля и Воля" и кругомъ—„русскій центральный комитетъ". Послѣ текста воззванія объясняется, что оно напечатано въ типографіи общества Земля и Воля".

16) Подложный манифестъ отъ имени Александра II, составленный, кажется, поляками для распространенія въ Россіи,—перепечатанъ онъ былъ въ 166 № „Колокола" 20 іюня 1863 г.,—въ его распространеніи обвинялся офицеръ Чернякъ и другіе по казан-

скому. дѣлу 1863 г.—Поляками же, кажется, было составлено еще нѣсколько прокламацій на русскомъ языкѣ, часть которыхъ была перепечатана въ „Русскомъ Вѣстникѣ“ (въ 1869 г. № 1—3 въ статьѣ Райковскаго: „Польская молодежь въ Западномъ краѣ въ мятежѣ 61-63 гг.“), въ „Московскихъ Вѣдомостяхъ“ 1863 г. и т. д.

17) „Грамота сельскому народу“,—напечатана по-руссински золотыми буквами, въ серединѣ листа изображенъ Христосъ; перепечатана въ 29 № „Общаго Вѣча“; подлинное изданіе вывѣшено, если не ошибаемся, въ одной изъ залъ Раперсвильскаго музея.

Съ 1864 г. надолго прекратилось въ Россіи изданіе прокламацій, и только за-границей продолжалъ работать свободный станокъ: печатался въ „Колоколѣ“ Герцена и Огарева, выходили изданія Долгорукаго, съ 1868 г. появились „Современность“ и „Народное Дѣло“. Каракозовцы и нечаевцы заботились о постановкѣ тайныхъ типографій, но безуспѣшно. Худяковъ, по порученію своихъ друзей, съѣздилъ въ концѣ 1865 г. въ Женеву для основанія типографіи, спеціально для печатанія книгъ для народа; результатомъ его поѣздки было напечатаніе одной лишь брошюры „Для истинныхъ христіанъ“. Для цѣлей пропаганды среди массъ Худяковъ издалъ нѣсколько книжекъ, изъятыхъ потомъ правительствомъ изъ обращенія, напр.: „Самоучитель“, „Древняя Русь“ и т. д. Въ 1869 г. появилась небольшая прокламація Ткачева по поводу студенческихъ движеній, напечатанная въ легальной типографіи безъ разрѣшенія цензуры. Въ томъ же году Нечаевъ началъ печатать въ Женевѣ рядъ своихъ прокламацій и разсылать по Россіи. Въ 1871 г. появились прокламаціи Гончарова, въ 1873 г.—Долгушина и Дмоховскаго.

Изъ перечисленныхъ нами изданій въ оригиналѣ у насъ имѣется только: „Что нужно народу?“, „Свобода“ № 1 и „Грамота“; въ перепечаткахъ,—„Великоруссъ“, „Къ молодому поколѣнію“, „Къ образованнымъ классамъ“, „Земская Дума“, „Молодая Россія“, „Къ офицерамъ“, прокламація о Шедо-Ферроти, „Долго насъ помѣщики душили“, „Подложный манифестъ“.—Нѣтъ у насъ совсѣмъ: „Мужицкой правды“, „Къ офицерамъ“, „Свободы“ № 2, „Долго давили васъ братцы“; навѣрное, нѣтъ еще многихъ другихъ изданій, въ свое время печатавшихся въ тайныхъ типографіяхъ, для распространенія въ народѣ и обществѣ. Дѣло нашихъ читателей— провѣрить текстъ сохранившихся въ перепечаткахъ упомянутыхъ нами прокламацій и разыскать тѣ прокламаціи, которыхъ у насъ нѣтъ, и о которыхъ мы даже не упоминаемъ здѣсь.—Намъ не приходилось также видѣть и слѣдующихъ литографированныхъ изданій: записки Петрашевскаго, „Колокола“ (литографированное изданіе), „Западъ“, изданій Зайчневскаго и пр.

Мы просимъ нашихъ читателей, на основаніи настоящей нашей статьи и сдѣланныхъ въ ней ссылокъ, опросить немногихъ, оставшихся еще въ живыхъ, участниковъ революціоннаго движенія 60-хъ годовъ. Прокламаціи 60-хъ гг., намъ кажется, могутъ быть

найдены въ петербургской публичной библіотекѣ, въ Румянцев-
скомъ музеѣ или у библіофиловъ, заинтересовавшихся изученіемъ
русскихъ общественныхъ движеній.

„Золотая Грамота“, печатающаяся въ этомъ № „Былого“,
появилась уже въ 70 гг., и мы не знаемъ, кѣмъ она была издана;
ея не надо смѣшивать съ „Золотой Грамотой“ Стефановича, под-
линнаго текста которой, кстати сказать, у насъ нѣтъ, а содержаніе
ея передано въ статьяхъ Стефановича въ „Черномъ Передѣлѣ“.

ЗЕМСКАЯ ДУМА.

Чтобы измѣнить существующій порядокъ управленія, осно-
ванный на насиліи, беззаконіи и произволѣ, разоряющій Россію,
развращающій народъ, образовалась партія — земская дума.
Цѣль ея:

Полное освобожденіе крестьянъ со всею владѣемою ими
землею и

Созваніе земской думы изъ выборныхъ отъ всѣхъ сосло-
вій, для возстановленія новаго „Уложенія“ и опредѣленія размѣровъ
и способовъ вознагражденія помѣщиковъ средствами всего госу-
дарства.

На дняхъ бывшее Общее Собраніе Думы изъ Депутатовъ, отъ
всѣхъ областныхъ кружковъ, дало намъ возможность счесть
свои силы, опредѣлить программу дѣйствій и выступить какъ орга-
низованная партія.

Крайнимъ срокомъ мирной агитаціи для распространенія сво-
ихъ убѣжденій, мы назначаемъ день*) „Тысячелѣтія“ Россіи. Къ
этому сроку мы надѣемся предъявить правительству — въ со-
вершенной неспособности котораго мы глубоко убѣждены—свои
требованія въ такой формѣ, передъ которой оно должно будетъ
уступить.

Чѣмъ меньше разумныхъ силъ останется къ этому времени
на сторонѣ правительства, тѣмъ меньше будетъ оно въ состояніи
противиться законнымъ требованіямъ народа, тѣмъ меньшихъ
жертвъ будетъ стоить переходъ къ новому порядку. Поэтому, рѣ-
шивъ, во что бы то ни стало, достигнуть предположенной цѣли,
мы обращаемся ко всѣмъ честнымъ и благомыслящимъ людямъ
съ просьбою и совѣтомъ итти заодно съ нами и не поддержи-
вать существующаго порядка. Присоединяться къ намъ мы про-
симъ организованные кружки и лицъ, полагающихся на свои силы.

Типографія Земской Думы. Апрѣля 1862 года.

КЪ ОФИЦЕРАМЪ.

Офицеры! Настало время каждому честному офицеру спросить
у своей совѣсти, чего ему держаться въ виду совершающихся со-
бытій.

---

*) Августъ 1862 г. — Ред.

Жизнь Россіи невозможна безъ коренныхъ реформъ; правительство само это сознало, оно даже приступило къ нимъ и—струсило. Эгоистическое, не любящее Россіи, оно втягиваетъ государство съ пути реформъ въ путь революціонный. Оно само нарушаетъ мирный ходъ реформъ беззаконными поступками, безпрерывно являясь вооруженнымъ бунтовщикомъ противъ мирной Россіи: то стрѣляетъ безъ нужды по народу, то сѣчетъ его и ссылаетъ въ каторгу, то наполняетъ казематы студентами, то хватаетъ мировыхъ посредниковъ. Реформа, сопровождающаяся заточеніями, ссылкой, каторгой и обагряемая кровью, есть уже настоящая революція. Правительство, первое, стало прибѣгать къ оружію, оно само начало революцію и разовьетъ ее дальнѣйшими своими дѣйствіями. Отечеству нашему предстоитъ пора великихъ бѣдствій: столкновеніе между правительствомъ, упорствующимъ остановить жизнь Россіи, и силою этой жизни — неизбѣжно. Изъ какихъ элементовъ составятся противныя стороны? Положительно можно сказать, что партіи сложатся не по сословіямъ, а по убѣжденіямъ. Въ этомъ столкновеніи сословія перемѣшаются, и потому ваши задачи — не искать, къ какому пристать сословію, а къ какимъ пристать убѣжденіямъ. И обдумать это, провѣрить свои и чужія убѣжденія надобно теперь же. Въ минуту столкновенія разсуждать будетъ поздно — можно надѣлать горькихъ ошибокъ, въ которыхъ вѣчно придется раскаиваться.

На каждомъ человѣкѣ прежде всего лежитъ служба истинѣ и отечеству. Каждый русскій знаетъ, что для блага его родины необходимо: освободить крестьянъ съ землей, выдавъ помѣщикамъ вознагражденіе; освободить народъ отъ чиновниковъ, отъ плетей и розогъ; дать всѣмъ сословіямъ одинаковыя права на развитіе своего благосостоянія; дать обществу свободу самому распоряжаться своими дѣлами, устроить судъ гласный и дать право каждому свободно высказывать свои мысли. Само правительство не можетъ отвергнуть честности этихъ убѣжденій, а, между тѣмъ, оно поведетъ васъ противъ нихъ,—васъ, русскихъ, заставитъ убивать русскихъ, давить жизнь Россіи; дастъ вамъ роль безчестную, для того только, чтобы безотчетно распоряжаться достояніемъ Россіи, чтобы вашими штыками поддерживать насиліе, произволъ и развратъ, для того, наконецъ, чтобы васъ самихъ держать въ униженіи.

И чѣмъ отблагодаритъ оно васъ за позорную роль палачей? Новою благодарностью въ царскомъ завѣщаніи, подобно Незабвенному, который въ припадкѣ самодержавнаго безумія заклеймилъ свои войска передъ лицомъ Россіи. Но кто-же изъ васъ не краснѣетъ отъ такой благодарности? Офицеры, подумайте о времени, которое мы переживаемъ, подумайте *о бѣдномъ угнетенномъ народѣ и нашей жалкой родинѣ!*

Мартъ. Село.

КЪ ОБРАЗОВАННЫМЪ КЛАССАМЪ.

Семь лѣтъ прошло съ того времени, когда Россія привѣтствовала новаго правителя съ радостными надеждами. Въ то время многіе готовы были забыть о кровавыхъ ранахъ—слѣдахъ нико-

каевскихъ оковъ. Тернистый рядъ реакціонныхъ мѣръ, въ послѣд-
нее время, слишкомъ горько свидѣтельствуетъ о томъ, какъ оскор-
бительно наругалось надъ всѣми законными требованіями и на-
деждами нынѣшнее правительство. Вмѣстѣ съ тѣмъ, эта бѣшеная
реакція правительства быстро подвинула его на пути своего па-
денія: исторія положительно доказываетъ, что дряхлѣющія прави-
тельства всегда стараются поддержать свое существованіе однимъ
гоненіемъ всего честнаго, обманами, подкупами, но тѣмъ самымъ
только ускоряютъ свою гибель. Теперь, значитъ, главный вопросъ
для всѣхъ классовъ состоитъ въ томъ, сколько невинныхъ жертвъ
поглотитъ еще это правительство, обезумѣвшее отъ предчувствія
своего паденія.

Желаніе напомнить образованнымъ классамъ, что пока еще
отъ нихъ зависитъ способствовать болѣе или менѣе лучшему ис-
ходу этого вопроса, и заставляетъ насъ снова взяться за станокъ.
И на такое напоминаніе мы имѣемъ полное право: его дало намъ
изумительное, ничѣмъ неоправдываемое, легкомысліе ваше, гг. обра-
зованные классы. Мы достаточно долго молчали для того, чтобы
насъ не смѣли заподозрить въ желаніи насильно навязывать свои
воззрѣнія; теперь очередь за нами.

Появленіе „Молодой Россіи“, случайно столкнувшееся съ по-
явленіемъ пожаровъ,—вызвали всеобщее смятеніе, при которомъ
правительство нашло возможность воспользоваться вашимъ пагуб-
нымъ легковѣріемъ. Подкупные литературные органы правитель-
ства поспѣшили обвинить въ гнусныхъ поджигательствахъ обра-
зованную молодежь для того, чтобы вызвать противъ нея нена-
висть во всѣхъ сословіяхъ. И вы способны были повѣрить бе-
зобразной клеветѣ, вы готовы были даже просить защиты у петер-
бургскаго правительства отъ призраковъ, созданныхъ воображеніемъ?
И правительство поспѣшило высказать свое отеческое попеченіе о
русскихъ гражданахъ объявленіемъ военнаго суда, разстрѣливанія,
вѣшанія... даже за одно подозрѣніе. Такое безотрадное положеніе
вызываетъ одинъ изъ двухъ вопросовъ образованнымъ классамъ:
или вы безчувственны къ интересамъ своей родины, къ своей соб-
ственной безопасности? или вы забыли, что такое петербургское
правительство? Вся Россія объявлена на военномъ положеніи. Для
правительственныхъ реакціонныхъ мѣръ воскресаютъ злодѣи, по-
добные Лауницу, кровожадная натура котораго поражала даже
Николая, и получаютъ право вѣшать и разстрѣливать... Ваши
отцы, сыновья, братья томятся въ казематахъ, ни одинъ честный
человѣкъ не можетъ быть увѣренъ, что его не схватятъ и не за-
губятъ въ каторгѣ... Разстрѣляніе въ Варшавѣ офицеровъ и сол-
датъ (за № „Великорусса“, которому сочувствовала вся Россія)
служитъ повидимому только предлогомъ къ кровавой драмѣ, ко-
торую намѣрено разыграть петербургское правительство... Возмож-
ность народнаго образованія уничтожена закрытіемъ всѣхъ школъ,
вслѣдствіе самимъ-же правительствомъ изобрѣтенной клеветы:
лучшіе органы общественнаго мнѣнія запрещены, а, по новымъ
варварскимъ правиламъ о печати, въ литературѣ могутъ свободно

царить только презрѣнные спекуляторы (Краевскій, П. Павловъ, Усовъ, П. Мельниковъ, Кушнеревъ).

Въ недавнопрошедшемъ тотъ же гнетущій произволъ, обманъ всѣхъ сословій со стороны правительства мнимымъ разрѣшеніемъ, крестьянскаго вопроса, пролитіе неповинной крови крестьянъ, побіеніе прикладами и штыками вашихъ братьевъ, сыновей-студентовъ, заключеніе ихъ въ казематы, гоненіе просвѣщенія. Въ близкомъ будущемъ тотъ же губительный мракъ—обманъ, подкупы, преслѣдованіе всего честнаго... Честные люди не должны и не могутъ оставаться равнодушными зрителями такого неестественнаго положенія!

— Опомнитесь! Поймите, что правительство, дѣйствующее такимъ образомъ, само ведетъ себя къ безднѣ паденія; но пусть же погибнетъ оно одно, не увлекая за собой всѣ образованные классы. Мы, ваши братья, не можемъ быть противъ васъ, но если вы будете на сторонѣ правительства, то народъ, грозное возстаніе котораго близится, будетъ противъ васъ и насъ—не имѣющихъ права и ни малѣйшаго желанія отстать отъ народа въ минуту роковой борьбы. Правительство губитъ сотни людей въ казематахъ, а нашъ станокъ стоитъ безвредно и будетъ стоять. Правительству пора было бы понять, что никакія угрозы не могутъ заставить людей отказаться отъ того, что составляетъ вопросъ ихъ жизни, и что каждое преступное дѣйствіе его только усилитъ энергію людей, посвятившихъ жизнь свою великому дѣлу освобожденія. Чѣмъ же искупитъ правительство гибель невинныхъ жертвъ? Чѣмъ же искупите вы, своимъ потворствомъ допускающіе правительство къ злодѣйствамъ и преступленіямъ?...

ПОДЛОЖНЫЙ МАНИФЕСТЪ 1863 г.

Въ постоянной заботливости Нашей о благѣ вѣрноподданныхъ Нашихъ, Мы, указомъ въ 19 день февраля 1861 года, признали за благо отмѣнить крѣпостное право надъ сельскимъ сословіемъ Богомъ ввѣренной намъ Россіи.

Уступая просьбамъ помѣщиковъ, Мы, какъ ни тяжело было Нашему Монаршему сердцу, повелѣли, однако, всѣмъ временно-обязаннымъ крестьянамъ оставаться въ теченіе двухлѣтняго срока, т. е. по 19 февраля настоящаго 1863 года, въ полной подчиненности у ихъ бывшихъ владѣльцевъ.

Нынѣ, призвавъ Всемогущаго на помощь, настоящимъ Манифестомъ объявляемъ полную свободу всѣмъ вѣрноподданнымъ Нашимъ, къ какому бы званію и состоянію они ни принадлежали. Отнынѣ свобода Вѣры и выполненія обрядовъ ея Церкви составитъ достояніе всякаго.

Всѣмъ крестьянамъ, какъ бывшимъ крѣпостнымъ, такъ и государственнымъ, даруемъ въ опредѣленномъ размѣрѣ землю, безъ всякой за оную уплаты какъ помѣщикамъ, такъ и государству, въ полное, неотъемлемое, потомственное ихъ владѣніе.

Полагаясь на вѣрность Народа Нашего и признавъ за благо для облегченія края упразднить армію Нашу, Мы отнынѣ впредь навсегда освобождаемъ Нашихъ любезныхъ вѣрноподданныхъ тъ всякаго рода наборовъ и повинностей рекрутскихъ; затѣмъ солдатамъ арміи Нашей повелѣваемъ разойтись на мѣста ихъ родины.

Уплата подушныхъ окладовъ, имѣвшихъ назначеніемъ содержаніе столь многочисленной арміи, со дня изданія сего Манифеста отмѣняется. Всѣмъ солдатамъ, возвращающимся изъ службы, также всѣмъ дворовымъ людямъ, фабричнымъ и мѣщанамъ повелѣваемъ дать безъ всякаго возмездія надѣлъ земли изъ казенныхъ дачъ обширной Имперіи Нашей.

Въ каждой волости, равно въ городѣ, народъ избираетъ четырехъ пользующихся его довѣріемъ человѣкъ, которые, собравшись въ уѣздномъ городѣ, изберутъ совокупно уѣзднаго старшину и прочія уѣздныя власти; четыре Депутата отъ каждаго уѣзда, собравшись въ губернскій городъ, изберутъ губернскаго старшину и прочія губернскія власти. Депутаты отъ каждой губерніи, призванные въ Москву, составятъ Государственный Совѣтъ, который съ Нашей помощью будетъ управлять всей Русской землею.

Такова Монаршая Воля Наша.

Всякій, объявляющій противное и неисполняющій сей Монаршей Воли Нашей, есть врагъ Нашъ. Уповаемъ, что преданность народа оградитъ престолъ Нашъ отъ покушенія злонамѣренныхъ людей, не оправдавшихъ Наше Монаршее довѣріе.

Повелѣваемъ всѣмъ подданнымъ Нашимъ вѣрить одному Нашему Монаршему слову. Если войска, обманываемыя ихъ начальниками, если генералы, губернаторы, посредники осмѣлятся силою воспротивляться сему Манифесту—да возстанетъ всякій для защиты даруемой Мною свободы и, не щадя живота, выступитъ на брань со всѣми дерзающими противиться сей Волѣ Нашей.

Да благословитъ Всемогущій Господь Богъ Начинанія Наши!

Съ Нами Богъ, разумѣйте, языцы, и покоряйтесь, Яко съ Нами Богъ!

Данъ въ Москвѣ въ тридцать первый день Марта въ лѣто тъ Рождества Христова тысяча восемьсотъ шестьдесятъ третье, царствованія же Нашего въ девятое.

Въ подлинномъ собственною Е. И. В. рукою подписано:

„АЛЕКСАНДРЪ."

Печатано въ С.-Петербургѣ при Правительствующемъ Сенатѣ.

(Отъ редакціи „Колокола").—Велика отвѣтственность, которую берутъ на себя авторы такого рода воззваній. Путь этотъ опасенъ—народъ перестанетъ вѣрить печатному слову.

Мы увѣрены, что общество „Земли и Воли", принимающее за правило устранять отдѣльныя попытки, не имѣетъ никакого участія въ составленіи этого манифеста. Мы не сомнѣваемся, что это воззваніе сдѣлано людьми благородными, но не сообразившими, между прочимъ, и того, что они въ немъ поддерживаютъ старую несчастную мысль, что царь хочетъ дать настоящую волю, только ему все кто-то мѣшаетъ, въ то время когда ясно, что не только другіе мѣшаютъ царю, но онъ самъ себѣ мѣшаетъ, потому что онъ самъ настоящей воли дать не хочетъ.

Если этотъ манифестъ изданъ особымъ кружкомъ, то нельзя не посовѣтовать ему и всѣмъ другимъ присоединиться къ главному обществу и дѣйствовать тогда съ единствомъ плана.

Хорошо и правительство, которое за распространеніе какого-то листка, не имѣвшаго никакого дѣйствія, отдало всю Россію и всѣхъ русскихъ произволу губернскихъ начальствъ, т. е. дикихъ губернаторовъ, вроде пермскаго Лашкарева. „Подобныя преступленія не должны оставаться безнаказанными, хотя бы цѣль, къ которой они направились, и была для нихъ недостижимою. Губернскимъ начальствамъ вмѣнено въ обязанность, по высочайшему повелѣнію, предавать распространителей лже-манифеста и другихъ возмутительныхъ воззваній военному суду, на тѣхъ основаніяхъ,*) на которыхъ въ прошедшемъ году повелѣно было производить военно-судныя дѣла о поджигателяхъ“.

ЗОЛОТАЯ ГРАМОТА.

„Разом с Польщою і Литвою піднявшись протів Московського панування, щоб добути вічну свободу і щасливу долю цілої нашої країни, заявляєм перед Богом, цілім світом і народом, що другого щастя не жадаєм для дорогої нашої країни і не вишукуєм ёго нигде більше як тільки в волі, свободі, рівності і щасті всіх мирян, якої-б вони віри і стану не були. А жадаючи найбільше щастя сельскому люду на вічні часи постановляєм:

А. Сельский люд в селах і хуторах паньских і казённих, однодворці, чиншовники і так дальше, від сёго дня вольні, свободні і рівні в правах другим обивателям країни.

Б. Можуть і мають право переходити з місця на місце до сподобу, і ніхто ім к тому перескожати не буде.

В. Можуть і мають право учитись во всяких школах і бути в краёвої службі на рівні з другими обивателями країни.

Г. Разом с другими мають право вибірати з помеж себе виборних до судів, рад, і урадів сельских, повітових, земських і найвищих народніх.

Д. Будуть судитись і правитись нарівні з другими, тільки своіми судами і властями, зложеними з виборних, маючих стерегти святої справедливості, законів і безпечності особ і добутки кожного.

---

*) Т. е. неосновательнымъ образомъ разстрѣливать, какъ два года тому назадъ разстрѣляли несчастнаго еврея въ Одессѣ. (Примѣчаніе Герцена).

Е. Податі народні, земські повинності і людей до народнього війска будуть давати тільки з постановою і дозволення найвищої краіової ради, зложеної з виборних від цілої краіни.

Ж. Землі орні, синожаті і садиби паньскі і казённі, котрі за чинш або за відробітки, або на викуп держали селяне, будуть від сёго дня на вічні часи власністію кожного хозяіна без жадної за них плати. Дідичі за ці іх землі будуть мати плату в народнёго скарбу.

З. О наділі землею сельских людей, котрі досі її не мали, як будники, бобилі, халупники, двірські люде, і т. д. постановить в слушнім часі найвища краёва Рада.

И. Однодворці і чиншова шляхта будуть мати на вічну слачність нарівні з селянами землі садибної і грунтової з земель паньских де буде її до волі за плату з народнёго скарбу, або з коронних земель.

І. Сельским священникам православним опріч церковної землі, назначаем плату грішми, щоб тільки не потребували вони від люду плати за духовні послуги, а скільки прийдетьця платити всякому священникові, скаже найвища краёва Рада.

К. Окроме всёго сказанного, кожному хто підійметця дружно з нами протіву Московського панування, як здоров вийде, або зостанетця ранним; наділять найменш шість мургів землі і садибу, в землях коронніх, або досмертну плату з народнёго скарбу.

Л. Сельскому людові надаючи вище просказані права вольності, обивательскої рівності всіх перед кожним і земської гласності, ручаєм і вічно обіщаєм свободу прав, віри, якої хто придержуєтця і уживання своєі мови в школах, судах і других земських росправах.

Все, вище писане, оглашаючи сельскому людові Подоля, Волиня і Украіни заховання і оборону прав, наданих цією грамотою, присягаєм перед народом, цілим світом і Всемогущим Богом. В Господнє попечення віддаючи долю народа, котрому вічного добра жадаєм, а цю грамоту віддаєм до волостної управи, на кожну волость.

Тимчасова Народня Старшина (М. П.)

ЗОЛОТА ГРАМОТА.

Товаріство!

Дуже тяжко, дуже важко дивитись, як наші батькі, брати рідні за святую правду муки терплять!

Серце кровью обливаєтця, як дивишься на ті знущення, на ті розбійства, котрі ідуть з рук наших заклятих ворогів!

А за віщо така напасть на нас?—Святий знає!.. Світ, бач, широкий, та горе наше, що для нашого рідного брата нема на сім світі міста.

Але бог создав світ для усіх людей. Создав він его таким широким, роскішним, та гарним, що усім хватило-б міста, усім було-б любо жити.

Усі люде рівні. Усяк рождаетця однаково на цій світ і нагим і слабим. Бог не создав ні худших, ні лучших, ні богатих, ні бідних. Усяк мае право на сім світі жити так, як і всякий другий і наслаждатись усім, що е на сім світі так, як і всякий другий.

Усяк мусить робить і помогать друг другу, усяк мусить любить другого, як рідного брата. Дармоідам, грабителям, котрі упиваютця кровью та потом других, немае міста на сім світі; не мусють вони буть. Від них людский плач, від них людскі муки.

Хто-ж захватив світ в свої руки?

Хто орудуе світом?

. . . .

. . . . *)

ДѢЛО ЧЕРНЯКА ВЪ 1865 г.

(„Московскія Вѣдомости" № 232, 1865 г., 11 октября.)

Сегодня разстрѣлянъ въ Казани бывшій поручикъ 48-го пѣхотнаго Одесскаго полка, Чернякъ, осужденный военнымъ судомъ, по полевымъ уголовнымъ законамъ, за принятіе дѣятельнаго участія въ замышлявшемся въ 1863 году вооруженномъ возстаніи въ этомъ городѣ, за побѣгъ послѣ того въ Вильну, во время бывшаго тамъ возмущенія, и предводительствованіе мятежною шайкою въ Виленской губерніи.

Преступленіе Черняка, какъ православнаго по формуляру и офицера, получившаго высшее образованіе, можно объяснить только тѣмъ, что онъ въ душѣ былъ полякъ-шляхтичъ. Такимъ онъ открыто и признавалъ себя даже въ показаніяхъ своихъ во время суда. Онъ принадлежалъ къ числу главныхъ виновниковъ безумнаго заговора и раздѣлилъ тѣ же судьбу, какая постигла въ прошломъ году прочихъ важныхъ его соучастниковъ: Кеневича, Иваницкаго и другихъ.

По показанію самого Черняка, главнымъ дѣятелемъ въ этомъ заговорѣ является сынъ польскаго эмигранта, Іеронимъ Кеневичъ. Изъ дѣла оказывается, что Кеневичъ былъ агентомъ центральнаго революціоннаго комитета. Въ мартѣ 1863 года Чернякъ познакомился съ нимъ въ Петербургѣ черезъ отставного офицера Хализа (впослѣдствіи умершаго). Кеневичъ, объявивъ ему, что возстаніе во всѣхъ польскихъ провинціяхъ приняло огромные размѣры, и что Франція готовится къ войнѣ за возстановленіе Польши, убѣдилъ его принять участіе въ возстаніи. Между прочими доводами Кеневичъ сообщилъ Черняку, что онъ, по порученію „Жонда народоваго", имѣлъ свиданіе съ агентомъ русскаго революціоннаго общест-

*)ПРИМѢЧАНІЕ. Къ сожалѣнію, условія даннаго момента вынуждаютъ насъ ограничиться напечатаніемъ лишь небольшого отрывка этой прекрасно составленной прокламаціи.

ства, „Земля и Воля“, который подалъ ему надежду, что многіе русскіе офицеры и солдаты перейдутъ въ ряды повстанцевъ, и что лѣтомъ, быть можетъ, вспыхнетъ возстаніе во внутреннихъ губерніяхъ.

Потомъ Кеневичъ опять видѣлся съ Чернякомъ и сообщилъ ему, что онъ убѣдился, что тенденціи общества „Земля и Воля“ состояли въ томъ, чтобы путемъ пропаганды письменной и словесной, работая хотя десятки лѣтъ, распространять во всемъ народѣ русскомъ свои идеи и этимъ достигнуть цѣли общества. Такимъ образомъ, очевидно, русское революціонное общество не намѣрено сдѣлать вооруженнаго возстанія. Но Кеневичъ, считая возмущеніе на югѣ Россіи весьма важнымъ подспорьемъ для польскаго возстанія, задумалъ самъ, независимо отъ русскихъ революціонеровъ, устроить это дѣло. Планъ его былъ слѣдующій: основываясь на томъ, что Приволжье было не разъ театромъ народныхъ смутъ, онъ находилъ, что достаточно будетъ распространить тамъ подложный царскій манифестъ, дающій самыя широкія права крестьянамъ, чтобы поднять весь приволжскій народъ.

Это дѣло Кеневичъ задумалъ вести, прикрываясь именемъ русскихъ революціонеровъ. Для этого ему нужно было завести связи съ какимъ-нибудь городомъ на низовьѣ Волги; но такъ какъ у него въ этихъ мѣстахъ знакомствъ никакихъ не было, то онъ спросилъ Черняка, не знаетъ ли онъ кого-нибудь, къ кому бы можно было обратиться съ этимъ дѣломъ. Поручикъ Чернякъ сказалъ, что у него есть въ Казани родственникъ, штабсъ-капитанъ Иваницкій, человѣкъ рѣшительный и готовый на все, что только можетъ принести пользу польскому дѣлу. Тогда Кеневичъ упросилъ его съѣздить въ Казань для личнаго свиданія съ Иваницкимъ и разузнанія, насколько возможно исполненіе его плана. Чернякъ согласился. Послѣ того Кеневичъ уѣхалъ въ Москву и обѣщалъ ожидать его тамъ. Взявъ 28-дневный отпускъ, Чернякъ отправился также въ Москву, гдѣ Кеневичъ показалъ ему напечатанный подложный царскій манифестъ, сказавъ, что этого манифеста заготовлено имъ за-границей 1000 экз. Затѣмъ Кеневичъ далъ ему окончательную инструкцію, какъ онъ долженъ дѣйствовать въ Казани. Инструкція эта заключалась въ томъ, что Чернякъ долженъ былъ черезъ Иваницкаго узнать, нѣтъ ли здѣсь какого-нибудь революціоннаго общества, и если есть, то стараться видѣться съ нѣсколькими членами и объявить имъ,—что въ обществѣ „Земля и Воля“ произошло раздѣленіе, что значительное большинство, во главѣ котораго стоитъ Бакунинъ, находитъ настоящее время, когда войска отвлечены на западъ, по случаю польскаго дѣла, весьма удобнымъ для произведенія возстанія въ Россіи, что онъ, Чернякъ, одинъ изъ агентовъ этого большинства, въ удостовѣреніе чего и далъ ему рекомендательное письмо на имя представителя русскихъ революціонеровъ съ подписью Бакунина; и такъ какъ время дорого, и терять его на подготовленіе народа къ возстанію было бы теперь неумѣстно, то партія радикаловъ рѣшилась прибѣгнуть къ слѣдующему средству: пользуясь напряженнымъ ожиданіемъ крестьянами какой-то особой воли, распространить подложный царскій манифестъ, удовлетворяющій всѣмъ требованіямъ крестьянъ, и произвести, такимъ образомъ, возстаніе, а начавъ оное, легко будетъ придать ему характеръ, сообразный съ цѣлями революціонеровъ. Наконецъ, объяснивъ имъ все это, вызвать ихъ къ принятію участія въ этомъ дѣлѣ.

Въ половинѣ марта Чернякъ отправился съ этимъ порученіемъ въ Казань и, вызвавъ по эстафетѣ Иваницкаго изъ Спасска, сообщилъ ему о цѣли своего пріѣзда и спросилъ его, не знаетъ ли онъ о какомъ-нибудь революціонномъ обществѣ въ Казани. Иваницкій отвѣчалъ ему, что между студентами въ Казани есть много молодыхъ людей съ революціоннымъ направленіемъ, и вызвался доставить ему свиданіе съ нѣсколькими изъ нихъ. На другой день поручикъ Чернякъ вмѣстѣ съ Иваницкимъ отправился къ студенту Полиновскому, у котораго собралось нѣсколько его товарищей по университету. Предъявивъ имъ письмо Бакунина и сообщивъ, что слѣдовало по инструкціи Кеневича, Чернякъ предложилъ имъ принять участіе въ этомъ дѣлѣ. Студенты разспрашивали, большое ли это общество, и есть ли у нихъ достаточныя денежныя средства. Чернякъ отвѣчалъ, что въ приволжскія губерніи будетъ выслано до 100 человѣкъ, а денегъ есть достаточно; по крайней мѣрѣ, остановки въ этомъ не будетъ. Выслушавъ все это, они не дали ему рѣшительнаго отвѣта, а обѣщали прислать уполномоченнаго.

Въ тотъ же день, вечеромъ, къ Черняку явился какой-то господинъ и заявилъ, что на произведеніе возстанія въ Казани и окрестностяхъ они согласны, но только, чтобы для возбужденія народа употребить не предлагаемые манифесты, а свои прокламаціи въ соціальномъ духѣ. По уходѣ уполномоченнаго, Чернякъ сказалъ Иваницкому, что, кажется, изъ этого дѣла ничего не выйдетъ. Иваницкій предложилъ ему согласиться на всѣ ихъ желанія, прислать къ нему сколько можно денегъ и хотя 10 револьверовъ, а также нѣсколько сотъ экземпляровъ манифеста; причемъ обѣщалъ уговорить студентовъ начать возстаніе взятіемъ Казани.

Исполнивъ, такимъ образомъ, порученіе, Чернякъ на другой день уѣхалъ въ Москву и сообщилъ обо всемъ Кеневичу, которому планъ Иваницкаго весьма понравился, тѣмъ болѣе, что, по его словамъ, обѣщавшіе принять участіе въ этомъ дѣлѣ измѣнили ему, и что для разбрасыванія манифеста у него въ распоряженіи только до 5 человѣкъ. Послѣ того, въ первыхъ числахъ апрѣля, Кеневичъ, собравъ деньги и приготовивъ все, чего требовалъ Иваницкій, отправилъ все это со студентомъ Сильвандомъ, при письмѣ Черняка къ Иваницкому, одобряя его планъ и поручая привести его въ исполненіе.

Затѣмъ Чернякъ получилъ письмо отъ Иваницкаго съ извѣщеніемъ, что въ Казань ѣхать уже опасно; поэтому Чернякъ просилъ Кеневича доставить его въ Вильну и, получивъ отъ него паспортъ на имя Довнара, отправился въ слѣдъ за Кеневичемъ, который ѣхалъ туда же. Тамъ Кеневичъ въ двадцатыхъ числахъ апрѣля принесъ ему документъ съ печатью Жонда, которымъ Жондъ наименовалъ его военнымъ начальникомъ Трокскаго уѣзда. Въ этомъ званіи, командуя мятежническою шайкою, Чернякъ нѣсколько разъ участвовалъ съ оружіемъ въ рукахъ противъ нашихъ войскъ, а въ мѣстечкѣ Олькеникахъ, были, по его распоряженію, ограблены изъ волостного правленія 500 руб., назначенныхъ для расходовъ по ремонтировкѣ дорогъ. Наконецъ, когда провіанта оставалось мало, и мѣстные жители перестали оказывать инсургентамъ содѣйствіе, а, напротивъ, угрожали доносами, Чернякъ распустилъ свою шайку и съ товарищемъ (фамиліи котораго не открылъ) скрывался у одного помѣщика около года. Потомъ, желая пробраться за-границу, прибылъ въ Ригу, но тамъ по желѣзной дорогѣ, по подозрѣнію, задержанъ; на допросѣ ложно назвался дворяниномъ Шишко, затѣмъ на передопросѣ въ Вильнѣ, въ особой комиссіи открылъ настоящее свое званіе, во всемъ вышеизложенномъ признался и все это подтвердилъ въ комиссіи военнаго суда. Кромѣ того, сознаніе Черняка подтверждено было обстоятельствами дѣла. Въ отношеніи же сообщника его, Кеневича, судившіеся въ одно время съ нимъ преступники—Маіевскій, Новицкій, Госцевичъ и Ольхновичъ сознались, что они, дѣйствительно, были посланы Кеневичемъ для разбрасыванія подложныхъ манифестовъ во внутреннихъ губерніяхъ Россіи, и что Кеневичъ былъ главнымъ дѣятелемъ въ предполагавшемся возстаніи въ Казани.

ДѢЛО НИКОЛАЯ ПЕТРОВИЧА ГОНЧАРОВА.

16 февр. 1872 г. спб. судебная палата, въ усиленномъ составѣ, съ г.г. сословными представителями разсмотрѣла дѣло о дворянинѣ Гончаровѣ, обвиняемомъ въ составленіи, напечатаніи и распространеніи воззваній преступнаго содержанія, а также въ проживательствѣ съ чужимъ видомъ. Прочитанъ былъ обвинительный актъ слѣдующаго содержанія:

Въ маѣ мѣсяцѣ 1871 г. появилось въ С.-Петербургѣ нѣсколько печатныхъ воззваній подъ заглавіемъ: „Висѣлица“. Одно изъ таковыхъ воззваній было 20-го мая представлено приставу 1-го участка Адмиралтейской части либавскимъ гражданиномъ Освальдомъ Корцомъ, коимъ оно вынуто изъ замочной скважины входной двери, одной изъ квартиръ дома Гулакъ-Артемовскаго, на Малой Морской, въ которомъ Корнъ былъ у одного изъ своихъ знакомыхъ. Въ то же время жена коллежскаго совѣтника Марія Ершова, возвращаясь въ занимаемую ею на углу Казанскаго проспекта и Кадетской улицы, въ домѣ Стуккей, квартиру, подняла на лѣстницѣ печатный листокъ, который вслѣдъ затѣмъ передала жильцу своему, подпоручику Николаю Перепелицыну, представившему его помощнику пристава Охтенскаго участка. Листокъ этотъ оказался тою же прокламаціей „Висѣлица“, на которой былъ выставленъ № 2.

Независимо отъ сего, прокламаціи эти были разсылаемы и по почтѣ изъ С.-Петербурга въ другіе города. Такъ, Войска Донского коллежскій регистраторъ Жигмановскій предъявилъ въ началѣ мая наказному атаману сего войска два номера ихъ, полученные имъ безъ какого-либо письма или указанія на то, кѣмъ они присланы.

Еще ранѣе того, въ апрѣлѣ мѣсяцѣ, проживавшая въ гор. Нижнемъ-Новгородѣ дочь надворнаго совѣтника, Надежда Успенская получила изъ С.-Петербурга черезъ почту, одинъ за другимъ, по два экземпляра названной прокламаціи, которые были означены: первые два—№ 1, а послѣднiе—№ 2. Въ первомъ конвертѣ была вложена писанная неизвѣстнымъ Успенской почеркомъ записочка слѣдующаго содержанія: „Надежда Гавриловна! Прошу показать Вашимъ знакомымъ. Записочку уничтожьте. Вашъ утренній знакомый“. Кромѣ того, на первомъ конвертѣ было написано: „Отъ Ворониной“, а на послѣднемъ: „Отъ Петровой.“ Всѣ эти конверты, письмо и возванія Успенскою, по объясненію ея, вслѣдъ за полученіемъ ихъ, уничтожены. Наконецъ, по распоряженію полиціи, задержано въ С.-Петербургѣ нѣсколько экземпляровъ возваній „Висѣлица“, опущенныхъ въ городскіе почтовые ящики и предназначавшіеся къ разсылкѣ въ разныя мѣстности. Означенныя возванія, числомъ четыре, имѣютъ одно общее всѣмъ заглавіе: „Висѣлица“, періодическій листокъ. С.-Петербургъ. Первые два, а равно послѣднее, подписаны: „Коммунистъ“, третье же буквою „я“. На первомъ изъ нихъ стоитъ: „18 апрѣля 1871 г.“, на 2-мъ—„24 апрѣля 1871 г.“, на 3-мъ—„4 мая 1871 г.“ и на послѣднемъ—„4 мая г.“

Въ 1-мъ № этого листка выражается увѣренность, что начавшаяся въ Парижѣ революція распространится повсюду и, такимъ образомъ, проникнетъ и въ Россію; что появленіе ея должны возвѣстить сильные волей и кипучіе страстью молодые русскіе люди, которые разобьютъ власть и во всемъ сравняютъ людей. Во 2 №, говоря о проектахъ Каткова относительно классическаго образованія, составитель прокламаціи, называющій его рабомъ, висѣльникомъ и подлецомъ, погубившимъ десятки тысячъ людей, выражаетъ желаніе, чтобы онъ былъ убитъ, и чтобы это убійство было началомъ грядущихъ событій. Въ 3 №, озаглавленномъ словами „Чего мы хотимъ“, говорится о томъ, что прежде всего нужна кровавая расправа съ неравенствомъ и потомъ побѣда русской революціи, остальное же совершится само собой. Для этого надо пользоваться тѣмъ, что есть, и готовить пріемъ революціи, отъ которой погибнетъ міръ. Прокламація эта заканчивается проклятіемъ этому міру слезъ и несчастій и братскимъ привѣтомъ русскимъ революціонерамъ. Въ послѣднемъ № содержится обращеніе ко всѣмъ честнымъ людямъ, кои должны откликнуться погибающему Парижу и возобновить начатое имъ дѣло революціи. Прокламація эта оканчивается словами: *Пусть нашъ скромный призывъ будетъ началомъ этого отклика... Выступайте на борьбу съ окружающими разбойниками... Къ оружію! Къ оружію!*»

Подозрѣніе въ составленіи, напечатаніи и распространеніи сихъ возваній пало на бывшаго слушателя Технологическаго Института, дворянина Гончарова... Задержанный вслѣдствіе этого подозрѣнія 6 іюля, Гончаровъ въ означенномъ преступленіи при дознаніи, какъ и при слѣдствіи, сознался, причемъ первоначально объяснилъ совершеніе его тяжелыми нравственными обстоятельствами, но впослѣдствіи отказался отъ этого показанія, приписавъ его поспѣшности и не совсѣмъ спокойному состоянію духа, при коихъ онъ давалъ свои первыя объясненія. Печатаніе прокламацій произведено имъ при помощи шрифта, полученнаго имъ отъ одного знакомаго, назвать котораго онъ не хочетъ. Станкомъ служилъ невысокій ящичекъ, величиной формата прокламацій, въ коемъ обвиняемый устанавливалъ буквы, которыя помощью подушечки покрывалъ слоемъ черной масляной краски. Послѣ этого, наложивъ на нихъ листокъ бумаги, онъ накладывалъ сверху книгу и защемлялъ все это въ ручные тиски. Заглавное слово „Висѣлица“ обвиняемый приготовилъ изъ мѣдныхъ пластинокъ, предназначавшихся для фабричнаго штемпеля. Каждаго номера прокламаціи было напечатано имъ до 20-ти штукъ, изъ коихъ не болѣе 10 можно было читать. Всѣ эти 40 экземпляровъ были имъ опущены въ почтовые ящики и собственноручно разбросаны по неизвѣстнымъ ему лѣстницамъ. Выѣхавъ 22-го мая изъ С.-Петербурга, Гончаровъ прибылъ 23-го мая въ Вильну, гдѣ прописался подъ именемъ студента медико-хирургической академіи, Мирона Чудновскаго, ему неизвѣстнаго, но билетъ коего найденъ имъ въ С.-Петербургѣ на улицѣ и представленъ имъ вмѣсто своего, потеряннаго имъ, вида къ прописке въ виленскую полицію. Дѣйствіе это совершено Гончаровымъ, по объясненію его, для увеличенія своей вины. Вслѣдствіе сего, дворянинъ Николай Гончаровъ обвиняется въ томъ, что, въ апрѣлѣ и маѣ мѣсяцахъ 1871 года, составилъ, напечаталъ и распространилъ въ С.-Петербургѣ и внѣ его до 40 экземпляровъ четырехъ различныхъ воззваній, съ цѣлью возбудить неуваженіе къ верховной власти.

Спб. судебная палата въ особомъ присутствіи, на основаніи 1032 ст. Уст. Угол. Судопр., образованномъ 16 фев. 1872 г., разсмотрѣвъ дѣло о дворянинѣ Н. Гончаровѣ, 23-хъ лѣтъ, опредѣлила: лишивъ всѣхъ правъ состоянія, сослать его въ каторжныя работы на заводахъ на шесть лѣтъ, а по прекращеніи сихъ работъ, за истеченіемъ срока или по другимъ причинамъ, поселить въ Сибири навсегда.

ДѢЛО СЕРГѢЯ ГЕННАДІЕВИЧА НЕЧАЕВА.

8 янв. 1873 г. въ московскомъ окружномъ судѣ судился С. Г. Нечаевъ, обвиняемый въ убійствѣ студ. Иванова. Предсѣдательствовалъ предсѣдатель суда П. А. Дейеръ, при членахъ П. Д. Орловѣ и В. В. Завьяловѣ, при прокурорѣ К. Н. Жуковѣ и секретарѣ Баумштейнѣ; защитника подсудимый имѣть не пожелалъ. Подсудимый введенъ въ залу засѣданія въ 12 ч. 40 мин.

Предсѣдатель: „Подсудимый, васъ зовутъ Сергѣй Геннадіевъ Нечаевъ?“

Подсудимый: „Прежде чѣмъ отвѣчать на вашъ вопросъ, я прошу“...

Предсѣдатель (останавливая подсудимаго): „Вы Сергѣй Геннадіевъ Нечаевъ?“

Подсудимый: „Прежде чѣмъ отвѣчать на вашъ вопросъ, я имѣю честь заявить, что права суда надо мною за русскимъ судомъ не признаю, подсудимымъ себя не считаю. Если суду угодно знать причины, почему не считаю, то я сочту своимъ долгомъ объяснить эти причины".

Предсѣдатель: „Подождите объяснять. Вы преданы москов-скою судебною палатою суду московскаго окружного суда. Окруж-ной судъ, на основаніи 549 ст. Улож. Угол. Судопр., не имѣетъ права входить въ разсмотрѣніе о подсудности этого дѣла и обязанъ исполнить указъ московской судебной палаты. Если же вы счи-таете распоряженіе судебной палаты, о преданіи васъ суду окруж-ного суда, неправильнымъ, то можете обжаловать это распоряженіе въ кассаціонной жалобѣ сенату. Затѣмъ я считаю этотъ вопросъ рѣшенымъ и предлагаю Вамъ къ нему не возвращаться".

Подсудимый (сильно возвысивъ голосъ): „Господинъ предсѣ-датель! Я—эмигрантъ, подданнымъ русскаго императора быть пе-ресталъ, формальности вашего судопроизводства не имѣютъ для меня никакого значенія"... Подсудимаго по приказанію предсѣда-теля выводятъ; въ это время онъ еще громче продолжаетъ: „Я признавалъ бы позорнымъ судить мое поведеніе"... На этомъ сло-вѣ дверь за подсудимымъ была затворена. Въ публикѣ происходитъ сильное волненіе и общій крикъ: „Вонъ его! вонъ! вонъ!"

Предсѣдатель (звонитъ): „Никакихъ заявленій въ судѣ не допускается,—ни за ни противъ подсудимаго. Не у публики спра-шиваютъ суда. Если повторится подобное заявленіе, то я прину-жденъ буду удалить публику". (Въ публикѣ волненіе быстро ути-хаетъ.)

Предсѣдатель (обращается къ прокурору): „Г. прокуроръ, считаете ли вы сомнительнымъ обстоятельство, что человѣкъ, пред-ставшій здѣсь на судѣ, есть именно тотъ Нечаевъ, который пре-данъ суду? Онъ, на предложенный мною вопросъ о личности, отка-зался отвѣчать"

Прокуроръ: „Я имѣю честь заявить, что судъ можетъ удо-стовѣриться въ личности Нечаева тѣми протоколами, находящимися на листахъ 192 и 193, которые подписаны имъ самимъ, причемъ онъ призналъ себя Сергѣемъ Геннадіевымъ Нечаевымъ, тѣмъ са-мымъ подсудимымъ, который преданъ теперь суду".

Судъ, принимая во вниманіе, что, на основаніи 638 ст. Уст. Угол. Судопр., судебное засѣданіе открывается предложеніемъ под-судимому вопросовъ, касающихся его личности, что въ данномъ случаѣ, хотя подсудимый на эти вопросы не отвѣчалъ, но, не отрицая своей личности, высказывалъ только убѣжденіе о непод-судности настоящаго дѣла московскому окружному суду, и тѣмъ самымъ какъ бы подтверждалъ, что онъ—тотъ самый Нечаевъ, о которомъ идетъ рѣчь, что кромѣ того, въ протоколахъ предвари-тельнаго слѣдствія имѣется достаточное удостовѣреніе въ его лич-ности,—призналъ возможнымъ приступить къ разсмотрѣнію дѣла безъ формальнаго удостовѣренія въ томъ, что подсудимый—дѣй-ствительно Нечаевъ.

По провѣркѣ затѣмъ списка вызванныхъ свидѣтелей, оказа-лось, что изъ нихъ явился только Мухортовъ. Относительно осталь-ныхъ свидѣтелей секретарь доложилъ, что Лау, Эрастовъ, Кизо,

Климинъ и Дроздовъ не разысканы; а Успенскій, Николаевъ, Прыжовъ и Кузнецовъ сосланы въ каторжныя работы. Судъ, признавая причины неявки свидѣтелей уважительными, нашелъ возможнымъ приступить къ разсмотрѣнію настоящаго дѣла въ отсутствіи неявившихся свидѣтелей съ тѣмъ, чтобы были прочитаны тѣ изъ свидѣтельскихъ показаній, прочтеніе которыхъ будетъ признано нужнымъ сторонами.

По удаленіи изъ залы засѣданія свидѣтеля Мухортова и пополненіи предсѣдателемъ недостающихъ пяти очередныхъ присяжныхъ засѣдателей изъ списка запасныхъ, прокуроръ воспользовался правомъ отвода присяжныхъ засѣдателей, отведя пять человѣкъ. Затѣмъ, но распоряженію предсѣдателя, ввели подсудимаго.

Предсѣдатель (обращаясь къ подсудимому): „Желаете ли вы воспользоваться правомъ отвода присяжныхъ засѣдателей?"

Подсудимый: „Позвольте объявить, г. предсѣдатель"...

Предсѣдатель: „Желаете ли вы воспользоваться правомъ отвода?"

Подсудимый (возвышеннымъ голосомъ): „Всѣ формальности русскаго судопроизводства не имѣютъ для меня никакого значенія"... (Подсудимаго выводятъ, въ дверяхъ онъ кричитъ): „Рабомъ вашего деспота я быть пересталъ! Да здравствуетъ Земскій Соборъ!"...

Прокуроръ просилъ занести послѣднія слова подсудимаго въ протоколъ.

Въ составъ присутствія присяжныхъ засѣдателей вошли: 5 купцовъ, 2 чиновника, 1 цеховой, 1 почетный гражданинъ и 1 крестьянинъ. По приводѣ присяжныхъ засѣдателей къ присягѣ, предсѣдатель обратился къ нимъ съ слѣдующими словами:

„Г.г. присяжные засѣдатели! Вы, вѣроятно, еще находитесь подъ тяжелымъ впечатлѣніемъ того, что, къ счастью, въ первый разъ случилось на судѣ. Еще ни разу безумецъ не позволилъ себѣ на судѣ высказывать то, что высказалъ этотъ человѣкъ. Но гг. присяжные засѣдатели, для соблюденія достоинства суда нужно, чтобы судъ былъ спокоенъ. Нельзя произносить приговора о виновности человѣка подъ впечатлѣніями, подобными настоящему. Поэтому, такъ какъ вамъ предстоитъ постановить сознательный приговоръ, то я приглашаю васъ всѣмъ вниманіемъ все то, что будетъ происходить на судѣ, и тогда только вы въ состояніи будете сказать, что произнесли приговоръ справедливый. Отрѣшитесь, насколько это возможно, отъ этого тяжелаго впечатлѣнія, будьте совершенно спокойны и на выходки подсудимаго, которыя могутъ быть впослѣдствіи, отвѣчайте еще совершеннымъ презрѣніемъ, какъ будто бы ихъ и не было. Такъ какъ вамъ приходится постановить приговоръ сознательный, то я еще разъ повторяю, что вы должны отнестись съ большимъ вниманіемъ ко всему тому, что будетъ происходить на судѣ, чтобы даже этотъ человѣкъ не могъ сказать, что въ Россіи существуетъ судъ, который судитъ не по обстоятельствамъ дѣла, а по впечатлѣнію на него, произведенному. Законъ даетъ вамъ полную возможность уяснить себѣ хорошо дѣло"....

Затѣмъ былъ прочитанъ обвинительный актъ. Тамъ, между прочимъ, было сказано: „Обвиняемый Сергѣй Геннадіевъ Нечаевъ, происходя изъ мѣщанъ города Шуи, по выдержаніи надлежащаго экзамена, удостоенъ былъ въ 1866 г. званія учителя приходского училища и до 1869 г. занималъ должность учителя въ петербургскихъ приходскихъ училищахъ, но въ то время бѣжалъ за-границу. Точно также скрылся Нечаевъ и послѣ убійства Иванова, но въ октябрѣ мѣсяцѣ прошлаго года выданъ швейцарскимъ правительствомъ, какъ лицо, обвиняемое въ тяжкомъ уголовномъ преступленіи. Спрошенный по обстоятельствамъ настоящаго дѣла, обвиняемый Нечаевъ заявилъ, что онъ не желаетъ давать никакихъ показаній и не отвѣчалъ ни на одинъ изъ предложенныхъ ему вопросовъ. На основаніи всего вышеизложеннаго, носящій званіе приходского учителя, бывшій мѣщанинъ гор. Шуи Сергѣй Геннадіевъ Нечаевъ, 25 лѣтъ, обвиняется въ преступномъ дѣяніи, предусмотрѣнномъ ст. 1453 п. 3 Улож. о наказ., почему и подлежитъ, согласно ст. 201 Уст. Угол. Суд., суду московскаго окружного суда съ участіемъ присяжныхъ засѣдателей".

По прочтеніи акта, подсудимый вновь введенъ былъ въ залу засѣданія.

Предсѣдатель (обращаясь къ подсудимому): „Васъ обвиняютъ въ томъ, что вы 21 ноября 1869 г., по предварительному уговору съ другими четырьмя лицами, сосланными уже за это преступленіе въ каторжныя работы, изъ личной ненависти убили въ гротѣ Петровской Академіи слушателя этой Академіи Иванова. Признаете ли себя виновнымъ?"

Подсудимый (тѣмъ же возвышеннымъ голосомъ, какъ и прежде): „Убіеніе Иванова есть фактъ чисто политическаго характера; оно составляетъ часть дѣла о заговорѣ, которое разбиралось въ Петербургѣ"... (Подсудимаго по распоряженію предсѣдателя уводятъ.)

Затѣмъ были прочитаны нѣкоторые судебные документы и показанія отсутствующихъ свидѣтелей, и допрошенъ свидѣтель Мухортовъ. Передъ допросомъ Мухортова предсѣдатель, обращаясь къ Нечаеву, спросилъ его:

„Студентъ Петровской Академіи Мухортовъ вызванъ въ качествѣ свидѣтеля по настоящему дѣлу; допускаете ли вы его къ присягѣ?"

Подсудимый (болѣе спокойно, чѣмъ прежде): „Я имѣлъ честь объявить, что за русскимъ судомъ права судить меня не признаю".

Предсѣдатель: „Садитесь!"

Подсудимый садится, обернувшись лицомъ къ публикѣ.

Послѣ окончанія допроса Мухортова, предсѣдатель спросилъ: „Подсудимый не желаетъ предлагать вопросы свидѣтелю?"

Подсудимый (сидя и обернувшись къ публикѣ): „Я подсудимымъ себя не считаю".

Предсѣдатель: „Въ отсутствіе подсудимаго были прочитаны: актъ осмотра мѣстности, гдѣ найденъ трупъ Иванова, врачебный осмотръ этого трупа и заключеніе Медицинской Конторы о причинѣ смерти Иванова. Подсудимый, если желаетъ, можетъ представить объясненія по поводу этихъ документовъ".

Подсудимый: „Я имѣлъ честь объяснить, что подсудимымъ себя не считаю".

Послѣ прочтенія показаній каждаго изъ отсутствовавшихъ свидѣтелей, предсѣдатель обращался къ Нечаеву съ вопросомъ: „Подсудимый ничего не имѣетъ возразить?"—но Нечаевъ отвѣчалъ на эти вопросы молчаніемъ.

По окончаніи допросовъ прокуроръ произнесъ обвинительную рѣчь, послѣ которой предсѣдатель спросилъ Нечаева:

„Подсудимый, вы ничего не имѣете сказать въ свое оправданіе?"

Подсудимый: „Я считаю унизительнымъ для себя защищаться отъ клеветы, очевидной для всѣхъ. Вся Россія знаетъ, что я—преступникъ политическій. Повторяю то, что сказалъ графу Левашеву: правительство можетъ у меня отнять жизнь, но честь останется при мнѣ".

Затѣмъ предсѣдатель произнесъ свою заключительную рѣчь:

„Гг. присяжные засѣдатели! Объясненіе свое я начну съ разбора возраженій, представленныхъ подсудимымъ.

Первое его возраженіе заключается въ томъ, что онъ не обязанъ отвѣчать въ настоящемъ засѣданіи по обвиненію, на немъ тяготѣющему, потому что это есть преступленіе политическое. Второе возраженіе его состояло въ томъ, что онъ, какъ не признающій себя русскимъ подданнымъ, не подлежитъ суду русскихъ судебныхъ мѣстъ. Первое изъ этихъ возраженій не заслуживаетъ уваженія потому, что, если онъ считалъ себя преступникомъ политическимъ, то ничто не мѣшало ему въ то время, когда совершилось это событіе, остаться въ Россіи и, такимъ образомъ, судиться въ томъ, въ чемъ онъ, по его мнѣнію, долженъ былъ быть судимъ. Но въ настоящее время онъ лишилъ себя возможности быть судимымъ въ качествѣ политическаго преступника, потому что, не возвратившись добровольно, онъ выданъ русскому правительству швейцарскимъ правительствомъ съ тѣмъ, чтобы онъ подлежалъ суду только за то тяжкое преступленіе, въ которомъ его теперь обвиняютъ... Изъ этого, гг. присяжные засѣдатели, вы должны убѣдиться, что первое возраженіе подсудимаго не имѣетъ достаточнаго основанія; я объясняю вамъ это именно для того, чтобы вы убѣдились въ ничтожности возраженія подсудимаго, потому что, собственно, ни я ни прокуроръ не обязаны были давать вамъ объясненія по сему предмету.

Второе возраженіе Нечаева не имѣетъ уже ровно никакого основанія. Мы не будемъ разбирать, русскій ли онъ подданный или нѣтъ; но всякое самостоятельное государство судитъ лицъ, совершившихъ въ немъ извѣстное преступленіе, если бы они были даже иностранцы"...

После окончанія судебныхъ преній, присяжные, пробывъ въ совѣщательной комнатѣ 20 минутъ, вынесли на поставленный имъ вопросъ слѣдующій отвѣтъ: „Да, виновенъ".

Прокуроръ заявилъ, что въ виду приговора присяжныхъ засѣдателей и на основаніи 3 п. 1.453 ст., 1.452 ст. и 2 степ. 19 ст. Улож. о нак., подсудимаго Нечаева слѣдуетъ лишить всѣхъ правъ состоянія, сослать въ каторжныя работы въ рудникахъ на 20 лѣтъ, а затѣмъ, на основаніи 25 ст. Улож. о Наказ., поселить въ Сибири навсегда.

Предсѣдатель: „Подсудимый не возражаетъ?"

Подсудимый: „Это Шемякинъ судъ!"

По объявленіи этого приговора и по объясненіи подсудимому правъ его по предмету обжалованія приговора въ кассаціонномъ порядкѣ, предсѣдатель сдѣлалъ распоряженіе объ удаленіи подсудимаго изъ залы засѣданія. При выходѣ изъ залы подсудимый закричалъ: „Да здравствуетъ Земскій Соборъ! Долой деспотизмъ!"

АДРЕСЪ

РУССКИХЪ РАБОЧИХЪ КЪ ФРАНЦУЗСКИМЪ,

ПОСЛАННЫЙ ИЗЪ ОДЕССЫ ВЪ 1878 г.

(Изъ 3-4 № „Община" 1878 г.)

Въ Одессѣ 18 марта 1878 г. въ день провозглашенія Парижской Коммуны, соціалисты собрались на вечернюю сходку, чтобы отпраздновать достойнымъ образомъ столь памятный для соціалистовъ всего міра день. Сходка была очень оживленная и многолюдная; состояла она на половину изъ интеллигенціи и на половину—изъ рабочихъ. — Было произнесено нѣсколько рѣчей.

Первымъ говорилъ одинъ рабочій, выразившій свое удовольствіе по поводу многочисленности собранія:

— Какъ-то чувствуешь себя бодрѣе, - сказалъ онъ,—когда видишь, что ты не одинъ, что есть много людей, сочувствующихъ твоему дѣлу.

Затѣмъ говорили представители интеллигенціи. Прежде всего однимъ ораторомъ былъ сдѣланъ краткій историческій очеркъ революціи 1871 г., указано на обстоятельства, при которыхъ она разыгралась, на причины ея паденія и значенія ея въ исторіи. „Парижская Коммуна,—сказалъ онъ, между прочимъ,—представляетъ первое революціонное движеніе, гдѣ народъ выступилъ самостоятельно и съ полнымъ сознаніемъ, чтобы свергнуть гнетущій его порядокъ. Затѣмъ онъ указалъ на тотъ толчекъ, который Коммуна дала развитію Интернаціонала и тѣмъ косвенно содѣйствовала соціально-революціонному движенію въ Россіи, на которое Интернаціоналъ имѣлъ значительное вліяніе".

Слѣдующій ораторъ замѣтилъ, что значеніе Парижской Коммуны состоитъ въ томъ, что рабочіе держали въ своихъ рукахъ въ продолженіе двухъ мѣсяцевъ такой міровой городъ, какъ Па-

рижъ; что они держали его, не смотря на страшную, строго дисци-
плинированную армію и крупповскія пушки, съ которыми имъ, не-
привыкшимъ и ненавидящимъ всякую дисциплину, пришлось бо-
роться; что они, по взятіи Парижа, еще цѣлую недѣлю отчаянно
сражались на улицахъ города, отстаивая до послѣдней капли крови
каждую улицу, каждый кварталъ, каждый домъ. Кромѣ того, онъ
указалъ на тотъ отличительный признакъ революціи 1871 г., что
въ ней значительное участіе принимали женщины, сотни которыхъ
легли на баррикадахъ Парижа...

Затѣмъ, однимъ ораторомъ былъ прочитанъ рефератъ о „Гайда-
мачинѣ“, какъ чисто русскомъ революціонномъ движеніи начала
прошлаго столѣтія. Слѣдующій ораторъ сдѣлалъ превосходный исто-
рическій очеркъ послѣдняго революціоннаго движенія въ Россіи.
Призтомъ онъ провелъ ту главную мысль, что до послѣдняго вре-
мени наши соціалисты думали дѣйствовать только одной нравствен-
ной силой, однимъ горячимъ словомъ и поэтому мало заботи-
лись объ огражденіи своей чести и своихъ человѣческихъ
правъ, отъ позорнаго произвола нашего варварскаго правитель-
ства.

„Теперь-же,—сказалъ ораторъ,—наши соціалисты начинаютъ
понимать свою ошибку; начинаютъ понимать, что, кромѣ нравствен-
ной силы, намъ необходимо обладать и извѣстнаго рода матеріаль-
ными обезпеченіями, и что иначе мы будемъ осуждены на безсилье.
Доказательствомъ полнаго сознанія этой мысли служитъ цѣлый
рядъ фактовъ послѣдняго времени, какъ-то: вооруженное сопроти-
вленіе здѣсь, въ Одессѣ, покушеніе на жизнь Трепова, убійство
шпіова въ Ростовѣ, покушеніе на жизнь товарища прокурора Ко-
тляревскаго въ Кіевѣ и др.—Намъ нужна физическая сила,
чтобы карать дикій произволъ правительства, иначе мы по-
гибнемъ!“

Въ концѣ собранія былъ предложенъ и единогласно принятъ
слѣдующій адресъ французскимъ рабочимъ.

„Одесскіе рабочіе, собравшись на сходку въ достопамятный
день провозглашенія Парижской Коммуны, шлютъ вамъ, француз-
скіе рабочіе, свой пламенный братскій привѣтъ. Мы работаемъ на
своей родинѣ для той же великой цѣли, для достиженія которой
погибло въ 1871 г. на баррикадахъ Парижа столько вашихъ брать-
евъ, сестеръ, отцовъ, сыновей, дочерей и друзей. Мы трепетно
ждемъ наступленія той исторической минуты, когда и мы сможемъ
ринуться въ бой за права трудящихся противъ эксплуататоровъ,
за торжество умственной, нравственной и экономической свободы.
А пока,—у насъ идетъ глухая неравная борьба, въ которой гиб-
нутъ медленной мучительной смертью, въ тюрьмахъ и каторгѣ,
наши лучшіе люди, эти мужественные застрѣльщики святого дѣла
народнаго освобожденія... Вы правы были, когда въ 1871 г. вы
говорили, что сражаетесь за все человѣчество. Да! интересы всѣхъ
народовъ такъ тѣсно связаны между собою, что торжество наро̨да
въ одной странѣ немедленно повлечетъ за собою торжество народа
во всемъ мірѣ... Французскіе рабочіе! когда наступитъ время, и вы
снова подымете красное знамя соціальной революціи, то пусть оду-

шевляетъ васъ то же самое геройское мужество и горячая любовь
къ человѣчеству, какія одушевляли борцовъ 1871 года; не кусть,
для блага всего человѣчества, побѣда увѣнчаетъ на этотъ разъ
ваши многолѣтніе труды!"

Одесса. 18 марта 1878 г.

ЮЖНО-РУССКІЙ РАБОЧІЙ СОЮЗЪ ВЪ 1880—81 гг.

По просьбѣ редактора „Былого" я взялась написать краткую
исторію „Южно-Русскаго Рабочаго Союза" для поясненія статьи
Молинари.

Въ 1879 г., въ то время, когда произошло дѣленіе „Земли и
Воли" на „Народную Волю" и „Черный Передѣлъ", я и Щедринъ,
признавая большое значеніе за терроромъ, центральнымъ и эконо-
мическимъ, находили въ то же время, что базисъ дѣятельности
революціонеровъ долженъ быть въ народѣ (подъ народомъ мы по-
нимали крестьянъ и рабочихъ, не исключая и босяковъ). Безъ по-
слѣдняго условія, по нашимъ взглядамъ, удары центральнаго тер-
рора не могли быть использованы народомъ. Поэтому, не смотря
на сходство нашихъ взглядовъ съ „Народной Волей" на терроръ,
мы вступили въ организацію „Чернаго Передѣла", какъ ближе
стоявшую къ народу.

Въ концѣ января 80 г. была арестована типографія „Чер.
Пер." и нѣсколько человѣкъ организаціи; 4 члена организаціи уѣха-
ли за-границу. Однимъ изъ остававшихся въ Россіи чернопередѣль-
цемъ была выработана новая программа, съ которой я и Щедринъ
категорически разошлись. Выйдя изъ организаціи, мы выработали
собственную анархическую программу, съ тактикой экономическа-
го и центральнаго террора. Въ Петербургѣ и Москвѣ намъ нельзя
было въ это время оставаться, благодаря указаніямъ шпіона Жар-
кова, работавшаго раньше наборщикомъ въ чернопередѣльческой
типографіи, убитаго впослѣдствіи Прѣсняковымъ. Намъ пришлось
ѣхать на югъ.

Въ Кіевѣ мы стали пропагандировать нашу программу снача-
ла между интеллигенціей. Поступивъ чертежникомъ въ железно-
дорожную мастерскую, Щедринъ выбралъ трехъ человѣкъ изъ ра-
бочихъ, которые ему понравились по внѣшности. Найдя въ нихъ
подходящую почву, мы черезъ нихъ завели сношенія съ рабочими
арсенала и одной изъ типографій. Типографщики достали намъ
немного шрифта. Въ арсеналѣ въ это время было сильное недо-
вольство рабочихъ администраціей. Имъ мы стали развивать про-
грамму экономическаго террора,—она отвѣчала ихъ настроенію. Съ-
организовавъ небольшой кружокъ, мы назвали его „Южно-Русскимъ
Рабочимъ Союзомъ". Начиная дѣло только вдвоемъ, совсѣмъ безъ
средствъ, съ программой, вызывавшей враждебное отношеніе бур-
жуазныхъ слоевъ (охотно дававшихъ деньги для партій съ дру-
гими программами),—мы не разсчитывали, что организація смо-
жетъ распространиться широко, а потому думали ограничиться
городскими рабочими, не по пролетарской точкѣ зрѣнія, а потому,

то намъ, нелегальнымъ, было легче завести связи въ городѣ,
ѣмъ въ деревнѣ, гдѣ каждое новое лицо обращаетъ на себя об-
цее вниманіе. Впослѣдствіи, когда, неожиданно для насъ самихъ,
авязались связи черезъ рабочихъ съ крестьянами, названіе орга-
изаціи стало неподходящимъ, но въ виду того, что оно было
же популярно, мы не хотѣли его мѣнять, а только въ заголовкѣ
рокламацій, обращенныхъ къ крестьянамъ, ставили „Земля и
Воля".

Вскорѣ нами была написана первая прокламація (отпечатан-
ная домашними средствами), въ которой давался трехнедѣльный
рокъ начальнику арсенала, полковнику Коробкину, для выполненія
ребованій рабочихъ, изъ которыхъ главныя были: увеличеніе
латы и уменьшеніе рабочаго дня. Въ случаѣ отказа ему грозили
мертнымъ приговоромъ. Приговоръ согласились привести въ ис-
олненіе Щедринъ съ двумя арсенальными рабочими. Не будучи
полнѣ увѣрены въ рѣшительности этихъ рабочихъ, приготовили
ще двухъ запасныхъ, которые совсѣмъ не были знакомы съ первыми.
ольшое количество прокламацій было съ помощью всего
ружка и рабочихъ расклеено въ арсеналѣ, въ желѣзнодорожныхъ
астерскихъ, на церквахъ, на столбахъ всѣхъ улицъ Кіева. Спустя
дня главная существенная часть требованій рабочихъ была удо-
летворена. Черезъ день была выпущена вторая прокламація, го-
орившая о необходимости выполненія остальныхъ требованій.
Іослѣ такого успѣха первой прокламаціи, рабочіе повалили къ
амъ въ такомъ количествѣ, что мы не знали, гдѣ найти мѣсто для
обраній. Была весна. Мы избрали мѣсто для сходокъ за Байковой
ющей, за городомъ. Обыкновенно, часовъ въ 11 вечера мы захо-
или вдвоемъ съ Щедринымъ въ одну квартиру, гдѣ мѣняли свою
аружность, затѣмъ отправлялись на сходку. Насъ встрѣчала толпа.
въ темнотѣ ночи мы вели бесѣду, пока не занималась заря. Уста-
ые рабочіе жадно слушали, не думая объ отдыхѣ. Такъ какъ ра-
очихъ, группировавшихся подлѣ насъ въ это время, было около
емисотъ человѣкъ, то мы дѣлили ихъ на группы, которыя по оче-
еди приходили въ разные дни недѣли. Такимъ образомъ, съ каж-
ой группой мы видѣлись только разъ въ недѣлю. Рѣдко бывало
а сходкѣ менѣе 100 человѣкъ. Бесѣды велись безъ всякой про-
раммы, всегда на тему какой-нибудь злобы дня, и тутъ же по
ути излагались теоретическія положенія. Мы не остановились на
писаніи общаго тяжелаго положенія рабочихъ, — оно и безъ
асъ было имъ хорошо знакомо. Приходилось только приводить
го въ связь съ общимъ существующимъ строемъ, а затѣмъ ста-
аться использовать каждый частный случай недовольства.

Работая, вообще, вмѣстѣ съ остальными интеллигентными чле-
ами нашей организаціи, цѣня ихъ очень высоко, какъ энергич-
ыхъ, очень смѣлыхъ революціонеровъ, мы въ то же время боя-
ись ихъ принципіальной неконспиративности и потому не по-
вящали въ эти ночныя сходки, боясь рисковать такимъ большимъ
количествомъ рабочихъ. На всякую предосторожность они смотрѣли,
акъ на трусость. Павелъ Ивановъ, человѣкъ замѣчательно смѣ-
ый, иниціативный, рѣшительный, негодовалъ, когда я говорила, что

ему, нелегальному, за которымъ въ это время слѣдили шпіоны,—
невозможно въ красной косовороткѣ съ длинными волосами по
плечи расхаживать съ нашими рабочими днемъ по улицамъ Кіева.
„То вы, питерцы, бережете себя!“—ядовитничалъ онъ мнѣ въ от-
вѣтъ. Завидѣвъ шпіона на улицѣ, онъ показывалъ ему кулакъ;
шпіонъ скрывался куда-нибудь за уголъ, а Павло продолжалъ свою
дорогу, не думая заметать своихъ слѣдовъ. Когда я была арестована,
онъ, желая узнать, гдѣ я сижу, признавъ на этотъ разъ маленькую
конспирацію, остригъ волосы и, надѣвъ черный сюртукъ, отправил-
ся въ Старокіевскій участокъ просить разрѣшенія носить мнѣ
пищу. На вопросъ пристава, кто онъ мнѣ, Павло отвѣчалъ: „Я
видѣлъ, какъ на улицѣ арестовали какую-то даму, мнѣ стало ее
жалко, я рѣшился пойти просить носить ей пищу“. Приставъ на-
шелъ это недостаточно убѣдительнымъ, но его не аре-
стовали.

Я забѣжала несколько впередъ, желая охарактеризовать эту
принципіальную неконспиративность. Нашъ способъ дѣйствій имѣлъ
свои выгоды: благодаря моей и Щедрина конспиративности, мы при
арестѣ не потянули ни одного человѣка; типографія и главныя
конспираціи остались цѣлы. Но та же конспиративность имѣла и
свои невыгоды: послѣ нашего ареста была потеряна связь у на-
шихъ рабочихъ съ интеллигенціей*). Въ іюнѣ посредствомъ кіев-
лянъ, членовъ нашей организаціи, мы достали маленькую типогра-
фію, зарытую въ землю предыдущимъ кружкомъ кіевскихъ рево-
люціонеровъ. Съ помощью уже этой типографіи мы выпустили
много новыхъ листковъ: листки по поводу процесса 21 (Михаила
Попова, Игнатія Иванова, Юрковскаго, Диковскаго и др.), судив-
шихся 12 іюля 80 г. въ Кіевѣ, по поводу казни Розовскаго, пове-
шеннаго въ Кіевѣ въ мартѣ того же года; листокъ о положеніи
чиншевиковъ, листокъ о положеніи крестьянъ въ имѣніи генералъ-
губернатора Черткова, прокламація съ угрозой помѣщику Левандов-
скому съ требованіемъ лучшаго устройства его земельныхъ отно-
шеній съ крестьянами; листокъ къ солдатамъ, отдѣльные листки
изъ программы: объ экономическомъ террорѣ, о будущемъ соціаль-
номъ строѣ, о безполезности для народа самой лучшей конституціи
и много другихъ на разныя злобы дня. Прокламаціи при большомъ
количествѣ рабочихъ разбрасывались, расклеивались, разсылались
по разнымъ деревнямъ и городамъ (Кременчугъ, Ростовъ на-Дону,
Екатеринославъ, Одесса, Николаевъ); для крестьянъ издавались на
малороссійскомъ языкѣ. Отъ насъ поѣхалъ Димитрій (псевдонимъ)
за-границу за нелегальной литературой, чтобы устроить транспортъ
черезъ границу.

Тѣмъ временемъ въ отвѣтъ на 3-ю нашу прокламацію, на-
чальство арсенала удовлетворило всѣ требованія, исключая одного
ничтожнаго: выносить щепки со двора арсенала; начальство боя-
лось, чтобы въ щепкахъ не выносили рабочіе частей оружія. Та-

*) На дняхъ я узнала отъ Б., бывшаго въ 83 г. въ Кіевѣ (т. е.
спустя 2 года послѣ нашего ареста), что одинъ изъ учениковъ по револю-
ціи нашего рабочаго самостоятельно основалъ два кружка и велъ ихъ
самъ, безъ помощи интеллигенціи.

симъ образомъ, оказалось не нужнымъ приводить въ исполненіе задуманный терроръ надъ Коробкинымъ.

Приблизительно около этого времени, кіевскіе народовольцы зошли съ нами въ переговоры на счетъ нашего вступленія въ „Народную Волю“. Но такъ какъ они ставили условіемъ отказаться отъ экономическаго террора (который, по ихъ словамъ, отпугиваетъ либераловъ), то мы отказались присоединиться.

Въ то же время у насъ налаживалось дѣло въ желѣзнодорожныхъ мастерскихъ и еще нѣсколько дѣлъ, о которыхъ я сейчасъ нахожу неудобнымъ говорить.

Одновременно мы начали дѣлать приготовленія къ устройству побѣга для 3-хъ человѣкъ (изъ процесса 21), сидѣвшихъ въ кіевской тюрьмѣ (назвать имена этихъ 3-хъ пока неудобно). Одинъ изъ нашихъ товарищей-кіевлянъ привлекъ къ этому дѣлу новое лицо, помощь котораго намъ была нужна; этотъ новый былъ какой-то неинтеллигентный человѣкъ, имѣвшій доступъ въ тюрьму, (фамилію его я забыла). Тотъ же товарищъ далъ ему впередъ деньги за услугу, которую этотъ человѣкъ долженъ былъ оказать намъ. Познакомивъ его съ Щедринымъ, товарищъ уѣхалъ по дѣламъ изъ Кіева. Спустя нѣсколько дней, введенный въ конспирацію человѣкъ выдалъ насъ. 22 октября я и Щедринъ были арестованы на улицѣ. Мы успѣли проработать только 8 мѣсяцевъ.

Остальные члены организаціи продолжали работать, заводя новыя связи съ новыми рабочими. Спустя 4 мѣсяца были арестованы: Богомолецъ, Преображенскій (не задолго до ареста пріѣхавшій въ Кіевъ), Иванъ Кашинцевъ и Присецкая.

Послѣ 1-го марта 1881 г. насъ всѣхъ, по ошибкѣ и женщинъ (меня и Богомолецъ, Присецкая была выпущена на поруки до суда), вызвали къ принятію присяги. Мы всѣ отказались, за что намъ были усилены наказанія на судѣ.

Въ апрѣлѣ 81 г. въ Кіевѣ начались еврейскіе безпорядки. Павелъ Ивановъ написалъ воззваніе къ народу, въ которомъ говорилъ, что несправедливо бить евреевъ, надо бить всѣхъ эксплуататоровъ, какой бы національности они ни были. Печатая эти свои прокламаціи въ сохранившейся послѣ насъ типографіи, онъ тутъ же выбрасывалъ изъ окна маленькаго домика на Жилянской улицѣ эти прокламаціи толпѣ народа и тутъ же былъ арестованъ. Вслѣдъ за нимъ арестовали двухъ рабочихъ: Доллера и Кизера, которыхъ обвиняли въ томъ, что они ходили въ эту типографію. Въ Ростовѣ на-Дону была арестована жена казачьяго офицера Кузнецова съ тючкомъ нашихъ листковъ разнаго содержанія.

Насъ соединили въ одинъ процессъ, предали военному суду. Не дали права выбрать себѣ защитниковъ, назначили одного военнаго для всѣхъ. Я, Щедринъ, Богомолецъ, Преображенскій и Кашинцевъ отказались отъ защитника. На судѣ казенный защитникъ, стараясь оправдать Кузнецову, топилъ Кизера; Кизеръ въ отвѣтъ на это попросилъ защитника не стѣсняться, валить все на него, чтобы защитить Кузнецову; Кузнецова, въ свою очередь, просила защищать Кизера, а не ее. Защитникъ растерялся и отказался продолжать свою роль.

На судѣ я, Щедринъ, Преображенскій, Богомолецъ и Кашинцевъ заявили, что мы революціонеры-соціалисты, признаемъ надъ собою судъ народа, а не русскаго правительства и принимать участіе въ судѣ правительства не желаемъ. Предсѣдатель перебивалъ, стучалъ линейкой по столу, заглушая наши голоса. Интересенъ фактъ, что въ нашемъ процессѣ, несмотря на обширныя знакомства съ рабочими, не было рѣшительно ни одного человѣка, не только между подсудимыми, но и между свидѣтелями, который давалъ бы какія бы то ни было показанія противъ кого-нибудь изъ всѣхъ насъ. Все слѣдствіе основывалось исключительно на показаніяхъ жандармовъ, которые на судѣ выступали даже непереодѣтыми, а въ полной жандармской формѣ. Стрѣльниковъ въ своей рѣчи настаивалъ на томъ, что наша программа гораздо опаснѣе программы „Народной Воли", и потому требовалъ самыхъ строгихъ приговоровъ. Большой залъ суда былъ полонъ разнообразной публики. Послѣ четырехдневнаго засѣданія, судъ вынесъ слѣдующій приговоръ: Щедрину, Преображенскому и мнѣ—смертная казнь, Иванову—20 лѣтъ каторги, Богомолецъ и Кашинцеву—по 10 лѣтъ каторги, Доллеру и Кизеру—поселеніе въ Восточной Сибири съ лишеніемъ всѣхъ правъ, Присецкой—ссылка на житье въ Западную Сибирь съ лишеніемъ нѣкоторыхъ правъ, Кузнецову оправдали. По ходатайству кіевскаго ген·-губ. Дрентельна смертная казнь была замѣнена всѣмъ троимъ безсрочной каторгой.

По дорогѣ въ каторгу, въ Иркутскѣ Щедринъ далъ пощечину чиновнику особыхъ порученій Соловьеву за то, что меня, арестованную послѣ моего перваго побѣга изъ иркутской тюрьмы, по распоряженію Соловьева, заковали въ наручни и бросили въ ужасный темный карцеръ. Соловьевъ, заставивъ солдатъ привязать Щедрина ремнями къ столбу, избилъ его шашкой. Военный судъ приговорилъ Щедрина вновь къ смертной казни. По ходатайству губернатора Педашенко, казнь Щедрину была снова замѣнена прикованіемъ къ тачкѣ. Пробывъ мѣсяцъ на Карѣ, Щедринъ, за сопротивленіе во время карійскаго разгрома, былъ отправленъ въ числѣ 8 человѣкъ (Мышкинъ, Минаковъ, Долгушинъ, Юрковскій, Поповъ, Геллисъ и Орловъ) въ Петропавловскую крѣпость, гдѣ, по словамъ записокъ Л. Волкенштейнъ, непрерывно велъ борьбу съ тюремнымъ начальствомъ. Нервы его не выдержали, и онъ сошелъ съ ума. Такимъ его перевезли вмѣстѣ съ другими въ Шлиссельбургъ, гдѣ онъ день и ночь не давалъ покоя смотрителю тюрьмы своими протестами. Послѣ 5-ти лѣтъ Шлиссельбурга, его отправили въ Казань, въ домъ умалишенныхъ.

Богомолецъ бѣжала со мной въ 82 г. изъ иркутской тюрьмы. Послѣ ареста насъ отправили на Кару, гдѣ она постоянно вела борьбу съ тюремщиками. Умерла отъ чахотки на Карѣ.

Павелъ Ивановъ въ 82 г. бѣжалъ изъ красноярской тюрьмы, но былъ пойманъ. Бѣжалъ во второй разъ—очень неудачно: спускаясь со стѣны, повредилъ себѣ ноги; часовые набросились, избили и проломили ему черепъ. Оправившись, слѣдуя дальше на Кару, онъ снова сдѣлалъ попытку бѣжать и снова былъ арестованъ.

Умеръ въ вольной командѣ въ Кадаѣ, заразившись тифомъ отъ больныхъ, которыхъ онъ тамъ лѣчилъ.

Кашинцевъ, переведенный въ Якутскую область на поселеніе, удачно бѣжалъ въ 1888 г. Доллеръ утонулъ въ Ленѣ (въ Якутскѣ).

Въ 82 г. въ Одессѣ судился Наумъ Геккеръ за принадлежность къ организаціи „Южно-Русскій Рабочій Союзъ", осужденъ на 10 лѣтъ каторги. На Карѣ, протестуя противъ примѣненія тѣлеснаго наказанія надъ Сигидою, Геккеръ выстрѣлилъ въ себя изъ револьвера, но выстрѣлъ оказался несмертельнымъ.

Въ предисловіи къ брошюрѣ „Красн. Знамя" (на стр. X) Аксельродъ говоритъ: „примѣромъ можетъ служить, между прочимъ, и упоминаемый авторомъ („Краснаго Знамени") второй „Южно-Русскій Рабочій Союзъ", для котораго я написалъ программу и довольно большую объяснительную записку къ ней", затѣмъ дѣлаетъ выноску: „Вскорѣ послѣ основанія названнаго Союза, я, по требованію товарищей, долженъ былъ переселиться въ Питеръ, и скоро во главѣ его стали народовольцы".

Далѣе на стр. 25 авторъ (Мартовъ) говоритъ: „Въ 1879 году возстановился Южно-Русскій Рабочій Союзъ, имѣвшій свою типографію и работавшій преимущественно въ Одессѣ и Кіевѣ до 82 г.".

Выходитъ, что „Южно-Русскій Рабочій Союзъ" былъ основанъ Аксельродомъ въ Одессѣ, затѣмъ въ 79 г. возстановился и работалъ до 82 г., имѣлъ свою типографію и т. д.

Въ дѣйствительности же, если былъ какой-нибудь кружокъ рабочихъ въ Одессѣ, о которомъ говоритъ Аксельродъ, то никакого отношенія ни кружокъ ни Аксельродъ къ организаціи „Южно-Русскаго Рабочаго Союза" не имѣли, и организація „Южно-Русскаго Рабочаго Союза" не была „возстановленіемъ" какого-то предыдущаго кружка.

Что касается статьи Молинари, то онъ приводитъ выписки изъ нашей программы, изъ нашихъ прокламацій и нашихъ листковъ, довольно вѣрно держась ихъ смысла; но, исходя изъ своей буржуазной ненависти къ нашей программѣ, даетъ только безпорядочные отрывки и притомъ, переводя своими словами чисто русскія выраженія, мѣняетъ нѣсколько ихъ характеръ, придавая намѣренно вульгарный тонъ стилю нашей литературы.

Е. Ковальская.

МОЛИНАРИ О ЮЖНО-РУССКОМЪ РАБОЧЕМЪ СОЮЗѢ.

Одной изъ основныхъ чертъ дѣятельности русскихъ революціонеровъ въ 70-хъ гг. было стремленіе вызвать самостоятельное революціонное движеніе среди народа (среди рабочихъ и крестьянъ) во имя соціализма. Надъ этой задачей они много поработали. Дѣятели 80-хъ и 90-хъ гг. — соц. революціонеры и соц.-демократы — явились только ихъ продолжателями и не внесли въ этомъ отношеніи ничего существенно новаго въ революціонную борьбу.

Въ „Быломъ" мы уже не разъ говорили объ интенсивной дѣятельности семидесятниковъ среди рабочихъ и крестьянъ; у народниковъ (воспоминанія Кропоткина, Брешковской, біографія Бобохова, о газетѣ „Работникъ"), у „Сѣвернаго Рабочаго Союза (3 и 5 №№ „Былого"), у народовольцевъ (см. біографіи Гриневицкаго, Коковскаго, Халтурина, статью о „Рабочей Газетѣ", программу рабочихъ членовъ партіи „Народной Воли", ихъ прокламаціи, о пропагандѣ среди рабочихъ въ Ростовѣ н-Д.) и т. д. Въ настоящемъ № „Былого" мы обращаемъ вниманіе нашихъ читателей на одно изъ самыхъ яркихъ проявленій дѣятельности революціонеровъ въ народѣ—на дѣятельность участниковъ „Южно-русскаго Рабочаго Союза". Въ этой своей дѣятельности Союзъ имѣлъ много общаго съ другими тогдашними революціонными партіями, но отличался отъ нихъ, въ особенности отъ „Народной Воли", рѣзкимъ подчеркиваніемъ экономическаго террора. Народовольцы, конечно, не были принципіально противъ такого террора, но они въ тѣ годы, при тѣхъ условіяхъ, при какихъ имъ приходилось дѣйствовать, считали особенно необходимымъ подчеркивать систематическій политическій терроръ, ставили на первый планъ цареубійство, призывали къ борьбѣ честныхъ представителей всѣхъ партій, сосредоточивали общее вниманіе на политической борьбѣ,—при этихъ условіяхъ народовольцы не соглашались съ тѣмъ мѣстомъ, которое тогда отводилъ Союзъ экономическому террору.

Въ Journal des Economistes, 1882, № 11, была напечатана любопытная статья извѣстнаго буржуазнаго писателя Молинари о Ю.-Р. Р. Союзѣ, составленная, очевидно, на основаніи подлинныхъ документовъ, доставленныхъ ему какими то компетентными людьми. Ниже мы даемъ переводъ наиболѣе интересныхъ мѣстъ этой статьи. Надо только имѣть въ виду, что всѣ документы даны нами въ переводѣ съ французскаго,—и потому въ нихъ могутъ быть нѣкоторыя неточности.

О процессѣ участниковъ Союза было краткое правительственное сообщеніе въ русскихъ газетахъ (отъ 6 іюня 1881 г.),—нѣсколько обстоятельнѣе въ кіевской „Зарѣ"; въ нѣкоторыхъ легальныхъ газетахъ было кое-что о прокламаціяхъ Союза (текстъ одной перепечатанъ въ 1 № „Былого") *).

Редакція.

*) Къ сожалѣнію, о Союзѣ до сихъ поръ было написано очень мало, и не сохранилось ни одного изданія. Не только не было опубликовано обстоятельнаго отчета о судѣ надъ участниками Союза, но не былъ даже напечатанъ обвинительный актъ по этому дѣлу, представляющій, какъ говорятъ, огромный интересъ, такъ какъ въ немъ были приведены многія записки, прокламаціи и т. д. Подобнаго рода пробѣлы по исторіи русскихъ политическихъ движеній у насъ нерѣдки,—пусть же наши читатели, сочувствующіе цѣлямъ, которыя преслѣдуетъ „Былое", позаботятся объ отысканіи этихъ документовъ. Желающимъ мы могли бы выслать списокъ разыскиваемыхъ нами матеріаловъ, изданный отдѣльнымъ оттискомъ изъ 5 № „Былого", и просимъ ихъ самихъ, руководствуясь этимъ спискомъ, опросить всѣхъ, кто могъ бы оказаться полезнымъ въ нашихъ розыскахъ.

„Въ первой части программы Ю.-Р. Р. Союза (написанной на 20 стр. in 8), взятой у Ел. Ковальской, мы находимъ характеристику относительнаго положенія рабочихъ, купцовъ, промышленниковъ и дворянства. „Положеніе трудящихся классовъ", говорится въ этой программѣ, „таково, что оно влечетъ за собою не только физическое, но и духовное вырожденіе народа. Ростъ крестьянъ, рабочихъ теперь менѣе, чѣмъ былъ раньше; болѣзнь и смертность увеличиваются въ то время, какъ средняя продолжительность жизни въ низшихъ классахъ уменьшается. Купцы, собственники и дворяне, напротивъ, пользуются превосходнымъ здоровьемъ; они живутъ, жирѣютъ и наслаждаются въ своихъ палатахъ и дворцахъ на счетъ эксплуатируемаго ими народа. Единственная надежда выйти изъ этого невыносимаго положенія заключается для рабочихъ въ революціи. Рабочіе должны соединить свои силы, чтобы вызвать переворотъ въ современномъ экономическомъ положеніи, потому что, какъ показываетъ исторія, политическія измѣненія всегда являются неизбѣжнымъ результатомъ экономическихъ измѣненій".

„Вторая часть программы излагаетъ слѣдующія требованія Ю. Р. Р. С. отъ имени трудящихся классовъ":

1) Земля, фабрики, мастерскія, промышленныя предпріятія переходятъ въ исключительную собственность народа;

2) Работа будетъ исполняться сообща;

3) Правительственная организація будущаго удѣлитъ каждому равную долю участія въ дѣлахъ страны;

4) Неограниченная свобода личности, свобода слова, собраній, обществъ и прессы;

5) Организація національной милиціи взамѣнъ теперешней постоянной арміи.

„Средства, которыя проповѣдываются соціалистами-народниками для достиженія этого соціальнаго эдема, слѣдующія:

1) Аграрный терроръ, который нужно вызвать, подымая крестьянъ, чиншевиковъ, число которыхъ достигаетъ 400.000 въ юго-западныхъ губерніяхъ, противъ земельныхъ собственниковъ, возбуждая ихъ къ завладѣнію землей и лѣсами, прибѣгая къ поджогамъ посѣвовъ, къ убійству помѣщиковъ, подобно тому, какъ это происходитъ въ Ирландіи.

2) Промышленный или фабричный терроръ, выражающійся въ поджогахъ фабрикъ, мастерскихъ, промышленныхъ учрежденій, въ убійствѣ директоровъ и хозяевъ.

3) Военный терроръ, состоящій въ возбужденіи недовольныхъ солдатъ къ бунтамъ противъ офицеровъ; солдатамъ совѣтуютъ убивать начальниковъ, которые отличаются грубымъ обращеніемъ, наказываютъ и притѣсняютъ ихъ; вообще возбуждаютъ войско противъ высшихъ начальниковъ.

4) Политическій терроръ, выражающійся въ дезорганизаціи всякими средствами современнаго правительства для того, чтобы подрывать въ глазахъ народа его авторитетъ, ослабить его силу, возбудить революціонный духъ въ средѣ эксплуатируемаго ра-

бочаго класса, возбудить народъ противъ власти, чиновниковъ и полиціи.

Членамъ общества было поручено разселяться по деревнямъ, поступать на фабрики, въ мастерскія, пытаясь тамъ завербовать людей вліятельныхъ, пользующихся извѣстнымъ авторитетомъ въ средѣ своихъ товарищей болѣе, чѣмъ остальные, способныхъ содѣйствовать ускоренію революціоннаго движенія".

Пропаганда „революціонныхъ идей" велась двоякимъ путемъ: устно въ кабакахъ, на ярмаркахъ, рынкахъ, въ мѣстахъ наиболѣе посѣщаемыхъ народомъ, и письменно, т. е. путемъ прокламацій, которыя въ изобиліи распрострапялись Союзомъ по деревнямъ и городамъ, дорогамъ, мостамъ, въ вагонахъ желѣзныхъ дорогъ и т. д. Эта пропаганда совершалась очень ловко. Такъ, прокламаціи обыкновенно разбрасывались наканунѣ праздничныхъ дней, ночью, въ деревняхъ и фабричныхъ поселкахъ. Эти воззванія къ народу, напечатанныя на одномъ листѣ, снабженныя внизу красной печатью Союза, подбирались крестьянами и рабочими, которые читали ихъ на утро въ праздникъ, по кабакамъ и въ другихъ мѣстахъ".

Эти прокламаціи слишкомъ оригинальны въ своемъ родѣ, чтобы мы не воспроизвели здѣсь нѣкоторыхъ изъ нихъ. Мы выбрали главнѣйшія. Онѣ распространены отъ имени Ю.-Р.Р.Союза.

1-ая прокламація къ крестьянамъ на малороссійскомъ языкѣ: призывъ ко всѣмъ честнымъ людямъ.

Общество призываетъ ихъ „дѣйствовать сообща, по-дружески: уничтожить помѣщичій оброкъ, не платить арендной платы, рубить лѣсъ, не уважать больше границъ собственности, завладѣть землей, которая является ихъ собственностью, потому что они воздѣлываютъ ее, раздѣлить ее между собой такимъ образомъ, чтобы каждому досталась такая часть ея, которую онъ въ состояніи обрабатывать".

Воззваніе заканчивается слѣдующимъ образомъ:

„Если царь пошлетъ противъ васъ свою армію, это вамъ докажетъ, что онъ—врагъ народа и другъ господъ".

2-ая прокламація (тоже на малороссійскомъ языкѣ), адресованная „Чиншевикамъ" и помѣченная: „30 января 1881 г.".

Воззваніе „Тайнаго общества" къ чиншевикамъ нашего края приглашаетъ этихъ фермеровъ примкнуть къ обществу, увѣряя ихъ, что Общество работаетъ изо всѣхъ силъ для того, чтобы добыть имъ и всѣмъ честнымъ людямъ землю и волю. Оно совѣтуетъ:

1) не подписывать новыхъ контрактовъ;

2) установить сношенія между вѣрными людьми для того, чтобы знать, что происходитъ въ деревняхъ даннаго района;

3) установить сношенія съ членами Общества;

4) въ случаяхъ надобности оказывать помощь новому Обществу;

5) бороться противъ эксплуататоровъ словомъ, поджогами, оружіемъ, не дожидаясь помощи Тайнаго Общества.

3-я прокламація, адресованная г. Левандовскому, помѣщику Кіевской губерніи, отъ 15 января. Тайное общество приказываетъ ему „прекратить всякія преслѣдованія чиншевиковъ, находящихся на его землѣ; раздѣлить между ними всю землю; вознаградить ихъ за всѣ потери, которыя они потерпѣли по его винѣ. „Въ случаѣ же.—прибавляетъ прокламація,—если г. Левандовскій не подчинится вышеизложеннымъ требованіямъ, Общество приговоритъ его къ смертной казни".

4-я прокламація Ю.-Р. Р. Союза, отъ 2-го марта.

Она сначала оправдываетъ убійство императора Александра II, затѣмъ, призывая всѣхъ честныхъ людей присоединиться къ Обществу, она прибавляетъ: „Отъ васъ зависитъ все будущее рабочаго класса, вы—надежда народа; вы являетесь представителями духовной и моральной силы массъ. Соедините ваши силы и организуйтесь! Дѣйствуйте! объединяйте вокругъ себя всѣхъ честныхъ людей, и ваше дѣло не погибнетъ напрасно! Доброе сѣмя, падающее на добрую почву, даетъ хорошіе всходы. Соединяйте вокругъ нашего знамени всѣ ваши силы, мы не побоимся тогда ни царя, ни его низкопоклонныхъ лакеевъ, ни тысячъ штыковъ, которыми держится императорскій тронъ. Эти штыки станутъ нашими, и исчезнетъ навсегда этотъ самодержавный произволъ, который такъ долго угнетаетъ умъ, чувство и свободу русскаго народа"...

5-я прокламація Союза, отъ 14 марта.

Она напоминаетъ прежде всего, что многочисленныя прошенія, адресованныя имъ графу Лорисъ-Меликову, остались безъ отвѣта; затѣмъ перечисляются требованія, которыя были Союзомъ обращены къ русскому правительству. „Личныя подати должны превратиться въ налогъ государственный, начиная съ 500 р.; долженъ быть отпущенъ извѣстный кредитъ на устройство мастерскихъ, гдѣ рабочіе могли бы всегда найти себѣ работу, а также и магазиновъ, гдѣ они могли бы покупать по дешевой цѣнѣ жизненные припасы; заработная плата должна быть опредѣлена въ 1 р. 50 к. (въ обычное время) и 2 р. во время дороговизны съѣстныхъ продуктовъ". Далѣе Союзъ требуетъ также амнистіи всѣмъ рабочимъ, отправленнымъ въ ссылку за то, что они поддерживали своихъ товарищей. Прокламація заканчивается такъ: „Союзъ будетъ ждать отвѣта отъ правительства въ теченіе мѣсяца; если онъ убѣдится, что новый царь не хочетъ ему прійти на помощь, онъ прибѣгнетъ къ употребленію насильственныхъ средствъ; и пролитая кровь падетъ на голову тѣхъ, которые могли успокоить народъ, удовлетворивъ его законныя требованія, и не захотѣли сдѣлать этого".

Всѣ эти манифесты и прокламаціи были снабжены печатью Союза, оттиснутой красными чернилами и изображающей перевитые между собою топоръ, заступъ и револьверъ.

Мы приведемъ еще нѣкоторыя небезынтересныя воззванія и письма, захваченныя у арестованныхъ:

1) Письмо, адресованное Союзомъ къ рабочимъ города Одессы*).

_____

*) Это письмо, найденное при обыскѣ у одной молодой дѣвушки, одновременно съ другими 56-ю прокламаціями, должно было быть напечатано въ Одессѣ членами группы этого города и распространено въ мастерскихъ. Въ прокламаціи говорилось:

„На спинѣ рабочихъ покоится правительство, которымъ управляютъ

2) Письмо, адресованное полковнику Коробкину, начальнику кіевскаго военнаго арсенала.

Союзъ приказывалъ ему: „увеличить ежедневную заработную плату и поштучное вознагражденіе по соглашенію съ рабочими; относиться къ рабочему, какъ къ человѣку, работающему не только для него, но для общаго блага; не налагать штрафы на рабочихъ по своей фантазіи, оставивъ штрафы только на случай кражи".

Спустя нѣкоторое время послѣ посылки этого перваго предупрежденія, ему было послано второе, болѣе срочное, въ которомъ повторялись прежнія требованія, и прибавлялось, что Союзъ предупреждаетъ полковника, что въ случаѣ неисполненія формулированныхъ выше требованій, онъ будетъ принужденъ приговорить его, начальника арсенала, къ смертной казни*).

Если во всѣхъ приведенныхъ программахъ и прокламаціяхъ нигилистовъ мы не находимъ требованія конституціи, это можно объяснить тѣмъ, что „конституція,—какъ говорится въ другихъ произведеніяхъ ихъ,—послужила бы на пользу только кабатчикамъ, мѣнялама, чиновникамъ и т. д., которые свободно и безопасно обкрадывали бы народъ".

Чтобы дополнить и закончить серію посланій, приведемъ еще проектъ соціальной и политической реформы, написанный однимъ изъ арестованныхъ. Въ этомъ проектѣ онъ такъ излагаетъ задачи своей партіи:

„Вся земля", говоритъ онъ, „должна перейти къ крестьянамъ, которые будутъ владѣть ею въ формѣ великой общины. Всѣ фабрики и мастерскія будутъ принадлежать рабочимъ, которые будутъ продолжать тамъ работу безъ хозяевъ. Тогда прибыль, которая въ настоящее время захватывается хозяевами, пойдетъ, какъ это и слѣдуетъ, въ карманы рабочихъ. Теперешнее правительство, которое завидуетъ всѣмъ, которое отнимаетъ у бѣднаго народа послѣднія крохи его для того, чтобы тратить ихъ на свои дворцы, на содержаніе громадной арміи, многочисленной полиціи, жандармеріи и т. д., должно быть уничтожено. Все государство распадается на вольныя общины; каждая изъ нихъ будетъ свободно управляться, внѣ всякой зависимости отъ какого бы то ни было центральнаго правительства. Въ дѣлахъ общей пользы и безопасности (какъ, напримѣръ, въ случаѣ нападенія внѣшняго врага) они будутъ обращаться къ спеціальнымъ депутатамъ, которые, собравшись на общее собраніе, примутъ рѣшеніе, наиболѣе согласное съ интересами

шайки воровъ. Все зло происходитъ отъ раздробленности нашихъ силъ, отъ отсутствія согласія между нами. Нужда и голодъ заставляютъ насъ продавать наши силы, нашу энергію и наше здоровье; но, если бы мы сумѣли соединиться, мы бы перестали находиться въ этомъ угнетенномъ состояніи. Безъ сомнѣнія, мы не больше, какъ обухъ топора: соединившись, мы, наоборотъ, становимся страшнымъ и могущественнымъ орудіемъ. Соединившись, мы освободимся отъ узла, завязаннаго на нашемъ горлѣ капиталистами, мы освободимъ навсегда отъ ихъ ига и насъ и нашихъ дѣтей: закончивъ начатое дѣло, мы заслужимъ вѣчную признательность".

*) Послѣ этой прокламаціи Союза всѣ требованія были удовлетворены, и потому угрозы не были приведены въ исполненіе.

Предостереженіе, посланное бр. Іару, является почти точнымъ повтореніемъ предостереженія Коробкину.

всѣхъ. Постоянная армія, которая служитъ теперь только для по-давленія народныхъ возмущеній, должна быть распущена и замѣнена національной милиціей; послѣдняя будетъ мобилизоваться только въ случаяхъ крайней необходимости. Эти измѣненія могутъ быть произведены въ очень короткій промежутокъ времени и приведутъ ко всеобщему народному счастію. Вотъ почему всѣ наши силы, вся наша жизнь должны быть посвящены этому великому дѣлу".

УБІЙСТВО ШПІОНА ВЪ РОСТОВѢ НА-ДОНУ ВЪ 1878 г.

„Въ ночь съ 1-го на 2-ое февраля въ Ростовѣ на-Дону убитъ шпіонъ Акимъ Никоновъ. Это убійство произведено нами, революціонерами-соціалистами. Мы объявляемъ объ этомъ во всеобщее свѣдѣніе и поученіе.

Акимъ Никоновъ, ремесломъ рѣшетникъ, осенью прошлаго года выдалъ на истязаніе правительству своихъ и нашихъ товарищей. Около 30-ти человѣкъ погибаетъ для дѣла, благодаря измѣннику.

Мы защищаемъ интересы милліоновъ народной массы, мы защищаемъ правду противъ лжи и насилія; убійство—для насъ ужасная, тяжелая мѣра. Но правительство, подавляющее весь русскій народъ, высасывающее изъ него всѣ силы, преслѣдуетъ насъ, защитниковъ народа, какъ дикихъ звѣрей. Насъ хватаютъ, душатъ по тюрьмамъ, на каторгѣ. По всѣмъ концамъ Россіи погибаютъ тысячи нашихъ товарищей жертвою своихъ убѣжденій, мучениками за народъ. И во время этой травли, продолжающейся уже столько лѣтъ, находятся люди безъ чести и безъ совѣсти, люди, которые по гнусному страху или изъ корысти шпіонятъ за нами, или измѣняютъ намъ и выдаютъ наши дѣла и насъ самихъ на безчеловѣчную расправу правительства.

Такъ поступилъ и Акимъ Никоновъ. Онъ былъ предатель,—стало быть, врагъ нашъ, врагъ народнаго дѣла.

И сколько жертвъ могъ онъ еще вырвать изъ нашихъ рядовъ!

Мы поэтому рѣшились избавиться отъ него и избавились..

Мы не хотимъ долѣе терпѣть. Мы рѣшились защищаться. Мы будемъ искоренять этихъ Іудъ, искоренять безъ пощады и снисхожденія и объявляемъ объ этомъ громко и открыто.

Пусть знаютъ, что ихъ ждетъ одна награда—смерть!

Къ этому вынуждаетъ насъ русское правительство."

Отъ редакціи. Казнь шпіона Никонова была произведена кружкомъ первыхъ русскихъ террористовъ: Осинскаго, Сентянина, Свириденко и др. Мы приводимъ текстъ первой прокламаціи, изданной этимъ кружкомъ террористовъ.

ПИСЬМО ВАЛЕРІАНА ОСИНСКАГО.

Дорогіе друзья и товарищи!

Послѣдній разъ въ жизни приходится писать вамъ, и потому прежде всего самымъ задушевнымъ образомъ обнимаю васъ и прошу не поминать меня лихомъ. Мнѣ же лично приходится уносить съ собою въ могилу лишь самыя хорошія воспоминанія о васъ. Особенно спасибо тебѣ, И., за твою сердечность; и я, и жена моя, и В. горячо тебя любили и всей душой благодаримъ за заботливость о насъ.

Мы ничуть не жалѣемъ о томъ, что приходится умирать: вѣдь мы же умираемъ за идею, и если жалѣемъ, то единственно о томъ, что пришлось погибнуть почти только для позора умирающаго монархизма, а не ради чего-либо лучшаго, и что передъ смертью не сдѣлали того, что хотѣли Желаю вамъ, дорогіе, умереть производительнѣе насъ. Это единственное, самое лучшее пожеланіе, которое мы можемъ вамъ сдѣлать. Да еще: не тратьте даромъ вашей дорогой крови,—и то все берутъ и берутъ!...

— Мы не сомнѣваемся въ томъ, что ваша дѣятельность теперь будетъ направлена въ одну сторону. Если бъ даже вы и не написали объ этомъ, то мы и сами могли бы это вывести. Ни за что болѣе, по нашему, партія физически не можетъ взяться. Но для того, чтобы серьезно повести дѣло террора, вамъ необходимы люди и средства...*)

Больше, кажется, нечего писать о дѣлахъ. Такъ и рвешься броситься въ теорію, да руки коротки... и торопишься, и все такое прочее.

— Дай-же вамъ Богъ, братья, всякаго успѣха. Это единственное наше желаніе передъ смертью. А что вы умрете и, быть можетъ, очень скоро и умрете съ неменьшей беззавѣтностью, чѣмъ мы—въ этомъ мы ничуть не сомнѣваемся.

— Наше дѣло не можетъ никогда погибнуть. Эта-то увѣренность и заставляетъ насъ съ такимъ презрѣніемъ относиться къ вопросу о смерти. Лишь бы жили вы, а если ужъ придется вамъ умирать, то умерли бы попроизводительнѣе насъ. Прощайте и прощайте!...

Поцѣлуйте отъ меня всѣхъ моихъ товарищей и знакомыхъ, здѣшнихъ и заграничныхъ, кто только не забылъ меня. Многіе имѣли противъ меня (хотя въ большинствѣ въ силу недоразумѣнія) кое что; пусть хоть теперь позабудутъ старые счеты. Я же ни къ кому не уношу въ могилу вражды.

Ты просилъ В. нашихъ біографій. Зачѣмъ, братъ! Если понадобится, то и безъ насъ ихъ могутъ составить. А вообще пусть забываютъ насъ, лишь бы самое дѣло не заглохло.

Прощайте-же, друзья, товарищи дорогіе, не поминайте лихомъ.

---

*) Слѣдуютъ практическія указанія, опубликованіе которыхъ теперь невозможно.

Ред. „Листковъ З. и В.“

Крѣпко, крѣпко отъ всей души обнимаю васъ и жму до боли ва-
ши руки въ послѣдній разъ...

Вашъ Валеріанъ.

14 апрѣля 1879 г.

Мою сестренку сейчасъ по выходѣ ея изъ тюрьмы, со свиданія,
арестовали и выслали.

(Изъ 5 № „Листка Земли и Воли.“)

ВЗРЫВЪ ЦАРСКАГО ПОѢЗДА въ 1879 г.

(Изъ „Русскаго Архива“ 1894 г., № 10).

18 ноября (1879 г.) Государь Императоръ Александръ II про-
ѣзжалъ черезъ Тулу, на обратномъ пути изъ Крыма. Губернскій
предводитель Самаринъ и я (епифановскій уѣздный предводитель,
только что пожалованный въ должность шталмейстера) встрѣчали
Государя на вокзалѣ. По обыкновенію, привѣтливо поговоривъ съ
нѣкоторыми, Государь прослѣдовалъ дальше. Я остался на вокзалѣ
дожидаться свитскаго поѣзда, который проходилъ черезъ 20 ми-
нутъ. Дѣло было къ вечеру. Мнѣ хотѣлось попасть въ Москву къ
царскому выходу, т. е. на другой день, 20-го утромъ. Въ свитѣ
мнѣ всѣ были знакомы, и я хотѣлъ просить, чтобы меня взяли до
Москвы, такъ какъ во время царскихъ проѣздовъ пассажирскіе
поѣзда обыкновенно очень запаздывали. Пока я ждалъ на вокза-
лѣ, подошелъ ко мнѣ тульскій полиціймейстеръ Тришанай, очень
утомленный, но и очень довольный, что царскій поѣздъ проѣхалъ
благополучно черезъ Тулу. Ужъ наслушался я отъ него страховъ:
и что рельсы-то набиты чѣмъ-то, и торпеды готовятъ бросить
подъ царскій поѣздъ—просто ужасы!.. Я недовѣрчиво качалъ го-
ловою. Подошелъ свитскій поѣздъ, наружностью мало отличавшій-
ся отъ царскаго, развѣ что было много багажныхъ вагоновъ. Я
попросилъ коменданта поѣзда позволить мнѣ сѣсть въ помѣщеніе
инженеровъ курской желѣзной дороги, которые любезно уступили
мнѣ купе. Получивъ разрѣшеніе, я поѣхалъ въ Москву. Всюду
оказывались поѣзду царскія почести. Мы шли 20-ю минутами
позже и по росписанію, утвержденному собственно для царскаго
поѣзда. Въ Симферополь государь пріѣхалъ получасомъ ранѣе на-
значеннаго времени, такъ что надо было ждать полчаса отправле-
нія свитскаго поѣзда, который долженъ былъ итти впереди. Желая
выиграть время и пріѣхать ранѣе въ Москву, графъ А. В. Адлер-
бергъ предложилъ отправить царскій поѣздъ впередъ, по росписа-
нію свитскаго, а свитскій чтобы шелъ по росписанію царскаго;
такъ и было сдѣлано. Мы шли быстро. Я читалъ почти всю доро-
гу, которая прошла какъ-то даже незамѣтно, и я немного удиви-
ся, когда кондукторъ мнѣ сказалъ: „Сейчасъ Москва, прошли уже
товарную станцію“. Я сталъ надѣвать шинель, которую мнѣ по-
далъ кондукторъ, какъ раздался странный трескъ, и сильнымъ
толчкомъ меня отбросило въ дверь вагона... Вагонъ запрыгалъ,
закачался! Крушеніе! успѣлъ я только крикнуть инженерамъ-
сосѣдямъ, а самъ, слыша ломку буферовъ и боясь быть раздавлен-

нымъ надвигавшимся вагономъ, рванулся къ двери и выскочилъ изъ вагона вмѣстѣ съ кондукторомъ въ снѣгъ. Все произошло быстрѣе, чѣмъ это можно разсказать. Было туманно. Выскакивая и запутавшись въ проволокахъ опрокинутаго столба, я упалъ. Около лежавшаго столба охалъ какой-то сторожъ, котораго зацѣпило столбомъ, и еще, кажется, городовой, котораго оглушило. Мѣсто, куда я выскочилъ, находилось противъ небольшой ямы, надъ которой еще бѣлѣлъ дымокъ. Пахло динамитомъ—запахъ мнѣ знакомый, такъ какъ у насъ въ каменно-угольныхъ шахтахъ работаютъ съ динамитомъ. Мнѣ вспомнились слова тульскаго полиціймейстера... Неужели это покушеніе?.. Запахъ динамита, упавшій телеграфный столбъ, яма—ясно указывали на это... Тяжелое чувство! Но я невольно перекрестился: слава Богу, миновало! Первое смятеніе прошло...

— Что такое?—громко окликнулъ я оберъ-кондуктора, который былъ съ Николаевской желѣзной дороги.

— Мостъ провалился, ваше сіятельство!—отвѣчалъ онъ.

— Локомотивъ лопнулъ, ваше превосходительство!—доложилъ какой-то, какъ изъ земли выросшій, полицейскій офицеръ, страшно перепуганный и принявшій меня по придворной формѣ за генерала; у офицера дрожала рука, которую онъ держалъ подъ козырекъ.

— Какой вздоръ вы говорите!—сказалъ я раздраженно.—Вы лучше бы смотрѣли, чтобы торпеды не подбрасывали подъ поѣздъ.

— Помилуйте, какія торпеды? Что вы?—говорилъ офицеръ дрожащимъ голосомъ.—Въ сторонѣ показался огонекъ за линіею,— продолжалъ онъ,—мы всѣ и бросились туда, а пока они...

Въ это время мы подвинулись впередъ и дошли до того мѣста, гдѣ вверхъ колесами лежалъ, взорванный Гартманомъ черезъ подкопъ, багажный вагонъ; онъ оторвался и перевернулся вверхъ. Будь это съ пассажирскимъ вагономъ, прямо таки мармеладъ человѣческій вышелъ бы. Сомнѣнія не было! Офицеръ такъ и ахнулъ.

— По запаху динамита ясно, что это торпеда, сказалъ я.

Мнѣ и въ голову не приходило, что это, какъ оказалось потомъ, подкопъ—въ Москвѣ, въ Бѣлокаменной! Уже впослѣдствіи это выяснилось. Нашли и депешу Сухорукову изъ Симферополя, гласившую: „цѣна пшеницы 2 рубля, наша цѣна 4“. Это означало—2-ой поѣздъ, 4-ый вагонъ, въ которомъ, предполагалось, поѣдетъ государь, и который, благодаря измѣненію поѣздовъ, проѣхалъ благополучно. Гартманъ и взорвалъ 4-ый, но, къ счастью, багажный вагонъ, да еще съ крымскими фруктами, такъ что не было человѣческихъ жертвъ; вышелъ, въ самомъ дѣлѣ, мармеладъ, только яблочный, а не человѣческій. А огонекъ, который видѣла полиція въ сторонѣ и бросилась на него, былъ (?) фальшфейеръ, т. е. нѣчто вроде ракеты, которую въ моментъ, когда нашъ поѣздъ вышелъ изъ-за закругленія отъ товарной станціи, зажгла Софья Перовская, чтобы дать знать о нашемъ приближеніи: она и тогда, какъ и 1-го марта 1881 г., исполняла роль сигнальщицы.

Сбѣжался народъ. Я поспѣшилъ взять извозчика, чтобы ле-
тѣть во дворецъ. Мнѣ все казалось—могутъ бросить торпеду еще
гдѣ-нибудь; надо предупредить. Я летѣлъ въ кремлевскій дворецъ
съ мучительными мыслями, а когда подъѣхалъ къ нему, мнѣ ста-
ло еще тяжелѣе... Какой ужасъ привезти подобное извѣстіе!.. Ока-
залось, что оберъ-полиціймейстеръ и генералъ-губернаторъ уже
уѣхали изъ дворца. Государь ложился почивать. Я прошелъ въ
аппартаменты министра императорскаго дворца, къ графу А. В.
Адлербергу, моему прямому начальнику. Меня не хотѣлъ пустить
камердинеръ, говоря, что графъ ложится спать, усталый отъ двух-
дневнаго путешествія, такъ какъ графъ дорогою не спитъ. Я во-
шелъ безъ доклада, чему, конечно, графъ удивился. Я въ корот-
кихъ словахъ разсказалъ, въ чемъ дѣло, но былъ, разумѣется,
очень взволнованъ. Графъ слушалъ внимательно, но недовѣрчиво.

— Вы знаете, при крушеніи нервы бываютъ очень разстроены.
Вы ложитесь спать и, когда выспитесь, вамъ все иначе покажется.
Мой чередъ былъ удивляться.

— Мнѣ не въ первый разъ, къ несчастью, быть въ поѣздахъ
во время крушенія. Могу увѣрить васъ, графъ, что это динамит-
ный взрывъ. Вѣдь отъ мѣста катастрофы верстъ 6—7 отсюда: если бъ
нервы мои расходились, и то можно успокоиться.

Графъ повѣрилъ мнѣ, наконецъ, и побѣжалъ со мною къ ге-
нералъ-адъютанту Дрентельну. Тотъ уже совсѣмъ не повѣрилъ.

— Не можетъ быть: у меня нѣтъ депеши!—сказалъ онъ, глядя
пристально то на меня, то на графа.

— Да и не можетъ быть, ваше превосходительство: все это
случилось не болѣе, какъ полчаса назадъ. Никто не успѣлъ при-
быть на мѣсто; да и депеша не скоро будетъ, такъ какъ телеграф-
ныя проволоки всѣ порваны.

Дрентельнъ тотчасъ собрался туда скакать, но его уговорили
тѣмъ, что его присутствіе ничему не поможетъ.—Да и туманъ
густой, доложилъ я.

— Поѣзжайте немедленно къ генералъ-губернатору, князю
Долгорукому, и доложите ему о случившемся,—сказалъ мнѣ графъ
Адлербергъ.

Я поскакалъ на Тверскую площадь. Князь Долгоруковъ только
что расположился пить чай, въ халатѣ. Мое позднее появленіе его
очень озадачило.—Что случилось?—спросилъ онъ, узнавъ, что я отъ
графа Адлерберга.

Я принялся разсказывать все, какъ было, и все твердилъ про
торпеды. Я никогда не забуду впечатлѣнія, которое мои слова про-
извели на князя Владиміра Андреевича. Я никогда не ожидалъ,
чтобы человѣкъ могъ такъ испугаться, какъ онъ тогда. Онъ меня
перебилъ:

— Покушеніе въ Москвѣ, говорите вы? Никогда, милостивый
государь: это вамъ все показалось!—И, схвативъ меня за пугови-
цу мундира, онъ долго тормошилъ ее, приговаривая: „никогда,
никогда!"

Мнѣ стало жаль старика, но я стоялъ на своемъ. Успокоившись, онъ началъ при мнѣ молиться и благодарить Бога, что опасность миновала для обожаемаго монарха.

— Поѣзжайте къ оберъ-полицеймейстеру; а я сдѣлаю свои распоряженія. Прокурора, слѣдователя сюда! Скорѣй, скорѣй! - твердилъ онъ.

Когда я подъѣхалъ къ подъѣзду оберъ-полицеймейстера, туда подлетѣла взмыленная пара: это былъ приставъ рогожской части, у котораго случилось несчастіе.

— Второй императорскій поѣздъ сошелъ съ рельсовъ!—рапортовалъ онъ дежурному чиновнику въ передней.

— Нѣтъ, не сошелъ, а взорванъ! перебилъ я.

Надо было видѣть удивленіе пристава.

— Этого никто не можетъ доказать!

— Да, неизвѣстно, чѣмъ онъ взорванъ; но онъ взорванъ,—я былъ въ поѣздѣ...

Приставъ окончательно сконфузился. Утромъ уже выяснилось, что это былъ подкопъ и проч.

На Курскомъ вокзалѣ все еще ждали свитскаго поѣзда. Товарная станція сообщила, что поѣздъ вышелъ; ходу пять минутъ. Ждутъ 10, 15 минутъ—нѣтъ поѣзда. Все начальство на лицо; оно только что получило благодарность за благополучное прослѣдованіе царскаго поѣзда по ихъ дорогѣ. Всѣ начинаютъ безпокоиться.

— Узнайте, не дано ли отправленіе раньше времени?—говоритъ управляющій дорогой.

А. П. Орловъ бѣжитъ въ телеграфъ.—Спросите, не дала ли знать „товарная Москва" раньше прихода поѣзда?—обращается онъ къ телеграфисткѣ. Та стучитъ.

— Аппаратъ не дѣйствуетъ!—говоритъ она.

— Соедините съ другимъ аппаратомъ!

Та же исторія; оказывается, ни одинъ изъ 10 не дѣйствуетъ. Волненіе усиливается.

— Подать паровозъ!—требуетъ начальникъ дороги.

Прошло уже болѣе получаса, вдругъ видятъ, бѣжитъ дорожный мастеръ. Онъ бѣжитъ отъ мѣста катастрофы, запыхаясь и такъ взволнованъ, что не могъ слова вымолвить. Его теребятъ, спрашиваютъ, что случилось? Наконецъ, онъ съ трудомъ выговариваетъ:

— Несчастіе—поѣздъ взлетѣлъ на воздухъ...

— Какъ?!

— Весь!—отвѣчаетъ онъ... Ему со страху, Богъ вѣсть, что показалось.

Государю утромъ первый доложилъ о случившемся камердинеръ со словъ стремяннаго государева, который былъ въ поѣздѣ. Черезъ нѣсколько времени явились генералъ-губернаторъ и оберъ-полицеймейстеръ; послѣдній съ отставкою, которая не была принята. Государь былъ очень покоенъ. Мы всѣ ждали въ залахъ дворца выхода Е. И. Величества. Меня осаждали вопросами. Наконецъ, вышелъ Императоръ. Въ первой залѣ стояли дамы съ одной, мы, придворные,—съ другой стороны. Многіе были такъ взволнованы, что еле могли говорить. У меня тоже щемило въ горлѣ, когда я увидѣлъ Императора.

...Москва была поражена этимъ происшествіемъ: это было покушеніе въ стѣнахъ ея!...

Князь Д. Д. Оболенскій.

О ЛОРИСЪ-МЕЛИКОВѢ ВЪ 1880-1881 гг.

Всѣ, пережившіе событія послѣ взрыва въ Зимнемъ дворцѣ 5 февр. 1880 г., могутъ засвидѣтельствовать, что нѣтъ достаточно сильныхъ словъ для описанія того ужаса и унынія, которые овладѣли всѣми классами общества. По городу ходили слухи о рядѣ взрывовъ, готовившихся къ 19 февралю, дню освобожденія крестьянъ, въ различныхъ частяхъ столицы; указывались даже улицы, на которыхъ были заложены мины; многія семьи, перепуганныя зловѣщими слухами, мѣняли квартиры, другія совсѣмъ уѣзжали изъ города. Полиція, убѣдившись въ собственномъ безсиліи, теряла голову; государственная машина двигалась лишь по привычкѣ, чисто рефлективно; публика, замѣчавшая это, настаивала на перемѣнѣ всей системы, призывая спасителя, имя котораго громко выкрикивалось всѣми либеральными голосами.

Вытребованные въ Петербургъ генералъ-губернаторы были приглашены, совмѣстно съ другими высшими сановниками имперіи, на чрезвычайный совѣтъ подъ личнымъ предсѣдательствомъ государя. Всякій, кто попытался бы воспроизвести физіономію этого памятнаго засѣданія въ томъ самомъ видѣ, въ какомъ его описывали впослѣдствіи многіе очевидцы, былъ бы, конечно, обвиненъ въ драматическомъ преувеличеніи. По словамъ этихъ очевидцевъ, картина, которую имъ тогда пришлось увидѣть, невольно вызвала въ умѣ у всѣхъ присутствующихъ сравненіе съ картиной паники экипажа на погибающемъ кораблѣ. Грустный, мучимый припадками астмы, Александръ II поминутно пріотворялъ дверь своего кабинета, чтобы освѣдомиться о запоздавшихъ; царскіе генералъ-адъютанты видѣли, какъ онъ появлялся на порогѣ, точно встревоженный призракъ, и осиплымъ голосомъ называлъ имена своихъ излюбленныхъ слугъ, сподвижниковъ своихъ лучшихъ дней, начальниковъ полиціи, наиболѣе пользовавшихся его довѣріемъ. Затѣмъ, когда всѣ собрались, онъ вошелъ въ кабинетъ, чтобы опросить своихъ совѣтниковъ. Одни изъ нихъ, неспособные въ эту минуту рѣшительно ничего придумать, молчали; другіе, повторяя зады, поддерживали мѣры, негодность которыхъ была уже доказана опытомъ; противорѣчивыя мнѣнія и указанія перекрещивались; каждый отстаивалъ лишь свое собственное вѣдомство и нападалъ на ошибки другихъ; вмѣсто разрѣшенія вопроса, всѣ лишь перекорялись и обвиняли другъ друга. Послѣднимъ держалъ рѣчь Лорисъ-Меликовъ. Говорилъ онъ долго, съ обычнымъ своимъ краснорѣчіемъ, съ той отчетливой ясностью внѣшней формы, которая нерѣдко вводитъ въ заблужденіе относительно неясности содержанія. Свой планъ онъ лишь намѣтилъ въ самыхъ неуловимо-неопредѣленныхъ чертахъ, изложилъ лишь общія руководящія идеи, но закончилъ рѣчь предложеніемъ мѣры вполнѣ опредѣленной и безотлагательной, отъ которой, по его мнѣнію, зависѣло все остальное. Прежде всего необходимо было, по его мнѣнію, обезпечить единство распорядительной власти, а для этого слѣдовало облечь самыми обширными полномочіями человѣка, пользовавшагося полнымъ довѣріемъ его величества. Александръ II прервалъ оратора и, указавъ пальцемъ на Лорисъ-Меликова, закрылъ собраніе, со словами: „Этимъ человѣкомъ будете—вы“.

На первыхъ порахъ дѣятельность Лорисъ-Меликова встрѣтила сочувствіе, какъ со стороны общества, такъ и со стороны двора. Надежды въ обществѣ оживились; всѣ ожидали, что съ воцареніемъ Лориса наступитъ заря реформъ. Печать, которой привычка къ страху мѣшала называть вещи собственными именами, намекала, въ болѣе или менѣе иносказательной формѣ, на необходимость для Россіи конституціи. Не имѣя возможности сразу измѣнить форму правленія, Лорисъ-Меликовъ попытался, по крайней мѣрѣ, измѣнить пріемы управленія. Въ своей дѣятельности онъ обнаруживалъ гуманность, снисходительность и вниманіе къ правамъ всѣхъ: старался ослабить стѣсненія, неразлучныя съ осаднымъ положеніемъ; выпустилъ на свободу кое-кого изъ лицъ, привлекавшихся за политическія преступленія, и противъ которыхъ не имѣлось ясныхъ уликъ; возвратилъ нѣкоторыхъ лицъ, отправленныхъ административно въ Сибирь; немедленно предавалъ гласности всѣ свои мѣры строгости, которыя вынужденъ былъ принимать... Все въ мірѣ относительно: возможность говорить открыто о томъ, что нашего сосѣда посадили въ тюрьму,—вѣдь это тоже одна изъ свободъ.

Какъ ни велики были изобрѣтательность и ловкость Лорисъ-Меликова, надежды, которыя онъ возбудилъ въ обществѣ, скоро его опередили, и для него наступила „эра затрудненій“. Московская партія, въ лицѣ Аксакова и Каткова, ополчилась противъ либеральнаго министра. Аристократія и придворная партія не пропускали ни одного случая представить въ смѣшномъ видѣ „армянина“. Нигилисты предостерегали своихъ агентовъ противъ „лисицы“, какъ его прозвали неуловимые памфлеты террористической секты, которая не признавала себя побѣжденной, и покушенія которой слѣдовали одни за другими; въ Петербургѣ, Кіевѣ, Одессѣ—должностныя лица падали подъ ударами ея кинжаловъ, открывались тайныя типографіи и химическія лабораторіи. Во время сессіи земствъ повсюду обнаружились прогрессивныя стремленія среди наиболѣе дѣятельныхъ элементовъ этихъ собраній; ораторы въ нихъ дѣлали смѣлыя экскурсіи въ область политики; въ Харьковѣ, который былъ однимъ изъ центровъ этого движенія, въ Псковѣ и даже въ Петербургѣ по тону земскихъ ходатайствъ можно было видѣть, что гласные считали себя призванными къ составленію своихъ „cahiers“. Печать создавала ежедневно все новыя и новыя затрудненія своему любимцу; число газетъ въ нѣсколько мѣсяцевъ почти удвоилось, причемъ новорожденные органы старались всячески перещеголять своихъ старшихъ собратьевъ. Къ этому еще присоединился экономическій кризисъ, вслѣдствіе постигшаго юго-восточную Россію неурожая.

Лорисъ-Меликовъ и его сотрудники рѣшились приступить къ разработкѣ проекта, который долженствовалъ дать нѣкоторое удовлетвореніе идеямъ контроля въ обществѣ безъ ущерба существеннымъ правамъ короны. Рѣшено было, между прочимъ, обновить и расширить Государственный Совѣтъ, даровавъ земствамъ право представлять списки своихъ делегатовъ, изъ которыхъ императоръ долженъ былъ выбирать извѣстное число представителей земствъ, для засѣданія въ Государственномъ Совѣтѣ съ правомъ совѣщательнаго голоса. Таковъ былъ въ общихъ чертахъ проектъ, который занималъ Лорисъ-Меликова въ послѣдніе мѣсяцы его министерства. Чтобы добиться согласія на этотъ проектъ, ему приходилось привлечь на свою сторону упрямыхъ противниковъ и побѣдить колебанія Александра II.

Съ первыхъ дней 1881 г. въ различныхъ столичныхъ кружкахъ стали распространяться неопредѣленные слухи о томъ, что конституція была готова и скоро будетъ обнародована. Разумѣется, всякій представлялъ подъ этотъ терминъ то, что ему подсказывала собственная политическая фантазія. Такимъ образомъ, чрезмѣрность ожиданій въ обществѣ заранѣе дискредитировала скромныя реформы, на которыя рѣшилось правительство. Вскорѣ слухи начали опредѣляться: конституція должна быть обнародована 19 февраля; когда этотъ день прошелъ, не оправдавши ожиданій, вѣстовщики слуховъ отложили обнародованіе ея на 5 марта. Лорисъ-Меликовъ, котораго со всѣхъ сторонъ засыпали на этотъ счетъ вопросами, оставался непроницаемъ.

Онъ, дѣйствительно, представилъ для подписанія царю статутъ, которымъ расширялись права земствъ, а также открывался доступъ ихъ делегатамъ въ преобразованный Государственный Совѣтъ. Вотъ и все, я думаю, что можно сказать положительнаго на этотъ счетъ. Заключались ли въ этомъ статутѣ какія-либо другія, болѣе смѣлыя нововведенія? Это мало вѣроятно, хотя и возможно. Содержаніе этого документа и обстоятельства, при которыхъ онъ былъ подписанъ, до сихъ поръ покрыты тайной. Одно не подлежитъ сомнѣнію, онъ существовалъ и былъ одобренъ императоромъ. Свидѣтели, которые по своему положенію могли хорошо знать все, происходившее во дворцѣ, утверждаютъ, что Александръ II, послѣ послѣдней внутренней борьбы, подписалъ 28-го февраля актъ, которымъ ограничивалось самодержавіе; положивъ перо, онъ осѣнилъ себя крестнымъ знаменіемъ, сопровождающимъ у русскихъ всѣ важныя событія. Означенный документъ, какъ говорятъ, остался на его письменномъ столѣ до слѣдующаго дня, когда его должны были передать въ сенатъ для обнародованія. Этотъ слѣдующій день былъ—1-ое марта.

М. Вогюе.

„ЗАВѢЩАНІЕ ЮРІЯ БОГДАНОВИЧА“.

(Изъ 3 № „Вѣстника Русской Революціи“.)

Есть площадь съ пролитою кровью святой...
Туда вы, друзья, соберитесь,
И, честь воздавая, съ поднятой рукой
Отъ чистаго сердца клянитесь:
Служить безкорыстно народу,
Другъ друга любить, защищать,
Бороться за честь и свободу
И знамя выс ко держать.
То знамя, что въ клочья избито
При схваткѣ съ упорствомъ лихимъ,
И кровью борцовъ тѣхъ омыто,
Что пали, сражаясь, подъ нимъ.
Другихъ же знаменъ не берите:
Славнѣе его не достать!..
Но съ нимъ вы идите, будите
Уснувшую родину-мать!
Прекрасна, о братья, свобода,
И силы волшебной полна,
Но съ пользою въ руки народа
Лишь въ битвѣ берется она!

Изданіе книгоиздательства „Донская Рѣчь"

отдѣлъ по исторіи освободительнаго движенія въ Россіи.

ВЫПУСК I II III IV V VI VII VIII IX X.

- * - - - -

*) Журналъ издается подъ редакціей В. Я. Богучарскаго и П. Е. Щеголева при ближайшемъ участіи В. Л. Бурцева.

Журналъ посвящается исключительно исторіи освободительнаго движенія въ Россіи.

Журналъ освѣщаетъ освободительное движеніе въ 90 отдѣльныхъ книгахъ выпуски

Цѣна въ переплетѣ съ доставкой за годъ 8 руб., за 1/2 года 4 руб., 3 мѣс. 2 руб., за границей 10 руб.